Wörterbuch
Deutsch–Persisch

S. R. Kazemeini

Wörterbuch
Deutsch–Persisch

für
Wirtschaft,
Politik und
Gesellschaft

Verlag Hans Schiler
SCHELZKY & JEEP

Gewidmet meiner Frau Elżbieta
Strzyżewska, meiner Tochter Soraya
und meiner Mutter Pari.

Mein Dank richtet sich an
Frau Claudia Graßmann
für die freundliche Unterstützung.

eMail: info@verlag-hans-schiler-de

Gestaltung u. Layout: JPP Berlin
Druck: Druckhaus Köthen
Bindung: Leipziger Großbuchbinderei
Gedruckt auf chlorfrei gebleichtem Papier
Printed in Germany
ISBN 3-89930-013-0
ISBN 3-89541-165-5

Vorbemerkung

Dieses Wörterbuch stellt eine Besonderheit dar. Mit großer Akribie hat der Autor in jahrelanger Konzentration die deutsche Tages- und Fachpresse, Rundfunk und TV ausgewertet. Die umfängliche Zusammenstellung von Begriffen, Redewendungen und Termini, die ausgewogene und wohl überlegte Auswahl des aktuellen Vokabulars aus den drei Kompetenzfeldern Wirtschaft, Politik und Gesellschaft mit mehr als 23 000 deutschen Begriffen, die mit allen persischen Entsprechungen etwa 60 000 Übersetzungen ergeben, hat es bisher so nicht gegeben.

Nicht allein die sensible Übersetzung von Begriffen macht dabei das Besondere aus, sondern die umfangreiche Darstellung und Anwendung des Begriffs in einem Bedeutungszusammenhang, seine Nutzung in einer Redewendung, in einer Zusammensetzung, die man im Deutschen gerade so und nicht anders benutzt.

Der Nutzer wird hin und wieder feststellen, dass seine Lieblingsvokabel gerade nicht enthalten ist. Über Neuvorschläge, Empfehlungen und Hinweise freuen wir uns ganz besonders.

Autor und Verlage *Mai 2003*

پیش گفتار

این واژه نامه از یک ویژگی خاص برخوردار است.

مؤلّف، با دقّت و ظرافت بسیار به نگارش آن کوشیده و حاصل چندین سال کار پژوهشی فشرده در رابطه با ارزیابی روزنامه ها و مطبوعات تخصّصی و گزارش های رادیویی و تلویزیونی به زبان آلمانی می باشد. گردآوری گستردهٔ مقوله ها، واژه ها و اصطلاحات امروزین و گزینش اندیشیده و سنجیدهٔ بیش از 23000 واژگان آلمانی در زمینه های اقتصادی، سیاسی و اجتماعی با حدود 60000 برابرنهاده های فارسی، کاریست که تا کنون به این گونه عرضه نشده است.

تنها ترجمهٔ حسّاس واژگان نبوده، که به این واژه نامه یک ویژگی خاص می بخشد، بلکه نیز تشریح و کاربرد واژه در یک رابطهٔ معنادار، روش به کارگیری واژه در یک جمله و یا ترکیبی از واژه ها، که در زبان آلمانی به این گونه و نه به گونه ای دیگر به کار گرفته می شود، از دیگر ویژگی های این واژه نامه است.

بهره گیرنده، شاید گهگاهی به این مهم برخورد کند، که چرا این واژه نامه در برگیرندهٔ واژهٔ مورد دلخواه او نیست. در این راستا، از نظرات و توصیه ها و پیشنهادهای جدید شما، خشنود خواهیم شد.

مؤلّف و ناشران مه 2003

Dr. S. R. Kazemeini wurde 1953 in Iran geboren. Er lebt seit 1975 in Deutschland. Nach dem Studium der Soziologie, Psychologie, Politologie, Pädagogik und Wirtschaft promovierte er 1992 zum Dr. rer. pol.

دکتر س. ر. کاظمینی در سال 1953 در ایران متولّد شد. او از سال 1975 در آلمان سکونت دارد. پس از تحصیل در رشته های جامعه شناسی، روانشناسی، علوم سیاسی، آموزش شناسی و اقتصاد، در سال 1992 به اخذ درجهٔ دکترا در رشتهٔ اقتصاد و علوم اجتماعی نائل شد.

Abkürzungsverzeichnis (فهرست اختصارات)

adj	adjektiv	(صفت)
f	femininum	(حرف تعریف: مؤنّث)
m	maskulinum	(حرف تعریف: مذکّر)
n	neutrum	(حرف تعریف: خنثی)
pl	Plural	(جمع)
ugs	umgangssprachlich	(زبان عامیانه)
jmd.	jemand	(ضمیر نامعیّن: کسی)
~	Stellvertreter f. d. obenstehenden Eintrag	(جانشین واژهٔ درج شده دربالا)

A

abändern	اصلاح کردن؛ تغییر جزئی دادن
Abänderung *f*	اصلاح؛ تغییر جزئی
Abänderungsantrag *m*	درخواست اصلاح
einen ~ stellen	درخواست اصلاح کردن
einem ~ zustimmen	با یک درخواست اصلاح موافقت کردن
Abänderungsgesetz *n*	قانون اصلاح
Abänderungsvorschlag *m*	پیشنهاد اصلاح
Abbau *m*	1) کاهش 2) استخراج
1) ~ der Arbeitslosigkeit	کاهش بیکاری
~ der Belegschaft	کاهش پرسنل؛ کاهش کارکنان
~ von Handelsschranken	کاهش موانع بازرگانی؛ کاهش موانع تجاری
~ des Haushaltsdefizits	کاهش کسری بودجه
~ von Investitionen	کاهش سرمایه گذاری ها
~ von Personal	کاهش پرسنل؛ کاهش کارکنان؛ اخراج کارکنان
~ der Rüstung	کاهش تسلیحات
~ der Schulden	کاهش بدهی ها
~ der Spannungen	کاهش تنش ها؛ کاهش تشنّجات
~ von Stellen	کاهش کارکنان
~ von Steuervergünstigungen	کاهش امتیازات مالیاتی
~ der Truppen	کاهش نیروها؛ کاهش قوا؛ کاهش قوای نظامی
~ des Zahlungsbilanzdefizits	کاهش کسری تراز پرداخت ها
2) ~ von Bodenschätzen	استخراج منابع زیرزمینی
abbauen	1) کاهش دادن 2) استخراج کردن
Abbaugebiet *n*	منطقهٔ استخراج
Abbaugenehmigung *f*	پروانهٔ استخراج؛ اجازهٔ استخراج
Abbaurechte *npl*	امتیازات استخراج
Abbauvertrag *m*	قرارداد استخراج
abberufen	احضار کردن
Abberufung *f*	احضار
~ eines Botschafters	احضار یک سفیر
abblasen *ugs*	لغو کردن؛ منصرف شدن
einen Streik ~	اعتصابی را لغو کردن؛ از اعتصابی منصرف شدن
abbrechen	گسستن؛ قطع کردن
Abbruch *m*	گسست؛ قطع
~ der Beziehungen	گسست روابط؛ قطع روابط
~ der Debatte	قطع مباحثه
~ der Diskussion	قطع بحث؛ قطع بحث و گفتگو
~ der Konferenz	قطع کنفرانس
~ des Streiks	قطع اعتصاب
~ der Verbindung	گسست تماس؛ قطع تماس
~ der Verhandlungen	قطع مذاکرات
abbüßen	گذراندن (محکومیّت)؛ کشیدن (محکومیّت)؛ کفّاره دادن
Abbüßen *n*	گذراندن (محکومیّت)؛ کشیدن (محکومیّت)
~ einer Gefängnisstrafe	گذراندن مجازات زندانی
abdanken	استعفا دادن
Abdankung *f*	استعفا
aberkennen	سلب کردن ؛ بی بهره کردن؛ محروم کردن؛ به رسمیّت نشناختن
Aberkennung *f*	سلب؛ بی بهرگی؛ محرومیّت؛ به رسمیّت نشناختن
~ des Ruhegehalts	بی بهرگی از حقوق بازنشستگی؛ محرومیّت از حقوق بازنشستگی
~ der Staatsangehörigkeit	سلب تابعیّت
abfertigen	ترخیص کردن
Abfertigung *f*	ترخیص
~ von Waren	ترخیص کالا

Abfindung *f* حقّ اخراجی؛ پول اخراجی

Abfindungsbetrag *m* مبلغ پول اخراجی

Abfindungszahlung *f* پرداخت پول اخراجی

abführen 1) پرداختن 2) به محلّ نگهبانی بردن؛ به پاسگاه بردن

1) Steuern ~ مالیات ها را پرداختن

2) jmdn. ~ کسی را به محلّ نگهبانی بردن؛ کسی را به پاسگاه بردن

Abgaben *fpl* عوارض؛ مالیات

inländische ~ عوارض داخلی

kommunale ~ عوارض شهرداری؛ عوارض شهرداری ناحیه

öffentliche ~ عوارض عمومی

~ entrichten عوارض دادن؛ عوارض پرداختن

~ erheben عوارض گرفتن

Abgabenbefreiung *f* بخشودگی از پرداخت عوارض؛ معاف از پرداخت عوارض

abgabenfrei *adj* بخشوده از پرداخت عوارض؛ معاف از پرداخت عوارض

Abgabenfreiheit *f* بخشودگی از پرداخت عوارض؛ معاف از پرداخت عوارض

Abgabenhinterziehung *f* گریز از پرداخت عوارض؛ اجتناب از پرداخت عوارض

Abgabenordnung *f* نظام مالیاتی

abgabenpflichtig *adj* مشمول عوارض

Abgabenpflichtige *m/f* مشمول عوارض؛ موظّف به پرداخت مالیات

Abgabenquote *f* میزان عوارض؛ درصد عوارض

Abgabensatz *m* میزان عوارض؛ نرخ عوارض

Abgabenumgehung *f* طفره رفتن از پرداخت عوارض

Abgabenverordnung *f* مقرّرات پرداخت عوارض

abgeben 1) واگذار کردن 2) دادن (رأی، نظر) 3) تحویل دادن

1) den Vorsitz ~ ریاست را واگذار کردن

2) eine Meinung ~ نظر دادن

ein Sondervotum ~ رأی مخالف دادن

seine Stimme ~ رأی خود را دادن

ein Urteil ~ اظهار نظر کردن؛ نظر دادن؛ اظهار عقیده کردن

3) eine Ware abgeben کالایی را تحویل دادن

Abgeordnete *m/f* نمایندهٔ مجلس

Abgeordneteneid *m* سوگند پارلمانی؛ تحلیف پارلمانی

Abgeordnetensitz *m* کرسی مجلس؛ کرسی پارلمانی

Abgeordnetenhaus *n* مجلس نمایندگان

Abgeordnetenimmunität *f* مصونیّت نمایندگان مجلس

abhalten برگزار کردن

eine Jahreshauptversammlung ~ مجمع عمومی سالانه ای را برگزار کردن

eine Konferenz ~ کنفرانسی را برگزار کردن

eine Sitzung ~ نشست داشتن؛ جلسه داشتن؛ نشستی را برگزار کردن؛ جلسه ای را برگزار کردن

eine Veranstaltung ~ میتینگی را برگزار کردن؛ جلسه ای را برگزار کردن

Abhängigkeit *f* وابستگی

einseitige ~ وابستگی یک جانبه؛ وابستگی یک سویه

gegenseitige ~ وابستگی دوجانبه؛ وابستگی دوسویه؛ وابستگی متقابل

die ~ aufrechterhalten وابستگی را برقرار نگاه داشتن؛ وابستگی را حفظ کردن

die ~ reduzieren وابستگی را کاهش دادن

die ~ schaffen وابستگی ایجاد کردن

Abhöraktion *f* عملیّات شنود الکترونیکی

abhören استراق سمع کردن

Abhörgerät *n* دستگاه شنود الکترونیکی

Abitur *n* دیپلم دبیرستان
Abiturient/-in *m/f* دانش آموز سال آخر دبیرستان
Abkommen *n* موافقت نامه؛ پیمان نامه؛ عهد نامه
ein ~ abschließen موافقت نامه ای را منعقد کردن
einem ~ beitreten به پیمان نامه ای پیوستن؛ به عهدنامه ای پیوستن
ein ~ brechen موافقت نامه ای را نقض کردن
ein ~ einhalten موافقت نامه ای را رعایت کردن؛ به موافقت نامه ای پای بند بودن
ein ~ kündigen موافقت نامه ای را فسخ کردن؛ موافقت نامه ای را لغو کردن
ein ~ rückgängig machen موافقت نامه ای را فسخ کردن؛ موافقت نامه ای را لغو کردن
ein ~ treffen موافقت نامه ای را منعقد کردن
ein ~ unterzeichnen موافقت نامه ای را امضا کردن
ablehnen رد کردن
Ablehnung *f* رد
willkürliche ~ ردّ خودسرانه
~ eines Angebots ردّ یک پیشنهاد
~ eines Antrages ردّ یک درخواست؛ ردّ یک تقاضا
~ einer Berufung ردّ یک انتصاب
~ eines Friedensvorschlages ردّ یک پیشنهاد صلح
~ eines Gesuches ردّ یک درخواست رسمی
~ eines Ultimatums ردّ یک اولتیماتوم؛ ردّ یک اتمام حجّت
~ der Verantwortung ردّ مسؤلیّت
~ der Vertragsbedingungen ردّ شرایط قرارداد؛ ردّ شرایط انعقاد قرارداد
ableugnen انکار کردن؛ منکر شدن
ablösen 1) شیفت کاری را عوض کردن؛ نوبت کاری را عوض کردن 2) بازخرید کردن
Ablösung *f* 1) تعویض شیفت کاری؛ تعویض نوبت کاری 2) بازخرید
Ablösungsbetrag *m* مبلغ بازخرید
abmachen قول و قرار گذاشتن؛ توافق کردن
Abmachung *f* قول و قرار؛ توافق
eine ~ treffen قول و قرار گذاشتن؛ توافق کردن
abnehmen 1) رسماً تحویل گرفتن 2) خریدن 3) پذیرفتن
1) ein fertig gestelltes Haus ~ خانهٔ تمام شده ای را رسماً تحویل گرفتن
2) eine Ware ~ کالایی را خریدن؛ جنسی را خریدن
3) den Eid ~ سوگند (کسی را) پذیرفتن
Abnehmer/-in *m/f* خریدار
ausländischer ~ خریدار خارجی
zahlungskräftiger ~ خریدار قادر به پرداخت
Abnehmerland *n* کشور خریدار
Abneigung *f* بیزاری، نفرت
abnormal *adj* 1) نابهنجار 2) بیمارگونه
Abnormität *f* 1) نابهنجاری 2) پدیدهٔ بیمارگونه
Abnutzungskrieg *m* جنگ فرسایشی
abrüsten تسلیحات را کاهش دادن؛
Abrüstung *f* کاهش تسلیحات (خلع سلاح)
Abrüstungsabkommen *n* موافقت نامهٔ کاهش تسلیحات
Abrüstungsdiskussion *f* بحث پیرامون کاهش تسلیحات
Abrüstungsexperte *m* کارشناس کاهش تسلیحات
Abrüstungsfragen *fpl* مسائل کاهش تسلیحات
Abrüstungsgespräche *npl* مذاکرات کاهش تسلیحات
Abrüstungskommission *f* کمیسیون کاهش تسلیحات
Abrüstungskonferenz *f* کنفرانس کاهش تسلیحات

Abrüstungspolitik *f* سیاست کاهش تسلیحات

Abrüstungsprobleme *npl* مسائل مربوط به کاهش تسلیحات

Abrüstungsprojekt *n* طرح کاهش تسلیحات

Abrüstungsresolution *f* قطعنامهٔ کاهش تسلیحات

Abrüstungsvereinbarungen *fpl* توافق های مربوط به کاهش تسلیحات

sich an die ~ halten به توافق های مربوط به کاهش تسلیحات پای بند بودن

Abrüstungsverhandlungen *fpl* مذاکرات کاهش تسلیحات

geheime ~ مذاکرات سرّی کاهش تسلیحات

~ abbrechen مذاکرات کاهش تسلیحات را قطع کردن

~ aufnehmen مذاکرات کاهش تسلیحات را آغاز کردن

~ fortsetzen مذاکرات کاهش تسلیحات را ادامه دادن

~ führen به جهت کاهش تسلیحات مذاکره کردن

~ unterbrechen مذاکرات کاهش تسلیحات را موقتاً قطع کردن

~ vorantreiben مذاکرات کاهش تسلیحات را به پیش بردن

~ wiederaufnehmen مذاکرات کاهش تسلیحات را ازسر گرفتن

Abrüstungsvertrag *m* قرارداد کاهش تسلیحات

einen ~ aufkündigen قرارداد کاهش تسلیحاتی را فسخ کردن

einen ~ aushandeln از راه مذاکرات به یک قرارداد کاهش تسلیحات دست یافتن

einen ~ schließen قرارداد کاهش تسلیحاتی را منعقد کردن

einen ~ unterzeichnen قرارداد کاهش تسلیحاتی را امضا کردن

gegen den ~ verstoßen قرارداد کاهش تسلیحات را نقض کردن

Abrüstungsvorschläge *mpl* پیشنهادهای مربوط به کاهش تسلیحات

konkrete ~ پیشنهادهای مشخّص در رابطه با کاهش تسلیحات

praktische ~ پیشنهادهای عملی در رابطه با کاهش تسلیحات

~ unterbreiten پیشنهادها را جهت کاهش تسلیحات ارائه دادن

Absatz *m* 1) فروش 2) بند؛ پارگراف

Absatzabkommen *n* موافقت نامهٔ فروش

Absatzanalyse *f* تجزیه و تحلیل فروش

Absatzbedingungen *fpl* شرایط فروش

Absatzbelebung *f* احیای فروش

Absatzbeschränkungen *fpl* محدودیّت های فروش

Absatzchancen *fpl* امکانات فروش

Absatzfinanzierung *f* تأمین مالی فروش

Absatzflaute *f* رکود فروش

Absatzförderung *f* تشویق فروش

Absatzgebiet *n* منطقهٔ فروش

Absatzgenossenschaft *f* تعاونی فروش

Absatzkalkulation *f* براورد فروش؛ محاسبهٔ فروش

Absatzkampagne *f* تبلیغات فروش

Absatzkosten *fpl* هزینهٔ فروش

Absatzkrise *f* بحران فروش

Absatzlage *f* وضعیّت فروش

Absatzmarkt *m* بازار فروش

Absatzmittler *m* دلّال فروش؛ واسط فروش

Absatzmonopol *n* انحصار فروش

Absatzpolitik *f* سیاست فروش: سیاست بازاریابی

Absatzprobleme *npl* مشکلات فروش

Absatzprognose *f* پیش بینی فروش

Absatzquote *f* سهمیّهٔ فروش
Absatzrückgang *m* اُفت فروش؛ کاهش فروش
Absatzschwankungen *fpl* نوسانات فروش
Absatzsteigerung *f* افزایش فروش
Absatzstockung *f* رکود فروش
Absatzvolumen *n* حجم فروش
Absatzwachstum *n* افزایش فروش
Absatzzahlen *fpl* ارقام فروش
abschaffen 1) لغو کردن؛ نسخ کردن 2) منحل کردن
Abschaffung *f* الغا؛ نسخ
~ eines Gesetzes نسخ یک قانون؛ لغو یک قانون
~ von Privilegien الغای امتیازات ویژه؛ الغای حقوق ویژه
~ der Sklaverei الغای برده داری
~ der Todesstrafe الغای مجازات مرگ؛ الغای مجازات اعدام
abschätzen براورد کردن؛ تخمین زدن؛ ارزیابی کردن؛ مورد ارزیابی قرار دادن
den Gesprächspartner ~ طرف مذاکره را مورد ارزیابی قرار دادن
den Schaden ~ خسارت را براورد کردن؛ خسارت را تخمین زدن؛ خسارت را ارزیابی کردن
abschätzig *adj* تحقیرآمیز
Abschätzung *f* براورد؛ تخمین؛ ارزیابی
Abscheu *m* تنفّر؛ انزجار
abscheulich *adj* نفرت انگیز؛ انزجارآمیز
abschieben بیرون راندن؛ اخراج کردن
Abschiebung *f* بیرون راندن؛ اخراج
rechtmäßige ~ بیرون راندن قانونی؛ اخراج قانونی
unrechtmäßige ~ بیرون راندن غیرقانونی؛ اخراج غیرقانونی
~ von Asylanten بیرون راندن پناهندگان؛ اخراج پناهندگان؛ اخراج پناه جویان

abschlagen رد کردن
einen Gefallen ~ خواهشی را رد کردن
abschlägig منفی (در رابطه با جواب اداری)
~e Antwort جواب منفی؛ جواب رد
abschließen 1) به پایان رساندن؛ خاتمه دادن؛ به اتمام رساندن 2) بستن؛ منعقد کردن
1) ein Bauprojekt ~ یک طرح ساختمانی را به پایان رساندن؛ یک پروژهٔ ساختمانی را به اتمام رساندن
ein Gerichtsverfahren ~ به دادرسی ای خاتمه دادن؛ به محاکمه ای خاتمه دادن
die Konferenzvorbereitung ~ تدارکات مربوط به کنفرانس را به پایان رساندن
die Untersuchungen ~ تحقیقات را به پایان رساندن؛ به رسیدگی ها خاتمه دادن
die Verhandlungen ~ مذاکرات را به پایان رساندن؛ به مذاکرات خاتمه دادن
die Vorbereitungen ~ تدارکات را به پایان رساندن؛ تدارکات به اتمام رساندن
2) ein Geschäft ~ معامله ای را انجام دادن؛ معامله ای را منعقد کردن
eine Versicherung ~ بیمه بستن؛ بیمه ای را منعقد کردن
einen Vertrag ~ قرارداد بستن؛ قراردادی را منعقد کردن
ein Waffenstillstandsabkommen ~ موافقت نامهٔ آتش بسی را منعقد کردن
Abschlussbericht *m* گزارش نهایی؛ آخرین گزارش
Abschlussbilanz *f* تراز نهایی؛ ماندهٔ خالص
Abschlussergebnis *n* نتیجهٔ نهایی؛ نتیجهٔ قطعی
Abschlussgenehmigung *f* اجازهٔ قطعی
Abschlussprotokoll *n* پروتکل نهایی؛ صورتجلسهٔ نهایی

Abschlusstermin *m* آخرین موعد مقرّر
abschrecken بازداشتن
Abschreckung *f* بازدارندگی
Abschreckungsangriff *m* حملهٔ بازدارنده
Abschreckungspolitik *f* سیاست بازدارندگی
Abschreckungssystem *n* سیستم بازدارندگی
abschwören نقض عهد کردن؛ با سوگند ترک کردن
absehen چشم پوشی کردن؛ صرف نظر کردن
von einer Anklage ~ از شکایتی چشم پوشی کردن؛ از شکایتی صرف نظر کردن
absenden فرستادن؛ ارسال کردن
einen Brief ~ نامه ای را فرستادن
absenken کاهش دادن
das Rentenniveau ~ میزان حقوق بازنشستگی را کاهش دادن
Absenkung *f* کاهش
absetzen 1) برکنار کردن؛ عزل کردن 2) حذف کردن 3) فروختن؛ به فروش رساندن
1) den Staatspräsidenten ~ رئیس جمهور را برکنار کردن
2) von der Tagesordnung ~ از دستور کار حذف کردن
3) eine Ware ~ کالایی را فروختن؛ کالایی را به فروش رساندن
Absetzung *f* 1) برکناری؛ عزل 2) حذف
absichern حفظ کردن؛ محفوظ داشتن؛ تأمین کردن؛ تثبیت کردن
die Interessen ~ مصالح را محفوظ داشتن؛ منافع را تأمین کردن
den Kurs ~ نرخ ارز یا سهام را تثبیت کردن
die Macht ~ قدرت را حفظ کردن
Absicherung *f* حفظ؛ تأمین؛ تثبیت
Absicht *f* قصد
humanitäre ~en مقاصد بشردوستانه
in betrügerischer ~ به قصد کلاهبرداری
in friedlicher ~ به قصد صلح آمیز
in verbrecherischer ~ به قصد بزهکاری
absolut *adj* مطلق
~e Effizienz کارایی مطلق
~e Herrschaft فرمان روایی مطلق؛ حاکمیّت مطلق
~e Mehrheit اکثریت مطلق
~e Monarchie حکومت سلطنتی مطلق
~er Besitz ملک مطلق
~er Herrscher فرمان روای مطلق؛ حاکم مطلق
~er Wert ارزش مطلق
Absolutismus *m* مطلق گرایی
absolutistisch *adj* مطلق گرایانه
Absolvent *m* فارغ التحصیل (دبیرستان یا دانشگاه)
absolvieren به پایان رساندن؛ خاتمه دادن
den Militärdienst ~ خدمت سربازی را به پایان رساندن
das Studium ~ تحصیلات را به پایان رساندن
abspalten, sich انشعاب کردن
Abspaltung *f* انشعاب
Absprache *f* قرار؛ قول و قرار
ohne vorherige ~ بدون قرار قبلی؛ بدون قول و قرار قبلی
eine ~ treffen قرار گذاشتن
absprechen 1) قول و قرار گذاشتن 2) فاقد چیزی دانستن؛ سلب کردن؛ محروم کردن
1) sich mit jmdm. ~ با کسی قول و قرار گذاشتن
2) jmdm. ein Recht ~ کسی را فاقد حقّی دانستن؛ از کسی حقّی را سلب کردن؛ کسی را از حقّی محروم کردن
abstimmen رأی دادن
Abstimmung *f* رأی گیری
geheime ~ رأی گیری پنهانی؛ رأی گیری مخفی

offene ~ رأی گیری آشکار
öffentliche ~ رأی گیری علنی
mit der ~ beginnen با رأی گیری شروع کردن
zur ~ bringen به رأی گیری گذاشتن
Abstimmungsbeteiligung *f* مشارکت در رأی گیری
Abstimmungsniederlage *f* شکست در رأی گیری
eine ~ einstecken *ugs* متحمّل یک شکست در رأی گیری شدن
eine ~ hinnehmen ناگزیر به پذیرش شکستی در رأی گیری شدن
Abstimmungsregeln *fpl* مقرّرات رأی گیری
Abstimmungsvorschriften *fpl* مقرّرات رأی گیری
sich an die ~ halten مقرّرات رأی گیری را رعایت کردن
den ~ zuwiderhandeln برخلاف مقرّرات رأی گیری عمل کردن
Abstimmungszettel *m* ورقهٔ رأی گیری؛ ورقهٔ اخذ رأی
abstinent *adj* پارسا؛ خویشتندار
Abstinenz *f* پارسایی؛ خویشتنداری
abstrakt *adj* تجریدی
Abstraktion *f* تجرید
absurd *adj* یاوه؛ پوچ
Absurdität *f* یاوگی؛ پوچی
Abteilung *f* بخش
Abteilungschef/-in *m/f* رئیس بخش
Abteilungsleiter/-in *m/f* رئیس بخش
Abtreibung *f* جنین اندازی؛ سقط جنین؛
Abtreibungsbefürworter/-in *m/f* هوادار جنین افکنی؛ هوادار سقط جنین
Abtreibungsgegner/in *m/f* مخالف جنین اندازی؛ مخالف سقط جنین

abtreten واگذار کردن
ein Recht ~ حقّی را واگذار کردن
Abtretende *m/f* واگذارکننده
Abtretung *f* واگذاری
Abtretungsgebiet *n* منطقهٔ واگذاری
Abtretungsurkunde *f* سند واگذاری
eine ~ unterzeichnen سندی را جهت واگذاری امضا کردن
Abtretungsvertrag *m* قرارداد واگذاری
einen ~ (ab)schließen قراردادی را جهت واگذاری منعقد کردن
aburteilen محکوم کردن؛ حکم محکومیّت را صادر کردن
Aburteilung *f* صدور حکم محکومیّت
Abwahl *f* برکنار کردن با رأی گیری؛ عزل کردن با رأی گیری
abwählen (کسی را) با رأی گیری برکنار کردن؛ (کسی را) با رأی گیری عزل کردن
abwandern مهاجرت کردن
Abwanderung *f* مهاجرت
Abwehr *f* دفع؛ دفع حمله
abwehren دفع کردن
einen Angriff ~ تهاجمی را دفع کردن؛ حمله ای را دفع کردن
einen Gegenangriff ~ پاتکی را دفع کردن؛ ضدّ حمله ای را دفع کردن
eine Invasion ~ تهاجمی را دفع کردن؛ حمله ای را دفع کردن؛ تعرّضی را دفع کردن
abweichen von منحرف شدن از؛ دور شدن از
Abweichler/-in *m/f* کژرو؛ منحرف؛ گمراه
Abweichung *f* کژروی؛ انحراف؛ گمراهی
abweisen رد کردن
einen Antrag ~ درخواستی را رد کردن؛ پیشنهادی را رد کردن

Abweisung *f* رد

abwenden 1) جلوگیری کردن 2) دفع کردن؛ مصون داشتن

1) einen Konkurs ~ از ورشکستگی ای جلوگیری کردن

einen Schaden ~ از خسارتی جلوگیری کردن؛ جلوی خسارتی را گرفتن

einen Streik ~ از اعتصابی جلوگیری کردن؛ جلوی اعتصابی را گرفتن

2) eine Gefahr ~ خطری را دفع کردن؛ دفع خطر کردن

eine Katastrophe ~ از خطر وقوع فاجعه ای مصون داشتن؛ از بلایی روی گرداندن

abwenden, sich روی گرداندن

Abwendung *f* 1) جلوگیری 2) دفع

abwerten ارزش (چیزی را) کاهش دادن

Geld ~ ارزش پول را کاهش دادن

Abwertung *f* کاهش ارزش

Abwesenheit *f* غیاب

in ~ verurteilen غیاباً محکوم کردن

Abwesenheitsurteil *n* حکم غیابی

Abwesenheitsverfahren *n* دادرسی غیابی؛ محاکمهٔ غیابی

abwickeln 1) تصفیّه کردن 2) انجام دادن؛ به انجام رساندن

1) Schulden ~ بدهی ها را تصفیّه کردن

2) ein Geschäft ~ معامله ای را انجام دادن

ein Verfahren ~ مرحلهٔ قانونی ای را به انجام رساندن

Abwickler/-in *m/f* مدیر تصفیّه

Abwicklung *f* تصفیّه

geschäftliche ~ تصفیّهٔ تجاری

abzahlen به اقساط پرداختن؛ به اقساط بازپرداخت کردن

Schulden ~ بدهی ها را به اقساط پرداختن؛ بدهی ها را به اقساط بازپرداخت کردن

Abzahlung *f* پرداخت به اقساط

Abzahlungsdarlehen *n* وام اقساطی

Abzahlungskauf *m* خرید اقساطی

Abzahlungskredit *m* اعتبار اقساطی

abziehen بیرون کشیدن؛ عقب کشیدن

die Truppen ~ نیروهای نظامی را بیرون کشیدن؛ قوای نظامی را عقب کشیدن

Abzug *m* عقب نشینی

ächten تحریم کردن

Ächtung *f* تحریم

Ackerbau *m* زراعت

Ackerland *n* زمین زراعی

Administration *f* دولت

Advent *m* ظهور مسیح

Affäre *f* ماجرای جنجال آمیز؛ رسوایی

eine ~ herunterspielen ماجرای جنجال آمیزی را کم اهمیّت جلوه دادن

Agenda *f* دستور جلسه

Agent/-in *m/f* 1) عامل؛ جاسوس؛ مأمور 2) نماینده

1) ausländischer ~ جاسوس خارجی

flüchtiger ~ جاسوس فراری

geheimer ~ مأمور مخفی

2) Agent einer Firma نمایندهٔ یک شرکت

Agentur *f* نمایندگی؛ آژانس

Agenturmeldung *f* گزارش آژانس خبری

Agenturvertrag *m* قرارداد نمایندگی

Aggression *f* 1) تجاوز 2) پرخاشگری

1) grundlose ~ تجاوز بی دلیل

militärische ~ تجاوز نظامی

nackte ~ تجاوز آشکار

offene ~ تجاوز آشکار

versteckte ~	تجاوز پنهان
Aggressionsakt *m*	عمل تجاوزکارانه
Aggressionsfall *m*	مورد تجاوز
Aggressionskrieg *m*	جنگ تجاوزکارانه
Aggressionspolitik *f*	سیاست تجاوزکارانه
aggressiv *adj*	1) تجاوزگر 2) پرخاشگر؛
	پرخاشگرانه
1) ~es Regime	رژیم تجاوزگر
2) ~es Verhalten	رفتار پرخاشگرانه
Aggressivität *f*	1) تجاوزگری 2) پرخاشگری
Aggressor *m*	تجاوزگر؛ تجاوزکار؛ متجاوز
Bestrafung des ~en *od.* des ~s	تنبیه متجاوز
Agitation *f*	فتنه جویی
Agitator/-in *m/f*	فتنه جو
agitieren	شوراندن؛ فعالیّت های
	تبلیغاتی-سیاسی کردن
Agrarbank *f*	بانک کشاورزی
Agrarerzeugnisse *npl*	فراورده های کشاورزی؛
	محصولات کشاورزی
Agrarhandel *m*	معاملات کشاورزی؛ خرید و
	فروش فراورده های کشاورزی
Agrarindustrie *f*	صنعت کشاورزی
Agrarkredit *m*	اعتبار کشاورزی
Agrarmarkt *m*	بازار فراورده های کشاورزی؛
	بازار محصولات کشاورزی
Agrarminister/-in *m/f*	وزیر کشاورزی
Agrarpolitik *f*	سیاست کشاورزی
gemeinsame ~	سیاست مشترک کشاورزی
gescheiterte ~	سیاست نافرجام کشاورزی
verfehlte ~	سیاست نادرست کشاورزی
Agrarpolitiker/-in *m/f*	کارشناس سیاسی امور
	کشاورزی
Agrarpreis *m*	قیمت فراورده های کشاورزی؛
	قیمت محصولات کشاورزی

Agrarpreispolitik *f*	سیاست تعیین قیمت
	فراورده های کشاورزی
Agrarproduktion *f*	تولیدات کشاورزی
Agrarreform *f*	اصلاحات کشاورزی
~en durchführen	اصلاحات کشاورزی را
	انجام دادن
~en fordern	خواستار اصلاحات کشاورزی شدن
Agrarsektor *m*	بخش کشاورزی
Agrarstaat *m*	کشور کشاورزی
Agrarstruktur *f*	ساخت کشاورزی؛ ساختار
	کشاورزی
Agrarsubvention *f*	یارانۀ کشاورزی؛ سوبسید
	کشاورزی
Agrarüberschüsse *mpl*	مازاد فراورده های
	کشاورزی؛ مازاد محصولات کشاورزی
Agrarwirtschaft *f*	اقتصاد کشاورزی
Agrarzölle *mpl*	حقوق گمرکی فراورده های
	کشاورزی
Agrarzone *f*	منطقۀ کشاورزی
Akademie *f*	1) آکادمی؛ آموزشگاه 2) دانشگاه
Akademiker/-in *m/f*	دانشگاهی
akademisch *adj*	آکادمیک؛ دانشگاهی
Akkordarbeit *f*	قطعه کاری
Akkordarbeiter/-in *m/f*	قطعه کار
Akkordlohn *m*	کارمزد
Akkulturation *f*	فرهنگ پذیری
Akkumulation *f*	انباشت
akkumulieren	انباشتن؛ انباشت کردن
Kapital ~	سرمایه انباشت کردن
Akte *f*	1) سند 2) پرونده
1) geheime ~n	اسناد محرمانه؛ اسناد سرّی
2) offene ~n	پرونده های باز؛ پرونده های
	بسته نشده
Akteneinsicht *f*	بررسی پرونده

Aktenfälschung *f* جعل پرونده
Aktenlage *f* وضعیّت پرونده
Aktenvorlage *f* ارائهٔ پرونده
Aktenzeichen *n* شمارهٔ پرونده
Akteur/-in *m/f* بازیگر
~e der Weltpolitik بازیگران سیاست جهانی
Aktien *fpl* سهام
ausgegebene ~ سهام منتشره
begebene ~ سهام منتشره
börsenfähige ~ سهام قابل معامله؛ سهام ثبت شده؛ سهام فهرست شده
gewinnberechtigte ~ سهام ترجیحی
gezeichnete ~ سهام تعهّد شده
hochwertige ~ سهام عالی؛ سهام پرسود
notierte ~ سهام ثبت شده؛ سهام معتبر
stimmberechtigte ~ سهام رأی دار
~ ausgeben سهام منتشر کردن
~ beziehen سهام دریافت کردن
~ erwerben سهام خریدن؛ سهام خریداری کردن
~ kaufen سهام خریدن؛ سهام خریداری کردن
~ verkaufen سهام فروختن
~ zuteilen سهام تقسیم کردن؛ سهام توزیع کردن
Aktienausgabe *f* انتشار سهام (جدید)
Aktienbank *f* بانک سهام
Aktienbesitz *m* دارایی به صورت اوراق بهادار
Aktienbestand *m* موجودی سهام؛ موجودی اوراق بهادار
Aktienbetrug *m* کلاهبرداری در معاملات سهام؛ کلاهبرداری در خرید و فروش سهام
Aktienbörse *f* بازار سهام
Aktienerwerb *m* خرید سهام؛ تحصیل سهام
Aktiengesellschaft *f* شرکت سهام
eine ~ gründen یک شرکت سهامی را تأسیس کردن
Aktiengewinn *m* سود سهام
Aktienhandel *m* خرید و فروش سهام
Aktienhändler/-in *m/f* دلاّل سهام؛ دلاّل بورس
Aktienindex *m* شاخص قیمت سهام
Aktieninhaber/-in *m/f* سهامدار؛ صاحب سهام
Aktienkapital *n* سهام سرمایه ای؛ سرمایهٔ سهامی
begebenes ~ سهام سرمایه ای پرداخته نشده
Aktienkauf *m* خرید سهام
Aktienkurs *m* نرخ سهام
Erhöhung der ~e افزایش نرخ سهام
Aktienmakler/-in *m/f* دلاّل سهام؛ دلاّل بورس
Aktienmarkt *m* بازار اوراق بهادار؛ بازار سهام
Aktienmehrheit *f* اکثریت سهام
Aktiennotierung *f* ثبت سهام
Aktienpapiere *npl* اوراق بهادار؛ سهام
Aktienrendite *f* سود سهام
Aktienschein *m* برگ سهام
Aktienschwindel *m* کلاهبرداری در معاملات سهام؛ کلاهبرداری در خرید و فروش سهام
Aktienschwindler/-in *m/f* کلاهبردار در معاملات سهام؛ کلاهبردار در خرید و فروش سهام
Aktienspekulant/-in *m/f* بورس باز؛ دلاّل معاملات سهام
Aktienspekulation *f* بورس بازی
Aktienurkunde *f* گواهی نامهٔ سهام
Aktienverkauf *m* فروش سهام
Aktienwert *m* ارزش سهام
Aktienzertifikat *n* گواهی نامهٔ سهام
Aktienzuteilung *f* پخش سهام؛ توزیع سهام؛ تقسیم سهام
Aktion *f* عملیّات
geheime ~ عملیّات مخفی؛ عملیّات نهانی
großangelegte ~ عملیّات گسترده
koordinierte ~ عملیّات هماهنگ شده

militärische ~ عملیّات نظامی
versteckte ~ عملیّات پنهانی؛ عملیّات مخفی
Aktionär/-in *m/f* سهامدار
einfacher ~ سهامدار ساده
Aktionärausschuss *m* کمیسیون سهامداران
Aktionärsversammlung *f* جلسهٔ سهامداران
eine ~ einberufen سهامداران را به تشکیل جلسه فراخواندن
Aktionsgruppe *f* گروه عملیّات
Aktionskomitee *n* کمیتهٔ عملیّات
Aktionsplan *m* برنامهٔ عملیّات
Aktionsprogramm *n* برنامهٔ عملیّات
aktiv *adj* 1) مثبت 2) کوشا؛ فعّال
1) ~e Handelsbilanz تراز تجاری مثبت؛ موازنهٔ تجاری مثبت
2) ~es Mitglied عضو کوشا؛ عضو فعّال
Aktivist/-in *m/f* فعّال؛ کوشنده؛ شخص فعّال
Aktivität *f* فعالیّت
geheimdienstliche ~en فعالیّت های جاسوسی
geheime ~en فعالیّت های سرّی
konterrevolutionäre ~en فعالیّت های ضدّ انقلابی
persönliche ~en فعالیّت های شخصی
private ~en فعالیّت های خصوصی
regierungsfeindliche ~en فعالیّت های ضدّ حکومت
revolutionäre ~en فعالیّت های انقلابی
wirtschaftliche ~en فعالیّت های اقتصادی
Aktualität *f* اکنونیّت؛ فعلیّت
aktuell *adj* کنونی؛ فعلی؛ روزمره
~e Nachrichten اخبار روز
~e Probleme مشکلات روزمره
~e Themen موضوعات کنونی
Akzent *m* 1) تکیه (بر سیلاب) 2) لهجه
akzentuieren تکیه نهادن؛ تأکید نهادن

Alarm *m* 1) هشدار؛ هشدار آماده باش 2) آژیر خطر؛ آژیر خطر و رفع خطر
alarmieren هشدار دادن؛ متوجّهٔ خطر کردن
Alimente *npl* نفقه
alimentieren خرجی دادن
Alleinanspruch *m* حقّ انحصاری
Alleinherrschaft *f* یکه سالاری؛ حاکمیّت انحصاری
Alleinherrscher *m* یکه سالار
Alleinvertreter/-in *m/f* نمایندهٔ انحصاری؛ نمایندهٔ منحصر به فرد
Alleinvertretung *f* نمایندگی انحصاری
allgemein *adj* کلّی؛ عمومی؛ همگانی
~e Kosten هزینهٔ عمومی
~e Lage وضعیّت کلّی
~e Lösung راه حلّ کلّی
allgemeingültig *adj* همه شمول
Allgemeinwohl *n* رفاه همگانی؛ رفاه عمومی؛ آسایش عمومی
Allianz *f* پیمان؛ هم پیمانی؛ اتّحاد
einer ~ beitreten به پیمانی پیوستن؛ عضو پیمانی شدن
Alliierten *mpl* متّفقین
allwissend *adj* همه دان؛ عالم مطلق
Alphabet *n* الفبا
alphabetisch *adj* الفبایی؛ به ترتیب حروف الفبا
alphabetisieren طبق حروف الفبا تنظیم کردن
Alter *n* سن
erwerbsfähiges ~ سنّ کاری
schulpflichtiges ~ سنّ آموزش
wehrpflichtiges ~ سنّ خدمت سربازی؛ سنّ خدمت نظام وظیفه
Altersgrenze *f* محدودهٔ سنّی
Altersgruppe *f* گروه سنّی

Altersklasse *f* طبقهٔ سنّی

Alterspyramide *f* هرم سنّی

Altersrente *f* بازنشستگی پیری؛ بازنشستگی زمان پیری

Altersruhegeld *n* حقوق بازنشستگی

Altersversicherung *f* بیمهٔ پیری

freiwillige ~ بیمهٔ داوطلبانهٔ پیری: بیمهٔ داوطلبانهٔ بازنشستگی

gesetzliche ~ بیمهٔ قانونی بازنشستگی

Altersversorgung *f* تأمین حقوق بازنشستگی

Altlasten *fpl* بدهی های متقبّل شده؛ بدهی های قدیمی

Ambition *f* بلندپروازی

ambitioniert *adj* بلندپرواز

ambivalent *adj* دواحساسی

Ambivalenz *f* دواحساسی

Amnestie *f* بخشودگی؛ عفو

eine ~ erlassen دستور عفو صادر کردن

eine ~ fordern خواستار عفو شدن

amnestieren بخشودن؛ عفو کردن

Amt *n* 1) اداره 2) مقام؛ سمت؛ پست؛ منصب

1) auswärtiges ~ ادارهٔ امور خارجه؛ ادارهٔ امور خارجهٔ فدرال

städtisches ~ ادارهٔ شهری

2) öffentliches ~ مقام دولتی؛ شغل دولتی؛ سمت دولتی

richterliches ~ مقام قضایی؛ سمت قضایی

ein ~ antreten در سمتی شروع به کار کردن؛ در سمتی شروع به انجام وظیفه کردن

ein ~ aufgeben از مقامی منصرف شدن؛ از سمتی کناره گیری کردن

aus dem ~ ausscheiden از مقام کناره گیری کردن

ein ~ ausüben در سمتی انجام وظیفه کردن

ein ~ bekleiden دارای سمتی بودن؛ دارای مقامی بودن

ein ~ besetzen پستی را اشغال کردن؛ سمتی را گرفتن

aus dem ~ entfernen از مقام برکنار کردن

ein ~ innehaben دارای مقامی بودن

aus dem ~ jagen از پستی بیرون انداختن

ein ~ niederlegen از مقامی استعفا دادن؛ از سمتی استعفا دادن

ein ~ übernehmen عهده دار سمتی شدن؛ عهده دار مقامی شدن

ein ~ versehen دارای سمتی بودن؛ دارای مقامی بودن

ein ~ verwalten ادارهٔ مقامی را عهده دار بودن؛ ادارهٔ مقامی را به عهده داشتن

amtlich *adj* رسمی؛ اداری

~e Zeitung روزنامهٔ رسمی

~e Verlautbarung اطّلاعیّهٔ اداری؛ اطّلاعیّهٔ رسمی

~er Wechselkurs نرخ رسمی ارز؛ نرخ رسمی مبادلهٔ ارز

Amtsantritt *m* شروع به انجام وظیفه در سمتی

Amtsausübung *f* انجام وظیفه در سمتی

Amtsbefugnis *f* صلاحیّت اداری

Amtsbeleidigung *f* توهین به مقام اداری؛ توهین به ولیّ امر

Amtsbereich *m* حوزهٔ اداری

Amtsbewerber/-in *m/f* نامزد مقام

Amtsdauer *f* مدّت زمان عهده داری مقام

Amtsdelikt *n* خلاف اداری

Amtseid *m* سوگند اداری؛ سوگند قانونی؛ سوگند رسمی

Amtseinsetzung *f* گمارش به مقام؛ انتصاب به مقام

Amtsenthebung *f* برکناری از مقام؛ عزل از مقام؛ عزل از سمت؛ انفصال از خدمت

Amtsentlassung *f* اخراج از خدمت؛ انفصال از خدمت

Amtsfähigkeit *f* شایستگی انجام کار؛ شایستگی به عهده گیری مقام

Amtsgeheimnis *n* سرّ اداری

Amtsgericht *n* دادگاه بخش

Amtsgerichtspräsident/-in *m/f* رئیس دادگاه بخش

Amtsgeschäfte *npl* امور اداری؛ وظایف اداری

Amtsgewalt *f* قدرت اداری

Amtsinhaber/-in *m/f* دارندهٔ سمت؛ صاحب مقام؛ صاحب منصب

Amtskollege *m* همتا؛ همکار؛ همکار اداری (مرد)

Amtskollegin *f* همتا؛ همکار؛ همکار اداری (زن)

Amtsleiter/-in *m/f* رئیس اداره

Amtsleitung *f* ریاست اداره

Amtsmissbrauch *m* سوء استفاده از مقام

Amtsnachfolger/-in *m/f* جانشین مقام؛ قائم مقام

Amtsniederlegung *f* استعفا از مقام

Amtsperson *f* کارمند اداری

Amtspersonal *n* کارکنان اداری؛ مستخدمین اداری؛ پرسنل اداری

Amtspflicht *f* وظیفهٔ اداری

die ~ verletzen از وظیفهٔ اداری تخلّف کردن

Amtspflichtverletzung *f* تخلّف از وظیفهٔ اداری

Amtsrichter/-in *m/f* رئیس دادگاه بخش

Amtsschimmel *m* تشریفات اداری

Amtssitz *m* مقرّ اداری

Amtssprache *f* زبان رسمی

Amtstätigkeit *f* فعالیّت اداری

Amtsträger/-in *m/f* صاحب منصب

Amtsübergabe *f* واگذاری مقام

Amtsübernahme *f* تصدّی مقام؛ تصدّی پست

Amtsunterschlagung *f* اختلاس اداری

Amtsvergehen *n* خطای اداری

Amtsverzicht *m* چشم پوشی از مقام

Amtsvorgänger/-in *m/f* صاحب منصب پیشین

Amtsweg *m* طریق اداری

amtswidrig *adj* مغایر با مقرّرات اداری؛ خلاف مقرّرات اداری

Amtswidrigkeit *f* مغایرت با مقرّرات اداری؛ تخلّف ازمقرّرات اداری

Amtszeit *f* دورهٔ خدمت؛ دورهٔ تصدّی

analog *adj* قیاس پذیر

Analogie *f* قیاس پذیری

Analphabet/-in *m/f* بیسواد

Analphabetismus *m* بیسوادی

Analyse *f* تجزیه و تحلیل؛ تحلیل

genaue ~ تجزیه و تحلیل دقیق

politische ~ تحلیل سیاسی

~ der politischen Ereignisse تحلیل رویدادهای سیاسی

~ der regionalen Probleme تجزیه و تحلیل مشکلات منطقه ای

~ des Absatzmarktes تجزیه و تحلیل بازار فروش

Analyst/-in *m/f* تحلیلگر؛ تجزیه و تحلیلگر

Anarchie *f* 1) بی قانونی؛ هرج و مرج 2) دولت ستیزی؛ آنارشی

anarchisch *adj* 1) بی قانون 2) آنارشی خواه

Anarchist/-in *m/f* 1) هرج و مرج خواه؛ هرج و مرج طلب 2) دولت ستیز؛ آنارشیست

anbahnen هموار کردن

Verhandlungen ~ راه را جهت مذاکرات هموار کردن

anbieten 1) پیشنهاد کردن 2) عرضه کردن

1) eine Lösung ~ راه حلّی را پیشنهاد کردن

Unterstützung ~ پیشنهاد حمایت کردن؛ اعلام حمایت کردن

Vermittlung ~ پیشنهاد وساطت کردن

2) Dienstleistungen ~ خدمات عرضه کردن

eine Ware ~ کالایی را عرضه کردن؛ پیشنهاد فروش کالایی را کردن

Anbieter/-in *m/f* پیشنهادکننده؛ پیشنهاددهنده؛ عرضه کننده

ändern تغییر دادن؛ اصلاح کردن

seine Meinung ~ عقیدهٔ خود را تغییر دادن؛ نظر خود را تغییر دادن

ändern, sich تغییر کردن؛ تغییر یافتن

Änderung *f* تغییر؛ اصلاح

eine ~ vornehmen اصلاح کردن؛ مبادرت به اصلاح کردن

Änderungsantrag *m* درخواست اصلاحی؛ لایحهٔ اصلاحی

einen ~ ablehnen درخواست اصلاحی ای را رد کردن؛ لایحهٔ اصلاحی ای را رد کردن

einen ~ annehmen درخواست اصلاحی ای را تصویب کردن؛ لایحهٔ اصلاحی ای را تصویب کردن

Änderungsgesetz *n* قانون اصلاح

Änderungsvorschlag *m* پیشنهاد اصلاح

androhen تهدید کردن

einen Boykott ~ تهدید به تحریم کردن

Repressalien ~ به اعمال زور و فشار تهدید کردن

Vergeltung ~ تهدید به انتقام کردن

Androhung *f* تهدید

aneignen, sich متصرّف شدن؛ به تصرّف خود درآوردن

Aneignung *f* تصرّف؛ تملّک

anerkennen 1) به رسمیّت شناختن 2) سپاس داشتن؛ قدردانی کردن؛ تقدیر کردن

1) einen Anspruch ~ ادّعایی را به رسمیّت شناختن؛ حقّی را به رسمیّت شناختن

einen Staat ~ دولتی را به رسمیّت شناختن

ein Urteil ~ حکمی را به رسمیّت شناختن

2) eine Leistung ~ از کاری قدردانی کردن

Anerkennung *f* 1) شناسایی؛ به رسمیّت شناختن 2) سپاسداری؛ قدردانی؛ تقدیر

einseitige ~ شناسایی یک جانبه

endgültige ~ شناسایی قطعی

gegenseitige ~ شناسایی متقابل

gerichtliche ~ شناسایی قضایی؛ به رسمیّت شناختن از سوی دادگاه

~ finden مورد قدردانی قرار گرفتن

Anfangsgehalt *n* حقوق شروع

Anfangsinvestition *f* سرمایه گذاری اوّلیّه

Anfangskapital *n* سرمایهٔ اوّلیّه

Anfangslohn *m* دستمزد شروع

anfechten به رسمیّت نشناختن؛ رسماً اعتراض کردن

einen Beschluss ~ حکمی را به رسمیّت نشناختن؛ برعلیه حکمی رسماً اعتراض کردن

eine Entscheidung ~ تصمیمی را رسماً مورد اعتراض قرار دادن

ein Testament ~ وصیّت نامه ای را به رسمیّت نشناختن

ein These ~ تزی را به رسمیّت نشناختن؛ به تزی ایراد نقص کردن

ein Urteil ~ حکمی را به رسمیّت نشناختن؛ درخواست تجدیدنظر در حکمی را کردن

einen Vertrag ~ قراردادی را به رسمیّت نشناختن

Anfechtung *f* اعتراض: به رسمیّت نشناختن

Anfechtungsfrist *f* مهلت اعتراض

Anfechtungsrecht *n* حقّ اعتراض

anfordern درخواست کردن؛ تقاضا کردن

einen Bericht ~ گزارش خواستن؛ گزارشی را درخواست کردن

Unterstützung ~ درخواست پشتیبانی کردن؛

درخواست حمایت کردن؛ تقاضای حمایت کردن

Anforderung *f* درخواست؛ تقاضا

~ von Arbeitskräften درخواست نیروی کار؛ تقاضای نیروی کار

Anfrage *f* استیضاح

anfragen استیضاح کردن

anführen رهبری کردن

eine Delegation ~ در رأس یک هیأت نمایندگی بودن

eine Demonstration ~ تظاهراتی را رهبری کردن

eine Opposition ~ آپوزیسیونی را رهبری کردن

Anführer/-in *m/f* سردسته؛ رهبر

~ einer Bande سردستهٔ یک باند

~ von Putschisten سردستهٔ کودتاگران؛ رهبر کودتاگران

Angebot *n* پیشنهاد؛ عرضه

verhandlungsfähiges ~ پیشنهاد قابل مذاکره

ein ~ ablehnen پیشنهادی را رد کردن

ein ~ annehmen پیشنهادی را پذیرفتن

ein ~ erhalten پیشنهادی را دریافت کردن

ein ~ zurückweisen پیشنهادی را رد کردن

~ an Arbeitskräften عرضهٔ نیروی کار

~ an Dienstleistungen عرضهٔ خدمات

~ an Waren عرضهٔ کالا

Angebotspreis *m* قیمت پیشنهادی؛ قیمت پیشنهادی فروش کالا

angehören تعلّق داشتن؛ عضو بودن

einer Organisation ~ عضو سازمانی بودن

einer Union ~ عضو اتّحادیه ای بودن

Angehörige *m/f* وابسته؛ قوم و خویش

Angeklagte *m/f* دادخوانده؛ متّهم؛ متّهم علیه

die Belehrung des ~n آموزش متّهم علیه (در مورد حق و حقوق او)

einen ~n verhören از متّهمی بازپرسی کردن

Angelegenheit *f* موضوع؛ امر؛ قضیه

relevante ~ موضوع مهم؛ موضوع حائز اهمیّت؛ امر مهم

Angeschuldigte *m/f* متّهم؛ مدعی علیه

Angestellte *m/f* کارمند؛ کارمند بخش خصوصی

Angestelltenversicherung *f* بیمهٔ کارمندان؛ بیمهٔ کارمندان بخش خصوصی

angreifen یورش بردن بر؛ حمله کردن به؛ مورد حمله قرار دادن

ein Land ~ بر سرزمینی یورش بردن؛ به کشوری حمله کردن

eine Person ~ شخصی را مورد حمله قرار دادن

Angreifer *m* مهاجم؛ حمله کننده

Angriff *m* یورش؛ حمله؛ تهاجم

bevorstehender ~ حملهٔ قریب الوقوع

bewaffneter ~ حملهٔ مسلّحانه

brutaler ~ حملهٔ وحشیانه؛ یورش وحشیانه

direkter ~ حملهٔ مستقیم

erfolgreicher ~ حملهٔ موفّقیّت آمیز

feige ~e حملات ناجوانمردانه

feindlicher ~ حملهٔ دشمن؛ حملهٔ خصمانه

gescheiterter ~ حملهٔ نافرجام

großangelegter ~ حملهٔ گسترده؛ یورش گسترده

heftiger ~ حملهٔ شدید

indirekter ~ حملهٔ غیرمستقیم

koordinierte ~e حملات هماهنگ

kühner ~ حملهٔ جسورانه

massiver ~ حملهٔ گسترده

mutmaßlicher ~ حملهٔ احتمالی

nächtlicher ~ شبیخون؛ حملهٔ شبانه

sporadische ~e حملات پراکنده

ständige ~e حملات پیاپی؛ حملات پی در پی

tätlicher ~ ضرب و جرح

terroristische ~e حملات تروریستی

unununterbrochene ~e حملات مداوم؛ حملات بی وقفه
unverminderte ~e حملات مداوم
einen ~ abschlagen حمله ای را دفع کردن
einen ~ abwehren حمله ای را دفع کردن
einen ~ erwidern به حمله ای پاسخ دادن
zum ~ übergehen به حمله پرداختن؛ با ترک مواضع دفاعی حمله کردن
einen ~ zurückschlagen حمله ای را (از سوی دشمن) به عقب زدن
die ~e verstärken بر شدّت حملات افزودن
Angriffsbündnis *n* پیمان تهاجمی
Angriffskrieg *m* جنگ تهاجمی
Angriffsmittel *npl* ابزار تهاجمی
Angriffsplan *m* طرح حمله
Angriffsstopp *m* متوقّف سازی حمله
Angriffsvorbereitungen *fpl* تدارکات حمله؛ مقدّمات حمله
~ treffen تدارکات حمله را چیدن؛ حمله را تدارک دیدن؛ مقدّمات حمله را چیدن
Angriffswaffen *fpl* جنگ ابزارهای تهاجمی؛ اسلحه های تهاجمی
Angriffsziel *n* هدف مورد تهاجم
Angriffszone *f* منطقهٔ مورد تهاجم
Angst *f* ترس؛ آسیمگی
angsterfüllt *adj* مملو از ترس
Angstgefühl *n* احساس ترس
ängstigen ترساندن
ängstigen, sich ترسیدن
ängstlich *adj* ترسو
Ängstlichkeit *f* ترسویی
Anhaltspunkt *m* نقطهٔ اتّکاء
Anhänger/-in *m/f* طرفدار
eingefleischter ~ طرفدار از جان گذشته
entschiedener ~ طرفدار قاطع و مصمّم
loyaler ~ طرفدار وفادار
treuer ~ طرفدار وفادار؛ طرفدار پروپاقرص؛ طرفدار ثابت قدم
anhäufen انباشتن: انباشت کردن
Besitz ~ مال و اموال انباشتن
Kapital ~ انباشت سرمایه کردن
Anhäufung *f* انباشت
anheben افزایش دادن؛ بالابردن
Steuern ~ مالیات ها را افزایش دادن؛ مالیات ها را بالابردن
Anhebung *f* افزایش
anheizen 1) شدّت بخشیدن؛ به فعالیّت واداشتن 2) دامن زدن
1) die Konjunktur ~ به روند اقتصادی شدّت بخشیدن؛ جریان اقتصادی را به فعالیّت واداشتن
2) die Unzufriedenheit ~ به نارضایتی دامن زدن
anhören گوش فرادادن
Anhörung *f* دادرسی؛ استمتاع
öffentliche ~ دادرسی علنی
~ von Zeugen استمتاع شاهدان
ankern لنگر انداختن
Ankerplatz *m* لنگرگاه
Anklage *f* اتّهام؛ شکایت
falsche ~ اتّهام دروغ؛ تهمت دروغ
unbegründete ~ اتّهام بی اساس
von einer ~ absehen از شکایتی چشم پوشی کردن؛ از شکایتی صرفنظر کردن
eine ~ erheben gegen شکایت کردن برعلیه
eine ~ fallenlassen شکایتی را پس گرفتن؛ دنبال شکایتی را نگرفتن
von einer ~ freisprechen از اتّهامی تبرئه کردن
unter ~ stehen مورد اتّهام بودن
unter ~ stellen متّهم کردن

eine ~ verfolgen شکایتی را پیگیری کردن

eine ~ verwerfen اتّهامی را مردود شناختن

eine ~ zurücknehmen شکایتی را پس گرفتن

Anklagebank *f* جایگاه متّهم

Anklagegrund *m* دلیل اتّهام

anklagen شکایت کردن

Anklagepunkte *mpl* موارد اتّهام

Ankläger/-in *m/f* خواهان؛ مدّعی؛ شاکی

Anklageschrift *f* ادّعا نامه

ankündigen اعلام کردن

eine Maßnahme ~ اقدامی را اعلام کردن

einen Streik ~ اعتصابی را اعلام کردن

Ankündigung *f* 1) اعلام 2) اعلامیّه

Anlage *f* 1) سرمایه گذاری 2) مؤسّسات؛ تأسیسات (به صورت جمع)

1) festverzinsliche ~ سرمایه گذاری با نرخ بهرهٔ ثابت

gewinnbringende ~ سرمایه گذاری سودده

kurzfristige ~ سرمایه گذاری کوتاه مدّت

langfristige ~ سرمایه گذاری درازمدّت

2) gewerbliche ~n تأسیسات و ماشین آلات صنعتی

militärische ~n تأسیسات نظامی

öffentliche ~n مؤسّسات دولتی

sanitäre ~n تأسیسات بهداشتی

Anlageberater/-in *m/f* رایزن در امور سرمایه گذاری؛ مشاور در امور سرمایه گذاری

Anlageberatung *f* رایزنی در امور سرمایه گذاری؛ مشاورت در امور سرمایه گذاری

Anlageerträge *mpl* عواید حاصله از سرمایه گذاری؛ درآمد حاصله از سرمایه گذاری

Anlagefonds *m* صندوق سرمایه گذاری

Anlagegüter *npl* کالاهای سرمایه ای

Anlageinvestition *f* سرمایه گذاری در دارایی های ثابت؛ سرمایه گذاری در دارایی های غیر منقول

Anlagekapital *n* سرمایهٔ ثابت

Anlagekredit *m* اعتبار سرمایه گذاری

Anlagenfinanzierung *f* تأمین مالی سرمایه گذاری

Anlagevermögen *n* دارایی ثابت؛ دارایی غیرمنقول

Anlagewert *m* ارزش سرمایه گذاری

Anlagewertpapiere *npl* سرمایه گذاری به صورت اوراق بهادار

anlegen 1) سرمایه گذاری کردن 2) چیزی را ذخیره کردن 3) تشکیل دادن (پرونده)

1) befristet ~ برای مدّت زمان محدود سرمایه گذاری کردن

fest verzinslich ~ با بهرهٔ ثابت سرمایه گذاری کردن

Geld ~ پول را سرمایه گذاری کردن

Kapital ~ سرمایه گذاری کردن

2) Vorräte ~ ذخیره کردن (کالاهای مصرفی و موادّ غذایی برای استفادهٔ آتی)

3) eine Akte ~ پرونده ای را تشکیل دادن

Anleihe *f* وام؛ قرض؛ قرضه

öffentliche ~ قرضهٔ عمومی؛ وام عمومی؛ استقراض عمومی

~ aufnehmen وام گرفتن؛ قرض گرفتن

~ tilgen وام را بازپرداختن؛ کلیّهٔ وام را بازپرداختن

Anleihefinanzierung *f* تأمین مالی از طریق دریافت وام

Anleihefonds *m* صندوق اوراق قرضه

Anleihegläubiger/-in *m/f* بستانکار سند قرضه؛ بستانکار اوراق قرضه؛ طلبکار اوراق قرضه

Anleihekapital *n* سرمایهٔ استقراضی

Anleihemarkt *m* بازار اوراق قرضه

Anleihepapiere *npl* سهام قرضه ای

Anleiheschuldner/-in *m/f* بدهکار سند قرضه؛ بدهکار اوراق قرضه

Anleihetilgung *f* بازپرداخت کلیهٔ وام
annektieren منضم کردن
ein Gebiet ~ منطقه ای را منضم کردن
Annexion *f* الحاق؛ انضمام
Annonce *f* آگهی؛ آگهی در روزنامه و یا مجلّه
annoncieren آگهی دادن؛ آگهی در روزنامه و یا مجلّه دادن
annullieren لغو کردن؛ فسخ کردن
ein Urteil ~ حکمی را لغو کردن
einen Vertrag ~ قراردادی را لغو کردن؛ قراردادی را فسخ کردن
die Wahlen ~ انتخابات را لغو کردن
Annullierung *f* الغا؛ فسخ
Anomie *f* بی هنجاری
anonym *adj* بی نام و نشان
Anonymität *f* بی نام و نشانی
anordnen دستور دادن؛ امر کردن؛ مقرّر داشتن
die Beschlagnahme ~ دستور مصادره دادن
die Staatstrauer ~ سوگواری ملّی مقرّر داشتن؛ عزای ملّی اعلام کردن
die Verhaftung ~ دستور دستگیری دادن؛ دستور بازداشت دادن؛ دستور توقیف دادن
die Vollstreckung ~ دستور اجرا دادن
Anordnung *f* دستور؛ امر؛ فرمان
Anpassung *f* سازگاری؛ تطبیق
anpassungsfähig *adj* سازگار؛ سازش پذیر
Anpassungsfähigkeit *f* سازگاری؛ سازش پذیری
Anpassungsprozess *m* فرایند سازگاری؛ فرایند تطبیق
ansammeln گردآوری کردن؛ جمع کردن
ansammeln, sich جمع شدن
Ansammlung *f* گردِهمایی؛ تجمّع
öffentliche ~ گردِهمایی همگانی؛ تجمّع عمومی
spontane ~ گردِهمایی خود به خودی؛ تجمّع خود به خودی
anschaffen تهیّه کردن؛ فراهم آوردن
Anschaffung *f* تهیّه؛ تدارک
Anschaffungskosten *f* هزینهٔ تدارکات؛ هزینهٔ خرید
Anschlag *m* سوء قصد؛ حمله به قصد تخریب یا قتل
gemeiner ~ سوء قصد رذیلانه
terroristischer ~ سوء قصد تروریستی؛ حملهٔ تروریستی
verbrecherischer ~ سوء قصد جنایتکارانه
verräterischer ~ سوء قصد خائنانه
einen ~ planen سوء قصدی را برنامه ریزی کردن؛ برنامهٔ سوء قصدی را چیدن
einen ~ verhindern از سوء قصدی جلوگیری کردن
einen ~ verüben سوء قصد کردن
anschließen, sich پیوستن؛ ملحق شدن
Anschluss *m* الحاق
freiwilliger ~ الحاق داوطلبانه
Anschrift *f* نشانی؛ آدرس
anschuldigen متّهم کردن؛ مقصّر دانستن
Anschuldigung *f* اتّهام؛ تهمت
falsche ~ اتّهام نادرست؛ تهمت دروغ
schwere ~ اتّهام سنگین
vorsätzlich falsche ~ اتّهام عمدی؛ اتّهام عمداً نادرست
wissentlich falsche ~ اتّهام عمدی؛ اتّهام عمداً آگاهانه
eine ~ erheben اقامهٔ اتّهام کردن
eine ~ zurückweisen اتّهامی را رد کردن
Ansehen *n* اعتبار؛ وجه؛ حیثیّت
dem eigenen ~ schaden به اعتبار و حیثیّت خود لطمه زدن
Ansprache *f* سخنرانی؛ نطق
aufschlussreiche ~ سخنرانی افشاگرانه

bombastische ~	سخنرانی پرآب و تاب
erschütternde ~	سخنرانی تکان دهنده
scharfe ~	سخنرانی شدیداللحن؛ نطق شدیداللحن
öffentliche ~	نطق علنی
offizielle ~	سخنرانی رسمی؛ نطق رسمی
eine ~ halten	سخنرانی کردن؛ نطق کردن
Anspruch *m*	ادّعا؛ حق
bedingter ~	ادّعای مشروط
berechtigter ~	ادّعای محق
gesetzlicher ~	ادّعای قانونی؛ حقّ قانونی
legitimer ~	ادّعای قانونی؛ حقّ قانونی
territorialer ~	ادّعای ارضی
unberechtigter ~	ادّعای بدون استحقاق
zweifelhafter ~	ادّعای مشکوک
einen ~ aberkennen	ادّعایی را به رسمیّت نشناختن
einen ~ anerkennen	ادّعایی را به رسمیّت شناختن
einen ~ anmelden	اعلام حق کردن
einen ~ aufgeben	از ادّعایی منصرف شدن؛ رضایت دادن
einen ~ erheben	ادّعا کردن
einen ~ geltend machen	ادّعایی را قانوناً به اثبات رساندن
einen ~ zurückweisen	ادّعایی را رد کردن
anstacheln	تحریک کردن
zum Aufruhr ~	تحریک به شورش کردن
Anstachelung *f*	تحریک
anstellen	استخدام کردن؛ به کار گماشتن
Anstellung *f*	استخدام
befristete ~	استخدام موقّت؛ استخدام مدّت دار
feste ~	استخدام ثابت؛ استخدام دائمی
vorläufige ~	استخدام موقّت
~ von Personal	استخدام کارکنان؛ استخدام پرسنل
eine feste ~ finden	به استخدام ثابت درآمدن؛

	کار ثابت پیدا کردن
eine feste ~ haben	در استخدام ثابت بودن؛ کار ثابت داشتن
Anstellungsbedingungen *fpl*	شرایط استخدام
Anstellungsvertrag *m*	قرارداد استخدام
Anstieg *m*	افزایش
~ der Arbeitslosenzahlen	افزایش شمار بیکاران؛ افزایش تعداد بیکاران
~ der Löhne	افزایش مزدها
~ der Preise	افزایش قیمت ها
anstiften	تحریک کردن
Anstifter/-in *m/f*	تحریک کننده
Anstiftung *f*	تحریک
~ zum Mord	تحریک به قتل
~ zum Verbrechen	تحریک به جنایت
anstrengen, sich	تلاش کردن
Anstrengung *f*	تلاش؛ جهد
gemeinsame ~en	تلاش های مشترک
die ~en forcieren	بر تلاش ها افزودن
große ~en unternehmen	تلاش های بسیار کردن
Antagonismus *m*	ستیزه گری
Antagonist *m*	ستیزگر
antagonistisch *adj*	ستیزگرانه
Anthropologe *m*	مردم شناس (مرد)
Anthropologie *f*	مردم شناسی
Anthropologin *f*	مردم شناس (زن)
antiautoritär *adj*	قدرت ستیز
Antifaschismus *m*	ضدّ فاشیسم؛ فاشیسم ستیزی
antik *adj*	1) باستانی 2) عتیقه
Antike *f*	تاریخ باستان
Antikolonialismus *m*	ضدّ استعمار؛ استعمارستیزی
Antikommunismus *m*	ضدّ کمونیست؛ کمونیست ستیزی

Antikriegskurs *m* خطّ مشی ضدّ جنگ

Antipanzermine *f* مین ضدّ تانک

Antipersonenmine *f* مین ضدّ نفر

Antiraketensystem *n* سیستم ضدّ موشک

antisemitisch *adj* یهودستیز

Antisemit/-in *m/f* یهودستیز

Antisemitismus *m* یهودستیزی

Antrag *m* درخواست؛ درخواست نامه؛ تقاضا؛ تقاضانامه؛ طرح پیشنهادی

begründeter ~ درخواست با دلیل؛ درخواست مدلّل

schriftlicher ~ درخواست نامه؛ تقاضانامه

unbegründeter ~ درخواست بی پایه؛ درخواست بی اساس؛ درخواست بی دلیل؛ درخواست غیرمدلّل

~ auf Aufhebung der Immunität درخواست لغو مصونیّت؛ تقاضای لغو عضویّت

~ auf Beihilfe درخواست کمک هزینه؛ تقاضای کمک هزینه

~ auf Beitritt درخواست عضویّت؛ تقاضای عضویّت

~ auf Eintragung درخواست ثبت؛ تقاضای ثبت

~ auf Schaden(s)ersatz درخواست جبران خسارت؛ تقاضای جبران خسارت

~ auf staatlichen Zuschuss درخواست کمک مالی از دولت؛ تقاضای کمک مالی از دولت

~ auf Verfolgung درخواست پیگرد؛ تقاضای پیگرد

auf ~ des Klägers بنا به درخواست شاکی؛ بنا به درخواست خواهان؛ بنا به تقاضای مدّعی

einen ~ ablehnen درخواستی را رد کردن؛ یک طرح پیشنهادی را رد کردن

einen ~ absetzen درخواستی را (از دستور کار) حذف کردن

einen ~ abweisen درخواستی را رد کردن؛ پیشنهادی را رد کردن؛ یک طرح پیشنهادی را رد کردن

einen ~ annehmen درخواستی را پذیرفتن؛ یک طرح پیشنهادی را به تصویب رساندن

einen ~ auf Eis legen رسیدگی به درخواستی را به تعویق انداختن؛ بررسی یک طرح پیشنهادی را به بعد موکول کردن

einen ~ bestätigen درخواستی را تأیید کردن؛ تقاضایی را تأیید کردن

einen ~ einbringen پیشنهادی را مطرح کردن؛ پیشنهادی را برای تصویب ارائه کردن

einen ~ einreichen درخواست نامه ای را تسلیم کردن؛ درخواست نامه ای را ارائه کردن

einem ~ stattgeben به درخواستی ترتیب اثر دادن؛ به تقاضایی ترتیب اثر دادن

einen ~ stellen درخواست کردن؛ تقاضا کردن

einen ~ unterstützen از درخواست نامه ای حمایت کردن؛ از یک طرح پیشنهادی حمایت کردن

einen ~ zum Beschluss erheben یک طرح پیشنهادی را به تصویب رساندن

einen ~ zur Diskussion stellen پیشنهادی را به بحث گذاشتن

sich für einen ~ aussprechen از درخواستی حمایت کردن؛ از یک طرح پیشنهادی حمایت کردن

sich gegen einen ~ aussprechen با درخواستی مخالفت کردن؛ با یک طرح پیشنهادی مخالفت کردن

Antragsteller/-in *m/f* متقاضی؛ درخواست کننده

Antragsfrist *f* مهلت ارائهٔ درخواست

Antragsverfahren *n* مراحل بررسی درخواست نامه

Antwort *f* پاسخ؛ جواب

antworten پاسخ دادن؛ جواب دادن

anwachsen افزایش یافتن

die Schulden wachsen an بدهی ها در حال افزایش اند.

Anwalt *m* وکیل مدافع (مرد)

Anwältin *f* وکیل مدافع (زن)

Anwaltschaft *f* وکلا

aus der ~ ausschließen ممنوع الوکاله کردن وکیل؛ وکیلی را از کانون وکلا اخراج کردن

Anwaltskammer *f* کانون وکلا

Anwärter/-in *m/f* نامزد؛ کاندید؛ داوطلب

anweisen 1) دستور دادن؛ فرمان دادن 2) حواله کردن

Anweisung *f* 1) دستور؛ فرمان 2) حواله

1) ausdrückliche ~ دستور صریح

schriftliche ~ دستور کتبی

strikte ~ دستور اکید

eine ~ ausführen دستوری را اجرا کردن

~en befolgen از دستورات پیروی کردن؛ از فرامین پیروی کردن

~en einholen دستور گرفتن؛ کسب دستور کردن

~en geben دستور دادن

auf ~en warten منتظر کسب دستورات بودن؛ گوش به فرمان بودن

2) ~ eines Betrages حوالهٔ یک مبلغ

anwendbar *adj* کاربردار

Anwendbarkeit *f* کاربرداری

anwenden به کار بردن؛ استعمال کردن

Anwendung *f* کاربرد؛ استعمال

anwerben به استخدام درآوردن؛ به خدمت گرفتن

Anwerbestopp *m* قطع استخدام

Anwerbung *f* استخدام؛ به خدمت گیری

~ von Arbeitskräften استخدام نیروی کار

~ von Personal استخدام کارکنان؛ استخدام پرسنل؛ کارمندگیری

~ von Soldaten سربازگیری

~ von Spionen استخدام جاسوس؛ جاسوس گرفتن

anzahlen پیش پرداختن؛ بیعانه دادن

Anzahlung *f* پیش پرداخت؛ بیعانه

Anzeige *f* 1) شکایت؛ اعلام جرم 2) آگهی

1) eine ~ erstatten gegen شکایت کردن از؛ شکایت کردن برعلیه؛ اعلام جرم کردن برعلیه

2) eine ~ aufgeben آگهی دادن؛ در روزنامه آگهی دادن

anzeigen 1) اعلام جرم کردن 2) آگهی کردن

anzetteln تحریک کردن

einen Aufruhr ~ تحریک به شورش کردن

Anzettelung *f* تحریک

Apathie *f* بی شوری؛ بی تفاوتی

apathisch *adj* بی شور؛ بی تفاوت

apolitisch *adj* غیرسیاسی

Arbeit *f* کار

ganztägige ~ کار تمام وقت

harte ~ کار دشوار؛ کار سخت

körperliche ~ کار بدنی؛ کار جسمی

öffentliche ~ کار همگانی؛ کار عام المنفعه

produktive ~ کار تولیدی

qualifizierte ~ کار تخصّصی

schädliche ~ کار زیان آور

schwere ~ کار سنگین

selbständige ~ کار آزاد؛ شغل آزاد

ungelernte ~ کار ساده

unnötige ~ کار غیرضروری

die ~ aufnehmen شروع به کار کردن

eine ~ ausführen کاری را انجام دادن

die ~ einstellen کار را متوقّف کردن

eine ~ erledigen کاری را انجام دادن؛ کاری را به انجام رساندن

die ~ niederlegen دست از کار کشیدن

~ suchen دنبال کار بودن

eine ~ übernehmen کاری را به عهده گرفتن

arbeiten کارکردن

Arbeiter/-in *m/f* کارگر

angelernter ~ کارگر نیمه ماهر

einfacher ~ کارگر ساده
einheimischer ~ کارگر بومی؛ کارگر محلّی
gelernter ~ کارگر ماهر؛ کارگر ورزیده
ungelernter ~ کارگر ساده؛ کارگر ناورزیده
Beteiligung der ~ مشارکت کارگران
die streikenden ~ aussperren
مانع ورود کارگران اعتصاب کننده به کارخانه شدن
Arbeiterbewegung *f* جنبش کارگری
Arbeiterfrage *f* مسألهٔ کارگری
Arbeitergenossenschaft *f* تعاونی کارگری
Arbeitergewerkschaft *f* اتّحادیّهٔ کارگری؛ سندیکای کارگری
Arbeiterklasse *f* طبقهٔ کارگر
Arbeiterpartei *f* حزب کارگر
Arbeiterrat *m* شورای کارگری
Arbeiterschaft *f* کارگران؛ مجموعهٔ کارگران
Arbeitersiedlung *f* مجتمع مسکونی کارگری؛ شهرک کارگری
Arbeiterwohlfahrt *f* رفاه کارگران
Arbeitgeber/-in *m/f* کارفرما؛ صاحب کار
Arbeitgeberanteil *m* سهم کارفرمایان؛ سهم کارفرمایان در پرداخت بیمهٔ اجتماعی کاربران
Arbeitgeberbeiträge *mpl* سهم کارفرمایان؛ سهم کارفرمایان در پرداخت بیمهٔ اجتماعی کاربران
Arbeitgeberpflichten *fpl* وظایف کارفرمایان؛ وظایف قانونی کارفرمایان در قبال کاربران
Arbeitgeberschaft *f* کارفرمایان؛ مجموعهٔ کارفرمایان
Arbeitgeberverband *m* اتّحادیّهٔ کارفرمایان
Arbeitgebervertreter/-in *m/f*
نمایندهٔ کارفرمایان
Arbeitnehmer/-in *m/f* کاربر؛ کارکن؛ کارگر یا کارمند
Arbeitnehmeraktien *fpl* سهام کاربران؛ سهام ویژهٔ کاربران
Arbeitnehmeranteil *m* سهم کاربران؛ سهم کارکنان؛ سهم کاربران در پرداخت بیمهٔ اجتماعی
Arbeitnehmerbeiträge *mpl* سهم کاربران؛ سهم کارکنان؛ سهم کاربران در پرداخت بیمهٔ اجتماعی
Arbeitnehmerbeteiligung *f* مشارکت کاربران؛ مشارکت کارکنان
Arbeitnehmereinkommen *n* درآمد کاربران؛ درآمد کارکنان
Arbeitnehmerpolitik *f* سیاست مدیریّت امور کاربران؛ سیاست مدیریّت امور کارکنان
Arbeitnehmerschaft *f* کاربران؛ مجموعهٔ کاربران
Arbeitnehmerüberlassung *f* واگذاری کاربر
Arbeitnehmerüberlassungsvertrag *m*
قرارداد واگذاری کاربر
Arbeitnehmervereinigung *f* اتّحادیّهٔ کاربران؛ اتّحادیّهٔ کارگری
Arbeitnehmervertreter/-in *m/f* نمایندهٔ کاربران
Arbeitsamt *n* ادارهٔ کار؛ ادارهٔ کاریابی
Arbeitsangebot *n* پیشنهاد کار
Arbeitsaufnahme *f* شروع کار
Arbeitsausschuss *m* کمیسیون تحقیق؛ کمیسیون کار
Arbeitsbedingungen *fpl* شرایط کاری
Arbeitsbereitschaft *f* آمادگی برای کار
Arbeitsbeschaffung *f* ایجاد کار؛ ایجاد شغل؛ اشتغال زایی
Arbeitsbeschaffungsmaßnahme *f*
طرح ایجاد کار
Arbeitsbeschaffungsprogramm *n*
برنامهٔ ایجاد کار
Arbeitsbescheinigung *f* گواهی کار؛ گواهی اشتغال
Arbeitseinkommen *n* درآمد کاری

Arbeitserlaubnis *f* اجازهٔ کار؛ مجوّز کار
arbeitsfähig *adj* توانا به کار
Arbeitsfähigkeit *f* توانایی کار
Arbeitsförderung *f* پیشبرد کار؛ بهبود کیفی کار
Arbeitsgemeinschaft *f* گروه کار
Arbeitsgericht *n* دادگاه کار
Arbeitsgesetz *n* قانون کار
Arbeitsgruppe *f* گروه کار
arbeitsintensiv *adj* کاربر
~e Güter کالاهای کاربر
~e Industrie صنایع کاربر
~e Produktion تولید کاربر
Arbeitsjahre *npl* سنوات کاری
Arbeitskampf *m* مبارزهٔ کارگری؛ مبارزات کارگری
in den ~ eingreifen در (روند) مبارزات کارگری مداخله کردن
in den ~ eintreten وارد مبارزات کارگری شدن؛ با مبارزات کارگری شروع کردن
Arbeitskampfmaßnahmen *fpl* اقدامات کارگری؛ اعتصابات کارگری
~ abbrechen اعتصابات کارگری را قطع کردن
~ ergreifen دست به اقدامات کارگری زدن؛ دست به اعتصابات کارگری زدن
Arbeitsklima *n* فضای کار؛ جوّ کار؛ محیط کار
Arbeitskonflikt *m* مناقشهٔ بین کارفرمایان و کاربران؛ اختلاف بین کارفرمایان و کاربران
Arbeitskosten *f* هزینهٔ کار؛ هزینه های دستمزد کارگران
Arbeitskräfte *fpl* نیروی کار
ausgebildete ~ نیروی کار ماهر
ausländische ~ نیروی کار خارجی
billige ~ نیروی کار ارزان
industrielle ~ نیروی کار صنعتی
inländische ~ نیروی کار داخلی
ländliche ~ نیروی کار روستایی
zusätzliche ~ نیروی کار اضافی
Abbau von ~n کاهش نیروی کار
Anforderung von ~n تقاضای نیروی کار؛ درخواست نیروی کار
Angebot an ~n عرضهٔ نیروی کار
Anwerbung von ~n استخدام نیروی کار
Arbeitskräfteabbau *m* کاهش نیروی کار
Arbeitskräfteangebot *n* عرضهٔ نیروی کار
Arbeitskräftebedarf *m* نیروی انسانی مورد نیاز
Arbeitskräftedefizit *n* کمبود نیروی کار
Arbeitskräftemangel *m* کمبود نیروی کار؛ کمبود نیروی انسانی؛ کمبود پرسنل
Arbeitskreis *m* گروه کار
Arbeitslager *n* اُردوگاه کار
Arbeitsleben *n* دورهٔ فعالیّت؛ عمر کاری
Arbeitslohn *m* کارمزد
arbeitslos *adj* بیکار
Arbeitslose *m/f* بیکار: فرد بیکار
Arbeitslosengeld *n* پول بیکاری؛ حقوق بیکاری
Arbeitslosenhilfe *f* کمک هزینهٔ بیکاری
Arbeitslosenquote *f* نرخ بیکاری
Arbeitslosenstatistik *f* آمار بیکاری
Arbeitslosenunterstützung *f* حقوق بیکاری
Arbeitslosenversicherung *f* بیمهٔ بیکاری
Arbeitslosenzahl *f* شمار بیکاران؛ تعداد بیکاران
Anstieg der ~ افزایش شمار بیکاران؛ افزایش تعداد بیکاران
Arbeitslosigkeit *f* بیکاری
anhaltende ~ بیکاری مدام؛ بیکاری مستمر
chronische ~ بیکاری مزمن
saisonbedingte ~ بیکاری فصلی
strukturelle ~ بیکاری ساختاری

verdeckte ~	بیکاری پنهان
vorübergehende ~	بیکاری موقّت
die ~ abbauen	بیکاری را کاهش دادن
die ~ bekämpfen	با بیکاری مبارزه کردن
die ~ mindern	بیکاری را کاهش دادن
die ~ vergrößern	بیکاری را افزایش دادن
Arbeitsmangel *m*	کمبود کار
Arbeitsmarkt *m*	بازار کار
den ~ in Schwung bringen	به بازار کار تحرّک بخشیدن؛ به بازار کار رونق بخشیدن
Arbeitsmarktaussichten *fpl*	چشم انداز بازار کار
Arbeitsmarktbedingungen *fpl*	شرایط بازار کار
Arbeitsmarktdaten *npl*	داده های بازار کار؛ ارقام و اطّلاعات مربوط به بازار کار
Arbeitsmarktforschung *f*	پژوهش بازار کار؛ تحقیق و بررسی بازار کار
Arbeitsmarktlage *f*	وضعیّت بازار کار
Arbeitsmarktpolitik *f*	سیاست بازار کار؛ سیاست تنظیم بازار کار
Arbeitsmarktsituation *f*	وضع بازار کار
Arbeitsmarktstatistik *f*	آمار بازار کار
Arbeitsmenge *f*	میزان کار؛ مقدار کار
Arbeitsminister/-in *m/f*	وزیر کار
Arbeitsministerium *n*	وزارت کار
Arbeitsmöglichkeiten *fpl*	امکانات کاری
Arbeitsmoral *f*	اخلاق کار؛ اخلاقیّت کاری
Arbeitsmotivation *f*	انگیزهٔ کار؛ انگیزهٔ کارکردن
Arbeitsniederlegung *f*	دست کشیدن از کار
Arbeitsorganisation *f*	تشکیلات کارگری؛ سازمان کارگری
Arbeitsort *m*	محلّ کار
Arbeitsplan *m*	برنامهٔ کار
Arbeitsplatz *m*	محلّ کار؛ کار
Ausbildung am ~	آموزش در محلّ کار
Diskriminierung am ~	تبعیض در محلّ کار
Erhaltung des ~es	حفظ کار؛ حفظ شغل
Nichterscheinen am ~	عدم حضور در محلّ کار
den ~ verlieren	کار را از دست دادن
Arbeitsplatzabbau *m*	کاهش کارکنان
Arbeitsplatzbeschaffung *f*	ایجاد کار
Arbeitsplatzsicherheit *f*	امنیّت کاری؛ امنیّت شغلی
Arbeitsplatzsicherung *f*	تأمین شغلی
Arbeitsplatzsuche *f*	در جستجوی کار
Arbeitsplatzverlust *m*	از دست دادن محلّ کار؛ از دست دادن محلّ اشتغال؛ از دست دادن کار؛ از دست دادن شغل
Arbeitsplatzvernichtung *f*	نابودی مشاغل
zur ~ führen	به نابودی مشاغل منجر شدن
Arbeitsplatzwechsel *m*	تغییر کار؛ تغییر محلّ کار
Arbeitspolitik *f*	سیاست کار؛ سیاست اشتغال
Arbeitspotential *n*	توان کاری
Arbeitsproduktivität *f*	فراوری کار
Arbeitsprozess *m*	فرایند کار؛ روند کار
Arbeitspsychologe *m*	روانشناس کار (مرد)
Arbeitspsychologie *f*	روانشناسی کار
Arbeitspsychologin *f*	روانشناس کار (زن)
Arbeitsqualität *f*	کیفیّت کار
Arbeitsrecht *n*	قانون کار
Arbeitssitzung *f*	نشست کار؛ جلسهٔ کار
Arbeitsstunden *fpl*	ساعات کار
Arbeitssucht *f*	اعتیاد به کار
arbeitssüchtig *adj*	معتاد به کار
Arbeitstag *m*	روز کار
Arbeitsteilung *f*	تقسیم کار
Arbeitsuche *f*	جستجوی کار
Arbeitsuchende *m/f*	جویندهٔ کار

arbeitsunfähig *adj*	از کار افتاده
Arbeitsunfähigkeit *f*	از کار افتادگی
Arbeitsunfähigkeitsbescheinigung *f*	گواهی از کار افتادگی
Arbeitsunfähigkeitsversicherung *f*	بیمهٔ از کار افتادگی
Arbeitsunfall *m*	حادثهٔ کاری؛ حادثه در حین کار
Arbeitsunterbrechung *f*	قطع موقّت کار
Arbeitsunzufriedenheit *f*	رضایت کاری؛ رضایت شغلی
Arbeitsverbot *n*	منع کار؛ محرومیّت از کار
Arbeitsvermittler/-in *m/f*	کاریاب
Arbeitsvermittlung *f*	کاریابی؛ دفتر کاریابی
Arbeitsvertrag *m*	قرارداد کار
Arbeitsverwaltung *f*	ادارهٔ کارگزینی
Arbeitsverweigerung *f*	خودداری از کار؛ خودداری از انجام کار
Arbeitsverzögerung *f*	تأخیر در کار
Arbeitswelt *f*	جهان کار
arbeitswillig *adj*	خواهان کار
Arbeitswillige *m/f*	خواهان کار
Arbeitszeit *f*	مدّت زمان کار؛ ساعات کار
Arbeitszeitverkürzung *f*	کاهش مدّت زمان کار؛ کاهش ساعات کار
Arbeitszeitverlust *m*	از دست رفتگی مدّت زمان کار؛ ضایعهٔ مدّت زمان کار
Argument *n*	دلیل؛ برهان؛ استدلال
beweiskräftiges ~	دلیل کاملاً مستدل
juristisches ~	دلیل حقوقی
plausibles ~	دلیل روشن و قانع کننده
schlagkräftiges ~	دلیل قاطع
argumentativ *adj*	استدلالی؛ بحث انگیز
argumentieren	استدلال کردن
Aristokrat *m*	اشرافی؛ آریستوکرات
Aristokratie *f*	اشراف سالاری
aristokratisch *adj*	اشرافی؛ آریستوکرات
arm *adj*	بینوا؛ فقیر
Armee *f*	ارتش
geschlagene ~	ارتش شکست خورده
reguläre ~	ارتش منظّم
schlagkräftige ~	ارتش نیرومند؛ ارتش قدرتمند؛ ارتش پرتوان
starke ~	ارتش نیرومند؛ ارتش قدرتمند
Schlagkraft der ~	نیروی ضربتی ارتش؛ توان نظامی ارتش
die ~ inspizieren	از ارتش بازدید کردن
in die ~ eintreten	وارد ارتش شدن؛ به استخدام ارتش درآمدن
die ~ mobilisieren	ارتش را بسیج کردن
Armeefahrzeug *n*	خودرو ارتشی
Armeegeneral *m*	ژنرال ارتش
Armeelager *n*	اُردوگاه ارتش
Armeepatrouille *f*	گشت نظامی
Armeepersonal *n*	پرسنل ارتش؛ نفرات ارتش
Armeesprecher/-in *m/f*	سخنگوی ارتش
Armeestruktur *f*	ساختار ارتش
Armeeverbände *mpl*	یکان های ارتشی؛ یکان های نظامی؛ واحدهای نظامی
Armeezeitung *f*	روزنامهٔ ارتش
ärmlich *adj*	بینوایانه؛ فقیرانه
Armut *f*	فقر؛ بینوایی
die ~ bekämpfen	برعلیه فقر مبارزه کردن
die ~ beseitigen	فقر را از بین بردن؛ فقر را از میان برداشتن
in ~ leben	در فقر به سر بردن
Armutsbekämpfung *f*	مبارزه با فقر؛ مبارزه برعلیه فقر
Armutsgrenze *f*	مرز فقر؛ سرحدّ فقر

30

Arrest *m* بازداشت
unter ~ stellen بازداشت کردن؛ حبس کردن
arrogant *adj* خودبین: خودستا: متکبّر
Arroganz *f* خودبینی: خودستایی: تکبّر
Artikel *m* 1) کالا؛ متاع 2) مقاله 3) مادّه (قانون یا قرارداد)
1) billiger ~ کالای ارزان
rarer ~ کالای کمیاب
teurer ~ کالای گران
2) kritischer ~ مقالهٔ انتقادی
wissenschaftlicher ~ مقالهٔ علمی
3) ~ eines Gesetzes مادّهٔ یک قانون
~ eines Vertrages مادّهٔ یک قرارداد
Artillerie *f* توپخانه
schwere ~ توپخانهٔ سنگین
Artillerieangriff *m* حمل توپخانه
Assimilation *f* همگون سازی
assimilieren همگون کردن
assoziieren متّحد شدن؛ پیوستن
Assoziierung *f* اتّحاد؛ پیوستگی
Assoziierungsabkommen *n* پیمان نامهٔ اتّحاد؛ موافقت نامهٔ همکاری
Astrologe *m* اخترشناس: منجّم (مرد)
Astrologie *f* اخترشناسی: نجوم
Astrologin *f* اخترشناس: منجّم (زن)
Astronaut/-in *m/f* فضانورد
Astronom/-in *m/f* ستاره شناس
Astronomie *f* ستاره شناسی
Asyl *n* پناهندگی
politisches ~ پناهندگی سیاسی
um ~ bitten درخواست پناهندگی کردن
um ~ ersuchen رسماً درخواست پناهندگی کردن
~ gewähren پناهندگی دادن
um ~ nachsuchen درخواست پناهندگی کردن

Asylant/-in *m/f* پناهنده؛ پناهجو
~en abschieben پناهندگان را بیرون راندن؛ پناهندگان را اخراج کردن
~en zurückführen پناهندگان را بازگرداندن
Asylantenwohnheim *n* محلّ سکونت پناهندگان؛ کوی پناهندگان
Asylbewerber/-in *m/f* درخواست کنندهٔ پناهندگی؛ متقاضی پناهندگی
Asylgesetz *n* قانون پناهندگی
Asylgesuch *n* درخواست رسمی پناهندگی
Asylrecht *n* حقّ پناهندگی
Atheismus *m* بی خدایی
Atheist/-in *m/f* بی خدا
atheistisch *adj* بی خدایانه
Atomangriff *m* حملهٔ اتمی
Atomaufsicht *f* نظارت اتمی؛ کنترل اتمی
Atomausstieg *m* امتناع از انرژی اتمی؛ ردّ استفاده از انرژی اتمی
Atombombe *f* بمب اتم؛ بمب اتمی
Atombombenabwurf *m* انداختن بمب اتم
Atombrennstoff *m* سوخت هسته ای؛ سوخت اتمی
Atomenergie *f* انرژی اتمی
Atomexplosion *f* انفجار اتمی
Atomforscher/-in *m/f* پژوهشگر مسائل اتمی؛ محقّق مسائل اتمی
Atomforschung *f* پژوهش های اتمی؛ تحقیقات اتمی
Atomforschungslabor *n* آزمایشگاه پژوهش های اتمی؛ آزمایشگاه تحقیقات اتمی
Atomkern *m* هستهٔ اتمی
Spaltung des ~s تجزیهٔ هستهٔ اتمی
Atomkraft *f* نیروی اتمی
Atomkraftbefürworter/-in *m/f* طرفدار استفاده از نیروگاه های اتمی
Atomkraftgegner/-in *m/f* مخالف استفاده

از نیروگاه های اتمی

Atomkraftwerk *n* نیروگاه اتمی

Atomkrieg *m* جنگ اتمی

Atomlager *n* انبار جنگ ابزارهای اتمی؛ انبار تسلیحات اتمی؛ انبار اتمی

Atommacht *f* قدرت اتمی

Atommüll *m* زبالهٔ اتمی

Endlagerung des ~s انبار نهایی زباله های اتمی

Entsorgung des ~s حمل و دفن زباله های اتمی

Atommülltransport *m* ترابری زباله های اتمی؛ حمل و نقل زباله های اتمی

Atomprogramm *n* برنامهٔ هسته ای

Atomreaktor *m* واکنشگر اتمی

Atomrisiko *n* خطر احتمالی اتمی؛ ریسک اتمی

Atomspaltung *f* تجزیهٔ هستهٔ اتمی

Atomsperrvertrag *m* قرارداد منع گسترش اتمی

Atomspionage *f* جاسوسی در امور اتمی

Atomsprengkopf *m* کلاهک اتمی

Atomtechnologie *f* تکنولوژی اتمی

Atomtest *m* آزمایش اتمی

Atomteststopp *m* توقّف آزمایش های اتمی

Atomunfall *m* حادثهٔ اتمی

Atomversuch *m* آزمایش اتمی

Atomwaffe *f* جنگ ابزار اتمی؛ اسلحهٔ اتمی

Atomwaffenlabor *n* آزمایشگاه جنگ ابزارهای اتمی؛ آزمایشگاه سلاح های اتمی

Atomwaffensperrvertrag *m* قرارداد منع گسترش تسلیحات اتمی

Atomwaffenversuch *m* آزمایش جنگ ابزارهای اتمی؛ آزمایش سلاح های اتمی

Atomwissenschaft *f* دانش اتمی

Atomwissenschaftler/-in *m/f* دانشمند رشتهٔ اتمی

Attacke *f* حمله

verbale ~ حملهٔ لفظی

zur ~ blasen دستور حمله دادن؛ شیپور حمله را زدن

eine ~ überstehen از حمله ای جان سالم بدر بردن

attackieren حمله کردن؛ مورد حمله قرار دادن

Attentat *n* سوء قصد

ein ~ planen سوء قصدی را برنامه ریزی کردن؛ سوء قصدی را طرح ریزی کردن

ein ~ verüben سوء قصد کردن

einem ~ zum Opfer fallen قربانی سوء قصدی شدن

Attentäter/-in *m/f* سوء قصدکننده

Attraktion *f* پرجاذبگی

attraktiv *adj* پرجاذبه

Aufbau *m* بازسازی

Aufbaudarlehen *n* وام بازسازی

aufbauen بازساختن؛ بازسازی کردن؛ ایجاد کردن؛ بنا نهادن

eine Hierarchie ~ سلسله مراتبی را ایجاد کردن؛ سلسله مراتبی را بنا نهادن

eine Organisation ~ سازمانی را بنا نهادن

Aufbaufinanzierung *f* تأمین مالی بازسازی

Aufbauhilfe *f* کمک بازسازی

Aufbaukredit *m* اعتبار بازسازی؛ وام بازسازی

Aufbauperiode *f* دورهٔ بازسازی

Aufbauprojekt *n* طرح بازسازی؛ پروژهٔ بازسازی

aufbewahren نگهداری کردن

Aufbewahrung *f* نگهداری

aufbrechen 1) با زور باز کردن؛ شکستن 2) عازم شدن

1) einen Belagerungsring ~ حلقهٔ محاصره ای را شکستن

2) zu einer Reise ~ عازم مسافرتی شدن؛ سفری را آغاز کردن

Aufbruch *m* عزیمت

aufdecken افشا کردن؛ فاش ساختن؛ برملاء کردن

Intrigen ~ دسیسه ها را افشا کردن؛ توطئه ها را فاش کردن
eine Verschwörung ~ توطئه ای را افشا کردن؛ توطئه ای را برملاء کردن؛ دسیسه ای را افشا کردن
Aufdeckung *f* افشا
aufdrücken *ugs* تحمیل کردن
Aufenthalt *m* اقامت
ständiger ~ اقامت دائم
befristeter ~ اقامت محدود
unbefristeter ~ اقامت نامحدود
Aufenthaltsbefugnis *f* حقّ اقامت محدود؛ اجازهٔ اقامت محدود
Aufenthaltsberechtigung *f* حقّ اقامت دائم؛ اجازهٔ اقامت دائم
Aufenthaltsbeschränkung *f* محدودیّت اقامتی
Aufenthaltsbestimmungen *f* مقرّرات دادن اجازهٔ اقامت
Aufenthaltsbewilligung *f* دادن اقامت؛ اجازهٔ اقامت
Aufenthaltsdauer *f* مدّت اقامت
Aufenthaltserlaubnis *f* اجازهٔ اقامت
~ beantragen درخواست اجازهٔ اقامت کردن
Aufenthaltsgenehmigung *f* اجازهٔ اقامت
Aufenthaltsmissbrauch *m* سوء استفاده از اقامت
Aufenthaltsort *m* محلّ اقامت
Aufenthaltsverbot *n* منع اقامت
Aufenthaltsverlängerung *f* تمدید اقامت
auferlegen تحمیل کردن؛ (به عهدهٔ کسی) واگذار کردن
Bedingungen ~ شرایطی را تحمیل کردن
Pflichten ~ وظایفی را (به عهدهٔ کسی) واگذار کردن
Auferlegung *f* تحمیل؛ عمل تحمیل
auffassen دریافتن؛ درک کردن
Auffassung *f* دریافت؛ درک
Aufforderung *f* 1) درخواست؛ تقاضا 2) دعوت 3) خواست برگ؛ احضارنامه
1) schriftliche ~ درخواست کتبی؛ تقاضای کتبی
2) öffentliche ~ دعوت همگان؛ دعوت عام
3) gerichtliche ~ خواست برگ دادگاه؛ احضارنامهٔ دادگاه
Aufgabe *f* 1) وظیفه 2) دست برداری از؛ انصراف از 3) استعفا
1) organisatorische ~n وظایف تشکیلاتی؛ وظایف سازمانی
2) ~ eines Planes انصراف از یک برنامه؛ انصراف از یک نقشه
3) ~ eines Amtes استعفا از سمتی
Aufgabenbereich *m* حوزهٔ وظایف
Aufgabenbeschreibung *f* شرح وظایف
Aufgabenerweiterung *f* گسترش دامنهٔ وظایف
aufgeben 1) ترک کردن؛ رها کردن؛ دست از کاری برداشتن؛ دنبال کاری را نگرفتن؛ منصرف شدن 2) استعفا دادن؛ کناره گیری کردن
1) einen Anspruch ~ از ادّعایی منصرف شدن؛ رضایت دادن
die Front ~ از دفاع در جبهه دست برداشتن؛ جبهه را رها کردن
den Kampf ~ دست از مبارزه برداشتن؛ دست از پیکار برداشتن
seine Kandidatur ~ از نامزدی خود در انتخابات منصرف شدن
eine Konzeption ~ از طرحی منصرف شدن؛ طرحی را رها کردن
die Neutralität ~ دست از بیطرفی برداشتن
ein Projekt ~ پروژه ای را رها کردن؛ طرحی را رها کردن
ein Recht ~ از حقّی منصرف شدن

die Stellungen ~ مواضع را ترک کردن؛ مواضع نظامی را ترک کردن

die Suche ~ دست از جستجو برداشتن

die Verfolgung ~ دست از تعقیب برداشتن

den Widerstand ~ دست از مقاومت برداشتن

2) ein Amt ~ از سمتی کناره گیری کردن؛ از سمتی استعفا دادن

aufgreifen 1) دستگیر کردن؛ بازداشت کردن 2) موضوعی را پذیرفتن و از نو به بحث گذاشتن

1) eine Person ~ شخصی را دستگیر کردن؛ شخصی را بازداشت کردن

2) ein Thema ~ موضوعی را از نو به بحث گذاشتن

aufhalten جلوگیری کردن؛ مانع شدن

die Entwicklung ~ از پیشرفت و توسعه جلوگیری کردن؛ مانع پیشرفت و توسعه شدن

aufhalten, sich موقّتاً اقامت داشتن

aufheben لغو کردن؛ فسخ کردن؛ ملغی کردن

Aufhebung *f* لغو؛ فسخ؛ رفع

~ eines Ausfuhrverbots رفع منع صادرات

~ eines Baustopps رفع ممنوعیّت از احداث ساختمان

~ der Beschlagnahme رفع مصادره

~ einer Beschränkung رفع یک محدودیّت

~ der Blockade رفع محاصرهٔ اقتصادی؛ رفع محاصرهٔ اقتصادی و نظامی

~ eines Boykotts رفع یک تحریم

~ eines Gesetzes لغو یک قانون

~ des Haftbefehls لغو حکم بازداشت؛ لغو حکم توقیف

~ der Immunität رفع مصونیّت

~ eines Urteils لغو یک حکم

~ eines Verbots رفع یک ممنوعیّت

~ einer Vereinbarung فسخ یک توافق نامه

~ der Verfassung لغو قانون اساسی

~ einer Verfügung لغو یک حکم

~ eines Vertrages فسخ یک قرارداد

aufkündigen فسخ کردن

einen Vertrag ~ قراردادی را فسخ کردن

Aufkündigung *f* انقضاء؛ فسخ

auflösen 1) منحل کردن 2) فسخ کردن

Auflösung *f* 1) انحلال 2) فسخ

1) ~ einer Demonstration انحلال یک تظاهرات

~ einer Gesellschaft انحلال یک شرکت

~ eines Kontos بستن یک حساب بانکی

~ einer Organisation انحلال یک سازمان

~ eines Parlaments انحلال یک مجلس

~ einer Regierung انحلال یک دولت

~ eines Unternehmens انحلال یک شرکت

~ eines Vereins انحلال یک انجمن؛ انحلال یک کانون

~ einer Versammlung انحلال یک گردِهمایی

2) ~ einer Partnerschaft فسخ یک مشارکت؛ فسخ یک شراکت

~ eines Vertrages فسخ یک قرارداد

aufmerksam *adj* متوجّه

Aufmerksamkeit *f* توجّه؛ دقّت

öffentliche ~ توجّه همگان؛ توجّه عموم

Aufnahmeantrag *m* درخواست پذیرش

Aufnahmebedingungen *fpl* شرایط پذیرش

Aufnahmebeschränkung *f* محدودیّت پذیرش

Aufnahmebestimmungen *fpl* مقرّرات پذیرش

Aufnahmelager *n* اُردوگاه آوارگان؛ اُردوگاه پناهندگان؛ اُردوگاه پناهجویان

aufnehmen 1) برقرار کردن 2) پذیرفتن 3) شروع کردن؛ آغاز کردن 4) وارد کردن؛ قید کردن 5) دریافت کردن؛ گرفتن 6) عملی را انجام دادن 7) عکس برداری کردن

1) Beziehungen ~ روابط برقرار کردن

2) Emigranten ~ مهاجر پذیرفتن
Flüchtlinge ~ به آوارگان جا دادن؛ پناهنده پذیرفتن
Mitglieder ~ عضوگیری کردن
3) die Arbeit ~ شروع به کار کردن
Verhandlungen ~ شروع به مذاکرات کردن
4) etwas ins Protokoll ~ موضوعی را در صورتجلسه وارد کردن؛ موضوعی را در پروتکل قید کردن
5) eine Anleihe ~ وامی را دریافت کردن؛ وام گرفتن؛ قرض گرفتن
ein Darlehen ~ وامی را دریافت کردن؛ وام گرفتن؛ قرض گرفتن
Kapital ~ جهت سرمایه گذاری اعتبار مالی دریافت کردن
einen Kredit ~ اعتباری را دریافت کردن؛ اعتبار گرفتن
6) die Verfolgung ~ مورد پیگرد قرار دادن؛ مورد تعقیب قرار دادن
7) ein Bild ~ از تصویری عکس برداری کردن
aufrechterhalten برقرار نگاه داشتن؛ حفظ کردن؛ معتبر و محفوظ نگاه داشتن؛ پابرجا ماندن
die Abhängigkeit ~ وابستگی را برقرار نگاه داشتن؛ وابستگی را حفظ کردن
eine Behauptung ~ بر ادّعایی پابرجا ماندن
eine Entscheidung ~ بر تصمیمی پابرجا ماندن
den Kontakt ~ تماس را حفظ کردن؛ تماس را برقرار نگاه داشتن
die Ordnung ~ نظم را حفظ کردن
die Sicherheit ~ امنیّت را حفظ کردن؛ امنیّت را برقرار نگاه داشتن
eine These ~ تزی را معتبر و محفوظ نگاه داشتن
die Vormachtstellung ~ هژمونی را حفظ کردن

Aufrechterhaltung *f* نگهداری؛ حفظ
aufrichtig *adj* راستگو؛ درستکار؛ صادق؛ صمیمی
Aufrichtigkeit *f* راستگویی؛ درستکاری؛ صداقت؛ صمیمیّت
Aufruf *m* فراخوان؛ دعوت
~ zum Boykott فراخوان به تحریم
~ zur Demonstration فراخوان به تظاهرات
~ zur Meuterei فراخوان به تمرّد
~ zum Streik فراخوان به اعتصاب؛ دعوت به اعتصاب
~ zum Widerstand دعوت به مقاومت
aufrufen فراخواندن؛ دعوت کردن
zur Unterstützung ~ به پشتیبانی فراخواندن؛ به حمایت فراخواندن؛ دعوت به حمایت کردن
Aufruhr *m* شورش
gescheiterter ~ شورش نافرجام؛ شورش شکست خورده
interner ~ شورش داخلی
lokaler ~ شورش محلّی
offener ~ شورش علنی
zum ~ anstacheln تحریک به شورش کردن
einen ~ anzetteln شورشی را برانگیختن
einen ~ auslösen موجب شورشی شدن
einen ~ ersticken شورشی را خواباندن
einen ~ im Keim ersticken شورشی را در نطفه خفه کردن
einen ~ schüren تحریک به شورش کردن
einen ~ unterdrücken شورشی را سرکوب کردن
Aufrührer/-in *m/f* شورشی
aufrüsten مسلّح کردن؛ بر میزان تسلیحات افزودن
Aufrüstung *f* تسلیح؛ افزایش میزان تسلیحات
aufschieben به تعویق انداختن؛ موکول کردن
eine Entscheidung ~ تصمیمی را به تعویق انداختن؛ تصمیمی را موکول کردن
die Vollstreckung ~ اجرا را به تعویق انداختن

Aufschieben *n* به تعویق اندازی؛ به عقب اندازی
Aufschwung *m* رونق
wirtschaftlicher ~ رونق اقتصادی
Aufseher/-in *m/f* مأمور مراقبت؛ مأمور کنترل
Aufsicht *f* نظارت؛ کنترل
unter polizeilicher ~ زیر نظر پلیس؛ تحت نظر پلیس؛ تحت نظارت پلیس؛ تحت کنترل پلیس
unter staatlicher ~ زیر نظر دولت؛ تحت کنترل دولت
die ~ führen نظارت کردن؛ کنترل کردن
unter ~ stehen زیر نظر بودن؛ تحت نظر بودن؛ تحت کنترل بودن
unter ~ stellen زیر نظر گرفتن؛ تحت کنترل قرار دادن
die ~ übernehmen نظارت را به عهده گرفتن؛ کنترل را به عهده گرفتن
Aufsichtsbehörde *f* ادارهٔ نظارت؛ مقام ناظر
Aufsichtsführende *m/f* ناظر؛ نظارت کننده
Aufsichtsführung *f* نظارت
Aufsichtsgewalt *f* اختیار نظارت؛ حقّ نظارت
Aufsichtsinstanzen *fpl* مراجع ناظر
Aufsichtsmaßnahmen *fpl* اقدامات مربوط به نظارت؛ تدابیر مربوط به نظارت
Aufsichtsorgan *n* نهاد نظارت
Aufsichtspflicht *f* وظیفهٔ نظارت
Aufsichtsrat *m* شورای نظارت؛ هیأت مدیره
Aufsichtsratsbericht *m* گزارش شورای نظارت؛ گزارش هیأت مدیره
Aufsichtsratsmitglied *n* عضو شورای نظارت؛ عضو هیأت مدیره
Aufsichtsratspräsidium *n* ریاست شورای نظارت؛ ریاست هیأت مدیره
Aufsichtsratssitzung *f* نشست شورای نظارت؛ جلسهٔ شورای نظارت؛ نشست هیأت مدیره؛ جلسهٔ هیأت مدیره
Aufsichtsratsvorsitzende *m/f* رئیس شورای نظارت؛ رئیس هیأت مدیره
aufspüren ردیابی کردن
Aufstand *m* قیام؛ شورش
einen ~ ausrufen قیامی را اعلام کردن
einen ~ niederschlagen قیامی را فرونشاندن
einen ~ organisieren قیامی را برپا کردن؛ قیامی را سازمان دهی کردن
einen ~ unterdrücken قیامی را سرکوب کردن
einen ~ vorbereiten قیامی را تدارک دیدن؛ مقدّمات قیامی را چیدن
aufständisch *adj* شورشی
Aufständische *m/f* شورشی؛ فرد شورشی
Aufstandsbekämpfung *f* سرکوب قیام
Aufstandsbewegung *f* جنبش قیام
Aufstandsgebiet *n* منطقهٔ قیام
Aufstandsorganisation *f* تشکیلات قیام
Aufstieg *m* ارتقاء؛ ترقّی
beruflicher ~ ارتقاء شغلی
Aufstiegsmöglichkeit *f* دورنمای ترفیع؛ احتمال ترفیع
aufstocken افزایش دادن
einen Etat ~ بودجه ای را افزایش دادن
Kapital ~ سرمایه را افزایش دادن
einen Kredit ~ اعتباری را افزایش دادن؛ وامی را افزایش دادن
Aufstockung *f* افزایش
aufteilen تقسیم کردن
Aufteilung *f* تقسیم
Aufteilungsplan *m* برنامهٔ تقسیم
Auftrag *m* 1) مأموریّت 2) سفارش کالا یا خدمات
gesellschaftlicher ~ مأموریّت اجتماعی
öffentliche Aufträge سفارشات دولتی؛ سفارشات

کالا یا خدمات از سوی دولت

einen ~ ausführen — 1) مأموریّتی را انجام دادن

2) سفارشی را انجام دادن

einen ~ erhalten — 1) مأموریّت گرفتن

2) سفارشی را دریافت کردن؛ سفارش کالا یا خدماتی را دریافت کردن

einen ~ erteilen — 1) مأموریّت دادن

2) سفارش دادن؛ سفارش کالا یا خدمات دادن

einen ~ übernehmen — انجام کاری را به عهده گرفتن؛ عهده دار انجام کاری شدن

Auftraggeber/-in *m/f* — سفارش دهنده؛ سفارش دهندهٔ کالا یا خدمات

Auftragnehmer/-in *m/f* — سفارش گیرنده؛ سفارش گیرندهٔ کالا یا خدمات

Auftragsausführung *f* — انجام سفارش

Auftragsbestätigung *f* — تأیید سفارش

Auftragsbuch *n* — دفتر سفارشات؛ دفتر سفارشات کالا

Auftragserledigung *f* — انجام سفارش

Auftrieb *m / ugs* — تحرّک

konjunktureller ~ — تحرّک اقتصادی

Aufwand *m* — هزینه

betrieblicher ~ — هزینهٔ عملیّاتی؛ هزینهٔ بهره برداری

unnötiger ~ — هزینهٔ غیرضروری

~ treiben — هزینه برداشتن

aufwerfen — مطرح کردن

eine Frage ~ — سؤالی را مطرح کردن

aufwerten — ارزش (چیزی) را افزایش دادن

das Geld ~ — ارزش پول را افزایش دادن

Aufwertung *f* — افزایش ارزش

aufwiegeln — تحریک کردن

zum Landfriedensbruch ~ — به منظور به هم زدن آرامش کشور تحریک کردن

das Volk ~ — ملّت را تحریک کردن

Aufwiegelung *f* — تحریک

Aufwiegler/-in *m/f* — محرّک؛ تحریک کننده

aufzehren — تحلیل بردن؛ به طور تدریجی از بین بردن

Gewinne ~ — سودها را تحلیل بردن

Augenzeuge *m* — شاهد عینی (مرد)

Augenzeugenbericht *m* — گزارش شاهد عینی

Augenzeugin *f* — شاهد عینی (زن)

Auktion *f* — حراج؛ مزایده

Auktionsmarkt *m* — بازار حراج؛ بازار مزایده

Auktionspreis *m* — قیمت کالا در مزایده

Auktionsverkauf *m* — مزایده؛ فروش از راه مزایده

Ausbau *m* — گسترش؛ توسعه

ausbauen — گسترش دادن؛ توسعه دادن

die Geschäftsbeziehungen ~ — روابط بازرگانی را گسترش دادن؛ روابط تجاری را توسعه دادن

die Handelsbeziehungen ~ — روابط بازرگانی را گسترش دادن؛ روابط تجاری را توسعه دادن

ein Industriegebiet ~ — یک منطقهٔ صنعتی را گسترش دادن؛ یک منطقهٔ صنعتی را توسعه دادن

ausbeuten — 1) بهره کشی کردن؛ استثمار کردن

2) بهره برداری کردن؛ استخراج کردن

1) die Menschen ~ — از انسان ها بهره کشی کردن؛ انسان ها را استثمار کردن

2) die Rohstoffe ~ — موادّ خام استخراج کردن

Ausbeuter *m* — 1) بهره کش؛ استثمارکننده

2) استخراج کننده

Ausbeutung *f* — 1) بهره کشی؛ استثمار

2) بهره برداری؛ استخراج

Ausbilder/-in *m/f* — مربّی کارآموزی؛ آموزشگر

Ausbildung *f* — آموزش؛ کارآموزی

allgemeine ~ — کارآموزی عمومی

außerbetriebliche ~ — آموزش خارج از محلّ کار

berufliche ~ — آموزش حرفه ای

betriebliche ~   آموزش صنعتی؛ کارآموزی صنعتی

fachliche ~   آموزش فنّی؛ آموزش تخصّصی

innerbetriebliche ~   آموزش در محلّ کار

kaufmännische ~   آموزش پیشه وری؛ آموزش در

رشتۀ بازرگانی

militärische ~   آموزش نظامی

~ am Arbeitsplatz   آموزش در محلّ کار

~ von Führungskräften   آموزش مدیریّت؛ تعلیم

مدیریّت

Ausbildungsberater/-in m/f   مشاور امور

کارآموزی

Ausbildungsdauer f   مدّت آموزش؛ مدّت کارآموزی

Ausbildungsexperte m   کارشناس کارآموزی؛

کارشناس امور کارآموزی (مرد)

Ausbildungsexpertin f   کارشناس کارآموزی؛

کارشناس امور کارآموزی (زن)

Ausbildungskosten f   هزینۀ آموزش؛ هزینۀ

کارآموزی

Ausbildungsleiter/-in m/f   متصدّی آموزش

Ausbildungsmarkt m   بازار کارآموزی

Ausbildungsplan m   برنامۀ آموزشی؛ برنامۀ

کارآموزی

Ausbildungsplatz m   محلّ کارآموزی

Ausbildungsreform f   اصلاحات در امور

کارآموزی

Ausbildungsstätte f   آموزشگاه

Ausbildungssystem n   سیستم آموزشی؛ سیستم

کارآموزی

Ausbildungsvertrag m   قرارداد کارآموزی

Abschluss eines ~es   انعقاد یک قرارداد کارآموزی

Ausbildungzentrum n   مرکز آموزشی؛

مرکز کارآموزی

ausbrechen   1) بروز کردن 2) فرار کردن

ausbreiten, sich   گسترش یافتن؛ اشاعه یافتن

Ausbreitung f   گسترش؛ اشاعه

~ von Seuchen   اشاعۀ بیماری های واگیر

Ausbruch m   1) بروز 2) فرار

1) ~ einer Krankheit   بروز یک بیماری

~ des Krieges   بروز جنگ

~ der Meuterei   بروز آشوب؛ بروز طغیان

~ einer Panik   بروز یک وحشت زدگی

~ der Unruhen   بروز ناآرامی ها

zum ~ kommen   بروز کردن

2) ~ aus dem Gefängnis   فرار از زندان

ausbürgern   سلب تابعیّت کردن

Ausbürgerung f   سلب تابعیّت؛ تابعیّت ستانی

Auseinandersetzung f   1) درگیری؛ زد و خورد

2) مناقشه 3) دعوی؛ مجادله

1) bewaffnete ~   درگیری مسلّحانه

blutige ~   درگیری خونین

heftige ~   درگیری شدید

kriegerische ~   درگیری مسلّحانه

militärische ~   زد و خورد نظامی؛ درگیری نظامی

schwere ~   درگیری سخت؛ درگیری شدید

2) erbitterte ~   مناقشۀ بسیار شدید

kritische ~   مناقشۀ انتقادی

scharfe ~   مناقشۀ شدید

3) gerichtliche ~   دعوی قضایی

tarifpolitische ~en   مجادلات بر سرِ تعیین میزان

مزد؛ مجادلات بر سرِ تعیین میزان حقوق

Ausfuhr f   صادرات؛ صدور

illegale ~   صادرات غیرقانونی

~ von Devisen   صدور ارز

~ von Waren   صادرات کالا؛ صدور کالا

Ausfuhrbelebung f   احیای صادرات

Ausfuhrbeschränkung f   تحدید صادرات؛

محدودسازی صادرات

Ausfuhrbestimmungen fpl   مقرّرات صادرات کالا

Ausfuhrbewilligung *f* مجوّز صادرات؛ جواز صادرات

Ausfuhrdeklaration *f* اظهارنامهٔ کالاهای صادراتی

Ausfuhrembargo *n* تحریم صادرات؛ تحریم صدور کالا

ausführen 1) اجرا کردن؛ انجام دادن؛ پیاده کردن 2) صادر کردن؛ از کشور خارج کردن

1) eine Arbeit ~ کاری را انجام دادن

einen Auftrag ~ 1) مأموریّتی را انجام دادن 2) سفارشی را انجام دادن

einen Befehl ~ فرمانی را اجرا کردن؛ دستوری را اجرا کردن

einen Plan ~ نقشه ای را پیاده کردن؛ طرحی را اجرا کردن

2) Devisen ~ ارز از کشور خارج کردن

Rohstoffe ~ موادّ خام صادر کردن

Waren ~ کالا صادر کردن

Ausfuhrerklärung *f* اظهارنامهٔ صادرات

Ausfuhrerlaubnis *f* پروانهٔ صادرات؛ جواز صادرات؛ مجوّز صادرات؛ مجوّز صدور

Ausfuhrerlös *m* درآمد صادرات؛ درآمد حاصله از صادرات

Ausfuhrförderung *f* پشتیبانی از صادرات؛ حمایت از صادرات؛ حمایت دولت از صادرات

Ausfuhrgarantie *f* ضمانت صادراتی

Ausfuhrgenehmigung *f* پروانهٔ صادرات؛ مجوّز صادرات

Ausfuhrgeschäfte *npl* معاملات کالاهای صادراتی

Ausfuhrhandel *m* تجارت صادراتی

Ausfuhrkontingent *n* سهمیّهٔ صادرات

Ausfuhrkontrolle *f* نظارت بر صادرات؛ نظارت بر صادرات کالا؛ کنترل صادرات

Ausfuhrkredit *m* اعتبار صادراتی

Ausfuhrkreditversicherung *f* بیمهٔ اعتبار صادراتی

Ausfuhrprämie *f* جایزهٔ صادراتی

Ausfuhrpreis *m* قیمت صادراتی

Ausfuhrsperre *f* مانع صادرات

Ausfuhrsteuer *f* مالیات بر صادرات

Ausfuhrtarif *m* نرخ صادرات

Ausfuhrverbot *n* منع صادرات؛ تحریم صادرات

Aufhebung des ~s رفع منع صادرات

Ausfuhrvolumen *n* حجم صادرات؛ حجم کالاهای صادراتی

Ausfuhrzölle *mpl* حقوق گمرکی کالاهای صادراتی

Ausgabe *f* انتشار

~ von Aktien انتشار سهام

~ von Banknoten انتشار اسکناس

~ von Wertpapieren انتشار اوراق بهادار؛ انتشار سهام

Ausgabebedingungen *fpl* شرایط انتشار

Ausgaben *fpl* هزینه ها؛ مخارج

einmalige ~ هزینه های یکباره

feste ~ هزینه های ثابت

geringfügige ~ هزینه های جزئی؛ مخارج جزئی

hohe ~ هزینه های بالا؛ مخارج بالا

laufende ~ هزینه های جاری

öffentliche ~ هزینه های عمومی؛ هزینه های دولتی

reguläre ~ هزینه های عادّی

ungewöhnliche ~ هزینه های فوق العاده

unvorhergesehene ~ هزینه های پیش بینی نشده؛ مخارج پیش بینی نشده

~ begrenzen هزینه ها را محدود کردن

~ drosseln هزینه ها را کاهش دادن

~ erhöhen هزینه ها را افزایش دادن

~ kalkulieren هزینه ها را محاسبه کردن؛

~ kürzen هزینه ها را کاهش دادن

Ausgabenbeschränkung *f* محدودیّت هزینه ها؛ تحدید هزینه ها؛ محدودسازی هزینه ها
Ausgabenbewilligung *f* مصوّب بودجهٔ هزینه ها
Ausgabenerhöhung *f* افزایش هزینه ها
Ausgabenkontrolle *f* نظارت بر هزینه ها؛ کنترل هزینه ها
Ausgabenkürzung *f* کاهش هزینه ها
Ausgabenpolitik *f* سیاست تنظیم هزینه ها
Ausgabensperre *f* جلوگیری (موقّت) از پرداخت هزینه ها
Ausgabenstopp *m* عدم پرداخت هزینه ها؛ جلوگیری از پرداخت هزینه ها
Ausgabenvolumen *n* حجم هزینه ها؛ حجم مخارج
Ausgabenzuwachs *m* افزایش مخارج
Ausgabepreis *m* قیمت سهام منتشره
Ausgang *m* 1) نتیجه؛ سرانجام 2) اجازهٔ خروج
1) tödlicher ~ نتیجهٔ مرگبار
unerwarteter ~ نتیجهٔ غیره منتظره
~ des Kampfes نتیجهٔ مبارزه؛ سرانجام مبارزه
~ des Krieges نتیجهٔ جنگ؛ سرانجام جنگ
~ eines Prozesses نتیجهٔ یک دادرسی
~ der Verhandlungen نتیجهٔ مذاکرات
einen glücklichen ~ finden به خیر گذشتن
2) ~ haben اجازهٔ خروج داشتن (از خانه، پادگان، زندان)
Ausgangsbasis *f* مبنای حرکت
Ausgangspunkt *m* نقطهٔ حرکت؛ نقطهٔ آغاز
Ausgangssperre *f* منع عبور و مرور
Ausgleich *m* جبران؛ تعادل
finanzieller ~ جبران مالی؛ تعادل مالی
ausgleichen جبران کردن؛ متعادل ساختن: تعادل برقرار کردن؛ تعدیل کردن
eine Bilanz ~ در ترازنامه ای تعادل برقرار کردن
ein Budget ~ بودجه ای را تعدیل کردن
ein Defizit ~ در کسری یک موازنه تعدیل ایجاد کردن
ein Konto ~ حساب بانکی را تراز کردن
einen Verlust ~ زیانی را جبران کردن؛ ضرری را جبران کردن؛ خسارتی را جبران کردن
Ausgleichsurlaub *m* مرخصی جبرانی
Ausgleichszahlung *f* پرداخت جبرانی
aushandeln از راه مذاکرات به امری دست یافتن
bessere Bedingungen ~ از راه مذاکرات به شرط و شروط بهتری دست یافتن
eine Vereinbarung ~ از راه مذاکرات به توافقی دست یافتن
einen Vertrag ~ از راه مذاکرات به انعقاد قراردادی دست یافتن
aushändigen تحویل دادن؛ تسلیم کردن
Aushändigung *f* تحویل؛ تسلیم
ausharren تحمّل کردن؛ مقاومت کردن
ausheben کشف کردن و از بین بردن
Waffenlager ~ انبار اسلحه را کشف کردن و از بین بردن
Auskunft *f* 1) اطّلاعات 2) باجهٔ اطّلاعات
falsche ~ اطّلاعات نادرست
richtige ~ اطّلاعات درست
eine ~ anfordern اطّلاعات خواستن
eine ~ erteilen اطّلاعات دادن
eine ~ geben اطّلاعات دادن
~ verweigern از دادن اطّلاعات خودداری کردن
Auskunftserteilung *f* دادن اطّلاعات
Ausland *n* کشور خارجی؛ خارج از کشور
ins ~ exportieren به خارج صادر کردن؛ به خارج از کشور صادر کردن
ins ~ fliegen به خارج پرواز کردن؛ به خارج از کشور پرواز کردن
ins ~ fliehen به خارج فرار کردن؛ به خارج از

کشور فرار کردن
aus dem ~ importieren از خارج وارد کردن؛
از خارج از کشور وارد کردن
im ~ leben در خارج زندگی کردن؛
در خارج از کشور زندگی کردن
ins ~ reisen به خارج سفر کردن؛ به خارج از کشور
مسافرت کردن
Ausländer/-in *m/f* خارجی؛ فرد خارجی
Ausländeramt *n* ادارهٔ امور خارجیان؛ ادارهٔ امور
اتباع خارجی
Ausländerbeauftragte *m/f* مأمور رسیدگی به
امور خارجیان؛ مأمور رسیدگی به امور اتباع خارجی
Ausländerbeirat *m* کمیتهٔ رسیدگی به امور
خارجیان؛ کمیتهٔ رسیدگی به امور اتباع خارجی
ausländerfeindlich *adj* بیگانه ستیز؛ ضدّ خارجی
~e Ausschreitungen آشوب های ضدّ خارجی
Ausländerfeindlichkeit *f* بیگانه ستیزی؛ ضدّیت
با خارجی
Ausländerintegration *f* ادغام خارجیان؛ ادغام
خارجیان در درون فرهنگ بومی
Ausländerkreise *mpl* محافل خارجی
Ausländerpolizei *f* پلیس خارجیان
Ausländerrecht *n* قانون خارجیان
Auslandsanleihe *f* وام خارجی
Auslandsaufenthalt *m* اقامت در خارج
Auslandsaufträge *mpl* سفارشات واردات کالا؛
سفارشات خارجی
Auslandsbeteiligung *f* مشارکت خارجی
Auslandseinsatz *m* مأموریّت در خارج؛
مأموریّت در خارج از کشور
Auslandsfilialen *fpl* شعبه های خارجی
Auslandsflug *m* پرواز خارجی؛ پرواز خارج از
کشور
Auslandsforderungen *fpl* بدهی های معوّق
خارجی؛ مطالبات خارجی
Auslandsgeschäfte *npl* معاملات خارجی؛
داد و ستد با کشورهای خارجی
Auslandsguthaben *n* دارایی در خارج؛
موجودی بانکی در خارج
Auslandshilfe *f* کمک خارجی؛ کمک های خارجی
Einstellung der ~ قطع کمک های خارجی
Auslandsinvestitionen *fpl* سرمایه گذاری های
خارجی
Auslandskorrespondent/-in *m/f*
گزارشگر خارج از کشور
Auslandskredit *m* اعتبار خارجی
Auslandsmarkt *m* بازار خارجی
Auslandsnachrichten *fpl* اخبار خارجی
Auslandsopposition *f* آپوزیسیون برون مرزی
Auslandspresse *f* مطبوعات خارجی
Auslandsreise *f* سفر خارجه
Auslandsreporter/-in *m/f* گزارشگر خارج از
کشور؛ خبرنگار خارج از کشور
Auslandsschulden *fpl* بدهی خارجی؛ قرضهٔ
خارجی
Auslandsstation *f* ایستگاه خارجی؛
ایستگاه خارج از کشور
Auslandsvermögen *n* دارایی های خارجی
Auslandsverschuldung *f* بدهی خارجی؛ قرضهٔ
خارجی
Auslandsvertreter/-in *m/f* نمایندهٔ خارج از
کشور
Auslandsvertretung *f* 1) نمایندگی خارجی
2) نمایندگی دیپلماتیک و کنسولی
Auslandswährung *f* ارز؛ پول خارجی
Auslandswechsel *m* برات خارجی؛ برات ارزی
Auslandswohnsitz *m* محلّ سکونت در خارج؛
محلّ سکونت در خارج از کشور

auslegen تعبیرکردن؛ تعبیر و تفسیر کردن

Auslegung *f* تعبیر؛ تعبیر و تفسیر

ausleihen 1) قرض دادن؛ عاریه دادن
2) قرض گرفتن؛ عاریه گرفتن

ausliefern 1) بازدادن؛ استرداد کردن
2) تحویل دادن؛ به فروشنده تحویل دادن

Auslieferung *f* 1) بازداد؛ استرداد 2) تحویل؛ تحویل به به فروشنده

1) ~ von Flüchtlingen بازداد فراریان؛ استرداد فراریان؛ استرداد پناهندگان

~ von Straftätern بازداد بزهکاران؛ استرداد مجرمین

~ von Verbrechern بازداد جنایت کاران؛ استرداد جنایت کاران

2) ~ von Waren تحویل اجناس؛ تحویل اجناس به فروشنده

Auslieferungsabkommen *n* موافقت نامهٔ بازداد؛ موافقت نامهٔ استرداد

Auslieferungsantrag *m* درخواست بازداد؛ درخواست استرداد

Auslieferungsbeschluss *m* حکم بازداد؛ حکم استرداد

Auslieferungsersuchen *n* درخواست رسمی بازداد؛ درخواست رسمی استرداد

Auslieferungshaftbefehl *m* دستور بازداشت به جهت استراد؛ حکم بازداشت به جهت استرداد

Auslieferungshindernisse *npl* موانع بازداد؛ موانع استرداد

Auslieferungsverbot *n* منع بازداد؛ منع استرداد

Auslieferungsverfahren *n* مراحل قانونی صدور حکم استرداد

auslösen موجب شدن؛ باعث شدن؛ به راه انداختن

eine Debatte ~ مباحثه ای را براه انداختن

eine Explosion ~ انفجاری را موجب شدن

eine Krise ~ بحرانی را موجب شدن

eine Panik ~ ترس و وحشتی را موجب شدن

ausplündern چپاول کردن؛ غارت کردن

Ausplünderung *f* چپاول؛ غارت

ausräumen برطرف کردن

Differenzen ~ اختلاف نظرات را برطرف کردن

ein Missverständnis ~ سوء تفاهمی را برطرف کردن

Probleme ~ مشکلات را برطرف کردن

einen Verdacht ~ سوء ظنی را برطرف کردن

Ausreise *f* خروج

die ~ beantragen درخواست خروجی کردن

Ausreiseerlaubnis *f* اجازهٔ خروج

Ausreiseverbot *n* منع خروج؛ منع خروج از کشور

ausrotten ریشه کن کردن؛ قلع و قمع کردن

den Feind ~ دشمن را قلع و قمع کردن

Ausrottung *f* ریشه کنی؛ قلع و قمع

ausrufen اعلام کردن

den Belagerungszustand ~ حکومت نظامی اعلام کردن

den Notstand ~ وضع اضطراری اعلام کردن

die Republik ~ اعلام جمهوری کردن

Ausrufung *f* اعلام

Aussage *f* 1) گواهی؛ شهادت 2) بیان؛ اظهار

1) falsche ~ گواهی دروغ؛ شهادت دروغ

eine ~ erpressen شهادتی را با زور گرفتن

eine ~ machen گواهی دادن؛ شهادت دادن

die ~ verweigern از دادن شهادت خودداری کردن

eine ~ widerrufen شهادتی را پس گرفتن؛ شهادت داده شده ای را پس گرفتن

2) widersprechende ~n اظهارات متناقض؛ اظهارات ضدّ و نقیض

widersprüchliche ~n اظهارات متناقض؛ اظهارات ضدّ و نقیض

Aussagekraft *f* 1) رسایی؛ گویایی 2) اعتبارمندی

aussagen شهادت دادن؛ گواهی دادن
unter Eid ~ به قید سوگند شهادت دادن
vor Gericht ~ در دادگاه (مطلبی را) اظهار داشتن؛ در دادگاه شهادت دادن
Aussageverweigerung *f* خودداری از دادن شهادت
Aussageverweigerungsrecht *n* حقّ خودداری از دادن شهادت
ausscheiden 1) استعفا دادن؛ کناره گیری کردن 2) حذف شدن
1) aus dem Parlament ~ از مجلس استعفا دادن؛ از مقام وکالت در مجلس کناره گیری کردن
2) aus der Reihe der Bewerber ~ از شمار درخواست کنندگان حذف شدن
ausschließen بیرون کردن؛ اخراج کردن؛ از مشارکت در امری جلوگیری کردن
aus der Anwaltschaft ~ ممنوع الوکاله کردن وکیل؛ وکیلی را از کانون وکلا اخراج کردن
von der Gerichtsverhandlung ~ از شرکت در دادرسی بازداشتن؛ از شرکت در محاکمه جلوگیری کردن
ein Mitglied ~ عضوی را اخراج کردن
die Öffentlichkeit ~ از مشارکت افکار عمومی جلوگیری کردن
aus einer Partei ~ از حزبی اخراج کردن
den Rechtsweg ~ راه قانونی را بستن؛ جلوی راه قانونی را گرفتن
Ausschreitungen *fpl* آشوب
gewalttätige ~ آشوب های خشونت آمیز
schwere ~ آشوب های بزرگ؛ آشوب های بزرگ و گسترده
Ausschuss *m* 1) هیأت؛ کمیته؛ کمیسیون 2) کالای وازده
1) geheimer ~ کمیتهٔ سرّی
geschäftsführender ~ هیأت مدیره
parlamentarischer ~ کمیسیون پارلمانی؛ کمیسیون مجلس
einen ~ bilden کمیسیونی را تشکیل دادن
einen ~ einsetzen کمیسیونی را جهت انجام کاری مأمور کردن
einen ~ wählen کمیسیونی را گُزیدن؛ کمیسیونی را انتخاب کردن
2) ~ produzieren کالای وازده تولید کردن
Ausschussanhörung *f* استماع کمیسیون
Ausschussbefugnisse *fpl* اختیارات کمیسیون
Ausschussbericht *m* گزارش کمیسیون
Ausschussmitglied *n* عضو کمیسیون
Ausschussprotokoll *n* صورتجلسهٔ کمیسیون
Ausschusssitz *m* مقرّ کمیسیون
Ausschusssitzung *f* نشست کمیسیون؛ اجلاس کمیسیون
Ausschussvorsitzende *m/f* رئیس کمیسیون
Ausschussware کالای وازده
ausschütten تقسیم کردن؛ پرداختن
Dividenden ~ سود سهام را تقسیم کردن؛ سود سهام را پرداختن
Gewinn ~ سود (سهام) را تقسیم کردن؛ سود (سهام) را پرداختن
Außenfinanzierung *f* تأمین مالی خارجی
Außenhandel *m* بازرگانی خارجی؛ تجارت خارجی
Außenhandelsbank *f* بانک تجارت خارجی
Außenhandelsbilanz *f* تراز بازرگانی خارجی؛ تراز تجارت خارجی؛ موازنهٔ بازرگانی خارجی؛ موازنهٔ تجارت خارجی
Außenhandelsdefizit *n* کسر تراز بازرگانی خارجی؛ کسر بیلان تجارت خارجی
Außenhandelsfinanzierung *f* تأمین مالی بازرگانی خارجی؛ تأمین مالی تجارت خارجی

Außenhandelsförderung *f* حمایت از بازرگانی خارجی؛ حمایت دولت از بازرگانی خارجی؛ حمایت دولت از تجارت خارجی

Außenhandelsgesellschaft *f* شرکت بازرگانی خارجی؛ شرکت تجارت خارجی

Außenhandelsgewinne *mpl* سود بازرگانی خارجی؛ سود حاصله از تجارت خارجی

Außenhandelskredit *m* اعتبار بازرگانی خارجی؛ اعتبار تجارت خارجی

Außenhandelsmonopol *n* انحصار معاملات خارجی: انحصار تجارت خارجی

Außenhandelspolitik *f* سیاست بازرگانی خارجی؛ سیاست تجارت خارجی

Außenhandelsstatistik *f* آمار بازرگانی خارجی؛ آمار تجارت خارجی

Außenhandelsüberschuss *m* مازاد بیلان بازرگانی خارجی؛ مازاد بیلان تجارت خارجی؛ مازاد تراز تجارت خارجی

Außenhandelsvertreter/-in *m/f* نمایندهٔ بازرگانی خارجی؛ نمایندهٔ تجارت خارجی

Außenhandelsvertretung *f* نمایندگی بازرگانی خارجی؛ نمایندگی تجارت خارجی

Außenhandelsvolumen *n* حجم بازرگانی خارجی؛ حجم تجارت خارجی

Außenhandelszone *f* منطقهٔ تجارت خارجی

Außenminister/-in *m/f* وزیر امور خارجه

Außenministerium *n* وزارت امور خارجه

Außenministertreffen *n* دیدار وزرای امور خارجه

Außenpolitik *f* سیاست خارجی

aggressive ~ سیاست خارجی تجاوزکارانه

Außenpolitiker/-in *m/f* سیاستمدار امور خارجه

außergewöhnlich *adj* خارق العاده

eine ~e Persönlichkeit یک شخصیّت خارق العاده

äußern اظهار داشتن

Äußerungen *fpl* اظهارات

abgewogene ~ اظهارات سنجیده

taktvolle ~ اظهارات سنجیده

widersprüchliche ~ اظهارات ضدّ و نقیض

zutreffende ~ حرف های بجا

aussetzen 1) عملی را موقّتاً قطع کردن؛ عملی را موقّتاً به تعویق انداختن 2) تعیین کردن 3) سر راه گذاردن

1) die Verhandlungen ~ مذاکرات را موقتاً قطع کردن

die Vollstreckung ~ اجرا را موقّتاً به تعویق انداختن

2) eine Belohnung ~ جایزه ای را تعیین کردن

3) ein Kind ~ بچّه ای را سر راه گذاردن

aussitzen در انتظار حلّ مسأله ای نشستن

eine Krise ~ در انتظار حلّ بحرانی نشستن؛ دست روی دست نهادن و منتظر حلّ بحرانی بودن

aussöhnen آشتی دادن

aussöhnen, sich آشتی کردن

Aussöhnung *f* آشتی؛ مصالحه

Politik der ~ سیاست مصالحه

aussperren مانع ورود به کارخانه شدن؛ از ورود به کارخانه جلوگیری کردن

die streikenden Arbeiter ~ مانع ورود کارگران اعتصاب کننده به کارخانه شدن

Aussperrung *f* اسداد کارخانه؛ اسداد کارخانه توسّط کارفرما؛ منع ورود به کارخانه؛ جلوگیری از ورود به کارخانه

Ausstand *m* اعتصاب

in den ~ treten دست به اعتصاب زدن

aussteigen 1) پیاده شدن 2) کناره گیری کردن

1) aus einem Fahrzeug ~ از وسیلهٔ نقلیّه ای پیاده شدن

2) aus einem Geschäft ~ از معامله ای کناره گیری کردن

ausstellen 1) صادر کردن 2) به نمایش گذاشتن

1) eine Geburtsurkunde ~ شناسنامه ای را صادر کردن

ein Visum ~ روادیدی را صادر کردن؛ ویزایی را صادر کردن

2) Waren ~ کالا ها را به نمایش گذاشتن؛ اجناس را به نمایش گذاشتن

Aussteller *m* نمایش دهنده؛ متصدّی نمایشگاه

Ausstellung *f* 1) صدور 2) نمایشگاه

1) ~ eines Personalausweises صدور یک برگ شناسایی؛ صدور یک کارت شناسایی

2) eine ~ besuchen از نمایشگاهی دیدن کردن

eine ~ eröffnen نمایشگاهی را افتتاح کردن

in eine ~ gehen به یک نمایشگاه رفتن؛ به نمایشگاهی رفتن

eine ~ veranstalten نمایشگاهی را برگزار کردن

Ausstellungsgelände *n* محوّطهٔ نمایشگاه

Ausstellungshalle *f* تالار نمایشگاه

Ausstellungsleiter/-in *m/f* مدیر نمایشگاه

Ausstellungsleitung *f* مدیریّت نمایشگاه

Ausstellungsmacher/-in *m/f* برگزارکنندهٔ نمایشگاه

Austausch *m* 1) تعویض 2) مبادله

austauschen 1) عوض کردن 2) مبادله کردن

1) Kabinettsmitglieder ~ اعضای کابینه را عوض کردن؛ اعضای کابینهٔ دولت را عوض کردن

2) Kriegsgefangenen ~ اسرای جنگی را مبادله کردن

austreten aus خارج شدن از؛ کناره گیری کردن از

Austritt *m* کناره گیری

mit dem ~ aus einer Partei drohen تهدید به کناره گیری از حزبی کردن

Austrittsdrohung *f* تهدید به کناره گیری

Auswahl *f* گُزینش؛ انتخاب

auswählen گُزیدن؛ انتخاب کردن

eine Delegation ~ افراد یک هیأت نمایندگی را گُزیدن؛ افراد یک هیأت نمایندگی را انتخاب کردن

Auswahlgremium *n* هیأت گُزینش؛ کمیسیون انتخاب

Auswanderer *m* مهاجر

auswandern aus مهاجرت کردن از

Auswanderung *f* مهاجرت

Auswanderungsbehörde *f* ادارهٔ مهاجرت

Auswanderungsland *n* کشور مهاجرت

Auswanderungsrecht *n* قانون مهاجرت

Ausweis *m* کارت شناسایی؛ کارت هویّت

gefälschter ~ کارت شناسایی جعلی

gültiger ~ کارت شناسایی معتبر

einen ~ ausstellen کارت شناسایی صادر کردن

einen ~ beantragen درخواست کارت شناسایی کردن

einen ~ vorzeigen کارت شناسایی را جهت کنترل ارائه کردن؛ کارت شناسایی را نشان دادن

ausweisen aus اخراج کردن از (کشوری)

Ausweispapier *n* برگهٔ شناسایی؛ کارت شناسایی؛ کارت هویّت

Ausweisung *f* اخراج

Ausweisungsantrag *m* درخواست اخراج

Ausweisungsbefehl *m* دستور اخراج

Ausweisungsbeschluss *m* حکم اخراج

Ausweisungsverfahren *n* مراحل قانونی صدور حکم اخراج

ausweiten 1) گسترش دادن؛ توسعه دادن 2) افزایش دادن

ausweiten, sich گسترش یافتن؛ توسعه یافتن

Ausweitung *f* 1) گسترش؛ توسعه 2) افزایش

1) ~ des Handels گسترش بازرگانی؛ توسعهٔ تجارت
~ des Herrschaftsbereiches گسترش دایرهٔ قدرت؛ توسعهٔ منطقهٔ تحت سلطه
~ von Investitionen گسترش سرمایه گذاری ها؛ توسعهٔ سرمایه گذاری ها
2) ~ des Budgets افزایش بودجه
2) ~ der Produktion افزایش تولید
auswerten ارزیابی کردن
statistisch ~ به لحاظ آماری ارزیابی کردن
Informationen ~ اطّلاعات را ارزیابی کردن؛ اطّلاعات را مورد ارزیابی قرار دادن
Auswertung *f* ارزیابی
auswirken تأثیر کردن؛ نتیجه دادن
Auswirkung *f* تأثیر؛ اثر
katastrophale ~en تأثیرات فاجعه آمیز؛ تأثیرات بسیار بد
auszahlen تمام و کمال پرداختن
ein Gehalt ~ حقوقی را تمام و کمال پرداختن
Auszahlung *f* پرداخت کامل
auszählen شمارش کردن
Auszählung *f* شمارش؛ شمارش نهایی
~ der Stimmen شمارش آراء؛ شمارش نهایی آراء
Auszubildende *m/f* کارآموز
authentisch *adj* صحیح؛ معتبر
Authentizität *f* صحت؛ اصلیّت؛ سندیّت
Auto *n* اتوموبیل؛ خودرو
Autobahn *f* اتوبان
Autobahngebühr *f* عوارض اتوبان
Autofabrik *f* کارخانهٔ اتوموبیل سازی
Autokrat *m* یکّه سالار
Autokratie *f* یکّه سالاری
autokratisch *adj* یکّه سالار؛ یکّه سالارانه
~ Herrschaft فرمان روایی یکّه سالارانه؛ سلطهٔ یکّه سالارانه

Automarkt *m* بازار اتوموبیل
automatisch *adj* خودکار؛ به طور خودکار؛ ماشینوار؛ ماشینی؛ به طور اتوماتیک
automatisieren ماشینی کردن؛ اتوماتیزه کردن
automatisiert *adj* خودکار؛ ماشینوار
Automatisierung *f* ماشینی کردن؛ عمل ماشینی کردن
Automobil *n* اتوموبیل؛ خودرو
Automobilausstellung *f* نمایشگاه اتوموبیل
Automobilbranche *f* صنعت اتوموبیل سازی
Automobilhersteller *m* سازندهٔ اتوموبیل
Automobilindustrie *f* صنعت اتوموبیل سازی
autonom *adj* 1) خودگردان؛ خودمختار 2) مستقل
1) ~e Region منطقهٔ خودگردان؛ منطقهٔ خودمختار
~er Staat دولت خودگردان؛ دولت خودمختار
2) ~es Handeln عمل مستقل
Autonomie *f* خودگردانی؛ خودمختاری
~ fordern خواستار خودگردانی شدن؛ خواستار خودمختاری شدن
~ gewähren خودمختاری دادن
nach ~ streben جهت دست یابی به خودگردانی کوشش کردن؛ جهت دست یابی به خودمختاری تلاش کردن
Autonomiebehörde *f* ادارهٔ امور خودگردانی؛ ادارهٔ امور خودمختاری
Autonomierat *m* شورای خودگردانی؛ شورای خودمختاری
Autor/-in *m/f* نگارنده؛ نویسنده
autorisieren اختیار دادن؛ اختیار قانونی دادن؛ اجازه دادن؛ اجازهٔ قانونی دادن
autorisiert *adj* مجاز؛ قانونی
Autorisierung *f* اختیار قانونی؛ حقّ قانونی
Axiom *n* اصل بنیادین

B

Bahn *f*	۱) راه ۲) راه آهن ۳) قطار
Bahnangestellte *m/f*	کارمند راه آهن
Bahnarbeiter/-in *m/f*	کارگر راه آهن
Bahnhof *m*	ایستگاه راه آهن؛ ایسگاه قطار
Bahnlinie *f*	راه آهن
Bahnreisende(r) *m/f*	مسافر قطار
Bahnsprecher/-in *m/f*	سخنگوی شرکت راه آهن
Bahnsteig *m*	سکّوی راه آهن
Bahnstrecke *f*	مسیر قطار؛ مسیر راه آهن
Bahntransport *m*	حمل و نقل با قطار؛ حمل با راه آهن
Bahnverbindung *f*	ارتباط از طریق راه آهن
Bahnverkehr *m*	ترافیک قطار
Ballungsgebiet *n*	منطقۀ پرجمعیّت
industrielles ~	منطقۀ پرجمعیّت صنعتی
banal *adj*	پیش پا افتاده؛ مبتذل
Banalität *f*	پیش پا افتادگی؛ ابتذال
Bande *f*	باند
rivalisierende ~n	باندهای رقیب
Anführer einer ~	سردستۀ یک باند
einer ~ angehören	عضو یک باند بودن
Bandenmitglied *n*	عضو باند
bändigen	مهار کردن
Bändigung *f*	مهار
Bank *f*	بانک
private ~	بانک خصوصی
staatseigene ~	بانک دولتی
überregionale ~	فرامنطقه بانک ای
Bankaktien *fpl*	سهام بانکی
Bankaktiengesellschaft *f*	شرکت سهام بانکی
Bankangestellte *m/f*	کارمند بانک
Bankanweisung *f*	حوالۀ بانکی
Bankauszug *m*	صورتحساب بانکی
Bankbürgschaft *f*	ضمانت بانک؛ ضمانت بانکی
Bankdarlehen *n*	وام بانکی
Bankdienstleistungen *fpl*	خدمات بانکی
Bankdirektor/-in *m/f*	رئیس بانک
Bankdiskont *m*	بهرۀ بانکی؛ تنزیل بانک
Bankdiskontsatz *m*	نرخ بهرۀ بانکی؛ نرخ تنزیل بانک
Bankeinlage *f*	سپردۀ بانکی
Bankenaufsicht *f*	نظارت بر امور بانکی؛ نظارت بر امور بانک ها
Bankenaufsichtsbehörde *f*	مقام ناظر بر امور بانکی
Bankenfusion *f*	ادغام بانک ها
Bankenkrise *f*	بحران بانکی
Bankensystem *n*	سیستم بانکی
Bankett *n*	ضیافت
Bankfachmann *m*	کارشناس امور بانکی؛ متخصّص امور بانکی
bankfähig *adj*	قابل معامله؛ قابل پذیرش در بانک
Bankfiliale *f*	شعبۀ بانک
Bankforderungen *fpl*	مطالبات بانک؛ مطالبات بانکی
Bankgebühren *fpl*	کار مزد بانکی
Bankgeschäfte *npl*	معاملات بانکی
Bankgewerbe *n*	بانکداری
Bankguthaben *n*	موجودی بانکی
Bankier *m*	بانکدار
Bankkapital *n*	سرمایۀ بانک
Bankkonto *n*	حساب بانکی
Bankkredit *m*	اعتبار بانکی
Banknote *f*	اسکناس
Ausgabe von ~n	انتشار اسکناس
~n einziehen	اسکناس ها را ضبط کردن

Bankreserven *fpl* اندوخته های بانکی؛ ذخایر بانکی
bankrott *adj* ورشکسته
~ gehen ورشکست شدن
~ machen ورشکست کردن
Bankrott *m* ورشکستگی
den ~ erklären اعلام ورشکستگی کردن
Bankrotterklärung *f* اعلام ورشکستگی؛ اظهار ورشکستگی
Bankrotteur *m* ورشکسته؛ شخص ورشکسته
Bankrücklagen *fpl* اندوخته های بانکی؛ ذخایر بانکی
Bankschulden *fpl* بدهی های بانک؛ دیون بانک
Banktransaktion *f* معاملهٔ بانکی؛ داد و ستد بانکی
Bankunternehmer/-in *m/f* بانکدار؛ صاحب بانک
Bankverbindlichkeiten *fpl* تعهّدات بانکی
Bankverkehr *m* معاملات بانکی؛ داد و ستد های بانکی
Bankvermögen *n* دارایی بانک
Bankvorschuss *m* مساعدهٔ بانکی
Bankwechsel *m* برات بانکی
Bankwelt *f* جهان بانک ها
Bankwesen *n* بانکداری
Bankzinsen *mpl* بهرهٔ بانک؛ ربح بانک
Bankzusammenbruch *m* ورشکستگی بانکی
Bareinlage *f* سپردهٔ بانکی
Bargeld *n* پول نقد؛ نقدینه
Bargeldknappheit *f* کمبود پول نقد
Bargeldmenge *f* مقدار پول نقد
Bargeldumlauf *m* گردش پول نقد
Bargeldvolumen *n* حجم پول نقد
Bargeschäft *n* معاملهٔ نقدی
Barguthaben *n* موجودی نقدی

Barkredit *m* اعتبار نقد
Barliquidität *f* نقدینگی
Barreserven *fpl* اندوخته های نقدی
auf die ~ zurückgreifen از اندوخته های نقدی استفاده کردن
Barzahlung *f* پرداخت نقدی
Basis *f* پایگاه؛ بنیاد؛ مبنا؛ پایه
soziale ~ پایگاه اجتماعی
Basisdemokratie *f* دمکراسی بنیادی
Basisgruppe *f* گروه پایه
Basispreis *m* قیمت مبنا
Bataillon *n* گُردان؛ گُردان نظامی
ein ~ kommandieren یک گُردان نظامی را فرماندهی کردن؛ مسؤلیّت فرماندهی یک گُردان نظامی را به عهده داشتن
Bau *m* ساختمان؛ بنا
Bauarbeiten *fpl* کارهای ساختمانی
Bauarbeiter-in *m/f* کارگر ساختمانی
Bauaufsicht *f* نظارت بر امور ساختمانی
Bauaufsichtsbehörde *f* ادارهٔ ناظر بر امور ساختمانی
Baubewilligung *f* جواز ساختمان
Baueinstellung *f* متوقّف کردن کارهای ساختمانی
Bauer *m* دهقان؛ کشاورز (مرد)
Bäuerin *f* دهقان؛ کشاورز (زن)
bäuerlich *adj* 1) دهاتی وار؛ روستایی وار
2) دهاتی؛ روستایی
Bauernbetrieb *m* کارگاه روستایی؛ کارگاه تولیدی روستایی
Bauerngenossenschaft *f* تعاونی روستایی؛ تعاونی روستاییان
Bauernhof *m* خانهٔ روستایی؛ خانهٔ دهقانی
Bauernpartei *f* حزب روستایی؛ حزب دهقانی
Bauernverband *m* اتّحادیّهٔ روستایی؛ اتّحادیّهٔ

روستاییان؛ اتّحادیّهٔ دهقانان

Baufinanzierung *f* تأمین مالی امور ساختمانی

Baufirma *f* شرکت ساختمانی

Baugebiet *n* منطقهٔ احداث ساختمان؛ منطقهٔ احداث بنا

Baugenehmigung *f* پروانهٔ ساختمان سازی؛ جواز احداث ساختمان

~ erteilen پروانهٔ ساختمان سازی دادن

die ~ verweigern از دادن پروانهٔ ساختمان سازی امتناع کردن

Baugeschäft *n* خرید و فروش ساختمان

Baugesetz *n* قانون احداث ساختمان

Baugewerbe *n* صنعت ساختمان سازی

Bauindustrie *f* صنعت ساختمان سازی

Bauinvestition *f* سرمایه گذاری در امور ساختمانی

Baustelle *f* محلّ کار ساختمانی

Baukonjunktur *f* وضعیّت اقتصادی در صنعت ساختمان سازی

Baukosten *f* هزینهٔ احداث ساختمان؛ مخارج احداث ساختمان

Bauland *n* زمین احداث ساختمان

Bauleiter/-in *m/f* مهندس ناظر؛ مهندس ناظر در محلّ احداث بنا

Baumaßnahmen *fpl* عملیّات ساختمانی

Bauordnungsamt *n* ادارهٔ تهیّهٔ نقشه های ساختمانی

Baupreis *m* قیمت ساختمان

Bauprojekt *n* طرح ساختمانی؛ پروژهٔ ساختمانی

ein ~ abschließen

یک طرح ساختمانی را به پایان رساندن؛ یک پروژهٔ ساختمانی را به اتمام رساندن

Bausektor *m* بخش ساختمان سازی

Bausparkasse *f* صندوق پس انداز مسکن

Bausparvertrag *m* قرارداد پس انداز مسکن

Baustopp *m* منع احداث ساختمان؛ جلوگیری از احداث ساختمان؛ جلوگیری از ادامهٔ کارهای ساختمانی

den ~ aufheben منع احداث ساختمان را لغو کردن

Bauunternehmen *n* شرکت ساختمانی

Bauunternehmer/-in *m/f* پیمانکار ساختمان؛ ساختمان ساز؛ صاحب شرکت ساختمانی

Bauvorhaben *n* طرح ساختمانی؛ پروژهٔ ساختمانی

Bauvorschriften *fpl* مقرّرات ساختمانی؛ مقرّرات احداث ساختمان

Beamte *m* کارمند؛ کارمند دولت (مرد)

leitender ~r کارمند ارشد

einen ~n versetzen کارمندی را منتقل کردن

Beamtenapparat *m* دستگاه اداری؛ دستگاه اداری دولت

Beamtenbeleidigung *f* توهین به کارمند دولت؛ توهین به مأمور دولت

Beamtenbesoldung *f* پرداخت حقوق کارمندان؛ پرداخت حقوق مأموران دولت

Beamtenbestechung *f* رشوه دهی به کارمند دولت؛ رشوه دهی به مأمور دولت

Beamtengewerkschaft *f* اتّحادیّهٔ کارمندی؛ سندیکای کارمندی؛ سندیکای کارمندان دولت

Beamtenpension *f* حقوق بازنشستگی کارمندان دولت؛ مستمری مأمورین دولت

Beamtenschaft *f* کارمندان دولت؛ مأموران دولت؛ دستگاه اداری دولت

Beamtentum *n* کارمندان دولت؛ مأموران دولت؛ دستگاه اداری دولت

Beamtenversorgung *f* تأمین حقوق بازنشستگی کارمندان دولت

Beamtin *f* کارمند دولت (زن)

beängstigend *adj* هراس انگیز؛ نگران کننده

beanspruchen مدّعی بودن؛ ادّعای چیزی را

داشتن؛ چیزی را از آن خود دانستن

ein Gebiet ~ ادّعای ارضی داشتن؛ منطقه ای را از آن خود دانستن

Beanspruchung *f* ادّعا

beanstanden اعتراض کردن؛ ایراد گرفتن؛ انتقاد کردن

Beanstandung *f* اعتراض؛ ایراد؛ انتقاد

beantragen درخواست کردن؛ تقاضا کردن

Aufenthaltserlaubnis ~ درخواست اجازهٔ اقامت کردن

eine Ausreise ~ درخواست (ویزای) خروجی کردن

einen Ausweis ~ درخواست کارت شناسایی کردن

die Beschlagnahme ~ درخواست مصادره کردن

einen Konkurs ~ درخواست اعلام ورشکستگی کردن

einen Kredit ~ اعتباری را درخواست کردن؛ وامی را درخواست کردن

einen Pass ~ درخواست گذرنامه کردن

Schadensersatz ~ درخواست خسارت کردن؛ تقاضای جبران خسارت کردن

eine Untersuchung ~ درخواست رسیدگی کردن؛ درخواست تحقیق و رسیدگی کردن

ein Visum ~ درخواست ویزا کردن

Beantragung *f* درخواست؛ تقاضا

beantworten پاسخ دادن؛ جواب دادن

Beantwortung *f* پاسخ دهی؛ جواب دهی

beargwöhnen شک داشتن؛ مظنون بودن

beaufsichtigen نظارت کردن؛ کنترل کردن؛ مراقبت کردن

Beaufsichtigung *f* نظارت؛ کنترل؛ مراقبت

beauftragen (کسی را) مأمور انجام کاری کردن؛ (به کسی) وکالت انجام کاری را دادن

einen Anwalt ~ وکیلی را مأمور انجام کاری کردن؛ به وکیلی وکالت انجام کاری را دادن

Beauftragte *m/f* مأمور؛ مأمور بازرسی دولت

Beauftragung *f* مأموریّت

bebauen آباد کردن؛ ساختن

ein Gebiet ~ منطقه ای را آباد کردن؛ منطقه ای را ساختن

Bebauungsplan *m* طرح آبادانی؛ طرح ساختمانی

Bedarfsartikel *m* کالای مورد نیاز؛ جنس مورد احتیاج

Bedarfsgüter *npl* کالاهای مورد نیاز؛ اجناس مورد احتیاج

Bedarfszunahme *f* افزایش نیاز؛ افزایش احتیاج

bedauerlich *adj* تأسّف آور

bedauerlicherweise *adj* متأسّفانه؛ با کمال تأسّف

bedauern اظهار تأسّف کردن

Bedauern *n* اظهار تأسّف

bedauernswert *adj* تأسّف انگیز

Bedenken *n* 1) اندیشه؛ فکر 2) تردید؛ شک

bedenklich *adj* 1) شک انگیز؛ شک آمیز؛ مشکوک؛ ریسک دار 2) وخیم؛ بحرانی

Bedenklichkeit *f* شک انگیزی؛ شک آمیزی؛ تردید؛ شکّاکی

bedeuten 1) معنی دادن 2) اهمیّت داشتن

bedeutend *adj* مهم؛ بااهمیّت؛ خطیر

~e Persönlichkeit شخصیّت مهم

Bedeutung *f* 1) معنی؛ معنا 2) اهمیّت

außerordentliche ~ اهمیّت فوق العاده

eigentliche ~ اهمیّت اصلی؛ اهمیّت واقعی

grundsätzliche ~ اهمیّت اصولی؛ اهمیّت اساسی

politische ~ اهمیت سیاسی

zunehmende ~ اهمیّت فزاینده

von großer ~ sein از اهمیت بسیاری برخوردار بودن

bedeutungslos *adj* 1) بی اهمیّت 2) بی معنا

Bedeutungslosigkeit *f* 1) بی اهمیّتی 2) بی معنایی

bedeutungsvoll *adj* پرمعنا
Bedingungen *fpl* شرایط
günstige ~ شرایط مساعد
harte ~ شرایط سخت؛ شرایط دشوار
katastrophale ~ شرایط مصیبت بار
konkrete ~ شرایط مشخّص
objektive ~ شرایط عینی
reale ~ شرایط واقعی
rechtliche ~ شرایط حقوقی
ungünstige ~ شرایط نامساعد
unmenschliche ~ شرایط غیرانسانی
wesentliche ~ شرایط بسیار مهم؛ شرایط حائز اهمیّت
zwingend notwendige ~ شرایط کاملاً ضروری
~ akzeptieren شرایط را پذیرفتن
auf ~ eingehen با شرایطی موافقت کردن
~ erfüllen حائز شرایط بودن
~ stellen شرایط گذاشتن
~ verschärfen شرایط را سخت تر کردن
~ vorschreiben تکلیف شرایط کردن
bedrohen تهدید کردن
die Existenz ~ موجودیّت را تهدید کردن
bedrohlich *adj* تهدیدآمیز
Bedrohung *f* تهدید
latente ~ تهدید نهفته
massive ~ تهدید شدید
offene ~ تهدید آشکار؛ تهدید علنی
Nötigung durch ~ اجبار با تهدید
eine ~ darstellen تهدید کردن
Bedrohungspotential *n* امکان تهدید
die ~e ausbauen امکانات تهدید را گسترش دادن؛ امکانات تهدید را توسعه دادن
bedrücken افسرده کردن؛ غمگین کردن
beeiden سوگند دادن؛ قسم دادن
beeidigt *adj* سوگندخورده؛ قسم خورده
~er Dolmetscher مترجم سوگندخورده
Beeidigung *f* سوگنددهی
beeindrucken تحت تأثیر قراردادن
beeindruckend *adj* تأثیرگذار؛ گیرا
beeinflussen تأثیر گذاشتن؛ تحت تأثیر قرار دادن
Beeinflussung *f* تأثیرگذاری؛ نفوذ
beeinträchtigen لطمه زدن؛ خدشه دار کردن
Beeinträchtigung *f* لطمه؛ خدشه
~ der Interessen لطمه به منافع؛ لطمه به مصالح
~ der Rechte لطمه به حقّ و حقوق
beenden به پایان رساندن؛ خاتمه دادن
beendigen به پایان رساندن؛ خاتمه دادن
Beendigung *f* پایان؛ خاتمه
beerben به ارث بردن
beerdigen به خاک سپردن
Beerdigung *f* خاک سپاری
befangen *adj* غرض ورز؛ گرایش دار
~er Richter قاضی غرض ورز؛ دادرس غرض ورز
Befangenheit *f* غرض ورزی؛ گرایش داری
einen Richter wegen ~ ablehnen دادرسی را به خاطر غرض ورزی رد کردن
Befehl *m* فرمان؛ دستور؛ حکم
dienstlicher ~ دستور اداری
formeller ~ دستور رسمی
geheimer ~ دستور مخفی
königlicher ~ فرمان همایونی
militärischer ~ دستور نظامی
richterlicher ~ حکم قضایی
schriftlicher ~ دستور کتبی
strenger ~ دستور اَکید
einen ~ ausführen فرمانی را اجرا کردن؛ دستوری را اجرا کردن
einen ~ befolgen از فرمانی پیروی کردن؛

از دستوری پیروی کردن
einen ~ erhalten دستور گرفتن؛
دستوری را دریافت کردن
einen ~ erteilen فرمان دادن؛ دستور دادن
sich einem ~ fügen تسلیم فرمانی شدن؛
از فرمانی اطاعت کردن؛ از دستوری اطاعت کردن
einem ~ gehorchen از فرمانی اطاعت کردن؛
از دستوری اطاعت کردن
einem ~ nachkommen از دستوری پیروی کردن
einen ~ verweigern از فرمانی سرپیچی کردن
einem ~ zuwiderhandeln بر خلاف دستوری
عمل کردن
befehlen دستور دادن؛ فرمان دادن
den Rückzug ~ دستور عقب نشینی دادن؛
فرمان عقب نشینی دادن
befehligen تحت فرمان خود داشتن
Befehlsbefugnis *f* حقّ فرمان دهی؛ اختیار
فرمان دهی
Befehlsempfang *m* گرفتن دستور؛ دریافت دستور
Befehlsempfänger/-in *m/f* گیرندهٔ دستور؛
دریافت کنندهٔ دستور
Befehlsgeber/-in *m/f* فرمانده
Befehlsgewalt *f* حقّ دستور؛ حقّ فرمان دهی
Befehlshaber/-in *m/f* فرمانده
befehlsmäßig *adj* طبق فرمان؛ طبق دستور
Befehlsmissbrauch *m* سوء استفاده از حقّ
فرمان دهی؛ سوء استفاده از اختیارات فرمان دهی
Befehlsverweigerung *f* سرپیچی از فرمان
Befestigung *f* استحکامات
militärische ~ استحکامات نظامی
Befestigungssystem *n* سیستم استحکامات
befolgen پیروی کردن؛ رعایت کردن
Anweisungen ~ از دستورات پیروی کردن؛
از فرامین پیروی کردن

einen Befehl ~ از فرمانی پیروی کردن؛
از دستوری پیروی کردن
ein Gesetz ~ از قانونی پیروی کردن
ein Verbot ~ ممنوعیّتی را رعایت کردن
Vorschriften ~ از مقرّرات پیروی کردن
Befolgung *f* پیروی؛ رعایت
befördern 1) حمل و نقل کردن
2) ارتقاء رتبه دادن
Beförderung *f* 1) حمل و نقل 2) ترفیع؛
ارتقاء رتبه
1) ~ von Passagieren حمل و نقلّ مسافران؛
Beförderungsentgelt *n* نرخ حمل و نقل؛
تعرفهٔ حمل و نقل
Beförderungskosten *f* هزینهٔ حمل و نقل
Beförderungstarif *m* نرخ حمل و نقل؛ تعرفهٔ
حمل و نقل
Beförderungsunternehmen *n* بنگاه حمل و
نقل؛ شرکت حمل و نقل
Beförderungsvertrag *m* قرارداد حمل و نقل
befragen پرسیدن؛ نظرپرسی کردن
Befragung *f* پرسش؛ نظرپرسی؛ استعلام
~ der Verbraucher پرسش از مصرف کنندگان؛
استعلام از مصرف کنندگان
befreien 1) رهانیدن؛ رها کردن؛ آزاد کردن؛
نجات دادن 2) معاف کردن
Befreiung *f* 1) آزادسازی؛ رهاسازی؛ نجات
2) معافیّت
1) nationale ~ آزادسازی ملّی؛ رهاسازی ملّی؛
نجات ملّی
~ von Gefangenen آزادسازی زندانیان
2) ~ vom Militärdienst معافیّت از خدمت
زیر پرچم؛ معافیت از خدمت نظام وظیفه
~ von Steuer معافیّت از مالیات
~ von einer Verpflichtung معافیّت از یک تعهّد

Befreiungsbewegung *f* جنبش رهایی بخش

Befreiungsfront *f* جبههٔ رهایی بخش

Befreiungskampf *m* مبارزهٔ رهایی بخش

Befreiungskämpfer/-in *m/f* مبارز رهایی بخش؛ مبارز راه آزادی

Befreiungskräfte *fpl* نیروهای رهایی بخش

Befreiungskrieg *m* جنگ رهایی بخش

Befreiungstheologie *f* الاهیّات رهایی بخش

Befreiungsversuch *m* قصد آزادسازی

Befugnisse *fpl* اختیارات

befürchten بیم داشتن؛ نگران بودن

Befürchtung *f* بیم؛ نگرانی

befürworten پشتیبانی کردن؛ حمایت کردن؛ هواداری کردن

ein Gesuch ~ از درخواستی پشتیبانی کردن؛ از درخواستی حمایت کردن

eine Kandidatur ~ از نامزدی (کسی) در انتخابات پشتیبانی کردن؛ از نامزدی (کسی) در انتخابات هواداری کردن

Befürworter/-in *m/f* پشتیبان؛ حامی

Befürwortung *f* پشتیبانی؛ حمایت

beglaubigen اعتبار و اقتدار قانونی دادن؛ تصدیق و گواهی کردن

Beglaubigung *f* تصدیق؛ گواهی

Beglaubigungsschreiben *n* استوارنامه

begleichen پرداختن؛ تسویه (حساب) کردن

Schulden ~ بدهی ها را پرداختن؛ بدهی ها را تسویه کردن

Begleichung *f* تسویه حساب

begleiten مشایعت کردن؛ همراهی کردن

eine Delegation ~ هیأت نمایندگی ای را مشایعت کردن؛ هیأت نمایندگی ای را همراهی کردن

Begleitung *f* مشایعت؛ همراهی

beglückwünschen شادباش گفتن؛ تبریک و تهنیّت گفتن

begnadigen بخشودن؛ عفو کردن

Begnadigung *f* بخشودگی؛ عفو

Begnadigungsgesuch *n* درخواست بخشودگی؛ درخواست عفو

begrenzen محدود کردن

den Schaden ~ خسارت را محدود کردن؛ از خسارت بیشتر جلوگیری کردن

die Verwaltungsausgaben ~ هزینه های اداری را محدود کردن

Begrenzung *f* تحدید؛ محدودسازی

begründen 1) استدلال کردن 2) بنیان نهادن؛ تأسیس کردن

Begründer/-in *m/f* بنیان گذار؛ مؤسّس

Begründung *f* 1) استدلال 2) بنیان گذاری؛ پایه ریزی؛ تأسیس

1) logische ~ استدلال منطقی

theoretische ~ استدلال نظری

die ~ eines Urteils استدلال یک حکم؛ ارائهٔ دلیل برای یک حکم

2) ~ einer Dynastie بنیان گذاری یک خاندان سلطنت؛ تأسیس یک خاندان سلطنت

~ einer Religion بنیان گذاری یک مذهب؛ پایه ریزی یک مذهب

begrüßen خوش آمد گفتن؛ خیر مقدّم گفتن؛ استقبال کردن

Begrüßung *f* استقبال

offizielle ~ استقبال رسمی

begünstigen ترجیح دادن؛ برتری دادن؛ حقّ تقدّم دادن

Begünstigte *m/f* ذی نفع؛ استفاده کننده

Begünstigung *f* ترجیح؛ رجحان؛ برتری؛ تقدّم؛ حقّ تقدّم

begutachten ارزیابی کردن؛ براورد کردن؛

	نظر کارشناسانه دادن
Begutachtung *f*	ارزیابی؛ براورد
begütert *adj*	دارا؛ ثروتمند؛ توانگر
behandeln	1) رفتار کردن 2) بررسی کردن 3) درمان کردن؛ معالجه کردن
Behandlung *f*	1) رفتار 2) بررسی 3) درمان؛ معالجه
1) gerechte ~	رفتار منصفانه؛ رفتار عادلانه
menschliche ~	رفتار انسانی
ungerechte ~	رفتار غیرمنصفانه؛ رفتار غیرعادلانه
unmenschliche ~	رفتار غیرانسانی؛ رفتار بی رحمانه
unwürdige ~	رفتار ناشایسته
2) erkennungsdienstliche ~	بررسی از سوی ادارهٔ آگاهی
die ~ eines Problems	بررسی یک مسأله
die ~ eines Themas	بررسی یک موضوع
3) medizinische ~	درمان پزشکی؛ معالجهٔ پزشکی
die ~ einer Krankheit	درمان یک بیماری؛ معالجهٔ یک بیماری
behaupten	ادّعا کردن؛ مدّعی بودن
Behauptung *f*	ادّعا
bloße ~	ادّعای توخالی؛ ادّعای بی اساس
falsche ~	ادّعای نادرست
kühne ~	ادّعای گستاخانه
unverschämte ~	ادّعای بی شرمانه؛ ادّعای وقیحانه
eine ~ aufrechterhalten	بر ادّعایی پابرجا ماندن
eine ~ beweisen	ادّعایی را ثابت کردن؛ ادّعایی را اثبات کردن
eine ~ dementieren	ادّعایی را تکذیب کردن
eine ~ vorbringen	ادّعایی را مطرح کردن
eine ~ widerlegen	ادّعایی را رد کردن
eine ~ zurücknehmen	ادّعایی را پس گرفتن
beherrschen	فرمان روایی کردن؛ حکم رانی کردن؛ تسلّط داشتن؛ کنترل کردن
ein Land ~	بر سرزمینی فرمان روایی کردن؛ بر سرزمینی حکم رانی کردن
den Markt ~	بر بازار تسلّط داشتن؛ بازار را کنترل کردن
ein Volk ~	بر ملّتی فرمان روایی کردن؛ بر ملّتی حکم رانی کردن
Beherrschung *f*	فرمان روایی؛ حکم رانی
behindern	مانع شدن؛ جلوگیری کردن؛ ایجاد اشکال کردن
den Wettbewerb ~	مانع رقابت شدن؛ از رقابت جلوگیری کردن
Behinderte *m/f*	معلول
Behinderung *f*	ممانعت؛ جلوگیری
Behörde *f*	مقام؛ مقام دولتی؛ اداره؛ ادارهٔ دولتی
örtliche ~n	مقامات محلی
staatliche ~	مقامات دولتی
vollziehende ~n	مقامات اجرایی
vorgesetzte ~	مقام مافوق
zivile ~n	مقامات کشوری
zuständige ~	مقام ذیصلاح؛ مقام صلاحیّت دار
Diskriminierung durch die ~n	تبعیض توسّط اولیای امور
Behördenapparat *m*	دستگاه اداری دولت
Behördenstruktur *f*	ساختار اداری
Behördenwege *mpl*	سلسله مراتب اداری
behutsam *adj*	باپروا؛ بااحتیاط؛ محتاط
Behutsamkeit *f*	پروا؛ احتیاط
Beihilfe *f*	کمک هزینه
Antrag auf ~	درخواست کمک هزینه؛ تقاضای کمک هزینه
beilegen	فیصله دادن
Beilegung *f*	حلّ و فصل؛ تسویه و حلّ و فصل
~ von Differenzen	حلّ و فصل اختلافات

~ eines Konfliktes حلّ و فصل یک کشمکش؛ حلّ و فصل یک درگیری

~ eines Streites حلّ و فصل یک دعوی

Beirat *m* شورای مشورتی

beisetzen به خاک سپردن؛ دفن کردن

Beisetzung *f* به خاک سپاری؛ دفن

Beistand *m* کمک؛ مساعدت؛ حمایت؛ معاضدت

~ leisten مساعدت کردن؛ حمایت کردن

um ~ bitten درخواست مساعدت کردن؛ درخواست حمایت کردن

Beistandspflicht *f* وظیفهٔ حمایت؛ وظیفهٔ مساعدت

Beistandsverpflichtung *f* تعهّد به حمایت؛ تعهّد به مساعدت

Beitrag *m* 1) سهم 2) مقاله 3) حقّ عضویّت 4) حقّ بیمه؛ حقّ بیمهٔ اجتماعی

1) bedeutsamer ~ سهم بسیار مهم

konstruktiver ~ سهم سازنده

2) wissenschaftlicher ~ مقالهٔ علمی

einen ~ veröffentlichen یک مقالهٔ علمی را منتشر کردن

3 + 4) ausstehender ~ 3) حقّ عضویّت معوّقه؛ حقّ عضویّت پرداخت نشده 4) حقّ بیمهٔ معوّقه

freiwilliger ~ 3) حقّ عضویّت داوطلبانه 4) حقّ بیمهٔ داوطلبانه

laufender ~ 3) حقّ عضویّت جاری 4) حقّ بیمهٔ جاری

offenstehender ~ 3) حقّ عضویّت پرداخت نشده 4) حقّ بیمهٔ پرداخت نشده

den ~ bezahlen 3) حقّ عضویّت را پرداختن 4) حقّ بیمه را پرداختن

den ~ entrichten 3) حقّ عضویّت را پرداختن 4) حقّ بیمه را پرداختن

den ~ erhöhen 3) حقّ عضویّت را افزایش دادن 4) حقّ بیمه را افزایش دادن

den ~ senken 3) حقّ عضویّت را کاهش دادن 4) حقّ بیمه را کاهش دادن

beitragen به سهم خود کمک کردن؛ سهیم بودن؛ سهمی را ایفا کردن

zu einer Debatte ~ در مباحثه ای سهیم بودن؛ در مباحثه ای سهمی را ایفا کردن

zur Völkerverständigung ~ به تفاهم ملّت ها به سهم خود کمک کردن

Beitragserhöhung *f* 1) افزایش حقّ عضویّت 2) افزایش حقّ بیمه؛ افزایش حقّ بیمه های اجتماعی

Beitragsforderung *f* 1) درخواست حقّ عضویّت 2) درخواست حقّ بیمه های اجتماعی

Beitragsfreiheit *f* معاف (بخشوده) از پرداخت حقّ بیمه های اجتماعی

Beitragskürzung *f* 1) کاهش حقّ عضویّت 2) کاهش حقّ بیمه؛ کاهش حقّ بیمه های اجتماعی

Beitragsleistung *f* 1) پرداخت حقّ عضویّت 2) پرداخت حقّ بیمه های اجتماعی

Beitragspflicht *f* تعهّد به پرداخت حقّ بیمه های اجتماعی

beitragspflichtig *adj* مشمول پرداخت حقّ بیمه؛ مشمول پرداخت حقّ بیمه های اجتماعی

Beitragssatz *m* 1) میزان حقّ عضویّت 2) نرخ حقّ بیمه

Beitragsvergütung *f* حقّ بیمهٔ برگشتی

Beitragszahler/-in *m/f* 1) پرداخت کنندهٔ حقّ عضویّت 2) پرداخت کنندهٔ حقّ بیمه های اجتماعی

Beitragszahlung *f* 1) پرداخت حقّ عضویّت 2) پرداخت حقّ بیمه های اجتماعی

beitreten پیوستن؛ به عضویت درآمدن؛ عضو شدن

einem Abkommen ~ به پیمان نامه ای پیوستن؛ به عهدنامه ای پیوستن

einer Allianz ~ به پیمانی پیوستن؛ عضو پیمانی شدن؛ به عضویّت پیمانی درآمدن

einem Bündnis ~	به پیمانی پیوستن؛ عضو پیمانی شدن؛ به عضویّت پیمانی درآمدن
einem Pakt ~	به پیمانی پیوستن؛ عضو پیمانی شدن؛ به عضویّت پیمانی درآمدن
einer Partei ~	عضو حزبی شدن؛ به عضویّت حزبی درآمدن
einem Verband ~	عضو اتّحادیّه ای شدن؛ به عضویّت اتّحادیّه ای درآمدن
einem Verein ~	عضو انجمنی شدن
einem Vertrag ~	به قراردادی پیوستن
Beitritt *m*	عضویّت
Antrag auf ~	درخواست عضویّت؛ تقاضای عضویّت
Beitrittsantrag *m*	درخواست عضویّت؛ تقاضای عضویّت
Beitrittsbedingungen *fpl*	شرایط عضویّت
Beitrittserklärung *f*	اعلام عضویّت
Beitrittsgebiet *n*	منطقۀ پیوسته؛ منطقۀ به عضویّت پذیرفته شده
Beitrittsland *n*	کشور به عضویّت پذیرفته شده
Beitrittsprotokoll *n*	صورتجلسۀ عضویّت
Beitrittsverhandlungen *fpl*	مذاکرات مربوط به عضویّت
Beitrittsvertrag *m*	قرارداد عضویّت
Beitrittsvoraussetzungen *fpl*	پیش شرط های عضویّت
Beitrittszwang *m*	عضویّت اجباری
beiwohnen	حضور داشتن
einer Gerichtsverhandlung ~	در دادرسی ای حضور داشتن؛ در محاکمه ای حضور داشتن
einer Sitzung ~	در نشستی حضور داشتن؛ در جلسه ای حضور داشتن
bejahen	جواب مثبت دادن؛ پاسخ مثبت دادن
eine Frage ~	به پرسشی جواب مثبت دادن؛ به سؤالی پاسخ مثبت دادن
Bejahung *f*	جواب مثبت؛ پاسخ مثبت
bekämpfen	مبارزه کردن با
die Arbeitslosigkeit ~	با بیکاری مبارزه کردن
die Armut ~	با فقر مبارزه کردن
die Aufständischen ~	با شورشیان مبارزه کردن
die Feinde ~	با دشمنان مبارزه کردن
den Friedensfeind ~	با دشمن صلح مبارزه کردن
die Inflation ~	با تورّم (اقتصادی) مبارزه کردن
die Kolonialherrschaft ~	برعلیه سلطۀ استعماری مبارزه کردن
die Korruption ~	با فساد مبارزه کردن؛ با رشوه خواری مبارزه کردن
ein System ~	با سیستمی مبارزه کردن؛ با نظامی مبارزه کردن
den Terror ~	با ترور مبارزه کردن؛ برعلیه ترور مبارزه کردن
Vorurteile ~	با پیش داوری ها مبارزه کردن
Bekämpfung *f*	مبارزه
bekannt adj	1) مشهور؛ سرشناس 2) آشنا
Bekannte *m/f*	آشنا؛ مرد یا زن آشنا
Bekanntenkreis *m*	جمع آشنایان
Bekanntgabe *f*	اعلام
bekanntgeben	اعلام کردن
Bekanntheit *f*	شهرت؛ سرشناسی
Bekanntheitsgrad *m*	درجۀ شهرت
bekanntmachen	ابلاغ کردن؛ رسماً به اطلاع رساندن
Bekanntmachung *f*	ابلاغ؛ اطّلاعیّه؛ اعلامیّه
amtliche ~	ابلاغ اداری
gerichtliche ~	ابلاغ قضایی
öffentliche ~	اطّلاعیّۀ عمومی؛ اعلامیّۀ عمومی؛ ابلاغ برای عموم
Bekanntschaft *f*	1) آشنایی 2) جمع آشنایان
Bekennerschreiben *n*	نامۀ اقرار به جرم

Bekenntnis *n* — 1) باور؛ اعتقاد 2) اقرار
politisches ~ — باور سیاسی؛ اعتقاد سیاسی
religiöses ~ — باور مذهبی؛ اعتقاد مذهبی
Beklagte *m/f* — دادخوانده؛ مدّعی علیه
bekräftigen — تأیید کردن؛ مورد تأیید قرار دادن؛ تأکید کردن
eine Aussage ~ — شهادتی را مورد تأیید قرار دادن
durch Eid ~ — با سوگند خوردن (صحت امری را) تأیید کردن
den Verdacht ~ — سوء ظنی را تأیید کردن
Bekräftigung *f* — تأیید؛ تأکید
bekunden — اظهار کردن؛ آشکارا بیان کردن
Interesse ~ — علاقه نشان دادن؛ اظهار علاقه کردن
Sympathie ~ — هواداری کردن؛ احساس دلبستگی کردن
Bekundung *f* — بیان آشکار
Belagerer *m* — محاصره کننده
belagern — محاصره کردن
eine Festung ~ — دژی را محاصره کردن؛ استحکاماتی را محاصره کردن
eine Stadt ~ — شهری را محاصره کردن
Belagerung *f* — محاصره
Belagerungsring *m* — حلقهٔ محاصره
einen ~ aufbrechen — حلقهٔ محاصره ای را شکستن
Belagerungsstrategie *f* — استراتژی محاصره
Belagerungszeit *f* — دوران محاصره؛ مدّت زمان محاصره
Belagerungszustand *m* — حکومت نظامی
den ~ ausrufen — حکومت نظامی اعلام کردن
den ~ verhängen — حکومت نظامی برقرار کردن
belangen — بازخواست کردن؛ مورد بازخواست قرار دادن
belanglos *adj* — بی اهمیّت
Belanglosigkeit *f* — بی اهمیّتی

belästigen — آزردن؛ اذیّت کردن
Belästigung *f* — آزار؛ اذیّت
Belastung *f* — 1) هزینهٔ عمومی؛ هزینهٔ سربار 2) بار؛ بار منفی؛ فشار 3) لطمه
1) außergewöhnliche ~en — هزینه های فوق العاده
vorrangige ~ — هزینهٔ مقدّم
2) finanzielle ~ — فشار مالی
politische ~ — بار منفی سیاسی
steuerliche ~ — بار مالیاتی
3) ~ der Beziehungen — لطمه به روابط
~ der Umwelt — لطمه به محیط زیست
Belastungsgrenze *f* — 1) حدّاکثر گنجایش بار 2) حدّاکثر افزایش قیمت
Belastungsmaterial *n* — مدرک جرم
Belastungszeuge *m* — شاهد اتّهام؛ شاهد جرم (مرد)
Belastungszeugin *f* — شاهد اتّهام؛ شاهد جرم (زن)
Belegschaft *f* — کارکنان؛ پرسنل
Belegschaftsaktien *fpl* — سهام کارکنان؛ سهام کارکنان یک شرکت
Belegschaftsbeteiligung *f* — مشارکت کارکنان؛ سهیم بودن کارکنان
Belegschaftsversammlung *f* — گردهمایی کارکنان؛ مجمع کارکنان
belehren — آموزش دادن؛ تعلیم دادن
Belehrung *f* — آموزش؛ تعلیم
die ~ des Angeklagten — آموزش متّهم علیه (در مورد حقّ و حقوق او)؛ تعلیم متّهم علیه
beleidigen — توهین کردن؛ اهانت کردن
beleidigend *adj* — توهین آمیز
Beleidigung *f* — توهین؛ اهانت
tätliche ~ — ضرب و جرح
beliefern — جنس رساندن

eine Firma ~	به شرکتی جنس رساندن
Belieferung *f*	جنس رسانی؛ تحویل کالا
belohnen	پاداش دادن؛ جایزه دادن
Belohnung *f*	پاداش؛ جایزه
eine ~ aussetzen	جایزه ای را تعیین کردن
bemängeln	ایراد گرفتن؛ عیب جویی کردن
bemerken	1) متوجّه شدن 2) متذکّر شدن؛ خاطرنشان کردن؛ یادآوری کردن
bemerkenswert *adj*	شایان توجّه
Bemerkung *f*	یادآوری؛ تذکّر
bemessen	ارزیابی کردن ؛ براورد کردن
Bemessung *f*	ارزیابی؛ براورد
Bemessungsgrundlage *f*	پایهٔ ارزیابی؛ اساس ارزیابی
bemitleiden	همدردی کردن؛ دلسوزی کردن
bemühen, sich	تلاش کردن؛ کوشش کردن
Bemühung *f*	تلاش؛ کوشش
fruchtlose ~en	تلاش های بی ثمر
ständige ~en	تلاش های پیگیر
benachrichtigen	آگاه ساختن؛ اطّلاع دادن؛ مطّلع ساختن؛ مستحضر داشتن
Benachrichtigung *f*	آگاهی؛ اطّلاع
benachteiligen	1) زیان رساندن 2) تبعیض قائل شدن
Benachteiligung *f*	1) زیان رسانی 2) تبعیض گذاری
benennen	1) نام گذاری کردن 2) معرّفی کردن 3) تعیین کردن
Benennung *f*	1) نام گذاری 2) معرّفی 3) تعیین
1) ~ einer Straße	نام گذاری یک خیابان
2) ~ eines Kandidaten	معرّفی یک کاندید؛ معرّفی یک نامزد انتخاباتی
~ eines Zeugen	معرّفی یک شاهد
3) ~ eines Vertreters	تعیین یک نماینده
benötigen	احتیاج داشتن؛ لازم داشتن
ein Visum ~	به ویزایی احتیاج داشتن
benutzen	استفاده کردن
Benutzer/-in *m/f*	استفاده کننده
Benutzung *f*	استفاده
beobachten	مشاهده کردن؛ نظارت کردن
Beobachter/-in *m/f*	مشاهده گر؛ ناظر
Beobachtermission *f*	هیأت ناظر
Beobachtung *f*	مشاهده؛ نظارت
Beobachtungsposten *m*	پست دیدبانی
beraten	رایزنی کردن؛ مشورت کردن
beratend *adj*	مشاوره ای؛ شورایی
~e Funktion	وظیفهٔ مشاوره؛ کار مشاوره
~es Gremium	هیأت مشاوره
Berater/-in *m/f*	رایزن؛ مشاور
Beratung *f*	رایزنی؛ مشاوره؛ مشورت؛ شور
geheime ~	شور مخفی
juristische ~	رایزنی حقوقی؛ مشاورهٔ حقوقی
unparteiische ~	رایزنی بیطرفانه؛ مشاورهٔ بیطرفانه
Beratungsausschuss *m*	هیأت مشورتی؛ کمیسیون مشورتی
Beratungsdienst *m*	خدمات مشاورتی؛ سرویس مشاورتی
Beratungsfirma *f*	شرکت مشاور
Beratungsgeheimnis *n*	امر سرّی مورد مشاورت
Beratungsgremium *n*	هیأت مشورتی
Beratungsprotokoll *n*	صورتجلسهٔ مشاوره؛ خلاصهٔ مشاوره
Beratungsservice *m/n*	خدمات مشاورتی
Beratungsstelle *f*	دفتر مشاورتی
bereichern, sich	از راه غیرقانونی ثروتمند شدن
Bereicherung *f*	ثروتمندی؛ توانگری
bereinigen	حلّ و فصل کردن

Bereinigung *f* حلّ و فصل
Bereitschaft *f* آمادگی
militärische ~ آمادگی نظامی
Bereitschaftsgarde *f* گارد انتظام
Bereitschaftspolizei *f* پلیس ضدّ شورش؛ پلیس گشت
bereitstellen در اختیار گذاردن
Bereitstellung *f* در اختیارگذاری
Berg *m* کوه؛ کوهستان
Bergbau *m* 1) استخراج معدن 2) صنعت معدن
Bergbauarbeiter/-in *m/f* کارگر معدن
Bergbauindustrie *f* صنعت معدن
Bergbewohner/-in *m/f* کوهسارنشین
Bergung *f* نجات
Bergungsarbeiten *fpl* عملیّات نجات
Bergungsdienst *m* سرویس نجات
Bergungsschiff *n* کشتی نجات
Bergwerk *n* معدن
Bergwerksgesellschaft *f* شرکت معادن
Bericht *m* گزارش
allgemeiner ~ گزارش کلّی
amtlicher ~ گزارش رسمی
aufsehenerregender ~ گزارش مهیّج
ausführlicher ~ گزارش مفصّل؛ گزارش تفصیلی
authentischer ~ گزارش موثّق
bestätigter ~ گزارش تأییدشده
bruchstückhafter ~ گزارش ناقص
eingehender ~ گزارش مفصّل
einleitender ~ گزارش مقدّماتی
einseitiger ~ گزارش یک جانبه
entstellter ~ گزارش تحریف شده
erfundener ~ گزارش ساختگی
falscher ~ گزارش نادرست؛ گزارش غلط
fundierter ~ گزارش اساسی
geheimer ~ گزارش سرّی
genauer ~ گزارش دقیق
hochbrisanter ~ گزارش بسیار حسّاس؛ گزارش بسیار مهم
informeller ~ گزارش غیررسمی
korrekter ~ گزارش صحیح
mündlicher ~ گزارش شفاعی
negativer ~ گزارش نامساعد؛ گزارش منفی
neuer ~ گزارش تازه
neuester ~ آخرین گزارش
objektiver ~ گزارش عینی؛ گزارش واقعی
offizieller ~ گزارش رسمی
packender ~ گزارش مهیّج
schockierender ~ گزارش تکان دهنده
schriftlicher ~ گزارش کتبی
sensationeller ~ گزارش پرسروصدا؛ گزارش هیجان آور
sorgfältiger ~ گزارش دقیق
spannender ~ گزارش مهیّج
streng vertraulicher ~ گزارش کاملاً محرمانه
umfassender ~ گزارش جامع
unbestätigter ~ گزارش تأییدنشده
unvollständiger ~ گزارش ناقص
vertraulicher ~ گزارش محرمانه
verzerrter ~ گزارش تحریف شده
vollständiger ~ گزارش کامل
voreingenommener ~ گزارش مغرضانه
vorläufiger ~ گزارش مقدّماتی
widersprüchliche ~e گزارشات متناقض؛ گزارشات ضدّ و نقیض
zuverlässiger ~ گزارش موثّق
einen ~ abfassen گزارشی را تهیه کردن
einen ~ anfordern گزارش خواستن؛ گزارشی را درخواست کردن

einen ~ erstatten گزارش دادن
einen ~ frisieren *ugs* گزارشی را دستکاری کردن؛ در گزارشی دست بردن
Berichterstatter/-in *m/f* گزارشگر
Berichterstattung *f* گزارش دهی؛ گزارشگری؛ گزارش
einseitige ~ گزارش یک جانبه؛ گزارش جانبدارانه
objektive ~ گزارش عینی
sachliche ~ گزارش واقع بینانه
Berichtsgegenstand *m* موضوع گزارش
berüchtigt *adj* 1) بدنام 2) معلول الحال
berücksichtigen مورد توجّه قرار دادن؛ مورد ملاحظه قرار دادن؛ رعایت کردن؛ ملحوظ داشتن
die Vorschriften ~ مقرّرات را رعایت کردن
Berücksichtigung *f* توجّه؛ ملاحظه؛ رعایت
Beruf *m* پیشینه؛ شغل؛ حرفه؛ کار
ausgeübter ~ شغل فعلی
fester ~ شغل ثابت؛ کار ثابت
freier ~ شغل آزاد؛ کار آزاد
einen ~ ausüben به حرفه ای اشتغال داشتن
einen ~ ergreifen حرفه ای را گُزیدن؛ شغلی را انتخاب کردن
einen ~ erlernen حرفه ای را آموختن
berufen منصوب کردن
jmdn. zum Vorsitzenden ~ کسی را به رئیسی منصوب کردن
berufen, sich auf استناد کردن به
sich auf ein Dokument ~ به سندی استناد کردن
beruflich *adj* حرفه ای؛ شغلی
~e Qualifikation صلاحیّت حرفه ای؛ صلاحیّت شغلی
Berufsausbildung *f* آموزش حرفه ای
Berufsaussichten *fpl* چشم انداز شغلی؛ دورنمای شغلی

Berufsberater/-in *m/f* راهنمای حرفه ای
Berufsberatung *f* راهنمایی حرفه ای
Berufsbezeichnung *f* سمت شغلی؛ سمت کاری؛ عنوان کاری؛ عنوان شغلی
Berufserfahrung *f* تجربهٔ شغلی؛ تجربهٔ کاری
Berufserlaubnis *f* اجازهٔ اشتغال به کار
Berufsfortbildung *f* ادامهٔ آموزش حرفه ای
Berufsfunktionär/-in *m/f* کارگزار حرفه ای
Berufsgeheimnis *n* اسرار شغلی؛ اسرار مربوط به کار
Berufsgruppe *f* گروه شغلی
Berufsinteresse *n* علاقهٔ شغلی؛ دلبستگی شغلی
Berufskiller/-in *m/f* آدم کش حرفه ای
Berufsklasse *f* طبقهٔ شغلی
Berufskollege *m* همکار (مرد)
Berufskollegin *f* همکار (زن)
Berufskonsul/-in *m/f* کنسول حرفه ای
Berufskrankheiten *fpl* بیماری های ناشی از کار؛ بیماری های شغلی؛ امراض حرفه ای
Berufslaufbahn *f* کاریر شغلی
Berufsleben *n* دورهٔ فعالیّت؛ عمر کاری
berufsmäßig *adj* شغلی؛ حرفه ای؛ پیشه ای
Berufsoffizier/-in *m/f* افسر حرفه ای؛ افسر کادر ثابت؛ افسر منظّم
Berufsorientierung *f* جهت یابی شغلی
Berufspolitiker/-in *m/f* سیاستمدار حرفه ای
Berufsrisiko *n* خطر شغلی؛ مخاطرهٔ شغلی
Berufsschule *f* آموزشگاه حرفه ای
Berufssicherheit *f* ایمنی شغلی؛ ایمنی کاری
Berufssoldat/-in *m/f* سرباز حرفه ای؛ سرباز کادر ثابت؛ سرباز منظّم
berufstätig *adj* شاغل
Berufstätige *m/f* شاغل؛ فرد شاغل
Berufstätigkeit *f* اشتغال

Berufsumschulung *f* بازآموزی حرفه ای؛ بازآموزی شغلی

Berufsunfähigkeit *f* از کار افتادگی

Berufsunfall *m* حادثهٔ کاری؛ حادثهٔ شغلی

Berufsverband *m* اتّحادیهٔ صنفی

Berufsverbot *n* منع پیشه؛ منع حرفه

Berufsverbrecher/-in *m/f* جنایتکار حرفه ای

Berufsvergehen *n* تخلّف شغلی؛ تخلّف در امور کاری

Berufswahl *f* گُزینش حرفه؛ انتخاب شغل

Berufswechsel *m* تغییر شغل

Berufswelt *f* دنیای کار

Berufung *f* 1) پژوهش خواهی؛ استیناف؛ (درخواست) تجدیدنظر؛ (درخواست) رسیدگی مجدّد 2) انتصاب

1) ~ einlegen فرجام خواستن؛ استیناف دادن

in die ~ gehen فرجام خواستن؛ استیناف دادن

einer ~ stattgeben با درخواست تجدیدنظری موافقت کردن

eine ~ verwerfen درخواست تجدیدنظری را رد کردن

eine ~ zurückweisen درخواست تجدیدنظری را رد کردن

2) die ~ ablehnen انتصاب را رد کردن

die ~ annehmen انتصاب را پذیرفتن

Berufungsantrag *m* درخواست استیناف؛ درخواست تجدیدنظر؛ درخواست رسیدگی مجدّد

Berufungsausschuss *m* کمیسیون تجدیدنظر؛ کمیسیون رسیدگی مجدّد

Berufungsbeklagte *m/f* پژوهش خوانده؛ مستأنف علیه

Berufungsfrist *f* مهلت پژوهش خواهی

Berufungsführer/-in *m/f* پژوهش خواه؛ مستأنف

Berufungsgegner/-in *m/f* پژوهش خوانده؛ مستأنف علیه

Berufungsgericht *n* دادگاه استان؛ دادگاه استیناف

Berufungsgründe *fpl* دلایل اساسی استیناف؛ دلایل موجّه استیناف

Berufungsinstanz *f* دادگاه تجدیدنظر؛ دادگاه استیناف

Berufungsklage *f* پژوهش خواهی؛ استیناف

Berufungskläger/-in *m/f* پژوهش خواه؛ مستأنف

Berufungsrecht *n* حق استیناف

Berufungsrichter/-in *m/f* دادرس دادگاه استان؛ دادرس دادگاه استیناف؛ قاضی دادگاه استان

Berufungsrücknahme *f* اعراض از استیناف

Berufungsschrift *f* دادخواست استینافی؛ عرضحال استینافی

Berufungsverfahren *n* 1) دادرسی استینافی 2) مراحل دادرسی استینافی

Berufungsverzicht *m* اعراض از استیناف

beruhigen آرام کردن؛ تسکین دادن

beruhigend *adj* آرام بخش؛ تسکین دهنده

beruhigt *adj* آرامش یافته؛ تسکین یافته

Beruhigung *f* آرامش؛ تسکین

Besatzer *m* اشغالگر

Besatzung *f* 1) اشغال 2) خدمهٔ هواپیما یا کشتی

Besatzungsarmee *f* ارتش اشغالگر

Besatzungsgebiet *n* منطقهٔ اشغالی

Besatzungskosten *f* هزینهٔ اشغال

Besatzungsmacht *f* نیروی اشغالی؛ قدرت اشغالی

Besatzungsmitglieder *npl* اعضای نیروهای اشغالی

Besatzungspolitik *f* سیاست قدرت اشغالی

Besatzungsregime *n* رژیم اشغالگر

Besatzungstruppen *fpl* سپاهیان اشغالگر؛ قوای اشغالگر؛ نیروهای نظامی اشغالگر

Besatzungszone *f* منطقهٔ اشغالی
beschädigen خسارت وارد آوردن؛ صدمه زدن؛ آسیب رساندن
Beschädigte *m/f* شخص خسارت دیده؛ شخص صدمه دیده؛ شخص آسیب دیده
Beschädigung *f* خسارت؛ صدمه؛ آسیب
beschaffen تهیه کردن؛ فراهم آوردن
Beschaffung *f* 1) ایجاد 2) تهیه؛ تدارک؛ خرید
1) ~ von Arbeitsplätzen ایجاد کار
2) ~ von Rüstungsmaterial خرید تسلیحات؛ خرید تجهیزات نظامی
Beschaffungsabteilung *f* بخش تدارکات
Beschaffungskosten *f* هزینهٔ تدارکات
Beschaffungsoffizier/-in *m/f* افسر تدارکات
beschäftigt *adj* مشغول؛ دست اندرکار
Beschäftigte *m/f* شاغل؛ فرد شاغل
Beschäftigtenstand *m* سطح اشتغال
Beschäftigtenzahl *f* شمار شاغلین؛ تعداد شاغلین
Beschäftigung *f* اشتغال؛ کار
ganztägige ~ اشتغال تمام وقت؛ کار تمام وقت
regelmäßige ~ شغل ثابت؛ کار ثابت
vorübergehende ~ اشتغال موقّت؛ کار موقّت
eine ~ finden کار پیدا کردن
ohne ~ sein بدون کار بودن؛ بیکار بودن
einer geregelten ~ nachgehen شغل ثابت داشتن؛ کار ثابت داشتن؛ کار ثابت داشتن و ادامه دادن
Beschäftigungsanreiz *m* محرّک ایجاد اشتغال؛ محرّک ایجاد کار
Beschäftigungsanspruch *m* حقّ اشتغال؛ حقّ کار
Beschäftigungsanstieg *m* افزایش اشتغال
Beschäftigungsbedingungen *fpl* شرایط کاری؛ شرایط اشتغال؛ شرایط استخدامی
Beschäftigungschancen *fpl* امکانات کاری؛ امکانات شغلی
Beschäftigungsdauer *f* مدّت اشتغال
Beschäftigungsengpass *m* تنگنایی ناشی از کمبود کار
Beschäftigungsentwicklung *f* روند اشتغال
Beschäftigungsförderung *f* حمایت از ایجاد کار؛ حمایت دولت از ایجاد کار
Beschäftigungsgarantie *f* تضمین اشتغال دوباره به کار
Beschäftigungsgesellschaft *f* شرکت ایجاد کار موقّت
Beschäftigungsgrad *m* میزان اشتغال
Beschäftigungsimpuls *m* محرّک ایجاد اشتغال
Beschäftigungslage *f* وضع اشتغال؛ وضع بازار کار
Beschäftigungslose *m/f* فرد بیکار
Beschäftigungsmöglichkeiten *fpl* امکانات کاری؛ امکانات شغلی
Beschäftigungsnachweis *m* گواهی اشتغال؛ گواهی کار
Beschäftigungsort *m* محلّ اشتغال؛ محلّ کار
Beschäftigungspolitik *f* سیاست اشتغال
Beschäftigungsprogramm *n* برنامهٔ اشتغال
Beschäftigungsrate *f* میزان اشتغال
Beschäftigungsrückgang *m* کاهش اشتغال؛ کاهش میزان اشتغال
Beschäftigungsschwankungen *fpl* نوسانات اشتغال
Beschäftigungssicherheit *f* امنیّت شغلی؛ اطمینان از اشتغال دائم
Beschäftigungssituation *f* وضع اشتغال؛ وضع بازار کار
Beschäftigungsstatistik *f* آمار اشتغال
Beschäftigungsstruktur *f* ساخت اشتغال؛ ساختار اشتغال
Beschäftigungsverbot *n* منع اشتغال

Beschäftigungsverhältnis *n* رابطهٔ شغلی
Beschäftigungsvolumen *n* حجم اشتغال
Beschäftigungswachstum *n* رشد اشتغال
Beschäftigungszeit *f* مدّت اشتغال؛ مدّت زمان اشتغال
beschämen شرمنده کردن؛ خجالت دادن
beschämend *adj* شرم آور؛ خجالت آور
beschatten (کسی را) تحت نظر گرفتن؛ تعقیب کردن
Beschattung *f* تعقیب
bescheiden فروتن؛ متواضع
Bescheidenheit *f* فروتنی؛ تواضع
bescheinigen گواهی کردن؛ تصدیق کردن
Bescheinigung *f* گواهی نامه؛ تصدیق نامه
amtliche ~ گواهی نامهٔ رسمی
konsularische ~ گواهی نامهٔ کنسولی
zollamtliche ~ گواهی نامهٔ گمرکی
beschimpfen دشنام دادن؛ توهین کردن؛ فحش دادن؛
Beschimpfung *f* دشنام؛ توهین؛ فحش
Beschlagnahme *f* مصادره؛ ضبط
die ~ anordnen دستور مصادره دادن
die ~ aufheben رفع مصادره کردن
die ~ beantragen درخواست مصادره کردن
die ~ verfügen دستور مصادره دادن
beschlagnahmen مصادره کردن؛ ضبط کردن
Diebesgut ~ مال دزدی را مصادره کردن؛ اموال مسروقه را مصادره کردن
das Vermögen ~ دارایی را مصادره کردن؛ اموال را مصادره کردن
beschleunigen تسریع کردن
Beschleunigung *f* تسریع
~ des Wachstums تسریع رشد
beschließen تصویب کردن؛ تصمیم گرفتن

etwas im Kabinett ~ موضوعی را در کابینهٔ دولت تصویب کردن
Beschluss *m* 1) تصویب؛ مصوّبه 2) حکم
1) bindender ~ تصویب الزام آور
außerordentlicher ~ مصوّبهٔ ویژه
~ der Vertragsaufhebung تصویب الغای قرارداد؛ تصویب فسخ قرارداد
~ mit einfacher Mehrheit تصویب با اکثریّت ساده
einen ~ fassen 1) تصمیمی را اتّخاذ کردن 2) مقرّر کردن: مقرّر داشتن
2) rechtskräftiger ~ حکم قانونی
richterlicher ~ حکم قضایی
der ~ des Gerichts حکم دادگاه؛ قرار دادگاه
einen ~ ausführen حکمی را به مورد اجرا گذاشتن
einen ~ erlassen حکمی را صادر کردن
Beschlussfähigkeit *f* حدّ نصاب آراء لازم (جهت تصمیم گیری)
Beschlussfassung *f* تصمیم گیری؛ اتّخاذ تصمیم
Beschlussunfähigkeit *f* فاقد حدّ نصاب آراء لازم (برای تصمیم گیری)
beschränken محدود کردن
den Import ~ واردات را محدود کردن
den Wettbewerb ~ رقابت را محدود کردن؛ رقابت را کاهش دادن؛ از محدودهٔ رقابت کاستن
Beschränkung *f* تحدید؛ محدودیّت؛ محدودسازی
gesetzliche ~ محدودیّت قانونی
zeitliche ~ محدودیّت زمانی
ohne jede ~ بدون هرگونه محدودیّت
die ~ aufheben رفع محدودیّت کردن
beschreiben وصف کردن؛ توصیف کردن
beschreibend *adj* وصفی؛ توصیفی
Beschreibung *f* وصف؛ توصیف
ausführliche ~ توصیف مفصّل
falsche ~ توصیف نادرست

zutreffende ~ توصیف بجا؛ توصیف درست

beschuldigen متّهم کردن

jmdn. des Ehebruchs ~ کسی را به زناکاری متّهم کردن

jmdn. des Landesverrats ~ کسی را به خیانت به کشور (مملکت) متّهم کردن

jmdn. des Mordes ~ کسی را به قتل متّهم کردن

Beschuldigte *m/f* متّهم؛ مدعی علیه

Beschuldigung *f* اتّهام؛ تهمت

falsche ~ تهمت دروغ؛ بهتان؛ افترا

grundlose ~ اتّهام بی اساس

massive ~en اتّهامات شدید

schwerwiegende ~en اتّهامات سنگین

beschützen پشتیبانی کردن؛ محافظت کردن

Beschützer *m* پشتیبان؛ محافظ

Beschwerde *f* 1) اعتراض 2) شکایت

1) ~ einlegen gegen اعتراض کردن برعلیه

2) ~ einbringen شکایت کردن

~ einreichen gegen رسماً شکایت کردن برعلیه

~ führen gegen شکایت کردن برعلیه؛ اقامهٔ دعوی کردن برعلیه

~ vorbringen شکایت کردن

Beschwerdeabteilung *f* دایرهٔ رسیدگی به شکایات

Beschwerdeantrag *m* درخواست شکایت

Beschwerdeausschuss *m* کمیسیون رسیدگی به شکایات؛ هیأت رسیدگی به شکایات

Beschwerdebrief *m* شکایت نامه

Beschwerdefrist *f* مهلت شکایت

Beschwerdeführer/-in *m/f* شاکی؛ عارض؛ پژوهش خواه؛ مستأنف

Beschwerdegegner/-in *m/f* پژوهش خوانده؛ مستأنف علیه

Beschwerdegrund *m* دلیل شکایت؛ علت شکایت

Beschwerdeinstanz *f* دادگاه استان؛ دادگاه استیناف

Beschwerderücknahme *f* بازپس گیری شکایت؛ اعراض از شکایت

Beschwerdeschrift *f* شکایت نامه؛ عریضه؛ عرضحال

Beschwerdestelle *f* دایرهٔ رسیدگی به شکایات؛ ادارهٔ رسیدگی به شکایات

Beschwerdeverfahren *n* نحوهٔ رسیدگی به شکایات؛ رویهٔ رسیدگی به شکایات

Beschwerdeweg *m* راه قانونی شکایت

beschweren, sich شکایت کردن؛ گله کردن

beschwerlich *adj* پرمشقّت؛ خسته کننده؛ دشوار

eine ~e Reise یک سفر پرمشقّت؛ یک سفر خسته کننده؛ یک سفر دشوار

beschwindeln کلاهبرداری کردن

beschwören 1) سوگند دادن 2) سوگند خوردن

Beschwörung *f* سوگند؛ قسم

beseitigen از بین بردن؛ از میان برداشتن؛ برطرف کردن؛ ساقط کردن؛ محو کردن

die Armut ~ فقر را از بین بردن؛ فقر را از میان بردن

die Gefahr ~ خطر را برطرف کردن؛ خطر را مرتفع ساختن

den Gegner ~ مخالف را از بین بردن

die Hindernisse ~ موانع را از میان برداشتن

die Rassenschranken ~ موانع نژادی را از بین بردن؛ موانع نژادی را برطرف کردن

die Spuren eines Verbrechens ~ آثار جنایتی را از بین بردن؛ آثار جنایتی را محو کردن

ein System ~ سیستمی را از میان برداشتن؛ نظامی را ساقط کردن

die Umweltschäden ~ آسیب های وارده به محیط زیست را برطرف کردن؛ خسارات وارده به

محیط زیست را برطرف کردن
die Ungerechtigkeit ~ بیدادگری را از بین بردن؛ ناعدالتی را از بین بردن
Beseitigung *f* برطرف سازی؛ از میان برداری
besetzen تصرّف کردن؛ به تصرّف درآوردن؛ اشغال کردن
ein Haus ~ خانه ای را اشغال کردن
ein Land ~ کشوری را اشغال کردن؛ کشوری را به تصرّف درآوردن
einen Posten ~ پستی را اشغال کردن؛ سمتی را گرفتن
Besetzung *f* تصرّف؛ اشغال
besichtigen بازدید کردن
Besichtigung *f* بازدید
besiedeln اسکان کردن
ein Gebiet ~ در منطقه ای اسکان کردن
Besiedlung *f* اسکان
besiegen پیروز شدن بر؛ چیره شدن بر؛ غلبه کردن بر؛ فایق شدن بر؛ فایق آمدن بر
den Feind ~ بر دشمن پیروز شدن؛ بر دشمن چیره شدن؛ بر دشمن غلبه کردن
den Gegner ~ بر مخالف پیروز شدن؛ بر مخالف چیره شدن؛ بر مخالف غلبه کردن
Besitz *m* اموال؛ ملک؛ مالکیّت
absoluter ~ ملک مطلق
privater ~ اموال شخصی
staatlicher ~ اموال دولتی
etwas in seinen ~ bringen چیزی را به چیزی را به مالکیّت خود درآوردن
nach ~ streben جهت دست یابی به مال و اموال تلاش کردن
den ~ vergrößern اموال را وسعت بخشیدن؛ بر اموال افزودن
den ~ verlieren اموال را از دست دادن

Besitzanspruch *m* ادّعای مالکیّت
besitzen دارا بودن؛ مالک بودن؛ صاحب بودن؛ داشتن
Legitimation ~ دارای مشروعیّت بودن
Vermögen ~ دارایی داشتن؛ دارای مال و اموال بودن
Vetorecht ~ حقّ وتو داشتن
Besitzer/-in *m/f* مالک؛ صاحب
früherer ~ مالک سابق
rechtmäßiger ~ مالک قانونی
tatsächlicher ~ مالک حقیقی
Besitzergreifung *f* تصاحب؛ تصرّف
Besitzverhältnisse *npl* مناسبات مالکیّت
besolden حقوق دادن؛ به مأمورین دولت حقوق دادن
Besoldung *f* حقوق؛ مواجب؛ پرداخت مواجب به مأمورین دولت
Besoldungsgruppe *f* گروه حقوقی
Besoldungsreform *f* اصلاحات حقوقی
Besorgnis *f* نگرانی
ernste ~ نگرانی جدّی
große ~ نگرانی شدید
tiefe ~ نگرانی عمیق
die ~ ausdrücken ابراز نگرانی کردن؛ اظهار نگرانی کردن
bespitzeln جاسوسی کردن؛ خبرچینی کردن
Bespitzelung *f* جاسوسی؛ خبرچینی
besprechen بحث کردن؛ گفتگو کردن؛ مذاکره کردن
Einzelheiten des Vertrages ~ دربارهٔ جزئیّات قرارداد بحث کردن
Besprechung *f* بحث؛ گفتگو؛ مذاکره
interne ~en بحث های درونی؛ بحث های داخلی
vertrauliche ~ گفتگوی محرمانه؛ مذاکرهٔ محرمانه
Bestand *m* موجودی؛ موجودی کالا

Bestandsaufnahme *f* صورت برداری از موجودی
Bestandskontrolle *f* کنترل موجودی
Bestandsliste *f* فهرست کالاهای موجود
Bestandteil *m* جزء
untrennbarer ~ جزء جداناشدنی؛ جزء لاینفک
unwesentlicher ~ جزء غیرمهم؛ جزء غیراساسی
wesentlicher ~ جزء بسیار مهم؛ جزء اساسی
bestätigen تأیید کردن؛ تصدیق کردن
einen Antrag ~ درخواستی را تأیید کردن؛ تقاضایی را تأیید کردن
eine Aussage ~ گواهی ای را تأیید کردن؛ اظهار نظری را تأیید کردن
eine Unterschrift ~ امضایی را تأیید کردن؛ امضایی را مورد تأیید قرار دادن
ein Urteil ~ حکمی را تأیید کردن؛ حکمی را مورد تأیید قرار دادن
eine Wahl ~ گُزینشی را تأیید کردن؛ انتخابی را تأیید کردن
Bestätigung *f* تأیید؛ تصدیق
amtliche ~ تأیید رسمی
eidliche ~ تأیید به قید سوگند؛ تأیید به قید قسم
gerichtliche ~ تأیید حقوقی؛ تأیید از سوی دادگاه
offizielle ~ تأیید رسمی
Bestätigungsschreiben *n* تأییدنامه
bestatten به خاک سپردن؛ دفن کردن
Bestattung *f* به خاک سپاری؛ دفن
bestechen رشوه دادن
bestechlich *adj* رشوه گیر؛ رشوه خوار
Bestechlichkeit *f* رشوه گیری؛ رشوه خواری
Bestechung *f* رشوه دهی
aktive ~ رشوه دهی
passive ~ رشوه گیری
Bestechungsgeld *n* پول رشوه
Bestechungsgrundlage *f* اساس رشوه خواری؛ شالودهٔ رشوه خواری
Bestechungsmethoden *fpl* شیوهای رشوه دهی؛ شیوهای رشوه گیری؛ روش های رشوه خواری
Bestechungspolitik *f* سیاست رشوه خواری؛ سیاست فاسد
Bestechungssumme *f* مبلغ رشوه
bestehen از عهدهٔ (مسأله ای) برآمدن؛ جان سالم بدر بردن
in Gefahren ~ از خطرات جان سالم بدر بردن
im Kampf ~ از عهدهٔ مبارزه برآمدن
Bestehen *n* موجودیّت
das ~ eines Staates موجودیّت یک دولت
bestehen auf پافشاری کردن بر؛ اصرار ورزیدن بر
bestehen aus مشتمل بودن از؛ مرکّب بودن از
bestellen سفارش دادن
Bestellung *f* سفارش؛ سفارش خرید
besteuern مالیات بستن بر؛ مالیات گرفتن
das Einkommen ~ مالیات بر درآمد بستن؛ مالیات درآمد را گرفتن
das Vermögen ~ مالیات بر دارایی بستن؛ مالیات دارایی را گرفتن
Besteuerung *f* مالیات بندی؛ وضع مالیات
direkte ~ مالیات بندی مستقیم؛ مالیات مستقیم
indirekte ~ مالیات بندی غیرمستقیم؛ مالیات غیرمستقیم
progressive ~ مالیات بندی تصاعدی؛ مالیات تصاعدی
degressive ~ مالیات بندی قهقرایی؛ مالیات قهقرایی
Besteuerungsgrundlage *f* اساس مالیات بندی؛ اساس محاسبهٔ مالیات
bestialisch *adj* ددمنش
Bestialität *f* ددمنشی
bestimmen تعیین کردن

den Nachfolger ~ جانشین را تعیین کردن
den Preis ~ قیمت را تعیین کردن
Bestimmung *f* تعیین؛ عمل تعیین
Bestimmungen *fpl* مقرّرات
außerordentliche ~ مقرّرات فوق العاده
bestehende ~ مقرّرات موجود
einkommensrechtliche ~ مقرّرات قانونی مربوط به درآمد
einschlägige ~ مقرّرات ویژه؛ مقرّرات مربوطه
gesetzliche ~ مقرّرات قانونی
interne ~ مقرّرات داخلی
laufende ~ مقرّرات جاری
neue ~ مقرّرات جدید
scharfe ~ مقرّرات شدید
unvollständige ~ مقرّرات ناقص
verfassungsmäßige ~ مقرّرات مطابق با قانون اساسی
zwingende ~ مقرّرات الزام آور
~ erlassen مقرّرات صادر کردن
~ genau kennen آگاهی دقیق از مقرّرات داشتن؛ مقرّرات را دقیقاً شناختن
~ ignorieren مقرّرات را نادیده گرفتن
~ umgehen با مقرّرات برخورد نکردن
den ~ zuwiderhandeln برخلاف مقرّرات عمل کردن
Bestimmungsort *m* مقصد؛ مقصد کالا
bestrafen تنبیه کردن؛ مجازات کردن
Bestrafung *f* تنبیه؛ مجازات
~ des Aggressoren *od.* des ~s تنبیه متجاوز
bestreben تلاش کردن؛ کوشیدن؛ کوشش کردن
Bestrebung *f* تلاش؛ کوشش
humanitäre ~en تلاش های بشردوستانه
bestreiten 1) انکار کردن 2) تأمین کردن؛ تأمین کردن و پرداختن
1) eine Tatsache ~ واقعیّتی را انکار کردن
2) die Kosten ~ هزینه ها را تأمین کردن؛ هزینه ها را پرداختن؛ مخارج را پرداختن
bestücken mit مجهّز کردن با
bestürmen حمله کردن به؛ هجوم بردن به
eine Festung ~ به استحکاماتی حمله کردن؛ به دژی حمله کردن
Besuch *m* دیدار؛ بازدید؛ ملاقات
einen ~ abstatten دیدار کردن؛ بازدید کردن؛ ملاقات کردن
besuchen دیدار کردن؛ بازدید کردن؛ ملاقات کردن
eine Ausstellung ~ از نمایشگاهی دیدن کردن
Besucher/-in *m/f* بازدیدکننده؛ ملاقات کننده؛ مهمان
Besucherinformation *f* باجهٔ اطّلاعات برای بازدیدکنندگان
Besucherzahlen *fpl* شمار بازدیدکنندگان؛ تعداد بازدیدکنندگان
beteiligen an سهیم کردن در
beteiligen, sich an مشارکت کردن در؛ شرکت کردن در؛ سهیم شدن در
Beteiligung *f* شرکت؛ مشارکت
angemessene ~ مشارکت متناسب
geringe ~ مشارکت جزئی
maßgebliche ~ مشارکت عمده؛ مشارکت تعیین کننده
persönliche ~ مشارکت حضوری
schwache ~ مشارکت ناچیز
~ am Gewinn سهیم در سود
~ am Stammkapital سهیم در سرمایهٔ اولیّه؛ سهیم در سرمایهٔ اصلی
~ der Arbeiter مشارکت کارگران
~ des Privatsektors مشارکت بخش خصوصی

~ des Staatssektors مشارکت بخش دولتی

Beteiligungsgesellschaft *f* شرکت دارندهٔ سهام

betonen تأکید کردن

Betonung *f* تأکید

Betracht *m* ملاحظه؛ بررسی

in ~ kommen مورد بررسی قرار گرفتن؛ مورد ملاحظه قرار گرفتن

außer ~ lassen مورد بررسی قرار ندادن؛ مورد ملاحظه قرار ندادن

in ~ ziehen مورد بررسی قرار دادن؛ مورد ملاحظه قرار دادن

betrachten 1) نگریستن؛ مشاهده کردن؛ ملاحظه کردن 2) تلقّی کردن

Betrachter *m* بیننده؛ ناظر؛ مشاهده گر

beträchtlich *adj* شایان توجّه؛ قابل توجّه

Betrachtung *f* مشاهده؛ ملاحظه

Betreibergesellschaft *f* شرکت عملیاتی

Betrieb *m* کارگاه تولیدی؛ کارگاه صنعتی؛ کارخانه؛ شرکت

bäuerlicher ~ کارگاه تولیدی روستایی

landwirtschaftlicher ~ کارگاه تولیدی زراعتی؛ کارگاه تولیدی کشاورزی

privater ~ کارگاه صنعتی خصوصی؛ کارخانهٔ خصوصی؛ شرکت خصوصی

staatlicher ~ کارگاه صنعتی دولتی؛ کارخانهٔ دولتی؛ شرکت دولتی

einen ~ modernisieren شرکتی را نوسازی کردن؛ کارخانه ای را نوسازی کردن

einen ~ vergrößern شرکتی را توسعه دادن ؛ کارخانه ای را توسعه دادن

Betriebsausgaben *f* مخارج عملیّاتی؛ مخارج بهره برداری

Betriebsberater/-in *m/f* رایزن مدیریّت؛ مشاور مدیریّت؛ مشاور مدیریّت شرکت؛ مشاور مدیریّت کارخانه

Betriebsbesetzung *f* اشغال کارخانه توسّط کارکنان

Betriebsbilanz *f* تراز عملیّاتی؛ تراز کارکرد؛ تراز کارکرد تجاری

Betriebseinkommen *n* درآمد کارگاه تولیدی؛ درآمد کارگاه صنعتی؛ درآمد شرکت

Betriebseinnahmen *fpl* دریافتی های کارگاه تولیدی؛ دریافتی های کارگاه صنعتی؛ دریافتی های شرکت

Betriebsführung *f* مدیریّت کارخانه؛ مدیریّت شرکت

Betriebsgesellschaft *f* شرکت عملیّاتی؛ شرکت فعال

Betriebsgewinn *m* سود عملیّاتی؛ سود تجاری

Betriebsgründer/-in *m/f* بنیان گذار شرکت؛ مؤسّس شرکت؛ مؤسّس کارخانه

Betriebsgründung *f* بنیان گذاری شرکت؛ تأسیس شرکت؛ تأسیس کارخانه

Betriebsinhaber/-in *m/f* صاحب کارگاه صنعتی؛ صاحب کارخانه؛ صاحب شرکت

Betriebsklima *n* جوّ کاری؛ محیط کاری

Betriebskosten *f* هزینهٔ عملیّاتی؛ هزینه های جاری

Betriebsleiter/-in *m/f* مدیر کارخانه؛ مدیر شرکت

Betriebsleitung *f* مدیریّت کارخانه؛ مدیریّت شرکت

Betriebspersonal *n* کارکنان کارخانه؛ پرسنل شرکت

Betriebsprüfer/-in *m/f* حسابرس داخلی؛ ممیز داخلی

Betriebsprüfung *f* حسابرسی داخلی؛ ممیزی داخلی؛ حسابداری شرکت

Betriebsrat *m* شورای کارخانه؛ شورای شرکت

Betriebsratsmitglied *n* عضو شورای کارخانه؛

عضو شورای شرکت
Betriebsratsvorsitzende *m/f* رئیس شورای کارخانه؛ رئیس شورای شرکت
Betriebsratswahl *f* انتخاب اعضای شورای کارخانه؛ انتخاب اعضای شورای شرکت
Betriebsrechnung *f* حساب های درآمد و هزینه
Betriebsschließung *f* تعطیل کردن یک کارخانه؛ بستن یک کارخانه؛ بستن یک شرکت
Betriebssoziologie *f* جامعه شناسی صنعتی
Betriebsstillegung *f* تعطیل دائمی یک کارخانه؛ تعطیل دائمی یک شرکت
Betriebsstörung *f* اختلال در کارخانه
Betriebsunfall *m* حادثهٔ کاری
Betriebsverlust *m* زیان عملیّاتی؛ زیان بهره برداری
Betriebsvermögen *n* دارایی شرکت؛ دارایی صاحب شرکت
Betriebsversammlung *f* گردِهمایی کارکنان شرکت؛ جلسهٔ کارکنان شرکت
Betriebszyklus *m* دورهٔ بهره برداری
Betrug *m* کلاهبرداری
~ begehen کلاهبرداری کردن
betrügen کلاهبرداری کردن
Betrüger/-in *m/f* کلاهبردار
betucht *adj* دارا؛ ثروتمند؛ توانگر
Beugehaft *f* توقیف احتیاطی؛ حبس موقّت
beunruhigen نگران کردن؛ مضطرب کردن
beunruhigen, sich نگران شدن؛ مضطرب شدن
beunruhigend *adj* نگران کننده؛ مضطرب کننده
Beunruhigung *f* نگرانی؛ ناآرامی؛ تشویش؛ اضطراب؛ آشفتگی
beurkunden سندیّت دادن؛ رسمیّت دادن؛ تصدیق کردن؛ اعتبار و اقتدار قانونی دادن
Beurkundung *f* سندیّت؛ رسمیّت؛ تصدیق؛ اعتبار و اقتدار قانونی
beurlauben 1) مرخصی دادن 2) از کار معلّق کردن؛ موقتاً از کار برکنار کردن
beurteilen قضاوت کردن
fachmännisch ~ قضاوت کارشناسانه کردن
falsch ~ قضاوت نادرست کردن
neutral ~ قضاوت بیطرفانه کردن
positiv ~ قضاوت مثبت کردن
umfassend ~ قضاوت جامع کردن
Beurteilung *f* قضاوت
neutrale ~ قضاوت بیطرفانه
Bevölkerung *f* جمعیّت؛ نفوس؛ مردم
aktive ~ جمعیّت فعال
arbeitende ~ جمعیّت کاری
ländliche ~ جمعیّت روستایی؛ جمعیّت روستانشین
notleidende ~ مردم بینوا؛ مردم مستمند
städtische ~ جمعیّت شهری؛ جمعیّت شهرنشین
Bevölkerungsbegrenzung *f* تحدید جمعیّت
Bevölkerungsdichte *f* فشردگی جمعیّت؛ تراکم جمعیّت
Bevölkerungsentwicklung *f* روند جمعیّت
Bevölkerungsexplosion *f* انفجار جمعیّت
Bevölkerungsgruppe *f* گروه جمعیّت
Bevölkerungspolitik *f* سیاست جمعیّت
Bevölkerungsprognose *f* پیش بینی جمعیّت
Bevölkerungspyramide *f* هرم جمعیّت
Bevölkerungsschichten *fpl* اقشار جمعیّت
Bevölkerungsschutz *m* دفاع مردمی
Bevölkerungsstand *m* میزان جمعیّت
Bevölkerungsstatistik *f* آمار جمعیّت
Bevölkerungsstruktur *f* ساخت جمعیّت؛ ساختار جمعیّت
Bevölkerungsüberschuss *m* جمعیّت افزونه؛ مازاد جمعیّت

Bevölkerungswachstum *n* رشد جمعیّت
Bevölkerungszahl *f* شمار جمعیّت؛ تعداد جمعیّت
Bevölkerungszunahme *f* افزایش جمعیّت
bevollmächtigen اختیار دادن؛ وکالت دادن
Bevollmächtigte *m/f* وکیل؛ تام الاختیار
Bevollmächtigung *f* وکالت؛ اختیار
bevormunden قیم شدن؛ قیمومت کردن
Bevormundung *f* قیمومت
politische ~ قیمومت سیاسی
bevorstehen در شرف وقوع بودن
bevorzugen ترجیح دادن؛ تقدّم دادن؛ بهتر دانستن
bevorzugt *adj* ترجیح داده شده؛ مقدّم
Bevorzugung *f* ترجیح؛ تقدّم؛ رجحان؛ بهتری
bewachen پاسداری کردن؛ نگهبانی کردن؛ محافظت و مراقبت کردن
die Gefangenen ~ از زندانیان نگهبانی کردن
die Grenze ~ از مرز پاسداری کردن؛ از مرز محافظت کردن
Bewacher/-in *m/f* نگهبان؛ مراقب؛ محافظ
dem ~ entkommen از دست نگهبان گریختن؛ از دست محافظ گریختن
Bewachung *f* پاسداری؛ نگهبانی؛ محافظت؛ مراقبت
scharfe ~ مراقبت شدید؛ محافظت شدید
strenge ~ مراقبت شدید؛ محافظت شدید
unter ~ stellen تحت محافظت و مراقبت قرار دادن
die ~ verstärken محافظت را شدیدتر کردن
bewaffnen مسلّح کردن
bewaffnen, sich خود را مسلّح کردن
bewaffnet *adj* مسلّح؛ مسلّحانه
leicht ~ مجهّز به سلاح سبک
schwer ~ کاملا مسلّح
~e Einheiten یکان های رزمی؛ واحد های رزمی؛ واحدهای مسلّح نظامی
~e Erhebung قیام مسلّحانه
~e Sicherheitskräfte نیروهای امنیتی مسلّح
~er Aufstand قیام مسلّحانه
~er Kampf مبارزهٔ مسلّحانه
~er Räuber سارق مسلّح
~er Raubüberfall سرقت مسلّحانه
~er Widerstand مقاومت مسلّحانه
Bewaffnung *f* تسلیح
die ~ der Streitkräfte تسلیح نیروهای رزمنده؛ تسلیح نیروهای رزمندهٔ نظامی
bewahren حفظ کردن؛ نگهداری کردن
den Frieden ~ صلح را حفظ کردن
bewähren, sich کارایی خود را به اثبات رساندن؛ از عهدهٔ آزمون برآمدن
Bewahrung *f* حفظ؛ نگهداری
Bewährung *f* تعلیق مجازات
zur ~ aussetzen مجازات را به تعلیق انداختن
auf ~ entlassen به قید التزام آزاد کردن
~ gewähren ملتزم به تعلیق مجازات کردن
bewegen 1) جنباندن؛ حرکت دادن 2) برانگیختن؛ ترغیب کردن
beweglich *adj* 1) چالاک؛ باتحرّک 2) منقول
1) ~er Mensch انسان چالاک؛ انسان باتحرّک
2) ~es Vermögen دارایی منقول
Beweglichkeit *f* جنبندگی؛ تحرّک
Beweggründe *mpl* انگیزها
niedrige ~ انگیزه های پست؛ انگیزه های رذیلانه
Bewegung *f* جنبش؛ حرکت
militärische ~en تحرّکات نظامی
nationalistische ~ جنبش ناسیونالیستی
radikale ~ جنبش رادیکال؛ جنبش افراطی
religiöse ~ جنبش مذهبی
revolutionäre ~ جنبش انقلابی؛ حرکت انقلابی
separatistische ~ جنبش تجزیه گرا؛ جنبش تجزیه طلب

sich der ~ anschließen به جنبش پیوستن

in ~ setzen به حرکت درآوردن

bewegungslos *adj* بی حرکت

Bewegungslosigkeit *f* بی حرکتی

Beweis *m* دلیل؛ برهان؛ حجّت

einwandfreier ~ دلیل مسلم

hinreichender ~ دلیل کافی

indirekter ~ دلیل غیرمستقیم

lückenhafter ~ دلیل ناقص

mittelbarer ~ دلیل مستقیم

sachdienlicher ~ دلیل مقتضی و مناسب

schlagkräftiger ~ دلیل قاطع

schlüssiger ~ دلیل واضح

unwiderlegbarer ~ دلیل تکذیب ناپذیر

voller ~ دلیل کامل

vorläufiger ~ دلیل موقّت

zulässiger ~ دلیل مجاز

zwingender ~ دلیل الزام آور

den ~ antreten اقامهٔ دلیل کردن؛ ارائهٔ دلیل کردن

den ~ erbringen دلایل و شواهد را ارائه کردن؛ دلیل آوردن

den ~ erheben اقامهٔ دلیل کردن؛ ارائهٔ دلیل کردن؛ حجّت آوردن

den ~ führen اقامهٔ دلیل کردن؛ ارائهٔ دلیل کردن

den ~ liefern ثابت کردن؛ اثبات کردن

Beweisaufnahme *f* پذیرش مدارک و دلایل

in die ~ eintreten اقدام به پذیرش مدارک و دلایل کردن

die ~ eröffnen شروع به پذیرش مدارک و دلایل کردن؛ شروع به گردآوری مدارک و دلایل کردن (در دادگاه)

die ~ schließen پروندهٔ پذیرش مدارک و دلایل را بستن

beweisen ثابت کردن؛ اثبات کردن؛ به اثبات رساندن

eine Behauptung ~ ادّعائی را ثابت کردن؛ ادّعائی را اثبات کردن

die Unschuld ~ بی گناهی را ثابت کردن؛ بی تقصیری را به اثبات رساندن

durch eine Urkunde ~ به وسیلهٔ سندی ثابت کردن؛ توسّط سندی به اثبات رساندن

Beweiserhebung *f* احتجاج؛ ارائهٔ دلایل و شواهد

Beweisführung *f* استدلال؛ ارائهٔ دلایل و شواهد

Beweisgrund *m* دلیل

Beweiskette *f* سلسلهٔ دلایل

Beweislast *f* وظیفهٔ ارائهٔ دلایل و مدارک؛ وظیفهٔ به اثبات رسانی

Beweismangel *m* فقدان دلایل و مدارک

Beweismaterial *n* مدرک؛ مدرک کتبی؛ مدرک شفاعی

umfangreiches ~ مدارک بسیار زیاد

Beweismittel *n* مدرک؛ مدرک حقوقی

neues ~ مدرک جدید

notwendiges ~ مدرک لازم

zulässiges ~ مدرک مجاز

als ~ zulassen به عنوان مدرک پذیرفتن

Beweisprotokoll *n* صورتجلسهٔ حاوی دلایل

Beweissicherung *f* حفظ مدارک

Beweisstück *n* مدرک

Beweisvernichtung *f* نابودی مدارک

Beweiswürdigung *f* ارزیابی اعتبار مدارک

bewerben, sich 1) درخواست کردن؛ تقاضا کردن 2) خود را نامزد (مقامی) کردن؛ داوطلب مقامی شدن

Bewerber/-in *m/f* 1) درخواست کننده؛ متقاضی 2) نامزد؛ داوطلب

Bewerbung *f* 1) درخواست؛ تقاضا 2) نامزدی؛ داوطلبی

erfolgreiche ~ درخواست موفّقیّت آمیز؛

تقاضای موفّقیّت آمیز

bewerten ارزیابی کردن؛ ارزش یابی کردن

Bewertung *f* ارزیابی؛ ارزش یابی

Bewertungsgrundlage *f* پایهٔ ارزیابی؛ اساس ارزیابی؛ پایهٔ ارزش یابی؛ اساس ارزش یابی

Bewertungsirrtum *m* اشتباه در ارزیابی؛ خطای ارزیابی

Bewertungsmaßstab *m* معیار ارزیابی

Bewertungsunterlagen *fpl* مدارک ارزیابی؛ مدارک ارزش یابی؛ اسناد ارزیابی؛ اسناد ارزش یابی

Bewertungsverfahren *n* روش ارزیابی؛ نحوهٔ ارزیابی؛ روش ارزش یابی؛ نحوهٔ ارزش یابی

bewilligen تصویب کردن؛ موافقت کردن

einen Etat ~ بودجه ای را تصویب کردن

eine Pension ~ با دادن حقوق بازنشستگی موافقت کردن

Bewilligung *f* تصویب؛ موافقت

~ des Parlaments تصویب مجلس؛ تصویب مجلس قانون گذاری؛ تصویب پارلمان

Bewilligungsantrag *m* درخواست موافقت؛ درخواست تصویب

Bewilligungsausschuss *m* کمیسیون تصویب

Bewilligungsbescheid *m* نامهٔ موافقت

Bewilligungsrecht *n* حقّ تصویب

Bewilligungsverfahren *n* رویهٔ تصویب؛ مراحل تصویب

bewirtschaften اداره کردن

Bewirtschaftung *f* اداره؛ مدیریّت

kollektive ~ ادارهٔ دسته جمعی؛ مدیریّت گروهی

staatliche ~ مدیریّت دولتی

bewohnbar *adj* قابل سکونت

~es Gebiet منطقهٔ قابل سکونت

Bewohner/-in *m/f* ساکن

Evakuierung der ~ تخلیهٔ ساکنان

bewusst *adj* آگاهانه؛ دانسته

Bewusstsein *n* آگاهی؛ خودآگاهی

bezahlen پرداختن؛ پرداخت کردن

den Beitrag ~ 1) حقّ عضویّت را پرداختن 2) حقّ بیمه را پرداختن

die Löhne ~ مزدها را پرداختن؛ دستمزدها را پرداختن

die Rechnung ~ حساب را پرداختن

die Schulden ~ بدهی ها را پرداختن

Bezahlung *f* پرداخت

bezeugen گواهی دادن؛ شهادت دادن

eine Vereinbarung ~ دربارهٔ توافقی شهادت دادن

Bezeugung *f* گواهی؛ شهادت

bezichtigen متّهم کردن

jmdn. der Lüge ~ کسی را به دروغ متّهم کردن

Bezichtigung *f* اتّهام

beziehen به طور مستمر دریافت کردن؛ مرتباً دریافت کردن

Gehalt ~ حقوق مستمر دریافت کردن؛ مرتباً حقوق گرفتن

Unterstützung ~ حمایت مستمر دریافت کردن؛ کمک مستمر گرفتن

beziehen, sich auf استنناد کردن به

Beziehungen *fpl* روابط

besondere ~ روابط ویژه

bestehende ~ روابط موجود

bilaterale ~ روابط دوجانبه

brüderliche ~ روابط برادرانه

diplomatische ~ روابط دیپلماتیک

einflussreiche ~ روابط نافذ

externe ~ روابط بیرونی؛ روابط خارجی

feindselige ~ روابط خصمانه

freundschaftliche ~ روابط دوستانه

geschäftliche ~ روابط بازرگانی؛ روابط تجاری

gespanntes ~ روابط متشنّج؛ روابط بحرانی
gute ~ روابط حسنه
gut nachbarschaftliche ~ روابط حسن همجواری
internationale ~ روابط بین المللی
interne ~ روابط درونی؛ روابط داخلی
komplizierte ~ روابط پیچیده؛ روابط بغرنج
soziale ~ روابط اجتماعی
spärliche ~ روابط بسیار محدود
stabile ~ روابط مستحکم
traditionelle ~ روابط دیرینه
verräterische ~ روابط خائنانه
vertragliche ~ روابط قراردادی؛ روابط مبتنی بر قرارداد
wirtschaftliche ~ روابط اقتصادی
Stabilität der ~ تحکیم روابط؛ تثبیت روابط
~ abbrechen روابط را قطع کردن
~ anknüpfen روابط برقرار کردن
~ aufnehmen روابط برقرار کردن
~ ausbauen روابط را گسترش دادن؛ روابط را توسعه دادن
~ belasten به روابط لطمه زدن
~ normalisieren روابط را عادی کردن
~ pflegen مراقب پی گیری روابط بودن؛ مراقب استمرار روابط بودن
~ unterbrechen روابط را موقّتاً قطع کردن
~ unterhalten روابط داشتن
~ vertiefen روابط را مستحکم کردن؛ به روابط استحکام بخشیدن

Bezirk *m* ناحیه؛ ناحیهٔ شهر؛ منطقه؛ بخش
Bezirksamt *n* ادارهٔ ناحیه
Bezirksausschuss *m* کمیسیون ناحیه؛ کمیتهٔ ناحیه
Bezirksbürgermeister/-in *m/f* شهردار ناحیه
Bezirksdirektor/-in *m/f* رئیس ناحیه
Bezirksgericht *n* دادگاه بخش
Bezirkshaushalt *m* بودجهٔ ناحیه
Bezirkshoheit *f* خودمختاری ناحیه ای
Bezirkslasten *fpl* هزینهٔ ناحیه
Bezirksleiter/-in *m/f* رئیس ناحیه
Bezirksverband *m* اتّحادیّهٔ ناحیه ای
Bezirksverordnungen *fpl* مقرّرات ناحیه ای
Bezirksvertreter/-in *m/f* نمایندهٔ ناحیه
Bezirksverwaltung *f* ادارهٔ ناحیه
Bezirksvorsteher/-in *m/f* بخشدار
Bezirkszeitung *f* روزنامهٔ ناحیه
Bezugsland *n* کشور خریدار؛ کشور واردکننده
Bezugspreis *m* قیمت خرید؛ نرخ خرید
Bezugsrecht *n* حقّ شفعه؛ حقّ تقدّم
Bezugstermin *m* موعد خرید
bezweifeln شک داشتن؛ مورد شک و تردید قرار دادن
bezwingen با اعمال زور به تصرّف خود درآوردن؛ با اعمال زور متصرّف شدن؛ غلبه کردن
eine Festung ~ دژی را متصرّف شدن؛ استحکاماتی را به تصرّف خود درآوردن
Bigamie *f* دوهمسری
Bilanz *f* تراز؛ موازنه؛ ترازنامه
ausgeglichene ~ تراز متعادل
negative ~ تراز منفی؛ موازنهٔ منفی
positive ~ تراز مثبت؛ موازنهٔ مثبت
steuerliche ~ تراز مالیاتی؛ ترازنامهٔ مالیاتی
unausgeglichene ~ تراز نامتعادل
vorläufige ~ تراز موقّت
die ~en offenlegen ترازها را فاش کردن
eine ~ aufstellen ترازی را ارائه دادن
eine ~ ausgleichen در ترازنامه ای تعادل برقرار کردن
eine ~ fälschen در ترازنامه ای دست بردن؛ در ترازنامه ای تقلّب کردن

eine ~ frisieren *ugs* در ترازنامه ای دست بردن؛ ترازنامه ای را ظاهرسازی کردن

eine ~ verschleiern بر مندرجات ترازنامه ای سرپوش نهادن؛ ترازنامه ای را ظاهرسازی کردن؛

Bilanzabschluss *m* تراز پایان؛ تراز اختامی؛ موازنهٔ اختامی

Bilanzentwurf *m* طرح ترازنامه

Bilanzfälschung *f* دستکاری در ترازنامه؛ تقلّب در ترازنامه

Bilanzprüfer/-in *m/f* ممیز ترازنامه؛ ارزیاب ترازنامه

Bilanzprüfung *f* ممیزی ترازنامه؛ ارزیابی ترازنامه

Bilanzstatistik *f* آمار موازنه

Bilanzsumme *f* کلّ موازنه؛ جمع کلّ موازنه

Bilanzüberschuss *m* مازاد موازنه

Bilanzverschleierung *f* ظاهرسازی ترازنامه

Bilanzvolumen *n* کلّ موازنه؛ جمع کلّ موازنه

bilateral *adj* دوسویه؛ دوجانبه

Bildberichterstattung *f* گزارش همراه با تصویر؛ گزارش تلویزیونی

bilden تشکیل دادن؛ ایجاد کردن

Bildung *f* 1) تشکیل؛ ایجاد 2) آموزش؛ تعلیم؛ تحصیل

1) ~ von Kapital تشکیل سرمایه

2) ~ einer Verteidigungslinie ایجاد یک خطّ دفاعی

2) höhere ~ آموزش عالی

Bildungsangelegenheiten *fpl* امور آموزشی

Bildungsanstalt *f* آموزشگاه؛ مؤسّسهٔ آموزشی

Bildungsbereich *m* بخش آموزشی؛ حوزهٔ آموزشی

Bildungsdefizit *n* کمبود سطح آموزش؛ کمبود سطح فرهنگ و معلومات

Bildungseinrichtung *f* نهاد آموزشی؛ مؤسّسهٔ آموزشی

Bildungsfragen *fpl* مسائل آموزشی

Bildungsinstitut *n* مؤسّسهٔ آموزشی

bildungsintensiv *adj* آموزش بر

Bildungsminister/-in *m/f* وزیر آموزش و پرورش

Bildungsministerium *n* وزارت آموزش و پرورش

Bildungsniveau *n* سطح آموزش

Bildungsnotstand *m* تنگنای آموزشی

Bildungspolitik *f* سیاست امور آموزشی

Bildungspolitiker/-in *m/f* سیاستمدار امور آموزشی

Bildungspotential *n* توان آموزشی

Bildungsreform *f* اصلاحات آموزشی

Bildungsrevolution *f* انقلاب آموزشی

Bildungssystem *n* نظام آموزشی

Bildungsverein *m* کانون آموزش

Bildungswesen *n* امور آموزشی؛ نظام آموزشی

billigen 1) موافقت کردن 2) تصویب کردن

Billigung *f* 1) موافقت 2) تصویب

1) stillschweigende ~ موافقت ضمنی

~ eines Entwurfes موافقت با یک طرح

~ eines Planes موافقت با یک برنامه

~ eines Vorschlages موافقت با یک پیشنهاد

bindend *adj* الزام آور

Bindung *f* پیوند

enge ~en پیوند های تنگاتنگ؛ پیوند های نزدیک

politische ~en پیوندهای سیاسی

Binnenfischerei *f* صید ماهی در آب های داخلی

Binnengewässer *npl* آب های داخلی

Binnengrenzen *fpl* مرزهای داخلی

Binnenhafen *m* بندر داخلی

Binnenhandel *m* تجارت داخلی

Binnenkonjunktur *f* اقتصاد داخلی؛ اقتصاد درون کشوری؛ روند اقتصادی بازار داخلی

Binnenmarkt *m* بازار داخلی
Binnennachfrage *f* تقاضای داخلی
Binnenschifffahrt *f* کشتی رانی داخلی
Binnensee *m* دریاچهٔ داخلی
Binnenwirtschaft *f* اقتصاد داخلی
Binnenzoll *m* گمرکات داخلی
Blitzaktion *f* عملیّات برق آسا
Blitzangriff *m* حملهٔ برق آسا
Blitzbesuch *m* دیدار کوتاه
Blitzkrieg *m* جنگ برق آسا
Blitzreise *f* سفر کوتاه
Blitzumfrage *f* نظرپرسی فوری؛ بازپرسش فوری
Blockade *f* محاصره
eine ~ durchbrechen محاصره ای را شکستن؛ در یک حلقهٔ محاصره شکاف ایجاد کردن
Blockadebruch *m* درهم شکنی؛ نقض محاصره
Blockadegebiet *n* منطقهٔ تحت محاصره
Blockadepolitik *f* سیاست محاصره
Blockbildung *f* تشکیل بلوک
Blockfreiheit *f* عدم تعهّد
blockieren 1) محاصره کردن؛ 2) سدّ راه شدن
1) einen Hafen ~ بندری را محاصره کردن؛ از رفت و آمد کشتی ها به بندری جلوگیری کردن
2) die Verhandlungen ~ سدّ راه مذاکرات شدن؛ جلوی مذکرات را گرفتن
bloßstellen رسوا کردن
bloßstellen, sich رسوا شدن؛ خود را رسوا کردن
Blüte *f* شکوفایی؛ رونق
kulturelle ~ شکوفایی فرهنگی
wirtschaftliche ~ شکوفایی اقتصادی؛ رونق اقتصادی
Bluttat *f* خونریزی؛ عمل خونریزی؛ قتل؛ کشتار
die ~ verhindern از خونریزی جلوگیری کردن؛ جلوی کشتار را گرفتن

Blutvergießen *n* خونریزی
Bodeninvasion *f* حملهٔ زمینی
Bodenkampf *m* نبرد زمینی
Bodenkrieg *m* جنگ زمینی
Bodenoffensive *f* یورش زمینی؛ حملهٔ زمینی؛ حملهٔ نیروهای زمینی
Bodenreform *f* اصلاحات ارضی
Bodenschätze *f* منابع زیر زمینی
Bodenspekulant/-in *m/f* سوداگر زمین؛ زمین خوار
Bodenspekulation *f* سوداگری زمین؛ زمین خواری
Bodenstation *f* ایستگاه ردیابی
Bodentruppen *fpl* نیروی زمینی؛ نیروهای پیاده نظام
Bodentruppenunterstützung *f* نیروهای پشتیبانی ازپیاده نظام
bombardieren بمباران کردن
Raketenstellungen ~ مواضع موشکی را بمباران کردن
Bombardierung *f* بمباران
Bombardement *n* بمباران
anhaltendes ~ بمباران بی وقفه
grausames ~ بمباران وحشیانه
Bombe *f* بمب
eine ~ entschärfen بمبی را خنثی کردن
~n abwerfen بمب انداختن؛ بمباران کردن
mit ~n belegen بمباران کردن
Bombenalarm *m* آژیر هوایی؛ آژیر حملهٔ هوایی
Bombenangriff *m* حملهٔ هوایی
Bombenanschlag *m* سوء قصد با بمب
einen ~ verüben با بمب سوء قصد کردن
Bombendrohung *f* تهدید به بمب گذاری
Bombenexplosion *f* انفجار بمب
Bombenterror *m* ترور با بمب گذاری

Börse *f* بازار سهام؛ بازار بورس
Börsenabschluss *m* پایان روز خرید و فروش بورس
Börsenaufsichtsbehörde *f* ادارهٔ نظارت بر بازار بورس
Börsenauftrag *m* سفارش خرید سهام؛ سفارش فروش سهام
Börsenbeginn *m* شروع خرید و فروش در بازار بورس
Börsenbericht *m* گزارش بازار بورس
Börsenbewegungen *fpl* نوسانات بازار بورس
Börsenbewertung *f* ارزیابی بازار؛ ارزش یابی بازار بورس
Börsendaten *npl* داده های بازار بورس؛ آمار و ارقام بازار بورس
aktuelle ~ آمار و ارقام روز از بازار بورس
Börseneröffnung *f* گشایش بازار بورس
Börsenfachmann *m* کارشناس بازار بورس
Börsenflaute *f* رکود بازار بورس
Börsengeschäft *n* معاملهٔ سهام؛ معاملهٔ بورس
Börsenhandel *m* دلّالی سهام؛ خرید و فروش سهام؛ معاملهٔ بورس
Börsenhändler/-in *m/f* دلّال سهام؛ دلّال بورس؛ دلّال معاملات سهام
Börsenindex *m* شاخص بورس
Börsenkonjunktur *f* روند اقتصادی در بازار بورس
Börsenkrise *f* بحران بازار بورس
Börsenkurs *m* قیمت خرید و فروش بورس؛ نرخ خرید و فروش بورس
Börsenmakler/-in *m/f* دلّال سهام؛ دلّال بورس؛ دلّال معاملات سهام
Börsenmarkt *m* بازار سهام؛ بازار بورس
Börsenmitglied *n* عضو بازار سهام؛ عضو بازار بورس
Börsennachrichten *fpl* اخبار بازار بورس
Börsennotierung *f* قیمت سهام در بازار بورس
Börsenpapiere *npl* اوراق بهادار مظنّه شده
Börsenpreis *m* قیمت بازار
Börsenprospekt *m* آگهی نشر سهام
Börsenschluss *m* پایان خرید و فروش در بازار بورس
Börsenschwindel *m* کلاهبرداری در خرید و فروش بورس
Börsensitz *m* محلّ خرید و فروش سهام
Börsenspekulant/-in *m/f* بورس باز
Börsenspekulation *f* بورس بازی
Börsensteuer *f* مالیات بر انتقال سهام
Börsenvorstand *m* هیأت مدیرهٔ بازار بورس
Börsenwert *m* 1) ارزش سهام یک شرکت 2) نرخ بازار
Börsenzulassung *f* اجازهٔ خرید و فروش در بازار بورس
Börsianer/-in *m/f* عمده فروش سهام؛ معامله گر عمده در بازار بورس
botmäßig *adj* فرمان بر؛ فرمان بردار؛ مطیع
Botschaft *f* 1) پیام 2) سفارت
1) eine ~ erhalten پیامی را دریافت کردن
2) die ~ eines Landes سفارت یک کشور
Botschafter/-in *m/f* سفیر
Botschafterposten *m* پست سفیر
Botschaftsgebäude *n* ساختمان سفارت
Botschaftspersonal *n* کارکنان سفارت؛ کارمندان سفارت
Botschaftsrat/-in *m/f* رایزن سفارت؛ مشاور سفارت؛ مستشار سفارتخانه
Botschaftsviertel *n* منطقهٔ سفارتخانه ها؛ محلّ سفارتخانه ها

Boulevardpresse *f*	مطبوعات جنجال برانگیز؛
	روزنامه ها و مجلّات جنجال برانگیز
Boulevardzeitung *f*	روزنامهٔ جنجال برانگیز
Boykott *m*	تحریم
einen ~ aufheben	رفع تحریم کردن
zum ~ aufrufen	به تحریم فراخواندن
mit ~ belegen	تحریم کردن
den ~ erklären	اعلام تحریم کردن
Boykotterklärung *f*	اعلام تهدید
boykottieren	تحریم کردن
ein Land ~	کشوری را تحریم کردن
eine Sitzung ~	نشستی را تحریم کردن؛
	جلسه ای را تحریم کردن
einen Staat ~	دولتی را تحریم کردن؛
	کشوری را تحریم کردن
Boykottmaßnahmen *fpl*	اقدامات تحریمی
Branche *f*	بخش
wirtschaftsorientierte ~n	بخش های اقتصادی
Brand *m*	حریق؛ آتش
einen ~ bekämpfen	با حریقی مقابله کردن
in ~ geraten	طعمهٔ حریق شدن
einen ~ löschen	حریقی را خاموش کردن
in ~ schießen	با پرتاب گلوله به آتش کشیدن
in ~ setzen	به آتش کشیدن
in ~ stecken	به آتش کشیدن
brandaktuell *adj*	بسیار تازه
~e Nachricht	تازه ترین خبر؛ تازه ترین خبر روز
Brandanschlag *m*	سوء قصد با مادّهٔ آتشزا
Brandbekämpfung *f*	مقابله با حریق
Brandbombe *f*	بمب آتشزا
Brandherd *m*	کانون حریق
brandmarken	رسوا کردن؛ در نزد همگان
	رسوا کردن؛ مورد انتقاد شدید قرار دادن
Brandopfer *npl*	قربانیان حریق؛ قربانیان

	آتش سوزی
Brandschäden *mpl*	خسارت های ناشی از
	آتش سوزی
brandschatzen	تاراج کردن؛
	به تاراج بردن؛ غارت کردن
Brandschutz *m*	ایمنی حریق
Brandstelle *f*	محلّ حریق؛ محلّ آتش سوزی
Brandstifter/-in *m/f*	آتش افروز؛ مسبّب حریق
Brandstiftung *f*	آتش افروزی؛ حریق عمدی؛
	تولید حریق عمدی؛ ایجاد حریق عمدی
Brandursache *f*	علت آتش سوزی
Brandversicherung *f*	بیمهٔ آتش سوزی؛
	بیمهٔ حریق
Brandversicherungspolice *f*	
	بیمه نامهٔ آتش سوزی
Brauch *m*	رسم؛ عرف
Brauchtum *n*	رسوم؛ عادات کهن
brechen	شکستن؛ نقض کردن
einen Vertrag ~	قراردادی را نقض کردن
jmds. Willen ~	ارادهٔ کسی را شکستن
Briefwahl *f*	رأی پستی؛ رأی گیری پستی
Briefwähler/-in *m/f*	رأی دهندهٔ پستی
Briefwahlrecht *n*	حقّ رأی دادن پستی؛
	حقّ رأی گیری پستی
Bruderkrieg *m*	برادرکشی
brutal *adj*	خشونت آمیز؛ فجیح
~er Mord	قتل فجیح
~es Vorgehen der Polizei	برخورد خشونت آمیز
	پلیس
brutalisieren	بی رحم کردن؛ وحشی کردن
Brutalisierung *f*	بی رحمی؛ خشونت آمیزی؛
	وحشیگری
Brutalität *f*	خشونت
polizeiliche ~	خشونت پلیس

Bruttoeinkommen *n* درآمد ناخالص؛ عایدی ناخالص
Bruttogehalt *n* حقوق ناخالص
Bruttogewinn *m* سود ناخالص
Bruttogewinnspanne *f* گسترهٔ سود ناخالص؛ دامنهٔ سود ناخالص
Bruttoinlandsprodukt *n* تولید ناخالص داخلی
Bruttoinvestition *f* سرمایه گذاری ناخالص
Bruttolohn *m* مزد ناخالص
Bruttonationaleinkommen *n* درآمد ناخالص ملّی
Bruttoproduktion *f* تولید ناخالص
Bruttoproduktionswert *m* ارزش تولید ناخالص
Bruttorendite *f* سود ناخالص
Bruttosozialprodukt *n* تولید ناخالص ملی
Bruttoumlaufvermögen *n* سرمایهٔ ناخالص در گردش؛ سرمایهٔ ناخالص جاری
Bruttoumsatz *m* فروش ناخالص؛ کلّ فروش ناخالص
Bruttoverdienst *m* درآمد ناخالص؛ عایدی ناخالص
Buch *n* کتاب
heiliges ~ کتاب مقدّس
Buchhändler/-in *m/f* کتاب فروش
Buchhandlung *f* کتاب فروشی
Buchladen *m* کتاب فروشی؛ مغازهٔ کتاب فروشی
Buchwert *m* ارزش دفتری
Buddhismus *m* بودایی؛ دین بودایی
Buddhist *m* بودایی
buddhistisch *adj* بودایانه
Budget *n* بودجه
über ein ~ abstimmen در مورد بودجه ای رأی دادن
ein ~ aufstellen بودجه ای را برنامه ریزی کردن
ein ~ ausgleichen بودجه ای را تعدیل کردن
ein ~ ausweiten بودجه ای را افزایش دادن
ein ~ belasten بر بار منفی بودجه ای افزودن
über ein ~ beraten دربارهٔ بودجه ای مشورت کردن
ein ~ einschränken بودجه ای را کاهش دادن؛ بودجه ای را محدود کردن
ein ~ erweitern بودجه ای را افزایش دادن
ein ~ genehmigen بودجه ای را تصویب کردن
Budgetaufstellung *f* برنامه ریزی بودجه
Budgetausgleich *m* تعدیل بودجه
Budgetdefizit *n* کسر بودجه
budgetieren بودجه بندی کردن
Budgetierung *f* بودجه بندی
Bummelstreik *m* اعتصاب کُندکاری؛ کم کاری
Bundesamt *n* ادارهٔ فدرال
statistisches ~ ادارهٔ آمار فدرال
Bundesangelegenheit *f* موضوع مربوط به دولت فدرال
Bundesanleihe *f* قرضهٔ دولت فدرال
Bundesanstalt *f* مؤسّسهٔ فدرال
Bundesanwalt *m* دادستان فدرال؛ دادستان کل
Bundesanwaltschaft *f* دادستانی فدرال؛ دادستانی کل
Bundesarbeitsgericht *n* دادگاه کار فدرال
Bundesarbeitsminister/-in *m/f* وزیر کار فدرال؛ وزیر کار کشور
Bundesarbeitsministerium *n* وزارت کار فدرال؛ وزارت کار کشور
Bundesaufgaben *f* وظایف دولت فدرال؛ وظایف دولت مرکزی
Bundesaufsicht *f* نظارت دولت فدرال؛ نظارت دولت مرکزی
Bundesaufsichtsamt *n* ادارهٔ نظارت دولت

فدرال؛ ادارهٔ نظارت دولت مرکزی

Bundesaußenminister/-in *m/f* وزیر خارجهٔ فدرال

Bundesaußenministerium *n* وزارت خارجهٔ فدرال

Bundesbank *f* بانک فدرال؛ بانک مرکزی؛ بانک مرکزی آلمان

Bundesbankpräsident/-in *m/f* رئیس بانک فدرال؛ رئیس بانک مرکزی؛ رئیس بانک مرکزی آلمان

Bundesbeauftragte *m/f* نمایندهٔ دولت فدرال؛ نمایندهٔ دولت مرکزی

Bundesbedienstete *m/f* کارمند دولت فدرال

Bundesbehörden *fpl* ادارات دولت فدرال؛ مقامات فدرال

Bundesbeihilfe *f* کمک دولت فدرال؛ کمک بلاعوض دولت فدرال

Bundeseinkommen *n* درآمد دولت فدرال؛ درآمد دولت مرکزی

Bundesfamilienminister/-in *m/f* وزیر خانوادهٔ فدرال

Bundesfamilienministerium *n* وزارت خانوادهٔ فدرال

Bundesfinanzhof *m* دادگاه مالی فدرال

Bundesfinanzminister/-in *m/f* وزیر دارایی فدرال

Bundesfinanzministerium *n* وزارت دارایی فدرال

Bundesflagge *f* پرچم فدرال؛ پرچم دولت فدرال

Bundesforschungsanstalt *f* مؤسسهٔ تحقیقات فدرال؛ مؤسسهٔ تحقیقات وابسته به دولت فدرال

Bundesforschungsinstitut *n* مؤسسهٔ تحقیقات فدرال؛ مؤسسهٔ تحقیقات وابسته به دولت فدرال

Bundesforschungsminister/-in *m/f* وزیر تحقیقات فدرال

Bundesforschungsministerium *n* وزارت تحقیقات فدرال

Bundesgerichtshof *m* دیوان عالی فدرال

Bundesgeschäftsführer/-in *m/f* مدیر عامل حزب فدرال

Bundesgeschäftsführung *f* مدیریّت حزب فدرال

Bundesgeschäftsordnung *f* آیین کار فدرال؛ نظام نامهٔ داخلی فدرال

Bundesgesetz *n* قانون فدرال؛ قانون دولت فدرال

Bundesgrenzschutz *m* مرزبانی فدرال

Bundeshauptstadt *f* پایتخت کشور آلمان؛ پایتخت آلمان فدرال

Bundeshaushalt *m* بودجهٔ فدرال

den ~ entlasten از فشار مالی بر بودجهٔ دولت فدرال کاستن

Bundeshaushaltsgesetz *n* قانون بودجهٔ فدرال

Bundeshaushaltsplan *m* برنامهٔ بودجهٔ فدرال

Bundesheer *n* ارتش فدرال؛ ارتش آلمان

Bundesinnenminister/-in *m/f* وزیر کشور فدرال

Bundesinnenministerium *n* وزارت کشور فدرال

Bundesjustizminister/-in *m/f* وزیر دادگستری فدرال؛ وزیر دادگستری کشور

Bundesjustizministerium *n* وزارت دادگستری فدرال؛ وزارت دادگستری کشور

Bundeskabinett *n* کابینهٔ دولت فدرال

Bundeskanzler/-in *m/f* صدر اعظم

Bundeskanzleramt *n* دفتر صدر اعظم

Bundeskartellamt *n* ادارهٔ کارتل فدرال

Bundeskriminalamt *n* ادارهٔ آگاهی فدرال

Bundeskriminalpolizei *f* پلیس آگاهی فدرال

Bundeskulturbeauftragte *m/f* مأمور فرهنگ فدرال؛ مأمور وزارت فرهنگ فدرال

Bundeskulturstiftung *f* بنیاد فرهنگی فدرال

Bundesland *n* ایالت

Bundesminister/-in *m/f* وزیر دولت فدرال

Bundesministerium *n* وزارت دولت فدرال

Bundesnachrichtendienst *m*
سازمان اطّلاعات فدرال؛ سازمان ضدّ اطّلاعات فدرال؛
سازمان امنیّت آلمان

Bundesparlament *n* مجلس فدرال

Bundesparteitag *m* اجلاس عمومی حزب

Bundesparteivorstand *m* هیأت مدیرهٔ مرکزی
حزب فدرال

Bundespolizei *f* پلیس فدرال؛ پلیس دولت فدرال

Bundespost *f* پست فدرال

Bundespostminister/-in *m/f* وزیر پست فدرال؛
وزیر پست کشور

Bundespostministerium *n* وزارت پست فدرال؛
وزارت پست کشور

Bundespräsident/-in *m/f* رئیس جمهور فدرال؛
رئیس جمهور کشور

Bundespräsidialamt *n* دفتر ریاست جمهورفدرال

Bundespresseamt *n* ادارهٔ مطبوعات فدرال

Bundespressekonferenz *f* کنفرانس مطبوعاتی
فدرال

Bundesrat *m* مجلس ایالات؛ مجلس متّحده

Bundesratsausschuss *m* کمیسیون مجلس ایالات

Bundesratsberatung *f* شور مجلس ایالات

Bundesratsdebatte *f* مباحثهٔ اعضای مجلس ایالات

Bundesratsmitglied *n* عضو مجلس ایالات

Bundesratspräsident/-in *m/f* رئیس مجلس
ایالات

Bundesratssitzung *f* نشست مجلس فدرال؛
اجلاس شورای فدرال

Bundesratsvotum *n* رأی مجلس فدرال

Bundesrechnungshof *m* دیوان محاسبات فدرال؛
دیوان محاسبات کشور

Bundesregierung *f* دولت فدرال؛ دولت متّحده

Bundesrepublik *f* جمهوری فدرال

Bundesschatz *m* دارایی دولت فدرال

Bundessicherheitsrat *m* شورای امنیّت فدرال؛
شورای امنیّت کشور

Bundessozialgericht *n* دیوان عالی اجتماعی
فدرال

Bundessozialhilfegesetz *n* قانون حمایت مالی
دولت فدرال به بی بضاعتان

Bundesstrafregister *n* مرکز ثبت سوابق جزایی
فدرال

Bundestag *m* مجلس فدرال؛ مجلس آلمان

Bundestagsabgeordnete *m/f* وکیل مجلس
فدرال؛ نمایندهٔ مجلس فدرال

Bundestagsbeschluss *m* مصوّبهٔ مجلس فدرال

Bundestagsdebatte *f* مباحثهٔ مجلس فدرال؛
مباحثهٔ نمایندگان مجلس فدرال

Bundestagsgebäude *n* ساختمان مجلس فدرال

Bundestagskandidat/-in *m/f* کاندید مجلس
فدرال؛ نامزد مجلس فدرال

Bundestagsmitglied *n* عضو مجلس فدرال

Bundestagsparteien *fpl* احزاب مجلس فدرال؛
احزاب درون مجلس فدرال

Bundestagspräsident/-in *m/f* رئیس مجلس
فدرال

Bundestagssitzung *f* نشست مجلس فدرال؛
اجلاس مجلس فدرال

Bundestagswahlen *f* انتخابات مجلس فدرال؛
انتخابات سراسری

Bundestagswahlkampf *m* مبارزهٔ انتخاباتی
مجلس فدرال

Bundesumweltminister/-in *m/f* وزیر محیط
زیست فدرال

Bundesumweltministerium *n* وزارت محیط
زیست فدرال

Bundesunterstützung *f*	حمایت دولت فدرال؛
	کمک دولت فدرال
Bundesverband *m*	اتّحادیّهٔ فدرال؛ اتّحادیّهٔ مرکزی
	فدرال
Bundesverdienstkreuz *n*	مدال شایستگی دولت
	فدرال؛ مدال لیاقت دولت فدرال
Bundesverfassungsgericht *n*	دیوان عالی فدرال
Bundesverkehrsminister/-in *m/f*	وزیر راه و
	ترابری فدرال
Bundesverkehrsministerium *n*	وزارت راه و
	ترابری فدرال
Bundesvermögen *n*	دارایی های دولت فدرال
Bundesversammlung *f*	اجلاس همگانی
	مجلس فدرال؛ اجلاس عمومی مجلس فدرال
Bundesverteidigungsminister/-in *m/f*	
	وزیر دفاع فدرال؛ وزیر دفاع کشور
Bundesverteidigungsrat *m*	شورای امنیّت
	فدرال؛ شورای امنیّت کشور
Bundesverwaltungsgericht *n*	دیوان دادرسی
	اداری فدرال
Bundeswahlausschuss *m*	کمیسیون انتخابات
	فدرال؛ کمیسیون انتخابات کشور
Bundeswahlgesetz *n*	قانون انتخابات فدرال؛
	قانون انتخابات کشور
Bundeswahlleiter/-in *m/f*	مدیر انتخابات فدرال
Bundeswahlordnung *f*	آیین انتخابات فدرال؛
	آیین انتخابات کشور
Bundeswehr *f*	نیروهای مسلّح فدرال؛ نیروهای
	مسلّح کشور؛ ارتش آلمان فدرال
Bundeswehrexperte *m*	کارشناس نیروهای
	مسلّح فدرال (مرد)
Bundeswehrexpertin *f*	کارشناس نیروهای
	مسلّح فدرال (زن)
Bundeswehrführung *f*	فرماندهی نیروهای مسلّح

	فدرال؛ فرماندهی نیروهای مسلّح کشور
Bundeswehrgeneral *m*	ژنرال نیروهای مسلّح
	فدرال؛ ژنرال ارتش آلمان فدرال
Bundeswehroberst *m*	سرهنگ نیروهای مسلّح
	فدرال؛ سرهنگ ارتش آلمان فدرال
Bundeswehroffizier/-in *m/f*	افسر نیروهای مسلّح
	فدرال؛ افسر ارتش آلمان فدرال
Bundeswehrsoldat/-in *m/f*	سرباز نیروهای
	مسلّح فدرال؛ سرباز ارتش آلمان فدرال
Bundeswehrverband *m*	اتّحادیّهٔ نیروهای مسلّح
	فدرال
Bundeswehrverwaltung *f*	ادارهٔ نیروهای مسلّح
	فدرال
Bundeswirtschaftsminister/-in *m/f*	
	وزیر اقتصاد دولت فدرال؛ وزیر اقتصاد کشور
Bundeswirtschaftsministerium *n*	
	وزارت اقتصاد دولت فدرال؛ وزارت اقتصاد کشور
Bundeszuschuss *m*	حمایت مالی دولت فدرال؛
	کمک مالی دولت فدرال؛ کمک بلاعوض دولت فدرال
Bundeszuständigkeit *f*	حوزهٔ صلاحیّت دولت
	فدرال؛ حوزهٔ صلاحیّت دولت مرکزی
Bündnis *n*	پیمان
dauerhaftes ~	پیمان استوار؛ پیمان پایدار
defensives ~	پیمان تدافعی؛ پیمان دفاعی
enges ~	پیمان دوستی
festes ~	پیمان محکم؛ پیمان پایدار
freundschaftliches ~	پیمان دوستی؛ پیمان مودّت
geheimes ~	پیمان پنهانی؛ پیمان سرّی
militärisches ~	پیمان نظامی
nationales ~	پیمان ملّی
offensives ~	پیمان تهاجمی
einem ~ beitreten	به پیمانی پیوستن؛ به پیمانی
	ملحق شدن؛ عضو پیمانی شدن
ein ~ eingehen	پیمان بستن؛ متّحد شدن

ein ~ erneuern	پیمانی را تجدید کردن
ein ~ lösen	پیمانی را فسخ کردن
ein ~ schließen	پیمان بستن؛ پیمانی را منعقد کردن
Bündnismitglied *n*	عضو پیمان
Bündnispartner *m*	هم پیمان
Bündnispolitik *f*	سیاست پیمان؛ خط مشی پیمان
Bündnistreue *f*	وفاداری به پیمان
Bündnisverpflichtungen *fpl*	تعهّدات ناشی از
	عضویّت در پیمان
Bündnisverteidigung *f*	دفاع از پیمان
Bündnisvertrag *m*	پیمان نامه؛ عهدنامه
Bündniszusammenhalt *m*	یکپارچگی پیمان؛
	یکپارچگی کشورهای عضو پیمان
Bürge *m*	ضامن
bürgen für	ضمانت کردن برای؛
	کفالت کردن برای
Bürger/-in *m/f*	شهروند
Sicherheit der ~	امنیّت شهروندان
Bürgerausschuss *m*	کمیسیون رسیدگی
	به امور شهروندان
Bürgerbeauftragte *m/f*	مأمور رسیدگی
	به امور شهروندان
Bürgerbeteiligung *f*	شرکت شهروندان؛ مشارکت
	شهروندان
Bürgerkrieg *m*	جنگ داخلی
Bürgerkriegsopfer *npl*	قربانیان جنگ داخلی
Bürgermeister/-in *m/f*	شهردار
Bürgermitwirkung *f*	مشارکت شهروندان؛
	تشریک مساعی شهروندان

Bürgerrechte *npl*	حقوق شهروندی؛
	حقوق اجتماعی
Bürgerrechtsbewegung *f*	جنبش حقوق
	شهروندی؛ نهضت حقوق شهروندی
Bürgschaft *f*	ضمانت؛ کفالت
gegen eine ~ freilassen	به قید ضمانت
	آزاد کردن؛ به قید کفالت آزاد کردن
~ leisten	ضمانت کردن
eine ~ übernehmen	ضمانتی را به عهده گرفتن
Bürgschaftsfonds *m*	صندوق ضمانت
Bürgschaftskredit *m*	اعتبار ضمانت نامه ای؛
	اعتبار به شرط داشتن ضامن
Bürgschaftsleistung *f*	ضمانت
Bürgschaftsübernahme *f*	به عهده گیری
	ضمانت؛ تقبّل ضمانت
Bürgschaftsverpflichtung *f*	تعهّد به ضمانت
Bürgschaftsversicherung *f*	بیمهٔ تضمینی؛ بیمهٔ
	سپرده
Bürgschaftsvolumen *n*	میزان کلّ وجه الضمان؛
	مبلغ کلّ تکفّل
Büroarbeit *f*	کار دفتری؛ کار اداری
Bürokrat *m*	بوروکرات؛ اداری
Bürokratie *f*	1) دستگاه اداری 2) دیوان سالاری؛
	بوروکراسی
Büropersonal *n*	کارکنان دفتری؛ پرسنل دفتری؛
	کارمندان اداری
Bürotätigkeit *f*	کار دفتری
Bürozeit *f*	ساعات اداری

C

Chance *f* شانس؛ امکان
jmdm. eine letzte ~ einräumen به کسی آخرین شانس را دادن؛ به کسی آخرین امکان را دادن
Chaos *n* هرج و مرج؛ درهم ریختگی
furchtbares ~ هرج و مرج وحشتناک؛ درهم ریختگی هولناک
Charakter *m* منش؛ خصلت؛ صفت
Charaktereigenschaft *f* صفت ویژه؛ خصلت ویژه؛ خصلت مشخّصه
Charakteristik *f* ویژگی؛ خصلت؛ صفت
charakteristisch *adj* ویژه؛ خاص
charakterlos *adj* بی منش؛ بی سرشت؛ بی خصلت؛ بی صفت
Charakterlosigkeit *f* بی منشی؛ بی سرشتی؛ بی خصلتی؛ بی صفتی
Charisma *n* فرّه مندی
charismatisch *adj* فرّه مند
charmant *adj* گیرا؛ جذّاب
Charme *m* گیرایی؛ جذّابیّت
Charta *f* منشور
Charter *m* اجارهٔ دربست (هواپیما، کشتی، اتوبوس)
Charterflug *m* پرواز با هواپیمای اجاره ای؛ پرواز دربست
Charterflugzeug *n* هواپیمای اجاره ای؛ هواپیمای دربست
Chartergesellschaft *f* شرکت اجاره دهندهٔ (هواپیما؛ کشتی، اتوبوس)
chartern اجاره کردن؛ دربست اجاره کردن (هواپیما؛ کشتی، اتوبوس)
Chauvinismus *m* شووینیسم
Chauvinist/-in *m/f* شووینیست
chauvinistisch *adj* شووینیستی
Chefankläger/-in *m/f* دادستان کل
Chefdelegierte *m/f* رئیس هیأت نمایندگان: رئیس هیأت اعزامی
Chefredakteur/-in *m/f* سردبیر
Chefsekretär/-in *m/f* منشی رئیس
Chefunterhändler/-in *m/f* رئیس هیأت مذاکرات
chiffrieren رمزگذاری کردن؛ به صورت رمز درآوردن
Chiffrierung *f* رمزگذاری
Choreograf/-in *m/f* رقص آرا؛ طرّاح رقص
Choreografie *f* رقص آرایی؛ طرّاحی رقص
Christ *m* عیسی مسیح
Christ/-in *m/f* مسیحی؛ عیسوی
Christdemokrat/-in *m/f* دموکرات مسیحی؛ عضو حزب دموکرات مسیحی
Christdemokratie *f* دموکراسی مسیحی
Christenheit *f* مسیحیّت؛ عالَم مسیحیّت
Christentum *n* مسیحیّت؛ دین مسیحی
christlich *adj* مسیحی؛ عیسوی
~e Religionsgemeinschaft جماعت مسیحی؛ امّت مسیحی
~er Fundamentalismus بنیادگرایی مسیحی
~er Fundamentalist بنیادگرای مسیحی
Chronik *f* رویدادنامه
chronisch *adj* مزمن؛ دیرینه
Chronologie *f* زمان شناسی؛ گاه شناسی
chronologisch *adj* زمان شناسیک؛ گاه شناسیک
Clique *f* دارودسته
herrschende ~ دارودستهٔ حاکم
reaktionäre ~ دارودستهٔ واپسگرا؛ دارودستهٔ ارتجاعی
eine ~ bilden دارودسته ای را تشکیل دادن
Code *f* کُد؛ رمز
Codewort *n* رمزواژه؛ حرف رمز
codieren کُدگذاری کردن؛ رمزگذاری کردن؛

به صورت رمز درآوردن

Codierung *f* کُدگذاری؛ رمزگذاری

Computer *m* رایانه؛ کامپیوتر

Computerfachmann *m* کارشناس رایانه؛ کارشناس کامپیوتر

Computerkriminalität *f* بزهکاری در رابطه با رایانه

Computerladen *m* فروشگاه رایانه؛ فروشگاه کامپیوتر؛ مغازهٔ کامپیوترفروشی

Computerprogramm *n* برنامهٔ رایانه؛ برنامهٔ کامپیوتر

Computerprogrammierer/-in *m/f* برنامه ریز رایانه؛ برنامه نویس رایانه؛ برنامه نویس کامپیوتر

Computerprogrammierung *f* برنامه ریزی رایانه؛ برنامه نویسی رایانه؛ برنامه نویسی کامپیوتر

Computersprache *f* زبان رایانه؛ زبان کامپیوتر

Container *m* کانتینر؛ مخزن

Containerfracht *f* بار کانتینر؛ بار مخزن

Containerladung *f* بار کانتینر؛ بار مخزن

Containerschiff *n* کشتی حمل کنندهٔ کانتینر؛ کشتی مخزن دار

Controller/-in *m/f* کنترل کننده؛ ناظر؛ ناظر مالی

Copyright *n* حقّ مؤلّف

Coup *m* کودتا

Courtage *f* کارمزد دلاّلی؛ حقّ العمل

Crash *m* 1) ورشکستگی ناگهانی 2) برخورد کردن

D

darlegen تشریح کردن؛ توضیح دادن

Darlegung *f* تشریح؛ توضیح

kurze ~ توضیح کوتاه

vollständige ~ تشریح کامل؛ توضیح کامل

Darlehen *n* وام؛ قرضه؛ قرض

besichertes ~ وام با وثیقه؛ وام وثیقه دار؛ وام تضمین شده

kündbares ~ وام بدون سررسید؛ وام عندالمطالبه

ungesichertes ~ وام بی وثیقه؛ وام اعتباری

unverzinsliches ~ وام بدون بهره؛ قرض الحسنه

verzinsliches ~ وام بهره دار

zinsloses ~ وام بدون بهره؛ قرض الحسنه

ein ~ aufnehmen وام گرفتن؛ وامی را دریافت کردن

ein ~ gewähren وام دادن؛ وامی را اعطا کردن

ein ~ kündigen وامی را فسخ کردن

ein ~ tilgen وامی را بازپرداختن؛ وامی را پس دادن

Darlehensantrag *m* درخواست وام؛ تقاضای وام

Darlehensaufnahme *f* وام گیری

Darlehensbank *f* بانک استقراضی

Darlehensbetrag *m* مبلغ وام؛ میزان وام

Darlehensgewährung *f* دادن وام؛ اعطای وام

Darlehenskapital *n* سرمایهٔ استقراضی

Darlehenskasse *f* صندوق وام؛ بانک استقراضی

Darlehensnehmer/-in *m/f* وام گیر؛ گیرندهٔ وام؛ دریافت کنندهٔ وام

Darlehenspolitik *f* سیاست وام دهی

Darlehenstilgung *f* بازپرداخت وام

Darlehensvertrag *m* قرارداد وام

Darlehenszinssatz *m* میزان سود وام

darstellen 1) تشریح کردن 2) نقشی را ایفاء کردن

1) einen Sachverhalt ~ موضوعی را تشریح کردن

2) eine andere Person ~ نقش فرد دیگری را ایفاء کردن

Darstellung *f* 1) تشریح 2) ایفای نقش

Daseinsberechtigung *f* حقّ زندگی؛ حقّ موجودیّت

Daten *npl* داده ها؛ اطّلاعات

gesicherte ~ داده های محفوظ؛ اطّلاعات محفوظ

statistische ~ داده های آماری؛ اطّلاعات آماری

Datenabruf *m* بازیابی داده ها؛ بازیابی اطّلاعات

Datenbank *f* بانک داده ها؛ بانک اطّلاعات؛ ذخیرهٔ اطّلاعات کامپیوتر

Datenquelle *f* منبع داده ها؛ منبع اطّلاعات

Datenschutz *m* حفظ اطّلاعات در مورد افراد

Datenschutzbeauftragte *m/f* مأمور حفظ اطّلاعات؛ مأمور رسمی دولت برای حفظ اطّلاعات

Datenschutzgesetz *n* قانون حفظ اطّلاعات

Datenspeicherung *f* ذخیره سازی داده ها؛ ذخیره سازی اطّلاعات

Datenverarbeitung *f* داده پردازی

Datenverkehr *m* ترافیک داده ها؛ انتقال اطّلاعات

Dauerarbeitslosigkeit *f* بیکاری دائم

Dauerbeschäftigung *f* کار دائم؛ اشتغال دائم

Dauerkonflikt *m* کشمکش همیشگی؛ درگیری دائمی؛ تعارض دائمی

Debatte *f* مباحثه؛ بحث

ergebnislose ~ بحث بی نتیجه

erhitzte ~ بحث بسیار داغ؛ مباحثهٔ بسیار داغ

ernsthafte ~ بحث جدّی؛ مباحثهٔ جدّی

erregte ~ بحث هیجان انگیز؛ مباحثهٔ هیجان انگیز

freie ~ بحث آزاد

fruchtbare ~n مباحثات ثمربخش

heftige ~ بحث شدید؛ مباحثهٔ شدید؛ بحث و مباحثهٔ شدید

heiße ~ بحث داغ؛ مباحثهٔ داغ

lange ~n مباحثات طولانی
lebhafte ~ بحث زنده؛ بحث و مباحثهٔ زنده
nützliche ~ بحث مفید؛ بحث سودمند
öffentliche ~ بحث عمومی
parlamentarische ~ مباحثهٔ پارلمانی
politische ~ بحث سیاسی؛ مباحثهٔ سیاسی
sachliche ~ بحث منطقی؛ مباحثهٔ منطقی
stürmische ~ بحث تند و شدید؛ مباحثهٔ تند و شدید
unsachliche ~ بحث غیرمنطقی؛ مباحثهٔ غیرمنطقی
eine ~ abbrechen مباحثه ای را قطع کردن
eine ~ abwürgen مباحثه ای را در نطفه خفه کردن
eine ~ auslösen مباحثه ای را برانگیختن
zu einer ~ beitragen در مباحثه ای سهیم بودن؛ در مباحثه ای سهمی را ایفا کردن
sich an einer ~ aktiv beteiligen در مباحثه ای فعّالانه شرکت کردن
in eine ~ eingreifen در مباحثه ای مداخله کردن
in eine ~ eintreten وارد مباحثه ای شدن
eine ~ entfesseln مباحثه ای را موجب شدن؛ مباحثه ای را براه انداختن
eine ~ entschärfen در مباحثه ای تعدیل ایجاد کردن
eine ~ eröffnen مباحثه ای را افتتاح کردن؛ بحثی را گشودن
eine ~ führen مباحثه کردن
eine ~ in Gang bringen مباحثه ای را براه انداختن
eine ~ schließen به مباحثه ای پایان دادن؛ به مباحثه ای خاتمه دادن
zur ~ stehen مورد بحث و مباحثه بودن
zur ~ stellen مورد بحث و مباحثه قرار دادن
eine ~ unterbrechen مباحثه ای را موقّتاً قطع کردن
eine ~ vertagen مباحثه ای را به تعویق انداختن
debattieren مباحثه کردن؛ به بحث گذاشتن

eine Gesetzesvorlage ~ یک طرح قانونی را به بحث گذاشتن
einen Plan ~ برنامه ای را به بحث گذاشتن؛ طرحی را به بحث گذاشتن
ein Problem ~ دربارهٔ مسأله ای مباحثه کردن
Deckung *f* پشتوانه؛ پوشش
Deckungskapital *n* سرمایهٔ کافی برای انجام پرداخت ها
Deckungsrücklage *f* اندوختهٔ بیمه
Deckungssumme *f* 1) میزان پوشش بیمه 2) داشتن موجودی برای انجام پرداخت ها
defensiv *adj* پدافندی؛ دفاعی؛ تدافعی
~e Maßnahmen اقدامات تدافعی؛ اقدامات دفاعی
~es Bündnis پیمان تدافعی؛ پیمان دفاعی
Defensive *f* پدافند؛ دفاع
sich in die ~ begeben حالت دفاعی به خود
aus der ~ zum Angriff übergehen از حالت دفاعی درآمدن و به حمله پرداختن
Defensivkrieg *m* جنگ پدافندی؛ جنگ دفاعی
Defensivstellung *f* موضع پدافندی؛ موضع دفاعی
Defensivstrategie *f* استراتژی پدافندی؛ استراتژی دفاعی
Defensivstreitkräfte *fpl* نیروهای رزمی پدافندی؛ نیروهای رزمی دفاعی
Defensivtaktik *f* تاکتیک پدافندی؛ تاکتیک دفاعی
Defensivwaffe *f* سلاح پدافندی؛ سلاح دفاعی
Definition *f* تعریف
umfassende ~ تعریف جامع
Defizit *n* کسری؛ کسری موازنه
erhebliches ~ کسری موازنهٔ زیاد
vorübergehendes ~ کسری موازنهٔ موقّت
wachsendes ~ کسری موازنهٔ روزافزون؛ کسری موازنهٔ رشد یابنده
ein ~ abbauen کسری موازنه ای را کاهش دادن

ein ~ ausgleichen در کسری موازنه ای تعدیل ایجاد کردن

ein ~ vermindern کسری موازنه ای را کاهش دادن

Defizitfinanzierung *f* تأمین کسر بودجه

Deklaration *f* اعلامیّه؛ بیانیّه

gemeinsame ~ بیانیّهٔ مشترک

~ der Menschenrechte اعلامیّهٔ حقوق بشر

~ über den Frieden بیانیّهٔ صلح

~ über die Neutralität اعلام بیطرفی

eine ~ abgeben بیانیّه ای را صادر کردن

deklarieren اظهار کردن؛ رسماً اعلام کردن

Delegation *f* هیأت نمایندگی؛ هیأت اعزامی

~ der Arbeitgeberverbände هیأت نمایندگی اتّحادیّه های کارفرمایان

~ der Gewerkschaften هیأت نمایندگی اتّحادیّه های کارگری

~ der Partei هیأت نمایندگی حزب

eine ~ anführen در رأس یک هیأت نمایندگی قرار داشتن

eine ~ auswählen افراد هیأت نمایندگی ای را گُزیدن؛ افراد هیأت نمایندگی ای را انتخاب کردن

eine ~ begleiten هیأت نمایندگی ای را مشایعت کردن؛ هیأت نمایندگی ای را همراهی کردن

eine ~ begrüßen به هیأت نمایندگی ای خوش آمد گفتن؛ به هیأت نمایندگی خیرمقدم گفتن

eine ~ empfangen از یک هیأت نمایندگی استقبال کردن

eine ~ entsenden هیأت نمایندگی ای را اعزام کردن

eine ~ führen ریاست هیأت نمایندگی ای را به عهده داشتن

eine ~ leiten ریاست هیأت نمایندگی ای را به عهده داشتن

eine ~ schicken هیأت نمایندگی ای را اعزام کردن

Delegationsleiter/-in *m/f* رئیس هیأت نمایندگی

Delegationsmitglied *n* عضو هیأت نمایندگی

Delegationssprecher/-in *m/f* سخنگوی هیأت نمایندگی

Delegationsteilnehmer/-in *m/f* شرکت کننده در هیأت نمایندگی؛ عضو هیأت نمایندگی

Delegiertenversammlung *f* مجمع نمایندگان

Delegierte *m/f* نمایندهٔ اعزامی

Delikt *n* جرم؛ خلاف؛ بزه

geringfügiges ~ لغزش؛ خلاف

kriminelles ~ جرم جنایی

politisches ~ جرم سیاسی؛ بزه سیاسی

schwerwiegendes ~ جرم سنگین

völkerrechtliches ~ خلاف حقوق بین الملل

ein ~ begehen خلافی را مرتکب شدن

Demagoge *m* مردم فریب؛ عوام فریب

gewissenloser ~ مردم فریب بی وجدان؛ عوام فریب بی وجدان

Demagogie *f* مردم فریبی؛ عوام فریبی

demagogisch *adj* مردم فریبانه؛ عوام فریبانه

~e Reden حرف های مردم فریبانه؛ حرف های عوام فریبانه

~e Umtriebe دسیسه های مردم فریبانه؛ دسیسه های عوام فریبانه

Demarkationslinie *f* خطّ مرزی

demarkieren نشانه گذاری کردن؛ با نشانه گذاری مرزی را تعیین کردن

eine Grenze ~ مرزبندی کردن؛ تعیین حدود کردن؛ مرزی را نشانه گذاری کردن

Demarkierung *f* نشانه گذاری؛ علامت گذاری

Dementi *n* تکذیب

amtliches ~ تکذیب رسمی

eindeutiges ~ تکذیب صریح

energisches ~ تکذیب جدّی

heftiges ~ تکذیب شدید
klares ~ تکذیب صریح
offizielles ~ تکذیب رسمی
scharfes ~ تکذیب شدید
schwaches ~ تکذیب ضعیف
unerwartetes ~ تکذیب غیرمنتظره
unzweideutiges ~ تکذیب صریح
dementieren تکذیب کردن
eine Behauptung ~ ادّعایی را تکذیب کردن
eine Meldung ~ گزارشی را تکذیب کردن
eine Nachricht ~ خبری را تکذیب کردن
Dementierung *f* تکذیب؛ عمل تکذیب
demobilisieren رفع بسیج کردن
die Truppen ~ از نیروهای نظامی رفع بسیج کردن؛ از قوای نظامی رفع بسیج کردن
Demobilisierung *f* رفع بسیج
Demokrat/-in *m/f* دموکرات
eifriger ~ دموکرات پرشوق و شور
freier ~ دموکرات آزاد
überzeugter ~ دموکرات معتقد
Demokratie *f* دموکراسی؛ مردم سالاری
freiheitliche ~ دموکراسی مبتنی بر آزادی
mittelbare ~ دموکراسی پارلمانی؛ دموکراسی نمایندگی؛ دموکراسی از راه گُزینش نمایندگان
moderne ~ دموکراسی نوین؛ دموکراسی مدرن
parlamentarische ~ دموکراسی پارلمانی
rechtsstaatliche ~ دموکراسی مبتنی بر قانون اساسی؛ دموکراسی مبتنی بر حکومت قانون
repräsentative ~ دموکراسی پارلمانی؛ دموکراسی نمایندگی؛ دموکراسی از راه گُزینش نمایندگان
unmittelbare ~ دموکراسی مستقیم
wahre ~ دموکراسی راستین؛ دموکراسی واقعی
Demokratiebewegung *f* جنبش دموکراتیک
Demokratieverständnis *n* درک دموکراسی؛ درک و فهم دموکراسی
demokratisch *adj* دموکراتیک
~e Freiheiten آزادی های دموکراتیک
~e Grundordnung نظام دموکراتیک
~e Grundrechte حقوق بنیادی دموکراتیک
~e Ordnung نظام دموکراتیک
~e Partei حزب دموکراتیک
~e Prinzipien اصل های دموکراتیک؛ اصول دموکراتیک
~e Regierung حکومت دموکراتیک
~e Selbstbestimmung تعیین حقّ سرنوشت
~e Staatsform شکل حکومتی دموکراتیک؛ ساختار حکومتی دموکراتیک
~e Verfassung قانون اساسی دموکراتیک
~er Staat دولت دموکراتیک
Demokratisierung *f* دموکراتیزه کردن
Demokratisierungsprozess *m* فرایند دموکراتیزه کردن؛ روند دموکراتیزه کردن
demolieren ویران کردن؛ عمداً ویران کردن؛ عمداً خراب کردن
die Geschäfte ~ مغازه ها را ویران کردن
Demolierung *f* ویرانی؛ تخریب
Demonstrant/-in *m/f* تظاهرکننده
aufgebrachte ~en تظاهرکنندگان خشمگین
Demonstration *f* تظاهرات
blutige ~ تظاهرات خونین
eindrucksvolle ~ تظاهرات هیجان انگیز
friedliche ~ تظاهرات صلح آمیز
gewaltlose ~ تظاهرات آرام؛ تظاهرات مسالمت آمیز؛ تظاهرات عاری از خشونت
gewaltsame ~ تظاهرات خشونت آمیز
gewalttätige ~ تظاهرات خشونت آمیز
spontane ~ تظاهرات خودجوش؛ تظاهرات خود به خودی

~ der Massen	تظاهرات توده ها
~ der Werktätigen	تظاهرات زحمتکشان
eine ~ anführen	تظاهراتی را رهبری کردن
eine ~ auflösen	تظاهراتی را منحل کردن
zu einer ~ aufrufen	به تظاهراتی فراخواندن
sich an einer ~ beteiligen	در تظاهراتی شرکت کردن
eine ~ durchführen	تظاهراتی را برگزار کردن
eine ~ genehmigen	اجازه (برگزاری) تظاهراتی را دادن؛ با برگزاری تظاهراتی موافقت کردن
eine ~ organisieren	تظاهراتی را سازمان دهی کردن
eine ~ polizeilich melden	پلیس را جهت برگزاری تظاهراتی رسماً آگاه ساختن
an einer ~ teilnehmen	در تظاهراتی شرکت کردن
eine ~ veranstalten	تظاهراتی را برگزار کردن؛ تظاهراتی را برپا کردن
eine ~ verhindern	از تظاهراتی جلوگیری کردن؛ از تظاهراتی ممانعت کردن
Demonstrationsrecht *n*	حقّ تظاهرات
Demonstrationszug *m*	صف تظاهرکنندگان
demonstrieren	تظاهرات کردن
demoralisieren	نومید کردن؛ روحیّه را تضعیف کردن
Demoralisierung *f*	تضعیف روحیّه
Demoskopie *f*	پژوهش آراء همگانی؛ نظرپرسی همگانی؛ تحقیق آراء
Demut *f*	فروتنی؛ تواضع
demütigen	خوار کردن؛ تحقیر کردن
Demütigung *f*	تحقیر
denken	اندیشیدن؛ فکر کردن
Denken *n*	اندیشه؛ فکر
Denunziant/-in *m/f*	خبرچین
übler ~	خبرچین بدنام
gemeiner ~	خبرچین فرومایه؛ خبرچین پست فطرت
denunzieren	خبرچینی کردن
deponieren	سپردن؛ به امانت گذاشتن؛ ودیعه نهادن
Geld ~	پولی را برای نگهداری سپردن؛ پولی را به امانت گذاشتن
Wertpapiere ~	اوراق بهادار را برای نگهداری سپردن؛ اوراق بهادار را به امانت گذاشتن
Deportation *f*	بیرون راندن
deportieren	بیرون راندن
Depositen *n*	سپرده؛ وجوه سپرده
Depositenbank *f*	بانک رهنی
Depositenkasse *f*	صندوق سپرده
Depositenkonto *n*	حساب سپرده
Depression *f*	کساد؛ رکود
wirtschaftliche ~	کساد اقتصادی؛ رکود اقتصادی
Deserteur/-in *m/f*	سرباز فراری
desertieren	از خدمت سربازی فرار کردن؛ ترک خدمت کردن
Desertieren *n*	فرار از خدمت سربازی؛ ترک خدمت
designiert *adj*	گمارده شده؛ تعیین شده
Desinformation *f*	اطّلاعات نادرست
desinformieren	اطّلاعات نادرست دادن
Desinteresse *n*	عدم علاقه، بی تفاوتی؛ نادلبستگی
desinteressiert *adj*	بی علاقه؛ بی تفاوت
desolat *adj*	ناامیدکننده؛ غم انگیز
~e Lage	وضعیّت ناامیدکننده
desorientiert *adj*	پریشان؛ گیج
Desorientierung *f*	پریشانی؛ گیجی
Despot *m*	جاه طلب؛ مستبد؛ جبّار
grausamer ~	مستبد بی رحم؛ جاه طلب قسی القلب
Despotie *f*	جاه طلبی؛ استبداد
despotisch *adj*	استبدادی؛ مستبدانه؛ جابرانه
~e Politik	سیاست استبدادی؛ سیاست مستبدانه؛

سیاست جابرانه

~es Regime رژیم استبدادی؛ رژیم مستبد

destabilisieren بی ثبات کردن؛ متزلزل کردن

das politische System ~ سیستم سیاسی را بی ثبات کردن؛ نظام سیاسی را متزلزل کردن

Destruktion *f* ویرانگرانه

destruktiv *adj* ویرانگر

Details *npl* جزئیّات

bedeutende ~ جزئیّات مهم؛ جزئیّات حائز اهمیّت

unbedeutende ~ جزئیّات بی اهمیّت؛ جزئیّات غیرمهم

unwesentliche ~ جزئیّات غیراساسی؛ جزئیّات غیرمهم

unwichtige ~ جزئیّات بی اهمیّت؛ جزئیّات غیرمهم

wesentliche ~ جزئیّات بسیار مهم؛ جزئیّات دارای اهمیّت؛ جزئیّات حائز اهمیّت

wichtige ~ جزئیّات مهم؛ جزئیّات حائز اهمیّت

sich mit ~ befassen به جزئیّات پرداختن

Detektiv *m* کارآگاه خصوصی

Detektivbüro *n* دفتر کارآگاه خصوصی

Detonation *f* انفجار

Detonationsdruck *m* فشار انفجار

detonieren منفجر شدن

deuten تعبیر کردن

einen Traum ~ خوابی را تعبیر کردن

Deutung *f* تعبیر

Devisen *pl* ارز؛ پول خارجی

~ ankaufen ارز خریدن

~ ausführen ارز از کشور خارج کردن

~ beantragen ارز درخواست کردن؛ ارز تقاضا کردن

~ einführen ارز به کشور واردکردن

~ eintauschen ارز مبادله کردن

~ mit sich führen ارز با خود به همراه داشتن

~ kaufen ارز خریدن

~ umtauschen ارز مبادله کردن

~ verkaufen ارز فروختن

Devisenbeschränkung *f* محدودیّت ارزی

Devisenbestände *mpl* موجودی های ارزی؛ دارایی های ارزی

Devisenbestimmungen *fpl* مقرّرات ارزی

Devisenbewirtschaftung *f* نظارت ارزی؛ نظارت بر ارز

Devisenbörse *f* بازار ارز؛ بازار معاملات ارزی؛ بازار اسعار

Devisenbringer *m* ارزساز

Deviseneinnahmen *fpl* دریافت های ارزی؛ عواید ارزی؛ درآمد ارزی

Devisenersparnis *f* پس انداز ارز

Devisengeschäft *n* معاملهٔ ارز؛ خرید و فروش ارز؛ داد و ستد ارزی

Devisenhandel *m* معاملهٔ ارز؛ خرید و فروش ارز؛ داد و ستد ارزی

Devisenhändler/-in *m/f* دلّال ارز؛ دلّال معاملات ارز؛ صرّاف

Deviseninländer/-in *m/f* مقیم

Devisenknappheit *f* کمبود ارز

Devisenkontrolle *f* نظارت ارزی؛ نظارت بر ارز

Devisenkurs *m* نرخ ارز

amtlicher ~ نرخ رسمی ارز

Devisenlage *f* وضعیّت ارز؛ وضعیّت بازار ارز

Devisenmakler/-in *m/f* دلّال ارز؛ دلّال معاملات ارز؛ صرّاف

Devisenmangel *m* کمبود ارز

Devisenmarkt *f* بازار ارز؛ بازار معاملات ارزی؛ بازار اسعار

Devisennotierung *f* مظنّهٔ ارز

Devisenpolster *n* اندوختهٔ ارزی؛ ذخیرهٔ ارزی

Devisenreserven *fpl* اندوخته های ارزی؛ ذخیره های ارزی

Devisenrücklagen *fpl* اندوخته های ارزی؛ ذخیره های ارزی

Devisenschmuggel *m* قاچاق ارز

Devisenschwankungen *fpl* نوسانات ارزی

Devisensicherungsgeschäfte *npl* معاملات ارزی تأمینی

Devisentermingeschäfte *npl* معاملات ارزی به وعده

Devisenterminhandel *m* معاملات ارزی به وعده

Devisenterminmarkt *m* بازار سلف ارز؛ بازار پیش فروش ارز؛ بازار پیش خرید ارز

Devisentransfer *m* انتقال ارز

Devisenüberschuss *m* مازاد ارز

Devisenüberwachung *f* نظارت ارزی؛ نظارت بر ارز

dezentralisieren ایجاد عدم مرکزیّت کردن؛ مرکزیّت زدایی کردن

die Macht ~ در قدرت ایجاد عدم مرکزیّت کردن

Dezentralisierung *f* مرکزپراکنی؛ عدم تمرکز؛ عدم مرکزیّت؛ مرکزیّت زدایی

Dialog *m* گفت و شنود

den ~ fortsetzen به گفت و شنود ادامه دادن

einen ~ führen گفت و شنود کردن

Dialogbereitschaft *f* آمادگی جهت گفت و شنود

Diäten *pl* حقوق وکلای مجلس

die ~ erhöhen حقوق وکلای مجلس را افزایش دادن

die ~ kürzen حقوق وکلای مجلس را کاهش دادن

Diätengesetz *n* قانون حقوق وکلای مجلس

Dieb/-in *m/f* دزد؛ سارق

Diebesbande *f* باند دزدان؛ باند سارقین

Diebesgut *n* مال دزدی؛ اموال مسروقه

das ~ beschlagnahmen مال دزدی را مصادره کردن؛ اموال مسروقه را مصادره کردن

Diebstahl *m* دزدی؛ سرقت

Diebstahlsversicherung *f* بیمهٔ دزدی

Dienst *m* 1) خدمت 2) خدمات

1) den ~ antreten شروع به خدمت کردن

vom ~ entheben از خدمت منفصل کردن؛ از کار برکنار کردن

dem ~ fernbleiben در محلّ خدمت حضور نیافتن؛ سرِ کار حاضر نشدن

2) geleistete ~e خدمات انجام شده

öffentlicher ~ (بخش) خدمات دولتی؛ (بخش) خدمات عمومی

unentgeltliche ~e خدمات رایگان

Dienstalter *n* ارشدیّت؛ سابقهٔ خدمت

Dienstantritt *m* شروع خدمت

Dienstaufsicht *f* نظارت

Dienstaufsichtsbehörde *f* مقام ناظر

Dienstbefehl *m* دستور اداری؛ دستور رسمی

Dienstbereich *m* حوزهٔ صلاحیّت

dienstbereit *adj* آمادهٔ خدمت؛ حاضر به خدمت

Dienstbereitschaft *f* آمادگی جهت خدمت

Dienstbehinderung *f* جلوگیری از اجرای وظایف؛ مانع اجرای وظایف

Dienstenthebung *f* انفصال از خدمت

Dienstentlassung *f* اخراج از خدمت

Diensterschwerung *f* جلوگیری از اجرای وظایف؛ اشکال تراشی در اجرای وظایف

Dienstfahrzeug *n* خودروی اداری؛ اتوموبیل شرکت

Dienstgrad *m* رتبهٔ اداری

Dienstjahre *npl* سنوات خدمت

Dienstleistung *f* خدمات

öffentliche ~ خدمات دولتی

~en anbieten خدمات عرضه کردن

~en erbringen خدمات عرضه کردن

Dienstleistungsbereich *m* بخش خدمات؛ قسمت خدمات
Dienstleistungsberufe *f* مشاغل خدماتی؛ حرفه های خدماتی
Dienstleistungsbetrieb *m* شرکت خدمات
Dienstleistungsfirma *f* شرکت خدمات
Dienstleistungsgesellschaft *f* جامعهٔ خدماتی
Dienstleistungsgewerbe *n* صنعت خدماتی
Dienstleistungsindustrie *f* صنعت خدماتی
Dienstleistungssektor *m* بخش خدمات؛ قسمت خدمات
Dienstleistungsunternehmen *n* بنگاه خدمات؛ شرکت خدمات
Dienstleistungszentrum *n* مرکز خدمات
Dienstort *m* محلّ خدمت
Dienstpersonal *n* پرسنل؛ کارکنان؛ پرسنل خدمات
Dienstrang *m* رتبهٔ اداری؛ مرتبهٔ اداری
Dienstreise *f* مسافرت رسمی؛ سفر کاری
Dienststelle *f* محل خدمت
Dienststrafe *f* تنبیه اداری
dienstunfähig *adj* از کار افتاده
Dienstunfähigkeit *f* از کار افتادگی
Dienstvergehen *n* تخلّف اداری
Dienstvorgesetzte *m/f* مافوق اداری
Dienstvorschriften *fpl* دستورات اداری
Dienstwagen *m* اتومبیل سرویس؛ اتومبیل شرکت
Dienstwidrigkeit *f* تخلّف اداری
Dienstwohnung *f* آپارتمان سازمانی؛ خانهٔ سازمانی
Differenz *f* اختلاف؛ اختلاف نظر
die ~en ausräumen اختلاف نظرات را برطرف کردن
Diktator/-in *m/f* خودکامه؛ دیکتاتور
einen ~ an die Macht bringen دیکتاتوری را به قدرت رساندن
einen ~ in die Flucht schlagen دیکتاتوری را فراری دادن؛ دیکتاتوری را ناگزیر به فرار کردن
einen ~ stürzen دیکتاتوری را سرنگون کردن
einen ~ unterstützen از دیکتاتوری پشتیبانی کردن؛ دیکتاتوری را مورد حمایت قرار دادن
Diktatur *f* خودکامگی؛ دیکتاتوری
uneingeschränkte ~ دیکتاتوری مطلق
eine ~ errichten دیکتاتوری ای را برقرار کردن؛ دیکتاتوری ای را بنا نهادن
diktieren 1) تحمیل کردن 2) دیکته کردن
1) Bedingungen ~ شرایط را تحمیل کردن
2) einen Schriftsatz ~ اظهارنامه ای را دیکته کردن
Dilemma *n* وضعیّت دشوار؛ وضعیّت بلاتکلیف
arges ~ وضعیّت بس دشوار
auswegloses ~ وضعیّت دشوار؛ وضعیّت بدون راه و چاره
politisches ~ وضعیّت دشوار سیاسی؛ بلاتکلیفی سیاسی
schweres ~ وضعیّت بس دشوار
wirtschaftliches ~ وضعیّت دشوار اقتصادی؛ بلاتکلیفی اقتصادی
sich in einem ~ befinden در وضعیّت دشواری بودن
in ein ~ geraten دچار بلاتکلیفی شدن
vor einem ~ stehen در برابر وضعیّت دشواری قرار داشتن
Diplomat/-in *m/f* دیپلمات
dienstältester ~ کارآزموده ترین دیپلمات؛ کهنه کارترین دیپلمات؛ باتجربه ترین دیپلمات
geschickter ~ دیپلمات ورزیده؛ دیپلمات ماهر
Diplomatie *f* دیپلماسی
geheime ~ دیپلماسی نهانی
geschickte ~ دیپلماسی ماهرانه
hintergründige ~ دیپلماسی پیچیده و درنیافتنی؛

دیپلماسی پیچیده و نهانی

offene ~ دیپلماسی آشکار

diplomatisch *adj* دیپلماتیک

ein Land ~ anerkennen کشوری را از لحاظ دیپلماتیک به رسمیّت شناختن

Direktinvestition *f* سرمایه گذاری مستقیم

Direktor/-in *m/f* مدیر

geschäftsführender ~ مدیر عامل

kaufmännischer ~ مدیر فروش

leitender ~ مدیر عامل

stellvertretender ~ قائم مقام مدیر عامل؛ معاون مدیر عامل؛ جانشین مدیر عامل

technischer ~ مدیر فنّی

Direktorium *n* گروه مدیران؛ مجمع مدیران

Direktwahlen *f* انتخابات مستقیم

Diskont *m* بهره؛ تنزیل

Diskontkredit *m* اعتبار (بانکی) با بهره؛ وام با بهره

Diskontmarkt *m* بازار تنزیل

Diskontpolitik *f* سیاست نرخ تنزیل

Diskontsatz *m* نرخ بهره؛ میزان تنزیل بانک

Diskontwechsel *m* برات نزول شده

diskreditieren بی اعتبار کردن

einen Politiker ~ سیاستمداری را بی اعتبار کردن؛ به وجه و اعتبار سیاستمداری لطمه زدن

ein System ~ سیستمی را بی اعتبار کردن؛ نظامی را بی اعتبار کردن

Diskreditierung *f* لطمه به وجه و اعتبار

Diskrepanz *f* ناهمخوانی؛ اختلاف

diskriminieren تبعیض قائل شدن

diskriminierend *adj* تبعیض آمیز

~e Äußerungen اظهارات تبعیض آمیز

Diskriminierung *f* تبعیض؛ فرق گذاری

politische ~ تبعیض سیاسی

steuerliche ~ تبعیض مالیاتی

~ am Arbeitsplatz تبعیض در محلّ کار

~ durch die Behörden تبعیض توسّط اولیاء امور

Diskriminierungsverbot *n* منع تبعیض

Diskussion *f* بحث

angeregte ~ بحث پرجنب و جوش

ehrliche ~ بحث بدون ریا و دغل

eingehende ~ بحث مفصّل

endlose ~ بحث بی انتها؛ بحث بسیار طولانی

freie ~ بحث آزاد

freimütige ~ بحث رک و روراست

fruchtlose ~ بحث بی ثمر؛ بحث بی فایده

gründliche ~ بحث اساسی؛ بحث پایه ای؛ بحث درست و حسابی

heftige ~ بحث شدید

heiße ~ بحث داغ

lange ~ بحث طولانی

langweilige ~ بحث خسته کننده

lebhafte ~ بحث پرشور و هیجان

mehrstündige ~ بحث چندساعته

offene ~ بحث باز

öffentliche ~ بحث همگانی؛ بحث عمومی

politische ~ بحث سیاسی

private ~ بحث خصوصی

sachliche ~ بحث منطقی

scharfe ~ بحث شدید

stürmische ~ بحث بسیار شدید

eine ~ abbrechen بحثی را قطع کردن

in eine ~ eingreifen در بحثی مداخله کردن

eine ~ eröffnen بحثی را گشودن؛ بحثی را شروع کردن

eine ~ leiten سرپرستی بحثی را به عهده داشتن

eine ~ schließen به بحثی پایان دادن؛ به بحثی خاتمه دادن

zur ~ stehen	مورد بحث بودن
zur ~ stellen	به بحث گذاشتن
Diskussionsbasis *f*	پایهٔ بحث؛ اساس بحث
Diskussionsbeitrag *m*	بحث یاری؛ سهم گذاری
	در یک بحث
Diskussionsgrundlage *f*	پایهٔ بحث؛ اساس بحث
Diskussionsleiter/-in *m/f*	سرپرست بحث؛
	سرپرست نشست
Diskussionsteilnehmer/-in *m/f*	
	شرکت کننده در بحث
Diskussionsthema *n*	موضوع بحث
diskutieren	بحث کردن؛ به بحث پرداختن
ein Problem ~	دربارهٔ مشکلی بحث کردن؛ پیرامون
	مشکلی به بحث پرداختن
Disput *m*	بحث؛ جدل؛ مناقشه
Disqualifikation *f*	ناشایندگی؛ عدم شایستگی؛
	عدم صلاحیّت
disqualifiziert *adj*	ناشاینده؛ ناشایسته
Disziplin *f*	انضباط؛ دیسیپلین
eiserne ~	انضباط آهنین
militärische ~	انضباط نظامی؛ دیسیپلین نظامی
strenge ~	انضباط شدید؛ انضباط آهنین
~ fordern	انضباط خواستن
~ verlangen	انضباط خواستن
die ~ verletzen	انضباط را نقض کردن
die ~ wahren	انضباط را حفظ کردن؛ انضباط را
	رعایت کردن
Disziplinarausschuss *m*	کمیسیون رسیدگی به
	تخلّفات
disziplinarisch *adj*	انضباطی؛ تأدیبی
~e Strafe	تنبیه انضباطی؛ مجازات تأدیبی
Disziplinarmaßnahmen *fpl*	تدابیر انضباطی؛
	اقدامات انضباطی؛ تدابیر تأدیبی
Disziplinarstrafe *f*	تنبیه انضباطی؛ مجازات تأدیبی

Disziplinarverfahren *n*	محاکمهٔ تأدیبی؛ محاکمهٔ
	اداری؛ دادرسی انضباطی
Disziplinarvergehen *n*	تخلّف انضباطی
Dividende *f*	سود سهام
aufgelaufene ~	سود سهام انباشتی
ausgeschüttete ~	سود سهام پرداخته
laufende ~	سود سهام جاری
vorläufige ~	سود سهام موقّتی
~ ausschütten	سود سهام را پرداختن؛
	سود سهام را تقسیم کردن
~ erhöhen	سود سهام را بالا بردن؛
	سود سهام را افزایش دادن؛ بر سود سهام افزودن
~ festsetzen	سود سهام را تعیین کردن؛ میزان سود
	سهام را تعیین کردن
~ kürzen	سود سهام را کاهش دادن؛ سود سهام را
	تقلیل دادن؛ سود سهام را تنزّل دادن
~ senken	سود سهام را کاهش دادن؛ سود سهام را
	تقلیل دادن؛ سود سهام را تنزّل دادن
Dividendenausschüttung *f*	پرداخت سود سهام
Dividendeneinkünfte *pl*	دریافت های حاصله از
	سود سهام؛ عواید حاصله از سود سهام؛ درآمد
	حاصله از سود سهام
Dividendenerhöhung *f*	افزایش سود سهام
Dividendenertrag *m*	سود سهام
Dividendenkürzung *f*	کاهش سود سهام؛ تقلیل
	سود سهام
Dividendenpolitik *f*	سیاست تقسیم سود سهام
Dividendenreserve *f*	اندوختهٔ حاصله از سود
	سهام
Dividendenschein *m*	گواهی سود سهام؛
	برگهٔ سود سهام
Dividendensenkung *f*	کاهش سود سهام؛ تقلیل
	سود سهام
Dividendenverteilung *f*	تقسیم سود سهام

Dogma *n* دگم؛ باور
Dogmatiker *m* دگم باور؛ جزم باور
dogmatisch *adj* دگماتیک؛ جزم اندیشانه
Dogmatismus *m* دگم باوری؛ جزم اندیشی
Dokument *n* سند؛ مدرک
authentisches ~ سند معتبر؛ مدرک موثّق
bedeutsames ~ سند مهم؛ مدرک مهم
echtes ~ سند معتبر؛ مدرک موثّق
gefälschtes ~ سند جعلی؛ مدرک جعلی؛ مدرک قلاّبی
geheimes ~ سند محرمانه؛ مدرک سرّی
ein ~ ausstellen سندی را صادر کردن
ein ~ fälschen سندی را جعل کردن؛ مدرکی را جعل کردن
ein ~ vernichten سندی را نابود کردن
Dokumentarbericht *m* گزارش مستند
Dokumentarfilm *m* فیلم مستند
Dokumentation *f* سندگری؛ گردآوری اسناد و مدارک
Dokumentationszentrum *n* مرکز اسناد
dokumentieren با استناد به مدارک اثبات کردن
Dokumentierung *f* اثبات با استناد به مدارک
Dolmetscher/-in *m/f* مترجم حضوری
dominieren چیره بودن؛ تسلّط داشتن؛ مسلّط بودن
die politische Szene ~ بر صحنهٔ سیاسی چیره بودن؛ بر صحنهٔ سیاسی تسلّط داشتن
dominierend *adj* چیره؛ مسلّط؛ غالب؛ برجسته؛ ممتاز
~e Rolle نقش برجسته؛ نقش ممتاز
~e Stellung مقام برجسته؛ مقام ممتاز
Doppelagent/-in *m/f* جاسوس دوسویه؛ جاسوس دوجانبه
Doppelbesteuerung *f* مالیات مضاعف
Doppelmitgliedschaft *f* عضویّت مضاعف
Doppelstaatsangehörigkeit *f* تابعیّت دوگانه؛ تابعیّت مضاعف
Dorf *n* روستا؛ ده؛ قریه
abgelegenes ~ روستای دورافتاده
Dorfbewohner/-in *m/f* ساکن روستا؛ روستایی
Drahtzieher *m* طرّاح پشت پرده
dramatisch *adj* هیجان آور؛ هیجان برانگیز؛ پرهیجان
~e Rettungsaktion عملیّات نجات پرتب و تاب
dringen نفوذ کردن؛ راه یافتن
in die Öffentlichkeit ~ در افکار عمومی نفوذ کردن؛ به افکار عمومی راه یافتن
Dringlichkeit *f* فوریّت
Dringlichkeitsantrag *m* درخواست فوری؛ درخواست به قید فوریّت
Dringlichkeitsdebatte *f* شور به قید فوریّت
Dringlichkeitsfrage *f* پرسش به قید فوریّت؛ سؤال به قید فوریّت؛ امر به قید فوریّت
Dringlichkeitssitzung *f* نشست فوری؛ جلسه به قید فوریّت
Dringlichkeitsstufe *f* مرحلهٔ فوریّت
Dringlichkeitsverfahren *n* دادرسی فوری؛ دادرسی به قید فوریّت
Drogen *fpl* موادّ مخدّر
Drogenanbau *m* کشت موادّ مخدّر
Drogenbekämpfung *f* مبارزه با موادّ مخدّر
Drogenexperte *m* کارشناس موادّ مخدّر (مرد)
Drogenexpertin *f* کارشناس موادّ مخدّر (زن)
Drogenfahnder/-in *m/f* مأمور مبارزه با موادّ مخدّر
Drogenhandel *m* خرید و فروش موادّ مخدّر
Drogenhändler/-in *m/f* فروشندهٔ موادّ مخدّر
Drogenhilfe *f* کمک به افراد معتاد
Drogenmissbrauch *m* سوء استفاده از موادّ مخدّر

Drogenopfer *npl* قربانیان موادّ مخدّر
Drogenpolitik *f* سیاست برخورد با موادّ مخدّر
Drogenproblematik *f* مشکلات مربوط به موادّ مخدّر؛ معضلات مربوط به موادّ مخدّر
Drogensucht *f* اعتیاد به موادّ مخدّر
drogensüchtig *adj* معتاد به موادّ مخدّر
Drogenszene *f* محلّ رفت و آمد معتادان
drohen تهدید کردن
mit Rache ~ تهدید به انتقام کردن
mit Streikmaßnahmen ~ با دست زدن به اقدامات اعتصابی تهدید کردن
Drohgebärde *f* ژست تهدید آمیز
Drohung *f* تهدید
offene ~ تهدید آشکار
versteckte ~ تهدید پنهانی
widerrechtliche ~ تهدید غیرقانونی؛ تهدید خلاف قانون
drosseln کاهش دادن؛ تقلیل دادن
die Ausfuhr ~ صادرات را کاهش دادن
die Einfuhr ~ واردات را کاهش دادن
die Kosten ~ هزینه ها را کاهش دادن
die Produktion ~ تولید را کاهش دادن
die Verwaltungsausgaben ~ هزینه های اداری را کاهش دادن
Drosselung *f* کاهش؛ تقلیل
Druck *m* فشار
~ ausüben auf فشار آوردن بر؛ فشار اعمال کردن بر
sich dem ~ beugen زیر بار فشار رفتن
unter ~ handeln تحت فشار عمل کردن
dem ~ nachgeben در برابر فشار تسلیم شدن
unter ~ setzen زیر فشار گذاشتن؛ تحت فشار قرار دادن
Druckmittel *n* ابزار فشار
~ einsetzen از ابزار فشار استفاده کردن
durchbrechen شکستن؛ شکافتن؛ شکاف ایجاد کردن
eine Blockade ~ محاصره ای را شکستن؛ در حلقهٔ محاصره ای شکاف ایجاد کردن
die feindliche Front ~ در جبههٔ دشمن شکاف ایجاد کردن
die Verteidigungslinien ~ خطوط دفاعی را شکافتن؛ در خطوط دفاعی شکاف ایجاد کردن
Durchbruch *m* موفّقیّت
einen ~ erzielen به موفّقیّتی دست یافتن
durchdringen نفوذ کردن؛ رخنه کردن
einen Markt ~ در بازاری نفوذ کردن
Durchdringung *f* نفوذ؛ رخنه
durchführbar *adj* اجراپذیر؛ امکان پذیر
Durchführbarkeit *f* اجراپذیری؛ امکان پذیری
die ~ eines Projekts اجراپذیری یک پروژه؛ امکان پذیری یک طرح
durchführen اجرا کردن؛ برگزار کردن؛ انجام دادن؛ به عمل آوردن
eine Arbeit ~ کاری را انجام دادن
einen Beschluss ~ 1) حکمی را اجرا کردن 2) قطعنامه ای را اجرا کردن
Ermittlungen ~ تحقیقات به عمل آوردن
eine Inspektion ~ بازرسی کردن
eine Kampagne ~ مبارزهٔ سیاسی-تبلیغاتی کردن
einen Kongress ~ کنگره ای را برگزار کردن
eine Untersuchung ~ رسیدگی به عمل آوردن؛ مورد بررسی قرار دادن
Vorermittlungen ~ تحقیقات مقدّماتی به عمل آوردن
ein Vorhaben ~ طرحی را اجرا کردن
Wahlen ~ انتخابات را برگزار کردن
Durchführung *f* اجرا؛ انجام

~ von Maßnahmen	اجرای اقدامات
~ von Reformen	انجام اصلاحات
zur ~ bringen	به مرحلهٔ اجرا درآوردن
Durchführungsanordnung *f*	دستور اجرا
Durchführungsbestimmungen *fpl*	
	مقرّرات اجرایی
Durchführungsgesetz *n*	قانون اجرایی
Durchführungsverbot *n*	منع اجرا
Durchreisegenehmigung *f*	اجازهٔ ترانزیت
Durchschnitt *m*	متوسّط
Durchschnittseinkommen *n*	درآمد متوسّط
Durchschnittslohn *m*	مزد متوسّط؛ دستمزد متوسّط
Durchschnittspreis *m*	قیمت متوسّط
Durchschnittsverdiener/-in *m/f*	
	مزد بگیر متوسّط؛ حقوق بگیر متوسّط
Durchschnittszins *m*	بهرهٔ متوسّط

durchsickern	درز کردن؛ به بیرون راه یافتن
die Informationen sickern durch	
	اطّلاعات درز می کنند.
durchsuchen	بازرسی کردن؛ تفتیش کردن
ein Haus ~	خانه ای را بازرسی کردن؛
	خانه ای را تفتیش کردن
Durchsuchung *f*	بازرسی؛ تفتیش
Durchsuchungsbefehl *m*	دستور بازرسی
Dynastie *f*	سلسله: دودمان
Untergang einer ~	انقراض یک سلسله؛ انقراض
	یک دودمان
eine ~ errichten	سلسله ای را بنا نهادن؛
	سلسله ای را تأسیس کردن؛ دودمانی را بنیان گذاردن
eine ~ gründen	سلسله ای را بنا نهادن؛
	سلسله ای را تأسیس کردن؛ دودمانی را بنیان گذاردن

E

Eckpfeiler *m*	ارکان؛ پایه؛ ستون
die ~ einer Politik	ارکان های یک سیاست؛
	پایه های یک سیاست
Edikt *n*	حکم؛ فرمان
Edition *f*	ویرایش
Editor *m*	ویراستار
Effekt *m*	اثر؛ حاصل
Effekten *pl*	اوراق بهادار
effektiv *adj*	1) کارامد؛ کارا؛ مؤثر 2) واقعی
Effektivität *f*	کارامدی؛ کارایی
Effektivlohn *m*	مزد واقعی
Effektivzins *m*	میزان واقعی بهره
Effizienz *f*	کارایی
absolute ~	کارایی مطلق
Ego *n*	خود؛ خویشتن
Egoismus *m*	خودخواهی
Egoist/-in *m/f*	خودخواه
egoistisch *adj*	خودخواه؛ خودخواهانه
Ehe *f*	زناشویی
Eheberatung *f*	راهنمایی خانواده
Eheberatungsstelle *f*	دفتر راهنمایی خانواده
Ehebrecher/-in *m/f*	زناکار
ehebrecherisch *adj*	زناکارانه
Ehebruch *m*	زناکاری
jmdn. des ~s beschuldigen	کسی را به زناکاری
	متّهم کردن
Ehebund *m*	پیوند زناشویی
ehefähig *adj*	زناشویی پذیر
Ehefähigkeit *f*	زناشویی پذیری
Ehefrau *f*	زن؛ زوجه
Ehegatte *m*	شوهر؛ زوج
Ehegattin *f*	زن؛ زوجه

Ehemann *m*	شوهر؛ زوج
Ehepaar *n*	زن و شوهر؛ زوجین
Ehepartner/-in *m/f*	همسر؛ شریک زندگی
Ehescheidung *f*	طلاق
Eheschließung *f*	ازدواج؛ نکاح؛ عقد رسمی
Ehevertrag *m*	قرارداد ازدواج؛ عقدنامه
Ehre *f*	سرافرازی؛ سربلندی؛ افتخار
Ehrenamt *n*	مقام افتخاری
ehrenamtlich *adj*	افتخاری
~e Tätigkeit	فعالیّت افتخاری
~er Präsident	رئیس افتخاری
Ehrenbürger/-in *m/f*	شهروند افتخاری
Ehrenbürgerschaft *f*	شهروندی افتخاری
Ehrendenkmal *n*	یادبود افتخار
Ehrendoktorwürde *f*	درجهٔ دکترای افتخاری
~ verleihen	درجهٔ دکترای افتخاری دادن
Ehrenerklärung *f*	سوگند به شرف؛ قول شرف
Ehrengarde *f*	گارد افتخار
Ehrengast *m*	میهمان افتخاری
ehrenhaft *adj*	آبرومند؛ آبرومندانه؛ شرافتمند؛
	شرافتمندانه
Ehrenmitglied *n*	عضو افتخاری
Ehrenmitgliedschaft *f*	عضویّت افتخاری
Ehrenpräsident/-in *m/f*	مدیرعامل افتخاری
Ehrenrechte *npl*	حقوق ویژه؛ حقوق مخصوص
Ehrenschutz *m*	گارد افتخار
Ehrentribüne *f*	تریبون افتخاری
Ehrenvorsitzende *m/f*	رئیس افتخاری
Ehrenwache *f*	گارد احترام
~ abschreiten	از گارد احترام سان دیدن
Ehrenwort *n*	قول شرف
Ehrgeiz *m*	بلندپروازی؛ جاه طلبی
ehrgeizig *adj*	بلندپرواز؛ جاه طلب
ehrlich *adj*	راستگو؛ درستکار؛ صادق

Ehrlichkeit *f*	راستگویی؛ درستکاری؛ صداقت
Ehrung *f*	بزرگداشت
zur ~	برای بزرگداشت؛ به مناسبت بزرگداشت
Eid *m*	سوگند؛ قسم
falscher ~	سوگند نادرست؛ قسم دروغ
einen ~ ablegen	سوگند خوردن؛ سوگند یاد کردن؛ قسم خوردن
den ~ abnehmen	سوگند (کسی را) پذیرفتن
unter ~ aussagen	به قید سوگند شهادت دادن
durch ~ bekräftigen	با سوگند خوردن (صحت امری را) تأیید کردن
einen ~ brechen	سوگندی را شکستن؛ نقض سوگند کردن
vom ~ entbinden	(کسی را) از تقیّد به سوگند معاف کردن
den ~ leisten	سوگند خوردن؛ سوگند یاد کردن؛ قسم خوردن
den ~ verweigern	از سوگند خوردن خودداری کردن؛ از سوگند خوردن امتناع کردن
eidesstattlich *adj*	به قید سوگند
~e Erklärung	اظهار به قید سوگند
~e Versicherung	اطمینان به قید سوگند
Eidesverletzung *f*	سوگندشکنی؛ نقض سوگند
Eidesverweigerung *f*	خودداری از سوگند خوردن؛ اجتناب از سوگند خوردن
Eigenbesitz *m*	مالکیّت فردی
Eigenfinanzierung *f*	تأمین مالی داخلی
Eigenheim *n*	خانهٔ شخصی
Eigeninitiative *f*	ابتکار شخصی
die ~ ergreifen	ابتکار شخصی به خرج دادن
Eigenkapital *n*	سرمایهٔ خودی
Eigenmittel *pl*	سرمایهٔ خودی؛ وجوه داخلی
Eigenproduktion *f*	تولید داخلی
Eigensinn *m*	خودسری؛ خیره سری؛ لجبازی
eigensinnig *adj*	خودسر؛ خیره سر؛ لجباز
Eigentum *n*	مالکیّت؛ ملک؛ دارایی
bewegliches ~	دارایی منقول
fremdes ~	مالکیّت بیگانه؛ مالکیّت خارجی
gemeinsames ~	مالکیّت مشترک
gemeinschaftliches ~	مالکیّت مشترک
juristisches ~	مالکیّت قانونی؛ مالکیّت شرعی
öffentliches ~	مالکیّت دولتی؛ مالکیّت عمومی
privates ~	مالکیّت خصوصی
staatliches ~	مالکیّت دولتی
unbeschränktes ~	مالکیّت مطلق و منجّز
Eigentümer/-in *m/f*	مالک؛ صاحب
alleiniger ~	مالک منحصر به فرد؛ تنها مالک
rechtlicher ~	مالک قانونی؛ مالک شرعی
rechtmäßiger ~	مالک قانونی؛ مالک ذی حق؛ مالک محقّ
wirklicher ~	مالک حقیقی؛ مالک واقعی
Eigentumsanspruch *m*	ادّعای مالکیّت
Eigentumsanteil *m*	سهم مالک
Eigentumsbildung *f*	ایجاد مالکیّت
Eigentumsdelikt *n*	تصرّف عدوانی
Eigentumserwerb *m*	تحصیل مالکیّت؛ تحصیل استملاک
Eigentumsformen *f*	أشکال مالکیّت
Eigentumsnachweis *m*	سند مالکیّت
Eigentumsordnung *f*	نظام مالکیّت؛ سیستم مالکیّت
Eigentumspolitik *f*	سیاست مالکیّت
Eigentumsrecht *n*	حقّ مالکیّت
Eigentumsschutz *m*	حمایت قانونی از مالکیّت
Eigentumssteuer *f*	مالیات مستغلّات
Eigentumsübertragung *f*	واگذاری مالکیّت؛ انتقال مالکیّت
Eigentumsurkunde *f*	سند مالکیّت؛ قباله

Eigentumsursprung *m* منشأء مالکیّت

Eigentumsvergehen *n* تخلّف از مالکیّت؛ نقض حقوق مالکیّت

Eigentumsverhältnisse *npl* مناسبات مالکیّت؛ وضع قانونی مالکیّت

Eigentumsverletzung *f* نقض مالکیّت؛ نقض حقوق مالکیّت

Eigentumswohnung *f* آپارتمان شخصی

Eilentscheidung *f* تصمیم فوری؛ حکم به قید فوریّت

einbehalten (چیزی را) گرویی نگه داشتن؛ نپرداختن

Gewinn ~ سود (سهام) را نگه داشتن؛ سود (سهام) را نپرداختن

einberufen 1) دعوت کردن؛ فراخواندن

2) احضار کردن؛ فراخواندن

1) eine Konferenz ~ به کنفرانسی دعوت کردن؛ به برگزاری کنفرانسی فراخواندن

eine Sitzung ~ به نشستی دعوت کردن؛ به تشکیل جلسه ای فراخواندن

eine Versammlung ~ به یک گردِهمائی دعوت کردن؛ به برگزاری یک گردِهمایی فراخواندن

2) Reservisten ~ سربازان ذخیره را به خدمت زیر پرچم فراخواندن؛ سربازان ذخیره را به خدمت نظام وظیفه احضار کردن

zum Wehrdienst ~ به خدمت زیر پرچم فراخواندن؛ به خدمت نظام وظیفه احضار کردن

Einberufung *f* دعوت؛ فراخوان؛ احضار

Einberufungsbefehl *m* فرمان احضار

Einberufungsbescheid *m* احضارنامه

Einberufungsdekret *n* حکم احضار

Einberufungskommission *f* کمیسیون احضار به خدمت نظام وظیفه

einbringen 1) ارائه کردن؛ تسلیم کردن

2) وارد کردن (سرمایه)

1) einen Antrag ~ درخواستی را ارائه کردن؛ درخواستی را تسلیم کردن

2) Kapital in eine Gesellschaft ~ در شرکتی سرمایه گذاری کردن

Einbringen *n* 1) ارائه؛ تسلیم

2) وارد کردن (سرمایه)

einbürgern تابعیّت دادن؛ حقّ تابعیّت دادن؛ قبول تابعیّت کردن

Einbürgerung *f* اعطای تابعیّت؛ قبول تابعیّت

Einbürgerungsantrag *m* درخواست اعطای تابعیّت

Einbürgerungsbedingungen *fpl* شرایط اعطای تابعیّت

Einbürgerungsrechte قوانین تابعیّت

Einbürgerungsverfahren *n* جریان تابعیّت؛ مراحل قانونی اعطای تابعیّت

Einbürgerungszusicherung *f* تضمین اعطای تابعیّت؛ تضمین قبول تابعیّت

einbüßen از دست دادن؛ لطمه زدن به

sein Ansehen ~ اعتبار و حیثیّت خود را از دست دادن

die Freiheit ~ آزادی را از دست دادن

Stimmen ~ آراء را از دست دادن

eindämmen مهار کردن؛ از گسترش (چیزی) جلوگیری کردن؛ کاهش دادن

den Energieverbrauch ~ مصرف انرژی را کاهش دادن

die Inflation ~ تورّم را مهار کردن

die Kriminalität ~ از گسترش بزهکاری جلوگیری کردن

den Verkehr ~ از گسترش ترافیک جلوگیری کردن؛ ترافیک را کاهش دادن

Eindämmung *f* مهار؛ محدودسازی؛ جلوگیری؛

کاهش

eindringen ۱) نفوذ کردن ۲) تجاوز کردن

1) in einen Markt ~ در بازاری نفوذ کردن

2) in den Luftraum ~ به حریم هوایی تجاوز کردن

Eindringen *n* نفوذ؛ تجاوز

~ feindlicher Truppen نفوذ نیروهای نظامی دشمن؛ تجاوز نیروهای نظامی دشمن

Eindringling *m* متجاوز؛ مهاجم

einfach *adj* ۱) ساده ۲) ساده دل

Einfachheit *f* سادگی؛ ساده دلی

einfädeln طرح ریزی کردن

Intrigen ~ دسیسه چیدن؛ دسیسه چینی کردن؛ توطئه هائی را طرح ریزی کردن

Einfädelung *f* طرح ریزی

Einfluss *m* نفوذ؛ تأثیر

grenzübergreifende Einflüsse تأثیرات فرامرزی

~ ausüben نفوذ اعمال کردن

unter jmds. ~ geraten تحت نفوذ کسی درآمدن

~ haben auf نفوذ داشتن بر

~ nehmen auf تحت تأثیر قرار دادن

Einflussbereich *m* حوزهٔ نفوذ

Einflussnahme *f* نفوذ

politische ~ نفوذ سیاسی

unter der ~ von زیر نفوذِ ...

einflussreich *adj* بانفوذ؛ متنفّذ

~er Politiker سیاستمدار بانفوذ

Einflusssphäre *f* حیطهٔ نفوذ

Einflusszone *f* منطقهٔ نفوذ

einfordern درخواست کردن؛ خواستار شدن؛ مطالبه کردن

Kapital ~ درخواست سرمایه کردن

politische Freiheiten ~ خواستار آزادی های سیاسی شدن

Einfordern *n* درخواست؛ طلب

einfrieren ثابت نگاه داشتن

das Kapital ~ سرمایه را ثابت نگاه داشتن

die Löhne ~ دستمزدها را ثابت نگاه داشتن

die Preise ~ قیمت ها را ثابت نگاه داشتن

Einfrieren *n* ثابت نگاهداری

Einfuhr *f* واردات

illegale ~ واردات غیرقانونی

zollfreie ~ واردات کالاهای معاف از حقوق گمرکی

zollpflichtige ~ واردات کالاهای مشمول حقوق گمرکی

~ von Devisen واردات ارز

~ von Waren واردات کالا

die ~ drosseln واردات را کاهش دادن

Einfuhrabgaben *fpl* عوارض گمرکی؛ عوارض گمرکی کالاهای وارداتی

Einfuhrbedarf *m* نیاز واردات؛ کالاهای مورد نیاز واردات

Einfuhrbegrenzung *f* محدودیّت واردات؛ تحدید واردات؛ محدودسازی واردات

Einfuhrbeschränkung *f* محدودیّت واردات؛ تحدید واردات؛ محدودسازی واردات

Einfuhrbestimmungen *fpl* مقرّرات واردات کالا

Einfuhrbewilligung *f* مجوّز واردات؛ جواز واردات

Einfuhrdeklaration *f* اظهار کالاهای وارداتی

einführen وارد کردن

Devisen ~ ارز به کشور وارد کردن

Rohstoffe ~ موادّ خام وارد کردن

Waren ~ کالا وارد کردن

Einfuhrerklärung *f* اظهارنامهٔ واردات

Einfuhrerlaubnis *f* اجازهٔ واردات؛ مجوّز واردات

Einfuhrfreigabe *f* آزادسازی واردات

Einfuhrgenehmigung *f* پروانهٔ واردات؛ مجوّز واردات

Einfuhrgeschäfte *npl* معاملات وارداتی؛ معاملات

کالاهای وارداتی

Einfuhrhandel *m* تجارت وارداتی؛ تجارت کالاهای وارداتی

Einfuhrkontingent *n* سهمیهٔ واردات

Einfuhrkredit *m* اعتبار وارداتی

Einfuhrkreditversicherung *f* بیمهٔ اعتبار وارداتی

Einfuhrland *n* کشور واردکننده؛ کشور واردکنندهٔ کالا

Einfuhrliberalisierung *f* آزادسازی واردات

Einfuhrpreis *m* قیمت وارداتی

Einfuhrsteuer *f* مالیات بر واردات؛ مالیات بر کالاهای وارداتی

Einfuhrüberschuss *m* مازاد واردات؛ مازاد واردات بر صادرات

Einfuhrverbot *n* منع واردات

Einfuhrwaren *fpl* کالاهای وارداتی؛ اجناس وارداتی

Einfuhrzölle *mpl* حقوق گمرکی کالاهای وارداتی؛ حقوق گمرکی اجناس وارداتی

Eingangssteuer *f* مالیات ورودی

Eingangszoll *m* گمرک ورودی

Eingeständnis *n* اعتراف

eingestehen اعتراف کردن

eingliedern ملحق کردن؛ ادغام کردن؛ یکپارچه کردن

in den Arbeitsprozess ~ در فرایند کار ادغام کردن؛ در روند کار ادغام کردن

Eingliederung *f* یکپارچگی؛ الحاق؛ ادغام

kulturelle ~ یکپارچگی فرهنگی؛ ادغام فرهنگی

wirtschaftliche ~ یکپارچگی اقتصادی؛ ادغام اقتصادی

eingreifen 1) مداخله کردن 2) تجاوز کردن

1) in den Arbeitskampf ~ در (روند) مبارزات کارگری مداخله کردن

in eine Debatte ~ در مباحثه ای مداخله کردن

in die Devisenmärkte ~ در بازارهای معاملات ارزی (برای تأثیرگذاری) مداخله کردن

in eine Diskussion ~ در بحثی مداخله کردن

in einen Konflikt ~ در درگیری ای مداخله کردن؛ در کشمکشی مداخله کردن

in einen Streit ~ در منازعه ای مداخله کردن؛ در مرافعه ای مداخله کردن

2) in jmds. Rechte ~ به حقّ و حقوق کسی تجاوز کردن

Eingreifen *n* مداخله

Eingriff *m* مداخله

unerlaubter ~ مداخلهٔ غیرمجاز

~ in das Privateigentum مداخله در مالکیّت خصوصی

~ in die persönliche Freiheit مداخله در آزادی شخصی

einhalten رعایت کردن

Einhaltung *f* رعایت

~ der Bedingungen رعایت شرط و شروط

~ der Gesetze رعایت قوانین

~ der Neutralität رعایت بیطرفی

~ eines Verbots رعایت ممنوعیّت

~ der Verpflichtungen رعایت تعهّدات؛ رعایت التزامات

~ eines Vertrages رعایت یک قرارداد

~ der Vorschriften رعایت مقرّرات

Einheit *f* 1) یکان؛ واحد 2) یکپارچگی؛ وحدت

1) militärische ~ یکان نظامی؛ یکان رزمی؛ واحد نظامی

schwerbewaffnete ~en یکان های کاملاً مسلّح؛ واحدهای مجهّز به سلاح های سنگین

selbständige ~ واحد مستقل

wirtschaftliche ~ واحد اقتصادی

2) nationale ~ یکپارچگی ملی؛ وحدت ملی

rechtliche ~ یکپارچگی حقوقی؛ وحدت حقوقی

Einheitsbestrebungen *fpl* کوشش های وحدت گرایانه

Einheitsfront *f* جبهۀ واحد

Einheitsgewerkschaft *f* اتحادیۀ سراسری

Einheitskurs *m* قیمت استاندارد؛ قیمت معمول

Einheitsmarkt *m* بازار یکپارچه؛ بازار یکدست؛ بازار واحد

Einheitspartei *f* حزب وحدت

Einheitssatz *m* نرخ استاندارد؛ نرخ معمول

Einheitsstaat *m* دولت واحد

Einheitsvertrag *m* قرارداد استاندارد

Einheitswährung *f* پول واحد

einholen کسب کردن (دستور؛ اطّلاع ؛ اجازه)

Anweisungen ~ دستور گرفتن؛ کسب دستور کردن

Informationen ~ کسب اطّلاع کردن؛ اطّلاعات گرفتن

Einigung *f* توافق

außergerichtliche ~ توافق خارج از حیطۀ قضایی

grundsätzliche ~ توافق اصولی

gütliche ~ توافق مسالمت آمیز؛ توافق دوستانه

eine ~ anstreben جهت دست یابی به توافقی کوشش کردن

zu einer ~ gelangen به توافقی دست یافتن

eine ~ herbeiführen توافقی را به انجام رساندن

zu einer ~ kommen به توافقی رسیدن

eine ~ zustande bringen توافقی را به انجام رساندن

Einigungsgrundsatz *m* اصل توافق

Einigungsprozess *m* فرایند دست یابی به توافق

Einigungsvertrag *m* قرارداد توافق

Einigungsvorschlag *m* پیشنهاد جهت توافق

Einkauf *m* خرید

einkaufen خرید کردن

Einkaufsgenossenschaft *f* تعاونی خرید

Einkaufspreis *m* قیمت خرید؛ قیمت تمام شده

Einkaufssteuer *f* مالیات خرید

einkerkern به زندان انداختن؛ به سیاه چال انداختن

Einkommen *n* درآمد

effektives ~ درآمد واقعی

festes ~ درآمد ثابت

freiberufliches ~ درآمد حاصله از شغل آزاد

freies ~ درآمد آزاد

gewerbliches ~ درآمد تجاری

persönliches ~ درآمد شخصی

privates ~ درآمد خصوصی

reales ~ درآمد حقیقی؛ درآمد واقعی

steuerfreies ~ درآمد معاف از مالیات

steuerpflichtiges ~ درآمد مشمول مالیات

verfügbares ~ درآمد قابل مصرف

~ aus Grundbesitz درآمد حاصله از املاک؛ درآمد حاصله از مستغلّات

~ aus Kapitalvermögen درآمد حاصله از دارایی سرمایه ای

~ aus selbständiger Arbeit درآمد حاصله از کار مستقل؛ درآمد حاصله از شغل آزاد

~ aus unselbständiger Arbeit درآمد حاصله از کار غیرمستقل

das ~ besteuern مالیات بر درآمد بستن؛ مالیات درآمد را گرفتن

Einkommensbesteuerung *f* مالیات بر درآمد

Einkommensbezieher/-in *m/f* حقوق بگیر؛ مزدبگیر

Einkommenseinbuße *f* کاهش درآمد

Einkommensentwicklung *f* تغییر درآمد

Einkommenserhöhung *f* افزایش درآمد

Einkommensermittlung *f* تعیین درآمد

Einkommensminderung *f* کاهش درآمد
Einkommensniveau *n* سطح درآمد
Einkommenspolitik *f* سیاست درآمد دولت
Einkommensquelle *f* سرچشمهٔ درآمد؛ منبع درآمد
einkommensschwach *adj* ناتوان به لحاظ مالی؛ ضعیف به لحاظ مالی
Einkommenssicherung *f* تأمین درآمد
Einkommenssteigerung *f* افزایش درآمد
Einkommenssteuer *f* مالیات بر درآمد
progressive ~ مالیات بر درآمد تصاعدی
~ erheben مالیات بر درآمد را افزایش دادن
~ festsetzen مالیات بردرآمد را تعیین کردن
~ hinterziehen از پرداخت مالیات خودداری کردن؛ از پرداخت مالیات طفره رفتن
~ veranlagen مالیات بر درآمد را براورد کردن
Einkommenssteuerabzug *m* کسر مالیات بر درآمد
Einkommenssteuerbescheid *m* حکم مالیات بر درآمد؛ حکم رسمی مالیات بر درآمد
Einkommenssteuererklärung *f* اظهارنامهٔ مالیاتی
Einkommenssteuerermäßigung *f* کاهش مالیات بر درآمد
Einkommenssteuerfreibetrag *m* درآمد غیرمشمول مالیات
Einkommenssteuerrückerstattung *f* بازپرداخت مالیات بر درآمد
Einkommenssteuersatz *m* نرخ مالیات بر درآمد
Einkommenssteuersenkung *f* کاهش مالیات بر درآمد
Einkommenssteuertarif *m* نرخ مالیات بر درآمد
Einkommensüberschuss *m* اضافه درآمد
Einkommensumverteilung *f* بازپخش درآمد؛ توزیع مجدّد درآمد

Einkommensverlust *m* نشت درآمد
Einkommensverteilung *f* پخش درآمد؛ توزیع درآمد
Einkommenszuwachs *m* رشد درآمد؛ افزایش درآمد
einkreisen محاصره کردن؛ به محاصره درآوردن
Einkreisung *f* محاصره
Einlage *f* سپرده
befristete ~ سپردهٔ مدّت دار
feste ~ سپردهٔ ثابت
kündbare ~ سپردهٔ مدّت دار
kurzfristige ~ سپردهٔ کوتاه مدّت
langfristige ~ سپردهٔ درازمدّت
öffentliche ~ سپردهٔ عمومی
verzinsliche ~ سپردهٔ بهره دار
einlagern انبار کردن
Einlagerung *f* انبار؛ عمل انبار کردن
einleiten شروع کردن؛ آغاز کردن؛ دست به کاری زدن
eine Kampagne ~ دست به یک مبارزهٔ سیاسی-تبلیغاتی زدن
ein Strafverfahren ~ دادرسی ای را آغاز کردن؛ شروع به یک دادرسی کیفری کردن
eine Untersuchung ~ رسیدگی ای را آغاز کردن؛ تحقیق و رسیدگی ای را آغاز کردن
Einleitung *f* 1) آغاز؛ شروع 2) دیباچه؛ پیش گفتار؛ درامد؛ مدخل
einlösen 1) نقد کردن 2) از گرو درآوردن 3) عملی کردن؛ انجام دادن؛ برآوردن
1) einen Scheck ~ چکی را نقد کردن
2) einen Gegenstand ~ شیئی را از گرو درآوردن
3) ein Versprechen ~ به قولی عمل کردن؛ به قول دیرینه ای عمل کردن
einmischen, sich مداخله کردن؛ دخالت کردن

Einmischung *f* مداخله؛ دخالت؛ دست یازی
fremde ~ دخالت بیگانه؛ دست یازی بیگانه
staatliche ~ دخالت دولت
unbefugte ~ دخالت غیرمجاز
Einmischungspolitik *f* سیاست دست یازی؛ سیاست مداخله
Einnahme *f* 1) دریافت؛ درآمد؛ دخل؛ عایدی 2) تصرّف؛ اشغال
1) bare ~n دریافت های نقدی؛ عواید نقدی
laufende ~n دریافت های جاری؛ عواید جاری
~n und Ausgaben دخل و خرج؛ دریافت ها و هزینه ها
2) ~ eines Stützpunkts تصرّف یک پایگاه (نظامی)؛ اشغال یک پایگاه (نظامی)
Einnahmeausfall *m* ضرر ناشی از قطع درآمد
Einnahmeminderung *f* کاهش درآمد
Einnahmenpolitik *f* سیاست درآمدهای دولت
Einnahmenüberschuss *m* مازاد درآمد بر مخارج
Einnahmequelle *f* منبع درآمد
Einnahmerückgang *m* کاهش درآمد
Einnahmeverlust *m* نشت درآمد
einnehmen 1) تسخیر کردن؛ تصرّف کردن 2) اتّخاذ کردن 3) دریافت کردن
1) eine Festung ~ دژی را تسخیر کردن؛ استحکاماتی را تسخیر کردن
eine Stadt ~ شهری را تسخیر کردن
2) eine Haltung ~ موضع گرفتن؛ موضعی را اتّخاذ کردن
3) Geld ~ پول دریافت کردن
Steuern ~ مالیات دریافت کردن
einräumen 1) دادن؛ اعطا کردن؛ در اختیار گذاشتن 2) پذیرفتن؛ قبول کردن؛ اعتراف کردن
1) Befugnisse ~ اختیارات دادن
größere Freiheiten ~ آزادی های بیشتر دادن
einen Kredit ~ اعتبار (بانکی) دادن؛ اعتباری را اعطا کردن
eine Option ~ اختیار دادن؛ اختیاری را اعطا کردن
Privilegien ~ امتیازات ویژه دادن؛ حقوق ویژه دادن
mehr Rechte ~ حقّ و حقوق بیشتر دادن
Vetorecht ~ حقّ وتو دادن
2) den eigenen Fehler ~ اشتباه خود را پذیرفتن
Einräumen *n* 1) اعطا؛ اعطای امتیاز 2) پذیرش؛ قبول؛ اعتراف
einreichen تسلیم کردن؛ ارائه کردن؛ تقدیم کردن
zur Eintragung ~ جهت به ثبت رساندن ارائه کردن؛ جهت به ثبت رساندن تسلیم کردن
zur Genehmigung ~ جهت کسب اجازه ارائه کردن؛ جهت کسب اجازه تسلیم کردن
bei Gericht ~ به دادگاه ارائه کردن؛ به دادگاه تسلیم کردن
ein Gesuch ~ رسماً درخواست کردن؛ رسماً درخواستی را تسلیم کردن
eine Klage ~ دادخواستی را تسلیم کردن؛ شکایتی را تسلیم کردن
den Rücktritt ~ استعفا را تسلیم کردن؛ رسماً درخواست استعفا کردن
eine Strafanzeige ~ اعلام جرم کردن
Einreichung *f* ارائه؛ تسلیم؛ تقدیم
Einreise *f* ورود (به کشوری)
illegale ~ ورود غیرقانونی (به کشوری)
legale ~ ورود قانونی (به کشوری)
Einreiseerlaubnis *f* اجازهٔ ورود (به کشوری)
Einreiseerleichterung *f* آسان تر شدن روادید ورود (به کشوری)
einreisen وارد کشوری شدن
Einreisepapiere *npl* اسناد ورود (به کشوری)
Einreiseverbot *n* منع ورود (به کشوری)
Einrichtung *f* مؤسّسه؛ نهاد

militärische ~en مؤسسات نظامی
öffentliche ~ مؤسسهٔ دولتی
regionale ~en نهادهای منطقه ای
soziale ~ مؤسسهٔ اجتماعی؛ نهاد اجتماعی
staatliche ~ مؤسسهٔ دولتی
städtische ~ مؤسسهٔ شهری
Einsatz *m* 1) عملیات 2) استفاده؛ به کارگیری
1) militärischer ~ عملیات نظامی
2) ~ von Polizeikräften استفاده از نیروهای پلیسی؛ به کارگیری نیروهای پلیسی
Einsatzauftrag *m* مأموریت
einsatzbereit *adj* آماده به خدمت
~e Truppen نیروهای نظامی آماده به خدمت
Einsatzbereitschaft *f* آمادگی جهت خدمت؛ آمادگی جهت مأموریت
einsatzfähig *adj* قابل استفاده
~e Waffe سلاح قابل استفاده
Einsatzfähigkeit *f* قابلیت استفاده
Einsatzkräfte *fpl* نیروهای عملیاتی
Einsatzleiter/-in *m/f* رئیس عملیات؛ فرماندهٔ عملیات
Einsatzleitung *f* فرماندهی عملیات
Einsatztruppe *f* نیروی عملیاتی
Einsatzwagen *m* خودرو عملیات؛ خودرو گشت
einschätzen ارزیابی کردن؛ براورد کردن
Einschätzung *f* ارزیابی؛ براورد
konservative ~ ارزیابی ملاحظه کارانه
objektive ~ ارزیابی واقعی؛ ارزیابی معقول؛ ارزیابی عینی
einschmuggeln قاچاق کردن؛ به صورت قاچاقی وارد کردن
einschränken محدود کردن
Einschränkung *f* محدودسازی؛ محدودیت؛ تحدید؛ تضعییق؛ کاهش

~ des Budgets کاهش بودجه؛ تحدید بودجه؛ محدودسازی بودجه
~ der Pressefreiheit محدودسازی آزادی مطبوعات
~ der Souveränität تضعییق حاکمیت
~ des Streikrechts محدودسازی حق اعتصاب
~ des Wehretats کاهش بودجهٔ نظامی
~ des Wettbewerbs محدودسازی رقابت؛ تحدید رقابت
~en auferlegen تضییقاتی را تحمیل کردن
einschreiten اقدام کردن؛ مداخله کردن
gegen Demonstranten ~ برعلیه تظاهرکنندگان اقدام کردن
einschüchtern ترساندن؛ مرعوب کردن
durch Drohungen ~ با (استفاده از ابزار) تهدید ترساندن
die Wähler ~ انتخاب کنندگان را ترساندن؛ انتخاب کنندگان را مرعوب کردن
Einschüchterung *f* ترساندن؛ ارعاب
einsetzen 1) مأمور کردن؛ ؛ به کار گماشتن 2) به کار گرفتن؛ استفاده کردن
1) einen Ausschuss ~ کمیسیونی را مأمور کردن؛ کمیسیونی را مأمور رسیدگی به امری کردن
einen Kommissar ~ بازرسی را مأمور کردن؛ بازرسی را مأمور رسیدگی به امری کردن
2) Tränengas ~ از گاز اشک آور استفاده کردن
Truppen ~ نیروهای نظامی را به کار گرفتن؛ از نیروهای نظامی استفاده کردن
Waffen ~ از سلاح استفاده کردن
Einsetzung *f* 1) گماشتن؛ عمل گماشتن 2) به کارگیری؛ استفاده
einsparen صرفه جویی کردن
Einsparung *f* صرفه جویی
gerinfügige ~en صرفه جویی های ناچیز؛ صرفه جویی های جزئی

~en vornehmen صرفه جویی کردن؛ مبادرت به صرفه جویی کردن
Einsparungsdruck *m* فشار صرفه جویی
Einsparungspolitik *f* سیاست صرفه جویی
Einspruch *m* اعتراض
begründeter ~ اعتراض مستدل؛ اعتراض موجّه
berechtigter ~ اعتراض موجّه
energischer ~ اعتراض جدّی
~ einlegen اعتراض کردن
~ erheben اعتراض کردن؛ مورد اعتراض قرار دادن
einem ~ stattgeben اعتراضی را پذیرفتن
einen ~ verwerfen اعتراضی را رد کردن
einen ~ zurücknehmen اعتراضی را پس گرفتن
einen ~ zurückweisen اعتراضی را رد کردن
Einspruchsfrist *f* مهلت اعتراض
Einspruchsrecht *n* حقّ اعتراض
Einspruchsverfahren *n* سلسله مراتب رسیدگی به اعتراض؛ راه های رسیدگی قانونی به اعتراض
Einspruchsbegründung *f* توجیه اعتراض
einstellen 1) متوقّف کردن؛ از جریان انداختن 2) استخدام کردن؛ به استخدام درآوردن؛ به کار گماشتن
Einstellung *f* 1) قطع؛ تعلیق؛ توقّف؛ وقفه 2) استخدام 3) نگرش؛ دید
1) ~ der Auslandshilfe قطع کمک های خارجی
~ des Ermittlungsverfahrens قطع جریان تحقیق و رسیدگی
~ der Feindseligkeiten قطع مخاصمه
~ der Finanzhilfe قطع کمک مالی؛ قطع کمک های مالی
~ des Flugverkehrs قطع ترافیک هوایی؛ قطع رفت و آمد هواپیماها
~ der Kampfhandlungen قطع عملیّات رزمی؛ قطع عملیّات جنگی
~ der Produktion قطع موقّت تولید
~ des Strafverfahrens قطع محاکمهٔ جزایی؛ قطع دادرسی کیفری
~ der Strafverfolgung قطع پیگرد قانونی؛ قطع تعقیب قانونی
~ der Zahlungen جلوگیری از پرداخت ها؛ تعلیق پرداخت ها؛ توقّف در پرداخت ها
~ der Zwangsvollstreckung توقّف اجرا؛ وقفه در اجرای حکم قانونی
2) ~ von Arbeitskräften استخدام نیروی کار
3) negative ~ نگرش منفی؛ دید منفی
politische ~ نگرش سیاسی؛ دید سیاسی
positive ~ نگرش مثبت؛ دید مثبت
überparteiliche ~ نگرش فراحزبی؛ دید غیرحزبی
Einstellungsschreiben *n* حکم استخدام
Einstellungsstopp *m* منع استخدام؛ جلوگیری از استخدام
Einstellungstermin *m* تاریخ شروع استخدام
Einstellungsverfahren *n* شیوهٔ استخدام؛ طریقهٔ استخدام
Einstellungsvertrag *m* قرارداد استخدام
Einstellungsvoraussetzungen *fpl* پیش شرط های استخدام؛ شرایط استخدام
Einstimmigkeit *f* اتّفاق آراء؛ اتّفاق نظر
Eintausch *m* مبادله؛ تعویض
eintauschen مبادله کردن؛ تعویض کردن
Devisen ~ ارز مبادله کردن
eintragen in ثبت کردن در؛ وارد کردن در
Eintragung *f* ثبت؛ عمل ثبت
~ im Grundbuch وارد کردن در دفتر ثبت املاک
~ im Handelsregister وارد کردن در دفتر ثبت تجاری
zur ~ einreichen جهت به ثبت رساندن ارائه کردن
zur ~ vorlegen جهت به ثبت رساندن ارائه کردن

eintreiben جمع آوری کردن؛ وصول کردن
Eintreibung *f* جمع آوری؛ وصول
~ von Schulden جمع آوری بدهی ها؛ وصول بدهی ها؛ وصول مطالبات
~ von Steuern جمع آوری مالیات؛ وصول مالیات
eintreten 1) وارد شدن 2) اقدام به کاری کردن
1) in die Armee ~ وارد ارتش شدن؛ به استخدام ارتش درآمدن
in den Krieg ~ وارد جنگ شدن
in eine Partei ~ وارد حزبی شدن؛ عضو حزبی شدن
in einen Verband ~ عضو اتّحادیّه ای شدن
in Verhandlungen ~ وارد مذاکرات شدن
2) in die Beweisaufnahme ~ اقدام به پذیرش مدارک و دلایل کردن
Eintritt *m* ورود
freier ~ ورود آزاد
einverleiben الحاق کردن؛ منضم کردن
Einverleibung *f* الحاق؛ انضمام
Einvernehmen *n* تفاهم؛ توافق
geheimes ~ توافق نهانی؛ توافق سرّی
in gegenseitigem ~ اتّفاق نظر
gutes ~ حسن تفاهم
Einvernehmenserklärung *f* اعلام توافق؛ اظهار توافق
Einwand *m* اعتراض؛ ایراد
berechtigter ~ اعتراض موجّه؛ ایراد بحق
formaler ~ ایراد فنّی؛ ایراد منطقی
geringer ~ ایراد جزئی
relevanter ~ ایراد مهم؛ اعتراض حائز اهمیّت
unberechtigter ~ اعتراض غیرموجّه؛ ایراد نابحق
einen ~ entkräften اعتراضی را با استناد به دلایل رد کردن
einem ~ stattgeben به اعتراضی ترتیب اثر دادن
einen ~ vorbringen اعتراضی را مطرح کردن

Einwanderer *m* مهاجر
illegaler ~ مهاجر غیرقانونی
Einwanderergeneration *f* نسل مهاجر
einwandern in مهاجرت کردن به
Einwanderung *f* مهاجرت
Einwanderungsbeamte *m* مأمور امور مهاجرت (مرد)
Einwanderungsbeamtin *f* مأمور امور مهاجرت (زن)
Einwanderungsbehörden *fpl* مقامات امور مهاجرت
Einwanderungsbeschränkung *f* تحدید مهاجرت؛ محدودسازی مهاجرت
Einwanderungserlaubnis *f* اجازهٔ مهاجرت
Einwanderungsgesetz *n* قانون مهاجرت
Einwanderungsland *n* کشور مهاجرت
Einwanderungsverbot *n* منع مهاجرت
Einwanderungsvisum *n* روادید مهاجرت؛ ویزای مهاجرت
einwenden ایراد گرفتن؛ اعتراض کردن
Einwendung *f* ایراد؛ اعتراض
begründete ~ ایراد موجّه
rechtliche ~ ایراد قانونی؛ ایراد حقوقی
zulässige ~ ایراد قانونی؛ ایراد مجاز
einwilligen رضایت دادن؛ موافقت کردن
Einwilligung *f* رضایت؛ موافقت
stillschweigende ~ موافقت ضمنی
die ~ einholen موافقت (کسی را) کسب کردن؛ رضایت گرفتن
die ~ erteilen موافقت کردن
die ~ verweigern از دادن موافقت خودداری کردن
Einwohner/-in *m/f* ساکن؛ فرد ساکن
Einwohnerstatistik *f* آمار ساکنان
Einwohnerzahl *f* شمار ساکنان؛ تعداد ساکنان

einzahlen واریز کردن؛ پرداختن
auf ein Konto ~ به یک حساب بانکی واریز کردن
Einzahlung *f* واریز؛ پرداخت
Einzelbericht *m* گزارش جداگانه
Einzelfall *m* مورد مشخّص؛ مورد استثنایی
Einzelfallprüfung *f* بررسی یک مورد مشخّص
Einzelhaft *f* حبس انفرادی؛ حبس مجرّد
Einzelhandel *m* خرده فروشی
Einzelhandelsgeschäft *n* دکّان خرده فروشی؛ فروشگاه
Einzelhandelspreis *m* قیمت خرده فروشی؛ بهای خرده فروشی
Einzelhändler/-in *m/f* خرده فروش
Einzelheiten *fpl* جزئیّات
die ~ eines Vertrages جزئیّات یک قرارداد
Einzelunternehmen *n* شرکت منحصر به فرد
Einzelunternehmer/-in *m/f* صاحب شرکت منحصر به فرد
Einzelverkaufspreis *m* قیمت تک فروشی؛ قیمت خرده فروشی
einziehen ضبط کردن؛ مصادره کردن
Einziehung *f* ضبط؛ مصادره
~ von Banknoten ضبط اسکناس ها
~ von Falschgeld ضبط پول جعلی
~ des Passes ضبط پاسپورت
~ des Vermögens مصادرهٔ دارایی
Elektrizität *f* برق
Elektrizitätsgesellschaft *f* شرکت برق
Elektrizitätsversorgung *f* تأمین برق؛ برق رسانی
Elektrizitätswirtschaft *f* صنعت برق
Element *n* عنصر
destruktives ~ عنصر مخرّب
fortschrittliche ~e عناصر مترقّی
fragwürdige ~e عناصر مشکوک
irregeführte ~e عناصر اغفال شده
konterrevolutionäre ~e عناصر ضدّ انقلاب
nationalistische ~e عناصر ناسیونالیست
opportunistische ~e عناصر فرصت طلب
radikale ~e عناصر تندرو
reaktionäre ~e عناصر واپس گرا؛ عناصر مرتجع
revolutionäre ~e عناصر انقلابی
unerwünschte ~e عناصر نامطلوب
verbrecherische ~e عناصر جنایتکار
verkommene ~e عناصر فاسد
verräterische ~e عناصر خائن
elitär *adj* برگزیده؛ نخبه
Elite *f* برگزیدگان؛ نخبگان
geistige ~ برگزیدگان فکری؛ نخبگان فکری
gesellschaftliche ~ برگزیدگان اجتماعی؛ نخبگان اجتماعی
intellektuelle ~ برگزیدگان روشنفکر
politische ~ برگزیدگان سیاسی؛ نخبگان سیاسی
Elitetruppe *f* نیروی نظامی مجهّز و کارآزموده؛ نیروی نظامی برگزیده
Emanzipation *f* رهایش؛ رهایی
soziale ~ رهایش اجتماعی
Emanzipationsbewegung *f* جنبش رهایش
Embargo *n* تحریم؛ تحریم اقتصادی
totales ~ تحریم کامل؛ تحریم کامل اقتصادی
ein ~ aufheben رفع تحریم کردن؛ رفع تحریم اقتصادی کردن
ein ~ verhängen تحریم کردن؛ تحریم اقتصادی کردن؛ تحریم اقتصادی وضع کردن
Embargobestimmungen *fpl* مقرّرات تحریم؛ مقرّرات مربوط به تحریم
Embargobruch *m* نقض تحریم؛ نقض تحریم اقتصادی
Embargopolitik *f* سیاست تحریم؛ سیاست تحریم

اقتصادی

Embargoverstöße *mpl* نقض تحریم؛ نقض تحریم اقتصادی

Embargovorschriften *fpl* مقرّرات تحریم؛ مقرّرات و دستورات مربوط به تحریم

Emigrant/-in *m/f* مهاجر

~en aufnehmen مهاجر پذیرفتن

Emigration *f* مهاجرت

emigrieren مهاجرت کردن

Eminenz *f* شخصیّت بلندپایه

graue ~ شخصیّت متنفّذ سیاسی

Emotion *f* عاطفه؛ احساس؛ هیجان

emotional *adj* عاطفی؛ احساسی؛ هیجانی

Empfang *m* 1) استقبال؛ ضیافت 2) دریافت؛ وصول

1) herzlicher ~ استقبال گرم

kühler ~ استقبال سرد

offizieller ~ استقبال رسمی

riesiger ~ استقبال تمام عیار

sensationeller ~ استقبال شورانگیز

2) ~ einer Sendung گرفتن یک فرستنده (رادیو یا تلویزیون)

~ eines Briefes دریافت یک نامه

empfangen 1) استقبال کردن 2) دریافت کردن؛ وصول کردن

Empfänger *m* 1) دریافت کننده 2) دستگاه گیرنده

Empirie *f* آزمون؛ تجربه

empirisch *adj* آزمونی؛ تجربی

Endabnehmer *m* خریدار نهایی؛ مصرف کنندهٔ نهایی

Endergebnis *n* نتیجهٔ نهایی

Endlager *n* انبار نهایی

~ für Atommüll انبار نهایی زباله های اتمی

endogen *adj* درونی

Endprodukt *n* فراوردهٔ نهایی؛ محصول نهایی

Endverbraucher *m* مصرف کنندهٔ نهایی

Endziel *n* هدف نهایی

Energie *f* انرژی

alternative ~ انرژی جایگزین؛ انرژی آلترناتیو

Energieanbieter *m* عرضه کنندهٔ انرژی

Energieausfall *m* انرژی

Energiebedarf *m* نیاز انرژی

Energiedienstleister *m* عرضه کنندهٔ انرژی؛ شرکت عرضه کنندهٔ انرژی

Energieeinsparung *f* صرفه جویی در انرژی

Energiegesellschaft *f* شرکت تأمین انرژی

energieintensiv *adj* انرژی بر

~e Industrie صنعت انرژی بر

Energieknappheit *f* کمبود انرژی

Energiekosten *f* هزینهٔ انرژی

Energiekrise *f* بحران انرژی

Energiemarkt *m* بازار انرژی

Energienotstand *m* بحران انرژی؛ بحران ناشی از کمبود انرژی

Energiepolitik *f* سیاست انرژی

Energiequelle *f* منبع انرژی؛ سرچشمهٔ انرژی

Energiesektor *m* بخش انرژی

Energiesicherung *f* تأمین انرژی

energiesparend *adj* صرفه جویی کنندهٔ انرژی

~e Industrie صنعت صرفه جویی کنندهٔ انرژی

Energiesparmaßnahme *f* اقدام به صرفه جویی در انرژی

Energieträger *m* منبع انرژی؛ سرچشمهٔ انرژی

Energieunternehmen *n* شرکت تولید انرژی؛ بنگاه تولید انرژی

Energieunternehmer *m* صاحب شرکت تولیدکنندهٔ انرژی

Energieverbrauch *m*	مصرف انرژی
Energieverschwendung *f*	اِتلاف انرژی
Energieversorger *m*	تأمین کنندهٔ انرژی
Energieversorgung *f*	انرژی رسانی؛ تأمین انرژی
Energievorrat *m*	ذخیرهٔ انرژی
Energiewirtschaft *f*	صنعت انرژی
Energiezufuhr *f*	انرژی رسانی؛ تأمین انرژی
entdecken	کشف کردن
Entdecker *m*	کاشف
Entdeckung *f*	کشف؛ اکتشاف
enteignen	سلب مالکیّت کردن
Enteignung *f*	سلب مالکیّت
Enteignungsanordnung *f*	دستور سلب مالکیّت
Enteignungsbeschluss *m*	دستور سلب مالکیّت
Enteignungsgesetz *n*	قانون سلب مالکیّت
entfalten	گسترش دادن؛ بسط دادن؛ بسط و گسترش دادن
Aktivitäten ~	فعالیّت ها را گسترش دادن؛ فعالیّت ها را بسط دادن
entfalten, sich	(1 گسترش یافتن 2) شکوفا شدن
Entfaltung *f*	(1 گسترش؛ بسط 2) شکوفایی
entfesseln	موجب شدن؛ براه انداختن
eine Debatte ~	مباحثه ای را موجب شدن؛ مباحثه ای را براه انداختن
einen Krieg ~	جنگی را موجب شدن؛ جنگی را براه انداختن
Entfesselung *f*	(1 رهایی از بند 2) براه اندازی
entführen	آدم ربایی کردن؛ ربودن
Entführer/-in *m/f*	آدم ربا؛ رباینده
Entführung *f*	آدم ربایی
gewaltsame ~	ربودن خشونت آمیز
entgegentreten	برخورد جدّی کردن؛ با مقابله کردن با؛
enthalten, sich	خودداری کردن؛ امتناع ورزیدن

sich der Stimme ~	رأی ممتنع دادن
Enthaltung *f*	خودداری؛ امتناع
entheben	برکنار کردن؛ عزل کردن؛ خلع کردن
jmdn. seines Amtes ~	کسی را از مقامش برکنار کردن؛ کسی را از سمتش عزل کردن
jmdn. seines Dienstes ~	کسی را از خدمتش برکنار کردن؛ کسی را از خدمتش عزل کردن؛ کسی را از خدمتش منفصل کردن
jmdn. seiner Funktion ~	کسی را از مقامش برکنار کردن؛ کسی را از کارش عزل کردن
Enthebung *f*	برکناری؛ عزل؛ خلع
enthüllen	1) افشا کردن؛ فاش کردن 2) پرده برداری کردن
1) Intrigen ~	توطئه ها را فاش کردن؛ پرده از روی دسیسه ها برداشتن
2) ein Denkmal ~	از یادمانی پرده برداری کردن؛ از یک بنای یادگاری پرده برداری کردن
Enthüllung *f*	1) افشا 2) پرده برداری
Enthüllungsjournalist/-in *m/f*	روزنامه نگار جنجال برانگیز
Enthusiasmus *m*	شور و شوق
Enthusiast *m*	پرشور و شوق
enthusiastisch *adj*	پرشور و شوق
entkommen	گریختن؛ فرار کردن؛ رهایی یافتن؛ رهیدن؛ جان سالم بدر بردن
ins Ausland ~	به خارج فرار کردن؛ به خارج از کشور فرار کردن
dem Bewacher ~	از دست نگهبان گریختن؛ از دست محافظ گریختن
der Gefahr ~	از خطر رهایی یافتن؛ از خطر جستن
dem Gefängnis ~	از زندان گریختن؛ از زندان فرار کردن
einer Katastrophe ~	از فاجعه ای جان سالم بدر بردن؛ از بلایی رهیدن

dem Massenmord ~ از قتل عام گریختن؛
از قتل عام نجات یافتن

Entkommen *n* گریز؛ فرار

entkräften از اعتبار انداختن؛ با استناد به دلایل
رد کردن

einen Einwand ~ اعتراضی را با استناد به دلایل
رد کردن

Entkräftung *f* رد؛ عمل رد؛ رد با استناد به دلایل

entlarven افشا کردن؛ برملاء ساختن

Entlarvung *f* افشا؛ برملاء سازی

entlassen اخراج کردن؛ منفصل کردن؛ از کار
برکنار کردن؛ بیرون کردن

Entlassung *f* اخراج؛ انفصال؛ برکناری

bedingte ~ اخراج مشروط؛ اخراج مشروط به موافقت

bedingungslose ~ اخراج بدون قید و شرط

ehrenhafte ~ برکناری افتخارآمیز؛ انفصال
افتخارآمیز

fristlose ~ اخراج فوری

unehrenhafte ~ اخراج افتضاح آمیز

ungerechtfertigte ~ اخراج ناموجّه

vorzeitige ~ اخراج زودرس

widerrechtliche ~ اخراج غیرقانونی

~ aus dem Amt اخراج از سمت؛ انفصال از مقام؛
برکناری از سمت

~ von Gefangenen اخراج زندانیان

~ aus der Haft اخراج از زندان

~ aus dem Militärdienst اخراج از خدمت
نظام وظیفه؛ اخراج از خدمت زیر پرچم؛ خاتمهٔ خدمت
سربازی

Entlassungsabfindung *f* مزد اخراج؛
مزد انفصال از خدمت

Entlassungsbeschluss *m* دستور اخراج

Entlassungsentschädigung *f* خسارات اخراج؛
پرداخت خسارات ناشی از اخراج

Entlassungsgrund *m* علّت اخراج

Entlassungspapier *n* برگهٔ اخراج

Entlassungsverfahren *n* دستورالعمل اخراج

Entlassungswelle *f* موج اخراج

entlasten 1) از فشار مالی کاستن
2) بار اتّهام را برداشتن؛ تبرئه کردن

1) den Bundeshaushalt ~ از فشار مالی بر
بودجهٔ دولت فدرال کاستن

2) den Angeklagten durch eine Aussage ~
با دادن شهادتی، بار اتّهام را از روی دوش متّهم
برداشتن

Entlastung *f* 1) کاهش فشار مالی 2) تبرئه؛ برائت

1) spürbare ~ des Haushaltes کاهش محسوس
فشار مالی بر بودجه

2) ~ des Angeklagten تبرئهٔ متّهم

Entlastungsbeweis *m* ارائهٔ مدرک برای تبرئه؛
ارائهٔ گواهی به منظور برائت

entmachten از قدرت انداختن؛ از قدرت
برکنار کردن؛ سلب قدرت کردن

einen Herrscher ~ فرمان روایی را
از قدرت انداختن؛ از حاکمی سلب قدرت کردن

einen Präsidenten ~ از رئیس جمهوری
سلب قدرت کردن

Entmachtung *f* سلب قدرت

entmilitarisieren غیرنظامی کردن

Entmilitarisierung *f* غیرنظامی کردن

entmilitarisierte Zone *f* منطقهٔ غیرنظامی

entrichten پرداختن

einen Beitrag ~ 1) حقّ عضویّت پرداختن
2) حقّ بیمه پرداختن

Steuern ~ مالیات پرداختن

Entrichtung *f* پرداخت؛ عمل پرداخت

entschädigen جبران خسارت کردن؛
تاوان پرداختن

Entschädigung *f* جبران خسارت؛ تاوان
angemessene ~ جبران متناسب خسارت
freiwillige ~ جبران داوطلبانهٔ خسارت
volle ~ جبران کامل خسارت
die ~ festsetzen میزان جبران خسارت را تعیین کردن
Entschädigungsanspruch *m* حقّ جبران خسارت
Entschädigungsantrag *m* درخواست جبران خسارت؛ درخواست رسمی جبران خسارت
Entschädigungsbeauftragte *m/f* مأمور پرداخت خسارت
Entschädigungsforderung *f* درخواست جبران خسارت؛ طلب جبران خسارت
Entschädigungsinitiative *f* پیشگامی در پرداخت خسارت
Entschädigungspflicht *f* وظیفهٔ پرداخت خسارت
Entschädigungspflichtige *m/f* موظّف به پرداخت خسارت؛ مکلّف به پرداخت خسارت
Entschädigungsplan *m* طرح جبران خسارت
Entschädigungsrecht *n* حقّ جبران خسارت
Entschädigungssumme *f* مبلغ خسارت
Entschädigungsvereinbarung *f* قرار پرداخت خسارت؛ قرارنامهٔ پرداخت خسارت
Entschädigungszahlung *f* پرداخت خسارت
entschärfen 1) رفع تنش کردن؛ از تنش کاستن؛ از شدّت مسأله ای کاستن؛ تعدیل کردن؛ تعدیل ایجاد کردن 2) خنثی کردن
1) eine Debatte ~ در مباحثه ای تعدیل ایجاد کردن
einen Konflikt ~ از تنش کشمکشی کاستن؛ از شدّت درگیری ای کاستن
eine Krise ~ از بحرانی رفع تنش کردن؛ از تنش بحرانی کاستن؛ از شدّت بحرانی کاستن
ein Problem ~ مشکلی را تعدیل کردن
2) eine Bombe ~ بمبی را خنثی کردن

Entschärfung *f* 1) رفع تنش 2) ایجاد تعدیل 3) خنثی سازی
entscheiden über تصمیم گرفتن دربارهٔ
Entscheidung *f* تصمیم؛ حکم
abschließende ~ تصمیم نهایی
bedeutsame ~ تصمیم مهم و حائز اهمیّت
bindende ~ تصمیم الزام آور
definitive ~ تصمیم قطعی
endgültige ~ تصمیم نهایی؛ تصمیم قطعی
ernste ~en تصمیمات جدی
feste ~ تصمیم قاطع
gerechte ~ تصمیم عادلانه
gesonderte ~ تصمیم جداگانه
harte ~ تصمیم قاطع
lebenswichtige ~en تصمیمات خطیر
notwendige ~en تصمیمات فوری
objektive ~ تصمیم عینی
rechtskräftige ~ تصمیم قطعی؛ تصمیم نهایی؛ حکم قانونی
sachliche ~ تصمیم منطقی
schicksalhafte ~ تصمیم سرنوشت ساز
sofortige ~ تصمیم فوری
übereilte ~ تصمیم عجولانه
unerwartete ~ تصمیم ناگهانی
wichtige ~ تصمیم مهم
wirksame ~en تصمیمات مؤثّر
eine ~ anerkennen تصمیمی را به رسمیّت شناختن
eine ~ anfechten تصمیمی را رسماً مورد اعتراض قرار دادن
eine ~ aufrechterhalten بر سرِ تصمیمی ماندن؛ بر تصمیمی پابرجا ماندن
eine ~ aufschieben تصمیمی را به تعویق انداختن؛ تصمیمی را به بعد موکول کردن
eine ~ erzwingen وادار به پذیرش تصمیمی کردن؛

مجبور به پذیرش تصمیمی کردن

eine ~ fällen — تصمیم گرفتن؛ تصمیمی را اتّخاذ کردن؛ حکمی را صادر کردن

sich einer ~ fügen — به تصمیمی گردن نهادن؛ تصمیمی را پذیرفتن

eine ~ treffen — تصمیم گرفتن؛ تصمیمی را اتّخاذ کردن

eine ~ verkünden — تصمیمی را اعلام کردن

eine ~ vertagen — تصمیمی را به تعویق انداختن؛ تصمیمی را به عقب انداختن

Entscheidungsbefugnis *f* — اختیار تصمیم گیری؛ صلاحیّت تصمیم گیری؛ اختیار قانونی

Entscheidungsfindung *f* — تصمیم یابی؛ تصمیم گیری

Entscheidungsfreiheit *f* — آزادی در تصمیم گیری

Entscheidungsgewalt *f* — قدرت تصمیم گیری

Entscheidungsgrund *m* — دلیل تصمیم گیری

Entscheidungsinstanzen *fpl* — مقامات تصمیم گیرنده

Entscheidungsprozesse *mpl* — فرایندهای تصمیم گیری؛ مراحل تصمیم گیری

Entscheidungsschlacht *f* — نبرد نهایی

Entscheidungsträger *m* — تصمیم گیرنده؛ تصمیم گیر

entschieden *adj* — قطعی

Entschiedenheit *f* — قاطعیّت

entschließen, sich — تصمیم گرفتن؛ عزم کردن

Entschließung *f* — قطعنامه

Entschließungsantrag *m* — طرح پیشنهادی قطعنامه

Entschließungsentwurf *m* — طرح قطعنامه

Entschluss *m* — تصمیم؛ عزم

fester ~ — تصمیم محکم؛ عزم راسخ

unerschütterlicher ~ — تصمیم پابرجا؛ تصمیم تزلزل ناپذیر

einen ~ fassen — تصمیم گرفتن؛ تصمیمی را اتّخاذ کردن

entsenden — گسیل کردن؛ اعزام کردن

Entsendung *f* — گسیل؛ اعزام

~ einer Delegation — گسیل یک هیأت نمایندگی؛ اعزام یک هیأت نمایندگی

entsetzen — 1) هراساندن؛ ترساندن 2) برکنار کردن؛ عزل کردن

Entsetzen *n* — هراس؛ ترس

entsetzlich *adj* — هراس انگیز؛ ترس آور؛ وحشت انگیز

entsorgen — حمل و دفن کردن زباله

Entsorgung *f* — حمل و دفن؛ حمل و دفن زباله ها

Entsorgungsbetrieb *m* — 1) شرکت حمل و دفن زباله 2) عملیّات حمل و دفن زباله

Entsorgungsengpass *m* — اشکالات و مشکلات در حمل و دفن زباله

Entspannung *f* — تنش زدایی؛ رفع تشنّج

Entspannungsklima *n* — فضای عاری از تشنّج

Entspannungspolitik *f* — سیاست کاهش تشنّج؛ سیاست تنش زدایی

Entspannungsprozess *m* — روند کاهش تشنّج؛ روند تنش زدایی

entstellen — تحریف کردن

Entstellung *f* — تحریف

~ von Tatsachen — تحریف واقعیّت ها

enttarnen — پرده از چهرهٔ کسی برداشتن؛ نقاب از چهرهٔ کسی برداشتن؛ افشا کردن

einen Spion ~ — پرده از چهرهٔ جاسوسی برداشتن؛ جاسوسی را افشا کردن

Enttarnung *f* — افشا؛ پرده برداری

entvölkern — از سکنه خالی کردن؛ از جمعیّت (منطقه ای) کاستن

Entvölkerung *f* جمعیّت کاهی؛ کاهش جمعیّت
entwaffnen خلع سلاح کردن
Entwaffnung *f* خلع سلاح
Entwaffnungsangebot *n* پیشنهاد خلع سلاح
entwarnen رفع خطر اعلام کردن
Entwarnung *f* اعلام رفع خطر
entwenden سرقت کردن؛ به سرقت بردن؛ دزدیدن
Entwendung *f* سرقت؛ دزدی
entwerfen طرّاحی کردن؛ طرح ریزی کردن؛ طرح چیزی را ریختن؛ پیش نویس کردن
einen Plan ~ برنامه ای را طرّاحی کردن؛ نقشه ای را کشیدن؛ برنامه ریزی کردن
ein Programm ~ برنامه ای را طرح ریزی کردن؛ طرح برنامه ای را ریختن
ein Projekt ~ طرح پروژه ای را ریختن؛ پروژه ای را طرح ریزی کردن
einen Vertrag ~ قراردادی را پیش نویس کردن؛ قراردادی را طرّاحی کردن
Entwicklung *f* 1) رشد؛ توسعه؛ عمران؛ پیشرفت 2) تحوّل
1) bahnbrechende ~ رشد دوران ساز؛ رشد پیشتاز
berufliche ~ پیشرفت شغلی
gesellschaftliche ~ پیشرفت اجتماعی
industrielle ~ توسعهٔ صنعتی
ländliche ~ عمران روستایی؛ رشد و توسعهٔ روستایی
rapide ~ رشد سریع
rasante ~ رشد سریع
regionale ~ عمران منطقه ای؛ رشد و توسعهٔ منطقه ای
städtische ~ عمران شهری؛ رشد و توسعهٔ شهری
~ des Einkommens رشد درآمد
der Träger einer ~ نهاد پیش برندهٔ یک توسعه؛ نیروی محرّک یک توسعه؛ حامل یک توسعه

eine ~ aufhalten از پیشرفت و توسعه ای جلوگیری کردن؛ مانع پیشرفت و توسعه ای شدن
eine ~ forcieren توسعه ای را سرعت بخشیدن
eine ~ fördern توسعه ای را سرعت بخشیدن؛ از گسترش و توسعه ای حمایت کردن
2) fatale ~ تحوّل شوم
letzte ~en آخرین تحوّلات
neueste ~en آخرین تحوّلات
Entwicklungsabkommen *n* موافقت نامهٔ رشد و توسعه
Entwicklungsanleihe *f* وام برای توسعه
Entwicklungsbank *f* بانک توسعه
Entwicklungsfonds *m* صندوق توسعه
Entwicklungsfragen *fpl* مسائل توسعه؛ مسائل رشد و توسعه
Entwicklungsgebiet *n* منطقهٔ توسعهٔ صنعتی؛ منطقهٔ در حال رشد
Entwicklungshaushalt *m* بودجهٔ عمران؛ بودجهٔ توسعه
Entwicklungshelfer/-in *m/f* مشاور در امور رشد و توسعهٔ کشورهای غیرصنعتی
Entwicklungshilfe *f* کمک به کشورهای در حال رشد؛ کمک به کشورهای در حال توسعه
Entwicklungshilfepolitik *f* سیاست کمک به کشورهای در حال رشد؛ سیاست کمک به کشورهای در حال توسعه
Entwicklungskredit *m* اعتبار عمرانی
Entwicklungskrise *f* بحران توسعه
Entwicklungsland *n* کشور توسعه یابنده؛ کشور در حال توسعه؛ کشور در حال رشد
Entwicklungslinien *fpl* خطوط توسعه؛ خطوط رشد و توسعه
Entwicklungsmöglichkeiten *fpl* امکانات پیشرفت؛ امکانات توسعه

Entwicklungsorganisation *f* سازمان توسعه؛ سازمان عمران و آبادانی
Entwicklungsplan *m* برنامهٔ آبادانی؛ برنامهٔ عمرانی؛ برنامهٔ توسعه
Entwicklungsplanung *f* برنامه ریزی آبادانی؛ برنامه ریزی عمرانی؛ برنامه ریزی توسعه
Entwicklungspolitik *f* سیاست توسعه
Entwicklungsprogramm *n* برنامهٔ توسعه
wirtschaftliches ~ برنامهٔ توسعهٔ اقتصادی
Entwicklungsprojekt *n* پروژه عمرانی؛ طرح عمرانی
Entwicklungsprozess *m* 1) فرایند رشد؛ فرایند رشد و توسعه؛ روند رشد و توسعه 2) فرایند تکامل؛ روند تکامل
Entwicklungssoziologie *f* جامعه شناسی توسعه
Entwicklungsstadium *n* 1) مرحلهٔ رشد و توسعه 2) مرحلهٔ ساخت و برنامه ریزی
Entwicklungsstand *m* سطح رشد و توسعه
Entwicklungsverlauf *m* مسیر پیشرفت؛ مسیر توسعه
konjunktureller ~ مسیر پیشرفت اقتصادی؛ مسیر توسعهٔ اقتصادی
Entwicklungsvorhaben *n* پروژه عمرانی؛ طرح عمرانی
Entwurf *m* طرح
einen ~ ablehnen طرحی را رد کردن
einen ~ annehmen طرحی را پذیرفتن؛ طرحی را تصویب کردن
einen ~ ausarbeiten طرحی را تنظیم کردن
einen ~ begutachten طرحی را مورد بررسی قرار دادن
einen ~ billigen با طرحی موافقت کردن
einen ~ vorlegen طرحی را ارائه کردن
einen ~ zur Diskussion stellen طرحی را به بحث گذاشتن
entziehen 1) سلب کردن؛ محروم کردن 2) لغو کردن؛ ضبط کردن
Entziehung *f* 1) سلب؛ محرومیّت 2) لغو؛ ضبط
1) ~ der Staatsangehörigkeit سلب تابعیّت
~ der Unterstützung سلب حمایت؛ دست برداری از حمایت
~ des Vertrauens سلب اعتماد
~ der Vormundschaft سلب قیمومت
~ des Wahlrechts محرومیّت از حقّ رأی در انتخابات
2) ~ des Führerscheins ضبط گواهی نامهٔ رانندگی؛ ضبط تصدیق رانندگی
~ der Vollmacht لغو وکالت
Entzug *m* 1) سلب؛ محرومیّت 2) ضبط 3) ترک عادت
Enzyklopädie *f* دانشنامه
Epidemie *f* بیماری همه گیر
Ausbruch einer ~ بروز یک بیماری همه گیر
Epoche *f* دوران؛ عصر
entscheidende ~ دوران تعیین کننده
gefährliche ~ دوران مخاطره آمیز
geschichtliche ~ دوران تاریخی؛ عصر تاریخی
glanzvolle ~ دوران درخشان؛ عصر درخشان
neue ~ دوران نوین؛ عصر نوین؛ عصر جدید
verhängnisvolle ~ دوران فاجعه آمیز؛ عصر فاجعه آمیز
epochemachend *adj* دوران ساز
~e Erfindung اختراع دوران ساز
Erbanspruch *m* ادّعای وراثت؛ حقّ وراثت
Erbanteil *m* سهم الارث
erbarmen رحم کردن
Erbarmen *n* رحم؛ گذشت
erbarmungslos *adj* بی رحم؛ بی گذشت

erbberechtigt *adj*	مستحقّ وراثت
Erbberechtigte *m/f*	مستحقّ وراثت
Erbberechtigung *f*	استحقاق وراثت
Erbe *n*	ارث؛ میراث
das historische ~	میراث تاریخی
das kulturelle ~	میراث فرهنگی
Erbe *m*	وارث
alleiniger ~	تنها وارث؛ وارث منحصر به فرد
gesetzlicher ~	وارث قانونی
rechtmäßiger ~	وارث مسلّم؛ وارث قانونی
testamentarischer ~	وارث مطابق با وصیّت نامه
erben	به ارث بردن؛ وارث شدن
Erbengemeinschaft *f*	وارثین
Erblasser/-in *m/f*	وصیّت گذار
Erbrecht *n*	حقّ وراثت
erbringen	عرضه کردن؛ ارائه کردن؛ ارائه دادن
Dienstleistungen ~	خدمات عرضه کردن؛ خدمات ارائه کردن
den Gegenbeweis ~	دلیل معارض ارائه دادن؛ دلیل معارض آوردن
Erbschaft *f*	ارث؛ میراث
Erbschaftsanspruch *m*	ادّعای وراثت؛ حقّ وراثت
Erbschaftsanteil *m*	سهم ارث
Erbschaftssteuer *f*	مالیات بر وراثت؛ مالیات بر ارث
Anhebung der ~	افزایش مالیات بر وراثت
Erbschaftsteilung *f*	تقسیم ارث؛ تقسیم وراثت
Erbschaftsstreit *m*	دعوای وراثت
Erbschaftsvermögen *n*	دارایی موروث؛ دارایی موروثی؛ مال و اموال موروثی
Erbschaftsverwaltung *f*	ادارهٔ ماترک بلاوارث
Erbschleicher/-in *m/f*	میراث خور
Erbteil *n*	سهم ارث
Erbteilung *f*	تقسیم ارث
Erbvertrag *m*	قرارداد وراثت
Erbverzicht *m*	چشم پوشی از ارث؛ اعراض از ارث؛ اعراض از وراثت؛ اعراض حقّ از وراثت
Erdbeben *n*	زلزله؛ زمین لرزه
Erdbebengebiet *n*	منطقهٔ زلزله زده
Erdbebenopfer *npl*	قربانیان زلزله
Erdbebenzone *f*	منطقهٔ زلزله زا
Erdöl *n*	نفت خام
Erdölaktien *fpl*	سهام نفت
Erdölausfuhr *f*	صادرات نفت
Erdölbohrinsel *f*	جزیرهٔ حفره چاه نفت
Erdölboykott *m*	تحریم نفت
Erdöleinfuhr *f*	واردات نفت
Erdöleinkünfte *pl*	درآمدهای نفتی
Erdöleinnahmen *fpl*	دریافت های نفتی؛ درآمدهای نفتی
Erdölenergie *f*	انرژی نفت
Erdölerzeuger *m*	تولیدکنندهٔ نفت
Erdölerzeugerländer *npl*	کشورهای تولیدکنندهٔ نفت
Erdölexport *m*	صادرات نفت
Erdölexporteinrichtungen *fpl*	تأسیسات صادرات نفت
Erdölfachmann *m*	کارشناس نفت؛ متخصّص نفت
Erdölfeld *n*	میدان نفت؛ حوزهٔ نفت
Erdölförderung *f*	تولید نفت
Erdölgeschäfte *npl*	معاملات نفت
Erdölgewinnung *f*	بهره برداری از نفت؛ استخراج نفت
Erdölimport *m*	واردات نفت
Erdölindustrie *f*	صنعت نفت
Erdölinteressen *npl*	منافع نفتی؛ مصالح نفتی
Erdölkrise *f*	بحران نفت
Erdölkunde *m*	مشتری نفت؛ خریدار نفت

Erdölland *n* کشور نفت خیز
Erdölleitung *f* خط لولهٔ نفت
Erdöllieferland *n* کشور صادرکنندهٔ نفت
Erdöllieferung *f* نفت رسانی؛ صادرات نفت
Erdölmarkt *m* بازار نفت
Erdölpolitik *f* سیاست نفت
Erdölpreiserhöhung *f* افزایش قیمت نفت؛ افزایش بهای نفت
Erdölpreissteigerung *f* افزایش قیمت نفت؛ افزایش بهای نفت؛ بالا رفتن بهای نفت
Erdölpreisverfall *m* سقوط قیمت نفت؛ سقوط بهای نفت
Erdölprodukt *n* فراوردهٔ نفتی
Erdölproduktion *f* تولید نفت
Erdölproduzent *m* تولیدکنندهٔ نفت
Erdölquelle *f* چاه نفت؛ منبع نفت
Erdölregion *f* منطقهٔ نفت؛ منطقهٔ نفت خیز
Erdölreserven *fpl* اندوخته های نفتی؛ ذخایر نفت؛ ذخایر نفتی
Erdölsuche *f* نفت یابی
Erdölverbrauch *m* مصرف نفت
Erdölverbraucher *m* مصرف کنندهٔ نفت
Erdölverladeeinrichtungen *fpl* تأسیسات بارگیری نفت
Erdölverschmutzung *f* آلوده سازی ناشی از نفت
Erdölversorgung *f* تأمین نفت
Erdölvorkommen *f* اندوخته های نفتی؛ ذخایر نفتی
die ~ ausbeuten از اندوخته های نفتی بهره برداری کردن
die ~ erschließen اندوخته های نفتی را قابل بهره برداری کردن
Erdölwaffe *f* اسلحهٔ نفت
Erdrutschsieg *m* پیروزی ناگهانی

Ereignis *n* رویداد
blutiges ~ رویداد خونبار؛ رویداد خون آمیز
jüngste ~se آخرین رویدادها
Erfahrung *f* تجربه
praktische ~en تجربیّات عملی؛ تجربیّات کاری
verfügbare ~en تجربیّات در دسترس؛ تجربیّات موجود
Erfahrungsaustausch *m* تبادل تجربیّات؛ تبادل اطّلاعات
Erfahrungsbericht *m* گزارش تجربیّات
erfinden کشف کردن؛ اختراع کردن
Erfindung *f* 1) نوآوری؛ کشف؛ اختراع 2) دروغ
Erfolg *m* موفّقیّت
deutlicher ~ موفّقیّت چشمگیر
einen ~ erringen به موفّقیّت دست یافتن
erfolglos *adj* ناموفّق
Erfolglosigkeit *f* عدم موفّقیّت؛ عدم توفیق
erfolgreich *adj* موفّق
Erfolgsaussichten *fpl* چشم انداز موفّقیّت؛ شانس موفّقیّت
Erfolgsbilanz *f* بیلان موفّقیّت آمیز؛ تراز مثبت
Erfolgsdenken *n* (طرز) تفکّر موفّقیّت گرایانه
erfordern ایجاب کردن؛ مستلزم بودن؛ ضروری بودن
Erfordernis *n* حاجت؛ ضرورت
erfüllen 1) برآوردن؛ دارا بودن 2) عملی کردن؛ تحقّق بخشیدن؛ انجام دادن
die erforderlichen Voraussetzungen ~ دارای پیش شرط های لازم بودن
2) eine Mission ~ مأموریّتی را انجام دادن
seine Pflichten ~ به تعهّدات خود عمل کردن
seine Vertragspflicht ~ به تعهّد قراردادی خود عمل کردن
Erfüllung *f* 1) تحقّق؛ اجرا؛ انجام 2) پرداخت

1) ~ einer Pflicht انجام یک وظیفه؛ ادای یک وظیفه

~ einer Verpflichtung انجام یک تعهّد

~ eines Vertrages اجرای یک قرارداد

2) ~ einer Forderung پرداخت یک مطالبه

ergänzen تکمیل کردن؛ کامل کردن

Ergänzung *f* تکمیل

Ergänzungsabgaben *fpl* عوارض ویژه

Ergebnis *n* نتیجه

~ der Ermittlungen نتیجهٔ رسیدگی ها و تحقیقات

ergreifen 1) گرفتن؛ قبضه کردن؛ به دست آوردن 2) اتّخاذ کردن 3) دستگیر کردن 4) گُزیدن؛ انتخاب کردن 5) عملی را انجام دادن

1) die Macht ~ قدرت را گرفتن؛ قدرت را قبضه کردن

2) Maßnahmen ~ تدابیری را اتّخاذ کردن؛ اقداماتی را به عمل آوردن

3) den Täter ~ مجرم را دستگیر کردن

4) einen Beruf ~ حرفه ای را گُزیدن؛ شغلی را انتخاب کردن

5) die Flucht ergreifen فرار کردن

Ergreifung *f* 1) قبضه کردن؛ گرفتن 2) اتّخاذ 3) دستگیری

Ergreifungsort *m* محلّ دستگیری

erhalten 1) دریافت کردن؛ گرفتن 2) نگاهداری کردن؛ حفظ کردن

Erhalten *n* **(Erhalt)** *m* 1) دریافت 2) نگاهداری؛ حفظ

1) ~ eines Auftrages دریافت یک مأموریّت؛ گرفتن یک مأموریّت؛ دریافت یک سفارش (کالا یا خدمات)

~ eines Befehls دریافت یک دستور؛ گرفتن یک دستور

~ einer Botschaft دریافت یک پیام

~ von Subventionen دریافت سوبسید؛ دریافت یارانه

2) ~ von Vermögenswerten حفظ دارایی ها

~ vorhandener Arbeitsplätze حفظ مشاغل موجود؛ حفظ کارهای موجود

erheben, sich قیام کردن

Erhebung *f* 1) قیام 2) وضع: عمل وضع

1) bewaffnete ~ قیام مسلّحانه

2) ~ von Abgaben وضع عوارض؛ گرفتن عوارض

erhöhen افزایش دادن؛ زیاد کردن؛ بالا بردن

Erhöhung *f* افزایش

~ der Aktienkurse افزایش نرخ سهام

~ des Beitrages 1) افزایش حقّ عضویّت 2) افزایش حقّ بیمه

~ der Diäten افزایش حقوق وکلای مجلس

~ der Dividenden افزایش سود سهام

~ des Grundkapitals افزایش سرمایهٔ اوّلیّه

~ der Kaufkraft افزایش قدرت خرید

~ der Kriegsgefahr خطر افزایش وقوع جنگ

~ der Lasten افزایش هزینه ها؛ افزایش بار هزینه ها

~ von Lebenshaltungskosten افزایش هزینهٔ زندگی؛ افزایش مخارج زندگی

~ des Lebensstandards بالابردن سطح زندگی

~ der Löhne افزایش مزدها؛ افزایش دستمزدها

~ der Preise افزایش قیمت ها

~ von Steuern افزایش مالیات ها

~ von Zöllen افزایش حقوق گمرکی

erholen, sich بهبود یافتن

Erholung *f* بهبود

industrielle ~ بهبود صنعتی

konjunkturelle ~ بهبود اقتصادی؛ بهبود وضعیّت کلّ اقتصادی

erkämpfen (چیزی را) با مبارزه به دست آوردن؛ با مبارزه به چیزی دست یافتن

die Freiheit ~ آزادی را با مبارزه به دست آوردن؛ با مبارزه به آزادی دست یافتن
den Frieden ~ صلح را با مبارزه به دست آوردن؛ با مبارزه به صلح دست یافتن
erkennen (به چیزی) پی بردن؛ (چیزی را) تشخیص دادن؛ بازشناختن
die Gefahr ~ به خطری پی بردن؛ خطری را تشخیص دادن
Erkenntnis *f* شناخت
Erkenntnistheorie *f* نظریّهٔ شناخت؛ تئوری شناخت
Erkennung *f* تشخیص؛ شناسایی
erklären 1) روشن ساختن؛ توضیح دادن 2) بیان داشتن؛ اظهار کردن؛ اعلام کردن
Erklärung *f* 1) توضیح 2) بیان؛ اظهار 3) بیانیّه؛ اعلامیّه؛ اظهاریّه؛ اطّلاعیّه
1) ~ eines Textes توضیح یک متن
2) belastende ~ اظهار اتّهام آمیز
eidesstattliche ~ اظهارنامه به قید سوگند
eidliche ~ سوگندنامه
falsche ~en اظهارات نادرست؛ اظهارات کذب؛ بیانات نادرست
freiwillige ~ اظهار اختیاری؛ اظهار داوطلبانه
mündliche ~ اظهار شفاعی
persönliche ~ اظهار شخصی
rechtmäßige ~ اظهار قانونی
schriftliche ~ اظهارنامه
unberechtigte ~ اظهار نابجا؛ اظهار نابحق
unrechtmäßige ~ اظهار غیرقانونی
widersprechende ~en اظهارات ضدّ و نقیض
3) amtliche ~ اطّلاعیّهٔ اداری؛ اطّلاعیّهٔ رسمی
einseitige ~ اعلامیّهٔ یک سویه؛ اعلامیّهٔ یک جانبه
feierliche ~ بیانیّهٔ رسمی؛ اطّلاعیّهٔ رسمی
gemeinsame ~ اعلامیّهٔ مشترک؛ بیانیّهٔ مشترک

militärische ~ اعلامیهٔ نظامی
offizielle ~ اعلامیهٔ رسمی
~ der Kapitulation اعلام تسلیم
~ der Menschenrechte اعلامیّهٔ حقوق بشر
~ der Neutralität اعلام بیطرفی
~ des Bankrotts اعلام ورشکستگی
~ des Krieges اعلام جنگ
~ des Notstandes اعلام وضع اضطراری
eine ~ abgeben اظهار داشتن؛ اعلام کردن؛ بیانیّه ای را صادر کردن
erklärungsbedürftig *adj* نیازمند به توضیح
erklärungspflichtig *adj* موظّف به توضیح
erkunden پژوهش کردن؛ کسب اطّلاع کردن؛ تجسّس کردن؛ بررسی کردن
erkundigen, sich پرسیدن؛ پرس و جو کردن؛ تجسّس کردن؛ استفسار کردن
Erkundigung *f* پرسشگری؛ پرس و جو؛ تجسّس؛ استفسار
~en einziehen اطّلاعات کسب کردن
Erkundung *f* پژوهش؛ کسب اطّلاع؛ تجسّس؛ بررسی
Erkundungsfahrt *f* سفر پژوهشی؛ سفر تحقیقی؛ سفر تجسّسی؛ سفر برای گردآوری اطّلاعات
Erkundungsreise *f* سفر پژوهشی؛ سفر تحقیقی؛ سفر تجسّسی؛ سفر برای گردآوری اطّلاعات
erlangen دست یافتن؛ کسب کردن؛ اخذ کردن
Erlangen *n* دست یابی؛ کسب؛ اخذ
~ der absoluten Mehrheit دست یابی به اکثریّت مطلق؛ کسب اکثریّت مطلق
~ der Aktienmehrheit دست یابی به اکثریّت سهام؛ اخذ اکثریّت سهام
~ der Freiheit دست یابی به آزادی؛ کسب آزادی
~ der Souveränität دست یابی به حاکمیّت؛ کسب حاکمیّت
~ der Unabhängigkeit دست یابی به استقلال؛

کسب استقلال

Erlass *m* 1) دستور؛ فرمان؛ حکم؛ وضع (قانون)؛ صدور (دستور؛ فرمان؛ حکم) 2) بخشوده از پرداخت؛ معاف از پرداخت (بدهی یا مالیات)

1) amtlicher ~ دستور اداری؛ حکم اداری

königlicher ~ فرمان همایونی؛ دستور ملوکانه

ministerieller ~ دستور وزارتی

~ einer Amnestie دستور عفو

~ eines Befehls صدور یک دستور؛ صدور یک فرمان

~ eines Gesetzes وضع یک قانون

~ eines Urteils صدور یک رأی؛ صدور یک حکم

~ von Verfügungen صدور اختیارات

~ einer Verordnung صدور یک حکم

2) ~ von Schulden (بخشوده) معاف از پرداخت بدهی ها

~ von Steuern (بخشوده) معاف از پرداخت مالیات

erlassen 1) صادر کردن (دستور؛ فرمان؛ حکم)؛ وضع کردن (قانون؛ حکم) 2) از پرداخت معاف کردن

erlauben اجازه دادن

Erlaubnis *f* اجازه

behördliche ~ اجازهٔ رسمی؛ اجازهٔ قانونی

gerichtliche ~ اجازه از سوی دادگاه

polizeiliche ~ اجازه از سوی پلیس

jmdm. die ~ erteilen به کسی اجازه دادن؛ به کسی اجازهٔ کاری را دادن

erläutern تشریح کردن؛ شرح دادن؛ توضیح دادن؛ روشن کردن

einen Plan ~ برنامه ای را توضیح دادن؛ برنامه ای را تشریح کردن

ein Problem ~ مشکلی را تشریح کردن؛ مسأله ای را تشریح کردن

ein Projekt ~ طرحی را تشریح کردن؛ پروژه ای را تشریح کردن

Erläuterung *f* شرح؛ توضیح

Erläuterungsbericht *m* گزارش توضیحی

erledigen انجام دادن؛ فیصله دادن؛ حلّ و فصل کردن؛ رفع کردن

Erledigung *f* انجام؛ حلّ و فصل؛ رفع

vollständige ~ انجام کامل؛ حلّ و فصل کامل

~ von Formalitäten انجام تشریفات اداری: انجام مقرّرات و تشریفات اداری

~ eines Rechtsstreits حلّ و فصل یک دعوی حقوقی؛ رفع یک دعوی حقوقی

erleichtern تسهیل کردن؛ آسان تر کردن

Erleichterungen *fpl* تسهیلات

Erleichterungsmaßnahmen *fpl* اقدامات تسهیلاتی؛ تدابیر تسهیلاتی

erleiden متحمّل شدن

ein Fiasko ~ شکست خوردن؛ شکستی را متحمّل شدن

einen Schaden ~ خسارت دیدن؛ خسارتی را متحمّل شدن

ermächtigen اختیار دادن؛ وکالت دادن؛ تنفیذ کردن

Ermächtigung *f* اختیار؛ وکالت؛ تنفیذ

gesetzliche ~ اختیار قانونی؛ وکالت قانونی

richterliche ~ اختیار حقوقی؛ وکالت حقوقی

uneingeschränkte ~ اختیار تام؛ اختیار تام و نامحدود؛ وکالت تام؛ وکالت تام و نامحدود

Ermächtigungsgesetz *n* قانون وکالت؛ قانون تنفیذ

ermäßigen تخفیف دادن

Ermäßigung *f* تخفیف

Ermessen *n* صلاح دید؛ تشخیص

behördliches ~ صلاح دید اداری؛ تشخیص اداری

rechtliches ~ تشخیص قانونی

richterliches ~ تشخیص حقوقی؛ تشخیص دادرس؛

تشخیص قاضی
nach ~ des Gerichts طبق تشخیص دادگاه
Ermessensbefugnis *f* اختیار تشخیص
Ermessensbereich *m* محدودهٔ اختیارات؛ حوزهٔ اختیارات؛ حدود اختیارات
Ermessensentscheidung *f* تصمیم تشخیص؛ تصمیم تشخیص قانونی
Ermessensfrage *f* مسألهٔ منوط به تصمیم تشخیص
Ermessensgrundlage *f* اساس تشخیص
Ermessensspielraum *m* دایرهٔ اختیارات؛ حوزهٔ اختیارات؛ چهارچوب اختیارات
ermitteln رسیدگی کردن؛ بازجویی کردن؛ تحقیق کردن
Ermittler/-in *m/f* مأمور تحقیق؛ مأمور رسیدگی؛ بازجو؛ مستنطق
Ermittlung *f* بازجویی؛ رسیدگی؛ تحقیق
laufende ~en تحقیقات جاری (از سوی پلیس یا یک مقام قضایی)
polizeiliche ~en تحقیقات از سوی پلیس
~ an Ort und Stelle تحقیق در محلّ وقوع جرم؛ رسیدگی و تحقیق در محلّ وقوع جرم
während der weiteren ~en
در ضمن تحقیقات بعدی
~en anstellen تحقیقات به عمل آوردن
~en durchführen تحقیقات کردن؛ تحقیق و رسیدگی کردن
~en einstellen به تحقیقات خاتمه دادن؛ به ادامهٔ تحقیقات و رسیدگی ها خاتمه دادن
Ermittlungsausschuss *m* کمیسیون تحقیق؛ کمیسیون تحقیق و رسیدگی
Ermittlungsaustausch *m*
مبادلهٔ نتایج رسیدگی ها و تحقیقات
Ermittlungsbeamte *m* مأمور تحقیق؛ مأمور بازجویی؛ بازجو (مرد)
Ermittlungsbeamtin *f* مأمور تحقیق؛ مأمور بازجویی؛ بازجو (زن)
Ermittlungsbefugnisse *fpl* اختیارات بازجویی
Ermittlungsbehörde *f* ادارهٔ بازجویی
Ermittlungsdienst *m* بخش بازجویی؛ ادارهٔ بازجویی
Ermittlungsergebnis *n* نتیجهٔ تحقیقات؛ نتیجهٔ رسیدگی ها و تحقیقات
Ermittlungsmaßnahmen *fpl* اقدام های بازجویی
Ermittlungsrichter/-in *m/f* بازپرس؛ قاضی تحقیق
Ermittlungsstand *m* مرحلهٔ تحقیقات؛ مرحلهٔ رسیدگی ها و تحقیقات
Ermittlungsverfahren *n* جریان تحقیق و رسیدگی
das ~ einstellen به جریان تحقیق و رسیدگی خاتمه دادن
das ~ eröffnen شروع به تحقیق و رسیدگی کردن
Ermittlungszeitraum *m* مدّت زمان تحقیق و رسیدگی
ermöglichen ممکن ساختن؛ امکان پذیر ساختن
Verhandlungen ~ مذاکرات را ممکن ساختن؛ مذاکرات را امکان پذیر ساختن
ermorden کشتن؛ به قتل رساندن؛ عمداً به قتل رساندن
Ermordung *f* قتل؛ قتل عمدی
Ernährung *f* 1) تغذیه 2) خوراک
Ernährungspolitik *f* سیاست تغذیه
Ernährungssicherung *f* تأمین تغذیه
Ernährungswirtschaft *f* صنعت تغذیه
ernennen گماشتن؛ منصوب کردن
Ernennung *f* انتصاب
Ernennungsausschuss *m* کمیسیون انتصابات
Ernennungsbehörde *f* مرجع انتصابات
Ernennungsrecht *n* حقّ انتصاب
Ernennungsschreiben *n* نامهٔ انتصاب؛ برگهٔ

انتصاب؛ حکم انتصاب

Ernennungsurkunde *f* حکم انتصاب

Ernennungsverfahren *n* نحوهٔ انتصاب

erneuern تجدید کردن؛ احیاء کردن؛ نو کردن

Erneuerung *f* 1) تجدید؛ احیاء 2) نوسازی

1) ~ eines Bündnisses تجدید یک پیمان

~ einer Versicherung تجدید یک بیمه

~ eines Vertrages تجدید یک قرارداد

2) ~ einer Stadt نوسازی یک شهر

Erneuerungsbewegung *f* جنبش احیاء؛ نهضت احیاء

Erneuerungsprozess *m* فرایند نوگردانی؛ روند احیاء

erniedrigen تحقیرکردن؛ خوارکردن

erniedrigend *adj* تحقیرآمیز

Erniedrigung *f* تحقیر

Ernstfall *m* وضعیّت اضطراری

Ernteausfall *m* از بین رفتگی محصول؛ از بین رفتگی برداشت؛ از دست رفتگی محصول؛ از دست رفتگی برداشت

Ernteergebnis *n* نتیجهٔ محصول؛ نتیجهٔ برداشت

Eroberer *m* کشورگشا؛ فاتح

erobern 1) کشور گشایی کردن؛ فتح کردن 2) تحت کنترل خود درآوردن؛ تسخیر کردن

1) ein Land ~ کشوری را فتح کردن؛ سرزمینی را فتح کردن

2) einen Markt ~ بازاری را گشودن؛ بازاری را تسخیر کردن؛ بازاری را تحت کنترل خود درآوردن

Eroberung *f* 1) کشورگشایی؛ فتح 2) تحت کنترل خود آوردن؛ تسخیر

Eroberungsfeldzug *m* لشگرکشی کشورگشایانه؛ لشگرکشی فاتحانه

Eroberungskrieg *m* جنگ کشورگشایانه؛ جنگ فاتحانه

Eroberungspolitik *f* سیاست کشورگشایی

Eroberungszug *m* اُردوکشی کشورگشایانه؛ اُردوکشی فاتحانه

eröffnen گشودن؛ افتتاح کردن؛ آغاز کردن

Eröffnung *f* گشایش؛ افتتاح؛ آغاز

~ einer Ausstellung گشایش یک نمایشگاه؛ افتتاح یک نمایشگاه

~ der Beweisaufnahme آغاز گردآوری مدارک و دلایل (در دادگاه)

~ der Diskussion آغاز بحث؛ آغاز بحث و مناظره؛ آغاز گفتگو

~ einer Geschäftsstelle گشایش یک دفتر کار؛ افتتاح یک دفتر کار

~ des Hauptverfahrens آغاز دادرسی اصلی

~ der Kampfhandlungen آغاز زد و خوردهای نظامی؛ شروع درگیری های نظامی

~ der Konferenz گشایش کنفرانس؛ افتتاح کنفرانس

~ des Konkursverfahrens آغاز دادرسی به امور ورشکستگی

~ einer Kreditlinie گشایش یک اعتبار

~ der Sitzung گشایش نشست؛ گشایش جلسه؛ افتتاح جلسه

~ der Verhandlung 1) شروع مذاکره؛ آغاز مذاکره 2) شروع دادرسی؛ شروع محاکمه

Eröffnungsansprache *f* خطابهٔ افتتاح

Eröffnungsfeier *f* جشن گشایش؛ جشن افتتاح

Eröffnungskurs *m* قیمت سهام در آغاز روز

Eröffnungsnotierung *f* قیمت سهام در آغاز روز

Eröffnungsrede *f* نطق گشایش؛ نطق افتتاح

Eröffnungssitzung *f* نشست گشایش؛ جلسهٔ گشایش؛ جلسهٔ افتتاح

erörtern بحث کردن؛ بحث و گفتگو کردن

Erörterung *f* بحث؛ بحث و گفتگو

eingehende ~ بحث مفصّل؛ بحث و گفتگوی مفصّل

erpressen به زور گرفتن؛ اخّاذی کردن

eine Aussage ~ شهادتی را به زور گرفتن

ein Geständnis ~ اعترافی را به زور گرفتن؛ اقراری را به زور گرفتن

Erpresser/-in *m/f* اخّاذ؛ غاصب

Erpresserbrief *m* نامهٔ اخّاذی؛ نامهٔ تهدیدآمیز

Erpressung *f* اخّاذی؛ غصب

räuberische ~ اخذ مال به عنف

schwere ~ اخّاذی شدید

Erpressungsakt *m* اقدام به اخّاذی؛ عمل اخّاذی

Erpressungspolitik *f* سیاست زور و تهدید؛ سیاست اخّاذی

Erpressungsversuch *m* قصد اخّاذی

erproben آزمایش کردن

Erprobung *f* آزمایش

Erprobungsphase *f* مرحلهٔ آزمایش

erreichen دست یافتن؛ نایل شدن

die Exportziele ~ به اهداف صادراتی دست یافتن

die Geschäftsziele ~ به اهداف معاملاتی دست یافتن

ein Resultat ~ به نتیجه ای دست یافتن؛ به نتیجه ای رسیدن

ein Ziel ~ به هدفی دست یافتن؛ به هدفی نایل شدن

Erreichen *n* دست یابی

errichten بنیان گذاردن؛ تأسیس کردن؛ دایر کردن؛ ایجاد کردن

Errichtung *f* بنیان گذاری؛ تأسیس؛ ایجاد

~ von Barrikaden ایجاد سنگرها

~ eines gemeinsamen Marktes ایجاد یک بازار مشترک

~ einer Gesellschaft تأسیس یک شرکت

~ von Hindernissen ایجاد موانع

~ eines Monopols ایجاد یک انحصار

~ eines Staates بنیان گذاری یک دولت؛ تأسیس یک دولت

~ einer Stiftung بنیان گذاری یک بنیاد؛ تأسیس یک بنیاد

~ eines Weltreiches ایجاد یک قلمرو جهانی

erringen دست یافتن؛ به دست آوردن

Erfolg ~ به موفّقیت دست یافتن

einen Etappensieg ~ به یک پیروزی مرحله ای دست یافتن

die Macht ~ به قدرت دست یافتن؛ قدرت را به دست آوردن

eine Position ~ به مقامی دست یافتن

Ruhm ~ به شهرت دست یافتن

einen Status ~ به جایگاهی دست یافتن؛ مقامی را به دست آوردن

Errungenschaft *f* دستاورد

revolutionäre ~en دستاوردهای انقلابی

technologische ~en دستاوردهای فنّی

wissenschaftliche ~en دستاوردهای علمی

Ersatz *m* 1) جایگزین 2) تاوان؛ غرامت

Ersatzdienst *m* خدمت جایگزین؛ خدمت جایگزین نظام وظیفه

Ersatzpflicht *f* وظیفهٔ جبران زیان

ersatzpflichtig *adj* ملزم به جبران؛ ملزم به جبران زیان

Ersatzteil *n* قطعهٔ یدکی

erschießen به ضرب گلوله کشتن؛ تیرباران کردن

Erschießung *f* قتل به ضرب گلوله؛ تیرباران

Erschießungsbefehl *m* دستور تیرباران

erschließen 1) توسعه دادن؛ گشودن 2) بهره برداری کردن

Erschließung *f* 1) توسعه؛ گشایش؛ گشودن 2) بهره برداری

1) ~ neuer Einkommensquellen گشودن منابع

جدید درآمد
~ neuer Märkte گشایش بازارهای جدید؛ گشایش بازارهای تازه
2) ~ von Bodenschätzen بهره برداری از ذخایر زیرزمینی
Erschließungsgesellschaft *f* شرکت توسعه
industrielle ~ شرکت توسعهٔ صنعتی
Erschließungskosten *f* هزینهٔ توسعه؛ هزینهٔ عمران و آبادانی؛ هزینه های اوّلیّهٔ بهره برداری
erschüttern به لرزه درآوردن؛ متزلزل کردن
Erschütterung *f* تزلزل
erschweren مشکل تر کردن؛ دشوارتر کردن؛ تشدید کردن
die Verhandlungen ~ مذاکرات را مشکل تر کردن؛ مذاکرات را دشوارتر کردن
die Verhandlungsführung ~ انجام مذاکرات را دشوارتر کردن
ersetzen جایگزین کردن
Ersetzung *f* جایگزین
erstatten پس دادن؛ مسترد داشتن؛ پرداختن
Auslagen ~ هزینه ها را پس دادن؛ هزینه ها را مسترد داشتن
Unkosten ~ مخارج اضافی را پس دادن؛ مخارج اضافی را مسترد داشتن
Erstattung *f* استرداد؛ پرداخت
ersticken خفه کردن؛ خواباندن؛ سرکوب کردن
einen Aufruhr im Keim ~ شورشی را در نطفه خفه کردن؛ شورشی را در نطفه خواباندن؛ شورشی را سرکوب کردن
Erstickung *f* **(Ersticken)** *n* سرکوب
erstürmen حمله و تصرّف کردن
Erstürmung *f* حمله و تصرّف
ersuchen رسماً درخواست کردن؛ رسماً تقاضا کردن
um Asyl ~ رسماً درخواست پناهندگی کردن؛ رسماً تقاضای پناهندگی کردن
Ersuchen *n* درخواست؛ تقاضا؛ تقاضای رسمی
auf ~ von بنا به درخواست
erteilen اعطا کردن؛ دادن
eine Arbeitserlaubnis ~ اجازهٔ کار دادن
eine Aufenthaltserlaubnis ~ اجازهٔ اقامت دادن
einen Auftrag ~ 1) مأموریّت دادن 2) سفارش (کالا یا خدمات) دادن
eine Auskunft ~ اطّلاعات دادن
einen Befehl ~ دستور دادن
die Einwilligung ~ موافقت کردن
eine Lizenz ~ مجوّز دادن؛ پروانه دادن؛ امتیازی را اعطا کردن
einen Rat ~ راه و چاره ای را نشان دادن؛ راهنمایی کردن؛ پند دادن
ein Visum ~ ویزا دادن
eine Vollmacht ~ وکالت دادن
eine Weisung ~ دستور دادن
Erteilung *f* اعطا؛ عمل اعطا
Ertrag *m* 1) فراورده؛ محصول 2) درآمد؛ عایدی 3) سود؛ بهره
Ertragsentwicklung *f* رشد درآمد؛ منحنی رشد درآمد
Ertragslage *f* وضعیّت درآمد
Ertragsminderung *f* کاهش درآمد
Ertragsrückgang *m* کاهش درآمد
Ertragsspanne *f* گسترهٔ سود؛ دامنهٔ سود؛ حاشیهٔ سود؛ تفاوت بابت سود
Ertragssteigerung *f* افزایش درآمد؛ رشد درآمد
Ertragssteuer *f* مالیات بر درآمد
Ertragszinsen *f* سود به دست آمده؛ سود حاصله
Erwachsenenbildung *f* آموزش بزرگسالان
Erwachsenenwahlrecht *n* قانون انتخابات

بزرگسالان

erwägen سنجیدن؛ منظور کردن؛ درنظر گرفتن

Erwägung *f* سنجش؛ بررسی دقیق و سنجیده؛ ملاحظه؛ ملاحظهٔ دقیق

politische ~en ملاحظات سیاسی

wohlwollende ~en ملاحظات خیرخواهانه

nach reiflicher ~ پس از در نظر گرفتن تمامی جوانب امر؛ پس از بررسی دقیق و سنجیده

in ~ ziehen منظور کردن؛ درنظر گرفتن

~en anstellen مورد بررسی دقیق و سنجیده قرار دادن

erwähnen یادآور شدن؛ متذکّر شدن

Erwähnung *f* یادآوری؛ تذکّر

erwarten 1) انتظار داشتن؛ توقّع داشتن 2) منتظر بودن؛ انتظار کشیدن

Erwartung *f* 1) چشم داشت؛ توقّع 2) انتظار

erwartungsgemäß *adj* طبق انتظار؛ همان گونه که انتظار می رفت.

erweitern گسترش دادن؛ توسعه دادن

den Export ~ صادرات را گسترش دادن؛ صادرات را توسعه دادن

den Geschäftsbereich ~ به دایرهٔ فعالیّت های تجاری و اقتصادی توسعه بخشیدن

den Import ~ واردات را گسترش دادن؛ واردات

Erweiterung *f* گسترش؛ توسعه

Erweiterungsinvestition *f* سرمایه گذاری جهت توسعه

Erweiterungskosten *f* هزینهٔ توسعه

Erwerb *m* 1) دستیافت؛ تحصیل؛ کسب؛ اکتساب 2) درآمد 3) خرید 4) کار و کسب

1) bedingter ~ دستیافت مشروط؛ تحصیل مشروط؛ تملّک مشروط

rechtmäßiger ~ دستیافت قانونی؛ کسب قانونی

unrechtmäßiger ~ دستیافت غیرقانونی؛ کسب غیرقانونی

~ von Eigentum تحصیل مالکیّت؛ تحصیل استملاک

~ einer Lizenz کسب یک جواز؛ کسب یک امتیاز

2) steuerpflichtiger ~ درآمد مشمول مالیات

3) ~ eines Grundstücks خرید یک قطعه زمین

4) einem ~ nachgehen کار و کسبی را داشتن

erwerben 1) به دست آوردن؛ کسب کردن؛ تحصیل کردن 2) خریدن

Erwerbsangebot *n* پیشنهاد خرید

Erwerbsbevölkerung *f* جمعیّت فعّال؛ جمعیّت کاری

Erwerbseinkommen *n* درآمد کاری

erwerbsfähig *adj* توانا به کار؛ توانا به کار و کسب

~e Person شخص توانا به کار؛ شخص توانا به کار و کسب

Erwerbsfähigkeit *f* توانایی کار؛ توانایی کار و کسب

Erwerbsleben *n* دورهٔ فعّالیّت؛ عمر کاری

erwerbslos *adj* بیکار؛ بیکار و کسب

Erwerbslose *m/f* فرد بیکار؛ فرد بیکار و کسب

Erwerbslosenquote *f* نرخ بیکاری

Erwerbslosenunterstützung *f* حقوق بیکاری

Erwerbslosigkeit *f* بیکاری

Erwerbsmöglichkeit *f* امکان اشتغال؛ امکان کار و کسب

erwerbstätig *adj* شاغل

Erwerbstätige *m/f* فرد شاغل

Erwerbstätigkeit *f* فعالیّت شغلی؛ فعالیّت کاری

erwerbsunfähig *adj* از کار افتاده

Erwerbsunfähigkeit *f* از کار افتادگی

Erwerbsunfähigkeitsrente *f* حقوق بازنشستگی از کار افتادگی

Erwerbsverbot *n* منع اشتغال؛ منع کار

erwidern پاسخ دادن؛ جواب دادن

einen Angriff ~ — به حمله ای پاسخ دادن
eine Frage ~ — به پرسشی پاسخ دادن؛ جواب سؤالی را دادن
Erwiderung *f* — پاسخ؛ جواب
erwirken — احراز کردن؛ دست یافتن
Erwirken *n* — احراز؛ دست یابی
erzählen — 1) حکایت کردن؛ قصّه گفتن؛ داستان سرایی کردن 2) تعریف کردن؛ گفتن
Erzähler *m* — قصّه گو؛ داستان سرا
Erzählung *f* — حکایت؛ داستان؛ داستان سرایی
erzeugen — ساختن؛ تولید کردن
Erzeuger *m* — سازنده؛ تولیدکننده
Erzeugerkosten *f* — هزینهٔ ساخت؛ هزینهٔ تولید
Erzeugerland *n* — کشور سازنده؛ کشور تولیدکننده
Erzeugerpreis *m* — بهای تولید؛ قیمت تولید
Erzeugnis *n* — ساخت؛ تولید
einheimische ~se — تولیدات داخلی
strategisch wichtige ~se — تولیدات مهمّ استراتژیکی
Erzfeind *m* — دشمن آب و اجدادی
erziehen — تربیّت کردن
Erzieher/-in *m/f* — تربیّت کننده
erzieherisch *adj* — تربیّتی؛ پرورشی
Erziehung *f* — تربیت؛ پرورش
Erziehungsanstalt *f* — پرورشگاه
Erziehungsberater/-in *m/f* — مشاور امور تربیّتی؛ راهنمای امور تربیّتی
Erziehungsberatung *f* — مشاورت در امور تربیّتی؛ راهنمایی در امور تربیّتی
Erziehungsgeld *n* — پول سرپرستی و تربیت
Erziehungsmethode *f* — روش تربیّتی
Erziehungsrecht *n* — حقّ سرپرستی و تربیت
Erziehungsziel *n* — هدف تربیّتی
Erzkonservative *m/f* — محافظه کار سرسخت
erzwingen — وادار کردن؛ مجبور کردن؛ تحمیل کردن
den Frieden ~ — صلح را تحمیل کردن
die Kapitulation ~ — به تسلیم وادار کردن
Erzwingung *f* — واداشت؛ تحمیل
Eskalation *f* — اوج گیری
militärische ~ — اوج گیری نظامی
~ der Gewalt — اوج گیری خشونت
Eskalationsprozess *m* — فرایند اوج گیری
eskalieren — اوج گرفتن
etablieren — 1) پابرجا کردن؛ مستقر کردن؛ تثبیت کردن 2) تأسیس کردن
1) die Macht ~ — قدرت را تثبیت کردن
eine Ordnung ~ — نظامی را پابرجا کردن؛ نظامی را مستقر کردن
ein Regime ~ — رژیمی را پابرجا کردن؛ رژیمی را مستقر کردن
2) eine Firma ~ — شرکتی را تأسیس کردن
etablieren, sich — پابرجا شدن؛ تثبیت شدن؛ استقرار یافتن
Etablierung *f* — 1) پابرجایی؛ استقرار؛ تثبیت 2) تأسیس
Etappensieg *m* — پیروزی مرحله ای
einen ~ erringen — به یک پیروزی مرحله ای دست یافتن
Etat *m* — بودجه
ausgeglichener ~ — بودجهٔ متوازن
unausgeglichener ~ — بودجهٔ نامتوازن
einen ~ aufstellen — بودجه ای را تنظیم کردن
einen ~ aufstocken — بودجه ای را افزایش دادن
einen ~ bewilligen — بودجه ای را تصویب کردن
einen ~ überschreiten — از میزان بودجه ای گذشتن
einen ~ vorlegen — بودجه ای را ارائه کردن
Etatabstrich *m* — کاهش بودجه
Etatausgleich *m* — توازن بودجه

Etaterhöhung *f* افزایش بودجه
Etatjahr *n* سال مالی
Etatkürzung *f* کاهش بودجه
Etatminderung *f* کاهش بودجه
Etatplanung *f* برنامه ریزی بودجه
Etatrecht *n* قانون بودجه
Etatzuweisung *f* تخصیص بودجه
Etatzuweisungsplan *m* برنامهٔ تخصیص بودجه
Ethnie *f* قوم
ethnisch *adj* قومی
~e Minderheiten اقلیّت های قوی
~e Probleme مسائل قومی؛ مشکلات قومی
Ethnologe *m* قوم شناس (مرد)
Ethnologie *f* قوم شناسی
Ethnologin *f* قوم شناس (زن)
ethnologisch *adj* قومی؛ قوم شناسیک
evakuieren تخلیه کردن
die besetzten Gebiete ~ اراضی اشغالی را تخلیه کردن
Evakuierung *f* تخلیه
vorsorgliche ~ تخلیهٔ احتیاطی؛
~ der Bewohner تخلیهٔ ساکنان
Evakuierungsanordnung *f* دستور تخلیه
Evakuierungsverfügung *f* دستور تخلیه
evident *adj* آشکار
~er Irrtum خطای آشکار
~es Unrecht ظلم آشکار؛ بی عدالتی آشکار
exakt *adj* دقیق
~e Ausführung eines Befehls اجرای دقیق یک دستور
~e Beschreibung تشریح دقیق
~ vorhersagen دقیقاً پیشگویی کردن؛ دقیقاً پیش بینی کردن
exekutieren 1) اجرا کردن 2) اعدام کردن

Exekution *f* 1) اجرا 2) اعدام
1) ~ des Urteils verschieben اجرای حکم را به تعویق انداختن
2) eine ~ vornehmen اعدام کردن
Exekutivausschuss *m* کمیسیون اجرایی؛ هیأت اجرایی
Exekutivgewalt *f* قدرت اجرایی
Exekutivrat *m* شورای اجرایی
Exekutivvorsitzende *m/f* رئیس اجرایی؛ رئیس امور اجرایی
Exhibitionismus *m* نمایشگری
Exhibitionist *m* نمایشگر
Exil *n* تبعید
ins ~ gehen به تبعید رفتن؛ راهی تبعید شدن
im ~ leben در تبعید زندگی کردن؛ در تبعید بسر بردن
ins ~ schicken به تبعید فرستادن
Exilant/-in *m/f* تبعیدی؛ فرد تبعیدی
exilieren به تبعید فرستادن
Exilpolitiker/-in *m/f* سیاستمدار در تبعید
Exilregierung *f* دولت در تبعید
Existentialismus *m* اگزیستانسیالیسم؛ فلسفهٔ هستی گرایی
Existentialist *m* اگزیستانسیالیست؛ هستی گرا
Existenz *f* هستی؛ موجودیّت
menschliche ~ هستی انسانی؛ موجودیّت انسانی
nationale ~ موجودیّت ملی
die ~ aufs Spiel setzen موجودیّت را به بازی گرفتن
die ~ bedrohen موجودیّت را تهدید کردن
die ~ sichern موجودیّت را حفظ کردن
Existenzbedingungen *fpl* شرایط زندگی
Existenzgrundlage *f* پایهٔ معیشت؛ اساس معیشت
Existenzgründung *f* پایه ریزی اساس و موجبات کار و کسب؛ تأسیس شرکت

Existenzkampf *m* نبرد هستی
Existenzminimum *n* حداقلّ مزد امرار معاش؛ حداقلّ مزد معیشت
Existenzrecht *n* حقّ موجودیّت
Existenzsicherung *f* 1) حفظ موجودیّت 2) تأمین امرار معاش
exklusiv *adj* اختصاصی؛ انحصاری
Exklusivinterview *n* مصاحبهٔ اختصاصی
Exklusivrecht *n* حقّ انحصاری
Exodus *m* کوچ گروهی؛ مهاجرت گروهی؛
exogen *adj* برونی
Expansion *f* گسترش؛ توسعه؛ بالندگی
wirtschaftliche ~ گسترش اقتصادی؛ توسعهٔ اقتصادی؛ بالندگی اقتصادی
~ der Großstädte گسترش شهرهای بزرگ؛ توسعهٔ شهرهای بزرگ
~ eines Unternehmens توسعهٔ یک شرکت
Expansionismus *m* گسترش جویی؛ گسترش طلبی؛ توسعه طلبی
expansionistisch *adj* گسترش طلبانه؛ توسعه طلبانه
~e Politik سیاست گسترش طلبانه؛ سیاست توسعه طلبانه
Expansionsabsichten *fpl* مقاصد توسعه طلبانه
Expansionspotential *n* توان گسترش؛ امکانات گسترش؛ امکانات توسعه؛ توان توسعه
Expansionstendenzen *fpl* گرایش های توسعه خواهی؛ گرایش های توسعه طلبانه
Experte *m* کارشناس؛ خبره؛ متخصّص (مرد)
ausländischer ~ کارشناس خارجی
wissenschaftlicher ~ کارشناس علمی
Expertenbericht *m* گزارش کارشناسان
Expertengremium *n* کمیسیون کارشناسان
Expertengruppe *f* گروه کارشناسان
Expertenkommission *f* کمیسیون کارشناسان؛ هیأت کارشناسان
Expertenrunde *f* نشست کارشناسان؛ گردِهمایی کارشناسان
Expertenstab *m* ستاد کارشناسان
Expertentagung *f* جلسهٔ کارشناسان؛ اجلاس کارشناسان
Expertin *f* کارشناس؛ خبره؛ متخصّص (زن)
Explosion *f* انفجار
gewaltige ~ انفجار سهمگین؛ انفجار مهیب
heftige ~ انفجار شدید
politische ~ انفجار سیاسی
eine ~ auslösen انفجاری را موجب شدن
zur ~ bringen منفجر کردن
Explosionsgefahr *f* خطر انفجار
Export *m* صادرات
den ~ drosseln صادرات را کاهش دادن
den ~ einschränken صادرات را محدود کردن
den ~ erweitern صادرات را گسترش دادن؛ صادرات را توسعه دادن
den ~ fördern از صادرات پشتیبانی کردن؛ از صادرات حمایت کردن
den ~ steigern صادرات را افزایش دادن
den ~ verbieten صادرات را منع کردن؛ صادرات را ممنوع اعلام کردن
den ~ verringern صادرات را کاهش دادن
den ~ verstärken صادرات را افزایش دادن
Exportabteilung *f* بخش صادرات
Exportanstieg *m* بالارفتن صادرات؛ افزایش صادرات
Exportartikel *m* کالای صادراتی
Exportbedingungen *fpl* شرایط صادرات؛ شرایط صدور کالا
Exportbeschränkungen *fpl* محدودیّت های

صادراتی

Exportbestimmungen *fpl* مقرّرات صادرات

Exportbewilligung *f* اجازهٔ واردات

Exporteinnahmen *fpl* درآمد صادرات؛ دریافت های حاصله از صادرات

Exporterlaubnis *f* پروانهٔ صادرات؛ جواز صادرات؛ مجوّز صادرات

Exporterleichterungen *fpl* تسهیلات صادراتی

Exporterlös *m* درآمد صادرات؛ درآمد حاصله از صادرات

Exporteur *m* صادرکننده

Exportfirma *f* شرکت صادرات

Exportförderung *f* پشتیبانی از صادرات؛ حمایت از صادرات؛ حمایت دولت از صادرات

Exportgarantie *f* ضمانت صادراتی

Exportgenehmigung *f* پروانهٔ صادرات؛ جواز صادرات؛ مجوّز صادرات؛ مجوّز صدور

Exportgeschäfte *npl* معاملات صادراتی

Exporthafen *m* بندر صادرات

Exporthandel *m* معاملهٔ صادراتی

exportieren صادر کردن

Exportindex *m* شاخص صادرات

Exportindustrie *f* صنعت صادرات

Exportkontingent *n* سهمیّهٔ صادرات

Exportkontrolle *f* نظارت بر صادرات؛ کنترل صادرات

Exportkredit *m* اعتبار صادراتی

Exportkreditgarantie *f* ضمانت اعتبارات صادراتی

Exportkreditrisiko *n* ریسک اعتبارات صادراتی؛ خطر سوختگی اعتبارات صادراتی

Exportkreditversicherung *f* بیمهٔ اعتبار صادراتی

Exportland *n* کشور صادرکننده

Exportleiter/-in *m/f* مدیر صادرات

Exportlizenz *f* پروانهٔ صدور؛ مجوّز صادرات؛ مجوّز صدور

Exportmarkt *m* بازار صادرات

Exportmesse *f* نمایشگاه کالاهای صادراتی

Exportnation *f* کشور صادرکننده

Exportprämie *f* جایزهٔ صادراتی

Exportpreis *m* قیمت صادراتی

Exportprofite *mpl* سودهای حاصله از صادرات

Exportrückgang *m* کاهش صادرات؛ تقلیل صادرات

Exportsperre *f* مانع صادرات

Exportstatistik *f* آمار صادرات

Exportsteigerung *f* افزایش صادرات

Exportsteuer *f* مالیات بر صادرات

Exportsubvention *f* پشتیبانی مالی دولت از صادرات؛ حمایت مالی دولت از صادرات

Exportüberschuss *m* مازاد صادرات

Exportverbot *n* منع صادرات

Exportvertreter/-in *m/f* نمایندهٔ صادرات

Exportwaren *fpl* کالاهای صادراتی؛ جنس های صادراتی

Exportziele *npl* اهداف صادراتی

die ~ erreichen به اهداف صادراتی دست یافتن

die ~ verfehlen به اهداف صادراتی دست نیافتن

Exportzölle *mpl* حقوق گمرکی کالاهای صادراتی

Exportzuwachs *m* رشد صادرات؛ افزایش صادرات

exterritorial *adj* 1) برون مرزی
2) بیرون از دادرسی درون مرزی

Exterritorialität *f* برون مرزیّت

extrem *adj* افراطی

~er Nationalismus ناسیونالیسم افراطی

Extremismus *m* افراط گرایی

Extremist/-in *m/f* افراط گرا

F

Fabrik *f* کارخانه
eine ~ betreiben کارخانه ای را اداره کردن
eine ~ schließen کارخانه ای را بستن؛ کارخانه ای را تعطیل کردن
eine ~ stillegen کارخانه ای را بستن؛ کارخانه ای را برای همیشه تعطیل کردن
Fabrikarbeit *f* کار کارخانه ای
Fabrikarbeiter/-in *m/f* کارگر کارخانه
Fabrikant/-in *m/f* کارخانه دار؛ صاحب کارخانه
Fabrikat *n* ساخت
ausländisches ~ ساخت خارج؛ ساخت خارجی
inländisches ~ ساخت داخل؛ ساخت داخلی
Fabrikation *f* ساخت
Fabrikationsgemeinkosten *f* هزینه های عمومی تولید
Facharbeiter/-in *m/f* کارگر ماهر؛ کارگر متخصّص؛ استادکار؛ کارگر فنّی
Facharbeitergewerkschaft *f* اتّحادیّهٔ صنفی؛ اتّحادیّهٔ ویژهٔ پیشه وران
Facharbeitermangel *m* کمبود کارگر ماهر؛ کمبود کارگر متخصّص؛ کمبود کارگر فنّی
Fachausdruck *m* اصطلاح علمی
Fachausschuss *m* کمیسیون فنّی
Fachberater/-in *m/f* رایزن فنّی؛ مشاور فنّی
Fachberatung *f* رایزنی فنّی؛ مشاورهٔ فنّی
Fachbereich *m* بخش تخصّصی
Fachbuch *n* کتاب تخصّصی
Fachfrau *f* کارشناس؛ متخصّص (زن)
Fachgericht *n* دادگاه اختصاصی
Fachhandel *m* تجارت کالاهای اختصاصی؛ خرید و فروش کالاهای اختصاصی
Fachhochschule *f* مدرسه عالی
Fachkräfte *fpl* نیروی ماهر؛ نیروی متخصّص
Fachkräftemangel *m* کمبود نیروی ماهر؛ کمبود نیروی متخصّص
Fachliteratur *f* ادبیّات تخصّصی
Fachmann *m* کارشناس؛ متخصّص (مرد)
einen ~ konsultieren با کارشناسی مشورت کردن؛ نظر متخصّصی را خواستن
fachmännisch *adj* تخصّصی؛ حرفه ای
Fachmesse *f* نمایشگاه بازرگانی؛ نمایشگاه کالاهای تجاری
Fachschule *f* مدرسهٔ تخصّصی
Fachtagung *f* سیمینار کارشناسان؛ سیمینار متخصّصین
Fachwörterbuch *n* واژه نامهٔ تخصّصی؛ فرهنگ تخصّصی
Fachzeitschrift *f* مجلّهٔ صنفی
Fähigkeit *f* توان
militärische ~ توان نظامی
operative ~ توان عملیّاتی
organisatorische ~en توان های تشکیلاتی
fahnden nach مورد پیگرد قرار دادن؛ در پی کسی یا چیزی بودن
Fahnder/-in *m/f* کارآگاه؛ مأمور پیگرد؛ مأمور تعقیب
Fahndung *f* پیگرد؛ تعقیب؛ جست و جو
Fahndungserfolg *m* موفّقیّت در امر پیگرد
Fahndungsliste *f* فهرست پیگرد؛ فهرست افراد تحت تعقیب
Fahndungsmeldung *f* گزارش پیگرد؛ گزارش تعقیب
Fahndungsplakat *n* آگهی پیگرد؛ پلاکارد پیگرد؛ پلاکارد تعقیب؛ پلاکارد افراد تحت تعقیب
Fahne *f* پرچم
Fahneneid *m* سوگند به پرچم؛ سوگند وفاداری

به پرچم

Fahnenflucht *f*   فرار از خدمت نظام وظیفه؛

فرار از خدمت زیر پرچم

Fahnenflüchtige *m/f*   سرباز فراری

Fahrerflucht *f*   فرار راننده پس از وقوع تصادف

fahrlässig *adj*   ناخواسته؛ غیرعمد

~e Tötung   قتل ناخواسته؛ قتل غیرعمد

Fahrlässigkeit *f*   کوتاهی؛ غفلت

Fahrverbot *n*   منع رانندگی

~ erteilen   از رانندگی منع کردن

Fahrzeug *n*   خودرو

gepanzertes ~   خودرو زرهی

Faktor *m*   عامل

bedeutsamer ~   عامل مهم

bestimmender ~   عامل تعیین کننده

entscheidender ~   عامل قطعی

kriegsentscheidende ~en   عوامل تعیین کننده در

جنگ

maßgebender ~   عامل تعیین کننده

treibender ~   عامل محرّک

unsicherer ~   عامل ناامن

wesentlicher ~   عامل بسیار مهم

Faktum *n*   واقعیّت؛ رخداد؛ رویداد

militärisches ~   رویداد نظامی

unbestreitbares ~   واقعیّت انکارناپذیر

unleugbares ~   واقعیّت انکارناپذیر

Fall *m*   موضوع؛ مورد

betreffender ~   موضوع مربوطه

konkreter ~   مورد مشخّص؛ موضوع مشخّص

strittiger ~   موضوع مورد اختلاف

vorliegender ~   موضوع مورد بررسی

im ~e des Verstoßes gegen   در صورت تخلّف از

im ~e des Verzugs   در صورت دیرکرد؛

در صورت تأخیر

einen ~ verhandeln   دربارۀ موضوعی به مذاکره

پرداختن

fallen   1) کاهش یافتن 2) کشته شدن

3) مشمول شدن

1) die Preise ~   قیمت ها در حال کاهش اند.

2) im Krieg ~   در جنگ کشته شدن

3) unter ein Gesetz ~   مشمول یک قانون شدن

fällen   1) انداختن (درخت)

2) صادر کردن (حکم)

1) einen Baum ~   درختی را کندن؛ درختی را

انداختن

2) ein Urteil ~   حکمی را صادر کردن

fallenlassen   1) مساله ای را دنبال نکردن؛

کنار گرفتن 2) دست از پشتیبانی برداشتن؛

به حال خود رها کردن

1) eine Anklage ~   اتّهامی را دنبال نکردن؛

اتّهامی را پس گرفتن

seine Kandidatur ~   از نامزدی خود (در انتخابات)

کنار گرفتن

einen Plan ~   برنامه ای را دنبال نکردن

ein Thema ~   موضوعی را دنبال نکردن

2) jmdn. ~   کسی را به حال خود رها کردن

Fallschirm *m*   چتر نجات

Fallschirmjäger/-in *m/f*   چترباز

Fallschirmtruppen *fpl*   نیروهای چترباز

Falschaussage *f*   گواهی دروغ؛ شهادت کذب

fälschen   جعل کردن؛ دست بردن در

eine Bilanz ~   در ترازنامه ای دست بردن

einen Geldschein ~   اسکناسی را جعل کردن

eine Unterschrift ~   امضایی را جعل کردن

Falschgeld *n*   پول جعلی

Einziehung des ~es   ضبط پول جعلی

Falschinformation *f*   اطّلاعات نادرست؛ اطّلاعات

جعلی

Falschmeldung *f* گزارش نادرست؛ خبر جعلی
Fälschung *f* جعل؛ ساختگی
Familienangehörige *m/f* عضو خانواده
Familienangelegenheiten *fpl* امور خانوادگی
Familienbeihilfe *f* کمک هزینهٔ خانواده؛ کمک مالی به خانواده
Familienberater/-in *m/f* راهنمای خانواده
Familienberatung *f* راهنمایی خانواده
Familienbetrieb *m* کارگاه خانوادگی
Familienförderung *f* حمایت از خانواده
Familienförderungsgesetz *n* قانون حمایت از خانواده
Familiengericht *n* دادگاه خانواده
Familienhaushalt *m* بودجهٔ خانواده؛ بودجهٔ خانوار
Familienmitglied *n* عضو خانواده
Familienoberhaupt *n* رئیس خانواده؛ بزرگ خانواده
Familienplanung *f* تنظیم خانواده؛ برنامهٔ تنظیم خانواده
Familienpolitik *f* سیاست خانواده
Familienschutz *m* حمایت خانواده
Familienunternehmen *n* بنگاه خانوادگی؛ شرکت خانوادگی
Familienverhältnisse *npl* مناسبات خانوادگی
Familienvermögen *n* دارایی های خانواده
Familienvorstand *m* رئیس خانواده؛ بزرگ خانواده
Familienwirtschaft *f* اقتصاد خانواده
Familienzusammenführung *f* بازپیوستن خانواده؛ دوباره یکی شدن خانواده
Familienzuschuss *m* کمک هزینهٔ خانواده
Faschismus *m* فاشیسم
Faschist/-in *m/f* فاشیست
fatal *adj* شوم
~e Entwicklung تحوّل شوم
~e Lage وضع شوم؛ وضعیّت شوم
Fatalismus *m* سرنوشت باوری
Fatalist *m* سرنوشت باور
Fehlangaben *fpl* اطّلاعات نادرست؛ اطّلاعات غلط
Fehlbestand *m* کسر موجودی
Fehlbetrag *m* کسری؛ مبلغ کسری
Fehlbeurteilung *f* ارزیابی نادرست؛ داوری نادرست؛ قضاوت نادرست
Fehleinschätzung *f* براورد نادرست؛ براورد غلط؛ تخمین نادرست
Fehlentscheidung *f* تصمیم نادرست؛ تصمیم غلط
Fehlentwicklung *f* رشد و توسعهٔ ناقص
Fehlerquote *f* میزان اشتباهات
Fehlinvestition *f* سرمایه گذاری نابجا؛ سرمایه گذاری غلط
Fehlplanung *f* برنامه ریزی نادرست؛ طرح ریزی نادرست
Fehlschlag *m* ناکامی؛ عدم موفّقیّت
Fehlurteil *n* داوری نادرست؛ قضاوت نادرست؛ قضاوت غلط
Fehlverhalten *n* رفتار نادرست
Feier *f* جشن؛ مراسم
feierlich *adj* رسمی؛ تشریفاتی
Feierlichkeit *f* جشن؛ مراسم
Feiertag *m* تعطیل
gesetzlicher ~ تعطیل قانونی؛ تعطیل رسمی
offizieller ~ تعطیل رسمی
religiöser ~ تعطیل مذهبی
Feind *m* دشمن
potentieller ~ دشمن بالقوّه
den ~ ausrotten دشمن را قلع و قمع کردن
den ~ bekämpfen با دشمن مبارزه کردن
den ~ besiegen بر دشمن پیروز شدن؛

بر دشمن چیره شدن؛ بر دشمن غلبه کردن
über den ~ triumphieren بر دشمن پیروز شدن
den ~ unterschätzen به دشمن کم بها دادن؛ دشمن را دست کم گرفتن
den ~ zerschlagen دشمن را تارومار کردن؛ دشمن را متلاشی کردن
Feindberührung *f* برخورد با دشمن
Feindesland *n* سرزمین دشمن
feindlich *adj* دشمنانه؛ خصومت آمیز؛ خصمانه
~e Stellungen مواضع دشمن
~er Angriff هجوم دشمن؛ حملهٔ دشمن؛ حملهٔ خصمانه
Feindschaft *f* دشمنی؛ خصومت
feindselig *adj* دشمنانه؛ خصمانه
~e Handlungen اعمال خصمانه
~e Politik سیاست خصمانه
Feindseligkeit *f* دشمنی؛ خصومت
offene ~ دشمنی آشکار؛ خصومت آشکار
persönliche ~en دشمنی های شخصی؛ خصومت های شخصی
Feld *n* 1) کشتزار؛ زمین مزروعی 2) میدان 3) رزمگاه
Feldexperiment *n* آزمایش میدانی؛ تجربهٔ میدانی
Feldforschung *f* پژوهش میدانی
Feldküche *f* آشپزخانهٔ صحرایی
Feldstudie *f* مطالعهٔ میدانی
Feldwebel *m* گروهبان
Feldzug *m* اُردوکشی؛ لشگرکشی
militärischer ~ اُردوکشی نظامی
Fernsehansprache *f* نطق تلویزیونی؛ خطابهٔ تلویزیونی
Fernsehanstalt *f* ایستگاه تلویزیون
Fernsehaufnahme *f* ضبط برنامهٔ تلویزیونی
Fernsehbericht *m* گزارش تلویزیونی
Fernsehinterview *n* مصاحبهٔ تلویزیونی
Fernsehjournalismus *m* وقایع نگاری تلویزیونی
Fernsehjournalist/-in *m/f* وقایع نگار تلویزیونی
Fernsehmarkt *m* بازار برنامه های تلویزیونی
Fernsehpresse *f* مطبوعات تلویزیونی
Fernsehreportage *f* گزارش تلویزیونی؛ خبر تلویزیونی
Fernsehreporter/-in *m/f* گزارشگر تلویزیونی؛ خبرنگار تلویزیونی
Fernsehsendung *f* فرستندهٔ تلویزیونی
Fernsehübertragung *f* پخش تلویزیونی؛ پخش برنامه از طریق تلویزیون
Fernsehveranstalter/-in *m/f* برگزارکنندهٔ برنامه های تلویزیونی
Fernsehzuschauer/-in *m/f* بینندهٔ تلویزیون
Fertigerzeugnis *n* فراوردهٔ نهایی؛ محصول نهایی
Fertigprodukt *n* فراوردهٔ نهایی؛ محصول نهایی
Fertigung *f* ساخت؛ تولید
Fertigungsgemeinkosten *f* هزینه های عمومی تولید
Fertigungskosten *f* هزینهٔ تولید
Fertigungsplanung *f* برنامه ریزی تولید
Fertigungsprogramm *n* برنامهٔ تولید
Fertigungszeit *f* مدّت زمان تولید
Fertigware *f* کالای ساخته شده
Festakt *m* مراسم بزرگداشت
Festangestellte *m/f* کارمند ثابت
Festgehalt *n* حقوق ثابت
festhalten پای بند بودن؛ مقیّد بودن
an seiner Meinung ~ به عقیدهٔ خود پای بند بودن؛ به رأی خود مقیّد بودن
festigen مستحکم ساختن؛ تحکیم بخشیدن
Festigung *f* تحکیم؛ استحکام
Festkurs *m* نرخ ثابت
festlegen تعیین کردن؛ قید کردن

ausdrücklich ~ صریحاً قید کردن
gesetzlich ~ قانوناً تعیین کردن
schriftlich ~ کتباً قید کردن
testamentarisch ~ مطابق با وصیّت (نامه) تعیین کردن
vertraglich ~ در قرارداد قید کردن
Bestimmungen ~ مقرّرات را تعیین کردن
den Wechselkurs ~ نرخ ارز را تعیین کردن؛ نرخ خرید و فروش ارز را تعیین کردن

Festlegung *f* تعیین؛ عمل تعیین

Festnahme *f* دستگیری؛ جلب؛ توقیف؛ بازداشت

festnehmen دستگیر کردن؛ جلب کردن؛ توقیف کردن؛ بازداشت کردن
Demonstranten ~ تظاهرکنندگان را دستگیر کردن
bei einer Hausdurchsuchung ~ در هنگام تفتیش خانه دستگیر کردن؛ در هنگام بازرسی خانه بازداشت کردن

Festpreis *m* قیمت ثابت

festsetzen تعیین کردن

Festsetzung *f* تعیین؛ عمل تعیین
gerichtliche ~ تعیین از سوی دادگاه
~ von Bedingungen تعیین شرایط
~ von Dividenden تعیین سود سهام؛ تعیین میزان سود سهام
~ der Einkommenssteuer تعیین مالیات بر درآمد
~ der Entschädigung تعیین جبران خسارت
~ der Kaution تعیین میزان وجه الضمان
~ der Preise تعیین قیمت ها
~ der Prozesskosten تعیین هزینهٔ دادرسی
~ von Schadenersatz تعیین جبران خسارت
~ eines Termins تعیین وقت؛ تعیین وقت ملاقات

feststellen تعیین کردن

Feststellung *f* تعیین؛ عمل تعیین
rechtliche ~ تعیین حقوقی؛ تعیین قانونی
rechtskräftige ~ تعیین قانونی؛ حکم نهایی؛ حکم قطعی
richterliche ~ تعیین قضایی؛ تعیین رسمی از سوی رئیس دادگاه
~ der Forderung تعیین میزان مطالبه؛ تعیین میزان مطالبهٔ پول
~ der Personalien تعیین هویّت شخص
~ der Steuerschuld تعیین میزان بدهی مالیاتی
~ des Tatbestandes تعیین حقیقت امر؛ تعیین چگونگی امر
~ der Vaterschaft تعیین اصلیّت؛ تعیین اصل پدری

Festung *f* دژ؛ قلعه؛ استحکامات
unhaltbare ~ دژ غیرقابل دفاع؛ استحکامات غیرقابل دفاع
eine ~ belagern دژی را محاصره کردن؛ استحکاماتی را محاصره کردن
eine ~ bezwingen دژی را متصرّف شدن؛ استحکاماتی را به تصرّف خود درآوردن
eine ~ einnehmen دژی را تسخیر کردن؛ استحکاماتی را تسخیر کردن

Fetischismus *m* بتواره پرستی

Fetischist *m* بتواره پرست

Feudalherr *m* فئودال؛ اقطاع دار؛ تیول دار

Feudalismus *m* فئودالیسم؛ نظام ملوک الطوایفی؛ نظام ارباب و رعیّتی

Feudalsystem *n* نظام ملوک الطوایفی؛ نظام ارباب و رعیّتی؛ نظام فئودالی؛ سیستم تیول داری؛ سیستم اقطاع داری

Feuer *n* آتش
~ eröffnen auf آتش را گشودن بر

Feuerkraft *f* نیروی آتش (خودی یا دشمن)

Feuerpause *f* آتش بس
zeitlich begrenzte ~ آتش بس محدود؛ آتش بس محدود به لحاظ زمانی

Feuerversicherung *f* بیمهٔ آتش سوزی

Feuerversicherungsgesellschaft *f* شرکت بیمهٔ آتش سوزی

Feuerversicherungspolice *f* بیمه نامهٔ آتش سوزی

Fiasko *n* شکست

militärisches ~ شکست نظامی

ein ~ erleiden شکستی را متحمّل شدن؛ شکست خوردن

Filiale *f* شعبه

Filialleiter/-in *m/f* مدیر شعبه

Film *m* فیلم

Filmgeschichte *f* تاریخ فیلم

Filmindustrie *f* صنعت فیلم

Filmkritiker/-in *m/f* نقدگر فیلم

Filmproduktion *f* فیلم سازی؛ تولید فیلم

Filmregisseur/-in *m/f* کارگردان فیلم

Filmschauspieler/-in *m/f* هنرپیشهٔ فیلم

Filmstar *m* ستارهٔ سینما

Finanzabkommen *n* موافقت نامهٔ مالی

Finanzabteilung *f* بخش مالی

Finanzamt *n* ادارهٔ دارایی

Finanzangelegenheiten *fpl* امور مالی

Finanzanlage *f* سرمایه گذاری مالی

Finanzattaché *m* وابستهٔ مالی

Finanzaufsicht *f* نظارت مالی؛ نظارت بر امور مالی

Finanzausgleich *m* توازن مالی

Finanzausschuss *m* کمیسیون مالی

Finanzautonomie *f* خودگردانی مالی؛ خودمختاری مالی

Finanzbedarf *m* نیاز مالی

Finanzbehörde *f* ادارهٔ امور مالی

Finanzbeihilfe *f* کمک مالی؛ کمک مالی از سوی دولت

Finanzberater/-in *m/f* رایزن مالی؛ مشاور مالی

Finanzbericht *m* گزارش مالی

Finanzchef/-in *m/f* رئیس امور مالی

Finanzdienstleister *m* بنگاه خدمات مالی؛ بانک

Finanzdienstleistung *f* خدمات مالی

Finanzdirektor/-in *m/f* مدیر مالی

Finanzdokument *n* سند مالی

Finanzen *pl* امور مالی؛ عایدات و درآمدها

die ~ offenlegen در مورد عایدات و درآمدها اطّلاعات دادن

die ~ ordnen امور مالی را تنظیم کردن

die ~ sanieren امور مالی را بازسازی کردن؛ امور مالی را بهسازی کردن

Finanzertrag *m* درآمد مالی

Finanzexperte *m* کارشناس امور مالی؛ متخصّص امور مالی (مرد)

Finanzexpertin *f* کارشناس امور مالی؛ متخصّص امور مالی (زن)

Finanzfachmann *m* کارشناس امور مالی؛ متخصّص امور مالی

Finanzgericht *n* دادگاه امور مالی

Finanzgeschäfte *npl* معاملات مالی

Finanzgesellschaft *f* شرکت اعتبارات تجاری

Finanzgesetz *n* قانون مالی

Finanzgesetzentwurf *m* لایحهٔ قانون مالی

Finanzhaushalt *m* بودجهٔ مالی

Finanzhilfe *f* کمک مالی

begrenzte ~ کمک مالی محدود

die ~ einstellen کمک مالی را متوقّف کردن

die ~ erhöhen کمک مالی را افزایش دادن

die ~ kürzen کمک مالی را کاهش دادن

Finanzholding *f* دارایی مالی؛ تملّک مالی

finanziell *adj* مالی

~e Abhängigkeit وابستگی مالی
~e Angaben اطّلاعات مالی
~e Ansprüche ادّعاهای مالی
~e Belastung فشار مالی
~e Lage وضعیّت مالی
~e Mittel منابع مالی
~e Möglichkeiten امکانات مالی
~e Probleme مشکلات مالی
~e Unabhängigkeit عدم استقلال مالی
~e Unterstützung پشتیبانی مالی؛ حمایت مالی
~e Vorteile مزیّت های مالی
~er Anreiz انگیزهٔ مالی
~er Ausgleich توازن مالی
~er Verlust ضرر مالی؛ زیان مالی
~es Risiko خطر مالی؛ خطر احتمالی مالی
finanzieren تأمین اعتبار کردن؛ هزینهٔ (چیزی را) تأمین کردن
Investitionen ~ جهت سرمایه گذاری ها تأمین اعتبار کردن
ein Unternehmen ~ هزینهٔ شرکتی را تأمین کردن
Finanzier *m* تأمین کنندهٔ هزینهٔ مالی
Finanzierung *f* تأمین مالی
öffentliche ~ تأمین مالی از سوی دولت
private ~ تأمین مالی خصوصی
staatliche ~ تأمین مالی از سوی دولت
Finanzierungsabkommen *n* موافقت نامهٔ مالی
Finanzierungsbank *f* بانک دهندهٔ اعتبار مالی؛ بانک سرمایه گذاری
Finanzierungsbedarf *m* نیاز به تأمین مالی
Finanzierungsfragen *fpl* مسائل مالی
Finanzierungsgeschäfte *npl* معاملات مالی
Finanzierungsgesellschaft *f* شرکت اعتبارات تجاری؛ شرکت تأمین مالی
Finanzierungshilfe *f* کمک مالی

Finanzierungskosten *f* هزینهٔ مالی
Finanzierungslücke *f* خلاء مالی؛ کمبود مالی
Finanzierungsmittel *f* وجوه تأمین مالی
Finanzierungsmöglichkeiten *fpl* امکانات تأمین مالی
Finanzierungsplan *m* برنامهٔ تأمین مالی
Finanzierungsquellen *fpl* منابع تأمین مالی
Finanzierungsreserven *fpl* اندوخته های مالی؛ ذخیره های مالی
Finanzierungssystem *n* سیستم مالی
Finanzierungsträger *m* تأمین کنندهٔ اعتبار مالی؛ مؤسّسهٔ مالی
Finanzierungsverbindlichkeiten *fpl* تعهّدات مالی
Finanzierungsvertrag *m* قرارداد تأمین مالی
Finanzierungszusage *f* وعدهٔ اعطای اعتبار مالی
Finanzinspektion *f* نظارت مالی؛ نظارت بر امور مالی
Finanzinstitut *n* نهاد مالی؛ مؤسّسهٔ مالی؛ بانک
Finanzinvestition *f* سرمایه گذاری در امور مالی
Finanzinvestor *m* سرمایه گذار در امور مالی
Finanzjahr *n* سال مالی
Finanzkapital *n* سرمایهٔ مالی
Finanzkapitalismus *m* سرمایه داری مالی
Finanzkontrolle *f* نظارت مالی؛ نظارت بر امور مالی
finanzkräftig *adj* قوی از لحاظ مالی
Finanzkreise *f* محافل مالی
Finanzkrise *f* بحران مالی
Finanzlage *f* وضعیّت مالی؛ وضع مالی؛ موقعیّت مالی
Finanzlücke *f* خلاء مالی
Finanzmakler/-in *m/f* دلال ارز
Finanzmarkt *m* بازار مالی

Finanzminister/-in *m/f* وزیر دارایی
Finanzministerium *n* وزارت دارایی
Finanzmittel *f* وجوه مالی
Finanzmonopol *n* انحصار مالی
Finanznot *f* نیاز شدید مالی: احتیاج مبرم مالی
Finanzperiode *f* دورهٔ مالی
Finanzplan *m* برنامهٔ مالی
Finanzplanung *f* برنامه ریزی مالی
Finanzplatz *m* مرکز مالی
Finanzpolitik *f* سیاست مالی
Finanzprobleme *npl* مشکلات مالی؛ معضلات مالی
Finanzprogramm *n* برنامهٔ مالی
Finanzprojekt *n* طرح مالی
Finanzprüfung *f* بررسی وضع مالی
Finanzprüfungsausschuss *m* کمیسیون بررسی وضع مالی
Finanzquellen *fpl* منابع مالی
Finanzreform *f* اصلاحات مالی
Finanzreserven *fpl* اندوخته های مالی؛ ذخیره های مالی
Finanzsanierung *f* بازسازی امور مالی
finanzschwach *adj* ضعیف از لحاظ مالی
~e Länder ایالت های ضعیف از لحاظ مالی
Finanzschwäche *f* ضعف مالی
Finanzschwierigkeiten *fpl* مشکلات مالی
Finanzsenator/-in *m/f* سناتور امور مالی
Finanzsperre *f* وقفه در تأمین امور مالی
Finanzspritze *f* کمک مالی
Finanzstabilität *f* ثبات مالی
Finanzstatistik *f* آمار مالی
Finanzstatus *m* وضع مالی
Finanzstrategie *f* استراتژی مالی
Finanzstruktur *f* ساخت مالی
Finanztransaktionen *fpl* عملیّات مالی

Finanzverhältnisse *npl* مناسبات مالی
Finanzvermögen *n* موجودی مالی
Finanzvertrag *m* قرارداد مالی
Finanzverwaltung *f* ادارهٔ امور مالی
Finanzvorlage *f* لایحهٔ مالی
Finanzvorstand *m* هیأت مدیرهٔ مالی
Finanzwechsel *m* برات مالی
Finanzwesen *n* مالیه؛ نظام مالی
öffentliches ~ مالیهٔ عمومی؛ مالیهٔ دولتی
Finanzwirtschaft *f* مالیهٔ عمومی؛ مالیهٔ دولتی
Finanzzentren *npl* مراکز مالی
Finanzzuschuss *m* کمک مالی
Finanzzuweisung *f* تخصیص اعتبار
Firma *f* شرکت؛ تجارت خانه
Repräsentant einer ~ نمایندهٔ یک شرکت
eine ~ beliefern به شرکتی جنس رساندن؛ به شرکتی کالا تحویل دادن
eine ~ etablieren شرکتی را بنیان گذاردن؛ شرکتی را تأسیس کردن
eine ~ führen شرکتی را اداره کردن؛ مدیریّت شرکتی را به عهده داشتن
eine ~ gründen شرکتی را بنیان گذاردن؛ شرکتی را تأسیس کردن
eine ~ leiten شرکتی را اداره کردن؛ مدیریّت شرکتی را به عهده داشتن
eine ~ vertreten شرکتی را نمایندگی کردن
Firmenchef/-in *m/f* رئیس شرکت؛ مدیر شرکت
Firmengründer/-in *m/f* بنیان گذار شرکت؛ مؤسّس شرکت
Firmengründung *f* بنیان گذاری شرکت؛ تأسیس شرکت
Firmeninhaber/-in *m/f* صاحب شرکت
Firmenpleite *f* ورشکستگی شرکت ها
Firmensiedlung *f* شهرک صنعتی؛ شرکت-شهر

Firmensitz *m* مقرّ شرکت
Firmenvertreter/-in *m/f* نمایندۀ شرکت
Firmenwagen *m* اتوموبیل شرکت
Firmenwert *m* ارزش شرکت
Firmenwohnung *f* آپارتمان شرکتی
Firmenzusammenschluss *m* ادغام شرکت ها؛ ادغام دو یا چند شرکت باهم
Fischereiabkommen *n* موافقت نامۀ صید ماهی
Fischereihafen *m* بندر صید ماهی
Fischereirechte *npl* قوانین مربوط به صید ماهی
Fischereizone *f* منطقۀ صید ماهی
Fischfangrechte *npl* قوانین مربوط به میزان صید ماهی
Fixkosten *f* هزینۀ ثابت
Flagge *f* پرچم
weiße ~ 1) پرچم سفید؛ پرچم صلح 2) پرچم تسلیم
eine ~ auf Halbmast setzen پرچمی را نیمه افراشته کردن
eine ~ einholen پرچمی را پایین آوردن
eine ~ hissen پرچمی را برافراشتن
eine ~ setzen پرچمی را برافراشتن
Flaute *f* کساد
wirtschaftliche ~ کساد اقتصادی
Flieger *m* 1) خلبان 2) هواپیما
Fliegeralarm *m* آژیر حملۀ هوایی
fliehen گریختن؛ فرار کردن
florieren رونق یافتن؛ رشد کردن؛ شکوفا شدن
die Wirtschaft floriert اقتصاد در حال رشد است.
Florieren *n* رونق؛ شکوفایی
florierend *adj* در حال رشد؛ در حال ترقّی
~er Handel تجارت در حال رشد
Flotte *f* ناوگان
Flottenbasis *f* پایگاه دریایی؛ پایگاه نیروی دریایی
Flotteneinheiten *fpl* یکان های دریایی؛ واحد های نیروی دریایی
Flottengröße *f* بزرگی ناوگان
Flottenmanöver *n* مانور دریایی؛ مانور نیروی دریایی
Flottenpräsenz *f* حضور ناوگان
Flottenrüstung *f* تجهیزات ناوگان
Flottenstützpunkt *m* پایگاه دریایی؛ پایگاه نیروی دریایی
Flottenverband *m* یکان نیروی دریایی
Flucht *f* گریز؛ فرار
die ~ organisieren فرار را سازمان دهی کردن
in die ~ schlagen ناگزیر به فرار کردن؛ فراری دادن
Fluchtfahrzeug *n* خودرو فرار؛ وسیلۀ نقلیّۀ فرار
Fluchtgefahr *f* خطر فرار
Fluchtgeld *n* پول فرار
Fluchthilfe *f* کمک به فرار
Flüchtling *m* آواره؛ فراری؛ پناهنده
Abschiebung von ~en بیرون راندن آوارگان؛ اخراج پناهندگان
Aufnahme von ~en پذیرش آوارگان؛ پذیرش پناهندگان
Auslieferung von ~en بازداد فراریان؛ استرداد پناهندگان
Flüchtlingsamt *n* ادارۀ امور آوارگان؛ ادارۀ امور پناهندگان
Flüchtlingsaufnahme *f* پذیرش آوارگان؛ پذیرش پناهندگان
Flüchtlingsausweis *m* کارت شناسایی پناهندگان
Flüchtlingsbefragung *f* نظرپرسی از پناهندگان
Flüchtlingscamp *n* اُردوگاه آوارگان؛ اُردوگاه پناهندگان
Flüchtlingsdrama *n* فاجعۀ تکان دهندۀ آوارگان؛ فاجعۀ تکان دهندۀ پناهندگان

Flüchtlingselend *n* وضعیّت رقّت انگیز آوارگان؛ وضعیّت رقّت انگیز پناهندگان

Flüchtlingsfonds *m* صندوق کمک به آوارگان؛ صندوق کمک به پناهندگان

Flüchtlingshilfe *f* کمک به آوارگان؛ کمک به پناهندگان

Flüchtlingskommissar/-in *m/f* کمیسار رسیدگی به آوارگان؛ کمیسار رسیدگی به پناهندگان

Flüchtlingskonvoi *m* کامیون های حامل آوارگان؛ کامیون های حامل پناهندگان

Flüchtlingskrise *f* بحران ناشی از افزایش شمار آوارگان

Flüchtlingslager *n* اُردوگاه آوارگان؛ اُردوگاه پناهندگان

Flüchtlingsorganisation *f* سازمان امور آوارگان؛ سازمان امور پناهندگان

Flüchtlingsproblem *n* مشکل آوارگان؛ مشکل پناهندگان

Flüchtlingsrückführung *f* بازگرداندن آوارگان؛ استرداد آوارگان

Flüchtlingsstrom *m* سیل آوارگان؛ سیل پناهندگان

Flüchtlingstreck *m* صف آوارگان؛ صف پناهندگان

Flüchtlingsversorgung *f* تأمین آوارگان؛ تأمین پناهندگان

Flüchtlingswerk *n* سازمان حمایت از آوارگان؛ سازمان حمایت از پناهندگان

Fluchtplan *m* نقشهٔ فرار

Fluchtversuch *m* قصد فرار

Fluchtwege *mpl* راه های فرار

Flug *m* پرواز

Flugabwehr *f* پدافند هوایی

Flugabwehrrakete *f* موشک ضدّ هوایی

Flugabwehrstellungen *fpl* مواضع موشک های ضدّ هوایی

Flugblatt *n* ورقهٔ تبلیغاتی؛ ورقهٔ تبلیغاتی-سیاسی؛ شب نامه

Flugbuchung *f* رزرو بلیط هواپیما

Flügelbildung *f* جناح بندی

Flügelkämpfe *mpl* درگیری های بین جناح ها

Fluggeschwindigkeit *f* سرعت پرواز

Flughafen *m* فرودگاه

Flughafengebühr *f* عوارض فرودگاه

Flughafenregion *f* منطقهٔ فرودگاه

Flughafensteuer *f* مالیات فرودگاه

Flughafenterminal *m/n* ترمینال فرودگاه؛ ساختمان اصلی فرودگاه

Fluginformation *f* اطّلاعات مربوط به پرواز

Flugkapitän *m* خلبان

Fluglärm *m* سروصدای ناشی از پرواز هواپیماها

Fluglinie *f* شرکت هواپیمایی؛ خطّ هوایی

Fluglotse *m* راهنمای پرواز؛ راهنمای پرواز و فرود هواپیماها

Flugplatz *m* فرودگاه؛ فرودگاه کوچک

Flugschau *f* نمایش پرواز؛ نمایش پرواز هواپیماها

Flugsicherung *f* تأمین حفاظت پرواز؛ نظارت بر ترافیک هوایی

Flugsicherungsdienst *m* سرویس تأمین حفاظت پرواز

Flugticket *n* بلیط هواپیما

Flugverbindung *f* ارتباط هوایی

Flugverbot *n* منع پرواز

Flugverbotszone *f* منطقهٔ منع پرواز

Flugverkehr *m* ترافیک هوایی؛ رفت و آمد هواپیماها

Einstellung des ~s قطع ترافیک هوایی؛ قطع رفت و آمد هواپیماها

Flugzeit *f* مدّت زمان پرواز

Flugzeug *n* هواپیما
die Besatzung eines ~es خدمهٔ یک هواپیما
die Insassen eines ~es سرنشینان یک هواپیما
Flugzeugabsturz *m* سقوط هواپیما
Flugzeugentführer/-in *m/f* هواپیماربا؛ رباینده‌ٔ هواپیما
Flugzeugentführung *f* هواپیماربایی
Flugzeughersteller *m* سازندهٔ هواپیما؛ تولیدکنندهٔ هواپیما
Flugzeugindustrie *f* صنایع هواپیماسازی
Flugzeugträger *m* ناو هواپیمابر
Föderation *f* فدراسیون
föderativ *adj* فدراتیو
Folgen *fpl* پیامدها؛ عواقب
gefährliche ~ پیامدهای خطرناک؛ عواقب خطرناک؛ عواقب خطیر
katastrophale ~ پیامدهای فاجعه آمیز؛ عواقب فاجعه آمیز
schwerwiegende ~ پیامدهای سنگین؛ عواقب سنگین
unvermeidliche ~ پیامدهای اجتناب ناپذیر؛ عواقب اجتناب ناپذیر
verhängnisvolle ~ پیامدهای فجیع؛ عواقب فجیع
verheerende ~ پیامدهای ویرانگر
weitreichende ~ پیامدهای دوررس؛ عواقب دوررس
Folgekosten *f* هزینه های تبعی
folgern نتیجه گیری کردن؛ استنتاج کردن
Folgerung *f* نتیجه گیری؛ استنتاج
Folklore *f* فرهنگ عامهٔ
Folkloremusik *f* موسیقی بومی
Folkloretanz *m* رقص بومی
Folter *f* شکنجه
Folterer *m* شکنجه گر
foltern شکنجه کردن
Folterung *f* شکنجه؛ عمل شکنجه
Fonds *m* وجوه؛ صندوق
forcieren سرعت بخشیدن
die Anstrengungen ~ بر تلاش ها افزودن
eine Entwicklung ~ توسعه ای را سرعت بخشیدن
Förderkosten *f* هزینهٔ استخراج
Fördermenge *f* مقدار تولید
fordern خواستار شدن؛ طالب بودن؛ مطالبه کردن؛ درخواست کردن
eine Amnestie ~ عفوی را خواستار شدن
Autonomie ~ خواستار خودگردانی شدن؛ خواستار خودمختاری شدن
Reformen ~ خواستار اصلاحات شدن
Subventionen ~ درخواست سوبسید کردن؛ درخواست یارانه کردن
eine Untersuchung ~ درخواست رسیدگی کردن؛ خواستار تحقیق و رسیدگی کردن
eine Vorauszahlung ~ پیش پرداختی را مطالبه کردن
fördern 1) پشتیبانی کردن؛ حمایت کردن 2) استخراج کردن
1) den Export ~ از صادرات پشتیبانی کردن؛ از صادرات حمایت کردن
Investitionen ~ از سرمایه گذاری ها حمایت کردن
2) Rohstoffe ~ موادّ خام استخراج کردن
Fördermittel *f* وجوه تشویقی
Förderprogramm *n* برنامهٔ حمایت
Forderung *f* خواست؛ خواسته؛ درخواست؛ طلب؛ مطالبه؛ ادّعا
ausstehende ~ طلب معوّقه
bedingte ~ خواست مشروط
begründete ~ ادّعای مستدل
berechtigte ~ خواست محقّ
bestehende ~ طلب موجود

bestrittene ~	طلب مورد اختلاف؛ مطالبهٔ مورد اختلاف
diverse ~en	خواست های گوناگون؛ مطالبات گوناگون
dubiose ~en	مطالبات مشکوک
erloschene ~	طلب ادا شده؛ بدهی پرداخت شده
fällige ~en	مطالبات متفرقهٔ موجود؛ مطالبات سررسیده؛ مطالبات موعد رسیده
gegenseitige ~en	مطالبات متقابل
geringfügige ~	مطالبهٔ جزئی؛ خرده مطالبه
gesicherte ~	بدهی با وثیقه؛ قرضهٔ با وثیقه
hochgeschraubte ~en	مطالبات بیش از اندازه
humanitäre ~	درخواست بشردوستانه
legitime ~en	خواسته های قانونی؛ مطالبات قانونی
maximale ~	حدّاکثر درخواست؛ حدّاکثر مطالبه
minimale ~	حدّاقلّ درخواست؛ حدّاقلّ مطالبه
politische ~en	خواسته های سیاسی
radikale ~en	خواسته های افراطی
strittige ~	طلب مورد اختلاف؛ مطالبهٔ مورد اختلاف
unbegründete ~	ادّعای واهی؛ ادّعای بی اساس
unbestrittene ~	خواست مسلّم؛ مطالبهٔ بی چون و چرا
uneinbringliche ~en	مطالبات غیر قابل وصول؛ مطالبات سوخته
ungesicherte ~	بدهی بی وثیقه؛ قرضهٔ بی وثیقه
~en aufstellen	خواسته ها را مطرح کردن
~en feststellen	میزان مطالبات را تعیین کردن؛ میزان مطالبات پولی را تعیین کردن
~en stellen	خواستار شدن؛ خواسته ها را مطرح کردن
~ unterstützen	از خواسته ها پشتیبانی کردن؛ از خواسته ها حمایت کردن
Förderung *f*	1) پشتیبانی؛ حمایت؛ تشویق 2) پیشبرد؛ پیشرفت 3) ترفیع؛ بالابرد 4) استخراج

1) staatliche ~	پشتیبانی دولت؛ حمایت دولت؛ تشویق دولت
2) ~ der beruflichen Bildung	پیشبرد آموزش حرفه ای
~ der Wissenschaft	پیشبرد علم
3) berufliche ~	ترفیع شغلی
4) ~ von Bodenschätzen	استخراج معادن
Förderungsmaßnahmen *fpl*	اقدامات تشویقی؛ تدابیر تشویقی
Förderungsplan *m*	برنامهٔ توسعه
Förderungsprogramm *n*	برنامهٔ توسعه
Formalität *f*	تشریفات
juristische ~en	تشریفات حقوقی
überflüssige ~en	تشریفات اداری غیرضروری
die ~en erledigen	تشریفات اداری را انجام دادن؛ تشریفات و مقرّرات اداری را انجام دادن
forschen	پژوهش کردن؛ تحقیق کردن
Forscher/-in *m/f*	پژوهشگر؛ محقّق
Forschung *f*	پژوهش؛ تحقیق
wissenschaftliche ~	پژوهش علمی؛ تحقیق علمی
~ und Entwicklung	پژوهش و گسترش؛ تحقیق و توسعه
Forschungsabteilung *f*	بخش پژوهشی؛ بخش تحقیقاتی
Forschungsarbeit *f*	کار پژوهشی؛ کار تحقیقی؛ کار تحقیقاتی
Forschungsauftrag *m*	مأموریّت پژوهشی
Forschungseinrichtung *f*	نهاد پژوهشی؛ مؤسّسهٔ تحقیقاتی
Forschungsfreiheit *f*	آزادی پژوهش علمی؛ آزادی تحقیقات علمی
Forschungsgegenstand *m*	موضوع پژوهش؛ موضوع تحقیق؛ موضوع تحقیقات
Forschungsgruppe *f*	گروه پژوهش؛ گروه تحقیق

گروه تحقیقات

Forschungshaushalt *m* بودجهٔ پژوهش؛ بودجهٔ مربوط به امور تحقیقی

Forschungsinstitut *n* مؤسّسهٔ پژوهشی؛ مؤسّسهٔ تحقیقاتی

Forschungsministerium *n* وزارت تحقیقات

Forschungspolitik *f* سیاست پژوهشی؛ سیاست امور تحقیقاتی

Forschungsprobleme *npl* مسائل پژوهشی؛ مسائل تحقیقاتی

Forschungsprogramm *n* برنامهٔ پژوهشی؛ برنامهٔ تحقیقی؛ برنامهٔ تحقیقات

Forschungsprojekt *n* پروژهٔ تحقیقاتی؛ طرح تحقیقاتی؛ طرح پژوهشی؛ پروژهٔ پژوهشی

Forschungsrat *m* شورای پژوهش علمی؛ شورای تحقیقات علمی

Forschungsreise *f* سفر پژوهشی؛ سفر علمی

Forschungssituation *f* وضعیّت پژوهش علمی؛ وضعیّت تحقیقات علمی

Forschungsstand *m* مرحلهٔ پژوهش علمی؛ مرحلهٔ تحقیقات علمی

Forschungsstätte *f* پژوهشگاه؛ مؤسّسهٔ تحقیقات

Forschungstätigkeit *f* کار پژوهشی؛ کار تحقیقی؛ کار تحقیقاتی

Forschungsvorhaben *n* پروژهٔ تحقیقاتی؛ طرح تحقیقاتی؛ طرح پژوهشی

Forschungszentrum *n* مرکز پژوهش؛ مرکز تحقیقات

Fortbildung *f* ادامهٔ آموزش

berufliche ~ ادامهٔ آموزش حرفه ای

betriebliche ~ ادامهٔ آموزش صنعتی؛ ادامهٔ آموزش در حین کار

Fortbildungsmaßnahme *f* طرح ادامهٔ آموزش

Fortbildungsprogramm *n* برنامهٔ ادامهٔ آموزش

Fortentwicklung *f* پیشرفت؛ توسعه

fortführen ادامه دادن

den Dialog ~ به گفت و شنود ادامه دادن

die Verhandlungen ~ به مذاکرات ادامه دادن

Fortführung *f* ادامه

Fortschritt *m* پیشرفت؛ ترقّی

beachtliche ~e پیشرفت های درخور توجّه

~e machen پیشرفت کردن

fortschrittlich *adj* پیشرفته؛ مترقّی

~e Elemente عناصر مترقّی

~e Gesellschaft جامعهٔ پیشرفته؛ جامعهٔ مترقّی

fortsetzen ادامه دادن

einen Konflikt ~ به درگیری ای ادامه دادن؛ به کشمکشی ادامه دادن

einen Streik ~ به اعتصابی ادامه دادن

eine Verhandlung ~ به مذاکره ای ادامه دادن

Fortsetzung *f* ادامه

Fracht *f* بار

~ aufnehmen بارگیری کردن

~ löschen باراندازی کردن؛ بار خالی کردن

Frachtbrief *m* بارنامه

Frachter *m* کشتی باربری

Frachtgebühr *f* هزینهٔ حمل بار

Frachtkosten *f* مخارج حمل کالا

Frachtliste *f* صورت بار؛ شرح محموله

Frachtpapiere *npl* اسناد حمل کالا

Frachtschein *m* بارنامه

Frachtschiff *n* کشتی باربری

Frachttarif *m* نرخ حمل بار؛ نرخ هزینهٔ حمل

Frachtversicherung *f* بیمهٔ بار؛ بیمهٔ محموله

Frachtverkehr *m* حمل و نقل کالا

Frage *f* مسأله؛ سؤال؛ پرسش

humanitäre ~n مسائل انسان دوستانه؛ مسائل نوع دوستانه

politische ~n مسائل سیاسی
strittige ~n مسائل مورد اختلاف
wissenschaftliche ~n مسائل اقتصادی
eine ~ aufwerfen سؤالی را مطرح کردن
einer ~ ausweichen از پاسخ به پرسشی خودداری کردن؛ از پاسخ به سؤالی اجتناب ورزیدن
eine ~ beantworten به پرسشی پاسخ دادن؛ جواب سؤالی را دادن
sich mit einer ~ befassen به مسأله ای پرداختن؛ خود را سرگرم مسأله ای کردن
eine ~ bejahen به پرسشی پاسخ مثبت دادن؛ به سؤالی جواب مثبت دادن
eine ~ erwidern به پرسشی پاسخ دادن؛ جواب سؤالی را دادن
in ~ kommen ممکن بودن؛ مطرح بودن؛ مورد ملاحظه قرار گرفتن
eine ~ stellen پرسیدن؛ سؤال کردن
in ~ stellen به زیر سؤال کشیدن؛ مورد تردید قرار دادن
eine ~ verneinen به پرسشی پاسخ منفی دادن؛ به سؤالی جواب منفی دادن
mit ~n überschütten سؤال پیچ کردن
Fragebogen *m* پرسش نامه
einen ~ ausfüllen پرسش نامه ای را پرکردن؛ پرسش نامه ای را تکمیل کردن
fragen پرسیدن؛ سؤال کردن
fraglich *adj* سؤال برانگیز؛ مسأله دار
fragwürdig *adj* شک انگیز
Fraktion *f* فراکسیون؛ گروه پارلمانی
Fraktionsausschuss *m* کمیسیون فراکسیون
Fraktionsführer/-in *m/f* رئیس فراکسیون؛ رهبر فراکسیون
Fraktionsführung *f* ریاست فراکسیون؛ رهبری فراکسیون

fraktionsintern *adj* درون فراکسیونی
Fraktionslinie *f* خط مشی فراکسیون
Fraktionsmehrheit *f* اکثریت فراکسیون؛ اکثریت اعضای فراکسیون
Fraktionsmitglied *n* هموند فراکسیون؛ عضو فراکسیون
Fraktionssitzung *f* نشست فراکسیون؛ جلسهٔ فراکسیون
Fraktionssprecher/-in *m/f* سخنگوی فراکسیون
Fraktionsvorsitz *m* ریاست فراکسیون
Fraktionsvorsitzende *m/f* رئیس فراکسیون
Fraktionsvorstand *m* هیأت رئیسهٔ فراکسیون
Fraktionszuschuss *m* کمک مالی به فراکسیون
Frauenarbeit *f* کار زنانه؛ کار ویژهٔ زنان
Frauenbeauftragte *m/f* مأمور رسیدگی دولت به امور زنان
Frauenbewegung *f* جنبش زنان
Frauenemanzipation *f* رهایش زنان
Frauengefängnis *n* زندان زنان
Frauenhaus *n* پناهگاه زنان
Frauenwohnheim *n* محلّ سکونت زنان
Frauenorganisation *f* سازمان زنان
Frauenpolitik *f* سیاست مربوط به امور زنان
Frauenrechte *npl* حقوق زنان؛ حقّ و حقوق زنان
Frauentätigkeit *f* کار زنانه؛ شغل زنانه؛ شغل ویژهٔ زنان
frei *adj* 1) آزاد 2) خالی؛ جای خالی 3) رایگان؛ مجّانی
Freiberufler/-in *m/f* صاحب کار آزاد؛ صاحب حرفهٔ آزاد
Freidenker *m* آزاداندیش
Freihafen *m* بندر آزاد
Freihandel *m* تجارت آزاد
Freihandelszone *f* منطقهٔ تجارت آزاد

Freiheit *f* آزادی
absolute ~ آزادی مطلق
bürgerliche ~en آزادی های شهروندی
uneingeschränkte ~ آزادی نامحدود؛ آزادی بی حدّ و مرز
~ der Wahl آزادی انتخاب
~ des Handelns آزادی عمل
die ~ bedrohen آزادی را به خطر انداختن
die ~ bewahren آزادی را پاس دادن؛ آزادی را حفظ کردن
die ~ einbüßen آزادی را از دست دادن
die ~ erkämpfen با مبارزه به آزادی دست یافتن
die ~ erringen با سعی و کوشش به آزادی دست یافتن
für die ~ kämpfen برای آزادی مبارزه کردن؛ برای آزادی پیکار کردن
die ~ verteidigen از آزادی دفاع کردن
Freiheitsberaubung *f* سلب آزادی
Freiheitsbewegung *f* جنبش آزادی خواهانه
Freiheitsentzug *m* محرومیّت از آزادی
Freiheitsgedanke *m* فکر آزادی خواهانه
Freiheitsidee *f* ایدهٔ آزادی خواهانه
Freiheitskampf *m* مبارزهٔ آزادی خواهی
Freiheitskämpfer/-in *m/f* مبارز آزادی خواه؛ رزمندهٔ آزادی خواه
Freiheitsliebe *f* عشق به آزادی؛ آزادی خواهی
Freiheitsstrafe *f* حبس تأدیبی
lebenslängliche ~ حبس دائم؛ زندان ابد
mit ~ bedrohen تهدید به حبس تأدیبی کردن
seine ~ verbüßen در حبس تأدیبی بسر بردن؛ حبس تأدیبی خود را گذراندن
Freikauf *m* آزادسازی در اِزای پول
~ von Sklaven آزادسازی بردگان در ازای پول
freilassen آزاد کردن؛ رها کردن؛ مرخص کردن
gegen eine Bürgschaft ~ به قید ضمانت آزاد کردن
Freilassung *f* آزادی؛ استخلاص
Freischärler/-in *m/f* پارتیزان
freisprechen تبرئه کردن؛ آزاد کردن
von einer Anklage ~ از اتّهامی تبرئه کردن
mangels Beweisen ~ به علّت فقدان دلایل تبرئه کردن؛ به علّت فقدان دلایل آزاد کردن
Freispruch *m* تبرئه؛ برائت؛ برائت ذمّه
~ wegen erwiesener Unschuld تبرئه به لحاظ اثبات بی گناهی
Freistaat *m* ایالت آزاد
freiwillig *adj* داوطلبانه
~e Altersversicherung بیمهٔ داوطلبانهٔ پیری
~er Anschluss الحاق داوطلبانه
auf ~er Basis بر پایهٔ داوطلبانه
Freiwillige *m/f* داوطلب؛ فرد داوطلب
fremd *adj* بیگانه؛ خارجی
Fremdarbeiter/-in *m/f* کارگر بیگانه؛ کارگر خارجی
fremdenfeindlich *adj* بیگانه ستیز
Fremdenfeindlichkeit *f* بیگانه ستیزی
Fremdenhass *m* بیگانه هراسی
Fremdenpass *m* گذرنامهٔ بیگانگان
Fremdenverkehr *m* جهانگردی؛ توریسم
Fremdenverkehrsamt *n* دفتر اطّلاعات جهانگردی
Fremdfinanzierung *f* تأمین مخارج از محلّ منابع خارجی
Fremdfirma *f* شرکت بیگانه؛ شرکت خارجی
Fremdherrschaft *f* سلطهٔ بیگانه
Fremdkapital *n* سرمایهٔ استقراضی
Fremdkapitalbeteiligung *f* سهم سرمایهٔ استقراضی

Fremdkapitalmarkt *m* بازار سرمایهٔ استقراضی

Fremdmittel *f* وجوه خارجی

Fremdunternehmen *n* شرکت بیگانه؛ شرکت خارجی؛ بنگاه خارجی

Fremdwährung *f* ارز؛ پول خارجی

Freundschaft *f* دوستی؛ مودّت

freundschaftlich *adj* دوستانه

~e Beziehungen روابط دوستانه

Freundschaftsbesuch *m* دیدار دوستانه

Freundschaftspakt *m* پیمان دوستی؛ پیمان مودّت

Freundschaftsvertrag *m* قرارداد دوستی؛ قرارداد مودّت

Frieden *m* صلح؛ آرامش

aufgezwungener ~ صلح تحمیلی

brüchiger ~ صلح ناپایدار

dauerhafter ~ صلح پایدار

ewiger ~ صلح دائم

regionaler ~ صلح منطقه ای

sozialer ~ آرامش اجتماعی

den ~ aushandeln از راه مذاکرات به صلح دست یافتن

den ~ bedrohen صلح را به خطر انداختن

den ~ erzwingen صلح را تحمیل کردن

den ~ bewahren صلح را حفظ کردن

den ~ brechen صلح را نقض کردن

den ~ diktieren صلح را تحمیل کردن

für den ~ eintreten از صلح حمایت کردن

den ~ erhalten صلح را حفظ کردن

den ~ erkämpfen با مبارزه به صلح دست یافتن

den ~ gefährden صلح را به خطر انداختن

~ schließen صلح کردن

den ~ sicherer machen صلح را پایدارتر کردن

den ~ sichern صلح را تأمین کردن

den ~ verteidigen از صلح دفاع کردن

den ~ wiederherstellen صلح را دوباره برقرار کردن

Friedensabsicht *f* قصد صلح؛ نیّت صلح

Friedensangebot *n* پیشنهاد صلح

ein ~ ablehnen پیشنهاد صلحی را رد کردن

ein ~ annehmen پیشنهاد صلحی را پذیرفتن

Friedensanstrengung *f* کوشش جهت دست یابی به صلح؛ کوشش صلح جویانه؛ تلاش صلح جویانه

verstärkte ~en unternehmen بر کوشش های صلح جویانه افزودن؛ بر شدّت تلاش های صلح جویانه افزودن

Friedensapostel *m* پیام آور صلح

Friedensappell *m* فراخوان صلح

Friedensaspekte *mpl* جنبه های صلح؛ زمینه های صلح

verschiedene ~ beachten به جنبه های گوناگون صلح توجّه کردن؛ زمینه های گوناگون صلح را مورد ملاحظه قرار دادن

Friedensaussichten *fpl* چشم انداز صلح

Friedensbedingungen *fpl* شرایط صلح؛ شرایط برقراری صلح

~ akzeptieren شرایط صلح را پذیرفتن

~ aufzwingen شرایط صلح را تحمیل کردن

~ erfüllen شرایط صلح را برآوردن؛ به شرایط برقراری صلح عمل کردن

Friedensbedrohung *f* تهدید صلح

Friedensbefürworter/-in *m/f* حامی صلح

Friedensbemühungen *fpl* تلاش و کوشش جهت صلح؛ تلاش های صلح جویانه

Friedensbereitschaft *f* آمادگی برای صلح

Friedensbewahrung *f* حفظ صلح

Friedensbewegung *f* جنبش صلح خواهی

Friedensbruch *m* نقض صلح

Friedensdemonstration *f* تظاهرات صلح

zu einer ~ aufrufen	به یک تظاهرات صلح فراخواندن
eine ~ veranstalten	تظاهرات صلحی را برگزار کردن
Friedensdiktat *n*	تحمیل صلح
Friedensengel *m*	فرشتهٔ صلح
Friedenserhaltung *f*	حفظ صلح
Friedenserklärung *f*	اعلام صلح؛ بیانیّهٔ صلح
einseitige ~	اعلام یک جانبهٔ صلح؛ بیانیّهٔ یک جانبهٔ صلح
gemeinsame ~	بیانیّهٔ مشترک صلح
eine ~ abgeben	اعلام صلح کردن؛ بیانیّهٔ صلح دادن
Friedenserzwingung *f*	واداری به صلح؛ تحمیل صلح
Friedensfeind *m*	دشمن صلح
die ~e bekämpfen	با دشمنان صلح مبارزه کردن
Friedensforscher/-in *m/f*	پژوهشگر در امور صلح؛ محقّق در امور صلح
Friedensforschung *f*	پژوهش در امور صلح؛ تحقیقات در امور صلح
Friedensforschungsinstitut *n*	مؤسّسهٔ پژوهش در امور صلح؛ مؤسّسهٔ تحقیقات در امور صلح
Friedensfreund *m*	دوستدار صلح
Friedensgarantie *f*	تضمین صلح
Friedensgebet *n*	نیایش صلح؛ نیایش به منظور برقراری صلح
Friedensgefährdung *f*	به خطراندازی صلح
Friedensgegner/-in *m/f*	مخالف صلح
Friedensgespräche *npl*	مذاکرات صلح
geheime ~	مذاکرات سرّی صلح؛ مذاکرات مخفی صلح
~ führen	مذاکرات صلح کردن
Friedensgruppe *f*	گروه صلح
Friedensinitiative *f*	ابتکار صلح
eine ~ ergreifen	ابتکار صلح را به دست گرفتن
Friedenskonferenz *f*	کنفرانس صلح
die ~ abbrechen	کنفرانس صلح را قطع کردن
die ~ unterbrechen	کنفرانس صلح را موقّتاً قطع کردن
die ~ vertagen	کنفرانس صلح را به بعد موکول کردن؛ کنفرانس صلح را به تعویق انداختن
Friedenskongress *m*	کنگرهٔ صلح
Friedenskurs *m*	مسیر صلح؛ سمت و سوی صلح
Friedenslösung *f*	راه حلّ صلح؛ راه حلّ دست یابی به صلح
nach einer ~ suchen	راه حلّی را برای دست یابی به صلح جستجو کردن؛ دنبال راه حلّی برای دست یابی به صلح بودن
Friedensmarsch *m*	راه پیمایی به طرفداری از صلح
Friedensmission *f*	مأموریّت صلح؛ مأموریّت جهت برقراری صلح
Friedensnobelpreis *m*	جایزهٔ صلح نوبل
Friedensnobelpreisträger/-in *m/f*	برندهٔ جایزهٔ صلح نوبل
Friedensoffensive *f*	پیشگامی جهت برقراری صلح
Friedensorganisation *f*	سازمان صلح
Friedenspartei *f*	حزب صلح خواه
Friedensplan *m*	طرح صلح
Friedenspolitik *f*	سیاست صلح؛ سیاست دست یابی به صلح
Friedensprozess *m*	روند صلح؛ فرایند صلح
den ~ stören	در روند صلح خلل ایجاد کردن
Friedensregelung *f*	تنظیم صلح؛ سامان دهی صلح
Friedensschluss *m*	انعقاد صلح
Friedenssicherung *f*	تأمین صلح
Friedensstifter *m*	صلح آور

Friedensstiftung *f* صلح آوری
Friedensstörer *m* مخلّ صلح
Friedensstörung *f* اخلال در صلح
Friedensstreitmacht *f* نیروهای رزمندهٔ حافظ صلح
Friedenstaube *f* کبوتر صلح؛ کبوتر سپید صلح
Friedenstheorie *f* نظریّهٔ صلح؛ تئوری صلح
Friedenstruppe *f* نیروی حافظ صلح
Friedensverhandlungen *fpl* مذاکرات صلح
direkte ~ مذاکرات مستقیم صلح
geheime ~ مذاکرات سرّی صلح؛ مذاکرات مخفی صلح
langwierige ~ مذاکرات درازمدّت صلح؛ مذاکرات طویل المدّت صلح
~ aufnehmen مذاکرات صلح را آغاز کردن
mit den ~ beginnen مذاکرات صلح را آغاز کردن
~ blockieren سدّ راه مذاکرات صلح شدن
~ erschweren مذاکرات صلح را مشکل تر کردن
~ fortsetzen به مذاکرات صلح ادامه دادن
~ wiederaufnehmen مذاکرات صلح را از سر گرفتن
Friedensvermittler/-in *m/f* واسط صلح؛ میانجی صلح
Friedensvermittlung *f* پادرمیانی برای صلح؛ وساطت برای صلح
Friedensvertrag *m* قرارداد صلح
einen ~ schließen قرارداد صلح بستن؛ قرارداد صلحی را منعقد کردن
einen ~ unterzeichnen قرارداد صلحی را امضا کردن
gegen einen ~ verstoßen قرارداد صلحی را نقض کردن
Friedensvorschlag *m* پیشنهاد صلح
einen ~ ablehnen پیشنهاد صلحی را رد کردن
einen ~ annehmen پیشنهاد صلحی را پذیرفتن
einen ~ unterbreiten پیشنهاد صلح کردن
Friedenswille *m* خواست صلح
Friedenszeit *f* زمان صلح
Friedenszustand *m* وضعیّت صلح
friedfertig *adj* آمادهٔ صلح؛ صلح خواه
Friedfertigkeit *f* آمادگی جهت صلح؛ صلح خواهی
friedlich *adj* صلح آمیز؛ صلح جویانه؛ مسالمت آمیز؛ صلح دوست
~e Lösung راه حلّ مسالمت آمیز
~e Ziele اهداف صلح جویانه
~er Marsch راه پیمایی صلح آمیز
~es Volk ملّت صلح دوست
~es Zusammenleben همزیستی مسالمت آمیز
frisieren دست کاری کردن؛ دست بردن در
einen Bericht ~ گزارشی را دست کاری کردن؛ در گزارشی دست بردن
eine Bilanz ~ ترازنامه ای را دست کاری کردن؛ در ترازنامه ای دست بردن؛ ترازنامه ای را ظاهرسازی کردن
ein Dokument ~ سندی را دست کاری کردن؛ در سندی دست بردن
einen Plan ~ طرحی را دست کاری کردن؛ در برنامه ای دست بردن
Frist *f* مهلت
abgelaufene ~ مهلت منقضی
gesetzliche ~ مهلت قانونی
eine ~ einhalten مهلتی را رعایت کردن؛ مهلت انجام کاری را رعایت کردن
eine ~ einräumen مهلت دادن؛ مهلت انجام کاری را دادن
eine ~ setzen آخرین مهلت را دادن؛ آخرین مهلت انجام کاری را دادن
eine ~ verlängern مهلت انجام کاری را

تمدید کردن

Fristablauf *m* انقضای مهلت

Fristeinlage *f* سپردهٔ مدّت دار

fristgemäß *adj* سر موعد مقرّر

fristgerecht *adj* سر موعد مقرّر

fristlos *adj* بدون فرصت؛ فوری

~e Kündigung اخراج فوری؛ اخراج فوری از کار

Fristsetzung *f* مهلت دهی

Fristverlängerung *f* تمدید مهلت

Front *f* جبهه

feindliche ~ جبههٔ دشمن

gegnerische ~ جبههٔ مخالف

nationale ~ جبههٔ ملّی

patriotische ~ جبههٔ میهنی

vorderste ~ خطّ اوّل جبهه؛ جبههٔ مقدّم

von der ~ abziehen از جبهه خارج کردن

die ~ aufbrechen جبهه را شکافتن؛ در جبهه شکاف ایجاد کردن

die ~ aufgeben از دفاع در جبهه دست برداشتن؛ جبهه را رها کردن

eine ~ bilden جبهه بندی کردن؛ جبهه ای را ایجاد کردن

die ~ durchbrechen جبهه را شکافتن؛ جبهه را درهم شکستن

an die ~ gehen به جبهه رفتن

die ~ halten از جبهه دفاع کردن

an der ~ kämpfen در جبهه جنگیدن

an die ~ schicken به جبهه فرستادن

die ~ schwächen جبهه را تضعیف کردن

die ~ verstärken جبهه را تقویّت کردن

die ~ zum Stehen bringen از پیشروی در جبهه جلوگیری کردن؛ پیشروی را در جبهه متوقّف ساختن

Frontbesuch *m* بازدید از جبهه

Fronteinsatz *m* مأموریّت در جبهه

Frontenbildung *f* جبهه بندی؛ ایجاد جبهه

Frontlinie *f* خطّ جبهه

Frontnähe *f* نزدیکی جبهه

Frührente *f* بازنشستگی زودرس

in die ~ gehen زود بازنشسته شدن

Frührentner/-in *m/f* بازنشستهٔ زودرس

fühlen 1) حس کردن 2) احساس کردن

fühlbar *adj* حس پذیر؛ قابل حس

führen 1) انجام دادن 2) به عهده داشتن 3) رهبری کردن 4) منجر شدن

1) eine Beschwerde ~ gegen شکایت کردن برعلیه؛ اقامهٔ دعوی کردن برعلیه

eine Debatte ~ مباحثه کردن؛ مباحثه ای را انجام دادن

einen Dialog ~ گفت و شنود کردن؛ گفت و شنودی را انجام دادن

einen Kampf ~ مبارزه کردن؛ پیکار کردن

eine Klage ~ gegen شکایت کردن برعلیه؛ اقامهٔ دعوی کردن برعلیه

eine Untersuchung ~ رسیدگی کردن؛ تحقیق و رسیدگی کردن

2) die Aufsicht ~ نظارت کردن؛ کنترل کردن؛ عهده دار نظارت بودن

eine Delegation ~ ریاست هیأت نمایندگی ای را به عهده داشتن

den Vorsitz ~ ریاست را به عهده داشتن

3) eine Opposition ~ آپوزیسیونی را رهبری کردن

eine Partei ~ حزبی را رهبری کردن

4) zur Arbeitsplatzvernichtung ~ به نابودی مشاغل منجر شدن

Führer/-in *m/f* پیشوا؛ رهبر

Führerbunker *m* پناهگاه رهبر؛ پناهگاه زیرزمینی رهبر

Führerhauptquartier *n* مرکز فرماندهی رهبر

Führung *f* پیشوایی؛ رهبری
Führungsanspruch *m* ادّعای رهبری
~ geltend machen ادّعای رهبری کردن
Führungsapparat *m* دستگاه رهبری
Führungsaufgaben *f* وظایف رهبری
Führungsausschuss *m* کمیسیون مدیریّت
Führungsebene *f* سطح مدیریّت
auf der ~ در سطح مدیریّت
Führungseigenschaften *fpl* ویژگی های رهبری؛ خصوصیّت های رهبری؛ قابلیّت های رهبری
Führungsgremium *n* هیأت رهبری
Führungsgruppe *f* گروه رهبری
Führungshierarchie *f* پایگان رهبری؛ سلسله مراتب رهبری
Führungsinstanzen *fpl* مراجع رهبری
Führungskollektiv *n* گروه رهبری
Führungskräfte *fpl* مدیریّت
Ausbildung von ~n آموزش مدیریّت؛ تعلیم مدیریّت
Führungskrise *f* بحران رهبری
Führungsmacht *f* قدرت رهبری
Führungsorgan *n* نهاد رهبری
Führungsposition *f* 1) جایگاه رهبری؛ مقام رهبری 2) مقام مهم؛ مقام عمده
Führungsqualität *f* کیفیّت رهبری
Führungsrat *m* شورای رهبری
Führungsriege *f* گروه رهبری
Führungsrolle *f* نقش رهبری
die ~ anstreben جهت دست یابی به نقش رهبری تلاش کردن
Führungsstab *m* ستاد فرماندهی
Führungsstil *m* سبک رهبری
Führungsstreit *m* نزاع بر سرِ رهبری؛ درگیری در درون رهبری
Führungsstruktur *f* ساخت رهبری

Führungswechsel *m* تعویض رهبری
Führungszeugnis *n* گواهی عدم سوء پیشینه
polizeiliches ~ گواهی عدم سوء پیشینه از سوی پلیس
fundamental *adj* بنیادی؛ پایه ای
Fundamentalismus *m* بنیادگرایی
Fundamentalist/-in *m/f* بنیادگرا
Funktion *f* 1) کارکرد 2) وظیفه؛ شغل؛ کار
1) die ~ der Politik کارکرد سیاست
2) bedeutende ~ شغل مهم؛ کار مهم
leitende ~ شغل مدیریّتی
untergeordnete ~ شغل کم اهمّیّت
Funktionär/-in *m/f* کارگزار؛ کارمند
führender ~ کارمند بلندمرتبه؛ کارمند عالی رتبه
hoher ~ کارمند بلندپایه؛ کارمند عالی رتبه
Funktionsträger/-in *m/f* دارندهٔ مقام؛ صاحب منصب
Furcht *f* ترس؛ بیم؛ ترس و بیم
fürchten ترس داشتن؛ بیم داشتن
einen Skandal ~ از رسوایی بیم داشتن؛ از آبروریزی ترسیدن
Fürsorge *f* بهزیستی؛ رفاه
betriebliche ~ بهزیستی صنعتی؛ رفاه صنعتی
öffentliche ~ بهزیستی همگانی؛ رفاه عمومی؛ رفاه عامّه
Fürsorgekasse *f* صندوق رفاه
Fusion *f* ادغام
fusionieren ادغام کردن
Fusionsabkommen *n* موافقت نامهٔ ادغام
Fusionsangebot *n* پیشنهاد ادغام
Fusionsrichtlinien *fpl* ضوابط ادغام؛ ضوابط قانونی ادغام
Fusionsverhandlungen *fpl* مذاکرات ادغام
Fusionsvertrag *m* قرارداد ادغام

G

Ganztagsbeschäftigung *f* کار تمام وقت؛ اشتغال تمام وقت
Garantie *f* تضمین؛ ضمانت
~ leisten تضمین کردن؛ ضمانت کردن
Garantieabkommen *n* موافقت نامهٔ ضمانت
Garantiefrist *f* مدّت تضمین؛ مدّت زمان تضمین
Garantierahmen *m* سقف تضمین
Garantielohn *m* مزد تضمینی؛ مزد تضمین شده
Garantiemacht *f* قدرت ضامن
garantieren تضمین کردن؛ ضمانت کردن
Garantieschein *m* ضمانت نامه
Garantieverletzung *f* نقض تضمین
Garantieverpflichtung *f* تعهّد ضمانت
Garantievertrag *m* قرارداد تضمین
Garantiezusage *f* قول تضمین
Gasleitung *f* لولهٔ گاز
Gasversorger *m* شرکت گازرسانی؛ شرکت تأمین کنندهٔ گاز
Gasversorgung *f* گازرسانی؛ تأمین گاز
Gasversorgungsprojekt *n* پروژهٔ تأمین گاز؛ طرح تأمین گاز
Gastarbeiter/-in *m/f* کارگر مهمان؛ کارگر خارجی؛ کارگر مهاجر
Gastarbeiterland *n* کشور محلّ اقامت کارگران خارجی
Gastdelegation *f* هیأت مهمان
Gastgeber/-in *m/f* میزبان
Gastgeberland *n* کشور میزبان
Geberkonferenz *f* کنفرانس کشورهای وام دهنده
Geberland *n* کشور وام دهنده
Gebiet *n* منطقه
abgeriegeltes ~ منطقهٔ تحت محاصره؛ منطقهٔ ممنوع الورود
annektiertes ~ منطقهٔ اشغالی
autonomes ~ منطقهٔ خودگردان؛ منطقهٔ خودمختار
benachteiligte ~e مناطق محروم
besetztes ~ منطقهٔ اشغالی
bewohntes ~ منطقهٔ مسکونی
entlegenes ~ منطقهٔ دورافتاده
entmilitarisiertes ~ منطقهٔ غیر نظامی
entwickeltes ~ منطقهٔ رشدیافته؛ منطقهٔ توسعه یافته
evakuierte ~e مناطق تخلیه شده
ländliche ~e مناطق روستایی
neutrales ~ منطقهٔ بیطرف
selbständiges ~ منطقهٔ مستقل
selbstverwaltetes ~ منطقهٔ خودگردان
städtische ~e مناطق شهری؛ نواحی شهری
strategische ~e مناطق سوق الجیشی؛ مناطق استراتژیک
übervölkerte ~e مناطق پرجمعیّت
umstrittene ~e مناطق مورد اختلاف
unbewohntes ~ منطقهٔ غیرمسکونی
unterentwickeltes ~ منطقهٔ رشدنیافته؛ منطقهٔ توسعه نیافته
unzugängliches ~ منطقهٔ صعب العبور
vermintes ~ منطقهٔ مین گذاری شده
ein ~ abriegeln منطقه ای را محاصره کردن
ein ~ abtreten منطقه ای را واگذار کردن
ein ~ annektieren منطقه ای را منضم کردن
ein ~ aufteilen منطقه ای را تقسیم کردن
ein ~ beanspruchen ادّعای ارضی داشتن؛ منطقه ای را از آن خود دانستن
ein ~ bebauen منطقه ای را آباد کردن
ein ~ befreien منطقه ای را آزاد ساختن
ein ~ besetzen منطقه ای را اشغال کردن
ein ~ besiedeln در منطقه ای اسکان کردن

ein ~ bombardieren منطقه ای را بمباران کردن
ein ~ entmilitarisieren منطقه ای را غیرنظامی کردن
ein ~ erobern منطقه ای را فتح کردن؛ منطقه ای را تسخیر کردن
ein ~ evakuieren منطقه ای تخلیه کردن
ein ~ kontrollieren منطقه ای کنترل کردن
ein ~ okkupieren منطقه ای را تصرّف کردن
ein ~ verminen منطقه ای را مین گذاری کردن
Gebietsabtretung *f* واگذاری ارضی
Gebietsanspruch *m* ادّعای ارضی
einen ~ erheben ادّعای ارضی کردن
Gebietserweiterung *f* گسترش ارضی؛ توسعهٔ ارضی
Gebietsstreitigkeiten *fpl* اختلافات ارضی
Gebietsverlust *m* از دست دادن یک منطقه؛ از دست دادن یک خطّه
Gebühren *fpl* کارمزد
die ~ erhöhen کارمزد را بالا بردن؛ کارمزد را افزایش دادن
die ~ senken کارمزد را پایین آوردن؛ کارمزد را کاهش دادن
Gebührenerhöhung *f* افزایش کارمزد
Gebührensenkung *f* کاهش کارمزد
Geburtenanstieg *m* افزایش موالید
Geburtenbeschränkung *f* تحدید موالید
Geburtenkontrolle *f* کنترل موالید
Geburtenrate *f* میزان موالید
Geburtenregelung *f* تنظیم موالید
Geburtenrückgang *m* کاهش موالید
Geburtsurkunde *f* شناسنامه
Gedanke *m* فکر؛ اندیشه
gedankenlos *adj* بی فکر
Gedankenlosigkeit *f* بی فکری
Gedankenwelt *f* دنیای اندیشه
gedanklich *adj* اندیشگی؛ فکری
Gedenkfeier *f* جشن یادبود
Gedenkstätte *f* یادبودگاه
Gedenktafel *f* سرلوحهٔ یادبود
Gedenktag *m* روز یادبود
Gedenkveranstaltung *f* جشن یادبود
Gefahr *f* خطر
akute ~ خطر شدید
äußere ~ خطر خارجی
ernste ~ خطر جدّی
latente ~ خطر نهفته
mögliche ~en خطرات ممکن
objektive ~ خطر عینی
permanente ~ خطر دائمی
die ~ abwenden خطر را دفع کردن
die ~ beseitigen خطر را برطرف کردن؛ خطر را مرتفع ساختن؛ خطر را از بین بردن
in ~ bringen به مخاطره انداختن؛ دچار مخاطره کردن
der ~ entkommen از خطر رهایی یافتن؛ از خطر جستن
die ~ erkennen به خطر پی بردن؛ خطر را تشخیص دادن
in ~ geraten به خطر افتادن؛ دچار مخاطره شدن
in ~en bestehen از خطرات جان سالم بدر بردن
gefährden به خطر انداختن؛ به مخاطره انداختن؛ دچار مخاطره کردن
Gefährdung *f* خطر؛ به خطراندازی
vorsätzliche ~ خطر عمدی
~ der Allgemeinheit به خطراندازی همگان؛ ایجاد خطر برای عموم
~ des Friedens به خطراندازی صلح
~ des Luftverkehrs به خطراندازی ترافیک هوایی؛

به خطراندازی رفت و آمد هوایی
~ der öffentlichen Ordnung به خطراندازی نظم عمومی؛ ایجاد خطر برای نظم عمومی
~ der öffentlichen Sicherheit به خطراندازی امنیّت عمومی؛ ایجاد خطر برای امنیّت عمومی
~ der Umwelt به خطراندازی محیط زیست
Gefährdungspotential *n* عوامل بالقوّهٔ به خطر اندازی؛ امکانات بالقوّهٔ به خطراندازی
Gefahrenabwendung *f* دفع خطر
Gefahrenbeseitigung *f* برطرف سازی خطر
Gefahrenerhöhung *f* افزایش خطر
Gefahrengrenze *f* مرز خطر
Gefahrenherd *m* خطر
Gefahrenpotential *n* عوامل بالقوّهٔ خطر؛ امکانات بالقوّهٔ خطر
Gefahrenquelle *f* سرچشمهٔ خطر؛ منبع خطر
Gefahrenrisiko *n* امکان خطر؛ احتمال خطر
gefährlich *adj* خطرناک؛ مخاطره آمیز
~e Lage وضعیّت خطرناک؛ وضعیّت مخاطره آمیز
~e Mission مأموریّت خطرناک؛ مأموریّت مخاطره آمیز
~e Operation عملیّات خطرناک
Gefangenenaustausch *m* مبادلهٔ اسیران
Gefangenenbefreiung *f* آزادسازی اسیران؛ آزادسازی زندانیان
Gefangenenbeschäftigung *f* اشتغال اسیران؛ اشتغال زندانیان
Gefangenenlager *n* اُردوگاه اسیران؛ اُردوگاه زندانیان
Gefangenentransport *m* حمل و نقل زندانیان؛ جابجایی زندانیان
Gefangene *m/f* زندانی؛ فرد زندانی
Befreiung von ~n آزادسازی زندانیان
die ~n bewachen از زندانیان نگهبانی کردن

Gefangennahme *f* دستگیری؛ به اسارت گیری
gefangennehmen دستگیر کردن؛ به اسارت گرفتن
Gefangenschaft *f* اسارت
in ~ geraten به اسارت افتادن
Gefängnis *n* زندان
aus dem ~ ausbrechen از زندان گریختن؛ از زندان فرار کردن
dem ~ entkommen از زندان گریختن؛ از زندان فرار کردن
Gefängnisaufseher/-in *m/f* زندانبان
Gefängnisausbruch *m* فرار از زندان
Gefängnisdirektor/-in *m/f* رئیس زندان
Gefängnishof *m* حیاط زندان
Gefängnispersonal *n* پرسنل زندان؛ کارکنان زندان
Gefängnisrevolte *f* شورش در زندان
eine ~ anführen شورشی را در زندان رهبری کردن
eine ~ niederschlagen شورشی را در زندان فرونشاندن: شورشی را در زندان سرکوب کردن
Gefängnisstrafe *f* مجازات زندان
Gefängnisverwaltung *f* بخش اداری زندان
Gefängniswärter/-in *m/f* زندانبان
Gefecht *n* نبرد؛ جنگ؛ رزم
blutiges ~ نبرد خونین
heftiges ~ نبرد شدید
schweres ~ نبرد سخت؛ نبرد سنگین
Gefechtsabschnitt *m* منطقهٔ عملیّاتی؛ منطقهٔ عملیّات جنگی؛ منطقهٔ عملیّات رزمی
Gefechtsausbildung *f* آموزش رزمی
Gefechtsbedingungen *fpl* شرایط نبرد
gefechtsbereit *adj* آمادهٔ نبرد
Gefechtsbereitschaft *f* آمادگی برای نبرد

Gefechtskopf *m* کلاهک رزمی
Gefechtslinie *f* خطّ عملیّات جنگی؛ خطّ عملیّات رزمی
Gefechtsübung *f* مانور جنگی
Gefechtswaffen *fpl* سلاح های رزمی
Gefühl *n* احساس؛ عاطفه
gefühllos *adj* بی احساس؛ بی عاطفه
Gefühllosigkeit *f* بی احساسی؛ بی عاطفگی
gefühlsarm کم احساس؛ کم عاطفه
Gegenangebot *n* پیشنهاد متقابل
ein ~ ablehnen پیشنهاد متقابلی را رد کردن
ein ~ erhalten پیشنهاد متقابلی را دریافت کردن
Gegenangriff *m* پاتک؛ ضدّ حمله
einen ~ abwehren پاتکی را پس زدن؛ ضدّ حمله ای را دفع کردن
zum ~ übergehen پاتک زدن؛ به ضدّ حمله پرداختن
einen ~ zurückschlagen پاتکی را پس زدن؛ پاتکی را دفع کردن؛ ضدّ حمله ای را دفع کردن
Gegenanspruch *m* ادّعای متقابل
einen ~ erheben ادّعای متقابل کردن؛ متقابلاً ادّعا کردن
Gegenantrag *m* درخواست متقابل
einen ~ ablehnen درخواست متقابلی را رد کردن
einen ~ annehmen درخواست متقابلی را پذیرفتن
einen ~ stellen درخواست متقابل کردن
Gegenargument *n* دلیل متقابل؛ دلیل خلاف
Gegenaussage *f* شهادت متقابل
Gegenäußerung *f* پاسخ متقابل
Gegenbefehl *m* فرمان متقابل
einen ~ erteilen فرمان متقابل دادن
Gegenbesuch *m* بازدید
einen ~ erstatten بازدید کردن
Gegenbewegung *f* جنبش مخالف
Gegenbeweis *m* دلیل معارض
den ~ erbringen دلیل معارض ارائه دادن؛ دلیل معارض آوردن
Gegendarstellung *f* تشریح متقابل
Gegendemonstranten *mpl* تظاهرکنندگان مخالف
Gegendemonstration *f* تظاهرات متقابل
zur ~ aufrufen به تظاهرات متقابل فراخواندن
Gegenentwurf *m* طرح متقابل
Gegenerklärung *f* بیانیّهٔ متقابل
eine ~ abgeben بیانیّهٔ متقابلی را صادر کردن
Gegenfinanzierung *f* تأمین مالی متقابل
Gegenforderung *f* درخواست متقابل؛ ادّعای متقابل
eine ~ erheben ادّعای متقابل کردن؛ متقابلاً ادّعا کردن
~en stellen درخواست های متقابل کردن؛ متقابلاً خواستار شدن
Gegengewicht *n* نیروی متقابل؛ وزنهٔ متقابل
Gegenkandidat/-in *m/f* کاندید حزب مخالف؛ نامزد حزب مخالف
Gegenklage *f* شکایت متقابل
Gegenkundgebung *f* تظاهرات متقابل؛ راه پیمایی متقابل؛ میتینگ متقابل
Gegenmaßnahmen *fpl* اقدامات متقابل
Gegenoffensive *f* پاتک؛ ضدّ حمله
zur ~ übergehen پاتک زدن؛ به ضدّ حمله پرداختن
Gegenpartei *f* حزب مخالف
Gegenpropaganda *f* تبلیغات متقابل؛ تبلیغات ضد
~ treiben تبلیغات متقابل کردن؛ تبلیغات ضد کردن
Gegenprotest *m* اعتراض متقابل
Gegenregierung *f* حکومت مخالف
Gegenschlag *m* ضربت متقابل
zu einem ~ ausholen ضربت متقابل زدن

Gegenseitigkeit *f* عمل متقابل
Gegenspionage *f* ضدّ جاسوسی
~ treiben (فعالیّت) ضدّ جاسوسی کردن
Gegenstimme *f* رأی مخالف
Gegenströmung *f* جریان مخالف
Gegenstück *n* همپایه؛ المثنّی
Gegentendenzen *fpl* گرایش های مخالف؛ تمایلات مخالف
Gegenterror *m* ترور متقابل
Gegenüberstellung *f* تقابل؛ مواجهه
Gegenverpflichtung *f* تعهّد متقابل
eine ~ eingehen متقابلاً تعهّد کردن
Gegenvorschlag *m* پیشنهاد متقابل
einen ~ ablehnen پیشنهاد متقابلی را رد کردن
einen ~ annehmen پیشنهاد متقابلی را پذیرفتن
einen ~ machen پیشنهاد متقابل کردن
Gegenwehr *f* پدافند؛ دفاع؛ مقابله
auf heftige ~ stoßen با مقابلهٔ شدید مواجه شدن
Gegner/-in *m/f* مخالف؛ ضد
hartnäckiger ~ مخالف سرسخت
den ~ beseitigen مخالف را از بین بردن
Gegnerschaft *f* مخالفت؛ ضدّیّت
Gehalt *n* حقوق
~ beziehen حقوق مستمر دریافت کردن؛ مرتباً حقوق گرفتن
~ erhöhen حقوق را افزایش دادن
~ kürzen حقوق را کاهش دادن
~ zahlen حقوق را پرداختن
Gehaltsaufbesserung *f* افزایش حقوق
Gehaltsbasis *f* پایهٔ حقوق
Gehaltsempfänger/-in *m/f* حقوق بگیر
Gehaltserhöhung *f* افزایش حقوق
Gehaltsforderung *f* درخواست حقوق
Gehaltsfortzahlung *f* ادامهٔ پرداخت حقوق
Gehaltsgruppe *f* گروه حقوقی؛ ردیف حقوقی
Gehaltskürzung *f* کاهش حقوق
Gehaltsliste *f* صورت حقوق؛ لیست حقوق
Gehaltsrückstände *mpl* حقوق معوّقه
Gehaltstabelle *f* اَشل حقوقی
Gehaltssteigerung *f* افزایش حقوق
Gehaltsnachzahlung *f* پرداخت حقوق معوّق
Gehaltsvorschuss *m* مساعده
Gehaltszahlung *f* پرداخت حقوق
Gehaltszulage *f* مزایای حقوقی
geheim *adj* سرّی؛ پنهانی؛ مخفی
~e Akten پرونده های سرّی
~e Gesellschaft انجمن سرّی
~e Informationen اطّلاعات سرّی
~e Nachrichten خبرهای سرّی
~e Sitzung نشست سرّی؛ جلسهٔ سرّی
~e Verhandlungen مذاکرات سرّی؛ مذاکرات مخفی
~e Wahlen انتخابات سرّی
~es Komplott دسیسه؛ توطئهٔ پنهانی
Geheimabkommen *n* موافقت نامهٔ سرّی
ein ~ abschließen موافقت نامهٔ سرّی ای را منعقد کردن
Geheimabstimmung *f* رأی گیری مخفی؛ رأی دادن مخفی
Geheimagent/-in *m/f* مأمور مخفی
Geheimarmee *f* ارتش سرّی
Geheimausschuss *m* کمیتهٔ سری
Geheimbefehl *m* دستور مخفی
Geheimbericht *m* گزارش محرمانه؛ گزارش سرّی
Geheimbund *m* انجمن سرّی
Geheimdienst *m* سازمان امنیت؛ ادارهٔ اطّلاعات
Geheimdienstausschuss *m* کمیسیون ادارهٔ اطّلاعات
Geheimdienstbericht *m* گزارش سازمان

Geheimoperation *f* عملیّات نهانی؛ عملیّات سرّی

Geheimorganisation *f* سازمان سرّی؛ سازمان مخفی

Geheimpakt *m* پیمان سرّی

Geheimplan *m* طرح مخفی

Geheimpolizei *f* پلیس مخفی؛ ادارهٔ آگاهی

Geheimprotokoll *n* گزارش سرّی؛ پروتکل سرّی

Geheimsache *f* موضوع سرّی؛ موضوع مخفی

Geheimschutz *m* پناهگاه مخفی

Geheimsender *m* فرستندهٔ سرّی؛ فرستندهٔ مخفی

Geheimsitzung *f* نشست سرّی؛ جلسهٔ مخفی

Geheimurteil *n* حکم سرّی

Geheimverbindung *f* تماس سرّی؛ تماس مخفی

Geheimverfahren *n* دادرسی مخفی؛ محاکمهٔ مخفی

Geheimvertrag *m* قرارداد سرّی

Geheimwaffe *f* اسلحهٔ سرّی؛ سلاح مخفی

Gehirnwäsche *f* شست و شوی مغزی

gehorchen فرمان بردن؛ اطاعت کردن

einem Befehl ~ از فرمانی اطاعت کردن؛ از دستوری اطاعت کردن

gehorsam *adj* فرمان بر؛ فرمان بردار؛ مطیع

Gehorsam *m* فرمان بری؛ فرمان برداری؛ اطاعت

ziviler ~ فرمان بری از دولت؛ اطاعت از دولت

den ~ verweigern از فرمان برداری خودداری کردن؛ از اطاعت امتناع ورزیدن

Geisel *m* گروگان

Geiselbefreiung *f* آزادسازی گروگان ها

Geiselerschießung *f* تیرباران گروگان ها

Geiselmörder *m* قاتل گروگان ها

Geiselnahme *f* گروگان گیری

Geiselnehmer/-in *m/f* گروگان گیر

Geld *n* پول

angelegtes ~ پول سرمایه گذاری شده

bares ~ پول نقد؛ وجهٔ نقد

اطّلاعات؛ گزارش ادارهٔ اطّلاعات

Geheimdienstler/-in *m/f* مأمور سازمان اطّلاعات؛ مأمور سازمان امنیّت؛ مأمور ادارهٔ اطّلاعات

Geheimdienstoperation *f* عملیّات سازمان اطّلاعات

Geheimdiplomatie *f* دیپلماسی سرّی

Geheimgespräche *npl* مذاکرات سرّی؛ مذاکرات مخفی

~ führen مذاکرات سرّی کردن؛ مذاکرات مخفی کردن

Geheimhaltung *f* رازداری؛ نهان کاری؛ حفظ اطّلاعات سرّی؛ حفظ اطّلاعات محرمانه

der ~ unterliegen جزء اطّلاعات سرّی بودن؛ جزء اطّلاعات محرمانه بودن

Geheimhaltungsgrad *m* درجهٔ حفظ اطّلاعات سرّی؛ درجهٔ حفظ اطّلاعات محرمانه

Geheimhaltungsmaßnahmen *fpl* تدابیر حفظ اطّلاعات سرّی؛ تدابیر حفظ اطّلاعات محرمانه

Geheimhaltungspflicht *f* وظیفهٔ حفظ اطّلاعات محرمانه

Geheimhaltungsstufe *f* درجهٔ حفظ اطّلاعات سرّی؛ درجهٔ حفظ اطّلاعات محرمانه

Geheimkonferenz *f* کنفرانس سرّی

Geheimkrieg *m* جنگ نهانی

Geheimmittel *f* وجوه مخفی

Geheimnis *n* راز؛ سر

ein ~ preisgeben سرّی را فاش کردن؛ رازی را فاش کردن

ein ~ verraten سرّی را فاش کردن؛ رازی را فاش کردن

Geheimniskrämerei *f* پنهان کاری؛ مخفی کاری

Geheimnisträger *m* حامل اطّلاعات سرّی

Geheimnisverrat *m* فاش راز؛ فاش اطّلاعات سرّی؛ فاش اسرار

eingefrorene ~er	پول های مسدود؛ پول های غیرقابل برداشت
erspartes ~	پول پس انداز شده؛ پول صرفه جویی شده
falsches ~	پول جعلی
gewaschenes ~	پول شسته و رَفته
hartes ~	پول قوی
knappes ~	پول کمیاب
leicht verdientes ~	پول آسان به دست آمده؛ پول بادآورده
öffentliche ~er	وجوه عمومی؛ وجوه دولتی
staatliche ~er	وجوه دولتی
überschüssiges ~	پول اضافی
weiches ~	پول ضعیف
Kaufkraft des ~es	قدرت خرید پول
~ abheben von	پول برداشتن از
~ abwerten	ارزش پول را کاهش دادن
~ anlegen	سرمایه گذاری کردن
~ aufwerten	ارزش پول را افزایش دادن
~ ausgeben	پول خرج کردن
~ einnehmen	پول دریافت کردن
~ sparen	پول پس انداز کردن
~ überweisen	پول حواله کردن
~ verdienen	پول درآوردن
~ verschwenden	پول هدر دادن؛ ولخرجی کردن
~er unterschlagen	پول ها را حیف و میل کردن؛ پول ها را اختلاس کردن
~er veruntreuen	پول ها را حیف و میل کردن؛ پول ها را به جیب زدن
Geldabhebung *f*	برداشت پول
Geldabwertung *f*	کاهش ارزش پول؛ ارزشکاهی پول
Geldangebot *n*	عرضهٔ پول
Geldanlage *f*	سرمایه گذاری

Geldanleger *m*	سرمایه گذار
Geldaufnahme *f*	وام گیری؛ استقراض
Geldausfuhr *f*	صدور پول
Geldbedarf *m*	نیاز پولی
Geldbeschaffung *f*	تهیّهٔ پول
Geldbetrag *m*	مبلغ پول
Geldempfang *m*	دریافت پول
Geldempfänger/-in *m/f*	دریافت کنندهٔ پول؛ مؤدّی علیه
Geldentwertung *f*	کاهش ارزش پول
Geldentwertungsrate *f*	نرخ کاهش ارزش پول
Geldforderung *f*	طلب پولی
Geldgeber/-in *m/f*	وام دهنده؛ تأمین کنندهٔ اعتبار
Geldinstitut *n*	اینیستوی مالی؛ بانک
Geldkapital *n*	سرمایهٔ پولی؛ سرمایهٔ نقد
Geldknappheit *f*	کمبود پول
Geldkreislauf *m*	گردش پول
Geldkurs *m*	نرخ پول
Geldmakler/-in *m/f*	دلّال پول؛ دلّال ارز
Geldmangel *m*	کمبود پول
Geldmarkt *m*	بازار پول
Geldmenge *f*	مقدار پول
Geldmengenangebot *n*	عرضهٔ پول
Geldmengenbeschränkungen *fpl*	محدودیّت های پولی
Geldmengenpolitik *f*	خط مشی پولی
Geldmengensteuerung *f*	نظارت پولی
Geldmittel *f*	وجوه؛ وجوه پولی
Geldpolitik *f*	سیاست پولی؛ خط مشی پولی
Geldquelle *f*	منبع پول
Geldreform *f*	اصلاحات پولی
Geldreserven *fpl*	ذخیرهای پولی
Geldschein *m*	اسکناس
gefälschte ~e	اسکناس های جعلی

einen ~ fälschen اسکناسی را جعل کردن
Geldschöpfung *f* ایجاد پول
Geldspende *f* اهدای پول؛ اعطای پول
Geldstrafe *f* جریمهٔ نقدی
die Höhe der ~ festsetzen میزان جریمهٔ نقدی را تعیین کردن
eine ~ verhängen جریمهٔ نقدی وضع کردن
zu einer ~ verurteilen به پرداخت یک جریمهٔ نقدی محکوم کردن
Geldströme *mpl* جریان پولی
Geldsumme *f* مبلغ پول
Geldtransfer *m* انتقال پول
Geldtransport *m* حمل و نقل پول
Geldüberweisung *f* حوالهٔ پول
Geldumlauf *m* گردش پول
Geldverknappung *f* کمیابی پول
Geldverleih *m* وام
Geldverleiher *m* وام دهنده
Geldverlust *m* ضرر مالی
Geldvermehrung *f* افزایش پول
Geldvermögen *n* دارایی های نقدی
Geldverschwendung *f* اسراف پول
Geldvolumen *n* حجم پول
Geldwäsche *f* شست و رَفت پول
Geldwert *m* ارزش پول
Geldwertstabilität *f* ثبات ارزش پول
Geldwirtschaft *f* اقتصاد پولی
Geldzins *m* بهرهٔ پولی
Gelegenheitsarbeit *f* کار موقّت
Gelegenheitsarbeiter/-in *m/f* کارگر موقّت
Gelegenheitsbeschäftigung *f* اشتغال موقّت؛ کار موقّت
gelten اعتبار داشتن؛ صدق کردن
Geltung *f* اعتبار
~ haben اعتبار داشتن
Geltungsbereich *m* حوزهٔ اعتبار
Geltungsdauer *f* مدّت اعتبار
Geltungsgebiet *n* قلمرو اعتبار؛ حوزهٔ اعتبار
Gemeinde *f* ناحیه؛ محلّه
Gemeindeabgaben *fpl* عوارض ناحیه؛ عوارض محلّی
Gemeindeangelegenheiten *fpl* امور ناحیه ای؛ امور محلّی
Gemeindeaufgaben *fpl* وظایف ناحیه ای؛ وظایف مربوط به امور محلّی
Gemeindeausgaben *fpl* هزینه های ناحیه؛ هزینه های مربوط به امور محلّی
Gemeindeautonomie *f* خودگردانی ناحیه؛ خودمختاری ناحیه؛ خودمختاری در امور محلّی
Gemeindebeamte *m* کارمند ناحیه؛ مأمور ناحیه (مرد)
Gemeindebeamtin *f* کارمند ناحیه؛ مأمور ناحیه (زن)
Gemeindebehörde *f* مقام ناحیه ای؛ مقام محلّی
Gemeindedirektor/-in *m/f* رئیس ناحیه
Gemeindeeinnahmen *fpl* دریافت های ناحیه ای؛ عواید ناحیه ای؛ عواید مربوط به امور محلّی
Gemeindeeinwohner *mpl* ساکنان ناحیه؛ ساکنان محلّه
Gemeindefinanzen *pl* مالیّهٔ ناحیه ای؛ مالیّهٔ محلّی
Gemeindehaushalt *m* بودجهٔ ناحیه؛ بودجهٔ مربوط به امور محلّی
Gemeindekasse *f* صندوق ناحیه
Gemeindeorgane *npl* مقامات ناحیه؛ مقامات محلّی
Gemeindepolizei *f* پلیس ناحیه؛ پلیس محلّه
Gemeinderat *m* شورای ناحیه؛ شورای محلّی
Gemeinderatsmitglied *n* عضو شورای ناحیه؛

عضو شورای محلّی

Gemeinderatswahlen *fpl* انتخابات شورای ناحیه؛ انتخابات شورای محلّی

Gemeindesteuer *f* مالیات ناحیه؛ مالیات مربوط به امور محلّی

Gemeindeversammlung *f* گردهمایی ناحیه ای؛ مجمع ناحیه ای

Gemeindeverwaltung *f* ادارهٔ ناحیه؛ ادارهٔ امور محلّی

Gemeindewahlen *fpl* انتخابات ناحیه ای؛ انتخابات محلّی

Gemeinkosten *f* هزینهٔ ثابت عمومی

gemeinnützig *adj* غیرانتفاعی

~e Organisation سازمان غیرانتفاعی

~er Verband اتّحادیهٔ غیرانتفاعی

~er Verein انجمن غیرانتفاعی

gemeinsam *adj* مشترک

~e Anstrengungen تلاش های مشترک

~e Erklärung اعلامیّهٔ مشترک؛ بیانیّهٔ مشترک

~e Finanzpolitik سیاست مالی مشترک

~e Investitionen سرمایه گذاری های مشترک

~e Operation عملیّات مشترک

~e Ziele اهداف مشترک

~er Kampf مبارزهٔ مشترک

~er Standpunkt موضع مشترک

Gemeinschaft *f* جامعه

Gemeinschaftsfonds *m* صندوق تعاونی

Gemeinschaftskonto *n* شماره حساب مشترک

Gemeinschaftsproduktion *f* تولید مشترک؛ تولید جمعی

Gemeinschaftsprojekt *n* پروژهٔ مشترک؛ طرح مشترک

Gemeinschaftsrecht *n* حقوق مشترک

Gemeinschaftsunternehmen *n* شرکت سهامی مشترک

Gemeinschaftsvermögen *n* دارایی های مشترک

Gemeinwohl *n* رفاه همگانی؛ رفاه عمومی

genehmigen اجازه دادن؛ موافقت کردن؛ تصویب کردن

den Export ~ اجازهٔ صادرات دادن

den Haushalt ~ بودجه را تصویب کردن

Genehmigung *f* اجازه؛ موافقت؛ تصویب

allgemeine ~ اجازهٔ کلّی

amtliche ~ اجازهٔ رسمی

behördliche ~ اجازهٔ رسمی

gerichtliche ~ اجازه از سوی دادگاه

gewerbliche ~ اجازهٔ کسب و کار؛ پروانهٔ کسب و کار؛ پروانهٔ تجاری

~ einer Demonstration اجازهٔ تظاهرات

der ~ unterliegen مشمول اخذ موافقت بودن

die ~ einholen کسب اجازه کردن

die ~ verweigern از دادن اجازه امتناع کردن؛ از دادن اجازه خودداری کردن

zur ~ vorlegen جهت کسب اجازه ارائه کردن

Genehmigungsantrag *m* درخواست اخذ موافقت

Genehmigungsbehörde *f* ادارهٔ صدور پروانه

Genehmigungsverfahren *n* مراحل قانونی اخذ موافقت؛ مراحل قانونی مربوط به دادن اجازهٔ رسمی

Genehmigungsvorschriften *fpl* مقرّرات مربوط به اخذ موافقت؛ مقرّرات مربوط به دادن اجازهٔ رسمی

Genehmigungswiderruf *m* پسخواند موافقت؛ پسخواند رسمی موافقت؛ پس گرفتن موافقت

General *m* ژنرال

Generalagentur *f* نمایندگی کل

Generalamnestie *f* عفو عمومی

eine ~ erlassen دستور عفو عمومی دادن

Generalbevollmächtigte *m/f* نمایندهٔ کل؛ نمایندهٔ تام الاختیار

Generalbundesanwalt *m* دادستان کلّ کشور؛ دادستان کلّ فدرال (مرد)
Generalbundesanwältin *f* دادستان کلّ کشور؛ دادستان کلّ فدرال (زن)
Generalbundesanwaltschaft *f* دادستانی کلّ کشور؛ دادستانی کلّ فدرال
Generaldebatte *f* شور عمومی
Generaldirektor/-in *m/f* مدیر کل؛ مدیر عامل
Generalfeldmarschall *m* ارتشبد
Generalinspektor/-in *m/f* بازرس کل
Generalkonsul *m* سرکنسول
Generalkonsulat *n* سرکنسولگری
Generalleutnant *m* سپهبد
Generalmajor *m* سرتیپ
Generaloberst *m* سرلشگر
Generalsekretär/-in *m/f* دبیر کل
Generalstaatsanwalt *m* دادستان کل (مرد)
Generalstaatsanwältin *f* دادستان کل (زن)
Generalstaatsanwaltschaft *f* دادستانی کل
Generalstab *m* ستاد کل؛ ستاد مرکزی
Generalstabschef/-in *m/f* رئیس ستاد کل؛ رئیس ستاد مرکزی
Generalstreik *m* اعتصاب سراسری؛ اعتصاب همگانی؛ اعتصاب عمومی
zum ~ aufrufen به اعتصاب سراسری فراخواندن؛ به اعتصاب همگانی فراخواندن؛ به اعتصاب عمومی فراخواندن
Generalversammlung *f* مجمع عمومی
außerordentliche ~ مجمع عمومی فوق العاده
Generalvertreter/-in *m/f* نمایندهٔ کل
~ des Handels نمایندهٔ کلّ بازرگانی
Generalvertretung *f* نمایندگی کل
Generalvollmacht *f* وکالت تام
Generation *f* نسل
ältere ~ نسل پیر
frühere ~ نسل گذشته
junge ~ نسل جوان
kommende ~ نسل آینده
spätere ~ نسل بعدی
genießen برخوردار بودن
jmds. Vertrauen ~ از اعتماد کسی برخوردار بودن
Genossenschaft *f* تعاونی
gewerbliche ~ تعاونی صنعتی
landwirtschaftliche ~ تعاونی کشاورزی؛ تعاونی روستایی
Genossenschaftsbank *f* بانک تعاونی
Genossenschaftsbund *m* اتحادیهٔ تعاونی
Genossenschaftskasse *f* صندوق تعاونی
Genossenschaftsverband *m* اتحادیهٔ تعاونی
Genossenschaftsversammlung *f* گردهمایی اعضای تعاونی
Geograph/-in *m/f* جغرافیادان
Geographie *f* جغرافیا
geographisch *adj* جغرافیایی
Geopolitik *f* ژئوپلیتیک
geopolitisch *adj* ژئوپلیتیکی
Gerechtigkeit *f* دادگستری؛ عدالت
soziale ~ دادگستری اجتماعی؛ عدالت اجتماعی
umfassende ~ عدالت جامع
Gerechtigkeitsempfinden *n* حسّ عدالت خواهی
Gericht *n* دادگاه
außerordentliches ~ دادگاه فوق العاده
ordentliches ~ دادگاه عادی
unabhängiges ~ دادگاه مستقل
zuständiges ~ دادگاه ذیصلاح
nach Ermessen des ~s طبق تشخیص دادگاه
das ~ anrufen به دادگاه مراجعه کردن
vor ~ auftreten در دادگاه حضور یافتن

vor ~ aussagen در دادگاه (مطالبی را) اظهار داشتن؛ در دادگاه شهادت دادن
jmdn. vor ~ bringen کسی را به دادگاه کشاندن
bei ~ einreichen به دادگاه تسلیم کردن؛ به دادگاه ارائه کردن
vor ~ erscheinen در دادگاه حضور یافتن
vor ~ gehen به دادگاه رفتن
jmdn. vor ~ laden کسی را به دادگاه احضار کردن
vor ~ stehen در برابر دادگاه قرار داشتن
jmdn. vor ~ stellen کسی را در برابر دادگاه قرار دادن
sich vor ~ verantworten در برابر دادگاه از خود دفاع کردن
jmdn. vor ~ verklagen از کسی به دادگاه شکایت کردن
jmdn. vor ~ vertreten وکالت کسی را در دادگاه به عهده داشتن
bei ~ vortragen به اطّلاع دادگاه رساندن
Gerichtsbarkeit *f* صلاحیّت قضایی؛ حوزهٔ قضایی؛ حوزهٔ صلاحیّت قضایی؛ قلمرو قضایی
Gerichtsbeamte *m* کارمند دادگاه (مرد)
Gerichtsbeamtin *f* کارمند دادگاه (زن)
Gerichtsbeschluss *m* حکم دادگاه
Gerichtsentscheidung *f* تصمیم دادگاه
Gerichtshof *m* دیوان
Gerichtskasse *f* صندوق دادگاه
Gerichtskosten *f* هزینهٔ دادگاه؛ هزینه های مربوط به دادگاه
Übernahme von ~ به عهده گیری هزینه های دادگاه؛ تقبّل پرداخت هزینه های دادگاه
Zahlung von ~ پرداخت هزینه های دادگاه
Gerichtsmedizin *f* پزشکی قانونی
Gerichtsmediziner/-in *m/f* پزشک قانونی
Gerichtspräsident/-in *m/f* رئیس دادگاه
Gerichtsreportage *f* گزارش دادگاه؛ گزارش مفصّل دادگاه
Gerichtsreporter/-in *m/f* گزارشگر دادگاه
Gerichtssaal *m* تالار دادگاه
Gerichtsurteil *n* رأی دادگاه؛ حکم دادگاه
das ~ annullieren رأی دادگاه را لغو کردن؛ حکم دادگاه را لغو کردن
das ~ verlesen رأی دادگاه را خواندن
Gerichtsverfahren *n* دادرسی؛ محاکمه؛ جریان دادرسی؛ جریان محاکمه
ein ~ abschließen به دادرسی ای خاتمه دادن
ein ~ durchführen دادرسی ای را انجام دادن؛ محاکمه ای را انجام دادن
Gerichtsverhandlung *f* دادرسی؛ محاکمه
von der ~ ausschließen از شرکت در دادرسی بازداشتن؛ از شرکت در محاکمه جلوگیری کردن
die ~ aussetzen دادرسی را موقّتاً به تعویق انداختن؛ محاکمه را موقّتاً به تعویق انداختن
einer ~ beiwohnen در دادرسی ای حضور داشتن؛ در محاکمه ای حضور داشتن
die ~ vertagen دادرسی را به تعویق انداختن؛ محاکمه را به تعویق انداختن
Gerichtsvollzieher/-in *m/f* مأمور اجرای حکم دادگاه
Gerichtswesen *n* دستگاه قضایی
Gerücht *n* شایعه
falsche ~e شایعات بی اساس
den ~en ein Ende setzen به شایعات خاتمه دادن
~e verbreiten شایعه پراکنی کردن
Gerüchteküche *f* شایعات
Gerüchtemacher *m* شایعه ساز
Gesamtaufwand *m* هزینهٔ کل
Gesamtaufwendung *f* هزینهٔ کل

Gesamtausgaben Geschäftsführer/-in

Gesamtausgaben *fpl* مخارج کل
Gesamtbedarf *m* نیاز کل
Gesamtbericht *m* گزارش کل
Gesamtbetrag *m* مبلغ کل
Gesamtbevölkerung *f* جمعیّت کل
Gesamtbewertung *f* ارزیابی کلّی
Gesamtbilanz *f* تراز کل؛ بیلان کل
Gesamteinkommen *n* درآمد کل
Gesamteinnahmen *fpl* دریافت های کل؛ دخل کل؛ درآمد کل
Gesamtergebnis *n* نتیجهٔ کل
Gesamterlös *m* عایدی کل
Gesamtkosten *f* هزینهٔ کل
Gesamtlage *f* وضعیّت کل
Gesamtsumme *f* کلّ مبلغ؛ مبلغ کل
Gesamttarif *m* تعرفّهٔ کلی
Gesamttarifvertrag *m* قرارداد تعرفّهٔ کلی
Gesamtumsatz *m* فروش کل
Gesamtvereinbarung *f* موافقت کلّی؛ قول و قرار کلّی
Gesandte *m* نمایندهٔ سیاسی؛ نمایندهٔ اعزامی
Gesandtschaft *f* نمایندگی سیاسی
Geschäft *n* 1) معامله؛ داد و ستد 2) تجارتخانه؛ شرکت؛ دکّان؛ مغازه
1) hartes ~ معاملهٔ دشوار
illegales ~ معاملهٔ غیرقانونی؛ معاملهٔ نامشروع
zweifelhafte ~e معاملات مشکوک پولی
ein ~ abschließen معامله ای را انجام دادن؛ معامله ای را منعقد کردن
aus einem ~ aussteigen از معامله ای کناره گیری کردن
ein ~ machen معامله کردن
im ~ sein در کار معامله بودن
2) ein ~ gründen شرکتی را تأسیس کردن؛ شرکتی را دایر کردن؛ مغازه ای را دایر کردن
Geschäftemacher *m* سودجو؛ استفاده جو
Geschäftemacherei *f* سودجویی؛ سود گزاف بری
Geschäftsabschluss *m* معاملهٔ تجاری
Geschäftsanteil *m* سهم مشارکت در معامله؛ میزان مشارکت در معامله
Geschäftsanweisung *f* دستورالعمل شرکت
Geschäftsaufsicht *f* نظارت بر کار شرکت
Geschäftsaussichten *fpl* چشم انداز تجاری؛ امکانات تجاری
Geschäftsausweitung *f* بسط امور بازرگانی
Geschäftsbank *f* بانک بازرگانی
Geschäftsbedingungen *fpl* شرایط داد و ستد؛ شرایط معامله
Geschäftsbereich *m* بخش کار و کسب؛ دایرهٔ فعالیّت های تجاری و اقتصادی
den ~ erweitern به دایرهٔ فعالیّت های تجاری و اقتصادی توسعه بخشیدن
Geschäftsbericht *m* گزارش مالی سالانه
Geschäftsbeziehungen *fpl* روابط تجاری
~ ausbauen روابط تجاری را گسترش دادن
~ pflegen روابط تجاری داشتن
Geschäftsbilanz *f* تراز نامه؛ صورتحساب معامله
Geschäftsbuch *n* دفتر مالی شرکت
Geschäftseinkommen *n* درآمد تجاری
Geschäftserfahrung *f* تجربیّات تجاری؛ تجربیّات در امور بازرگانی
Geschäftserweiterung *f* بسط امور بازرگانی
Geschäftsfrau *f* بازرگان؛ تاجر؛ سوداگر (زن)
Geschäftsfreund/-in *m/f* همکار تجاری
Geschäftsführer/-in *m/f* مدیر عامل
erfahrener ~ مدیر عامل باتجربه
erfolgreicher ~ مدیر عامل موفّق
hervorragender ~ مدیر عامل برجسته

parlamentarischer ~ مدیر عامل پارلمانی
Geschäftsführung *f* مدیریّت
leistungsfähige ~ مدیریّت کارآمد؛ مدیریّت باکفایت
leistungsschwache ~ مدیریّت بی کفایت
die ~ ausüben مدیریّت را به عهده داشتن
Geschäftsgeheimnis *n* راز تجاری؛ راز حرفه ای
Geschäftsgewinn *m* سود بازرگانی؛ سود تجاری
Geschäftsinhaber/-in *m/f* صاحب شرکت؛ صاحب مغازه
Geschäftsjahr *n* سال مالی
Geschäftskapital *n* سرمایهٔ تجاری
Geschäftskredit *m* اعتبار بازرگانی
Geschäftsleiter/-in *m/f* مدیر؛ مدیر شرکت
Geschäftsleitung *f* مدیریّت؛ مدیریّت شرکت
Geschäftsleute *pl* بازرگانان؛ تجّار
Geschäftsmann *m* بازرگان؛ تاجر؛ سوداگر (مرد)
erfahrener ~ بازرگان باتجربه؛ تاجر باتجربه
routinierter ~ بازرگان باتجربه؛ تاجر باتجربه
Geschäftsmotivation *f* انگیزهٔ کار و کسب
Geschäftsordnung *f* آئین کار؛ نظام نامهٔ داخلی
Geschäftsort *m* محل کار و کسب
Geschäftspapiere *npl* اسناد بازرگانی؛ اسناد تجاری
Geschäftspartner/-in *m/f* شریک؛ شریک تجاری
Geschäftspolitik *f* سیاست تجاری
Geschäftspsychologie *f* روان شناسی کار و کسب؛ روان شناسی شغلی
Geschäftsreise *f* سفر بازرگانی؛ سفر تجاری
Geschäftsreiseveranstalter *m* برگزارکنندهٔ سفرهای بازرگانی
Geschäftsrisiko *n* خطر سوخت معامله؛ ریسک در امور تجاری
Geschäftsrückgang *m* کساد تجاری
Geschäftsschulden *fpl* بدهی های تجاری؛ تعهّدات تجاری
Geschäftssektor *m* بخش کار و کسب
Geschäftssitz *m* مقرّ شرکت
Geschäftsstatistik *f* آمار تجاری
Geschäftsstelle *f* دفتر شرکت
Geschäftsstillstand *m* رکود تجاری
Geschäftstag *m* روز کار
Geschäftstätigkeit *f* فعالیّت بازرگانی؛ فعالیّت تجاری
Geschäftsträger/-in *m/f* کاردار
Geschäftstrend *m* روند کار و کسب
Geschäftsumfang *m* حجم معاملات؛ میزان کلّ معاملات
Geschäftsunterlagen *fpl* اسناد بازرگانی؛ اسناد تجاری
Geschäftsverbindlichkeiten *fpl* تعهّدات تجاری
Geschäftsverbindungen *fpl* تماس های تجاری
Geschäftsverkehr *m* رابطهٔ تجاری
Geschäftsverlauf *m* روند بازرگانی؛ روند تجاری
Geschäftsverlust *m* زیان تجاری
Geschäftsvermittler/-in *m/f* دلّال معاملات
Geschäftsvermittlung *f* دلّالی معاملات
Geschäftsvermögen *n* دارایی های شرکت
Geschäftsverpflichtungen *fpl* تعهّدات تجاری؛ بدهی های تجاری
Geschäftsviertel *n* محلّ تجاری؛ محلّ کار و کسب
Geschäftsvolumen *n* حجم معاملات
Geschäftswelt *f* دنیای کار و کسب
Geschäftswert *m* ارزش معامله
Geschäftszeiten *fpl* ساعات کار و گشایش
Geschäftszentrum *n* مرکز کار و کسب؛ مرکز تجاری
Geschäftsziele *npl* اهداف معاملاتی

die ~ erreichen به اهداف معاملاتی دست یافتن
Geschäftszwecke *mpl* اهداف تجاری
Geschäftszweig *m* شعبه؛ شعبهٔ یک بانک؛ شعبهٔ یک شرکت
Geschichte *f* تاریخ
antike ~ تاریخ کهن
moderne ~ تاریخ مدرن
zeitgenössische ~ تاریخ معاصر
Mülleimer der ~ *ugs* زباله دان تاریخ
Geschichtsfälschung *f* جعل تاریخ
Geschichtsphilosophie *f* فلسفهٔ تاریخ
Geschichtsschreiber/-in *m/f* تاریخ نگار
Geschichtsschreibung *f* تاریخ نگاری
Geschütz *n* توپ؛ اسلحهٔ سنگین متحرّک یا ثابت
Geschützfeuer *n* آتش توپ
Geschworenengericht *n* دادگاه هیأت منصفه
Geschworenenurteil *n* حکم هیأت منصفه؛ حکم دادگاه هیأت منصفه
Geschworene *m/f* عضو هیأت منصفه
Gesellschaft *f* 1) شرکت 2) جامعه 3) انجمن
1) angegliederte ~ شرکت وابسته
multinationale ~en شرکت های چند ملیّتی
nahestehende ~ شرکت وابسته
eine ~ auflösen شرکتی را منحل کردن
eine ~ errichten شرکتی را بنیان گذاردن؛ شرکتی را تأسیس کردن؛ شرکتی را دایر کردن
eine ~ gründen شرکتی را بنیان گذاردن؛ شرکتی را تأسیس کردن؛ شرکتی را دایر کردن
eine ~ privatisieren شرکتی را خصوصی کردن
eine ~ übernehmen شرکتی را تحت کنترل خود درآوردن
eine ~ verstaatlichen شرکتی را دولتی کردن
2) erschütterte ~ جامعهٔ متزلزل
feudale ~ جامعهٔ ارباب و رعیّتی
fortschrittliche ~ جامعهٔ مترقّی
gesunde ~ جامعهٔ سالم
kapitalistische ~ جامعهٔ سرمایه داری
offene ~ جامعهٔ باز؛ جامعهٔ آزاد
primitive ~ جامعهٔ ابتدایی
revolutionäre ~ جامعهٔ انقلابی
sozialistische ~ جامعهٔ سوسیالیستی
stabile ~ جامعهٔ باثبات
wohlhabende ~ جامعهٔ مرفه
zivile ~ جامعهٔ مدنی
3) geheime ~ انجمن سرّی
Gesellschaftseigentum *n* 1) مالکیّت اجتماعی 2) ملک شرکتی
Gesellschaftsentwicklung *f* تحوّل اجتماعی؛ توسعه و گسترش اجتماعی
Gesellschaftsgründer/-in *m/f* بنیان گذار شرکت؛ مؤسّس شرکت
Gesellschaftsgründung *f* بنیان گذاری شرکت؛ تأسیس شرکت
Gesellschaftskapital *n* سرمایهٔ شرکت
Gesellschaftskritik *f* نقد اجتماعی
Gesellschaftsordnung *f* نظام اجتماعی
Gesellschaftspolitik *f* سیاست اجتماعی
Gesellschaftssitz *m* مقرّ شرکت
Gesellschaftsstruktur *f* ساختار اجتماعی
Gesellschaftssystem *n* سیستم اجتماعی؛ نظام اجتماعی
Gesellschaftsvermögen *n* دارایی های شرکت
Gesetz *n* قانون
allgemeines ~ قانون عمومی
einheitliches ~ قانون یکسان
formelles ~ قانون رسمی
geltendes ~ قانون جاری
gültiges ~ قانون معتبر

konzipiertes ~	قانون پیش نویس شده؛ قانون طرح ریزی شده
rückwirkendes ~	قانون عطف به ماسبق
verfassungswidriges ~	قانون ناسازگار با قانون اساسی؛ قانون خلاف قانون اساسی
verfassungskonformes ~	قانون سازگار با قانون اساسی
zwingendes ~	قانون الزام آور
außerhalb des ~es	خارج از چهارچوب قانون
im Rahmen des ~es	در چهارچوب قانون
ein ~ abändern	قانونی را اصلاح کردن
ein ~ abschaffen	قانونی را لغو کردن
ein ~ ändern	قانونی را تغییر دادن
ein ~ annehmen	قانونی را تصویب کردن
ein ~ anwenden	قانونی را اجرا کردن
ein ~ aufheben	قانونی را منسوخ کردن
ein ~ außer Kraft setzen	قانونی را لغو کردن
ein ~ beachten	قانونی را رعایت کردن
ein ~ befolgen	از قانونی پیروی کردن
ein ~ brechen	قانونی را نقض کردن
ein ~ durchführen	قانونی را اجرا کردن
ein ~ einhalten	قانونی را رعایت کردن
ein ~ erklären	قانونی را توضیح دادن
ein ~ in Kraft setzen	قانونی را به اجرا گذاشتن
ein ~ übernehmen	قانونی را پذیرفتن
ein ~ übertreten	از قانونی تخطّی کردن
ein ~ umgehen	ترفند قانونی زدن
ein ~ verabschieden	قانونی را به تصویب رساندن
ein ~ veröffentlichen	قانونی را منتشر کردن
gegen ein ~ verstoßen	از قانونی تخلّف کردن؛ برخلاف قانونی رفتار کردن
unter ein ~ fallen	مشمول قانونی شدن
Gesetzentwurf *m*	پیش نویس قانون؛ طرح قانون
Gesetzesänderung *f*	اصلاح قانون

Gesetzesaufhebung *f*	نسخ قانون؛ ابطال قانون
Gesetzesausarbeitung *f*	پیش نویس قانون
Gesetzesberatung *f*	شور قانون
Gesetzesbeschluss *m*	تصویب قانون
Gesetzesbruch *m*	قانون شکنی؛ نقض قانون
Gesetzesinhalt *m*	مضمون قانون؛ مندرجات قانون: مفادِ قانون
Gesetzesinitiative *f*	ابتکار قانون گذاری
Gesetzeslücke *f*	خلاء موجود در قانون؛ خلاء قانونی
Gesetzesmissbrauch *m*	سوء استفاده از قانون
gesetzestreu *adj*	وفادار به قانون
Gesetzestreue *f*	وفاداری به قانون
Gesetzesübertretung *f*	تخطّی از قانون
Gesetzesverabschiedung *f*	تصویب قانون
Gesetzesverletzung *f*	نقض قانون
Gesetzesvorlage *f*	طرح قانون؛ پیش نویس قانون
eine ~ debattieren	یک طرح قانونی را به بحث گذاشتن
Gesetzesvorschlag *m*	پیشنهاد طرح قانونی
Gesetzgeber *m*	قانون گذار
Gesetzgebung *f*	قانون گذاری
Gesetzgebungsakt *m*	عمل قانون گذاری
Gesetzgebungsbeschlüsse *mpl*	مصوّبات قانون گذاری
Gesetzgebungsinstanz *f*	مرجع قانون گذاری
Gesetzgebungskompetenz *f*	صلاحیّت قانون گذاری
Gesetzgebungsorgane *npl*	نهادهای قانون گذاری
Gesetzgebungspolitik *f*	سیاست قانون گذاری
Gesetzgebungsprozess *m*	فرایند قانون گذاری
Gesetzgebungsverfahren *n*	رویّهٔ قانون گذاری؛ مراحل قانون گذاری

Gesetzgebungszuständigkeit *f*	صلاحیّت قانون گذاری
gesetzlich *adj*	قانونی
~es Limit	حدّ قانونی؛ مرز قانونی؛ حدّ و مرز قانونی
gesetzlos *adj*	بی قانون
gesetzmäßig *adj*	قانونی؛ برابر قانون؛ طبق قانون؛ مطابق قانون
Gesetzmäßigkeit *f*	برابری با قانون؛ مطابقت با قانون
gesetzwidrig *adj*	ناسازگار با قانون؛ خلاف قانون؛ مغایر با قانون
Gesetzwidrigkeit *f*	ناسازگاری با قانون؛ مغایرت با قانون
Gesinnung *f*	نظر؛ عقیده؛ فکر؛ طرز تفکّر
liberale ~	نظر آزادی خواهانه؛ طرز تفکّر آزادی خواهانه
patriotische ~	طرز تفکّر میهن پرستانه
Gesinnungsgenosse *m*	هم نظر؛ هم عقیده؛ هم فکر (مرد)
Gesinnungsgenossin *f*	هم نظر؛ هم عقیده؛ هم فکر (زن)
Gespräch *n*	گفتگو؛ مذاکره
dienstliches ~	گفتگوی رسمی؛ مذاکرهٔ رسمی
geheimes ~	گفتگوی سرّی؛ مذاکرهٔ سرّی
ernsthafte ~e	گفتگوهای جدّی؛ مذاکرات جدّی
fruchtbare ~e	گفتگوهای ثمربخش
konstruktive ~e	گفتگوهای سازنده
offenes ~	گفتگوی باز؛ بحث و گفتگوی باز
politische ~e	گفتگوهای سیاسی؛ مذاکرات سیاسی
~e abbrechen	گفتگوها را قطع کردن؛ مذاکرات را قطع کردن
~e führen	مذاکره کردن
~e sondieren	برای بررسی اوضاع و احوال به گفتگو نشستن؛ گفتگوهای تحقیقی کردن

Gesprächsdauer *f*	مدّت گفتگو؛ مدّت بحث و گفتگو
Gesprächsgegenstand *m*	موضوع گفتگو؛ موضوع مورد گفتگو؛ موضوع بحث و گفتگو
Gesprächsklima *n*	جوّ گفتگو؛ جوّ بحث و گفتگو
Gesprächsleiter/-in *m/f*	سرپرست بحث؛ مصاحبه گر
Gesprächspartner/-in *m/f*	طرف گفتگو؛ طرف بحث؛ طرف مذاکره
Gesprächsrunde *f*	دورهٔ مذاکرات
Gesprächsverlauf *m*	جریان گفتگو؛ جریان بحث و گفتگو؛ جریان مذاکره
Geständnis *n*	اعتراف؛ اقرار
ausdrückliches ~	اعتراف صریح
erzwungenes ~	اعتراف به زور و یا با تهدید؛ اعتراف به اجبار
freiwilliges ~	اعتراف به اختیار؛ اعتراف داوطلبانه؛ اقرار داوطلبانه
umfassendes ~	اعتراف کامل
ein ~ ablegen	اعتراف کردن؛ اقرار کردن
ein ~ erpressen	اعترافی را به زور و یا با تهدید گرفتن؛ اقراری را به زور و یا تهدید گرفتن
ein ~ widerrufen	اعترافی را پس گرفتن
Gesuch *n*	درخواست؛ تقاضا
schriftliches ~	درخواست کتبی
ein ~ ablehnen	درخواستی را رد کردن
ein ~ abweisen	درخواستی را رد کردن
ein ~ befürworten	از درخواستی حمایت کردن؛ از درخواستی پشتیبانی کردن
ein ~ bewilligen	با درخواستی موافقت کردن
ein ~ einreichen	درخواستی را تسلیم کردن
einem ~ stattgeben	با درخواستی موافقت کردن
Gesundheitsamt *n*	ادارهٔ بهداری
Gesundheitsausschuss *m*	کمیسیون امور درمانی

Gesundheitsbehörde *f* مقام مسؤل بهداری؛ ادارهٔ بهداری
Gesundheitsminister/-in *m/f* وزیر بهداری
Gesundheitsministerium *n* وزارت بهداری
Gesundheitsreform *f* اصلاحات امور درمانی
Gesundheitswesen *n* سیستم درمانی؛ سیستم بهداشتی
gewähren دادن؛ اعطا کردن
Asyl ~ پناهندگی دادن
Autonomie ~ خودمختاری دادن
ein Darlehen ~ وام دادن؛ وامی را اعطا کردن
eine Konzession ~ امتیازی را واگذار کردن
einen Kredit ~ اعتبار دادن؛ اعتباری را اعطا کردن
eine Lizenz ~ جواز دادن؛ پروانه دادن؛ امتیازی را واگذار کردن
eine Option ~ اختیار دادن؛ اختیاری را اعطا کردن
Rabatt ~ تخفیف دادن
Unterstützung ~ پشتیبانی کردن؛ حمایت کردن
gewährleisten تضمین کردن؛ ضمانت کردن
die Sicherheit ~ امنیّت را تضمین کردن
Gewährleistung *f* تضمین؛ ضمانت
Gewalt *f* 1) خشونت؛ زور 2) قُوّه؛ قدرت
1) nackte ~ خشونت عریان
strukturelle ~ خشونت ساختاری
Eskalation der ~ اوج گیری خشنونت
~ anwenden زور به کار بردن؛ اعمال خشونت کردن
~ auslösen موجب خشونت شدن؛ باعث خشونت شدن
~ ausüben اعمال خشونت کردن
zur ~ greifen به خشنونت متوسّل شدن؛ دست به خشونت زدن
2) höchste ~ قُوّهٔ عالیه
höhere ~ قُوّهٔ قاهره؛ حوادث قهری
staatliche ~ قدرت دولت
verfassungsmäßige ~ قدرت مبتنی بر قانون اساسی
Gewaltandrohung *f* تهدید به زور
Gewaltanwendung *f* کاربرد زور؛ به کارگیری زور
verfassungswidrige ~ به کارگیری غیرمشروع زور
Gewaltausübung *f* اعمال زور
gewaltbereit *adj* آمادهٔ اعمال خشونت؛ خشونت گرا
~e Jugendliche جوانان خشونت گرا
Gewaltbereitschaft *f* آمادگی برای اعمال خشونت؛ خشونت گرایی
Gewaltdelikt *n* خلاف ناشی از اعمال خشونت؛ خلاف عنفی
Gewaltenteilung *f* تفکیک قوا
gewaltfrei *adj* بدون اعمال زور؛ بدون اعمال خشونت
Gewaltfreiheit *f* عدم اعمال زور؛ عدم اعمال خشونت
Gewaltherrschaft *f* استبداد؛ سلطهٔ خشونت
Gewaltherrscher *m* مستبد؛ حاکم مستبد؛ فرمان روای مستبد
Gewaltlosigkeit *f* خشونت پرهیزی
Gewaltmaßnahmen *fpl* اقدامات خشونت آمیز
Gewaltminderung *f* کاهش خشونت
Gewaltmonopol *n* انحصار قدرت؛ انحصار قدرت در دست دولت
Gewaltpolitik *f* سیاست زور؛ سیاست اعمال زور
gewaltsam *adj* با زور؛ خشونت آمیز
~er Übergriff دست اندازی خشونت آمیز
~e Durchsetzung einer Politik پیشبرد خشونت آمیز یک سیاست
ein Gebiet ~ besetzen منطقه ای را با زور اشغال کردن
Gewalttat *f* عمل خشونت آمیز؛ عمل عنفی

Gewalttäter/-in *m/f* مسبّب خشونت
gewalttätig *adj* خشونت آمیز
~e Demonstration تظاهرات خشونت آمیز
Gewalttätigkeit *f* خشونت
Gewaltverbot *n* منع خشونت
Gewaltverbrechen *n* جنایت
Gewaltverbrecher/-in *m/f* جنایتکار؛ جانی
Gewaltverherrlichung *f* خشونت پرستی
Gewässer *npl* آب ها
inländische ~ آب های داخلی
internationale ~ آب های بین المللی
unterirdische ~ آب های زیرزمینی
neutrale ~ آب های بیطرف
schiffbare ~ آب های قابل کشتی رانی
die ~ verschmutzen آب ها را آلوده کردن
Gewässerschutz *m* جلوگیری از آلوده سازی آب ها
Gewässerverschmutzung *f* آلوده سازی آب ها
Gewerbe *n* کسب؛ کسب و کار؛ خرده فروشی
Gewerbeaufsicht *f* نظارت بر کسب؛ نظارت بر کسب و کار؛ نظارت بر خرده فروشی
Gewerbeaufsichtsamt *n* ادارهٔ نظارت بر کسب؛ ادارهٔ نظارت بر کسب و کار؛ ادارهٔ نظارت بر خرده فروشی
Gewerbebetrieb *m* کارگاه صنعتی
Gewerbeerlaubnis *f* پروانهٔ کسب؛ اجازهٔ کسب
Gewerbeertrag *m* سود بازرگانی؛ منفعت بازرگانی؛ سود تجاری
Gewerbeertragssteuer *f* مالیات بر سود تجاری
Gewerbekapital *n* سرمایهٔ کاری
Gewerbeschein *m* اجازه نامهٔ کسب؛ پروانهٔ کسب
Gewerbesteuer *f* مالیات تجاری؛ مالیات بر درآمد تجاری
Gewerbetreibende *m/f* بازرگان؛ تاجر؛ کاسب

Gewerkschaft *f* اتّحادیهٔ کارگری؛ سندیکای کارگری
Gewerkschaftler/-in *m/f* عضو اتّحادیهٔ کارگری
Gewerkschaftsaktivist/-in *m/f* عضو فعال اتّحادیه کارگری
Gewerkschaftsbeauftragte *m/f* نمایندهٔ اتّحادیهٔ کارگری
Gewerkschaftsbewegung *f* جنبش اتّحادیه های کارگری
Gewerkschaftsbund *m* فدراسیون اتّحادیه های کارگری
Gewerkschaftsdachverband *m* فدراسیون سراسری اتّحادیه های کارگری
Gewerkschaftsforderung *f* خواستهٔ اتّحادیهٔ کارگری
Gewerkschaftsführer/-in *m/f* رهبر اتّحادیهٔ کارگری
Gewerkschaftsführung *f* رهبری اتّحادیهٔ کارگری
Gewerkschaftsfunktionär/-in *m/f* مسؤل اتّحادیهٔ کارگری؛ کارگزار اتّحادیهٔ کارگری
Gewerkschaftsmitglied *n* عضو اتّحادیهٔ کارگری
Gewerkschaftspolitik *f* سیاست اتّحادیه؛ خط مشی اتّحادیه؛ خط مشی سیاسی اتّحادیه
Gewerkschaftsunterhändler/-in *m/f* مذاکره گر اتحادیهٔ کارگری؛ مذاکره کنندهٔ اتّحادیهٔ کارگری
Gewerkschaftsveranstaltung *f* میتنگ اتّحادیهٔ کارگری
Gewerkschaftsverband *m* فدراسیون اتّحادیه های کارگری
Gewerkschaftsvertreter/-in *m/f* نمایندهٔ اتّحادیهٔ کارگری
Gewerkschaftsvorsitzende *m/f* رئیس اتّحادیهٔ کارگری

Gewerkschaftsvorstand *m* هیأت رئیسهٔ اتّحادیّهٔ کارگری
Gewerkschaftszugehörigkeit *f* تعلّق سندیکایی؛ تعلّق به یک اتّحادیّه
Gewinn *m* سود
ausgeschütteter ~ سود (سهام) پرداخت شده
einbehaltener ~ سود (سهام) پرداخت نشده
Beteiligung am ~ سهیم در سود
~ und Verlust سود و زیان
~ abwerfen سود دادن؛ نفع دادن
~ ausschütten سود (سهام) را تقسیم کردن
~ einbehalten سود (سهام) را نگه داشتن؛ سود (سهام) را نپرداختن
mit ~ veräußern با سود فروختن
~e aufzehren سودها را تحلیل بردن
Gewinnanteil *m* سود سهام
Gewinnausschüttung *f* پرداخت سود سهام؛ تقسیم سود سهام
Gewinnbeteiligung *f* سهیم در سود؛ تسهیم سود
Gewinnbeteiligungsmodell *n* طرح تسهیم سود
gewinnbringend *adj* سود آور
gewinnen 1) به دست آوردن 2) بردن؛ پیروز شدن
1) jmds. Vertrauen ~ اعتماد کسی را به دست آوردن
2) den Krieg ~ جنگ پیروز شدن در
eine Schlacht ~ در نبردی پیروز شدن
die Wahlen ~ انتخابات را بردن؛ در انتخابات پیروز شدن
Gewinnentnahme *f* سودبری
Gewinner *m* برنده؛ پیروز
Gewinnmaximierung *f* بیشینه سازی سود؛ به حدّاکثررسانی سود
Gewinnmitnahme *f* سودبری؛ دریافت سود
Gewinnrücklage *f* اندوختهٔ سود
Gewinnschätzung *f* براورد سود؛ تخمین سود
Gewinnspanne *f* حاشیهٔ سود؛ تفاوت بابت سود
Gewinnsteigerung *f* افزایش سود؛ بالارفتن سود
Gewinnsteuer *f* مالیات بر سود
Gewinnverteilung *f* تقسیم سود
Gewinnzuwachs *m* رشد سود
Gewissen *n* وجدان
ein schlechtes ~ haben عذاب وجدان داشتن
gewissenhaft *adj* باوجدان
gewissenlos *adj* بی وجدان
ein ~er Mensch یک انسان بی وجدان
Gewissenlosigkeit *f* بی وجدانی
Gewissensbisse *mpl* عذاب وجدان
~ haben عذاب وجدان داشتن
Gewissensfrage *f* مسألهٔ وجدانی
Gewissenskonflikt *m* درگیری وجدانی
Glaubensfreiheit *f* آزادی عقیده
Glaubensgemeinschaft *f* جامعهٔ دینی
Gläubiger/-in *m/f* بستانکار؛ طلبکار
bevorzugter ~ بستانکار مقدّم؛ طلبکار مقدّم
nachrangiger ~ بستانکار مؤخّر؛ طلبکار مؤخّر
Gläubigerausschuss *m* کمیسیون بستانکاران؛ کمیسیون طلبکاران
Gläubigerbank *f* بانک بستانکار؛ بانک طلبکار
Gläubigerfirma *f* شرکت بستانکار؛ شرکت طلبکار
Gläubigerland *n* کشور بستانکار؛ کشور طلبکار
Gläubigerversammlung *f* نشست بستانکاران؛ مجمع بستانکاران؛ گردِهمایی بستانکاران؛ مجمع طلبکاران
glaubwürdig *adj* مورد اطمینان؛ قابل اعتماد؛ شایستهٔ اعتبار
Glaubwürdigkeit *f* اعتبار؛ شایستگی
Glaubwürdigkeitsverlust *m* فقدان اعتبار؛

	از دست رفتگی اعتبار
Gleichberechtigung *f*	برابری حقوق؛
	تساوی حقوق
Gleichheit *f*	برابری؛ مساوات
Gleichheitsgrundsatz *m*	اصل برابری؛
	اصل مساوات
Gleichheitsprinzip *n*	اصل برابری؛ اصل مساوات
global *adj*	جهانی
~e Strategie	استراتژی جهانی
~es Informationsnetz	شبکهٔ جهانی اطّلاعات
globalisieren	جهانی کردن
Glück *n*	1) بخت؛ اقبال 2) خوشبختی؛ سعادت؛
	کامروایی
glücklich *adj*	1) خوشبخت؛ نیک بخت؛ خوش اقبال
	2) خوشحال؛ راضی
Gnadenakt *m*	عفو؛ عمل عفو
Gnadenfrist *f*	مهلت عفو
Gnadengesuch *n*	درخواست عفو
Gnadeninstanz *f*	مرجع عفو
Goldbarren *m*	شمش طلا
Goldpreis *m*	بهای طلا؛ قیمت طلا
Goldreserve *f*	اندوختهٔ طلا؛ رزرو طلا
Goldvorrat *m*	اندوختهٔ طلا؛ رزرو طلا
Golf *m*	خلیج
Persischer ~	خلیج فارس
Golfstaat *m*	کشور خلیج
Gott *m*	خدا؛ ایزد
Gottesdienst *m*	عبادت؛ نماز و دعا؛ نماز جماعت
Gotteshaus *n*	خانهٔ خدا
Gotteskrieger *mpl*	رزمندگان راه خدا
Gotteslästerung *f*	کفر؛ کفرگو
Gotteskind *n*	فرزند ایمانی
Gottesmutter *f*	مادر ایمانی
Gotteswille *m*	خواست خدا

göttlich *adj*	خداگونه؛ الاهی
~er Wille	خواست الاهی
gottlos *adj*	خدانشناس
Gottlose *m/f*	خدانشناس
Gottlosigkeit *f*	خدانشناسی
Gottvater *m*	پدر ایمانی
grausam *adj*	ستمگر؛ بی رحم
Grausamkeit *f*	ستمگری؛ بی رحمی
~en begehen	ستمگری کردن؛ بی رحمی کردن
Gremium *n*	هیأت
ein ~ bilden	هیأتی را تشکیل دادن
ein ~ zusammenstellen	اعضای هیأتی را
	تعیین کردن
Grenzabfertigung *f*	ترخیص گمرکی
Grenzabkommen *n*	موافقت نامهٔ مرزی
Grenzabschnitt *m*	منطقهٔ مرزی؛ منطقهٔ کوچک
	مرزی
Grenzänderung *f*	تغییر مرز
Grenzanlagen *fpl*	تأسیسات مرزی
Grenzaufsicht *f*	کنترل مرزی
Grenzausweis *m*	برگهٔ شناسایی مرزی؛
	کارت شناسایی برای عبور از مرز
Grenzbeamte *m*	مأمور مرزی (مرد)
Grenzbeamtin *f*	مأمور مرزی (زن)
Grenzbehörde *f*	ادارهٔ مرزی
Grenzbewachung *f*	مرزبانی
Grenzbewohner/-in *m/f*	مرزنشین
Grenzbezirk *m*	ناحیهٔ مرزی؛ منطقهٔ مرزی
Grenze *f*	مرز
international anerkannte ~n	مرزهای به رسمیّت شناخته شدهٔ بین المللی
offene ~	مرز باز
passierbare ~	مرز قابل عبور
sichere ~	مرز امن

undurchdringliche ~	مرز غیرقابل نفوذ
unpassierbare ~	مرز غیرقابل عبور
die ~ bewachen	از مرز پاسداری کردن؛ از مرز محافظت کردن
die ~ markieren	مرز را نشانه گذاری کردن؛ مرز را علامت گذاری کردن
die ~ öffnen	مرز را باز کردن
die ~ passieren	از مرز عبور کردن
die ~ schließen	مرز را بستن
die ~ sichern	مرز را امن کردن
die ~ sperren	مرز را بستن؛ مانع عبور و مرور در مرز شدن
die ~ überschreiten	از مرز گذشتن
die ~ verletzen	به مرز تجاوز کردن
die ~n verteidigen	از مرزها دفاع کردن
Grenzer *m*	مرزبان
Grenzfluss *m*	رود مرزی
Grenzformalitäten *fpl*	مقرّرات مرزی
Grenzfrage *f*	مسألهٔ مرزی
umstrittene ~n	مسائل مرزی مورد اختلاف
die ~n erörtern	مسائل مرزی را مورد بحث و گفتگو قرار دادن
Grenzgänger/-in *m/f*	عابر مرزی
Grenzgebiet *n*	منطقهٔ مرزی
Grenzgefecht *n*	زدوخورد مرزی؛ درگیری مرزی
Grenzgewässer *npl*	آب های مرزی
Grenzkonflikt *m*	اختلاف مرزی
Grenzkontrolle *f*	کنترل مرزی
Grenzkosten *f*	هزینهٔ نهایی
Grenzkostenkalkulation *f*	هزینه یابی نهایی
Grenzkrieg *m*	جنگ مرزی
einen ~ führen	جنگ مرزی کردن
Grenzlinien *fpl*	خطوط مرزی
Grenzmarkierung *f*	نشانه گذاری مرز؛ علامت گذاری مرز
Grenznachbarn *mpl*	همسایگان مرزی
Grenzöffnung *f*	باز کردن مرز
Grenzpolizei *f*	پلیس مرزی
Grenzposten *m*	پاسگاه مرزبانی
Grenzproduktivität *f*	فراوری نهایی
Grenzregelung *f*	تنظیم امور مرزی
Grenzschließung *f*	بستن مرز
Grenzschmuggel *m*	قاچاق مرزی
Grenzschutz *m*	حفاظت مرزی؛ مرزبانی
Grenzschützer/-in *m/f*	مرزبان
Grenzsicherung *f*	امنیّت مرزی؛ تأمین امنیّت مرزی
Grenzsperre *f*	مانع مرزی؛ مانع عبور و مرور مرزی؛ راه بند مرزی
Grenzstadt *f*	شهر مرزی
Grenzstation *f*	پاسگاه مرزی
Grenzstreit *m*	اختلاف مرزی
Grenzstreitigkeiten *fpl*	اختلافات مرزی
Grenztruppen *fpl*	نیروهای مرزی
die ~ verstärken	نیروهای مرزی را تقویّت کردن
Grenzübergang *m*	گذرگاه مرزی
grenzüberschreitend *adj*	فرامرزی
~e Auswirkungen	تأثیرات فرامرزی
Grenzüberschreitung *f*	عبور از مرز
illegale ~	عبور غیرقانونی از مرز
Grenzverhandlungen *fpl*	مذاکرات مرزی
Grenzverkehr *m*	عبور و مرور مرزی
Grenzverlauf *m*	خطّ مرزی
den ~ markieren	خطّ مرزی را نشانه گذاری کردن
Grenzverteidigung *f*	دفاع از مرز؛ دفاع از مرز کشور
Grenzvertrag *m*	قرارداد مرزی
Grenzwache *f*	مرزبانی

Grenzziehung *f* مرزبندی
Grenzzollamt *n* ادارهٔ گمرک مرزی
Grenzzone *f* منطقهٔ مرزی
Grenzzwischenfall *m* رویداد مرزی
Großabnehmer/-in *m/f* مشتری عمده
Großdemonstration *f* تظاهرات عظیم
Großereignis *n* رویداد عظیم
Großfahndung *f* پیگرد شدید؛ تعقیب شدید
Großfeuer *n* حریق بزرگ
Großgrundbesitz *m* بزرگ زمینداری
Großgrundbesitzer/-in *m/f* زمیندار بزرگ
Großhandel *m* عمده فروشی
Großhandelskette *f* فروشگاه های عمده فروشی زنجیره ای
Großhandelspreis *m* قیمت عمده فروشی
Großhandelsrabatt *m* سود عمده فروشی
Großhändler/-in *m/f* عمده فروش
Großindustrie *f* صنایع بزرگ
Großkapital *n* سرمایهٔ کلان
Großkapitalist/-in *m/f* سرمایه دار کلان؛ سرمایه دار بزرگ
Großmacht *f* قدرت بزرگ
Großmachtbeziehungen *fpl* روابط بین قدرت های بزرگ
Großmachtinteressen *npl* مصالح قدرت های بزرگ
Großmachtstatus *m* وضع و موقعیّت کنونی یک قدرت بزرگ
Großmachtstellung *f* وضع و موقعیّت یک قدرت بزرگ
Großoffensive *f* یورش گسترده؛ تهاجم گسترده؛ حملهٔ گسترده
Großstadt *f* کلان شهر؛ شهر بزرگ
Großunternehmen *n* شرکت بزرگ؛ بنگاه تولیدی بزرگ؛ بنگاه تجاری بزرگ
Großunternehmer/-in *m/f* صاحب بنگاه تولیدی بزرگ؛ صاحب بنگاه تجاری بزرگ؛ کارخانه دار بزرگ
Grundbedürfnisse *npl* نیازهای اوّلیّه
Grundbesitz *m* ملک؛ دارایی به صورت ملک
Grundbesitzer/-in *m/f* مالک زمین؛ زمیندار
Grundbuch *n* دفتر ثبت املاک
Grundbucheintragung *f* ثبت املاک
Grundeckzins *m* میزان بهرهٔ پایه
Grundeigentum *n* ملک؛ دارایی به صورت ملک
Grundeigentümer/-in *m/f* مالک زمین؛ زمیندار
gründen پایه گذاری کردن؛ بنیان گذاردن؛ تأسیس کردن؛ دایر کردن؛ ایجاد کردن
eine Firma ~ شرکتی را تأسیس کردن؛ شرکتی را دایر کردن
eine Partei ~ حزبی را بنیان گذاردن؛ حزبی را تأسیس کردن
ein Unternehmen ~ شرکتی را تأسیس کردن؛ شرکتی را دایر کردن؛ بنگاهی را تأسیس کردن
Gründer/-in *m/f* بنیان گذار؛ پایه گذار؛ مؤسّس
Gründeraktien *fpl* سهام مؤسّس
Grundfrage *f* مسالهٔ اساسی
Grundgehalt *n* حقوق پایه؛ پایهٔ حقوق
Grundgesetz *n* قانون اساسی
Grundgesetzänderung *f* اصلاح قانون اساسی
grundgesetzkonform *adj* سازگار با قانون اساسی
grundgesetzwidrig *adj* ناسازگار با قانون اساسی؛ مغایر با قانون اساسی
Grundkapital *n* سرمایهٔ اوّلیّه
Erhöhung des ~s افزایش سرمایهٔ اوّلیّه
Grundlohn *m* مزد پایه
Grundlohnsatz *m* نرخ مزد پایه

Grundordnung *f* نظام
Grundpfeiler *m* ستون اصلی
Grundpreis *m* قیمت پایه؛ قیمت مبنا
Grundprinzipien *npl* اصول بنیادی؛ اصول اساسی
Grundrechte *npl* حقوق بنیادی؛ حقوق اساسی
Grundrente *f* 1) درآمد از ملک و زمین مزروعی 2) حقوق بازنشستگی پایه؛ مستمری پایه
Grundsatzdebatte *f* بحث اصولی
Grundsatzentscheidung *f* تصمیم اصولی
Grundsatzfrage *f* مسألهٔ اصولی
Grundsatzprogramm *n* برنامهٔ اصولی
Grundsatzrede *f* نطق اصولی
Grundsatzvereinbarung *f* توافق اصولی؛ موافقت اصولی
Grundsteuer *f* مالیات زمین؛ مالیات ارضی؛ مالیات بر دارایی های ارضی
Grundstück *n* ملک؛ قطعه زمین
angrenzendes ~ ملک همجوار؛ قطعه زمین همجوار
belastetes ~ ملک مرهون؛ ملک رهنی
gepachtetes ~ ملک اجاره ای؛ ملک مورد اجاره
herrenlose ~e املاک بدون صاحب
unbebautes ~ قطعه زمین ساخته نشده
verlassenes ~ ملک متروکه
Grundstücksbenutzung *f* استفاده از زمین؛ استفاده از مستغلّات
Grundstücksbesitzer/-in *m/f* مالک؛ صاحب ملک؛ دارندهٔ ملک
Grundstücksbewertung *f* ارزیابی ملک؛ سنجش قیمت ملک
Grundstücksdarlehen *n* وام مستغلّات
Grundstückseigentümer/-in *m/f* مالک؛ صاحب ملک؛ دارندهٔ ملک
Grundstücksenteignung *f* سلب مالکیّت از دارندهٔ ملک
Grundstückserschließung *f* بهره برداری از ملک؛ بهره برداری از زمین
Grundstückserwerb *m* تحصیل ملک؛ خرید ملک؛ خرید زمین
Grundstücksgesellschaft *f* شرکت معاملات املاک؛ بنگاه معاملات املاک
Grundstückskauf *m* خرید زمین؛ خرید ملک
Grundstückskäufer/-in *m/f* خریدار زمین؛ خریدار ملک
Grundstücksmakler/-in *m/f* دلاّل معاملات املاک؛ دلاّل زمین و املاک
Grundstücksmarkt *m* بازار معاملات املاک؛ بازار خرید و فروش املاک؛ بازار خرید و فروش زمین
Grundstückspacht *f* اجاره داری زمین
Grundstückspreis *m* قیمت ملک؛ قیمت زمین
Grundstücksspekulant/-in *m/f* سوداگر زمین؛ محتکر زمین؛ زمین خوار
Grundstücksspekulation *f* سوداگری زمین؛ احتکار زمین؛ زمین خواری
Grundstücksübertragung *f* واگذاری ملک؛ نقل و انتقال ملک
Grundstücksveräußerung *f* فروش زمین؛ فروش ملک
Grundstücksverkauf *m* فروش زمین؛ فروش ملک
Grundstücksverkäufer/-in *m/f* فروشندهٔ زمین؛ فروشندهٔ ملک
Grundstücksverwalter/-in *m/f* مباشر املاک؛ مباشر زمین؛ متصدّی املاک؛ متصدّی ادارهٔ املاک
Grundstücksverwaltung *f* تصدّی املاک؛ مدیریّت املاک
Grundstückswert *m* ارزش معاملاتی ملک
Gründung *f* پایه گذاری؛ بنیان گذاری؛ تأسیس
Gründungsausschuss *m* کمیسیون بنیان گذاری؛ کمیسیون تأسیس

Gründungskapital *n* سرمايهٔ اوّليّه؛ سرمايهٔ اصلى؛ سرمايهٔ راه اندازى
Gründungskosten *f* هزينه راه اندازى
Gründungsmitglied *n* عضو بنيان گذار؛ عضو مؤسّس
Gründungsurkunde *f* اساسنامهٔ شركت
Gründungsväter *mpl* پايه گذاران؛ بنيان گذاران؛ مؤسّسان
Grundversorgung *f* تأمين نيازهاى اوّليّه؛ تأمين احتياجات اوّليّه
Grundwehrdienst *m* خدمت پايه
Grundwerte *mpl* ارزش هاى بنيادى
Gruppe *f* گروه
aufständische ~n گروه هاى شورشى
bewaffnete ~n گروه هاى مسلح
oppositionelle ~n گروه هاى مخالف
rivalisierende ~n گروه هاى درگير
staatsfeindliche ~n گروه هاى ضدّ دولت
Gruppenantrag *m* درخواست گروهى
Gruppenarbeit *f* كار گروهى؛ كار تيمى
Gruppenatmosphäre *f* جوّ گروهى
Gruppenbildung *f* تشكيل گروه
Gruppenintegration *f* يكپارچگى گروهى
Gruppeninteresse *n* دلبستگى گروهى
Gruppenkonflikt *m* همستيزى گروهى
Gruppenreise *f* سفر گروهى
Gruppensolidarität *f* همبستگى گروهى
Gruppenstruktur *f* ساخت گروه
Gruppenversicherung *f* بيمهٔ گروهى
gültig *adj* معتبر
Gültigkeit *f* اعتبار
Gültigkeitsbereich *m* حوزهٔ اعتبار
Gültigkeitsdauer *f* مدّت اعتبار
Gummigeschoss *n* گلولهٔ لاستيكى؛ تير لاستيكى

Gutachten *n* 1) نظر كارشناس 2) گزارش كارشناس 3) فتوا
Gutachter/-in *m/f* كارشناس؛ ارزياب
Gutachterausschuss *m* كميسيون كارشناسان
Gutachtergremium *n* هيأت كارشناسان؛ كميسيون كارشناسان
Gutachterkommission *f* كميسيون كارشناسان
Güter *npl* كالاها
arbeitsintensive ~ كالاهاى كاربر
lebenswichtige ~ كالاهاى حياتى
zollfreie ~ كالاهاى بخشوده از ماليات؛ كالاهاى معاف از ماليات
zollpflichtige ~ كالاهاى مشمول ماليات
Güterabfertigung *f* ترخيص كالا
Güterausfuhr *f* صدور كالا؛ صادرات كالا
Güterbeförderung *f* حمل و نقل كالا
Gütereinfuhr *f* ورود كالا؛ واردات كالا
Güterexport *m* صدور كالا؛ صادرات كالا
Güterimport *m* ورود كالا؛ واردات كالا
Gütermakler/-in *m/f* دلّال كالا
Gütermenge *f* مقدار كالا
Gütertransport *m* حمل و نقل كالا
Gütertrennung *f* تفكيك دارايى؛ تفكيك دارايى منقول و غيرمنقول
Güterverkehr *m* حمل و نقل كالا
Güterverteilung *f* پخش كالا
Gütervolumen *n* حجم كالا
Güterzug *m* قطار باربرى
Guthaben *n* دارايى؛ ماندهٔ بستانكار؛ موجودى بانكى
blockiertes ~ دارايى مسدود؛ دارايى راكد؛ موجودى مسدود بانكى
Gymnasiast/-in *m/f* دانش آموز دبيرستان
Gymnasium *n* دبيرستان

H

Habe *f* مال؛ دار و ندار
Haben *n* موجودی؛ موجودی بانکی
Hafen *m* بندر؛ بندرگاه
einen ~ blockieren بندری را محاصره کردن؛ از رفت و آمد کشتی ها به بندری جلوگیری کردن
Hafenarbeiter/-in *m/f* کارگر بندر
Hafenbehörden *fpl* مقامات بندری
Hafeneinrichtungen *fpl* تأسیسات بندر
Hafengebühren *fpl* حقوق بندر؛ حقوق بندرگاه
Hafenpolizei *f* پلیس بندر
Hafenstadt *f* شهر بندری
Hafenverwaltung *f* ادارهٔ بندر
Haft *f* زندان؛ حبس
lebenslängliche ~ حبس ابد
die ~ antreten برای گذراندن مجازات به زندان رفتن
aus der ~ befreien از زندان آزاد کردن
aus der ~ entlassen از زندان اخراج کردن
in ~ halten در حبس نگه داشتن
Haftanordnung *f* دستور بازداشت؛ حکم بازداشت
Haftanstalt *f* بازداشتگاه؛ زندان
Haftaufschub *m* تعویق حبس؛ به عقب اندازی حبس
Haftbedingungen *fpl* شرایط موجود در زندان؛ شرایط حبس
Haftbefehl *m* دستور بازداشت؛ دستور توقیف؛ حکم بازداشت؛ حکم توقیف
Verhaftung ohne ~ دستگیری بدون حکم بازداشت؛ دستگیری بدون حکم توقیف
den ~ aufheben دستور بازداشت را لغو کردن؛ حکم توقیف را لغو کردن
den ~ erlassen دستور بازداشت دادن؛ حکم توقیف دادن
Haftbeschwerde *f* شکایت برعلیه دستور بازداشت
Haftbestimmungen *fpl* مقرّرات زندان
Haftdauer *f* مدّت بازداشت؛ مدّت حبس
Haftentlassung *f* اخراج از زندان
Haftgrund *m* علّت بازداشت؛ علّت توقیف
Häftling *m* زندانی
Haftrichter/-in *m/f* قاضی کلانتری؛ قاضی پاسگاه شهربانی
Haftstrafe *f* حبس؛ کیفر زندان
zu lebenslanger ~ verurteilen به زندان ابد محکوم کردن؛ به حبس ابد محکوم کردن
Haftung *f* مسؤلیّت جهت پرداخت خسارت
Haftungsbegrenzung *f* تحدید مسؤلیّت جهت پرداخت خسارت
Haftverschonung *f* بخشودگی از بازداشت؛ بخشودگی از کیفر زندان
Halbjahresbericht *m* گزارش موقّت
Halbtagsbeschäftigung *f* کار نیمه وقت
Handarbeit *f* کار دستی
Handel *m* بازرگانی؛ تجارت؛ خرید و فروش
erlaubter ~ تجارت مجاز؛ تجارت قانونی
freier ~ تجارت آزاد
illegaler ~ تجارت غیرقانونی
legaler ~ تجارت قانونی
rechtswidriger ~ تجارت غیرقانونی
unerlaubter ~ تجارت غیرمجاز؛ تجارت غیرقانونی
~ mit Drogen خرید و فروش موادّ مخدّر
den ~ ausweiten تجارت را گسترش دادن؛ تجارت را توسعه دادن
den ~ liberalisieren تجارت را آزاد کردن
~ treiben تجارت کردن؛ داد و ستد کردن
handeln 1) عمل کردن 2) معامله کردن؛ داد و ستد کردن
Handelsabkommen *n* موافقت نامهٔ بازرگانی؛

موافقت نامهٔ تجاری

Handelsaktivitäten *fpl* فعالیت های بازرگانی؛ فعالیت های تجاری

Handelsanteil *m* سهمیهٔ بازرگانی؛ سهمیهٔ تجاری

Handelsartikel *m* کالای بازرگانی؛ کالای تجاری

Handelsattaché *m* وابستهٔ بازرگانی؛ وابستهٔ تجاری

Handelsaustausch *m* مبادلهٔ تجاری

Handelsbank *f* بانک بازرگانی؛ بانک تجاری

Handelsbarriere *f* موانع تجاری

Handelsbedingungen *fpl* شرایط بازرگانی؛ شرایط تجاری

Handelsbelebung *f* احیای تجاری

Handelsbestimmungen *fpl* مقرّرات بازرگانی؛ مقرّرات تجاری

Handelsbeziehungen *fpl* روابط بازرگانی؛ روابط تجاری

~ ausbauen روابط بازرگانی را گسترش دادن؛ روابط تجاری را توسعه دادن

Handelsbilanz *f* تراز بازرگانی؛ موازنهٔ بازرگانی؛ تراز تجاری؛ موازنهٔ تجاری

aktive ~ تراز مثبت بازرگانی؛ تراز مثبت تجاری

günstige ~ تراز مساعد بازرگانی؛ تراز مساعد تجاری

negative ~ تراز منفی بازرگانی؛ تراز منفی تجاری

passive ~ تراز منفی بازرگانی؛ تراز منفی تجاری

positive ~ تراز مثبت بازرگانی؛ تراز مثبت تجاری

Handelsbilanzdefizit *n* کسری تراز بازرگانی؛ کسری موازنهٔ تجاری

Handelsbilanzüberschuss *m* مازاد موازنهٔ بازرگانی؛ مازاد موازنهٔ تجاری

Handelsblockade *f* محاصرهٔ تجاری

Handelsblüte *f* شکوفایی تجاری؛ رونق تجاری؛ رونق سوداگری

Handelsdefizit *n* کسری تراز بازرگانی؛ کسری موازنه تجاری

Handelsdelegation *f* هیأت بازرگانی؛ هیأت تجاری

Handelsembargo *n* تحریم تجاری

Handelserleichterungen *fpl* تسهیلات بازرگانی؛ تسهیلات تجاری

Handelsfirma *f* شرکت بازرگانی؛ شرکت تجاری

Handelsflotte *f* ناوگان بازرگانی؛ ناوگان تجاری

Handelsfreiheit *f* آزادی تجاری؛ آزادی در امور بازرگانی؛ آزادی در خرید و فروش

Handelsgenossenschaft *f* تعاونی بازرگانی؛ تعاونی تجاری

Handelsgericht *n* دادگاه بازرگانی

Handelsgesellschaft *f* شرکت بازرگانی؛ شرکت تجاری

Handelsgesetz *n* قانون تجارت

Handelsgespräche *npl* مذاکرات تجاری

Handelsgewinn *m* سود بازرگانی؛ سود تجاری

Handelsgut *n* کالای بازرگانی؛ کالای تجاری

Handelshafen *m* بندر بازرگانی؛ بندر تجاری

Handelshemmnisse *npl* موانع بازرگانی؛ موانع تجاری

Handelsinteressen *npl* منافع بازرگانی؛ منافع تجاری

Handelskammer *f* اطاق بازرگانی

Handelskapital *n* سرمایهٔ تجاری

Handelskonflikt *m* برخورد منافع تجاری

Handelskorrespondenz *f* مراسلات تجاری؛ مکاتبات تجاری

Handelskreise *mpl* محافل بازرگانی؛ محافل تجاری

Handelskrieg *m* جنگ تجاری

Handelsmacht *f* قدرت تجاری

Handelsmagazin *n* مجلّهٔ بازرگانی؛ مجلّهٔ تجاری

Handelsmarine *f* نیروی دریایی بازرگانی؛ نیروی دریایی تجاری

Handelsmarke *f*	علامت تجاری؛ مارک تجاری
Handelsmesse *f*	نمایشگاه بازرگانی؛
	نمایشگاه تجاری
Handelsminister/-in *m/f*	وزیر بازرگانی
Handelsministerium *n*	وزارت بازرگانی
Handelsmission *f*	هیأت بازرگانی؛ هیأت تجاری
Handelsmonopol *n*	انحصار تجاری
Handelsnachrichten *fpl*	اخبار بازرگانی؛ اخبار
	تجاری
Handelsnation *f*	کشور تجاری
Handelsniederlassung *f*	بنگاه بازرگانی؛ مؤسسۀ
	تجاری؛ شعبۀ بازرگانی؛ شعبۀ تجاری
Handelsorganisation *f*	سازمان بازرگانی؛
	سازمان تجاری
Handelspartner/-in *m/f*	شریک تجاری
Handelspolitik *f*	سیاست بازرگانی؛ سیاست تجاری
Handelspreis *m*	قیمت تجاری
Handelsrecht *n*	حقوق بازرگانی؛ حقوق تجاری
Handelsregister *n*	دفتر ثبت تجاری
Handelssachen *fpl*	امور بازرگانی؛ امور تجاری
Handelsschiff *n*	کشتی بازرگانی؛ کشتی تجاری
Handelsschranken *fpl*	موانع بازرگانی؛
	موانع تجاری
Handelssektor *m*	بخش بازرگانی؛ بخش تجاری
Handelsstadt *f*	شهر بازرگانی؛ شهر تجاری
Handelsstreit *m*	دعوی تجاری
Handelsüberschuss *m*	مازاد مبادلات بازرگانی؛
	مازاد مبادلات تجاری
Handelsumsatz *m*	میزان کلّ فروش تجاری
Handelsunkosten *f*	هزینه های تجاری؛ هزینه های
	پیش بینی نشدۀ تجاری
Handelsunternehmen *n*	بنگاه بازرگانی؛ مؤسسۀ
	بازرگانی؛ مؤسسۀ تجاری
Handelsverbindung *f*	رابطۀ بازرگانی؛ رابطۀ

	تجاری
Handelsverhandlungen *fpl*	مذاکرات تجاری
Handelsverkehr *m*	داد و ستد؛ رابطۀ تجاری
Handelsvertrag *m*	قرارداد بازرگانی؛ قرارداد
	تجاری
Handelsvertreter/-in *m/f*	نمایندۀ تجاری؛
	نمایندۀ انحصاری
Handelsvertretung *f*	نمایندگی تجاری؛
	نمایندگی انحصاری
Handelsvolumen *n*	حجم مبادلات بازرگانی؛
	حجم مبادلات تجاری
Handelsvorschriften *fpl*	مقرّرات بازرگانی؛
	مقرّرات تجاری
Handelsware *f*	کالای بازرگانی؛ کالای تجاری
Handelswechsel *m*	برات بازرگانی؛ برات تجاری
Handelsweg *m*	راه تجاری
Handelswert *m*	ارزش تجاری
Handelszentrum *n*	مرکز بازرگانی؛ مرکز تجاری
Handelszone *f*	منطقۀ بازرگانی؛ منطقۀ تجاری
freie ~	منطقۀ آزاد تجاری
Handfeuerwaffe *f*	اسلحۀ سبک؛ اسلحۀ ترابردپذیر؛
	اسلحۀ قابل حمل
Händler/-in *m/f*	بازرگان؛ تاجر؛ کاسب
ausländischer ~	بازرگان خارجی؛ تاجر خارجی
einheimischer ~	بازرگان داخلی؛ تاجر بومی
fliegender ~	دستفروش؛ دوره گرد
Handlung *f*	عمل
feindselige ~en	اعمال خصمانه
provokatorische ~	عمل تحریک برانگیز
vorsätzliche ~	عمل خواسته؛ عمل عمدی
Handlungsfähigkeit *f*	توانایی عمل؛ قدرت عمل
politische ~	توانایی عمل سیاسی
Handlungslinien *fpl*	موازین عمل
Handlungsoption *f*	اختیار عمل

Handlungsspielraum *m* میدان عمل
Handwerk *n* صنعت دستی
Handwerker/-in *m/f* پیشه ور؛ صنعتگر
Handwerkerberuf *m* شغل پیشه وری؛ شغل صنعتگری
Handwerkerschule *f* آموزشگاه صنایع دستی
Handwerksbetrieb *m* کارگاه صنایع دستی
Handwerksinnung *f* صنف پیشه وران؛ اتّحادیّهٔ صنعتگران
Handwerkskammer *f* اطاق اصناف
Handwerksunternehmen *n* شرکت صنایع دستی؛ شرکت صنایع کار دستی
Handwerksverband *m* اتّحادیّهٔ صنفی؛ اتّحادیّهٔ صنعتگران
Harmonie *f* هماهنگی
harmonisieren هماهنگ کردن
Harmonisierung *f* هماهنگ سازی
Hauptakteur/-in *m/f* بازیگر اصلی
Hauptaktionär/-in *m/f* سهامدار عمده
Hauptanklagepunkt *m* مورد اصلی اتّهام
Hauptankläger/-in *m/f* مدّعی اصلی؛ خواهان اصلی
Hauptanspruch *m* ادّعای اصلی
Hauptaufgabe *f* وظیفهٔ اصلی؛ وظیفهٔ اساسی
Hauptausschuss *m* کمیسیون کل
Hauptbedarf *m* نیاز اصلی؛ نیاز عمده؛ احتیاج عمده
Hauptbegründung *f* دلیل اصلی؛ استدلال اصلی
Hauptberuf *m* شغل اصلی
Hauptbeschuldigte *m/f* متّهم اصلی
Hauptbestimmungen *fpl* مقرّرات عمومی
Haupteinnahmequelle *f* منبع اصلی درآمد
Hauptfiliale *f* شعبهٔ مرکزی
Hauptgebäude *n* ساختمان اصلی
Hauptgegner/-in *m/f* 1) حریف اصلی 2) مخالف اصلی
Hauptgeschäftsführer/-in *m/f* مدیر کل؛ مدیر عامل
Hauptgeschäftsstelle *f* دفتر مرکزی
Hauptgläubiger/-in *m/f* بستانکار اصلی؛ طلبکار اصلی
Haupthandelspartner/-in *m/f* شریک عمدهٔ تجاری
Hauptindustrie *f* صنعت اصلی؛ صنعت مادر
Hauptkäufer/-in *m/f* خریدار عمده
Hauptkonkurrent/-in *m/f* رقیب اصلی
Hauptmann *m* سروان
Hauptmotiv *n* انگیزهٔ اصلی
Hauptniederlassung *f* شرکت وابستهٔ مرکزی
Hauptorgan *n* اُرگان مرکزی
Hauptproblem *n* مشکل اصلی
Hauptprodukt *n* فراوردهٔ اصلی؛ محصول اصلی
Hauptquartier *n* مرکز فرماندهی
Hauptquelle *f* منبع اصلی
Hauptrolle *f* نقش اصلی
Hauptschuldner/-in *m/f* بدهکار اصلی
Hauptsitz *m* مقرّ اصلی؛ مقرّ مرکزی
Hauptstadt *f* پایتخت
Hauptströmung *f* جریان اصلی
Haupttäter/-in *m/f* مجرم اصلی
Hauptverantwortliche *m/f* مسؤل اصلی؛ مسؤل ارشد
Hauptverantwortung *f* مسؤلیّت اصلی
die ~ tragen مسؤلیّت اصلی را به عهده داشتن
Hauptversammlung *f* مجمع عمومی
außerordentliche ~ مجمع عمومی فوق العاده
Hauptverteidigungslinien *fpl* خطوط اصلی دفاعی

Hauptverwaltung *f* ادارهٔ مرکزی
Hauptvortrag *m* سخنرانی اصلی
Hauptwidersacher/-in *m/f* مخالف اصلی
Hauptziel *n* هدف اصلی
Hauptzollamt *n* ادارهٔ مرکزی گمرک
Hausarbeit *f* کار خانگی
Hausarrest *m* بازداشت خانگی
unter ~ stellen تحت بازداشت خانگی قرار دادن
Hausdurchsuchung *f* بازرسی خانه؛ تفتیش خانه
bei einer ~ festnehmen در هنگام بازرسی خانه دستگیر کردن؛ در هنگام تفتیش خانه بازداشت کردن
Hausfrau *f* کدبانو
Haushalt *m* بودجه
ausgeglichener ~ بودجهٔ متوازن
gemeinsamer ~ بودجهٔ مشترک
öffentlicher ~ بودجهٔ دولتی
unausgeglichener ~ بودجهٔ نامتوازن
den ~ genehmigen بودجه را تصویب کردن
den ~ konsolidieren بودجه را تثبیت کردن
den ~ sanieren بودجه را بازسازی کردن
Haushaltsartikel *m* کالای خانگی
Haushaltsausgaben *fpl* 1) هزینهٔ بودجه 2) مخارج خانوار
Haushaltsausgleich *m* توازن بودجه؛ تعادل بودجه
Haushaltsausschuss *m* کمیسیون بودجه
Haushaltsautonomie *f* خودمختاری در تنظیم بودجه
Haushaltsberatung *f* شور دربارهٔ بودجه؛ شور و مشورت دربارهٔ بودجه
Haushaltsbericht *m* گزارش بودجه
Haushaltsbeschränkung *f* محدودیّت بودجه
Haushaltsbewilligung *f* تصویب بودجه
Haushaltsdebatte *f* مباحثهٔ پارلمانی مربوط به بودجه
Haushaltsdefizit *n* کسری بودجه
Haushaltseinkommen *n* درآمد خانواده؛ درآمد خانوار
Haushaltseinnahmen *fpl* دریافت های بودجه؛ درآمد بودجه
Haushaltseinsparungen *fpl* صرفه جویی های منظور شده در بودجه
Haushaltsentscheidung *f* تصویب بودجه
Haushaltsentwurf *m* طرح بودجه
Haushaltserklärung *f* صورت وضعیّت مالی
Haushaltsexperte *m* کارشناس بودجه (مرد)
Haushaltsexpertin *f* کارشناس بودجه (زن)
Haushaltsfachmann *m* کارشناس بودجه
Haushaltsführung *f* مدیریّت بودجه
Haushaltsgesetz *n* قانون بودجه
Haushaltsjahr *n* سال مالی
Haushaltskasse *f* بودجهٔ خانوار
Haushaltskonsolidierung *f* تثبیت بودجه
Haushaltskontrolle *f* نظارت بودجه ای
Haushaltskosten *f* مخارج خانگی؛ مخارج خانوار
Haushaltskürzung *f* کاهش بودجه؛ تقلیل بودجه
Haushaltslage *f* وضعیّت بودجه
Haushaltsloch *n* کسری بودجه
Haushaltsmittel *f* وجوه منظور شده در بودجه
Haushaltsnotlage *f* مضیقهٔ بودجه
Haushaltsperiode *f* دورهٔ مالی
Haushaltsplan *m* طرح بودجه
Haushaltsplanung *f* برنامه ریزی بودجه
Haushaltspolitik *f* سیاست بودجه
Haushaltssanierung *f* بازسازی بودجه
Haushaltssicherung *f* تأمین بودجه
Haushaltsüberschuss *m* مازاد بودجه؛ اضافه بودجه
Haushaltsüberwachung *f* نظارت بر بودجه؛

نظارت بودجه ای

Haushaltsverabschiedung *f* تصویب بودجه

Haushaltsvoranschlag *m* ارزیابی بودجه

Hehler/-in *m/f* مال خر؛ خریدار اموال مسروقه

Hehlerei *f* مال خری؛ خریداری اموال مسروقه

Heimat *f* وطن؛ میهن

Heimatfront *f* جبههٔ میهنی

Heimatland *n* سرزمین آب و اجدادی؛ میهن

heimatlos *adj* بی خانمان

Heimatlose *m/f* بی خانمان؛ شخص بی خانمان

Heimatlosigkeit *f* بی خانمانی

Heimatvertriebene *m/f* رانده شده از وطن

Heimindustrie *f* صنعت خانگی

heimkehren به وطن خود بازگشتن؛ به خانه و کاشانهٔ خود بازگشتن

aus dem Krieg ~ از جنگ به وطن خود بازگشتن؛ از جنگ به خانه و کاشانهٔ خود بازگشتن

Heirat *f* ازدواج؛ نکاح

heiraten ازدواج کردن

Heiratsantrag *m* درخواست ازدواج؛ خواستگاری

Heiratsanzeige *f* آگهی ازدواج

Heiratsbuch *n* دفتر ثبت ازدواج

Heiratserlaubnis *f* اجازهٔ ازدواج

Heiratsurkunde *f* سند ازدواج؛ قبالهٔ ازدواج

Heiratsvermittler/-in *m/f* واسطهٔ ازدواج

hemmen مانع شدن؛ (از چیزی) جلوگیری کردن

das Wirtschaftswachstum ~ مانع رشد اقتصادی شدن؛ از رشد اقتصادی جلوگیری کردن

herabsetzen کاهش دادن؛ تقلیل دادن

Herabsetzung *f* کاهش؛ تقلیل

~ des Grundkapitals کاهش سرمایهٔ اوّلیّه

~ der Kosten کاهش هزینه ها

~ der Preise کاهش قیمت ها

~ der Strafe کاهش مجازات؛ کاهش مدّت محکومیّت

~ des Wahlalters کاهش سنّ شرکت در انتخابات

heraufbeschwören موجب شدن؛ باعث شدن

eine Intervention ~ مداخله ای را موجب شدن؛ مداخله ای را باعث شدن

herausfordern چالش کردن؛ به مبارزه طلبیدن

Herausforderer/-in *m/f* چالشگر؛ هماوردخواه؛ مبارزه طلب

Herausforderung *f* چالش؛ هماوردخواهی؛ مبارزه طلبی

Herausgabe *f* 1) انتشار؛ نشر 2) پس دادن؛ **عمل پس دادن**

herausgeben 1) منتشر کردن 2) پس دادن

1) eine Zeitung ~ روزنامه ای را منتشر کردن

2) den Rest des Geldes ~ بقیّهٔ پول را پس دادن

Herausgeber/-in *m/f* ناشر

herbeiführen 1) موجب شدن؛ باعث شدن 2) به انجام رساندن

1) den Tod ~ موجب مرگ شدن

den Untergang ~ موجب انقراض شدن

2) eine Einigung ~ توافقی را به انجام رساندن

herfallen über به شدّت مورد حمله قرار دادن

Herkunft *f* 1) اصل؛ منشاء؛ مبداء 2) سرچشمه؛ خاستگاه

Herkunftsland *n* کشور مبداء «بازرگانی»

Herrschaft *f* فرمان روایی؛ حکم رانی؛ سیادت؛ سلطه

absolute ~ فرمان روایی مطلق؛ حکومت مطلقه

politische ~ فرمان روایی سیاسی؛ سلطهٔ سیاسی

völlige ~ فرمان روایی کامل؛ سلطهٔ کامل

willkürliche ~ فرمان روایی خودسرانه؛ حکم رانی خودسرانه

Konsolidierung der ~ تحکیم سیادت

die ~ an sich reißen فرمان روایی را از آن خود کردن؛ فرمان روایی را به چنگ آوردن

die ~ ausüben فرمان روایی کردن؛ حکم رانی کردن

zur ~ gelangen به فرمان روایی نایل آمدن؛ به حکم رانی نایل آمدن؛ تسلّط یافتن

Herrschaftsausübung *f* اعمال سلطه

Herrschaftsbereich *m* دایرهٔ قدرت؛ قلمرو فرمان روایی

den ~ ausweiten دایرهٔ قدرت را گسترش دادن؛ منطقهٔ تحت سلطه را توسعه دادن

Herrschaftsgewalt *f* قدرت فرمان روایی؛ قدرت حکم رانی

Herrschaftsinstrument *n* ابزار سلطه

Herrschaftskampf *m* مبارزه بر سرِ سیادت؛ مبارزه بر سرِ حکومت

Herrschaftsmethoden *fpl* روش های حکومت

Herrschaftsordnung *f* نظام فرمان روایی؛ نظام حکم رانی

Herrschaftsstruktur *f* ساختار فرمان روایی؛ ساختار حکم رانی؛ ساختار حکومت

Herrschaftssystem *n* سیستم فرمان روایی؛ سیستم حکم رانی؛ نظام حکومت

herrschen über فرمان روایی کردن بر؛ حکم رانی کردن بر؛ حکومت کردن بر

Herrscher/-in *m/f* فرمان روا؛ حکم ران؛ حاکم

diktatorischer ~ فرمان روای خودکامه؛ حکم ران خودکامه؛ حاکم خودکامه؛ حاکم مستبد

gerechter ~ فرمان روای دادگستر؛ حاکم عادل

grausamer ~ فرمان روای ظالم؛ حاکم ظالم

lokaler ~ حاکم محلّی

neuer ~ حاکم جدید

tyrannischer ~ فرمان روای مستبد؛ حاکم مستبد

vertriebener ~ حاکم مخلوع

einen ~ entmachten فرمان روایی را از قدرت انداختن؛ از حاکمی سلب قدرت کردن

herstellen 1) برقرار کردن 2) ساختن؛ تولید کردن

1) das Gleichgewicht ~ توازون را برقرار کردن

Ruhe und Ordnung ~ نظم و آرامش را برقرار کردن

2) eine Ware ~ کالایی را ساختن؛ کالایی را تولید کردن

Hersteller/-in *m/f* سازنده؛ تولیدکننده

Herstellerfirma *f* شرکت سازنده؛ شرکت تولیدکننده

Herstellung *f* 1) برقراری 2) ساخت؛ تولید

Herstellungsaufwand *m* هزینهٔ ساخت؛ هزینهٔ تولید

Herstellungskosten *f* هزینهٔ ساخت؛ هزینهٔ تولید

Herstellungsland *n* کشور سازنده؛ کشور تولیدکننده

Herstellungsmonopol *n* انحصار ساخت؛ انحصار تولید

Herstellungsort *m* مکان تولید

Herstellungspreis *m* قیمت تولید؛ قیمت ساخت

Herstellungsverbot *n* منع ساخت؛ منع تولید

Herstellungsverfahren *n* مراحل ساخت

Herstellungswert *m* قیمت تولید کالا

Herstellungszeit *f* مدّت زمان تولید

herunterspielen کم اهمّیّت جلوه دادن

eine Affäre ~ یک ماجرای جنجال آمیز را کم اهمّیّت جلوه دادن

hervorheben تأکید کردن

Hervorhebung *f* تأکید

hervorragend *adj* برجسته

~e Persönlichkeit شخصیّت برجسته

~er Wissenschaftler دانشمند برجسته؛ عالم برجسته

hervorrufen موجب شدن

einen Aufstand ~ قیامی را موجب شدن

heterogen *adj* ناهمگون

Heterogenität *f* ناهمگونی

Hetzbericht *m* گزارش تحریک آمیز
Hetzkampagne *f* اقدام تحریک آمیز
Hierarchie *f* سلسله مراتب
behördliche ~ سلسله مراتب اداری
betriebliche ~ سلسله مراتب درون یک نهاد تولیدی
feste ~ سلسله مراتب محکم؛ سلسله مراتب استوار
militärische ~ سلسله مراتب نظامی
staatliche ~ سلسله مراتب دولتی
eine ~ aufbauen سلسله مراتبی را ایجاد کردن؛ سلسله مراتبی را بنا نهادن
Hilfe *f* یاری؛ کمک؛ امداد
humanitäre ~ کمک (های) بشر دوستانه
~ zukommen lassen یاری رساندن؛ کمک رساندن
Hilfeleistung *f* کمک رسانی
Hilferuf *m* مددخواهی؛ درخواست کمک
hilflos *adj* 1) درمانده؛ عاجز 2) بی دست و پا
Hilflosigkeit *f* 1) درماندگی؛ عجز 2) بی دست و پایی
Hilfsaktion *f* عملیّات امدادی
Hilfsarbeiter/-in *m/f* کمک کارگر؛ کارگر ساده
hilfsbedürftig *adj* نیازمند کمک؛ محتاج کمک؛ تهیدست
Hilfsbedürftigkeit *f* نیازمندی به کمک؛ احتیاج به کمک؛ تهیدستی
hilfsbereit *adj* آمادهٔ کمک
Hilfsbereitschaft *f* آمادگی جهت کمک
Hilfsfonds *m* صندوق امداد
Hilfsgelder *f* وجوه کمکی
Hilfsgüter *npl* کالاهای کمکی
Verteilung der ~ تقسیم کالاهای کمکی
Hilfskasse *f* صندوق امداد
Hilfskomitee *n* کمیتهٔ امداد
Hilfskraft *f* یاری دهنده؛ کمک کننده؛ نیروی کمکی
Hilfslieferung *f* ارسال کمک
Hilfsmaßnahmen *fpl* اقدامات امدادی؛ اقدامات یاری رسانی
Hilfsmittel *n* ابزار کمکی
Hilfsorgan *n* نهاد امداد
Hilfsorganisation *f* سازمان امداد
Hilfspersonal *n* پرسنل امداد
Hilfsprogramm *n* برنامهٔ کمک
Hilfstruppen *fpl* نیروهای امداد
Hilfswerk *n* سازمان امداد
Hilfszusage *f* قول کمک
hinausgehen über فراتر رفتن از
hinausschieben به تعویق انداختن؛ به تأخیر انداختن
die Kapitulation ~ تسلیم را به تأخیر انداختن
die Zahlung ~ پرداخت را به تعویق انداختن
hinauswerfen 1) بیرون انداختن 2) اخراج کردن
Hinauswurf *m* 1) بیرون اندازی 2) اخراج
hindern an مانع شدن
Hindernis *n* مانع
steuerliche ~se موانع مالیاتی
unüberwindbares ~ مانع عبورناپذیر؛ مانع غیرقابل عبور
unvermeidbares ~ مانع اجتناب ناپذیر؛ مانع غیرقابل اجتناب
ein ~ aus dem Weg räumen مانعی را از سرِ راه برداشتن
ein ~ beseitigen مانعی را برطرف کردن؛ مانعی را از میان برداشتن
ein ~ errichten مانعی را ایجاد کردن
ein ~ überwinden بر مانعی فائق شدن
Hindu *m* هندو؛ پیرو آیین هندو
Hinduismus *m* آیین هندو
hinrichten به دار آویختن؛ اعدام کردن

Hinrichtung *f*	به دارآویزی؛ اعدام
Hinrichtungsbefehl *m*	دستور اعدام
Hinrichtungskommando *n*	جوخهٔ اعدام
Hinrichtungsort *m*	مکان اعدام
Hinrichtungsstätte *f*	محلّ اعدام
Hinrichtungstermin *m*	زمان اعدام
Hinterbliebene *m/f*	بازمانده؛ فرد بازمانده
Hinterbliebenenrente *f*	مستمری بازماندگان
Hintergrund *m*	زمینه
historischer ~	زمینهٔ تاریخی
Hinterhalt *m*	کمین؛ کمینگاه
in einen ~ geraten	به کمین افتادن
aus dem ~ überfallen	از کمینگاه هجوم بردن؛
	از کمینگاه حمله ور شدن
hinterlassen	به جای گذاشتن؛ پس از مرگ
	به جای گذاشتن؛ به ارث گذاشتن
Schulden ~	بدهی به جای گذاشتن
Vermögen ~	دارایی به جای گذاشتن؛ مال و اموال
	به جای گذاشتن
hinterlegen	به ودیعه گذاشتن؛ به امانت سپردن
Hinterlegung *f*	سپرده؛ ودیعه
vertragliche ~	عقدِ ودیعه
Hintermänner *mpl*	مردان پشت پرده
hinterziehen	نپرداختن؛ طفره رفتن؛
	اختلاس کردن
Steuern ~	مالیات نپرداختن؛ از پرداخت مالیات
	طفره رفتن
Hinterziehung *f*	طفره از پرداخت؛ اختلاس
Hinweis *m*	اشاره؛ عطف
mit ~ auf	با اشاره به؛ با عطف به
hinweisen auf	اشاره کردن به؛ عطف کردن به
Historiker/-in *m/f*	تاریخدان
historisch *adj*	تاریخی؛ تاریخ نگرانه
~e Forschung	پژوهش تاریخی؛ تحقیق تاریخی
~er Rückblick	بازنگری تاریخی
Hochkommissar/-in *m/f*	کمیسار عالی
Hochkonjunktur *f*	رونق تجاری؛ رونق کسب
	و کار؛ اوج رونق اقتصادی؛ شکوفایی اقتصادی
Hochlohnpolitik *f*	سیاست مزدهای بالا
Hochschulabsolvent/-in *m/f*	فارغ التحصیل از
	دانشگاه
Hochschulausbildung *f*	آموزش عالی؛ آموزش
	دانشگاهی
Hochschule *f*	مدرسهٔ عالی؛ دانشگاه
Hochschuleinrichtung *f*	نهاد دانشگاهی
Hochschullehrer/-in *m/f*	استاد دانشگاه
Hochschulpolitik *f*	سیاست آموزش عالی
Hochschulreform *f*	اصلاحات امور آموزش عالی؛
	اصلاحات امور دانشگاهی
Hochseefischerei *f*	صید ماهی در آب های آزاد
Hochsicherheitsgefängnis *n*	زندان امنیّتی
Höchstgewinn *m*	بیشترین سود؛ سود بیشینه
Höchstkurs *m*	بیشترین نرخ؛ نرخ بیشینه
Höchstpreis *m*	بیشترین قیمت؛ قیمت بیشینه
Hochverrat *m*	خیانت به میهن
Hochwasser *n*	سیل
Hochwassergebiet *n*	منطقهٔ سیل زده
Hochwasserkatastrophe *f*	فاجعهٔ سیل
Hochwasseropfer *npl*	قربانیان سیل
Hochwasserschäden *mpl*	خسارات ناشی از سیل
Hochzinspolitik *f*	سیاست بالا نگه داشتن
	میزان بهره
hoffen	امید داشتن؛ امیدوار بودن
Hoffnung *f*	امیدواری
die ~ äußern	اظهار امیدواری کردن
hoffnungslos *adj*	ناامید؛ نومید؛ مأیوس
Hoffnungslosigkeit *f*	ناامیدی؛ نومیدی؛ یأس
hoffnungsvoll *adj*	امیدوار

Hoheitsgebiet *n* قلمرو ارضی
Hoheitsgewalt *f* قدرت حاکمیّت
Hoheitsgewässer *npl* قلمرو ساحلی؛ آب های ساحلی یک کشور
Hoheitsgrenze *f* مرز کشور
homogen *adj* همگون؛ همسان
homogenisieren همگون کردن؛ همسان کردن
Homogenisierung *f* همگون سازی؛ همسان سازی
Homogenität *f* همگونی؛ همسانی
horten احتکار کردن
humanisieren انسانی کردن
Humanismus *m* انسان باوری؛ انسان دوستی؛ بشردوستی
Humanist/-in *m/f* انسان باور؛ انسان دوست؛ بشردوست
humanitär *adj* بشردوستانه؛ انسان دوستانه
~e Absichten مقاصد بشردوستانه
~e Bestrebungen تلاش های بشردوستانه
~e Forderung درخواست بشردوستانه
~e Hilfe کمک (های) بشردوستانه
~e Maßnahmen اقدامات بشردوستانه
~e Pflicht وظیفهٔ بشردوستانه
Humanität *f* انسان دوستی؛ مردم دوستی
Hungeraufstand *m* قیام برعلیه گرسنگی
Hungerlohn *m* مزد بخورونمیر
Hungerstreik *m* اعتصاب غذا
Hungertod *m* مرگ ناشی از گرسنگی
Hürde *f* مانع
handelspolitische ~n موانع سیاسی-تجاری
Hypothek *f* رهن
Hypothekenbank *f* بانک رهنی
Hypothekenbrief *m* سند قرضهٔ رهنی
Hypothekendarlehen *n* وام رهنی
Hypothekenfinanzierung *f* تأمین اعتبار از طریق دریافت رهن
Hypothekengläubiger/-in *m/f* مرتهن؛ گروگیرنده؛ گروگیر
Hypothekenkredit *m* اعتبار رهنی
Hypothekenlaufzeit *f* مدّت بازپرداخت وام رهنی
Hypothekenmarkt *m* بازار رهن
Hypothekenschuld *f* قرضهٔ رهنی
Hypothekenschuldner/-in *m/f* راهن؛ گرودهنده؛ گروگذار
Hypothekentilgung *f* استهلاک رهن
Hypothekenurkunde *f* سند رهنی
Hypothekenzins *m* بهرهٔ رهن
Hypothese *f* فرضیّه
hypothetisch *adj* فرضیّه ای
Hysterie *f* هیستری
hysterisch *adj* هیستریک

I

Ideal *n* آرمان
fernes ~ آرمان دور
humanistisches ~ آرمان بشردوستانه
politische ~e آرمان های سیاسی
unerreichbares ~ آرمان تحقّق ناپذیر؛ آرمان غیرقابل دسترس
Idealismus *m* آرمان خواهی؛ آرمان باوری
Idealist/-in *m/f* آرمان خواه؛ آرمان باور
Idee *f* ایده
Ideengeber/-in *m/f* ایده دهنده
identifizieren شناسایی کردن
Identifizierung *f* شناسایی
identisch *adj* همان؛ همسان
Identität *f* همانی؛ خودکیستی؛ هویّت
Identitätsausweis *m* برگ شناسایی؛ کارت شناسایی
Identitätsfeststellung *f* تعیین هویّت
Identitätskrise *f* بحران هویّت
Identitätsnachweis *m* مدرک شناسایی
Identitätsprüfung *f* بررسی هویّت
Ideologe *m* ایدئولوگ (مرد)
Ideologie *f* ایدئولوژی
Ideologin *f* ایدئولوگ (زن)
ideologisch *adj* ایدئولوژیک
illegal *adj* غیرقانونی؛ نامشروع
~e Arbeit کار غیرقانونی
~e Ausfuhr صادرات غیرقانونی
~e Einfuhr واردات غیرقانونی
~e Partei حزب غیرقانونی
~e Tätigkeit 1) فعالیّت غیرقانونی 2) کار غیرقانونی
~er Einwanderer مهاجر غیرقانونی
~er Grenzübertritt عبور غیرقانونی از مرز
~er Machtanspruch ادّعای نامشروع قدرت؛ ادّعای نادرست قدرت
~es Geschäft معاملهٔ غیرقانونی؛ معاملهٔ نامشروع
illegitim *adj* غیرقانونی؛ نامشروع؛ نادرست
Immigration *f* مهاجرت
Immigrationsbehörde *f* ادارهٔ امور مهاجرت
Immigrationswelle *f* موج مهاجرت
Immobilien *fpl* املاک
Immobilienbüro *n* دفتر معاملات املاک
Immobilienfirma *f* شرکت معاملات املاک؛ بنگاه معاملات املاک
Immobiliengeschäfte *npl* معاملات املاک
Immobiliengesellschaft *f* بنگاه معاملات املاک؛ شرکت معاملات املاک
Immobilienhandel *m* خرید و فروش املاک؛ معاملهٔ املاک
Immobilienhändler/-in *m/f* دلّال معاملات املاک
Immobilienmakler/-in *m/f* دلّال معاملات املاک
Immobilienmarkt *m* بازار معاملات املاک
Immobilienverkauf *m* فروش املاک
Immunität *f* مصونیّت
die ~ aufheben مصونیّت را لغو کردن
jmdn. mit ~ ausstatten به کسی مصونیّت دادن؛ به کسی مصونیّت اعطا کردن
die ~ genießen از مصونیّت برخوردار بودن
unter dem Schutz der ~ stehen مصونیّت داشتن؛ از مصونیّت برخوردار بودن
Immunitätsangelegenheiten *fpl* امور مربوط به مصونیّت؛ امور مربوط به اعطای مصونیّت
Immunitätsausschuss *m* کمیسیون مربوط به امور مصونیّت
Immunitätsgesetz *n* قانون اعطای مصونیّت؛ قانون لغو مصونیّت

Import *m* واردات
den ~ drosseln واردات را کاهش دادن
den ~ einschränken واردات را محدود کردن
den ~ erweitern واردات را گسترش دادن؛ واردات را توسعه دادن
den ~ genehmigen اجازهٔ واردات دادن
den ~ verbieten واردات را منع کردن؛ واردات را ممنوع اعلام کردن
den ~ verringern واردات را کاهش دادن؛ واردات را کمتر کردن
den ~ verstärken واردات را افزایش دادن؛ واردات را بیشتر کردن
Importagent/-in *m/f* نمایندهٔ کالاهای وارداتی
Importagentur *f* نمایندگی کالاهای وارداتی
Importanstieg *m* افزایش واردات؛ بالارفتن واردات
Importartikel *m* کالای وارداتی
Importaufnahmefähigkeit *f* گنجایش واردات؛ ظرفیّت واردات
Importbegrenzung *f* محدودیّت واردات؛ محدودیّت وارداتی
Importbeschränkung *f* محدودیّت واردات؛ محدودیّت وارداتی
Importbestimmungen *fpl* مقرّرات واردات
Importbewilligung *f* اجازهٔ واردات
Importdrosselung *f* کاهش واردات
Importerleichterungen *fpl* تسهیلات وارداتی
Importeur *m* واردکننده؛ واردکنندهٔ کالا یا خدمات
Importfinanzierung *f* تأمین اعتبار واردات
Importfirma *f* شرکت واردکننده؛ شرکت واردکنندهٔ کالا
Importgenehmigung *f* پروانهٔ ورود؛ جواز واردات؛ مجوّز واردات
Importgeschäfte *npl* معاملات واردات
Importgüter *npl* کالاهای وارداتی
Importhandel *m* معاملهٔ وارداتی؛ تجارت وارداتی
importieren وارد کردن؛ وارد کردن کالا یا خدمات
Importindex *m* شاخص واردات
Importkapazität *f* گنجایش واردات؛ ظرفیّت واردات
Importkontingent *n* سهمیّهٔ واردات
Importkontrolle *f* نظارت بر واردات؛ کنترل واردات
Importkredit *m* اعتبار واردات
Importkreditversicherung *f* بیمهٔ اعتبار وارداتی
Importland *n* کشور واردات
Importliste *f* صورت واردات؛ فهرست واردات
Importlizenz *f* پروانهٔ واردات؛ مجوّز واردات
Importmarkt *m* بازار واردات؛ بازار واردات کالا
Importmonopol *n* انحصار واردات؛ انحصار واردات کالا
Importpolitik *f* سیاست واردات
Importpreis *m* قیمت وارداتی
Importquote *f* سهم واردات
Importrückgang *m* کاهش واردات؛ تقلیل واردات
Importstatistik *f* آمار واردات
Importsteigerung *f* افزایش واردات
Importsteuer *f* مالیات بر واردات؛ مالیات بر کالاهای وارداتی
Importüberschuss *m* مازاد واردات
Importverbot *n* منع واردات
Importware *f* کالای وارداتی؛ جنس وارداتی
Importzahlen *fpl* ارقام واردات
Importzoll *m* حقّ گمرک کالاهای وارداتی؛ تعرفهٔ واردات
Individualismus *m* فردباوری
Individualist/-in *m/f* فردباور

Individualität *f* فردیّت
individuell *adj* فردی
~e Freiheiten آزادی های فردی
Indiz *n* قرینه
ausreichende ~ien قراین کافی
eindeutige ~ien قراین روشن؛ قراین واضح
erdrückende ~ien قراین کاملاً کافی
handfeste ~ien قراین روشن؛ قراین واضح
schwache ~ien قراین ضعیف؛ قراین غیرقابل اطمینان
schwerwiegende ~ien قراین بسیار مهم
umstrittene ~ien قراین نامعلوم؛ قراین ناروشن
wertvolle ~ien قراین ارزشمند
wichtige ~ien قراین مهم؛ قراین حائز اهمّیّت
zweifelhafte ~ien قراین نامعلوم؛ قراین ناروشن
industrialisieren صنعتی کردن
Industrialisierung *f* صنعتی کردن
Industrialisierungspolitik *f* سیاست صنعتی کردن
Industrie *f* صنعت
arbeitsintensive ~ صنعت کاربر
einheimische ~ صنایع بومی
kapitalintensive ~ صنعت سرمایه بر
leistungsschwache ~ صنعت کم بازده
lohnintensive ~ صنعت مزدبر
lokale ~ صنعت محلّی
personalintensive ~ صنعت کاربر
private ~ صنایع خصوصی
staatliche ~ صنایع دولتی
staatseigene ~ صنایع دولتی
verarbeitende ~ صنایع سازنده؛ صنایع سازندهٔ کالا
verstaatlichte ~ صنایع ملّی؛ صنایع دولتی شده
die ~ lahmlegen صنایع را از کار انداختن؛ چرخ صنایع را از حرکت بازداشتن

Industrieaktien *fpl* سهام صنایع
Industrieanlagen *fpl* تأسیسات صنعتی
Industrieansiedlung *f* مجتمع صنعتی
Industriearbeiter/-in *m/f* کارگر صنعتی
Industrieaufbau *m* ساختار صنعتی
Industrieausstellung *f* نمایشگاه صنعتی؛ نمایشگاه کالاهای صنعتی
Industriebank *f* بانک صنعتی
Industriebereich *m* بخش صنعت
Industriebetrieb *m* کارگاه صنعتی
Industriebezirk *m* منطقهٔ صنعتی
Industriebörse *f* بورس صنعتی
Industriedesign *n* طرح صنعتی
Industriedichte *f* تراکم صنایع
Industrieeinheit *f* واحد صنعتی
Industrieerzeugnisse *npl* محصولات صنعتی
Industrieexpansion *f* گسترش صنایع؛ توسعهٔ صنایع
Industrieforschung *f* پژوهش صنعتی؛ تحقیق صنعتی
Industriegebiet *n* منطقهٔ صنعتی
ein ~ ausbauen منطقهٔ صنعتی ای را گسترش دادن؛ منطقهٔ صنعتی ای را توسعه دادن
Industriegesellschaft *f* جامعهٔ صنعتی
Industriegewerkschaft *f* اتّحادیّهٔ کارگری
Industriegüter *npl* کالاهای صنعتی
Industriekapital *n* سرمایهٔ صنعتی
Industriekaufmann *m* فروشندهٔ کالاهای صنعتی؛ خرده فروش کالاهای صنعتی؛ عمده فروش کالاهای صنعتی
Industriekomplex *m* مجتمع صنعتی
Industriekredite *mpl* اعتبارات صنعتی
Industrieland *n* کشور صنعتی
industriell *adj* صنعتی

~e Entwicklung توسعهٔ صنعتی
~e Kapazität توان صنعتی؛ ظرفیّت صنعتی
~es Ballungsgebiet منطقهٔ پرجمعیّت صنعتی
~es Verfahren مراحل تولید یک کالا
Industrielle *m/f* صاحب صنعت؛ مالک کارخانه؛ صاحب کارخانه؛ کارخانه دار
Industrielohn *m* مزد در صنعت
Industriemesse *f* نمایشگاه صنعتی
Industrieminister/-in *m/f* وزیر صنایع
Industrieministerium *n* وزارت صنایع
Industrienation *f* کشور صنعتی
Industriepark *m* محوّطهٔ صنعتی
Industriepolitik *f* سیاست صنعتی
Industriepotential *n* توان صنعتی؛ ظرفیّت صنعتی؛ ظرفیّت بالقوّهٔ صنعتی
Industrieproduktion *f* فراوردهٔ صنعتی؛ تولید صنعتی
Industrieprojekt *n* طرح صنعتی؛ پروژه صنعتی
Industrierevolution *f* انقلاب صنعتی
Industriesektor *m* بخش صنعت؛ بخش صنعتی
Industriesiedlung *f* مجتمع صنعتی
Industriespion/-in *m/f* جاسوس صنعتی؛ جاسوس در امور صنعتی
Industriespionage *f* جاسوسی صنعتی؛ جاسوسی در امور صنعتی
Industriestaat *m* کشور صنعتی
Industriestadt *f* شهر صنعتی
Industriestandort *m* محلّ استقرار صنایع
Industriestruktur *f* ساخت صنعتی؛ ساختار صنعتی
Industrieunternehmen *n* بنگاه صنعتی
Industrieunternehmer/-in *m/f* صاحب بنگاه صنعتی؛ صاحب کارخانه؛ مالک کارخانه
Industrieverband *m* اتّحادیّهٔ صنعتی
Industriewerbung *f* تبلیغات صنعتی
Industriewerte *mpl* سهام شرکت های صنعتی
Industriewettbewerb *m* رقابت درون صنعت
Industriezeitalter *n* عصر صنعتی
Industriezentrum *n* مرکز صنعتی
Industriezweig *m* شاخهٔ صنعتی
Infanterie *f* پیاده نظام
Infanteriesoldat/-in *m/f* سرباز پیاده نظام
Inflation *f* تورّم
anhaltende ~ تورّم دائمی
chronische ~ تورّم مزمن
galoppierende ~ تورّم سرکش؛ تورّم فزاینده
importierte ~ تورّم وارداتی
kostenbedingte ~ تورّم ناشی از هزینه
offene ~ تورّم باز
schleichende ~ تورّم خزنده
steigende ~ تورّم دم افزون
versteckte ~ تورّم نهانی؛ تورّم پنهان
vorhandene ~ تورّم موجود
weltweite ~ تورّم جهانی
zunehmende ~ تورّم فزاینده
eine ~ auslösen تورّمی را موجب شدن
die ~ bändigen تورّم را مهار کردن
die ~ bekämpfen با تورّم مبارزه کردن
die ~ eindämmen تورّم را مهار کردن
eine ~ stoppen از تورّمی جلوگیری کردن
eine ~ verhindern از تورّمی جلوگیری کردن
eine ~ vermeiden از تورّمی اجتناب کردن
Inflationsbekämpfung *f* مبارزه با تورّم
Inflationsdruck *m* فشار تورّم
Inflationspolitik *f* سیاست تورّم زا
Inflationsrate *f* نرخ تورّم
rückläufige ~ نرخ پس روندهٔ تورّم؛ نرخ فروگرایندهٔ تورّم؛ نرخ رو به کاهش تورّم

Inflationsspirale *f* مارپیچ تورّمی
Inflationstrend *m* روند تورّمی
Informant/-in *m/f* خبردهنده
Information *f* اطّلاعات
ausführliche ~en اطّلاعات مفصّل؛ اطّلاعات جامع
äußerst wichtige ~en اطّلاعات بسیار مهم
falsche ~en اطّلاعات نادرست؛ اطّلاعات غلط
gefälschte ~en اطّلاعات ساختگی
geheime ~en اطّلاعات سرّی
gesammelte ~en اطّلاعات گردآوری شده؛ اطّلاعات جمع آوری شده
handfeste ~en اطّلاعات یکپارچه
nachrichtendienstliche ~en اطّلاعات امنیتی
solide ~en اطّلاعات یکپارچه
streng geheime ~ اطّلاعات کاملاً سرّی
unvollständige ~ اطّلاعات ناقص
unzugängliche ~ اطّلاعات دسترس ناپذیر؛ اطّلاعات غیرقابل دسترس؛ اطّلاعات دست نیافتنی
veröffentlichte ~ اطّلاعات منتشر شده
verschlüsselte ~ اطّلاعات رمزی
vertrauliche ~ اطّلاعات محرمانه
wertvolle ~ اطّلاعات ارزشمند
zuverlässige ~ اطّلاعات موثّق
~ auswerten اطّلاعات را ارزیابی کردن
~ einholen کسب اطّلاع کردن
~ erhalten اطّلاعات گرفتن
~ preisgeben اطّلاعات را فاش کردن
~ prüfen اطّلاعات را بررسی کردن
~ sammeln اطّلاعات را گردآوری کردن؛ اطّلاعات را جمع آوری کردن
~ zurückhalten اطّلاعات را پنهان نگاه داشتن؛ اطّلاعات را مخفی نگاه داشتن
Informationsagentur *f* آژانس اطّلاعات
Informationsamt *n* ادارهٔ اطّلاعات
Informationsanbieter/-in *m/f* عرضه کنندهٔ اطّلاعات
Informationsaufzeichnung *f* ضبط اطّلاعات؛ ثبت اطّلاعات
Informationsaustausch *m* مبادلهٔ اطّلاعات
Informationsauswertung *f* ارزیابی اطّلاعات
Informationsbedarf *m* نیاز به اطّلاعات
Informationsbeschaffung *f* تهیّهٔ اطّلاعات
Informationsbesuch *m* دیدار جهت گردآوری اطّلاعات
Informationsblatt *n* خبرنامه؛ روزنامهٔ داخلی
Informationsbüro *n* دفتر اطّلاعات
Informationsdienst *m* سرویس اطّلاعات
Informationserkennung *f* تشخیص اطّلاعات
Informationsexperte *m* کارشناس اطّلاعات (مرد)
Informationsexpertin *f* کارشناس اطّلاعات (زن)
Informationsfluss *m* جریان اطّلاعات
Informationsfreiheit *f* آزادی اطّلاعات
Informationsgehalt *m* مندرجات خبری
Informationsgespräch *n* گفتگو به منظور مبادلهٔ اطّلاعات
Informationsindustrie *f* صنعت اطّلاعات
Informationskanäle *mpl* مجاری اطّلاعاتی؛ کانال های اطّلاعاتی
Informationslücke *f* کمبود اطّلاعات؛ خلاء اطّلاعاتی
Informationsmangel *m* کمبود اطّلاعات
Informationsmaterial *n* مایهٔ اطّلاعاتی؛ درون مایهٔ اطّلاعاتی
Informationsmedium *n* رسانهٔ خبری؛ رسانهٔ اطّلاعاتی
Informationsminister/-in *m/f* وزیر اطّلاعات
Informationsministerium *n* وزارت اطّلاعات

Informationsnetz *n* شبکهٔ اطّلاعاتی
Informationsnetzwerk *n* شبکهٔ اطّلاعاتی؛ مجموعه شبکه های اطّلاعاتی
Informationspolitik *f* سیاست اطّلاعاتی
Informationsquelle *f* منبع اطّلاعاتی؛ منبع خبری
Informationsreise *f* سفر جهت گردآوری اطّلاعات
Informationsrückfluss *m* بازخورد اطّلاعاتی
Informationssammlung *f* گردآوری اطّلاعات؛ جمع آوری اطّلاعات
Informationsschwemme *f* آلودگی اطّلاعاتی
Informationsspeicherung *f* ذخیره سازی اطّلاعات
Informationssperre *f* سدّ اطّلاعاتی
Informationsstelle *f* دفتر اطّلاعات؛ دفتر اخذ اطّلاعات
Informationssystem *n* سیستم اطّلاعات
Informationstechnologie *f* تکنولوژی اطّلاعات
Informationstheorie *f* تئوری اطّلاعات
Informationsvolumen *n* حجم اطّلاعات
Informationsweg *m* مسیر اطّلاعاتی
Informationswert *m* ارزش اطّلاعاتی
Informationswissenschaft *f* علم اطّلاعات
Informationszeitalter *n* عصر اطّلاعات
Informationszentrum *n* مرکز اطّلاعات؛ مرکز اخذ اطّلاعات
Informationszweig *m* شاخهٔ اطّلاعاتی
informieren آگاه ساختن؛ اطّلاع دادن؛ مطّلع کردن؛ خبردار کردن
informieren, sich کسب آگاهی کردن؛ کسب اطّلاع کردن
Infrastruktur *f* زیرساخت
die ~ eines Landes زیرساخت یک کشور
inhaftieren بازداشت کردن؛ زندانی کردن؛ حبس کردن
Inhaftierung *f* بازداشت؛ حبس
vorbeugende ~ بازداشت احتیاطی؛ حبس احتیاطی
inhuman *adj* نامردمانه
Inhumanität *f* نامردمی
Initiative *f* ابتکار؛ ابتکار عمل
die ~ behalten ابتکار عمل را حفظ کردن
die ~ ergreifen ابتکار عمل را به دست گرفتن
die ~ verlieren ابتکار عمل را از دست دادن
inkompetent *adj* بی لیاقت؛ بی کفایت؛ بی صلاحیّت
Inkompetenz *f* بی لیاقتی؛ بی کفایتی؛ عدم صلاحیّت
Inland *n* داخل کشور
Inlandsabsatz *m* فروش داخلی؛ فروش داخل کشور
Inlandsanleihe *f* قرضهٔ داخلی
Inlandsbestellung *f* سفارش داخلی؛ سفارش کالا در داخل کشور
Inlandsbeteiligung *f* سرمایه گذاری در صنایع داخلی
Inlandsbruttosozialprodukt *n* تولید ناخالص داخلی
Inlandseinkommen *n* درآمد داخلی
Inlandserzeuger *m* تولیدکنندهٔ داخلی
Inlandserzeugnis *n* فراوردهٔ داخلی؛ محصول داخلی
Inlandsflug *m* پرواز داخلی
Inlandsgeheimnis *n* سازمان امنیّت درون مرزی
Inlandshafen *m* بندر خودی
Inlandsinvestitionen *fpl* سرمایه گذاری های داخلی
Inlandskapital *n* سرمایهٔ داخلی
Inlandskonjunktur *f* وضعیّت اقتصاد داخلی
Inlandsmarkt *m* بازار داخلی

Inlandsnachfrage *f* تقاضای داخلی
Inlandsopposition *f* آپوزیسیون درون مرزی؛ آپوزیسیون داخل کشور
Inlandsprodukt *n* محصول داخلی؛ کالای ساخت داخل
Inlandsproduktion *f* تولید داخلی
Inlandsreise *f* سفر داخلی؛ سفر داخل کشور
Inlandsunternehmen *n* بنگاه صنعتی داخلی؛ شرکت تولیدی داخلی
Inlandsverbrauch *m* مصرف داخلی؛ مصرف داخل کشور
Inlandsvermögen *n* دارایی های داخلی
Inlandsverschuldung *f* بدهی داخلی
Inlandsware *f* کالای داخلی؛ کالای ساخت داخل
Inlandswechsel *m* برات داخلی
innehaben در اختیار داشتن؛ دارا بودن
eine Position ~ مقامی را دارا بودن
einen Posten ~ پستی را در اختیار داشتن؛ مقامی را دارا بودن
einen Rang ~ مقامی را دارا بودن؛ مقام و مرتبه ای را دارا بودن
Innenausschuss *m* کمیسیون داخلی؛ کمیسیون داخلی پارلمان
Innenbehörden *fpl* مقامات کشوری
Innendienst *m* خدمات کشوری
Innenminister/-in *m/f* وزیر کشور
Innenministerium *n* وزارت کشور
Innenministerkonferenz *f* کنفرانس وزیران ایالت ها
Innenpolitik *f* سیاست داخلی
Innenstadt *f* مرکز شهر
Innenverwaltung *f* ادارهٔ داخلی؛ ادارهٔ کشوری
Innovation *f* نوآوری؛ ابداع
Innovationskraft *f* نیروی نوآوری؛ نیروی ابداع

inoffiziell *adj* غیررسمی
~e Kreise محافل غیررسمی
~e Meldung گزارش غیررسمی
~e Nachricht خبر غیررسمی
~er Streik اعتصاب غیررسمی
Insasse *m* سرنشین (مرد)
die ~n eines Flugzeuges سرنشینان یک هواپیما
Insassin *f* سرنشین (زن)
Inserat *n* آگهی؛ آگهی در جراید و مجلّات
inserieren آگهی دادن
insolvent *adj* ورشکسته؛ مفلس
Insolvenz *f* (siehe: Konkurs) ورشکستگی؛ افلاس
die ~ beantragen درخواست اعلام ورشکستگی کردن
Insolvenzabwickler *m* مدیر تصفیهٔ امور ورشکستگی؛ مأمور تصفیهٔ امور ورشکستگی
Insolvenzantrag *m* درخواست اعلام ورشکستگی
einen ~ stellen درخواست اعلام ورشکستگی کردن
Insolvenzeröffnung *f* آغاز دادرسی به امور ورشکستگی
Insolvenzgericht *n* دادگاه امور ورشکستگی
Insolvenzmasse *f* مایملک
Insolvenzplan *m* طرح تقسیم مایملک
Insolvenzquote *f* میزان ورشکستگی
Insolvenzrichter/-in *m/f* قاضی امور ورشکستگی؛ قاضی دادگاه امور ورشکستگی
Insolvenzverfahren *n* دادرسی به امور ورشکستگی
Insolvenzverschleppung *f* به تأخیراندازی عمدی اعلام ورشکستگی
Insolvenzverwalter *m* مدیر تصفیهٔ امور ورشکستگی؛ مأمور تصفیهٔ امور ورشکستگی
Insolvenzverwaltung *f* مدیریّت تصفیهٔ امور ورشکستگی

Inspektion *f* بازرسی

eingehende ~ بازرسی دقیق

gründliche ~ بازرسی کامل

kurze ~ بازرسی کوتاه

oberflächliche ~ بازرسی سطحی

eine ~ ansetzen شروع به بازرسی کردن

eine ~ durchführen بازرسی کردن

Inspektionsteam *n* هیأت بازرسی

Inspektor/-in *m/f* بازرس

inspizieren بازرسی کردن

instabil *adj* بی ثبات

Instabilität *f* بی ثباتی

gesellschaftliche ~ بی ثباتی اجتماعی

politische ~ بی ثباتی سیاسی

wirtschaftliche ~ بی ثباتی اقتصادی

installieren روی کار آوردن

eine Regierung ~ دولتی را روی کار آوردن

Instanz *f* مرجع؛ مقام

gesetzgebende ~ مرجع قانون گذار

erste ~ دادگاه شهرستان

letzte ~ آخرین مرجع؛ بالاترین مرجع؛ بالاترین مرجع قضایی

höchste ~ بالاترین مرجع؛ بالاترین مرجع قضایی

staatliche ~en مراجع دولتی؛ مقامات دولتی

übergeordnete ~en مراجع مافوق؛ مقامات مافوق

untergeordnete ~en مقامات زیردست

zuständige ~ مرجع ذیصلاح؛ مرجع صلاحیّت دار

Instinkt m سرشت؛ غریزه

instinktiv *adj* سرشتی؛ غریزی

Institut *n* مؤسسه؛ انستیتو

Institution *f* نهاد

halbstaatliche ~ نهاد نیمه دولتی

öffentliche ~ نهاد عمومی

private ~ نهاد خصوصی

staatliche ~ نهاد دولتی

überregionale ~ نهاد فرامنطقه ای

~ der Armee نهاد ارتش

~ des Staates نهاد دولت

institutionalisieren نهادینه کردن

die Macht ~ قدرت را نهادینه کردن

Institutionalisierung *f* نهادینه سازی

Instrument *n* 1) ابزار؛ وسیله؛ آلت
2) آلت موسیقی؛ ساز

instrumentalisieren آلت دست قرار دادن

inszenieren برپا کردن؛ برگزار کردن

eine Pressekampagne ~ تبلیغات مطبوعاتی ای را برپا کردن؛ تبلیغات مطبوعاتی ای را برگزار کردن

eine Volksabstimmung ~ همه پرسی کردن

Inszenierung *f* برپایی؛ برگزاری

Integration *f* ادغام؛ یکپارچگی

kulturelle ~ ادغام فرهنگی؛ یکپارچگی فرهنگی

integrieren ادغام کردن؛ یکپارچه کردن

Integrität *f* تمامیّت

die territoriale ~ garantieren تمامیّت ارضی را تضمین کردن

die territoriale ~ respektieren تمامیّت ارضی را محترم شمردن

die territoriale ~ verletzen تمامیّت ارضی را نقض کردن

die territoriale ~ wahren تمامیّت ارضی را حفظ کردن

intellektuell *adj* روشنفکرانه

Intellektuelle *m/f* روشنفکر

intensivieren شدّت بخشیدن؛ تشدید کردن

Intensivierung *f* شدّت بخشی؛ تشدید

~ der Wirtschaftsbeziehungen تشدید روابط اقتصادی

Interdependenz *f* وابستگی دوجانبه یا چندجانبه

Interdependenztheorie *f* نظریّهٔ وابستگی دوجانبه یا چندجانبه

Interesse *n* 1) علاقه 2) مصلحت؛ منفعت

1) geringes ~ علاقهٔ ناچیز؛ علاقهٔ کم

großes ~ علاقهٔ بسیار

reges ~ علاقهٔ وافر

~ bekunden اظهار علاقه کردن

2) lebenswichtige ~n مصالح حیاتی؛ منافع حیاتی

nationale ~n مصالح ملّی؛ منافع ملّی

öffentliches ~ مصلحت عمومی؛ صلاح عموم؛ منافع عامّه؛ منافع عمومی

persönliche ~n مصالح شخصی؛ منافع شخصی

vitale ~n مصالح حیاتی؛ منافع حیاتی

die ~n absichern مصالح را محفوظ داشتن؛ منافع را تأمین کردن

die ~n bedrohen مصالح را مورد تهدید قرار دادن

die ~n beeinträchtigen به مصالح لطمه زدن؛ به منافع لطمه زدن

die ~n gefährden مصالح را به خطر انداختن؛ منافع را به خطر انداختن

die ~n verteidigen از مصالح دفاع کردن؛ از منافع دفاع کردن

die ~n wahren مصالح را حفظ کردن؛ منافع را حفظ کردن

Interessenabwägung *f* سنجش مصالح

Interessenausgleich *m* تعدیل مصالح

Interessenbekundung *f* اظهار علاقه

Interessenbestimmung *f* تعیین مصالح

Interessengebiet *n* منطقهٔ ذی نفع؛ منطقهٔ نفوذ

Interessengefährdung *f* تهدید مصالح؛ به خطراندازی مصالح؛ تهدید منافع

Interessengegensatz *m* تضادّ مصالح؛ تضادّ منافع

Interessengruppe *f* گروه فشار

Interessenkonflikt *m* برخورد مصالح؛ برخورد منافع

Interessenverbände *mpl* گروهای متشکّل ذی نفوذ؛ اتّحادیّه های ذی نفوذ

Interessenvertreter/-in *m/f* نمایندهٔ حافظ مصالح؛ نمایندهٔ حافظ منافع

Interessenvertretung *f* نمایندگی حافظ مصالح؛ نمایندگی حافظ منافع

Interessenwahrnehmung *f* درک مصالح؛ درک منافع

Interessenwahrung *f* حفظ مصالح؛ حفظ منافع

interessieren علاقه مند ساختن

interessieren, sich علاقه مند بودن

interessiert *adj* علاقه مند؛ دل بسته

internieren بازداشت کردن؛ توقیف کردن

Internierung *f* بازداشت؛ توقیف

Internierungslager *n* بازداشتگاه

Interpret/-in *m/f* مفسّر

Interpretation *f* تفسیر

falsche ~ تفسیر نادرست؛ تفسیر غلط

genaue ~ تفسیر دقیق

oberflächliche ~ تفسیر سطحی

richtige ~ تفسیر درست

sorgfältige ~ تفسیر بسیار دقیق

interpretieren تفسیر کردن

intervenieren مداخله کردن؛ دخالت کردن

mit Waffengewalt ~ با زور اسلحه مداخله کردن

Intervention *f* مداخله؛ دخالت

eine ~ befürchten بیم از مداخله داشتن

eine ~ heraufbeschwören مداخله ای را موجب شدن؛ مداخله ای را باعث شدن

mit einer ~ rechnen با مداخله ای حساب کردن؛ منتظر وقوع مداخله ای بودن

eine ~ verhindern از مداخله ای جلوگیری کردن

eine ~ vermeiden از مداخله ای احتراز کردن

gegen eine ~ vorgehen برعلیه مداخله ای اقدام کردن

Interventionspolitik *f* سیاست مداخله

Interventionspreis *m* بهای مداخله؛ خسارات جانی و مالی ناشی از مداخله

Interview *n* مصاحبه

aufschlussreiches ~ مصاحبهٔ جالب توجه؛ مصاحبهٔ آموزنده

ausführliches ~ مصاحبهٔ مفصّل

kontroverses ~ مصاحبهٔ جنجال برانگیز

kurzes ~ مصاحبهٔ کوتاه

umstrittenes ~ مصاحبهٔ جنجال برانگیز

ein ~ ablehnen مصاحبه ای را رد کردن

ein ~ absagen مصاحبهٔ اعلام شده ای را باطل کردن

ein ~ führen مصاحبه کردن

ein ~ geben مصاحبه دادن

ein ~ gewähren مصاحبه دادن

ein ~ verweigern از دادن مصاحبه ای خودداری کردن؛ از دادن مصاحبه ای امتناع کردن

interviewen مصاحبه کردن

Interviewer/-in *m/f* مصاحبه گر

erfahrener ~ مصاحبه گر باتجربه

geschickter ~ مصاحبه گر زیرک

Interviewte *m/f* مصاحبه شونده

intolerant *adj* نارواداری

Intoleranz *f* نارواداری

politische ~ نارواداری سیاسی

religiöse ~ نارواداری مذهبی

Intrigant/-in *m/f* دسیسه گر؛ توطئه گر

Intrige *f* دسیسه؛ توطئه

heimliche ~n دسیسه های پنهانی؛ توطئه های مخفیانه

politische ~n دسیسه های سیاسی؛ توطئه های سیاسی

~n aufdecken دسیسه ها را افشا کردن؛ توطئه ها را فاش ساختن

~n einfädeln دسیسه چیدن؛ توطئه چیدن؛ دسیسه چینی کردن

~n enthüllen پرده از روی دسیسه ها برداشتن؛ توطئه ها را فاش ساختن؛ پرده از روی توطئه ها برداشتن

Invalide *m* علیل

Invalidenrente *f* حقوق بازنشستگی معلولین؛ مستمری معلولین

Invalidenversicherung *f* بیمهٔ معلولین

Invasion *f* تهاجم؛ حمله؛ تعرّض؛ تازش

friedliche ~ تهاجم آرام؛ تعرّض آرام

militärische ~ تهاجم نظامی؛ تعرّض نظامی

eine ~ abwehren تهاجمی را دفع کردن؛ حمله ای را دفع کردن؛ تعرّضی را دفع کردن

eine ~ durchführen تعرّض کردن؛ مورد تهاجم قرار دادن

eine ~ verhindern از تهاجمی جلوگیری کردن؛ از تعرّضی جلوگیری کردن

eine ~ vorbereiten تهاجمی را تدارک دیدن؛ تعرّضی را تدارک دیدن

investieren سرمایه گذاری کردن

Investition *f* سرمایه گذاری

geringe ~ سرمایه گذاری جزئی؛ سرمایه گذاری ناچیز

gewinnbringende ~ سرمایه گذاری سودآور

günstige ~ سرمایه گذاری مساعد

öffentliche ~ سرمایه گذاری دولتی

private ~ سرمایه گذاری خصوصی

staatliche ~ سرمایه گذاری دولتی

vorteilhafte ~ سرمایه گذاری سودآور؛ سرمایه گذاری مقرون به صرفه

~en ausweiten سرمایه گذاری ها را گسترش دادن؛ سرمایه گذاری ها را توسعه دادن
~en finanzieren جهت سرمایه گذاری ها تأمین اعتبار کردن
~en fördern از سرمایه گذاری ها حمایت کردن
~en vornehmen سرمایه گذاری کردن؛ مبادرت به سرمایه گذاری کردن
Investitionsabbau *m* سرمایه برداری؛ کاهش سرمایه گذاری
Investitionsanleihe *f* وام مورد سرمایه گذاری؛ قرضهٔ مورد سرمایه گذاری
Investitionsanreiz *m* تشویق به سرمایه گذاری
Investitionsaufwand *m* هزینهٔ سرمایه گذاری
Investitionsausgaben *fpl* هزینه های سرمایه گذاری؛ مخارج سرمایه گذاری
Investitionsausschuss *m* کمیسیون سرمایه گذاری
Investitionsbank *f* بانک سرمایه گذاری
Investitionsbeihilfe *f* کمک دولت در سرمایه گذاری
Investitionsberater/-in *m/f* رایزن در امور سرمایه گذاری؛ مشاور در امور سرمایه گذاری
Investitionsdrosselung *f* کاهش سرمایه گذاری
Investitionsförderung *f* حمایت از سرمایه گذاری؛ تشویق سرمایه گذاری
Investitionsgarantie *f* ضمانت سرمایه گذاری
Investitionsgeschäfte *npl* معاملات سرمایه گذاری
Investitionsgüter *npl* کالاهای سرمایه ای
Investitionshaushalt *m* بودجهٔ مورد سرمایه گذاری
Investitionshilfe *f* کمک به سرمایه گذاری
Investitionshindernisse *npl* موانع سرمایه گذاری
Investitionsimpulse *mpl* انگیزه های سرمایه گذاری؛ قوهٔ محرکهٔ سرمایه گذاری
Investitionskapital *n* سرمایهٔ مورد سرمایه گذاری
Investitionsklima *n* جوّ سرمایه گذاری
Investitionskontrolle *f* نظارت بر سرمایه گذاری
Investitionskosten *f* هزینهٔ سرمایه گذاری
Investitionskredit *m* اعتبار سرمایه گذاری
Investitionslenkung *f* سمت و سودهی به سرمایه گذاری
Investitionsmarkt *m* بازار سرمایه گذاری
Investitionsmöglichkeiten *fpl* امکانات سرمایه گذاری
Investitionsnachfrage *f* درخواست سرمایه گذاری؛ تقاضای سرمایه گذاری
Investitionsneigung *f* تمایل به سرمایه گذاری؛ علاقه به سرمایه گذاری
Investitionsplan *m* برنامهٔ سرمایه گذاری
Investitionsplanung *f* طرح سرمایه گذاری؛ برنامه ریزی سرمایه گذاری
Investitionspolitik *f* سیاست سرمایه گذاری
Investitionsrisiken *npl* خطرات احتمالی موجود در سرمایه گذاری
Investitionsschutz *m* حمایت از سرمایه گذاری
Investitionsschwerpunkte *mpl* اولویّت ها در سرمایه گذاری
Investitionstätigkeit *f* سرمایه گذاری
Investitionsträger *m* سرمایه گذار
Investitionsvorhaben *n* طرح سرمایه گذاری؛ برنامهٔ سرمایه گذاری
Investitionszuschuss *m* کمک دولت در سرمایه گذاری
Investmentbank *f* بانک سرمایه گذاری
Investmentfonds *m* سرمایهٔ مورد سرمایه گذاری؛ اندوختهٔ سرمایه ای مورد سرمایه گذاری
Investmentgesellschaft *f* شرکت سرمایه گذاری
Investmentkriterien *npl*

معیارهای سرمایه گذاری

Investmentmanager/-in *m/f* مدیر سرمایه گذاری

Investor *m* سرمایه گذار

privater ~ سرمایه گذار خصوصی؛ سرمایه گذار بخش خصوصی

irrational *adj* خردناپذیر؛ بی منطق

Irrationalität *f* خردناپذیری؛ بی منطقی

irreführen گمراه کردن

irregulär *adj* بی قاعده؛ بی نظم

irrelevant *adj* بی معنا؛ بی اهمّیّت

Irrelevanz *f* بی معنایی؛ بی اهمّیّتی

irren, sich اشتباه کردن

irreparabel *adj* اصلاح ناپذیر؛ تعمیرناپذیر؛ غیرقابل تعمیر

Irritation *f* 1) به اشتباه اندازی 2) آزردگی

irritieren گمراه کردن؛ دچار اشتباه کردن؛ به اشتباه انداختن

Irrtum *m* خطا؛ اشتباه؛ لغزش

beachtlicher ~ خطای نسبتاً مهم

entschuldbarer ~ خطای بخشودنی؛ خطای قابل گذشت

erwiesener ~ خطای ثابت شده

evidenter ~ خطای آشکار

offensichtlicher ~ خطای آشکار

rechtlicher ~ خطای حقوقی

wesentlicher ~ خطای معتنابه؛ خطای نسبتاً بزرگ

Islam *m* اسلام

Islamforscher/-in *m/f* پژوهشگر علوم اسلامی؛ محقّق علوم اسلامی

Islamforschung *f* پژوهش در علوم اسلامی؛ تحقیق در علوم اسلامی

islamisch *adj* اسلامی؛ مربوط به اسلام

~e Geschichte تاریخ اسلام

~e Religion دین اسلام

~e Religionsgemeinschaft جماعت اسلامی؛ اُمّت اسلامی

~e Theologie علم کلام اسلامی

~e Tradition سُنّت اسلامی

~er Fundamentalismus بنیادگرایی اسلامی

~er Fundamentalist بنیادگرای اسلامی

~es Gesetz شرع اسلام؛ فقه

Islamismus *m* اسلام گرایی

Islamwissenschaften *fpl* علوم اسلامی

Islamwissenschaftler/-in *m/f* اسلام شناس

Isolation *f* جدایی؛ انزوا؛ تنهایی

Isolationismus *m* کناره گرایی؛ انزواگرایی

Isolationist *m* کناره گرا؛ انزواگرا

isolieren 1) منزوی کردن 2) عایق کردن

isolieren, sich خود را منزوی کردن؛ انزوا گزیدن؛ خود را کنار کشیدن

J

Jahresabrechnung *f* تسویه حساب سالانه
Jahresabschluss *m* حساب های سالانه
Jahresausgleich *m* تعدیل سالانهٔ مالیات بر درآمد؛ تنظیم سالانهٔ مالیات بر درآمد
Jahresbericht *m* گزارش سالانه
Jahresbilanz *f* تراز سالانه؛ ترازنامهٔ سالانه
Jahreseinkommen *n* درآمد سالانه
Jahreseinkünfte *pl* درآمد سالانه
Jahreseinnahmen *fpl* دریافت های سالانه
Jahresetat *m* بودجهٔ سالانه
Jahresfehlbetrag *m* کسری سالانه
Jahreshauptversammlung *f* مجمع عمومی سالانه
eine ~ abhalten مجمع عمومی سالانه ای را برگزار کردن
Jahreshaushalt *m* بودجهٔ سالانه
Jahreskonferenz *f* کنفرانس سالانه
Jahresmiete *f* اجارهٔ سالانه؛ اجاره بهای سالانه؛ کرایهٔ سالانه
Jahresplan *m* برنامهٔ سالانه
Jahresproduktion *f* تولید سالانه
Jahresrendite *f* سود سالانه
Jahresrente *f* حقوق بازنشستگی سالانه؛ مستمری سالانه
Jahrestag *m* سالگرد
Jahrestagung *f* کنفرانس سالانه
Jahresumsatz *m* فروش کلّ سالانه
Jahresurlaub *m* مرخصی سالانه
Jahresversammlung *f* گردهمایی سالانه؛ اجلاس سالانه
Jahreszahlung *f* پرداخت سالانه
Journalismus *m* روزنامه نگاری
Journalist/-in *m/f* روزنامه نگار
Journalistenverband *m* اتّحادیّهٔ روزنامه نگاران
Journalistik *f* رشتهٔ روزنامه نگاری
journalistisch *adj* روزنامه ای
Jude *m* مرد یهودی؛ مرد کلیمی
Jüdin *f* زن یهودی؛ زن کلیمی
Judentum *n* یهودیّت
Judenverfolgung *f* تعقیب یهودیان
jüdisch *adj* یهودی
~e Gemeinde جامعهٔ یهودی؛ مرکز جماعت یهودی
~e Religion دین یهود
~er Fundamentalismus بنیادگرایی یهودی
~er Fundamentalist بنیادگرای یهودی
~es Volk قوم یهود
Jugend *f* جوانان؛ نوجوانان؛ اطفال
Jugendamt *n* ادارهٔ حمایت از اطفال
Jugendarbeitslosigkeit *f* بیکاری جوانان
Jugendarrest *m* بازداشت نوجوانان؛ توقیف اطفال
Jugendbande *f* باند جوانان؛ باند نوجوانان
Jugendbewegung *f* جنبش جوانان
Jugenderinnerungen *fpl* خاطرات دوران جوانی
Jugendgefängnis *n* بازداشتگاه نوجوانان؛ زندان اطفال
Jugendgericht *n* دادگاه نوجوانان؛ دادگاه اطفال
Jugendgruppe *f* گروه جوانان؛ گروه نوجوانان
Jugendherberge *f* خوابگاه جوانان
Jugendhilfe *f* کمک به جوانان؛ کمک به نوجوانان
Jugendkriminalität *f* بزهکاری جوانان
organisierte ~ بزهکاری سازمان یافتهٔ جوانان
die ~ bekämpfen با بزهکاری جوانان مبارزه کردن
Jugendkultur *f* فرهنگ جوانان
Jugendliche *m/f* نوجوان
Jugendorganisation *f* سازمان جوانان
Jugendprotest *m* اعتراض جوانان
Jugendrichter/-in *m/f* دادرس دادگاه نوجوانان؛

	قاضی دادگاه اطفال
Jugendschutz *m*	حمایت از جوانان؛ حمایت از نوجوانان
Jugendschutzgesetz *n*	قانون حمایت از جوانان؛ قانون حمایت از نوجوانان
Jugendstil *m*	سبک دوران جوانی
Jugendstrafanstalt *f*	زندان جوانان؛ دارالتأدیب
Jugendstrafe *f*	کیفر جوانان
Jugendstrafrecht *n*	قانون کیفری جوانان
Jugendstraftat *f*	بزهکاری جوانان
Jugendverband *m*	اتّحادیّهٔ جوانان
Jugendverein *m*	باشگاه جوانان
Jugendvertreter/-in *m/f*	نمایندهٔ جوانان
Jugendvertretung *f*	نمایندگی جوانان
Jugendwohnheim *n*	خوابگاه جوانان
Jungwähler *mpl*	انتخاب کنندگان جوان
Jurist/-in *m/f*	حقوقدان؛ قانوندان
juristisch *adj*	حقوقی
~e Formalitäten	تشریفات حقوقی
Jury *f*	هیأت منصفه
Justiz *f*	دادگستری
Justizapparat *m*	دستگاه قضایی
Justizausschuss *m*	کمیسیون قضایی
Justizbeamte *m*	کارمند دادگستری (مرد)
Justizbeamtin *f*	کارمند دادگستری (زن)
Justizbehörde *f*	مقام قضایی
Justizgewalt *f*	قوّهٔ قضایی
Justizhoheit *f*	قلمرو قضایی
Justizirrtum *m*	اشتباه قضایی
Justizkreise *mpl*	محافل قضایی
Justizkritik *m*	انتقاد به امور قضایی؛ نقد امور قضایی
Justizminister/-in *m/f*	وزیر دادگستری
Justizministerium *n*	وزارت دادگستری
Justizrat *m*	شورای قضایی
Justizreform *f*	اصلاح امور قضایی
Justizverwaltung *f*	ادارهٔ دادگستری
Justizvollzugsanstalt *f*	بازداشتگاه
Justizwesen *n*	نظام قضایی؛ سیستم قضایی

K

Kabinett *n* کابینه؛ کابینهٔ دولت؛ هیأت دولت
neues ~ کابینهٔ جدید؛ کابینهٔ جدید دولت
die Minister des ~s وزرای کابینه؛ وزرای کابینهٔ دولت
die Mitglieder des ~s اعضای کابینه؛ اعضای کابینهٔ دولت
die Sitzungen des ~s نشست های کابینه؛ جلسه های کابینه؛ جلسه های کابینهٔ دولت
aus dem ~ ausscheiden از کابینه استعفا دادن؛ از کابینهٔ دولت استعفا دادن
etwas im ~ beraten پیرامون امری در کابینهٔ دولت مشورت کردن
etwas im ~ beschließen امری را در کابینهٔ دولت تصویب کردن
ein ~ neu besetzen کابینه ای را کاملاً بازسازی کردن؛ کابینه ای را کاملاً ترمیم کردن
ein ~ bilden کابینه ای را تشکیل دادن
ein ~ stürzen کابینه ای را سرنگون کردن
ein ~ umbilden کابینه ای بازسازی کردن؛ کابینه ای را ترمیم کردن
ein ~ verlassen کابینه ای را ترک کردن
ein ~ vorstellen کابینه ای را معرّفی کردن
ins ~ zurückkehren به کابینه بازگشتن؛ به کابینهٔ دولت بازگشتن

Kabinettsausschuss *m* کمیسیون کابینه؛ کمیسیون کابینهٔ دولت

Kabinettsberatung *f* شور کابینه؛ شور کابینهٔ دولت

Kabinettsbeschluss *m* مصوّبهٔ کابینه؛ مصوّبهٔ کابینهٔ دولت

Kabinettsbildung *f* تشکیل کابینه؛ تشکیل کابینهٔ دولت

Kabinettsentwurf *f* لایحهٔ کابینه؛ لایحهٔ کابینهٔ دولت

Kabinettserweiterung *f* گسترش کابینه؛ افزایش اعضای کابینه

Kabinettskollege *m* همتای کابینه؛ وزیر همتای کابینه (مرد)

Kabinettskollegin *f* همتای کابینه؛ وزیر همتای کابینه (زن)

Kabinettskrise *f* بحران کابینه؛ بحران کابینهٔ دولت
eine ~ auslösen موجب بحرانی در کابینه شدن: باعث بحرانی در کابینهٔ دولت شدن
eine ~ überwinden بر بحرانی در درون کابینهٔ دولت فائق آمدن

Kabinettsmehrheit *f* اکثریّت اعضای کابینه

Kabinettsminister/-in *m/f* وزیر کابینه؛ وزیر کابینهٔ دولت

Kabinettsmitglied *n* عضو کابینه؛ عضو کابینهٔ دولت
~er austauschen اعضای کابینه را عوض کردن؛ اعضای کابینهٔ دولت را عوض کردن

Kabinettsposten *m* پست در کابینه؛ پست در کابینهٔ دولت

Kabinettssitzung *f* نشست کابینه؛ جلسهٔ کابینه؛ جلسهٔ کابینهٔ دولت

Kabinettssprecher/-in *m/f* سخنگوی کابینه؛ سخنگوی کابینهٔ دولت

Kabinettsumbildung *f* بازسازی کابینه؛ بازسازی کابینهٔ دولت؛ ترمیم کابینه
eine ~ vornehmen تصمیم به ترمیم کابینه ای را گرفتن؛ تصمیم به بازسازی کابینه ای را گرفتن

Kabinettsvorlage *f* لایحهٔ کابینه؛ لایحهٔ کابینهٔ دولت

Kabinettsvorsitz *m* ریاست کابینه؛ ریاست کابینهٔ دولت

den ~ übergeben ریاست کابینه را واگذار کردن؛ ریاست کابینهٔ دولت را واگذار کردن
den ~ übernehmen ریاست کابینه را به عهده گرفتن؛ عهده دار ریاست کابینهٔ دولت شدن
Kalkulation *f* محاسبه؛ حساب
grobe ~ محاسبهٔ تخمینی؛ حساب تخمینی
kalkulierbar *adj* قابل محاسبه
kalkulieren محاسبه کردن؛ حساب کردن
die Ausgaben ~ هزینه ها را محاسبه کردن، مخارج را محاسبه کردن
die Kosten ~ هزینه ها را محاسبه کردن
die Preise ~ قیمت ها را محاسبه کردن
Kammergericht *n* دیوان عالی قضایی
Kammervorsitzende *m/f* رئیس دیوان عالی قضایی
Kampagne *f* مبارزه؛ مبارزهٔ سیاسی- تبلیغاتی
eine ~ für den Frieden مبارزه برای صلح؛ مبارزهٔ سیاسی- تبلیغاتی برای صلح
eine ~ durchführen مبارزهٔ سیاسی- تبلیغاتی کردن
eine ~ führen مبارزهٔ سیاسی- تبلیغاتی کردن
eine ~ starten دست به یک مبارزهٔ سیاسی- تبلیغاتی زدن
Kampf *m* مبارزه؛ پیکار؛ نبرد
aussichtsloser ~ مبارزهٔ بدون چشم انداز
bewaffneter ~ مبارزهٔ مسلّحانه؛ نبرد مسلّحانه
blutiger ~ مبارزهٔ خونین؛ پیکار خونین؛ نبرد خونین
entscheidender ~ پیکار نهایی؛ نبرد نهایی
erbitterter ~ مبارزهٔ سرسختانه؛ پیکار سرسختانه
gemeinsamer ~ مبارزهٔ مشترک؛ نبرد مشترک
heldenhafter ~ مبارزهٔ قهرمانانه؛ نبرد قهرمانانه
heroischer ~ مبارزهٔ قهرمانانه؛ نبرد قهرمانانه
pausenloser ~ مبارزهٔ بی وقفه؛ پیکار بی وقفه
politischer ~ مبارزهٔ سیاسی؛ پیکار سیاسی
schwerer ~ نبرد سنگین؛ نبرد شدید
sozialer ~ مبارزهٔ اجتماعی؛ پیکار اجتماعی
ungleicher ~ پیکار نابرابر؛ نبرد نابرابر
Ausgang des ~es نتیجهٔ مبارزه؛ سرانجام مبارزه
der ~ gegen den Hunger مبارزه برعلیه گرسنگی؛ پیکار برعلیه گرسنگی
der ~ um höhere Löhne مبارزه برای دستمزدهای بالاتر
den ~ aufgeben دست از مبارزه برداشتن؛ دست از پیکار برداشتن
im ~ bestehen از عهدهٔ مبارزه برآمدن
einen ~ führen مبارزه کردن؛ پیکار کردن
zum ~ herausfordern به مبارزه طلبیدن
Kampfabstimmung *f* رأی گیری جهت تعیین روند اعتصابات
Kampfansage *f* به مبارزه طلبی؛ چالشگری
Kampfausbildung *f* آموزش رزمی؛ آموزش نظامی
Kampfbereitschaft *f* آمادگی رزمی
Kampfbomber *m* هواپیمای بمب افکن
Kampfeinsatz *m* مأموریّت رزمی؛ مأموریّت جنگی
kämpfen مبارزه کردن؛ پیکار کردن؛ جنگیدن
für die Freiheit ~ برای آزادی مبارزه کردن؛ برای آزادی پیکار کردن
im Untergrund ~ مبارزهٔ زیرزمینی کردن؛ مبارزهٔ مخفی کردن
an der vordersten Front ~ در خطّ اوّل جبهه جنگیدن؛ در جبههٔ مقدّم جنگیدن
Kämpfer/-in *m/f* مبارز؛ پیکارجو؛ رزمنده
Kampfeswille *m* خواست مبارزه؛ ارادهٔ مبارزه
kampffähig *adj* توانا به رزم؛ قادر به رزم؛ قادر به نبرد
Kampffähigkeit *f* توان رزمی؛ توانایی رزمی؛ کارامدی رزمی
Kampfflugzeug *n* هواپیمای جنگنده

Kampfgebiet *n* منطقهٔ رزمی؛ عرصهٔ زدوخورد
Kampfgeist *m* روح مبارزه طلبی؛ روح پیکارجویی
Kampfhandlungen *fpl* عملیّات رزمی؛ عملیّات جنگی
Einstellung der ~ قطع عملیّات رزمی؛ قطع عملیّات جنگی
Kampfjet *m* هواپیمای جنگی
Kampfkraft *f* نیروی رزمی
Kampfmoral *f* روحیهٔ رزمی
Kampfmunition *f* مهمات رزمی؛ مهمات جنگی
Kampfparole *f* شعار مبارزه؛ شعار پیکار
Kampfpilot/-in *m/f* خلبان هواپیمای جنگی
Kampfposition *f* موقعیّت رزمی
Kampfschauplatz *m* میدان نبرد؛ رزمگاه
Kampfstärke *f* قدرت رزمی
Kampftruppen *fpl* نیروهای رزمی
örtliche ~ نیروهای رزمی محلّی
kampfunfähig *adj* ناتوان از شرکت در عملیّات رزمی
Kampfunfähigkeit *f* ناتوانایی رزمی؛ ناکارامدی رزمی
Kampfverband *m* یکان رزمی
Kandidat/-in *m/f* کاندید؛ نامزد انتخاباتی
aussichtsloser ~ کاندید بدون شانس؛ نامزد انتخاباتی بدون شانس
aussichtsreicher ~ کاندید نویدبخش؛ نامزد انتخاباتی نویدبخش
siegreicher ~ کاندید پیروز؛ نامزد انتخاباتی پیروز
zugkräftiger ~ کاندید پرجذّاب؛ نامزد انتخاباتی پرجذّاب
einen ~en aufstellen کاندیدی را تعیین کردن؛ نامزد انتخاباتی ای را تعیین کردن
einen ~en benennen کاندیدی را معرّفی کردن؛ نامزد انتخاباتی ای را معرّفی کردن
einen ~en fallenlassen از حمایت کاندیدی دست برداشتن
einen ~en präsentieren کاندیدی را معرّفی کردن؛ نامزد انتخاباتی ای را معرّفی کردن
einen ~en vorschlagen کاندیدی را پیشنهاد کردن؛ نامزذ انتخاباتی ای را پیشنهاد کردن
einen ~en wählen کاندیدی را گُزیدن؛ کاندیدی را انتخاب کردن
Kandidatenliste *f* فهرست کاندیدها؛ فهرست نامزدهای انتخاباتی
von der ~ streichen از فهرست کاندیدها حذف کردن
Kandidatur *f* نامزدی در انتخابات
seine ~ aufgeben از نامزدی خود در انتخابات منصرف شدن
eine ~ befürworten از نامزدی (کسی) در انتخابات هواداری کردن؛ از نامزدی (کسی) در انتخابات پشتیبانی کردن
seine ~ fallenlassen از نامزدی خود در انتخابات دست برداشتن؛ از نامزدی خود در انتخابات کنار گرفتن
eine ~ unterstützen از نامزدی (کسی) در انتخابات پشتیبانی کردن
auf eine ~ verzichten از نامزدی در انتخابات چشم پوشی کردن؛ از نامزدی در انتخابات صرف نظر کردن
kandidieren کاندید کردن؛ نامزد کردن
Kannibale *m* 1) آدم خوار 2) انسان ستمگر؛ انسان بی رحم
kannibalisch *adj* 1) آدم خوار 2) ستمگر؛ بی رحم
Kannibalismus *m* آدم خواری
Kanzler/-in *m/f* صدر اعظم
Kanzleramt *n* دفتر صدرات اعظم

Kanzleramtsminister/-in *m/f* وزیر دفتر صدارت اعظمی
Kanzlerkandidat/-in *m/f* کاندید صدارت اعظمی؛ نامزد صدارت اعظمی
Kanzlerkandidatur *f* کاندیدای صدارت اعظمی؛ نامزدی صدارت اعظمی
Kanzlerrede *f* نطق صدر اعظم
Kanzlerschaft *f* صدارت اعظمی
Kapazität *f* گنجایش؛ ظرفیّت؛ توان
industrielle ~ توان صنعتی؛ ظرفیّت صنعتی
militärische ~ توان نظامی
wissenschaftliche ~ توان علمی
die ~ auslasten از حدّاکثر ظرفیّت استفاده کردن
die ~ erweitern ظرفیّت را افزایش دادن؛ ظرفیّت را بالا بردن
die ~ steigern ظرفیّت را افزایش دادن؛ ظرفیّت را بالا بردن
die ~ vergrößern ظرفیّت را افزایش دادن؛ ظرفیّت را بالا بردن
Kapazitätsauslastung *f* حداکثر استفاده از ظرفیّت؛ حدّاکثر استفاده از گنجایش
Kapazitätserweiterung *f* افزایش ظرفیّت؛ افزایش گنجایش
Kapazitätskosten *f* هزینهٔ ظرفیّت
Kapital *n* سرمایه
ausländisches ~ سرمایهٔ خارجی
begebenes ~ سهام سرمایه ای منتشر شده
enorme ~ien سرمایه های هنگفت
flüssiges ~ سرمایهٔ نقدی
fremdes ~ سرمایهٔ بیگانه؛ سرمایهٔ خارجی
genehmigtes ~ سرمایهٔ ثبت شده؛ سرمایهٔ مجاز
geringfügiges ~ سرمایهٔ جزئی؛ سرمایهٔ اسمی
gezeichnetes ~ سرمایهٔ مورد تعهّد
inländisches ~ سرمایهٔ داخلی
produktives ~ سرمایهٔ مولّد
registriertes ~ سرمایهٔ به ثبت رسیده
riesige ~ien سرمایه های بسیار بزرگ؛ سرمایه های هنگفت
ungenutztes ~ سرمایهٔ بلااستفاده؛ سرمایهٔ راکد
verfügbares ~ سرمایهٔ نقدی؛ سرمایهٔ در دسترس
~ akkumulieren سرمایه انباشت کردن
~ anhäufen سرمایه انباشت کردن
~ anlegen سرمایه گذاری کردن
~ arbeiten lassen سرمایه را به کار انداختن
~ aufnehmen جهت سرمایه گذاری اعتبار مالی دریافت کردن
~ aufstocken سرمایه را افزایش دادن
~ bilden سرمایه تشکیل دادن
~ einfordern سرمایه درخواست کردن
~ einfrieren سرمایه را ثابت نگاه داشتن
~ erhöhen سرمایه را افزایش دادن
~ flüssig machen سرمایه را نقد کردن
~ investieren سرمایه گذاری کردن
Kapitalabfluss *m* برون رفت سرمایه؛ خروج سرمایه
Kapitalabwanderung *f* برون رفت سرمایه؛ خروج سرمایه
Kapitalakkumulation *f* انباشت سرمایه؛ تراکم سرمایه
Kapitalanhäufung *f* انباشت سرمایه؛ تراکم سرمایه
Kapitalanlage *f* سرمایه گذاری؛ سرمایه گذاری به صورت سهام
Kapitalanlagegesellschaft *f* شرکت سرمایه گذاری در سهام؛ شرکت معاملات اوراق بهادار
Kapitalanleger/-in *m/f* سرمایه گذار
Kapitalanteil *m* سهم سرمایه در کلّ سرمایه گذاری
Kapitalaufstockung *f* افزایش سرمایه

Kapitalaufwand *m* مخارج سرمایه ای؛ هزینهٔ سرمایه ای
Kapitalausfuhr *f* صدور سرمایه
Kapitalausweitung *f* بسط و گسترش سرمایه؛ افزایش سرمایه
Kapitalbedarf *m* نیاز به سرمایه؛ سرمایهٔ مورد نیاز
Kapitalbeteiligung *f* سهم مشارکت در سرمایه گذاری
Kapitalbewegungen *fpl* حرکت های سرمایه
Kapitalbildung *f* سرمایه سازی؛ تشکیل سرمایه
Kapitaleinfuhr *f* ورود سرمایه
Kapitaleinkünfte *pl* درآمدهای سرمایه ای؛ درآمدهای حاصله از سرمایه گذاری
Kapitalerhöhung *f* افزایش سرمایه
Kapitalertrag *m* سود سرمایه؛ منفعت سرمایه
Kapitalertragssteuer *f* مالیات بر سود سرمایه
Kapitalexport *m* صدور سرمایه
Kapitalflucht *f* فرار سرمایه
Kapitalfluss *m* جریان سرمایه
Kapitalgesellschaft *f* شرکت سهامی
Vorstand einer ~ هیأت مدیرهٔ یک شرکت سهامی
Kapitalgewinn *m* سود سرمایه
Kapitalgewinnsteuer *f* مالیات بر سود سرمایه
Kapitalgüter *npl* کالاهای سرمایه ای
Kapitalherabsetzung *f* کاهش سرمایه گذاری؛ کاهش میزان سرمایه گذاری
Kapitalherrschaft *f* سلطهٔ سرمایه
Kapitalimport *m* ورود سرمایه
Kapitalintensität *f* سرمایه بری
kapitalintensiv *adj* سرمایه بر
Kapitalismus *m* سرمایه داری
entwickelter ~ سرمایه داری توسعه یافته
unterentwickelter ~ سرمایه داری توسعه نیافته
Kapitalist/-in *m/f* سرمایه دار

kapitalistisch *adj* سرمایه داری
~e Gesellschaftsordnung نظام جامعهٔ سرمایه داری
~e Wirtschaftsformen اَشکال اقتصادی سرمایه داری
Kapitalknappheit *f* کمبود سرمایه
Kapitalkosten *f* هزینهٔ سرمایه ای
Kapitallenkung *f* هدایت سرمایه؛ ارشاد سرمایه
Kapitalmangel *m* کمبود سرمایه
Kapitalmarkt *m* بازار سرمایه
Kapitalnachfrage *f* درخواست سرمایه؛ تقاضای سرمایه
Kapitalnettoverlust *m* زیان خالص سرمایه
Kapitalrechnung *f* حساب سرمایه
Kapitalrendite *f* سود سرمایه
Kapitalreserve *f* اندوختهٔ سرمایه؛ ذخیرهٔ سرمایه
Kapitalrückfluss *m* برگشت سرمایه؛ استرداد سرمایه
Kapitalrücklage *f* اندوختهٔ سرمایه؛ ذخیرهٔ سرمایه
Kapitalspritze *f* تزریق سرمایه
Kapitalsteuer *f* مالیات بر سرمایه
Kapitaltransfer *m* انتقال سرمایه
Kapitalüberschuss *m* سرمایهٔ اضافی
Kapitalumsatz *m* واگرد سرمایه
Kapitalumschlag *m* واگرد سرمایه
Kapitalverbrechen *n* جنایت بسیار بزرگ؛ جنایت هولناک
Kapitalverflechtung *f* تملّک متقابل سهام؛ مالکیّت به هم پیوستهٔ سهام؛ به هم آمیختگی سرمایه
Kapitalverkehr *m* جریان سرمایه
Kapitalverlust *m* کاهش سرمایه؛ کاهش ارزش سرمایه؛ زیان سرمایه
Kapitalvermögen *n* دارایی سرمایه ای
Einkommen aus ~ درآمد حاصله از دارایی

سرمایه ای

Kapitalverwertung *f* بهره جویی از سرمایه

Kapitalverzinsung *f* سود سرمایه

Kapitalvolumen *n* حجم سرمایه

Kapitalwert *m* ارزش سرمایه؛ ارزش سرمایه ای

Kapitalwerterhöhung *f* افزایش ارزش سرمایه

Kapitalwertminderung *f* کاهش ارزش سرمایه

Kapitalzinsen *mpl* سود سرمایه

Kapitalzufluss *m* ورود سرمایه؛ جریان ورودی سرمایه

Kapitalzufuhr *f* افزایش تدریجی سرمایه؛ اضافه شدن تدریجی سرمایه

Kapitalzuwachs *m* افزایش سرمایه؛ افزایش ارزش سرمایه

Kapitulation *f* تسلیم

bedingte ~ تسلیم با قید و شرط؛ تسلیم مشروط

bedingungslose ~ تسلیم بدون قید و شرط؛ تسلیم بلاشرط

ehrenvolle ~ تسلیم شرافتمندانه

schändliche ~ تسلیم ننگ آور؛ تسلیم ننگ آمیز

die ~ erklären تسلیم را اعلام کردن

die ~ erzwingen به تسلیم وادار کردن

die ~ hinausschieben تسلیم را به عقب انداختن

die ~ hinauszögern تسلیم را به تأخیر انداختن

die ~ verhindern از تسلیم شدن جلوگیری کردن

die ~ vorbereiten مقدّمات تسلیم را فراهم کردن

Kapitulationsverhandlung *f* مذاکره جهت تسلیم

kapitulieren vor تسلیم شدن در برابر

karitativ *adj* خیریّه

~e Organisation سازمان خیریّه

~er Verein انجمن خیریّه

Kassageschäft *n* معاملهٔ نقدی

Kassahandel *m* معاملهٔ نقدی

Kassakauf *m* خرید نقد

Kassakonto *n* حساب نقدی

Kassakurs *m* نرخ فروش نقدی

Kassamarkt *m* بازار نقدی

Kassapreis *m* نرخ فروش نقدی

Katalog *m* کاتالوگ؛ کتابچهٔ شرح کالا

katastrophal *adj* مصیبت بار؛ فاجعه آمیز؛ بسیار بد

~e Auswirkungen تأثیرات فاجعه آمیز؛ تأثیرات بسیار بد

~e Bedingungen شرایط مصیبت بار؛ شرایط بسیار بد

~e Folgen پیامدهای فاجعه آمیز؛ عواقب فاجعه آمیز

~e Zustände وضعیّت و شرایط مصیبت بار

Katastrophe *f* فاجعه: بلا؛ مصیبت؛ حادثهٔ غیرمترقّبه

finanzielle ~ مصیبت مالی

militärische ~ فاجعهٔ نظامی

eine ~ abwenden از بلایی روی گرداندن؛ از خطر وقوع فاجعه ای مصون داشتن

einer ~ entgehen از فاجعه ای جان سالم بدر بردن؛ از بلایی رهیدن

einer ~ entkommen از فاجعه ای جان سالم بدر بردن؛ از بلایی رهیدن

zu einer ~ führen به فاجعه ای منجر شدن

eine ~ verhindern از وقوع فاجعه ای جلوگیری کردن

Katastrophenalarm *m* آژیر خطر؛ اعلام خطر

Katastrophengebiet *n* منطقهٔ مصیبت زده؛ منطقهٔ آسیب دیده؛ منطقهٔ آسیب دیده از فاجعه

Katastrophenhelfer/-in *m/f* امدادگر در منطقهٔ مصیبت زده

Katastrophenhilfe *f* یاری به آسیب دیدگان؛ کمک به آسیب دیدگان؛ کمک به آسیب دیدگان فاجعه

Katastrophenstab *m* ستاد کمک به

آسیب دیدگان؛ ستاد کمک به آسیب دیدگان فاجعه

Katholik/-in *m/f* کاتولیک؛ پیرو مذهب کاتولیک

katholisch *adj* کاتولیک

Katholizismus *m* مذهب کاتولیک

Kauf *m* خرید

Kaufangebot *n* پیشنهاد خرید

Kaufauftrag *m* سفارش خرید

kaufen خریدن

Käufer/-in *m/f* خریدار

Kaufhaus *n* فروشگاه بزرگ

Kaufkraft *f* قدرت خرید

~ des Geldes قدرت خرید پول

die ~ erhöhen قدرت خرید را افزایش دادن

die ~ mindern قدرت خرید را کاهش دادن

Kaufkrafterhöhung *f* افزایش قدرت خرید

Kaufkraftminderung *f* کاهش قدرت خرید

Kaufkraftparität *f* برابری قدرت خرید

Kaufkraftstabilität *f* تثبیت قدرت خرید

Kaufkraftüberhang *m* مازاد قدرت خرید

Kauflust *f* میل خرید

Kaufmann *m* بازرگان؛ تاجر

kaufmännisch *adj* تجاری

~e Tätigkeit کار تجاری؛ شغل تجاری

Kaufoption *f* اختیار خرید یا عدم خرید

Kaufpreis *m* قیمت خرید

Kaufpreisminderung *f* کاهش قیمت خرید

Kaufsumme *f* مبلغ کلّ خرید

Kaufvertrag *m* قرارداد خرید

Kaution *f* وثیقه؛ ودیعه؛ ضمانت؛ وجه الضمان

eine ~ festsetzen میزان وجه الضمانی را تعیین کردن

eine ~ hinterlegen به ودیعه گذاشتن

eine ~ verlangen ضمانت خواستن

Kautionshöhe *f* میزان وجه الضمان

Kautionssumme *f* وجه الضمان

Kernbrennstoff *m* سوخت هسته ای؛ سوخت اتمی

Kernenergie *f* انرژی هسته ای؛ انرژی اتمی

Kernexplosion *f* انفجار هسته ای؛ انفجار اتمی

Kernfrage *f* پرسش اصلی؛ سؤال اصلی؛ مسألهٔ اصلی

Kernkraft *f* نیروی اتمی

Kernkraftwerk *n* نیروگاه اتمی

Kernproblem *n* مسألهٔ اصلی

Kernreaktor *m* واکُنشگر اتمی؛ رآکتور اتمی

Kernspaltung *f* تجزیهٔ هستهٔ اتمی

Kernwaffen *fpl* سلاح های هسته ای؛ سلاح های اتمی

Kinderarbeit *f* کار خردسالان؛ کار کودکان؛ کار اطفال

Kindergarten *m* کودکستان

Kinderhandel *m* خرید و فروش خردسالان؛ خرید و فروش کودکان؛ خرید و فروش اطفال

Kinderhilfswerk *n* سازمان حمایت از خردسالان؛ سازمان حمایت از اطفال

Kinderpsychologe *m* روان شناس کودک (مرد)

Kinderpsychologie *f* روان شناسی کودک

Kinderpsychologin *f* روان شناس کودک (زن)

Kinderschutzbund *m* کانون حفاظت از خردسالان؛ کانون حفاظت از اطفال

Kindersterblichkeit *f* مرگ و میر کودکان؛ مرگ و میر اطفال

Kindesentführung *f* بچّه ربایی؛ بچّه دزدی

Kindesmissbrauch *m* 1) سوء استفاده از کودک؛ سوء استفاده از طفل 2) تجاوز جنسی به کودک

Kindesmisshandlung *f* بدرفتاری با کودک؛ بدرفتاری با طفل

Kindeswohl *n* رفاه و آسایش کودک؛ رفاه و آسایش طفل

Kino *n* سینما

Kinobesucher/-in *m/f* تماشگر سینما؛ سینمارو

Kinofilm *m* فیلم سینمایی

Kinogänger *m* سینمارو

Kirche *f* کلیسا

Kirchenaustritt *m* خروج از عضویّت در کلیسا

Kirchengemeinde *f* جامعهٔ مذهبی کلیسا

Kirchengeschichte *f* تاریخ کلیسا

Kirchenmitglied *n* عضو کلیسا؛ عضو جامعهٔ مذهبی کلیسا

Kirchenoberhaupt *n* رهبر کلیسا؛ رهبر کلیسای کاتولیک؛ پاپ

Kirchenrat *m* شورای کلیسا

Kirchenrecht *n* قانون شرع کلیسای کاتولیک

Kirchenspaltung *f* انشعاب کلیسا؛ انشعاب جامعهٔ مذهبی کلیسا

Kirchenstaat *m* دولت کلیسا؛ دولت واتیکان

Kirchensteuer *f* مالیات کلیسا

Kirchentag *m* کنگرهٔ کلیسا

Kirchenvermögen *n* دارایی های کلیسا

Kirchenvorstand *m* هیأت مدیرهٔ کلیسا

Klage *f* شکایت؛ دادخواست؛ دادخواهی؛ اقامهٔ دعوی

eine ~ abweisen شکایتی را رد کردن؛ دادخواستی را رد کردن

eine ~ einreichen دادخواستی را تسلیم کردن؛ شکایتی را رسماً تسلیم کردن

eine ~ erheben شکایت کردن؛ دادخواهی کردن؛ اقامهٔ دعوی کردن

eine ~ führen شکایت کردن؛ دادخواهی کردن؛ اقامهٔ دعوی کردن

eine ~ prüfen شکایتی را مورد رسیدگی قرار دادن؛ به دادخواستی رسیدگی کردن

einer ~ stattgeben به شکایتی ترتیب اثر دادن؛ دادخواستی را پذیرفتن

eine ~ verwerfen شکایتی را رد کردن؛ دادخواستی را رد کردن

eine ~ zulassen دادخواستی را پذیرفتن؛ با دادخواستی رسماً موافقت کردن

eine ~ zurückweisen دادخواستی را رد کردن

eine ~ zurückziehen شکایتی را پس گرفتن؛ دادخواستی را پس گرفتن؛ ترک دعوی کردن

Klageabweisung *f* ردّ شکایت؛ ردّ دادخواست

Klageandrohung *f* تهدید به شکایت

Klageerhebung *f* اقامهٔ دعوی

Kläger/-in *m/f* مدّعی؛ خواهان؛ شاکی

auf Antrag des ~s بنا بر درخواست خواهان؛ بنا بر درخواست شاکی؛ بنا بر تقاضای مدّعی

Klan *m* طایفه

klarstellen موارد مبهم را روشن کردن؛ ابهامات را برطرف کردن

Klarstellung *f* برطرف سازی ابهامات؛ روشن کردن موارد مبهم

Klärung *f* شفافیّت؛ روشنی

zur ~ von Fragen beitragen به روشن کردن مسائل کمک کردن؛ سهمی را در روشن کردن مسائل ایفا کردن

Klasse *f* طبقه

ausbeutende ~ طبقهٔ استثمارکننده

ausgebeutete ~ طبقهٔ استثمارشونده

beherrschte ~ طبقهٔ زیر سلطه؛ طبقهٔ تحت سلطه

herrschende ~ طبقهٔ حاکم

kapitalistische ~ طبقهٔ سرمایه دار

soziale ~n طبقات اجتماعی

werktätige ~ طبقهٔ زحمتکش

Klassenbegriff *m* مقولهٔ طبقاتی

Klassenbewusstsein *n* آگاهی طبقاتی

Klassenfeind *m* دشمن طبقاتی

Klassenhass *m* کینهٔ طبقاتی

Klassenharmonie *f* سازواری طبقاتی؛ هماهنگی طبقاتی
Klassenherrschaft *f* سلطهٔ طبقاتی
Klasseninteressen *npl* منافع طبقاتی؛ مصالح طبقاتی
Klassenjustiz *f* دادگاه طبقاتی
Klassenkampf *m* پیکار طبقاتی؛ مبارزهٔ طبقاتی
Klassenkonflikt *m* همستیزی طبقاتی؛ تضاد طبقاتی
Klassensolidarität *f* همبستگی طبقاتی
Klassenspaltung *f* شکاف طبقاتی
Klassenspannung *f* تنش طبقاتی
Klassenstaat *m* دولت طبقاتی
Klassenstruktur *f* ساخت طبقاتی؛ ساختار طبقاتی
Klassenunterschiede *mpl* ناهمگونی های طبقاتی؛ اختلافات طبقاتی
Klassenversöhnung *f* آشتی طبقاتی
Kleinaktien *fpl* سهام ارزان؛ سهام کم ارزش
Kleinaktionär/-in *m/f* سهام دار جزء
Kleinanleger/-in *m/f* سرمایه گذار خرد
Kleinbauer *m* کشاورز خرده پا (مرد)
Kleinbäuerin *f* کشاورز خرده پا (زن)
Kleinbetrieb *m* کارگاه کوچک
Kleinbürger/-in *m/f* خرده بورژوا
Kleinbürgertum *n* خرده بورژوایی
Kleinhandel *m* خرده فروشی
Kleinhändler/-in *m/f* خرده فروش
Kleinkredit *m* وام شخصی؛ اعتبار شخصی
Kleinstadt *f* شهر کوچک
Kleinunternehmen *n* شرکت کوچک؛ بنگاه تولیدی کوچک؛ بنگاه تجاری کوچک
Kleinunternehmer/-in *m/f* صاحب یک شرکت کوچک؛ صاحب یک بنگاه تولیدی کوچک؛ صاحب یک بنگاه تجاری کوچک

Klerus *m* روحانیّت
Klima *n* 1) آب و هوا 2) محیط؛ جو
1) gesundes ~ آب و هوای سالم
2) angespanntes ~ جوّ پرتنش؛ جوّ تنشدار؛ جوّ متشنّج
freundschaftliches ~ جوّ دوستانه؛ محیط دوستانه
gutes ~ جوّ مساعد
herrschendes ~ جوّ حاکم
offenes politisches ~ جوّ سیاسی باز؛ محیط سیاسی باز
soziales ~ جوّ اجتماعی؛ محیط اجتماعی
unsicheres ~ جوّ ناامن؛ جوّ ناسالم
Klimaänderung *f* تغییر آب و هوا
Klimaerwärmung *f* گرمتر شدن تدریجی آب و هوا
Klimakonferenz *f* کنفرانس بررسی مسائل اقلیمی
klimatisch *adj* اقلیمی؛ آب و هوایی
Klimawechsel *m* تغییر آب و هوا
koalieren ائتلاف کردن
Koalition *f* ائتلاف
eine ~ auflösen ائتلافی را منحل کردن؛ ائتلافی را برهم زدن
eine ~ bilden ائتلافی را تشکیل دادن
eine ~ eingehen ائتلاف کردن
eine ~ sprengen ائتلافی را ازهم متلاشی کردن
eine ~ verlassen از ائتلافی خارج شدن؛ از ائتلافی کناره گیری کردن
Koalitionsabkommen *n* موافقت نامهٔ بین احزاب مؤتلفه؛ موافقت نامهٔ بین ائتلافیون
Koalitionsabsprache *f* توافق بین احزاب مؤتلفه؛ توافق بین ائتلافیون
Koalitionsangebot *n* پیشنهاد ائتلاف
Koalitionsangelegenheiten *fpl* امور ائتلافی؛ امور مربوط به ائتلاف
Koalitionsaussage *f* اعلام ائتلاف

eine ~ machen ائتلافی را اعلام کردن

Koalitionsausschuss *m* کمیسیون ائتلاف؛ کمیسیون متشکّل از احزاب مؤتلفه

Koalitionsbildung *f* تشکیل ائتلاف

Koalitionsbruch *m* گُسست ائتلاف؛ ازهم پاشی ائتلاف

zum ~ führen به گُسست ائتلاف منجر شدن؛ به ازهم پاشی ائتلاف منجر شدن

Koalitionsgegner/-in *m/f* مخالف ائتلاف

Koalitionsgespräche *npl* مذاکرات ائتلافی؛ مذاکرات مربوط به ائتلاف

Koalitionskabinett *n* کابینهٔ ائتلافی

Koalitionskompromiss *m* سازش ائتلافی؛ سازش بین احزاب مؤتلفه

einen ~ aushandeln از راه مذاکرات به یک سازش ائتلافی دست یافتن

einen ~ eingehen بر مبنای سازشی ائتلاف کردن

Koalitionskrieg *m* جنگ ائتلافی

Koalitionskrise *f* بحران دولت ائتلافی؛ بحران بین احزاب مؤتلفه

Koalitionsparteien *fpl* احزاب ائتلافی

Koalitionspartner *m* طرف ائتلاف

Koalitionspolitik *f* سیاست ائتلافی؛ سیاست دولت ائتلافی

Koalitionsprogramm *n* برنامهٔ ائتلافی؛ برنامهٔ دولت ائتلافی

Koalitionsregierung *f* دولت ائتلافی

aus einer ~ ausscheiden از یک دولت ائتلافی کناره گیری کردن

eine ~ bilden یک دولت ائتلافی تشکیل دادن

Koalitionsspannungen *fpl* تنش های بین احزاب مؤتلفه؛ تنش های درون احزاب حاکم

die ~ abbauen از تنش های بین احزاب مؤتلفه کاستن

Koalitionsstärke *f* قدرت ائتلاف

Koalitionsstreit *m* اختلاف بین احزاب مؤتلفه

der ~ verschärft sich اختلاف بین احزاب مؤتلفه شدّت می یابد.

Koalitionstruppen *fpl* نیروهای نظامی ائتلافی؛ سپاهیان ائتلافی

Koalitionsvereinbarung *f* توافق بین احزاب مؤتلفه

Koalitionsverhandlungen *fpl* مذاکرات ائتلافی؛ مذاکرات مربوط به ائتلاف

die ~ abbrechen مذاکرات ائتلافی را قطع کردن

die ~ fortsetzen مذاکرات ائتلافی را ادامه دادن

die ~ führen مذاکراتی را به جهت ائتلاف انجام دادن؛ به جهت ائتلاف مذاکره کردن

in ~ stehen در مذاکرات ائتلافی بودن

Kollaborateur/-in *m/f* دشمن یار؛ همدست دشمن

Kollaboration *f* دشمن یاری؛ همدستی با دشمن؛ همکاری با دشمن

kollaborieren همدستی کردن؛ همکاری کردن

mit dem Feind ~ با دشمن همدستی کردن؛ با دشمن همکاری کردن؛ به دشمن یاری رساندن

Kollektiveigentum *n* مالکیّت عمومی؛ مالکیّت دولتی

Kollektivmaßnahmen *fpl* اقدامات مشترک؛ تدابیر مشترک

~ durchführen به اقدامات مشترک دست زدن

~ ergreifen اقدامات مشترک اتّخاذ کردن؛ تدابیر مشترک اتّخاذ کردن

Kollektivschuld *f* تقصیر جمعی

die ~ von sich weisen قبول تقصیر جمعی را شدیداً رد کردن

Kollektivverantwortung *f* مسئولیّت جمعی

die ~ ablehnen مسئولیّت جمعی را رد کردن

die ~ tragen مسئولیّت جمعی را به عهده داشتن

Kolonialherr *m* استعمارگر
Kolonialherrschaft *f* سلطهٔ استعماری
die ~ ausüben سلطهٔ استعماری اعمال کردن
die ~ bekämpfen برعلیه سلطهٔ استعماری مبارزه کردن
Kolonialismus *m* استعمار؛ استعمارگری
Kolonialmacht *f* قدرت استعماری
Kolonialpolitik *f* سیاست استعماری
Kolonialsystem *n* سیستم استعماری؛ نظام استعماری؛ نظام مستعمراتی
Kolonialverwaltung *f* ادارهٔ مستعمره؛ دستگاه اداری مستعمره
Kolonie *f* مستعمره
eine ~ gründen مستعمره ای را تأسیس کردن
eine ~ verwalten مستعمره ای را اداره کردن
kolonisieren به زیر استعمار درآوردن
Komitee *n* کمیته
einem ~ angehören عضو کمیته ای بودن
ein ~ einsetzen کمیته ای را مأمور کردن؛ کمیته ای را مأمور رسیدگی به امری کردن
Kommandant/-in *m/f* فرمانده؛ فرماندهٔ یک یکان کوچک نظامی
Kommandeur *m* فرمانده (فرماندهٔ گردان؛ فرماندهٔ تیپ؛ فرماندهٔ لشگر)
kommandieren 1) دستور دادن؛ فرمان دادن 2) فرماندهی کردن
1) an die Front ~ دستور رفتن به جبهه را دادن؛ فرمان رفتن به جبهه را دادن
den Rückzug ~ دستور عقب نشینی دادن؛ فرمان عقب نشینی دادن
den Vormarsch ~ دستور پیشروی دادن؛ فرمان پیشروی دادن
2) ein Bataillon ~ گردانی را فرماندهی کردن؛ مسؤلیّت فرماندهی گردانی را به عهده داشتن
Kommando *n* فرماندهی
das ~ übergeben فرماندهی را واگذار کردن
das ~ übernehmen فرماندهی را به عهده گرفتن؛ مسؤلیّت فرماندهی را به عهده گرفتن
Kommandorat *m* شورای فرماندهی
Kommandostruktur *f* ساخت فرماندهی؛ ساختار فرماندهی
Kommandoübergabe *f* واگذاری فرماندهی
Kommandoübernahme *f* به عهده گیری فرماندهی؛ به عهده گیری مسؤلیّت فرماندهی
Kommandozentrale *f* مرکز فرماندهی
Kommentar *m* تفسیر
Kommentator/-in *m/f* تفسیرگر؛ مفسّر
kommentieren تفسیر کردن
Kommentierung *f* تفسیر؛ عمل تفسیر
kommerzialisieren تجارتی کردن
Kommissar/-in *m/f* کمیسار؛ بازرس
einen ~ einsetzen بازرسی را مأمور کردن؛ بازرسی را مأمور رسیدگی به امری کردن
Kommission *f* کمیسیون
eine ~ bilden کمیسیونی را تشکیل دادن
eine ~ einsetzen کمیسیونی را مأمور کردن؛ کمیسیونی را مأمور رسیدگی به امری کردن
kommunal *adj* شهری؛ محلّی
~e Finanzen عایدات و درآمدهای ناحیّه های شهری؛ عایدات و درآمدهای محلّی
~e Wahlen انتخابات ناحیّه های شهری؛ انتخابات محلّی
Kommunalabgaben *fpl* عوارض شهرداری؛ عوارض شهرداری ناحیّه؛ عوارض محلّی
Kommunalangestellte *m/f* کارمند ادارات ناحیّه ای؛ کارمند ادارات محلّی
Kommunalanleihe *f* سند قرضهٔ شهرداری
Kommunalausgaben *fpl* هزینه های ناحیّه های

شهری؛ هزینه های امور محلّی

Kommunalbehörden *fpl* ادارات شهری؛ ادارات محلّی؛ مقامات شهری؛ مقامات محلّی

Kommunalobligationen *fpl* اسناد قرضهٔ شهرداری

Kommunalpolitik *f* سیاست امور شهری؛ سیاست امور محلّی

Kommunalpolitiker/-in *m/f* سیاستمدار امور شهری؛ سیاستمدار امور محلّی

Kommunalsteuer *f* مالیات شهرداری ناحیّه؛ مالیات محلّی

Kommunalwahlen *fpl* انتخابات ناحیّه های شهری؛ انتخابات محلّی

Kommunalwahlgesetz *n* قانون انتخابات ناحیّه های شهری؛ قانون انتخابات محلّی

Kommunalwahlrecht *n* قانون انتخابات ناحیّه های شهری؛ قانون انتخابات محلّی

Kommune *f* ناحیهٔ شهری

Kommunikation *f* ارتباط؛ مراوده

Kommunikationseinrichtung *f* مؤسّسهٔ ارتباطات

Kommunikationsfluss *m* جریان ارتباطات

Kommunikationsforscher/-in *m/f* پژوهشگر علوم ارتباطات؛ محقّق علوم ارتباطات

Kommunikationsforschung *f* پژوهش در علوم ارتباطات؛ تحقیق در علوم ارتباطات

Kommunikationsgesetz *n* قانون ارتباطات

Kommunikationskanäle *mpl* خطوط ارتباطی؛ کانال های ارتباطی

Kommunikationsmedien *npl* رسانه های ارتباطی

Kommunikationsnetz *n* شبکهٔ ارتباطی

Kommunikationssystem *n* سیستم ارتباطات

Kommunikationstechnik *f* فنّ ارتباطات؛ تکنیک ارتباطات

Kommunikationswege *mpl* خطوط ارتباطی

Kommunikationswissenschaft *f* دانش ارتباطات؛ علم ارتباطات

Kommunikationswissenschaftler/-in *m/f* دانشمند علوم ارتباطات

Kommuniqué *n* قطعنامه

ein ~ herausgeben قطعنامه ای را منتشر کردن

ein ~ veröffentlichen قطعنامه ای را منتشر کردن

Kommunismus *m* کمونیسم

Kommunist/-in *m/f* کمونیست

kommunistisch *adj* کمونیستی

Kompensation *f* 1) جبران؛ جبران زیان؛ تاوان؛ 2) پرداخت دستمزد

kompensieren 1) جبران کردن؛ تاوان دادن 2) دستمزد کاری را پرداختن

Kompetenz *f* صلاحیّت

Kompetenzabgrenzung *f* تحدید صلاحیّت؛ محدودسازی صلاحیّت

Kompetenzbereich *m* حوزهٔ صلاحیّت؛ محدودهٔ صلاحیّت

Kompetenzerweiterung *f* گسترش حوزهٔ صلاحیّت

Kompetenzstreit *m* منازعه بر سرِ صلاحیّت

Kompetenzüberschreitung *f* تخطّی از صلاحیّت

Kompetenzverlust *m* فقدان صلاحیّت

Komplize *m* همدست؛ شریک جرم (مرد)

Komplizin *f* همدست؛ شریک جرم (زن)

Komplott *n* توطئه؛ دسیسه

blutiges ~ توطئهٔ خونین

geheimes ~ توطئهٔ نهانی؛ دسیسه

gescheitertes ~ توطئهٔ نافرجام

militärisches ~ توطئهٔ نظامی

offenes ~ توطئهٔ آشکار؛ توطئهٔ علنی

ein ~ vereiteln توطئه ای را خنثی کردن؛

توطئه ای را عقیم گذاشتن

Kompromiss *m* — سازش؛ مصالحه

fairer ~ — سازش عادلانه؛ مصالحهٔ منصفانه

fauler ~ — سازش ریاکارانه

notwendiger ~ — سازش ضروری؛ مصالحهٔ ضروری

einen ~ ablehnen — سازشی را رد کردن؛ مصالحه ای را رد کردن

einen ~ annehmen — سازشی را پذیرفتن؛ مصالحه ای را پذیرفتن

einen ~ anstreben — جهت دست یابی به سازشی تلاش کردن؛ جهت دست یابی به مصالحه ای کوشش کردن

einen ~ aushandeln — از راه مذاکره به سازشی دست یافتن

einen ~ eingehen — سازش کردن؛ مصالحه کردن

einen ~ schließen — سازش کردن؛ مصالحه کردن

kompromissbereit *adj* — آمادهٔ مصالحه

Kompromissbereitschaft *f* — آمادگی جهت مصالحه

~ signalisieren — آمادگی خود را جهت مصالحه اعلام کردن

Kompromissformel *f* — فرمول سازش؛ فرمول مصالحه

eine ~ finden — فرمول سازشی را یافتن؛ فرمول مصالحه ای را یافتن

Kompromisskandidat/-in *m/f* — کاندید مورد توافق طرفین؛ کاندید مورد تأیید طرفین

kompromisslos *adj* — سازش ناپذیر؛ مصالحه ناپذیر

~er Politiker — سیاستمدار سازش ناپذیر

~er Standpunkt — موضع سازش ناپذیر

Kompromisslosigkeit *f* — سازش ناپذیری؛ مصالحه ناپذیری

Kompromisslösung *f* — راه حلّ مورد توافق (طرفین)

auf eine ~ hinarbeiten — جهت دست یابی به یک راه حلّ مورد توافق طرفین تلاش کردن

nach einer ~ suchen — درصدد راه حلّی (مشترک) از طریق مصالحه بودن

Kompromisspolitik *f* — سیاست سازش؛ سیاست مصالحه

Kompromissvorschlag *m* — پیشنهاد مصالحه

einen ~ annehmen — پیشنهاد مصالحه ای را پذیرفتن

einen ~ machen — مصالحه ای را پیشنهاد کردن

einen ~ unterbreiten — مصالحه ای را پیشنهاد کردن

kompromittieren — به حیثیّت (کسی) لطمه زدن

Konferenz *f* — کنفرانس

die ~ der Regierungschefs — کنفرانس رؤسای دولت ها

eine ~ abbrechen — کنفرانسی را قطع کردن

eine ~ abhalten — کنفرانسی را برگزار کردن

eine ~ einberufen — به کنفرانسی دعوت کردن

eine ~ eröffnen — کنفرانسی را افتتاح کردن

eine ~ unterbrechen — کنفرانسی را موقتاً قطع کردن

eine ~ verabreden — قرارومدار برگزاری کنفرانسی را گذاشتن

eine ~ vertagen — کنفرانسی را به بعد موکول کردن؛ کنفرانسی را به تعویق انداختن

eine ~ vorbereiten — کنفرانسی را تدارک دیدن

eine ~ zum Erfolg führen — کنفرانسی را با موفّقیّت به اتمام رساندن

eine ~ zum Scheitern bringen — کنفرانسی را با شکست مواجه کردن

Konferenzbeobachter/-in *m/f* — ناظر کنفرانس

Konferenzbeschluss *m* — قطعنامهٔ کنفرانس

Konferenzdauer *f* — مدّت کنفرانس

Konferenzeröffnung *f* — گشایش کنفرانس؛ افتتاح کنفرانس

Konferenzmächte *fpl* قدرت های شرکت کننده در کنفرانس

Konferenzprotokoll *n* صورتجلسهٔ کنفرانس

Konferenzraum *m* اطاق کنفرانس

Konferenztagesordnung *f* دستور کار کنفرانس؛ دستور جلسهٔ کنفرانس

Konferenzteilnehmer/-in *m/f* شرکت کننده در کنفرانس

Konferenztermin *m* زمان برگزاری کنفرانس

Konferenzvertagung *f* تعویق کنفرانس؛ به تعویق اندازی کنفرانس؛ به عقب انداختن کنفرانس

die ~ beantragen تعویق کنفرانس را درخواست کردن

Konferenzvorbereitung *f* تدارکات مربوط به کنفرانس

die ~ abbrechen تدارکات مربوط به کنفرانس را قطع کردن

die ~ abschließen تدارکات مربوط به کنفرانس را به پایان رساندن

Konferenzvorsitz *m* ریاست کنفرانس

den ~ haben ریاست کنفرانس را به عهده داشتن

den ~ führen ریاست کنفرانس را به عهده داشتن

Konflikt *m* درگیری؛ کشمکش؛ تضاد؛ تعارض

bewaffneter ~ درگیری مسلّحانه

jüngste ~e درگیری های اخیر

kurz bevorstehender ~ درگیری قریب الوقوع

lokaler ~ اختلاف محلّی؛ درگیری محلّی

militärischer ~ درگیری نظامی

offener ~ درگیری آشکار

regionaler ~ درگیری منطقه ای

schwelender ~ درگیری در حال شکل گیری

schwerer ~ درگیری شدید

ständiger ~ درگیری مداوم

zwischenstaatlicher ~ درگیری بین دولت ها

Ausbruch des ~s بروز درگیری؛ بروز کشمکش

Entstehung des ~s پیدایش کشمکش؛ آغاز کشمکش

Verschärfung des ~s تشدید درگیری؛ تشدید کشمکش

einen ~ beilegen به درگیری ای فیصله دادن؛ به کشمکشی فیصله دادن

in einen ~ eingreifen در درگیری ای مداخله کردن؛ در کشمکشی مداخله کردن

dem ~ ein Ende setzen به درگیری خاتمه دادن؛ به کشمکش خاتمه دادن

einen ~ entschärfen از تنش کشمکشی کاستن؛ از شدّت درگیری ای کاستن

einen ~ fortsetzen به درگیری ای ادامه دادن؛ به کشمکشی ادامه دادن

zum ~ führen به درگیری منجر شدن؛ به کشمکش منجر شدن

einen ~ lösen کشمکشی را حلّ و فصل کردن؛ تضادی را حل کردن؛ اختلافی را حل کردن

einen ~ schüren به کشمکشی دامن زدن؛ به درگیری ای شدّت بخشیدن

einen ~ verhindern مانع وقوع درگیری ای شدن؛ از وقوع درگیری ای جلوگیری کردن

einen ~ vermeiden از درگیری ای اجتناب کردن

Konfliktfall *m* مورد درگیری

im ~ در صورت درگیری

Konfliktlösung *f* حلّ کشمکش؛ حلّ تضاد؛ حلّ اختلاف

Konfliktparteien *fpl* طرفین درگیری

Konfliktquelle *f* منشاء درگیری؛ منشاء تضاد؛ منشاء اختلاف

Konfliktsituation *f* وضعیّت درگیری

Konfliktthema *n* 1) موضوع درگیری 2) موضوع اختلاف نظر

Konflikttheorie *f* نظریّهٔ تضاد؛ تئوری تضاد

Konfliktverhütung *f*	پیشگیری از درگیری؛
	جلوگیری از درگیری؛ ممانعت از درگیری
Konfliktvermeidung *f*	اجتناب از درگیری
Konfliktverschärfung *f*	تشدید درگیری؛
	تشدید کشمکش
Konfliktzuspitzung *f*	بالا گرفتن درگیری؛
	تشدید درگیری
Konföderation *f*	1) هم پیمانی 2) کنفدراسیون
konform *adj*	همگان گرا؛ عام گرا
Konformismus *m*	همگان گرایی؛ عام گرایی
Konformist *m*	همگان گرا؛ عام گرا
Konformität *f*	همگان واری؛ عام واری
Konfrontation *f*	برخورد؛ رویارویی؛ مقابله؛
	مواجهه
direkte ~	برخورد مستقیم؛ رویارویی مستقیم؛
	مقابلهٔ مستقیم
feindliche ~	برخورد خصمانه
die ~ suchen	درصدد مقابله برآمدن؛ درصدد
	مقابله بودن
die ~ vermeiden	از برخورد اجتناب کردن؛
	از مقابله اجتناب کردن؛ از رویارویی دوری گُزیدن
Konfrontationskurs *m*	مسیر مواجهه
sich auf ~ befinden	در مسیر مواجهه بودن
Konfrontationspolitik *f*	سیاست رویارویی؛
	سیاست مواجهه
konfrontieren	مواجه کردن؛ در مقابل امری
	قرار دادن
jmdn. mit Tatsachen ~	کسی را در مقابل
	واقعیّت ها قرار دادن
konfus *adj*	آشفته؛ پریشان
Konfusion *f*	آشفتگی؛ پریشانی
Kongress *m*	کنگره
einen ~ durchführen	کنگره ای را برگزار کردن
einen ~ einberufen	به کنگره ای دعوت کردن

einen ~ eröffnen	کنگره ای را افتتاح کردن
einen ~ leiten	ریاست کنگره ای به عهده داشتن
an einem ~ teilnehmen	در کنگره ای
	شرکت کردن
Kongressmitglieder *npl*	اعضای کنگره
Kongresswahlen *fpl*	انتخابات کنگره
Konjunktur *f*	اقتصاد؛ روند اقتصادی؛
	جریان اقتصادی؛ وضعیّت اقتصادی
aktuelle ~	روند کنونی اقتصادی
expansive ~	اقتصاد گسترش یابنده
günstige ~	وضعیّت مساعد اقتصادی
rückläufige ~	جریان پس روندهٔ اقتصادی
stabile ~	وضعیّت استوار اقتصادی
die ~ anheizen	جریان اقتصادی را به فعالیّت
	واداشتن؛ به روند اقتصادی شدّت بخشیدن
die ~ ankurbeln	جریان اقتصادی را به فعالیّت
	واداشتن
die ~ beleben	به اقتصاد تحرّک بخشیدن؛
	به روند اقتصادی تحرّک بخشیدن
die ~ dämpfen	روند اقتصادی را ضعیف تر کردن؛
	روند اقتصادی را آهسته تر کردن
die ~ in Gang bringen	به جریان اقتصادی
	تحرّک بخشیدن؛ جریان اقتصادی را براه انداختن
Konjunkturabschwächung *f*	تضعیف روند
	اقتصادی؛ تضعیف وضعیّت اقتصادی
Konjunkturabschwung *f*	کساد اقتصادی
Konjunkturanalyse *f*	تجزیه و تحلیل اقتصادی؛
	تجزیه و تحلیل وضعیّت اقتصادی
Konjunkturaufschwung *f*	رونق اقتصادی؛ بهبود
	وضعیّت اقتصادی
Konjunkturaussichten *fpl*	دورنماهای اقتصادی
Konjunkturbarometer *n*	نماگر اقتصادی؛ نماگر
	وضعیّت کلّی اقتصادی
Konjunkturbelebung *f*	احیای اقتصادی

213

Konjunkturbremse *f* مانع رشد اقتصادی
Konjunkturdaten *pl* داده های اقتصادی؛ اطّلاعات اقتصادی
Konjunktureinbruch *m* رکود اقتصادی
Konjunkturprognose *f* پیش بینی اقتصادی؛ پیش بینی روند اقتصادی
konjunkturell *adj* اقتصادی؛ مربوط به اقتصاد؛ مربوط به وضعیّت اقتصادی
~e Belebung احیای اقتصادی
~e Entwicklung تحوّل و پیشرفت اقتصادی
~e Lage وضع اقتصادی؛ وضعیّت اقتصادی؛ وضعیّت کلّی اقتصادی
~e Maßnahmen تدابیر اقتصادی؛ اقدامات اقتصادی
~e Situation وضع اقتصادی؛ وضعیّت اقتصادی؛ وضعیّت کلّی اقتصادی
Konjunkturentwicklung *f* تحوّل و پیشرفت اقتصادی
Konjunkturforscher/-in *m/f* پژوهشگر اقتصاد؛ پژوهشگر امور اقتصادی؛ محقّق امور اقتصادی
Konjunkturlage *f* وضع اقتصادی؛ وضعیّت اقتصادی؛ وضعیّت کلّی اقتصادی
Konjunkturrückgang *m* کساد اقتصادی
Konjunkturschwankungen *fpl* نوسان های اقتصادی
Konjunkturumfrage *f* همه پرسی اقتصادی
Konjunkturverfall *m* زوال اقتصادی
Konjunkturverlauf *m* روند اقتصادی
Konjunkturzyklus *m* دورهٔ اقتصادی؛ دورهٔ فعالیّت های اقتصادی
konkret *adj* مشخّص؛ ویژه؛ ملموس
~er Anhaltspunkt مورد استناد مشخّص
~e Anschuldigungen اتّهامات مشخّص
~e Maßnahmen تدابیر ویژه
~er Fall مورد مشخّص؛ مورد ملموس
~er Plan برنامهٔ مشخّص؛ طرح مشخّص
~er Vorschlag پیشنهاد مشخّص
konkretisieren مشخّص کردن؛ قابل لمس کردن
Konkurrent/-in *m/f* رقیب
Konkurrenz *f* 1) رقابت 2) رقیب؛ رقیب تجاری؛ رقبای تجاری
ausländische ~ رقابت خارجی
einheimische ~ رقابت داخلی
erbitterte ~ رقابت بسیار شدید
gnadenlose ~ رقابت بی امان؛ رقابت بی رحمانه
scharfe ~ رقابت شدید
schwache ~ رقابت ضعیف
starke ~ رقابت شدید
die ~ ausschalten رقبای تجاری را از محرکه خارج کردن
die ~ fürchten از رقبای تجاری بیم داشتن
die ~ schlagen رقبای تجاری را از میدان بدر کردن
die ~ verdrängen رقبای تجاری را از میدان بدر کردن
Konkurrenzartikel *m* کالای رقابتی
Konkurrenzkampf *m* مبارزهٔ رقابتی
einen ~ führen مبارزهٔ رقابتی کردن
konkurrieren رقابت کردن؛ همچشمی کردن
Konkurs *m* (*siehe: Insolvenz*) ورشکستگی
den ~ abwenden از ورشکستگی جلوگیری کردن؛ جلوی ورشکستگی را گرفتن
den ~ anmelden اعلام ورشکستگی کردن
den ~ beantragen درخواست اعلام ورشکستگی کردن
in ~ gehen ورشکسته شدن
Konkursanmeldung *f* اعلام ورشکستگی
Konkursantrag *m* درخواست اعلام ورشکستگی
einen ~ stellen درخواست اعلام ورشکستگی کردن

Konkurseröffnung *f* آغاز دادرسی به امور ورشکستگی
Konkursgericht *n* دادگاه امور ورشکستگی
Konkursmasse مایملک
Konkursrichter/-in *m/f* قاضی امور ورشکستگی؛ قاضی دادگاه امور ورشکستگی
Konkursstraftat *f* خلاف در امور ورشکستگی
Konkursverfahren *n* دادرسی به امور ورشکستگی
ein ~ einleiten دادرسی به امور ورشکستگی را آغاز کردن
ein ~ einstellen دادرسی به امور ورشکستگی را متوقّف کردن
Konkursverwalter/-in *m/f* مأمور ادارهٔ امور ورشکستگی
Konkursverwaltung *f* ادارهٔ امور ورشکستگی؛ مدیریّت امور ورشکستگی
Konsens *m* هم رأیی؛ اتّفاق نظر؛ توافق؛ وفاق
allgemeiner ~ توافق کلّی
gesellschaftlicher ~ وفاق اجتماعی
konsequent *adj* پیگیرانه
~e Politik سیاست پیگیرانه
~er Standpunkt موضع پیگیرانه
Konsequenz *f* پیامد؛ نتیجه
ernste ~en پیامدهای جدّی؛ عواقب جدّی
gefährliche ~en پیامدهای خطرناک؛ عواقب خطرناک
geschichtliche ~en پیامدهای تاریخی
katastrophale ~en پیامدهای فاجعه آمیز؛ عواقب فجیح؛ نتایج فجیح
militärische ~en پیامدهای نظامی
politische ~en پیامدهای سیاسی؛ عواقب سیاسی
unangenehme ~en پیامدهای ناگوار؛ عواقب نامطلوب
verheerende ~en پیامدهای ویرانگر؛ آثار مخرّب

Konservatismus *m* محافظه کاری
konservativ *adj* محافظه کار؛ محافظه کارانه
~e Anschauung بینش محافظه کارانه
~e Ansichten نظریات محافظه کارانه
~e Partei حزب محافظه کار
~e Regierung دولت محافظه کار
~e Wähler رأی دهندگان محافظه کار
~er Kandidat کاندید محافظه کار؛ نامزد انتخاباتی محافظه کار
konsolidieren تحکیم بخشیدن؛ تثبیت کردن
Konsolidierung *f* تحکیم؛ تثبیت
~ des Haushalts تثبیت بودجه
~ der Herrschaft تحکیم سیادت
~ der Macht تحکیم قدرت؛ تثبیت قدرت
Konsolidierungsphase *f* مرحلهٔ تحکیم؛ مرحلهٔ تثبیت
konstruktiv *adj* سازنده
~e Tätigkeit فعالیّت سازنده
~e Ziele اهداف سازنده
~er Beitrag سهم سازنده
~er Plan طرح سازنده
~er Vorschlag پیشنهاد سازنده
Konsul *m* کنسول
einen ~ ernennen کنسولی را منصوب کردن
Konsulat *n* کنسول
Konsultation *f* مشورت؛ مشاوره؛ نظرخواهی
~en führen مشورت کردن؛ مشاوره کردن
konsultieren مشورت کردن؛ مشاوره کردن؛ نظر کسی را خواستن
einen Fachmann ~ با کارشناسی مشورت کردن؛ نظر کارشناسی را خواستن
Konsum *m* مصرف
Konsument/-in *m/f* مصرف کننده
Konsumentenkredit *m* اعتبار مصرفی

Konsumentenverhalten *n* رفتار مصرفی؛ الگوی مصرفی
Konsumgenossenschaft *f* تعاونی مصرف؛ تعاونی مصرف کنندگان
Konsumgesellschaft *f* جامعهٔ مصرفی
Konsumgüter *npl* کالاهای مصرفی
Konsumgüterangebot *n* عرضهٔ کالاهای مصرفی
Konsumgüterindustrie *f* صنایع کالاهای مصرفی
Konsumgüterpreis *m* قیمت کالاهای مصرفی
konsumieren مصرف کردن
Konsumknappheit *f* کمبود مصرف؛ کمبود کالاهای مصرفی
Konsumnachfrage *f* درخواست کالاهای مصرفی
Konsumsteigerung *f* افزایش مصرف؛ افزایش کالاهای مصرفی
Konsumsteuer *f* مالیات بر مصرف
Konsumverzicht *m* چشم پوشی از مصرف
Konsumwaren *fpl* کالاهای مصرفی
Kontakt *m* تماس
geheime ~e تماس هاس پنهانی؛ تماس های نهانی؛ تماس هاس مخفی
geschäftliche ~e تماس های تجاری
wirtschaftliche ~e تماس های اقتصادی
~ abbrechen تماس را قطع کردن
~ aufnehmen تماس گرفتن؛ تماس برقرار کردن
in ~ bleiben در تماس بودن
Kontaktperson *f* شخص رابط
Konterrevolution *f* ضدّ انقلاب
konterrevolutionär *adj* ضدّ انقلابی
~e Aktivitäten فعالیّت های ضدّ انقلابی
~e Elemente عناصر ضدّ انقلابی
Kontinuität *f* استمرار
die ~ sichern استمرار را حفظ کردن
die ~ unterbrechen در استمرار وقفه ایجاد کردن

Konto *n* حساب بانکی
abgeschlossenes ~ حساب بسته شده
ausgeglichenes ~ حساب ترازشده
eingefrorenes ~ حساب مسدود
gemeinsames ~ حساب مشترک؛ حساب بانکی مشترک
gesperrtes ~ حساب مسدود
laufendes ~ حساب جاری
offenes ~ حساب باز
von einem ~ Geld abheben از حساب بانکی پول برداشتن
ein ~ auflösen حساب بانکی را بستن
ein ~ ausgleichen حساب بانکی را تراز کردن
auf ein ~ einzahlen در حساب بانکی واریز کردن
ein ~ eröffnen حساب بانکی گشودن؛ حساب بانکی باز کردن
ein ~ löschen حساب بانکی را بستن
ein ~ sperren lassen حساب بانکی را مسدود کردن
auf ein ~ überweisen به حساب بانکی حواله کردن
ein ~ überziehen بیش از موجودی خود، از حساب بانکی پول برداشتن
ein ~ unterhalten حساب بانکی داشتن؛ شماره حساب بانکی داشتن
Kontoauflösung *f* بستن حساب بانکی
Kontoauszug *m* صورت حساب بانکی
Kontobezeichnung *f* سرفصل حساب
Kontoeinzahlung *f* واریز کردن (پول) به حساب بانکی
Kontoeröffnung *f* گشایش حساب بانکی
Kontoguthaben *n* موجودیِ حساب بانکی
Kontoinhaber/-in *m/f* دارندهٔ حساب بانکی
Kontostand *m* صورتحساب بانکی
Kontoüberziehung *f* اضافه برداشت از حساب بانکی

Kontrolle *f* نظارت؛ کنترل
eingehende ~ نظارت دقیق؛ کنترل دقیق
flüchtige ~ کنترل سطحی
scharfe ~ کنترل شدید
strenge ~ کنترل شدید
~ ausüben über کنترل اعمال کردن بر؛ نظارت کردن بر
außer ~ geraten از کنترل خارج شدن
~ haben über نظارت داشتن بر
unter ~ halten تحت نظارت داشتن؛ تحت کنترل داشتن
kontrollieren نظارت کردن؛ کنترل کردن
ein Gebiet ~ منطقه ای را کنترل کردن
Kontrollmaßnahmen *fpl* اقدامات نظارتی
kontrovers *adj* بحث انگیز
Kontroverse *f* بحث؛ جدال
politische ~ بحث سیاسی
produktive ~ بحث پربار
scharfe ~ بحث تند
Konvention *f* 1) معاهده؛ میثاق 2) عرف؛ رسم
Konventionalstrafe *f* غرامت نقض قرارداد
konventionell *adj* متعارفی؛ غیراتمی
~e Waffen جنگ ابزارهای متعارفی؛ تسلیحات متعارفی؛ سلاح های متعارفی
konvergent *adj* هم گرا؛ متجانس
Konvergenz *f* هم گرایی؛ تجانس
Konvergenztheorie *f* نظریهٔ هم گرایی؛ نظریهٔ تجانس؛ تئوری هم گرایی؛ تئوری تجانس
Konversation *f* گفتگو؛ مکالمه
Konvertibilität *f* قابلیّت تبدیل؛ تبدیل پذیری؛ قابلیّت تسعیر؛ تسعیرپذیری
konvertierbar *adj* قابل تبدیل؛ تبدیل پذیر؛ قابل تسعیر؛ تسعیرپذیر
~e Währung پول قابل تبدیل؛ پول قابل تسعیر

Konvertierbarkeit *f* قابلیّت تبدیل؛ تبدیل پذیری؛ قابلیّت تسعیر؛ تسعیرپذیری
Konzentration *f* تمرکز
starke ~ تمرکز شدید
vermehrte ~ تمرکز رو به افزایش
~ von militärischen Verbänden تمرکز یکان های نظامی
~ von Streitkräften تمرکز نیروهای مسلّح؛ تمرکز نیروهای رزمی
Konzeption *f* طرح
brauchbare ~ طرح بدردبخور؛ طرح قابل استفاده
falsche ~ طرح نادرست؛ طرح غلط
klare ~ طرح شفّاف؛ طرح دقیق و روشن
moderne ~ طرح مدرن
unbrauchbare ~ طرح بدردنخور؛ طرح غیرقابل استفاده
unmoderne ~ طرح غیرمدرن
eine ~ aufgeben از طرحی منصرف شدن؛ طرحی را رها کردن
Konzern *m* شرکت چند ملیّتی؛ کُنسرن
Konzernmanager/-in *m/f* رئیس کُنسرن
Konzernumsatz *m* کلّ فروش کُنسرن
Konzernzentrale *f* مرکز کُنسرن
Konzession *f* امتیاز؛ واگذاری
eine ~ erhalten امتیاز گرفتن؛ امتیازی را دریافت کردن
eine ~ entziehen امتیازی را سلب کردن
eine ~ erteilen امتیاز دادن؛ امتیازی را اعطا کردن
Konzessionsentzug *m* سلب امتیاز
Konzessionserteilung *f* دادن امتیاز؛ اعطای امتیاز
Konzessionsinhaber/-in *m/f* صاحب امتیاز
Konzessionsvertrag *m* قرارداد واگذاری
Kooperation *f* همکاری؛ همگامی

jüngste ~en	همکاری های اخیر
militärische ~	همکاری نظامی
regionale ~	همکاری منطقه ای
transnationale ~	همکاری فرامنطقه ای
Kooperationsbereitschaft *f*	آمادگی جهت همکاری
Kooperationsrat *m*	شورای همکاری
Kooperationssystem *n*	سیستم همکاری؛ نظام همکاری
Kooperationsvertrag *m*	قرارداد همکاری
einen ~ abschließen	قرارداد همکاری ای را منعقد کردن
einen ~ aufkündigen	قرارداد همکاری ای را منقضی کردن؛ قرارداد همکاری ای را فسخ کردن
einen ~ unterzeichnen	قرارداد همکاری ای را امضا کردن
Koordinator/-in *m/f*	هماهنگ کننده
koordinieren	هماهنگ کردن
Koordinierung *f*	هماهنگی
~ der Rettungskräfte	هماهنگی نیروهای نجات
Koordinierungsausschuss *m*	کمیتۀ هماهنگی؛ کمیسیون هماهنگی
Koordinierungsbüro *n*	دفتر هماهنگی
Koordinierungsstelle *f*	دفتر هماهنگی
Korrespondent/-in *m/f*	خبرنگار
Korrespondentenbericht *m*	گزارش خبرنگار
Korrespondenz *f*	نامه نگاری؛ مکاتبه
korrupt *adj*	فاسد؛ رشوه خوار
~e Gesellschaft	جامعۀ فاسد
~e Regierung	حکومت فاسد
~er Beamter	کارمند رشوه خوار
~es Regierungssystem	سیستم حکومتی فاسد؛ نظام حکومتی فاسد
Korruption *f*	فساد؛ رشوه خواری

moralische ~	فساد اخلاقی
Verbereitung der ~	اشاعۀ فساد؛ ترویج فساد
die ~ bekämpfen	برعلیه فساد مبارزه کردن؛ برعلیه رشوه خواری مبارزه کردن
jmdn. der ~ beschuldigen	کسی را متّهم به رشوه خواری کردن
gegen die ~ vorgehen	برعلیه فساد اقدام کردن؛ برعلیه رشوه خواری اقدام کردن
Korruptionsaffäre *f*	جنجال رشوه خواری
Korruptionsverdacht *m*	سوء ظن به رشوه خواری
Kosmopolit *m*	جهان-میهن
kosmopolitisch *adj*	جهان-میهن
Kosmos *m*	جهان؛ کیهان
Kosten *f*	هزینه؛ هزینه ها؛ مخارج
allgemeine ~	هزینه های عمومی
anfallende ~	هزینه های جاری
direkte ~	هزینه های مستقیم
enorme ~	هزینه های سرسام آور
indirekte ~	هزینه های غیرمستقیم
laufende ~	هزینه های جاری
mittelbare ~	هزینه های غیرمستقیم
sinkende ~	هزینه های نزولی؛ هزینه های در حال کاهش
steigende ~	هزینه های صعودی؛ هزینه های در حال افزایش
die ~ bestreiten	هزینه ها را تأمین کردن؛ هزینه ها را پرداختن
die ~ drosseln	هزینه ها را کاهش دادن
die ~ einsparen	در هزینه ها صرفه جویی کردن
die ~ herabsetzen	هزینه ها را کاهش دادن
die ~ kalkulieren	هزینه ها را محاسبه کردن
die ~ minimieren	هزینه ها را به حدّاقل رساندن
die ~ senken	هزینه ها را کاهش دادن
die ~ tragen	پرداخت هزینه ها را به عهده گرفتن

Kostenaufstellung *f* صورت هزینه؛ فهرست مخارج
Kostenaufwand *m* هزینهٔ مخارج
kostenaufwendig *adj* پرهزینه
~es Projekt طرح پرهزینه
Kostenberechnung *f* محاسبهٔ هزینه (ها)
Kostendeckung *f* تأمین هزینه (ها)؛ تأمین اعتبار هزینه (ها)
Kostendruck *m* فشار هزینه (ها)
Kosteneinsparung *f* صرفه جویی در هزینه (ها)
Kostenerstattung *f* بازپرداخت هزینه (ها)
Kostenfaktor *m* عامل هزینه
Kostenfinanzierung *f* تأمین هزینه (ها)؛ تأمین اعتبار هزینه (ها)
kostengünstig *adj* کم هزینه
~es Projekt طرح کم هزینه
Kosteninflation *f* تورّم هزینه
kostenintensiv *adj* هزینه بر
~e Industrie صنایع هزینه بر
Kostenkalkulation محاسبهٔ هزینه (ها)
Kostenkontrolle *f* نظارت بر هزینه ها؛ کنترل هزینه ها
Kostenminimierung *f* کمینه سازی هزینه (ها)؛ به حدّاقل رساندن هزینه (ها)
Kostensenkung *f* کاهش هزینه (ها)
Kostensteigerung *f* افزایش هزینه (ها)
Kostenstruktur *f* ساخت هزینه
Kostenträger *m* پرداخت کنندهٔ هزینه (ها)
Kostenüberwachung *f* نظارت بر هزینه ها
Kostenvoranschlag *m* براورد هزینه (ها)؛ تخمین هزینه (ها)
Krankenkasse *f* بیمهٔ درمانی؛ بیمهٔ پزشکی
Krankenkassenbeitrag *m* حقّ بیمهٔ درمانی؛ حقّ بیمهٔ پزشکی
Krankenversicherung *f* بیمهٔ درمانی؛ بیمهٔ پزشکی
private ~ بیمهٔ درمان خصوصی
Krankenversicherungsbeitrag *m* حقّ بیمهٔ درمانی؛ حقّ بیمهٔ پزشکی
Krawall *m* آشوب
Krawallmacher/-in *m/f* آشوبگر
Kredit *m* اعتبار؛ وام
abgesicherter ~ وام تضمین شده
gedeckter ~ وام تضمین شده
kündbarer ~ اعتبار قابل لغو
kurzfristiger ~ اعتبار کوتاه مدّت
langfristiger ~ اعتبار درازمدّت؛ اعتبار بلندمدّت
mittelfristiger ~ اعتبار میان مدّت
öffentlicher ~ اعتبار عمومی؛ اعتبار دولتی
privater ~ اعتبار خصوصی
ungedeckter ~ وام تضمین نشده
unwiderruflicher ~ اعتبار فسخ ناپذیر؛ اعتبار غیرقابل فسخ
widerruflicher ~ اعتبار فسخ پذیر؛ اعتبار قابل فسخ
zinsloser ~ اعتبار بدون بهره
einen ~ aufnehmen اعتبار گرفتن؛ وام گرفتن؛ وامی را دریافت کردن
einen ~ aufstocken اعتباری را افزایش دادن؛ وامی را افزایش دادن
einen ~ beantragen اعتباری را درخواست کردن؛ وامی را درخواست کردن
einen ~ bekommen اعتبار گرفتن؛ اعتباری را دریافت کردن؛ وامی را دریافت کردن
einen ~ gewähren اعتبار دادن؛ وام دادن؛ وامی را اعطا کردن
Kreditangebot *n* عرضهٔ وام
Kreditanstalt *f* مؤسّسهٔ اعتباری
Kreditantrag *m* درخواست گشایش اعتبار؛ تقاضای گشایش اعتبار
Kreditaufnahme *f* وام گیری؛ دریافت اعتبار

Kreditausschuss *m* کمیسیون اعطای اعتبارات
Kreditausweitung *f* گسترش اعتبار؛ بسط اعتبار
Kreditbank *f* بانک اعتباری
Kreditbedarf *m* نیاز به اعتبار؛ نیاز به وام
Kreditbedingungen *fpl* شرایط دریافت اعتبار؛ شرایط دریافت وام
Kreditbereitstellung *f* اعتبارگذاری
Kreditbeschränkung *f* محدودیّت اعتباری
Kreditbetrug *m* کلاهبرداری در دریافت اعتبار: کلاهبرداری در وام گیری
Kreditbrief *m* برگهٔ اعتبار؛ اعتبار نامه؛ ورقهٔ اعتبار
Kreditbürgschaft *f* تضمین اعتبار
Krediteinengung *f* محدویّت اعتباری
Krediteinräumung *f* دادن اعتبار؛ اعطای اعتبار
Krediterhöhung *f* افزایش اعتبار؛ افزایش میزان اعتبار
Krediterleichterungen *fpl* تسهیلات اعتباری
Krediteröffnung *f* گشایش اعتبار
kreditfähig *adj* قابل اعتبار
Kreditfähigkeit *f* قابلیّت اعتبار
Kreditfinanzierung *f* تأمین اعتبار مالی؛ تأمین مالی از طریق دریافت اعتبار
Kreditgarantie *f* تضمین اعتبار
Kreditgeber/-in *m/f* اعتباردهنده؛ وام دهنده
Kreditgeberland *n* کشور وام دهنده
Kreditgenossenschaft *f* تعاونی اعتبارات
ländliche ~ تعاونی اعتبارات روستایی
Kreditgeschäfte *npl* معاملات اعتباری
Kreditgesuch *n* درخواست اعتبار
Kreditgewährung *f* اعطای اعتبار
Kreditgrenze *f* حدّ اعتبار
Kredithöhe *f* میزان اعتبار؛ میزان وام
Kreditinstitut *n* مؤسّسهٔ اعتباری؛ بانک
Kreditkarte *f* کارت اعتباری
Kreditkarteninhaber/-in *m/f* دارندهٔ کارت اعتباری
Kreditkasse *f* صندوق اعتبارات
Kreditklemme *f* فشار اعتباری
Kreditknappheit *f* مضیقهٔ اعتباری
Kreditkonditionen *fpl* شرایط اعتباری؛ شرایط پرداخت اعتبار
Kreditkonto *n* حساب وام
Kreditkontrolle *f* نظارت بر اعتبارات
Kreditkosten *f* هزینهٔ اعتبار
Kreditkündigung *f* فسخ اعتبار
Kreditlaufzeit *f* مدّت بازپرداخت وام
Kreditlimit *n* حدّ اعتبار
Kreditlinie *f* حدّ اعتبار
Kreditmarkt *m* بازار اعتبار
Kreditnachfrage *f* تقاضای اعتبار
Kreditnehmer/-in *m/f* وام گیر؛ گیرندهٔ وام؛ دریافت کنندهٔ اعتبار
Kreditpolitik *f* سیاست اعتباری
Kreditrestriktionen *fpl* محدودیّت های اعتباری
Kreditrichtlinien *fpl* موازین اعطای اعتبار؛ موازین دادن وام
Kreditrisiko *n* خطر سوخت اعتبار اعطایی
Kreditrückzahlung *f* بازپرداخت وام
Kreditsicherheit *f* وثیقهٔ اعتبار
Kreditspanne *f* سقف اعتبار
Kreditsperre *f* منع پرداخت اعتبار؛ جلوگیری از پرداخت اعتبار
Kreditsumme *f* مبلغ اعتبار
Kreditsystem *n* سیستم اعتباری؛ نظام اعتباری
Kredittilgung *f* بازپرداخت اعتبار؛ بازپرداخت وام؛ استهلاک وام
Kreditumfang *m* کلّ مبلغ اعتبار
Kreditunternehmen *n* بنگاه اعتباری؛ مؤسّسهٔ

اعتباری؛ بانک

Kreditvereinbarung *f* موافقت نامهٔ اعتبار

Kreditvergabe *f* دادن اعتبار؛ اعطای اعتبار

Kreditvergabebedingungen *fpl* شرایط دادن اعتبار؛ شرایط اعطای اعتبار

Kreditverknappung *f* مضیقهٔ اعتباری؛ کمیابی اعتبار

Kreditversicherung *f* بیمهٔ اعتبار

Kreditversorgung *f* تأمین اعتبار

Kreditvertrag *m* قرارداد اعتبار

Kreditvolumen *n* حجم اعتبار؛ مبلغ کلّ اعتبار

Kreditwesen *n* نظام اعتباری

Kreditwirtschaft *f* اقتصاد اعتباری

kreditwürdig *adj* درخور اعتبار؛ شایستهٔ اعتبار؛ معتبر

Kreditwürdigkeit *f* شایستگی اعتبار؛ درجهٔ اعتبار

Kreditzinsen *mpl* بهرهٔ وام

Kreditzusage *f* قول اعطای اعتبار؛ وعدهٔ دادن اعتبار

Kreise *mpl* محافل

herrschende ~ محافل حاکم

informierte ~ محافل آگاه؛ محافل مطّلع

Kreistagsabgeordnete *m/f* نمایندهٔ بخش

Kreiswahlleiter/-in *m/f* رئیس انتخابات بخش

Kreisverwaltung *f* بخشداری

Kreisverwaltungsreferent/-in *m/f* کارمند (مسؤل) بخشداری

Kreuzfahrer *m* جنگجوی صلیبی

Kreuzritter *m* شهسوار صلیبی؛ جنگجوی صلیبی

Krieg *m* جنگ

bevorstehender ~ جنگ قریب الوقوع

blutiger ~ جنگ خونین

gerechter ~ جنگ منصفانه؛ جنگ عادلانه؛ جنگ برحق؛ جنگ مشروع

Heiliger ~ جهاد

kalter ~ جنگ سرد

konventioneller ~ جنگ متعارفی

schicksalhafter ~ جنگ سرنوشت ساز

totaler ~ جنگ تمام عیار

umfassender ~ جنگ همه جانبه

verheerender ~ جنگ خانمان سوز

zermürbender ~ جنگ فرسایشی

Aufflammen des ~es شعله ور شدن جنگ

Ausbruch des ~es بروز جنگ

Ausgang des ~es سرانجام جنگ

den ~ beenden جنگ را پایان دادن؛ به جنگ خاتمه دادن

sich im ~ befinden در جنگ بودن

in den ~ eintreten وارد جنگ شدن

den ~ erklären اعلام جنگ کردن

den ~ fortsetzen به جنگ ادامه دادن

~ führen جنگ کردن

einen ~ gewinnen در جنگی پیروز شدن

aus dem ~ heimkehren از جنگ به وطن خود بازگشتن؛ از جنگ به خانه و کاشانهٔ خود بازگشتن

am ~ teilnehmen در جنگ شرکت کردن

einen ~ verlieren در جنگی شکست خوردن؛ در جنگی مغلوب شدن

in den ~ ziehen به جنگ رفتن

Kriegsanleihe *f* وام جنگ

Kriegsanstrengungen *fpl* تلاش های جنگ جویانه

~ unternehmen به تلاش های جنگ جویانه اقدام کردن

Kriegsausbruch *m* بروز جنگ

Kriegsausweitung *f* گسترش جنگ

Kriegsbeginn *m* شروع جنگ

Kriegsbericht *m* گزارش جبههٔ جنگ

Kriegsberichterstatter/-in *m/f* گزارشگر جبههٔ جنگ؛ خبرنگار جنگی
Kriegsbeschädigte *m/f* متضرر جنگی؛ آسیب دیدهٔ جنگی
Kriegsbeteiligung *f* مشارکت در جنگ
Kriegsbühne *f* صحنهٔ جنگ
Kriegsdienst *m* خدمت سربازی؛ خدمت زیر پرچم؛ خدمت نظام وظیفه
Kriegsdienstgegner/-in *m/f* مخالف خدمت سربازی؛ مخالف خدمت زیر پرچم؛ مخالف خدمت نظام وظیفه
Kriegsdienstverweigerung *f* سرپیچی از خدمت زیر پرچم؛ سرباز زدن از خدمت سربازی؛ سرباز زدن از خدمت نظام وظیفه
Kriegsdrohung *f* خطر جنگ
offene ~ خطر آشکار جنگ
mit einer ~ rechnen با خطر وقوع جنگ حساب کردن
Kriegseintritt *m* ورود به جنگ
Kriegsende *n* پایان جنگ
kriegsentscheidend *adj* تعیین کننده در جنگ
~e Faktoren عوامل تعیین کننده در جنگ
Kriegsereignis *n* رویداد جنگی
Kriegserklärung *f* اعلام جنگ
offizielle ~ اعلام رسمی جنگ
Kriegsfilm *m* فیلم جنگی
Kriegsfinanzen *pl* مالیهٔ جنگی
Kriegsflagge *f* پرچم جنگ
Kriegsflotte *f* ناوگان جنگی
Kriegsflüchtlinge *mpl* آوارگان جنگی
Kriegsfolgen *fpl* پیامدهای جنگ
Kriegsforschung *f* پژوهش جنگ؛ تحقیق جنگ
Kriegsführung *f* هدایت جنگ؛ جنگاوری؛ جنگ
psychologische ~ جنگ روانی

Kriegsführungsfähigkeit *f* توانایی هدایت جنگ
Kriegsgebiet *n* منطقهٔ جنگی
Kriegsgefahr *f* خطر جنگ
die ~ abwenden از خطر وقوع جنگ جلوگیری کردن
die ~ erhöhen خطر وقوع جنگ را افزایش دادن
die ~ frühzeitig erkennen خطر وقوع جنگ را به موقع تشخیص دادن
Kriegsgefangene *m/f* اسیر جنگی
Kriegsgefangenschaft *f* اسارت جنگی
in die ~ geraten در جنگ به اسارت افتادن
Kriegsgegner/-in *m/f* 1) مخالف جنگ؛ طرفدار صلح 2) دشمن
Kriegsgerät *n* ابزار جنگی
Kriegsherr/-in *m/f* سپهسالار
Kriegsimmigranten *mpl* مهاجرین جنگی
Kriegsindustrie *f* صنایع جنگی
Kriegsjahre *npl* سال های جنگ
Kriegskamerad/-in *m/f* رفیق جبههٔ جنگ
Kriegskatastrophe *f* فاجعهٔ جنگ
Kriegskosten *f* هزینه های جنگ
Kriegsmarine *f* نیروی دریایی
Kriegsmaschine *f* ماشین جنگی
Kriegsmaterial *n* تجهیزات جنگی
Kriegsmobilisierung *f* بسیج برای جنگ
Kriegsmonate *mpl* ماه های جنگ
kriegsmüde *adj* خسته از جنگ
Kriegsmüdigkeit *f* خستگی از جنگ
Kriegsopfer *npl* قربانیان جنگ
Kriegsphilosophie *f* فلسفهٔ جنگ
Kriegsplan *m* نقشهٔ جنگ
Kriegsplanung *f* برنامه ریزی جنگ
Kriegspolitik *f* سیاست جنگ
Kriegspropaganda *f* تبلیغات جنگی

Kriegsrisiko *n*	خطر احتمالی جنگ
Kriegsschäden *mpl*	خسارات جنگ؛ خسارات
	ناشی از جنگ
Kriegsschauplatz *m*	صحنۀ جنگ؛ صحنۀ کارزار
Kriegsschiff *n*	کشتی جنگی
Kriegsteilnehmer *mpl*	شرکت کنندگان در
	جنگ؛ کشورهای درگیر جنگ
Kriegstote *m/f*	کشته های جنگی؛ قربانیان جنگ
Kriegstreiber/-in *m/f*	جنگ برافروز
Kriegsursache *f*	علّت جنگ
Kriegsverbrechen *n*	جنایات جنگی
Kriegsverbrecher/-in *m/f*	جنایتکار جنگی
Kriegsverbrechertribunal *n*	دادگاه امور ویژۀ
	جنایتکاران جنگی؛ دیوان محاکمات جنایتکاران جنگی
Kriegsverhinderung *f*	پیشگیری از جنگ؛
	جلوگیری از جنگ؛ ممانعت از جنگ
Kriegsverhütung *f*	پیشگیری از جنگ؛ جلوگیری
	از جنگ؛ ممانعت از جنگ
Kriegsverlauf *m*	روند جنگ
Kriegsverordnungen *fpl*	مقرّرات جنگی؛
	دستورات و مقرّرات جنگی
Kriegsversehrte *m/f*	معلول جنگی
Kriegsveteran/-in *m/f*	کهنه کار جنگ
Kriegsvorbereitungen *fpl*	تدارکات جنگی
Kriegswaffe *f*	جنگ ابزار؛ اسلحه
Kriegswaffenlieferung *f*	ارسال جنگ ابزارها؛
	ارسال تسلیحات جنگی
Kriegswirtschaft *f*	اقتصاد جنگ
Kriegszeiten *fpl*	دوران جنگ
Kriegszerstörung *f*	ویرانی ناشی از جنگ
Kriegsziele *npl*	آماج های جنگی؛ اهداف جنگی
Kriegszustand *m*	حالت جنگ
Kriminalbeamte *m*	مأمور آگاهی؛ مأمور ادارۀ
	آگاهی؛ کارمند ادارۀ آگاهی (مرد)

Kriminalbeamtin *f*	مأمور آگاهی؛ مأمور ادارۀ
	آگاهی؛ کارمند ادارۀ آگاهی (زن)
Kriminalfilm *m*	فیلم جنایی؛ فیلم پلیسی؛
	فیلم پلیسی-جنایی
Kriminalist/-in *m/f*	کارشناس ادارۀ آگاهی
Kriminalität *f*	بزهکاری
organisierte ~	بزهکاری سازمان یافته
die ~ bekämpfen	با بزهکاری مبارزه کردن
die ~ eindämmen	از گسترش بزهکاری
	جلوگیری کردن
Kriminalitätsbekämpfung *f*	مبارزه با بزهکاری
Kriminalitätseindämmung *f*	جلوگیری از
	گسترش بزهکاری؛ مهار بزهکاری
Kriminalitätsrate *f*	میزان بزهکاری
Kriminalpolizei *f*	ادارۀ آگاهی؛ پلیس آگاهی
Kriminalpolizist/-in *m/f*	پلیس آگاهی؛
	مأمور آگاهی
Kriminalpsychologe *m*	روانشناس تبهکاری
	(مرد)
Kriminalpsychologie *f*	روانشناسی تبهکاری
Kriminalpsychologin *f*	روانشناس تبهکاری (زن)
Kriminalstatistik *f*	آمار تبهکاری
kriminell *adj*	بزهکار؛ جنایتکار؛ تبهکار
Kriminelle *m/f*	بزهکار؛ جنایتکار؛ تبهکار؛ فرد
	تبهکار
Kriminologe *m*	جرم شناس (مرد)
Kriminologie *f*	جرم شناسی
Kriminologin *f*	جرم شناس (زن)
Krise *f*	بحران
bestehende ~	بحران موجود
ernste ~	بحران جدّی
finanzielle ~	بحران مالی
gegenwärtige ~	بحران جاری
moralische ~	بحران اخلاقی

politische ~ بحران سیاسی
schwere ~ بحران سخت
unvorhergesehene ~ بحران پیش بینی نشده
Entstehung der ~ پیدایش بحران؛ ایجاد بحران
Verschärfung der ~ تشدید بحران؛ بالاگرفتن بحران
Zuspitzung der ~ تشدید بحران؛ بالاگرفتن بحران
eine ~ abwenden از بحرانی جلوگیری کردن
eine ~ auslösen بحرانی را موجب شدن
eine ~ entschärfen از بحرانی رفع تنش کردن
eine ~ überstehen از بحرانی جان سالم بدر بردن
eine ~ überwinden بر بحرانی فائق آمدن
Krisenabbau *m* کاهش بحران
Krisenbekämpfung *f* مبارزه با بحران
Krisengebiet *n* منطقهٔ بحرانی؛ منطقهٔ بحران زده
Krisenmanagement *n* مدیریت بحران؛ مدیریت رسیدگی به بحران
Krisenplan *m* طرح اضطراری؛ طرح احتیاطی
Krisensitzung *f* نشست اضطراری
Krisenstab *m* ستاد بحران؛ ستاد رسیدگی به بحران
Kriterium *n* سنجش؛ معیار؛ میزان
Kritik *f* انتقاد؛ نقد
blinde ~ انتقاد کورکورانه
boshafte ~ انتقاد کینه توزانه
destruktive ~ انتقاد غیرسازنده
feindselige ~ انتقاد مغرضانه؛ انتقاد خصمانه
gerechte ~ انتقاد منصفانه
glänzende ~ نقد بسیار خوب؛ نقد عالی؛ نقد فوق العاده جالب
harte ~ انتقاد شدید
hervorragende ~ نقد بسیار خوب؛ نقد عالی؛ نقد فوق العاده جالب
konstruktive ~ انتقاد سازنده؛ نقد سازنده
negative ~ انتقاد منفی
offene ~ انتقاد آشکار
positive ~ انتقاد مثبت
sachliche ~ انتقاد منطقی؛ نقد واقع بینانه؛ نقد اصولی
scharfe ~ انتقاد شدید
schonungslose ~ انتقاد بی رحمانه
ungerechte ~ انتقاد غیرمنصفانه
ungeschminkte ~ انتقاد صریح؛ انتقاد رَک و روراست
unsachliche ~ انتقاد غیرمنطقی؛ نقد غیرمنطقی؛ نقد غیراصولی
unverblümte ~ انتقاد صریح؛ انتقاد رَک و روراست
vernichtende ~ انتقاد کوبنده
wohlwollende ~ انتقاد خیرخواهانه
~ ausüben انتقاد کردن؛ نقد کردن؛ به نقد کشیدن
eine ~ veröffentlichen نقدی را منتشر ساختن
Kritiker/-in *m/f* منتقد؛ نقدگر؛ انتقادکننده
kritisch *adj* 1) انتقادی 2) بحرانی
1) ~er Artikel مقالهٔ انتقادی
2) ~e Lage وضع بحرانی؛ وضعیت بحرانی
kritisieren انتقاد کردن؛ نقد کردن؛ به نقد کشیدن
Krone *f* تاج
Kronprinz *m* ولیعهد (مرد)
Kronprinzessin *f* ولیعهد (زن)
Kult *m* کیش؛ پرستشگری
Kultur *f* فرهنگ
alte ~ فرهنگ کهن
fortschrittliche ~ فرهنگ پیشرو
konsumorientierte ~ فرهنگ مصرف گرا
rückschrittliche ~ فرهنگ واپس گرا
rückständige ~ فرهنگ واپس مانده؛ فرهنگ عقب مانده
Kulturabkommen *n* موافقت نامهٔ فرهنگی
ein ~ abschließen موافقت نامهٔ فرهنگی ای را منعقد کردن

ein ~ unterzeichnen موافقت نامهٔ فرهنگی ای را امضا کردن
Kulturabteilung *f* بخش فرهنگی
Kulturausschuss *m* کمیسیون فرهنگی
Kulturaustausch *m* مبادلات فرهنگی
kulturell *adj* فرهنگی؛ مربوط به فرهنگ
~e Armut فقر فرهنگی
~e Assimilation همگون سازی فرهنگی
~e Besonderheiten ویژه گی های فرهنگی
~e Beziehungen روابط فرهنگی
~e Bindungen پیوندهای فرهنگی
~e Entwicklung گسترش و توسعهٔ فرهنگی
~e Integration یکپارچگی فرهنگی
~e Interessen علایق فرهنگی
~e Reichtümer ثروت های فرهنگی
~e Rückständigkeit واپس گرایی فرهنگی
~e Unterschiede ناهمگونی های فرهنگی؛ اختلافات فرهنگی
~e Veränderungen دگرگونی های فرهنگی؛ تحوّلات فرهنگی
~e Veranstaltungen نشست های فرهنگی؛ جلسه های فرهنگی
~er Niedergang زوال فرهنگی
~er Verfall انحطاط فرهنگی
~es Erbe میراث فرهنگی
Kulturerbe *n* میراث فرهنگی
Kulturgeschichte *f* تاریخ فرهنگی
Kulturindustrie *f* صنایع تولید فرهنگی؛ صنایع تولیدکنندهٔ ارزش های فرهنگی
Kulturinvasion *f* تهاجم فرهنگی
Kulturkampf *m* مبارزهٔ فرهنگی
Kulturkonflikt *m* همستیزی فرهنگی
Kulturkritik *f* نقد فرهنگی
Kulturminister/-in *m/f* وزیر فرهنگ
Kulturministerium *n* وزارت فرهنگ
Kulturpolitik *f* سیاست فرهنگی؛ سیاست امور فرهنگی
Kulturraum *m* پهنهٔ فرهنگی
Kulturreise *f* جهانگردی آثار فرهنگی؛ جهانگردی آثار تاریخی و فرهنگی
Kulturreisende *m/f* توریست آثار فرهنگی؛ جهانگرد آثار فرهنگی؛ جهانگرد آثار تاریخی و فرهنگی
Kulturrevolution *f* انقلاب فرهنگی
Kulturschock *m* تکان فرهنگی؛ شوک فرهنگی
Kulturträger *m* حامل ارزش های فرهنگی
Kulturveranstaltung *f* نشست فرهنگی؛ جلسهٔ فرهنگی
Kulturvolk *n* ملّت با فرهنگ
Kulturwerkstatt *f* کارگاه تولید فرهنگی؛ کارگاه تولید ارزش های فرهنگی
Kulturzentrum *n* مرکز فرهنگی؛ مرکز فعالیّت های فرهنگی
Kultusminister/-in *m/f* وزیر فرهنگ
Kultusministerium *n* وزارت فرهنگ
Kultusministerkonferenz *f* کنفرانس وزرای فرهنگ
Kundgebung *f* 1) راه پیمایی 2) تظاهرات
kündigen 1) فسخ کردن؛ لغو کردن 2) اخراج کردن
Kündigung *f* 1) فسخ 2) اخراج
1) ~ eines Abkommens فسخ یک موافقت نامه
~ eines Darlehens فسخ یک وام
~ eines Vertrages فسخ یک قرارداد
2) fristlose ~ اخراج فوری؛ اخراج فوری از کار
eine ~ aussprechen اخراج کردن
Kündigungsbescheid *m* فسخ نامه؛ برگهٔ اخراج
Kündigungsfrist *f* مهلت مقرّر اعلام فسخ

Kündigungsgrund

gesetzliche ~ مهلت قانونی اعلام فسخ

die ~ einhalten مهلت مقرّر اعلام فسخ را رعایت کردن

eine ~ setzen مهلت اعلام فسخ را تعیین کردن

Kündigungsgrund *m* 1) علّت فسخ 2) علّت اخراج

Kündigungsschutz *m* حمایت از کاربران در صورت اخراج غیرقانونی

Kündigungsschutzgesetz *n* قانون حمایت از کاربران در صورت اخراج غیرقانونی

Kündigungszeitpunkt *m* 1) موقع فسخ 2) موقع اخراج

Kunst *f* 1) هنر 2) فن

Kunstakademie *f* آکادمی هنرهای زیبا

Kunstfilm *m* فیلم هنری

Kunsthochschule *f* دانشکدهٔ هنرهای زیبا

Kunstkenner/-in *m/f* هنرشناس

Künstler/-in *m/f* هنرمند

künstlerisch *adj* هنری؛ هنرمندانه

Kunstmaler/-in *m/f* نقّاش

Kunstwerk *n* اثر هنری

Kurs *m* نرخ؛ قیمت؛ نرخ ارز یا سهام

amtlicher ~ نرخ رسمی

sinkende ~e قیمت های در حال کاهش؛ قیمت های رو به کاهش

steigende ~e قیمت های در حال افزایش؛ قیمت های رو به افزایش

den ~ absichern نرخ ارز یا سهام را تثبیت کردن

Kursanstieg *m* افزایش نرخ؛ افزایش قیمت

Kurseinbruch *m* کاهش شدید نرخ سهام

Kursentwicklung *f* روند تغییر قیمت ها

Kurserholung *f* بهبود بازار سهام؛ بهبود اوراق بهادار

Kursnotierung *f* مظنّهٔ قیمت

Kursrückgang *m* کاهش قیمت ها؛ تنزّل قیمت ها

Kursschwankungen *fpl* نوسان های ارزی

Kurssicherung *f* حمایت از قیمت؛ حمایت از قیمت به منظور تثبیت آن

Kurssturz *m* سقوط شدید قیمت ها

Kursunterstützung *f* حمایت قیمت

Kursverfall *m* سقوط شدید قیمت ها

Kurswert *m* نرخ بازار

Kurzbericht *m* گزارش کوتاه

kürzen کاهش دادن؛ تقلیل دادن؛ تنزّل دادن

Diäten ~ حقوق نمایندگان مجلس را کاهش دادن

Dividenden ~ سود سهام را کاهش دادن؛ سود سهام را تقلیل دادن؛ سود سهام را تنزّل دادن

Gehälter ~ حقوق ها را کاهش دادن؛ حقوق ها را تقلیل دادن

Kurzmeldung *f* خبر کوتاه

Kurznachrichten *f* خلاصهٔ اخبار

Kürzung *f* کاهش؛ تقلیل

Küste *f* ساحل

Küstenbewohner/-in *m/f* ساکن نواحی ساحلی

Küstenfischerei *f* ماهیگیری در سواحل؛ ماهیگیری در سواحل کشور

Küstengebiete *npl* نواحی ساحلی

Küstengewässer *npl* آب های ساحلی

Küstenhandel *m* بازرگانی در نواحی ساحلی؛ تجارت در نواحی ساحلی؛ داد و ستد در نواحی ساحلی

Küstenschifffahrt *f* کشتی رانی ساحلی

Küstenschutz *m* حفاظت سواحل؛ حفاظت از سواحل کشور

Küstenverteidigung *f* دفاع از سواحل؛ دفاع از سواحل کشور

Küstenwache *f* پاسگاه ساحلی

Küstenwächter/-in *m/f* نگهبان ساحلی

L

Laden *m* دکّان؛ مغازه

Ladenbesitzer/-in *m/f* مغازه دار؛ صاحب مغازه؛ مالک مغازه

Ladendiebstahl *m* دزدی از فروشگاه

Ladenhüter *m* کالای غیرقابل فروش؛ کالای بنجل

Ladeninhaber/-in *m/f* دکّاندار؛ مغازه دار؛ صاحب مغازه

Ladenkasse *f* صندوق دکّان؛ صندوق مغازه

Ladenkette *f* فروشگاه های زنجیره ای

Ladentisch *m* پیشخوان مغازه

laden 1) بار کردن 2) احضار کردن (حقوقی)

Ladung *f* 1) بار؛ محموله 2) خواست برگ؛ احضارنامه؛ احضاریه

Lage *f* وضع؛ وضعیّت؛ موقعیّت

allgemeine ~ وضعیّت کلّی

angespannte ~ وضع پرتنش؛ وضع تنشدار؛ وضع متشنّج

aussichtslose ~ وضع کاملاً نومیدکننده

ausweglose ~ وضع نومیدانه؛ وضع بدون راه و چاره

desolate ~ وضع نامساعد

ernste ~ وضع وخیم

explosive ~ وضع حسّاس؛ وضع متشنّج؛ وضع انفجارآمیز

fatale ~ وضع شوم؛ وضعیّت شوم

finanzielle ~ وضع مالی

gefährliche ~ وضعیّت خطرناک

geographische ~ موقعیّت جغرافیایی

hochexplosive ~ وضع بسیار حسّاس؛ وضع بسیار متشنّج

komplizierte ~ وضع پیچیده و بغرنج

kritische ~ وضع بحرانی

miserable ~ وضع نابسامان

missliche ~ وضع ناگوار

politische ~ وضع سیاسی

prekäre ~ وضع مشکل

rechtliche ~ وضع حقوقی

schwierige ~ موقعیّت حسّاس

unerträgliche ~ وضعیّت تحمّل ناپذیر؛ وضعیّت غیرقابل تحمّل

verzwickte ~ وضع بسیار مشکل؛ وضع بسیار مشکل و پیچیده

wirtschaftliche ~ وضع اقتصادی

Lagebericht *m* گزارش وضعیّت

Lagebeurteilung *f* ارزیابی وضعیّت؛ ارزیابی موقعیّت

Lager *n* 1) انبار 2) اردوگاه

Lagerbestand *m* موجودی انبار

Lagergebühr *f* هزینهٔ نگهداری کالا؛ حقّ انبارداری

Lagerhaus *n* انبار

Lagerkapazität *f* ظرفیّت انباری

lagern انبار کردن؛ ذخیره کردن؛ در انبار گذاشتن

Lagerraum *m* انبار؛ محلّ نگهداری کالا

Lagerung *f* ذخیره سازی؛ انبار؛ عمل انبار کردن

~ von Atommüll ذخیره سازی زباله های اتمی

~ von Schadstoffen ذخیره سازی موادّ مضر؛ ذخیره سازی موادّ زیان آور؛ ذخیره سازی موادّ آلاینده

lähmen فلج کردن؛ از کار انداختن

das wirtschaftliche Leben ~ زندگی اقتصادی را فلج کردن؛ زندگی اقتصادی را از کار انداختن

lahmlegen فلج کردن؛ متوقّف کردن؛ از حرکت بازداشتن؛ از کار انداختن

die Industrie ~ صنایع را از کار انداختن؛ چرخ های صنایع را از حرکت بازداشتن

die Produktion ~ تولید را متوقّف کردن؛ تولید را خواباندن

den Verkehr ~ ترافیک را فلج کردن؛ ترافیک را

از کار انداختن

Land *n* 1) کشور؛ سرزمین 2) زمین

1) armes ~ کشور تهیدست؛ کشور فقیر

außereuropäisches ~ کشور غیراروپایی

befreundetes ~ کشور دوست

benachbartes ~ کشور همسایه؛ کشور همجوار

benachteiligtes ~ کشور محروم

besetztes ~ سرزمین اشغالی

bevölkerungsarmes ~ کشور کم جمعیّت

bevölkerungsreiches ~ کشور پرجمعیّت

entwickeltes ~ کشور توسعه یافته

erdölexportierendes ~ کشور صادرکنندهٔ نفت

erdölimportierendes ~ کشور واردکنندهٔ نفت

erdölproduzierendes ~ کشور تولیدکنندهٔ نفت

fortschrittliches ~ کشور پیشرو؛ کشور مترقّی

gelobtes ~ سرزمین موعود

industrieschwaches ~ کشور ضعیف از لحاظ صنعتی

kriegführendes ~ کشور متحارب

neutrales ~ کشور بیطرف

überbevölkertes ~ کشور پرجمعیّت

unterentwickeltes ~ کشور توسعه نیافته

währungsschwaches ~ کشور ضعیف از لحاظ ارزی

währungsstarkes ~ کشور قوی از لحاظ ارزی

ein ~ angreifen بر سرزمینی یورش بردن؛ به کشوری حمله کردن

ein ~ befreien سرزمینی را آزاد ساختن

ein ~ beherrschen بر سرزمینی فرمان روایی کردن؛ بر سرزمینی حکم رانی کردن

ein ~ besetzen سرزمینی را اشغال کردن

ins ~ einfallen به سرزمین هجوم آوردن

über ein ~ herrschen بر سرزمینی فرمان روایی کردن؛ بر سرزمینی حکم رانی کردن؛ بر سرزمینی حکومت کردن

ein ~ modernisieren کشوری را نوسازی کردن

ein ~ okkupieren سرزمینی را اشغال کردن

ein ~ repräsentieren کشوری را نمایندگی کردن

ein ~ verteidigen از سرزمینی دفاع کردن

2) bebaubares ~ زمین قابل کشت

Landarbeit *f* کار کشاورزی

Landarbeiter/-in *m/f* کارگر کشاورزی؛ برزگر؛ زارع

Landbau *m* زراعت؛ کشاورزی؛ برزگری

Landbesetzung *f* تصرّف اراضی؛ اشغال اراضی

Landbesitz *m* زمینداری

Landbesitzer/-in *m/f* زمیندار؛ مالک زمین

Landbevölkerung *f* جمعیّت روستایی

Landeerlaubnis *f* اجازهٔ فرود

Landemanöver *n* مانور فرود

landen فرود آمدن

Länderfinanzausgleich *m* برقراری تعادل مالی بین ایالت ها

Länderfinanzminister *mpl* وزرای دارایی ایالت ها

Landesarbeitsgericht *n* دادگاه کار ایالتی

Landesbehörde *f* ادارهٔ ایالتی؛ مقام ایالتی

Landesbürgschaft *f* ضمانت از سوی دولت ایالتی

Landeserzeugnisse *npl* فراورده های داخلی؛ تولیدات داخلی

Landesgesetzgebung *f* قانون گذاری ایالتی

Landeshaushalt *m* بودجهٔ ایالتی

Landeskreditanstalt *f* مؤسّسهٔ اعتباری ایالتی: بانک ایالتی

Landeskriminalamt *n* ادارهٔ آگاهی ایالتی

Landesmedienanstalt *f* سازمان ارتباطات (جمعی) ایالتی؛ سازمان رسانه های (گروهی) ایالتی

Landesmediengesetz *n* قانون ارتباطات (جمعی)

ایالتی؛ قانون رسانه های (گروهی) ایالتی

Landesminister/-in *m/f* وزیر ایالتی

Landesministerium *n* وزارت ایالتی

Landesparlament *n* مجلس ایالتی

Landespartei *f* حزب ایالتی

Landesparteitag *m* کنفرانس ایالتی حزب

Landesparteivorsitzende *m/f* رئیس ایالتی حزب

Landesparteivorstand *m* هیأت رئیسهٔ ایالتی حزب

Landesplanung *f* برنامه ریزی ایالتی

Landespolitik *f* سیاست ایالتی؛ سیاست امور ایالتی

Landespolitiker/-in *m/f* سیاستمدار ایالتی؛ سیاستمدار امور ایالتی

Landespolizei *f* پلیس ایالتی

Landesrechnungshof *m* دیوان محاسبات ایالتی

Landesregierung *f* دولت ایالتی

Landesrundfunkanstalt *f* مرکز رادیویی ایالتی

Landesrundfunkgesetz *n* قانون رادیویی ایالتی

Landesverband *m* اتّحادیّهٔ ایالتی؛ اتّحادیّهٔ ایالتی حزب

Landesverfassungsgericht *n* دادگاه قانون اساسی ایالتی

Landesverrat *m* خیانت به کشور؛ خیانت به مملکت

jmdn. des ~s beschuldigen کسی را به جرم خیانت به کشور متّهم کردن

Landesverräter/-in *m/f* خائن به کشور؛ خیانتکار به کشور

Landesversicherungsanstalt *f* شرکت بیمهٔ ایالتی

Landesverteidigung *f* دفاع از کشور؛ دفاع از سرزمین

Landeswahlgesetz *n* قانون انتخابات ایالتی

Landeswahlleiter/-in *m/f* رئیس انتخابات ایالتی

Landeswährung *f* ارز کشور

landesweit *adj* سرتاسری؛ سراسری

~e Streiks اعتصابات سراسری؛ اعتصابات سرتاسری

Landeszentralbank *f* بانک مرکزی ایالتی

Landeunfall *m* سانحهٔ فرود؛ سانحهٔ فرود هواپیما

Landeverbot *n* منع فرود؛ ممنوعیّت فرود هواپیما

Landezone *f* منطقهٔ فرود

Landflucht *f* فرار از روستا

Landfriedensbruch *m* به هم زدن آرامش کشور؛ نقض آرامش کشور

zum ~ aufwiegeln به منظور به هم زدن آرامش کشور تحریک کردن

Landgemeinde *f* جامعهٔ روستایی

Landgericht *n* دادگاه شهرستان

Landkarte *f* نقشهٔ جغرافیایی

Landkreis *m* بخش روستایی

Landkrieg *m* جنگ زمینی

Landpacht *f* اجاره داری زمین

Landrat *m* شورای ایالتی

Landreform *f* اصلاحات ارضی

Landstreitkräfte *fpl* نیروی زمینی

Landtag *m* مجلس ایالتی

Landtagsabgeordnete *m/f* نمایندهٔ مجلس ایالتی

Landtagswahlen *fpl* انتخابات مجلس ایالتی

Landung *f* فرود

Landwirt/-in *m/f* کشاورز

Landwirtschaft *f* کشاورزی

die ~ sanieren کشاورزی را بازسازی کردن

Landwirtschaftsausschuss *m* کمیسیون کشاورزی

Landwirtschaftsberater/-in *m/f* رایزن امور کشاورزی؛ مشاور امور کشاورزی

Landwirtschaftsbetrieb *m* کارگاه تولیدی کشاورزی؛ کارگاه تولیدی زراعتی

Landwirtschaftserzeugnisse *npl* فراورده های کشاورزی؛ محصولات کشاورزی
Landwirtschaftskammer *f* اطاق کشاورزی
Landwirtschaftsminister/-in *m/f* وزیر کشاورزی
Landwirtschaftsministerium *n* وزارت کشاورزی
Landwirtschaftspolitik *f* سیاست کشاورزی
Landwirtschaftsrat *m* شورای کشاورزی
Landwirtschaftsverband *m* اتّحادیهٔ کشاورزی
Last *f* 1) بار 2) هزینه؛ بار هزینه؛ فشار هزینه
1) ~en heben بارها را برداشتن؛ بارها را بلندکردن
~en tragen بارها را حمل کردن
2) finanzielle ~en هزینه های مالی؛ بار هزینه های مالی
öffentliche ~en هزینه های عمومی؛ بار هزینه های عمومی
soziale ~en هزینه های اجتماعی؛ بار هزینه های اجتماعی
vertragliche ~en هزینه های ناشی از قرارداد
zusätzliche ~en هزینه های اضافی
zur ~ legen هزینه ای را به حساب گذاشتن
die ~en verteilen هزینه ها را تقسیم کردن؛ بار هزینه ها را تقسیم کردن
Lastenerhöhung *f* افزایش هزینه ها؛ افزایش بار هزینه ها
Lastensenkung *f* کاهش هزینه ها؛ کاهش بار هزینه ها
Lastenverteilung *f* تقسیم هزینه ها: تقسیم بار هزینه ها
Lastschrift *f* 1) قبض بدهی 2) ثبت بدهی؛ ثبت بدهی در دفتر؛ درج بدهی؛ درج بدهی در دفتر
latent *adj* نهفته
~e Bedrohung تهدید نهفته
~e Gefahr خطر نهفته
Lebensbedingungen *fpl* شرایط زندگی
Lebenserwartung *f* میانگین طول عمر؛ عمر احتمالی
Lebenshaltungsindex *m* شاخص هزینهٔ زندگی
Lebenshaltungskosten *f* هزینهٔ زندگی؛ مخارج زندگی
Senkung der ~ کاهش هزینهٔ زندگی؛ کاهش مخارج زندگی
Steigerung der ~ افزایش هزینهٔ زندگی؛ افزایش مخارج زندگی
Lebensmittel *pl* موادّ غذائی
Teuerung von ~n گرانی موادّ غذایی
Lebensmittelkarte *f* کوپن موادّ غذایی
Lebensmittellieferant *m* تحویل دهندهٔ موادّ غذایی
Lebensraum *m* فضای حیاتی
Lebensrente *f* مقرّری سالانهٔ مادام العمر
Lebensstandard *m* سطح زندگی
Erhöhung des ~s بالا بردن سطح زندگی
Lebensversicherung *f* بیمهٔ زندگی؛ بیمهٔ عمر
Lebenszeichen *n* نشانهٔ حیات
legal *adj* قانونی؛ شرعی
~e Organisation تشکیلات قانونی
~e Partei حزب قانونی
~e Tätigkeit فعالیّت قانونی
~e Ziele اهداف قانونی؛ اهداف شرعی
~es Vorgehen برخورد قانونی؛ اقدام قانونی
legalisieren قانونی کردن؛ مشروعیّت بخشیدن
Legalität *f* قانونیّت؛ مشروعیّت
Legionär *m* لژیونر
Legislative *f* قوّهٔ قانون گذاری
Legislaturperiode *f* دورهٔ مجلس
legitim *adj* قانونی؛ شرعی

~e Forderungen 1) خواسته های قانونی 2) مطالبات قانونی
~er Anspruch ادّعای قانونی؛ حقّ قانونی
~es Vorgehen اقدام قانونی؛ برخورد قانونی
Legitimation *f* قانونیّت؛ مشروعیّت
~ bekommen قانونیّت یافتن؛ مشروعیّت یافتن
~ besitzen دارای مشروعیّت بودن
~ nachweisen قانونیّت خود را محرز ساختن
legitimieren قانونیّت دادن؛ مشروعیّت دادن
Legitimität *f* قانونیّت؛ مشروعیّت
Lehranstalt *f* آموزشگاه
Lehrbuch *n* کتاب درسی
Lehre *f* کارآموزی
Lehrer/-in *m/f* آموزگار؛ معلّم
Lehrling *m* کارآموز
Lehrlingsausbildung *f* آموزش کارآموز؛ تعلیم کارآموز؛ تعلیم و تربیّت کارآموز
Lehrmittel *n* ابزار آموزشی
Lehrplan *m* برنامهٔ آموزشی
lehrreich *adj* آموزنده
Lehrstellenmangel *m* کمبود محلّ کارآموزی
Lehrstuhl *m* کرسی استادی
Lehrwerkstatt *f* محلّ کارآموزی
Lehrzeit *f* دورهٔ کارآموزی
Leibwache *f* محافظ؛ محافظ شخصی
Leibwächter/-in *m/f* محافظ شخصی
Leichtindustrie *f* صنایع سبک
Leiharbeit *f* کار پیمانی؛ کار مقاطعه ای
Leiharbeiter/-in *m/f* کارگر پیمانی؛ کارگر مقاطعه ای
leihen 1) قرض دادن 2) قرض گرفتن
Leistung *f* عملکرد؛ کارکرد
Leistungsbericht *m* گزارش عملکرد؛ گزارش کارکرد
Leistungsbetrug *m* 1) کلاهبرداری در دریافت کمک دولتی 2) کلاهبرداری در دریافت پول بیکاری
Leistungsbeurteilung *f* ارزیابی عملکرد؛ ارزیابی کیفیّت کار
Leistungsbilanz *f* 1) حساب جاری؛ حساب جاری یک شرکت در بانک 2) تراز پرداخت
Leistungsbilanzdefizit *n* 1) کسری حساب جاری 2) کسری تراز پرداخت
Leistungsbilanzüberschuss *m* 1) مازاد حساب جاری 2) مازاد تراز پرداخت
Leistungsempfänger/-in *m/f* 1) دریافت کنندهٔ کمک دولتی 2) دریافت کنندهٔ پول بیکاری
leistungsfähig *adj* کارای؛ کارآمد
Leistungsfähigkeit *f* 1) کارایی؛ کارآمدی 2) ظرفیّت تولید
Leistungsförderung *f* تشویق به منظور بالا بردن کارکرد
Leistungsgarantie *f* تضمین اجرایی
Leistungsgesellschaft *f* جامعهٔ رقابتی
Leistungsgrenze *f* حدّ کارایی؛ حداّکثر میزان کارایی
Leistungskraft *f* نیروی کارایی؛ نیروی کارآمدی؛ توان کارکرد
Leistungslohn *m* کارمزد؛ پرداخت به نسبت تولید
Leistungsmessung *f* اندازه گیری عملکرد؛ سنجش عملکرد
Leistungsmissbrauch *m* سوء استفاده از کمک دولتی؛ سوء استفاده از پول بیکاری
leistungsschwach *adj* کم بازده
~e Industrie صنایع کم بازده
leistungsstark *adj* پربازده
Leistungssteigerung *f* افزایش بازدهی
Leistungsvermögen *n* گنجایش؛ ظرفیّت
Leitartikel *m* سرمقاله

Leitbild *n* اُلگو
leiten اداره کردن؛ سرپرستی را به عهده داشتن؛ ریاست را به عهده داشتن
eine Delegation ~ ریاست هیأت نمایندگی ای را به عهده داشتن
ein Ministerium ~ ریاست وزارتخانه ای به عهده داشتن
ein Sekretariat ~ ادارهٔ دبیرخانه ای را به عهده داشتن
eine Sitzung ~ ادارهٔ جلسه ای را به عهده داشتن؛ ریاست جلسه ای را به عهده داشتن
ein Unternehmen ~ شرکتی را اداره کردن؛ بنگاهی را اداره کردن
die Verhandlungen ~ ریاست مذاکرات را به عهده داشتن
Leiter/-in *m/f* سرپرست؛ مدیر؛ رئیس
Leitlinien *fpl* قواعد پایه؛ قواعد کلیدی
Leitung *f* سرپرستی؛ مدیریّت؛ ریاست
die ~ einer Firma مدیریّت یک شرکت
die ~ einer Sitzung سرپرستی یک نشست؛ ریاست یک جلسه
die ~ übernehmen ریاست را به عهده گرفتن
Leitwährung *f* پول کلیدی
Leitzinsen *mpl* نرخ بهرهٔ پایه
lenken هدایت کردن
Lenkung *f* هدایت
lernen فرا گرفتن؛ یاد گرفتن؛ آموختن
Lernen *n* فراگیری؛ یادگیری
Lernfähigkeit *f* توانایی در یادگیری؛ توانایی در فراگیری
Lernprozess *m* فرایند یادگیری؛ فرایند فراگیری؛ پروسهٔ فراگیری
Lernpsychologie *f* روانشناسی یادگیری
Lernunfähigkeit *f* ناتوانایی در یادگیری؛ ناتوانایی در فراگیری
lesen خواندن
Leser/-in *m/f* خوانندهٔ کتاب؛ خوانندهٔ مطبوعات
leserlich *adj* خوانا
Leuchte *f* چراغ؛ فانوس؛ روشنایی
leuchten 1) نورافشانی کردن؛ روشنایی دادن 2) درخشیدن
Leuchtmunition *f* مهمّات منوّر
Leuchtkugel *f* گلولهٔ منوّر
Leuchtreklame *f* آگهی شبرنگ
Leuchtturm *m* برج فانوس دریایی
leugnen حاشا کردن؛ انکار کردن
Leugnen *n* حاشا؛ انکار
Leutnant *m* ستوان
liberal *adj* آزادی خواه؛ آزادی خواهانه
~e Gesinnung نظر آزادی خواهانه؛ طرز تفکّر آزادی خواهانه
~e Grundsätze اصول آزادی خواهانه
~e Kräfte نیروهای آزادی خواه
Liberalisierung *f* آزادسازی؛ آزادگردانی
~ des Handels آزادسازی تجارت؛ آزادگردانی تجارت
Liberalismus *m* آزادی خواهی؛ لیبرالیسم
Lieferant *m* تحویل دهندهٔ کالا
lieferbar *adj* قابل حصول؛ کالای قابل حصول
Lieferfrist *f* زمان تحویل کالا
liefern تحویل دادن؛ ارسال داشتن
eine Ware ~ کالایی را تحویل دادن؛ جنسی را ارسال داشتن
Lieferung *f* 1) محموله 2) تحویل کالا
Liegenschaften *fpl* دارایی های غیرمنقول؛ مستغلّات
Limit *n* حدّ؛ مرز؛ حدّ و مرز
festgesetztes ~ حدّ و مرز تعیین شده
gesetzliches ~ حدّ قانونی؛ مرز قانونی؛ حدّ و مرز

قانونی

lingual *adj* زبانی

Linguist/-in *m/f* زبان شناس

Linguistik *f* زبان شناسی

linguistisch *adj* زبان شناسانه

linksextrem *adj* چپ گرای افراطی

~e Partei حزب چپ گرای افراطی

Linksextremismus *m* چپ گرایی افراطی

Linksextremist/-in *m/f* چپ گرای افراطی

Linksradikale *m/f* چپ گرای افراطی

Linksradikalismus *m* چپ گرایی افراطی؛ رادیکالیسم چپ

Liquidation *f* برچیدگی؛ انحلال

liquide *adj* نقد شونده

über ~ Mittel verfügen وجوه نقدی در اختیار داشتن؛ دارایی های نقد شونده در اختیار داشتن

liquidieren 1) از میان برداشتن؛ از سرِ راه برداشتن؛ کشتن 2) برچیدن؛ منحل کردن

1) einen Gegner ~ مخالفی را از سرِ راه برداشتن؛ مخالفی را کشتن

2) ein Unternehmen ~ شرکتی را منحل کردن

Liquidierung *f* 1) از میان برداری؛ نابودی 2) انحلال

Liquidität *f* نقدینگی

Liquiditätsreserve *f* اندوختهٔ نقد

Literat/-in *m/f* ادیب؛ اهل ادب؛ اهل فرهنگ

Literatur *f* ادبیّات

Literaturgeschichte *f* تاریخ ادبیّات

Literaturkritiker *m* نقدگر ادبیّات

Literaturpreis *m* جایزهٔ ادبیّات

Literaturwissenschaft *f* ادب شناسی؛ علم ادبیّات

Lizenz *f* اجازه؛ اجازه نامه؛ مجوّز؛ پروانه؛ امتیاز؛ امتیازنامه

ausschließliche ~ امتیاز انحصاری

unbeschränkte ~ امتیاز نامحدود

vertragliche ~ امتیاز قراردادی

eine ~ ausstellen جوازی را صادر کردن؛ اجازه نامه ای را صادر کردن

eine ~ einräumen پروانه دادن؛ جواز دادن؛ امتیازی را واگذار کردن

eine ~ entziehen پروانه ای را لغو کردن؛ جوازی را لغو کردن؛ امتیازی را سلب کردن

eine ~ erteilen پروانه دادن؛ جواز دادن؛ امتیاز دادن؛ امتیازی را اعطا کردن

eine ~ erwerben جوازی را کسب کردن؛ مجوّزی را کسب کردن؛ امتیازی را به دست آوردن

eine ~ gewähren پروانه دادن؛ جواز دادن؛ امتیازی را واگذار کردن

eine ~ verlängern جوازی را تمدید کردن؛ مجوّزی را تمدید کردن

eine ~ verweigern از دادن امتیازی خودداری کردن؛ از اعطای امتیازی امتناع کردن

Lizenzabkommen *n* موافقت نامهٔ اعطای امتیاز

Lizenzdauer *f* مدّت اعتبار جواز؛ مدّت اعتبار امتیاز اعطایی

Lizenzeinräumung *f* دادن امتیاز؛ اعطای امتیاز؛ واگذاری امتیاز

Lizenzentzug *f* الغای امتیاز؛ سلب امتیاز

Lizenzgeber/-in *m/f* امتیازدهنده

Lizenzgebühren *fpl* عوارض جواز

Lizenzgewährung *f* دادن امتیاز؛ اعطای امتیاز؛ واگذاری امتیاز

Lizenzinhaber/-in *m/f* دارندهٔ پروانه؛ پروانه دار؛ دارندهٔ جواز؛ جوازدار

Lizenznehmer/-in *m/f* گیرندهٔ پروانه؛ گیرندهٔ جواز

Lizenzvergabe *f* دادن امتیاز؛ اعطای امتیاز

Lizenzverlängerung *f* تمدید اجازه نامه؛

تمدید مجوز؛ تمدید امتیازنامه

Lohn *m* مزد؛ دستمزد
durchschnittlicher ~ مزد متوسط
effektiver ~ مزد واقعی؛ دستمزد واقعی
fester ~ مزد ثابت
garantierter ~ مزد تضمین شده
hoher ~ مزد بالا؛ دستمزد بالا
leistungsbezogener ~ مزد تشویقی
niedriger ~ مزد پایین
rückständiger ~ دستمزد معوق
wettbewerbsfähige Löhne مزدهای رقابتی
Anpassung der Löhne تعدیل دستمزدها
den ~ auszahlen دستمزد را تمام و کمال پرداختن
den ~ bezahlen دستمزد را پرداختن
den ~ verweigern از پرداخت دستمزد امتناع کردن
den ~ vorenthalten از پرداخت دستمزد خودداری کردن
die Löhne einfrieren دستمزدها را ثابت نگاه داشتن
die Löhne erhöhen مزدها را افزایش دادن؛ دستمزدها را افزایش دادن

Lohnabbau *m* کاهش مزد؛ کاهش دستمزد

Lohnabzüge *mpl* کسور از دستمزد؛ کسور از درآمد

Lohnanpassung *f* تعدیل دستمزدها

Lohnanstieg *m* افزایش مزد؛ افزایش دستمزد

Lohnarbeiter/-in *m/f* کارگر روزمزد

Lohnaufbesserung *f* افزایش مزد؛ افزایش دستمزد

Lohnauszahlung *f* پرداخت مزد؛ پرداخت دستمزد

Lohnbuchhalter/-in *m/f* دفتردار قسمت پرداخت شرکت؛ حسابدار شرکت

Lohnbuchhaltung *f* دفترداری قسمت پرداخت شرکت؛ حسابداری شرکت

Lohnempfänger/-in *m/f* مزدبگیر

Lohnerhöhung *f* افزایش مزد؛ افزایش دستمزد

Lohnerhöhungswelle *f* موج افزایش دستمزدها

Lohnforderung *f* درخواست دستمزد؛ مطالبهٔ دستمزد

Lohnfortzahlung *f* ادامهٔ پرداخت دستمزد

Lohngefälle *n* تفاوت دستمزدها
~ abbauen از تفاوت دستمزدها کاستن

Lohngruppe *f* گروه مزد

Lohnhöhe *f* میزان مزد؛ میزان دستمزد

Lohnindex *m* شاخص دستمزدها

lohnintensiv *adj* مزدبر
~e Industrie صنایع مزدبر

Lohnkampf *m* مبارزه برای افزایش سطح دستمزدها

Lohnkosten *f* هزینه های دستمزد کارگران

Lohnkürzung *f* کاهش مزد؛ کاهش دستمزدها

Lohnnachzahlung *f* پرداخت دستمزد معوقه

Lohnnebenkosten *f* هزینه های فرعی دستمزد
Erhöhung der ~ افزایش هزینه های فرعی دستمزد
Senkung der ~ کاهش هزینه های فرعی دستمزد
Steigerung der ~ افزایش هزینه های فرعی دستمزد

Lohnniveau *n* سطح مزد؛ سطح دستمزد

Lohnpolitik *f* سیاست تعیین مزد؛ سیاست تعیین دستمزد

Lohnrunde *f* مذاکرات مزد؛ مذاکرات جهت تعیین میزان مزد

Lohnsatz *m* نرخ مزد؛ میزان مزد

Lohnskala *f* پایهٔ دستمزد

Lohnsteigerung *f* افزایش مزد؛ افزایش دستمزد

Lohnsteuer *f* مالیات مزد؛ مالیات بر دستمزد؛ مالیات بر درآمد

Lohnsteuerabzug *m* کسر مالیات از درآمد

Lohnsteuerbemessung *f* تعیین مالیات بر درآمد؛ براورد مالیات بر درآمد

Lohnsteuerkarte *f* کارت مالیات؛ کارت مالیات بر درآمد

Lohnsteuerrückvergütung *f* بازپرداخت مالیات؛ استرداد مالیات؛ استرداد مالیات اضافه پرداخت شده بر درآمد
Lohnsteuersatz *m* میزان مالیات بر درآمد
Lohnsteuersystem *n* سیستم مالیات بر مزد
Lohnsteuertabelle *f* جدول محاسبهٔ مالیات بر درآمد
Lohnstopp *m* جلوگیری از افزایش دستمزد؛ جلوگیری از افزایش حقوق
Lohnsystem *n* سیستم مالیاتی؛ نظام مالیاتی
Lohntarifvertrag *m* قرارداد مزد دسته جمعی
Lohnunterschiede *mpl* تفاوتهای سطح مزدها
Lohnverhandlungen *fpl* مذاکرات مزد؛ مذاکرات جهت تعیین مزد
Lohnzahlung *f* پرداخت مزد؛ پرداخت دستمزد
Lohnzunahme *f* افزایش مزد؛ افزایش دستمزد
Lohnzuwachs *m* افزایش مزد؛ افزایش دستمزد
lokal *adj* محلّی
~er Konflikt اختلاف محلّی
Lokalbehörde *f* مقام محلّی
Lokalblatt *n* روزنامهٔ محلّی
Lokalpresse *f* مطبوعات محلّی
Lokalsender *m* فرستندهٔ محلّی
Lokalversammlung *f* گردهمایی محلّی؛ اجلاس محلّی
Lokalzeitung *f* روزنامهٔ محلّی
Lombard *m* لمبارد؛ وام در مقابل اوراق بهادار
Lombardsatz *m* میزان بهرهٔ لمبارد؛ میزان بهرهٔ وام
lösen حل کردن
Lösung *f* راه حل
allgemeine ~ راه حلّ کلّی
angemessene ~ راه حلّ مناسب
friedliche ~ راه حلّ صلح آمیز
gerechte ~ راه حلّ عادلانه
logische ~ راه حلّ منطقی
militärische ~ راه حلّ نظامی
notwendige ~ راه حلّ ضروری
~ der Krise حلّ بحران
~ der Probleme حلّ مسائل؛ حلّ مشکلات
~ des Konfliktes حلّ کشمکش؛ حلّ تضاد
eine ~ anbieten راه حلّی را پیشنهاد کردن
eine ~ finden راه حلّی را یافتن
nach einer ~ suchen دنبال راه حلّی بودن؛ در جستجوی راه حلّی بودن
Lösungsangebot *n* راه حلّ پیشنهادی
Lösungsmöglichkeit *f* امکان راه حل؛ امکان دستیابی به یک راه حل
loyal *adj* وفادار
~e Opposition آپوزیسیون وفادار
Loyalität *f* وفاداری
tiefe ~ وفاداری عمیق
unerschütterliche ~ وفاداری تزلزل ناپذیر
Luftabwehr *f* پدافند هوایی
Luftabwehrstellung *f* موضع پدافند هوایی
Luftalarm *m* آژیر هوایی
Luftangriff *m* یورش هوایی؛ حملهٔ هوایی
Luftaufnahme *f* عکس برداری هوایی
Luftbrücke *f* پل هوایی
Luftfahrt *f* هواپیمایی
Luftfahrtbundesamt *n* اداره هواپیمایی فدرال
Luftfahrtforschung *f* پژوهش در زمینهٔ هواپیماسازی؛ تحقیق در زمینهٔ هواپیماسازی
Luftfahrtindustrie *f* صنعت هواپیماسازی
Luftfahrtunternehmen *n* شرکت هواپیمایی
Luftfracht *f* بار هوایی؛ محمولهٔ هوایی
Lufthoheit *f* قلمرو هوایی
Luftkampf *m* نبرد هوایی
Luftkorridor *m* گذرگاه هوایی

Luftkrieg *m* جنگ هوایی
Luftlandeoperation *f* عملیات هوا به زمین
Luftlinien *fpl* خطوط هواپیمایی
Luftoffensive *f* یورش هوایی؛ حملهٔ هوایی
Luftpirat/-in *m/f* هواپیماربا؛ ربایندهٔ هواپیما
Luftpiraterie *f* هواپیماربایی
Luftraum *m* حریم هوایی
in den ~ eindringen به حریم هوایی تجاوز کردن
Luftschiff *n* کشتی هوایی
Luftschlag *m* ضربت هوایی
Luftschneise *f* دالان هوایی
Luftschutz *m* حفاظت هوایی
Luftschutzbunker *m* پناهگاه حفاظت هوایی
Lufttransport *m* باربری هوایی؛ حمل و نقل هوایی
Luftüberlegenheit *f* برتری هوایی
Luftunterstützung *f* حمایت هوایی
Luftverkehr *m* ترابری هوایی
Luftverkehrsabkommen *n* موافقت نامهٔ ترابری هوایی
Luftverkehrsunternehmen *n* شرکت ترابری هوایی
Luftverschmutzung *f* آلوده سازی هوا؛ آلودگی هوا
Luftverteidigung *f* پدافند هوایی
Luftwaffe *f* نیروی هوایی
Luftwaffenkommandeur *m* فرماندهی نیروی هوایی
Luftwaffenoffizier/-in *m/f* افسر نیروی هوایی
Luftwaffenstützpunkt *m* پایگاه نیروی هوایی
Luftwege *mpl* راه های هوایی
Lüge *f* دروغ
Lügendetektor *m* دروغیاب؛ دستگاه دروغیاب
Lügner/-in *m/f* دروغگو
luxuriös *adj* تجملی؛ لوکس
Luxus *m* زینت؛ تجمل
Luxusartikel *m* کالای زینتی؛ کالای تجملی
lynchen بدون دادرسی کشتن

M

Macht *f* قدرت

ausländische ~ قدرت خارجی

etablierte ~ قدرت مستقر؛ قدرت استقراریافته

feindliche ~ قدرت متخاصم

neutrale ~ قدرت بیطرف

staatliche ~ قدرت حکومتی

unbesiegbare ~ قدرت شکست ناپذیر

weltliche ~ قدرت دنیوی

wirtschaftliche ~ قدرت اقتصادی

Wille zur ~ خواست قدرت؛ قدرت خواهی

Zugang zur ~ راه دسترسی به قدرت

die ~ absichern قدرت را حفظ کردن

die ~ an sich reißen قدرت را به چنگ آوردن

die ~ ausüben اعمال قدرت کردن

~ besitzen دارای قدرت بودن؛ قدرت داشتن

sich an der ~ beteiligen در قدرت شرکت کردن؛ در قدرت سهیم شدن

an der ~ beteiligt sein در قدرت مشارکت داشتن

die ~ dezentralisieren عدم تمرکز در قدرت ایجاد کردن؛ قدرت را پخش کردن

die ~ ergreifen قدرت را به دست گرفتن؛ قدرت را قبضه کردن

die ~ etablieren قدرت را بنا نهادن؛ قدرت را مستقر کردن

die ~ festigen قدرت را تحکیم بخشیدن؛ قدرت را استوار کردن

zur ~ gelangen به قدرت رسیدن

~ haben قدرت داشتن

die ~ institutionalisieren قدرت را نهادینه کردن

um die ~ kämpfen بر سرِ قدرت مبارزه کردن

an die ~ kommen به قدرت رسیدن

die ~ konsolidieren قدرت را تحکیم بخشیدن؛ قدرت را استوار کردن

seine ~ missbrauchen از قدرت خود سوء استفاده کردن

die ~ monopolisieren قدرت را به انحصار خود درآوردن

die ~ teilen قدرت را تقسیم کردن

die ~ übernehmen عهده دار قدرت شدن؛ کنترل قدرت را به دست گرفتن؛ روی کار آمدن

die ~ verlieren قدرت را از دست دادن

die ~ zentralisieren قدرت را متمرکز کردن

Machtanhäufung *f* انباشت قدرت

Machtanmaßung *f* خودستایی ناشی از قدرت؛ تکبّر ناشی از قدرت

Machtanspruch *m* ادّعای قدرت

illegaler ~ ادّعای نامشروع قدرت؛ ادّعای نادرست قدرت

Machtapparat *m* دستگاه قدرت

Machtausübung *f* اعمال قدرت

Machtbasis *f* پایهٔ قدرت

Machtbereich *m* حوزهٔ قدرت

machtbesessen *adj* دیوانهٔ قدرت؛ مجذوب قدرت؛ وسوسه گر قدرت

Machtbesessenheit *f* وسوسهٔ قدرت

Machtclique *f* دارودستهٔ قدرت

Machtdemonstration *f* نمایش قدرت

Machtelite *f* برگزیدگان قدرت

Machtentfaltung *f* گسترش قدرت؛ توسعهٔ قدرت

Machtergreifung *f* به دست گیری قدرت

Machterhaltung *f* حفظ قدرت

Machterwerb *m* اکتساب قدرت

Machtfaktor *m* عامل قدرت

Machtgier *f* آز قدرت؛ حرص قدرت

Machthaber/-in *m/f* قدرتمند؛ صاحب قدرت

Machthunger *m* قدرت طلبی

machthungrig *adj* تشنهٔ قدرت؛ قدرت طلب
Machtinstrument *n* ابزار قدرت
Machtkampf *m* مبارزه برای کسب قدرت؛ نبرد قدرت
Machtkonsolidierung *f* تحکیم قدرت
Machtkonstellation *f* پیکربندی قدرت
machtlos *adj* بی قدرت
Machtlosigkeit *f* بی قدرتی
Machtmensch *m* انسان قدرت طلب
Machtmissbrauch *m* سوء استفاده از قدرت
Machtmonopol *n* انحصار قدرت
Machtnormen *f* هنجارهای قدرت؛ معیارهای قدرت
Machtordnung *f* نظام قدرت
Machtpolitik *f* سیاست ارعاب
Machtpolitiker/-in *m/f* سیاستمدار قدرت طلب
Machtposition *f* مقام قدرت
Machtprobe *f* زورآزمایی
Machtstatus *m* نشانهٔ قدرت
Machtstreben *n* تلاش جهت دستیابی به قدرت
Machtstrukturen *fpl* ساختارهای قدرت
Machtsymbol *n* نماد قدرت؛ سمبول قدرت
Machttechniken *fpl* شگردهای قدرت؛ تکنیک های قدرت
Machttheorie *f* نظریهٔ قدرت؛ تئوری قدرت
Machtübernahme *f* احراز قدرت؛ به عهده گیری قدرت
blutige ~ احراز خون آمیز قدرت
unblutige ~ احراز بدون خون ریزی قدرت؛ به عهده گیری بدون خون ریزی قدرت
seit der ~ از زمان روی کار آمدن؛ از زمان احراز قدرت
Machtvakuum *n* خلاء قدرت
Machtverlust *m* از دست دادن قدرت
Machtverschiebung *f* جابجایی قدرت
Machtverteilung *f* تقسیم قدرت
Machtwechsel *m* تغییر قدرت
Machtwort *n* جدیّت کلام؛ کلام قاطع
ein ~ sprechen با جدیّت کلام صحبت کردن؛ قاطعانه صحبت کردن؛ با قدرت تمام و کمال صحبت کردن
Machtzentrale *f* مرکز قدرت
Machtzentrum *n* کانون قدرت
Machtzuwachs *m* رشد قدرت؛ افزایش قدرت
Magazin *n* 1) مجلّه 2) خشاب؛ مخزن فشنگ
Magistrat *m* شهرداری
mahnen اخطار کردن؛ متذکّر شدن؛ یادآوری کردن
Mahnung *f* اخطاریه؛ تذکّر؛ یادآوری
Major *m* سرگُرد
Majorität *f* اکثریّت
Majoritätsprinzip *n* اصل اکثریّت
Makler/-in *m/f* دلاّل؛ واسطه
Makroökonomie *f* اقتصاد کلان
Makrosoziologie *f* جامعه شناسی کلان
Management *n* هیأت مدیران؛ مدیریّت
Manager/-in *m/f* مدیر
Mandant/-in *m/f* موکّل
Mandat *n* وکالت؛ قیمومت
das ~ niederlegen 1) از وکالت (حقوقی) استعفا دادن 2) از وکالت (در مجلس) استعفا دادن
Mandatsentzug *m* فسخ وکالت
Mandatsgebiet *n* منطقهٔ تحت قیمومت
Mandatsmacht *f* قدرت قیّم
Mandatsniederlegung *f* استعفا از وکالت
Mandatsverhältnis *n* رابطهٔ حقوقی بین وکیل و موکّل
Mandatsverteilung *f* تقسیم کرسی های مجلس
Mangel *m* نقصان؛ فقدان؛ کمبود
mangelhaft *adj* ناقص؛ نابسنده؛ ناکافی؛ نامطلوب

mangeln کمبود داشتن؛ فاقد بودن
Mangelware *f* کالای کمیاب؛ جنس کمیاب
Mangelwirtschaft *f* اقتصاد کمیاب؛ اقتصاد ندرت
Manifest *n* بیانیهٔ همگانی؛ بیانیهٔ عمومی؛ مانیفست
Manifestation *f* 1) تجلّی؛ ظهور 2) بیانیّه؛ بیانیهٔ همگانی
Manipulation *f* 1) دستکاری؛ تقلّب 2) تحمیق
1) ~en vornehmen دستکاری کردن
2) ~ von Menschen تحمیق انسان ها
manipulativ *adj* 1) دستکاری کننده 2) تحمیق کننده
manipulieren 1) دستکاری کردن؛ دست بردن در؛ تقلّب کردن در 2) تحمیق کردن
1) ein Gesetz ~ قانونی را دستکاری کردن؛ در قانونی دست بردن
den Markt ~ در بازار دست بردن؛ در بازار به نفع خود تقلّب کردن
2) die Gesellschaft ~ جامعه را تحمیق کردن
Manöver *n* مانور؛ مانور نظامی
durchsichtiges ~ مانور قابل تشخیص
geschicktes ~ مانور زیرکانه؛ مانور ماهرانه
ein ~ durchführen مانور کردن؛ مانوری را انجام دادن
Manöverkommandeur *m* فرماندهٔ مانور؛ فرماندهٔ مانور نظامی
Märchen *n* قصّه؛ داستان
Märchenbuch *n* کتاب قصّه؛ کتاب داستان
Märchenerzähler *m* قصّه گو؛ داستان سرا
Marine *f* نیروی دریایی
schlagkräftige ~ نیروی دریایی پرتوان؛ نیروی دریایی قدرتمند؛ نیروی دریایی پرقدرت
Marineinfanterist *m* تفنگدار دریایی
Marineinfanterie توپخانهٔ دریایی
Marineoffizier/-in *m/f* افسر نیروی دریایی
Marinestützpunkt *m* پایگاه دریایی؛ پایگاه نیروی دریایی
Marionettenregierung *f* حکومت دست نشانده
Marionettenregime *n* رژیم دست نشانده
Marionettenstaat *m* دولت دست نشانده
Marke *f* نشان بازرگانی؛ علامت تجاری؛ اسم تجاری
Markenartikel *m* کالای دارندهٔ نشان بازرگانی؛ کالای دارندهٔ علامت تجاری
Markenschutz *m* حفاظت از نشان بازرگانی؛ حفاظت از علامت تجاری
Markenware *f* کالای دارندهٔ نشان بازرگانی؛ کالای دارندهٔ علامت تجاری
Marketing *n* بازاریابی
markieren نشانه گذاری کردن؛ علامت گذاری کردن
den Grenzverlauf ~ خطّ مرزی را نشانه گذاری کردن
Markierung *f* نشانه گذاری؛ علامت گذاری
Markt *m* بازار
einheitlicher ~ بازار یکپارچه؛ بازار واحد
enger ~ بازار محدود
freier ~ بازار آزاد
gemeinsamer ~ بازار مشترک
geschlossener ~ بازار بسته
lukrativer ~ بازار سودآور؛ بازار مثمر
offener ~ بازار باز
schwarzer ~ بازار سیاه
stagnierender ~ بازار کساد
umkämpfter ~ بازار رقابتی
unvollständiger ~ بازار ناقص
wachsender ~ بازار رو به رشد
den ~ beherrschen بر بازار تسلّط داشتن؛ بازار را کنترل کردن
den ~ beleben بازار را احیا کردن

auf den ~ bringen به بازار آوردن
den ~ durchdringen در بازار نفوذ کردن
in einen ~ eindringen در بازاری نفوذ کردن
einen ~ erobern بازاری را گشودن؛ بازاری را تسخیر کردن؛ بازاری را تحت کنترل خود درآوردن
einen ~ erschließen بازاری را گشودن؛ از بازاری بهره برداری کردن
einen ~ halten بازاری را حفظ کردن
den ~ manipulieren در بازار دست بردن؛ در بازار به نفع خود تقلّب کردن
einen ~ schwächen بازاری را تضعیف کردن
einen ~ stärken بازاری را تقویّت کردن
Marktabsprache *f* زدوبند در بازار؛ توافق در کنترل قیمت در بازار فروش
eine ~ treffen قرار زدوبند در بازار گذاشتن
Marktanalyse *f* تجزیه و تحلیل بازار
Marktanteil *m* سهم فروش شرکت در بازار
Marktaufteilung *f* تقسیم بازار فروش
Marktausdehnung *f* گسترش بازار؛ گسترش بازار فروش؛ توسعهٔ بازار؛ توسعهٔ بازار فروش
Marktausweitung گسترش بازار؛ گسترش بازار فروش؛ توسعهٔ بازار؛ توسعهٔ بازار فروش
Marktbeeinflussung *f* تأثیرگذاری بر بازار؛ دست ورزی بر بازار فروش
Marktbeherrschung *f* کنترل بازار؛ کنترل کامل بازار
Marktbelebung *f* احیای بازار
Marktbeobachter/-in *m/f* تجزیه و تحلیل گر بازار
Marktbeobachtung *f* تجزیه و تحلیل بازار
Marktbericht *m* گزارش بازار؛ گزارش بازار فروش
Marktchancen *fpl* امکانات فروش در بازار
die ~ nutzen از امکانات فروش در بازار بهره گیری کردن؛ از امکانات فروش در بازار

استفاده کردن
Marktdurchdringung *f* نفوذ در بازار
Marktentwicklung *f* روند بازار
Markterholung *f* بهبودی در وضع بازار
Markterschließung *f* بازاریابی
Marktforscher/-in *m/f* پژوهشگر امور بازاریابی؛ محقّق امور بازاریابی
Marktforschung *f* بازار پژوهشی؛ بررسی بازار
Marktforschungsunternehmen *n* بنگاه بازار پژوهشی؛ بنگاه بررسی بازار
Marktführer *m* بزرگترین شرکت عرضه کنندهٔ یک کالا
marktgängig *adj* قابل فروش
Marktgängigkeit *f* قابلیّت فروش
Marktgleichgewicht *n* تعادل بازار
Markthändler/-in *m/f* دلّال بازار
Marktintervention *f* مداخله در بازار؛ مداخله در بازار فروش
Marktkonsolidierung *f* تحکیم بازار؛ تحکیم بازار فروش؛ تثبیت بازار؛ تثبیت بازار فروش
Marktkonzentration *f* تمرکز بازار
Marktkräfte *fpl* نیروهای (فعّال) فروش در بازار
Marktkurs *m* نرخ بازار
Marktlage *f* وضع بازار
desolate ~ وضع نامساعد بازار
Marktlücke *f* جای خالی در بازار
Marktmonopol *n* انحصار بازار؛ انحصار بازار فروش
Marktnachfrage *f* تقاضای بازار
Marktnische *f* جای خالی در بازار
Marktordnung *f* نظام بازار
marktorientiert *adj* بازارگرا
Marktplatz *m* بازارگاه
Marktpolitik *f* سیاست بازار؛ سیاست بازار فروش

Marktpotential *n* توانش بازار
Marktpreis *m* قیمت بازار؛ قیمت رایج
Marktproduktion *f* تولید برای بازار
Marktprognose *f* پیش بینی بازار؛ پیش بینی بازار سهام
Marktregulierung *f* تنظیم بازار
Marktrisiken *npl* خطرات احتمالی بازار
Marktschwankungen *fpl* نوسان های بازار؛ نوسان ها در بازار فروش
Marktsegment *n* بخشی از بازار
Marktsektor *m* بخشی از بازار
Marktsituation *f* وضع بازار
Marktstabilisierung *f* تثبیت بازار؛ تثبیت بازار فروش
Marktstellung *f* وضع بازار
Marktstruktur *f* ساخت بازار؛ ساختار بازار
Marktstudie *f* بررسی بازار؛ مطالعهٔ بازار
Marktsystem *n* سیستم بازاری
Markttendenzen *fpl* گرایش های بازار؛ گرایش های موجود در بازار
Marktunterstützung *f* حمایت از بازار؛ حمایت از بازار فروش
Marktuntersuchung *f* بررسی و تحقیق بازار
Marktverfassung *f* وضع بازار
Marktverflechtung *f* به هم آمیختگی بازار؛ به هم پیوستگی بازار
Marktverhältnisse *npl* مناسبات بازار؛ مناسبات حاکم بر بازار
Marktverzerrung *f* گسستگی بازار؛ عدم تعادل در بازار
Marktwert *m* ارزش بازاری؛ ارزش مبادله ای
Marktwirtschaft *f* اقتصاد بازار
freie ~ اقتصاد بازار آزاد
Marschroute *f* سمت و سوی حرکت؛ سمت و سوی حرکت سیاسی؛ خطّ مشی سیاسی
~ einer Partei سمت و سوی حرکت یک حزب؛ خطّ مشی سیاسی یک حزب
Märtyrer/-in *m/f* شهید
Maschinengewehr *f* مسلسل
Massaker *n* کشتار همگانی؛ قتل عام
furchtbares ~ قتل عام وحشتناک
schreckliches ~ قتل عام هولناک
einem ~ entkommen از قتل عامی گریختن؛ از قتل عامی نجات یافتن
einem ~ zum Opfer fallen قربانی قتل عامی شدن
massakrieren قتل عام کردن
Massenarbeitslosigkeit *f* بیکاری عمومی
Massenaufstand *m* قیام توده ای؛ قیام مردمی
Massenausweisung *f* اخراج دسته جمعی تودهای مردم
Massenbasis *f* پایهٔ توده ای؛ پایهٔ مردمی
Massenbedarfsartikel *m* کالای مورد نیاز توده ها؛ کالای مورد احتیاج مردم
Massenbeeinflussung *f* تحمیق توده ها
Massenbeförderungsmittel *n* وسیلهٔ نقلیهٔ گروهی
Massenbeteiligung *f* شرکت همگانی؛ مشارکت همگانی؛ مشارکت عمومی مردم
Massenbewegung *f* جنبش توده ای
Massendelikt *n* جرم دسته جمعی
Massendemonstration *f* تظاهرات توده ای
Massenentlassungen *fpl* اخراج های گروهی؛ اخراج های دسته جمعی
Massenerschießung *f* تیرباران دسته جمعی
Massenexekution *f* اعدام دسته جمعی
Massenfabrikation *f* تولید انبوه
Massenhinrichtung *f* اعدام دسته جمعی
Massenkommunikation *f* ارتباطات جمعی؛

ارتباطات گروهی

Massenkonsum *m* مصرف انبوه

Massenkonsumgüter *npl* کالاهای مصرف انبوه

Massenkultur *f* فرهنگ توده ای

Massenkundgebung *f* راهپیمایی توده ای؛ تظاهرات توده ای

Massenmedien *npl* رسانه های همگانی؛ رسانه های گروهی؛ وسایل ارتباط جمعی

Massenmord *m* کشتار جمعی؛ قتل عام

einem ~ entkommen از قتل عامی گریختن؛ از قتل عامی نجات یافتن

Massenmörder/-in *m/f* قاتل جمعی

Massenorganisation *f* سازمان توده ای

Massenproduktion *f* تولید انبوه

Massenpsychologie *f* روانشناسی توده ای

Massenstreik *m* اعتصابات همگانی؛ اعتصابات عمومی

Massenterror *m* ترور دسته جمعی

Massentourismus *m* جهانگردی انبوه

Massenunterstützung *f* پشتیبانی توده ای؛ حمایت توده ای

Massenverbrauch *m* مصرف انبوه

Massenverhaftung *f* بازداشت گروهی؛ بازداشت دسته جمعی؛ توقیف عمومی

Massenverkehrsmittel *n* وسیلهٔ نقلیهٔ گروهی

Massenvernichtungswaffen *fpl* سلاح های انهدام انبوه؛ سلاح های کشتار دسته جمعی

Massenversammlung *f* گردهمایی توده ای

Maßhaltepolitik *f* سیاست میانه روی؛ سیاست اعتدال

Mäßigung *f* اعتدال

Politik der ~ سیاست اعتدال

Maßnahme *f* اقدام

abschreckende ~n اقدامات بازدارنده

angemessene ~n اقدامات مناسب؛ اقدامات مقتضی

behördliche ~n اقدامات اداری

bewaffnete ~n اقدامات مسلّحانه

defensive ~n اقدامات تدافعی

effektive ~n اقدامات مؤثّر

einschneidende ~n اقدامات قاطع

einstweilige ~n اقدامات موقّت

energische ~n اقدامات جدّی

entscheidende ~n اقدامات قاطع

erniedrigende ~n اقدامات تحقیرآمیز

feindliche ~n اقدامات خصمانه

geeignete ~n اقدامات مناسب

gegenseitige ~n اقدامات متقابل

gemeinsame ~n اقدامات مشترک

gerichtliche ~n اقدامات دادگاهی؛ اقدامات از سوی دادگاه

getroffene ~n اقدامات اتّخاذشده

grundlegende ~n اقدامات اساسی

humanitäre ~n اقدامات بشردوستانه

jüngste ~n اقدامات اخیر

kühne ~n اقدامات جسورانه

politische ~n تدابیر سیاسی

polizeiliche ~n اقدامات پلیسی

populäre ~n اقدامات مردم پسند

provokatorische ~n اقدامات تحریک آمیز

reguläre ~n اقدامات متداول؛ تدابیر متداول

repressive ~n اقدامات سرکوب گرانه

rigorose ~n اقدامات بسیار شدید؛ تدابیر بسیار شدید

sofortige ~n اقدامات فوری

staatliche ~n اقدامات دولتی

steuerpolitische ~n اقدامات مالیاتی؛ اقدامات سیاسی-مالیاتی

strenge ~n اقدامات شدید

umgehende ~n   اقدامات فوری

unpopuläre ~n   اقدامات مردم ناپسند

unwirksame ~n   اقدامات غیرمؤثّر

vertrauensbildende ~n   اقدامات اعتمادانگیز

vorbeugende ~n   اقدامات پیشگیرانه؛ اقدامات احتیاطی

vorsorgliche ~n   اقدامات پیشگیرانه؛ اقدامات احتیاطی

wirksame ~n   اقدامات مؤثّر

wirtschaftliche ~n   تدابیر اقتصادی؛ اقدامات اقتصادی

~n durchführen   اقدامات به عمل آوردن

~n einleiten   شروع به انجام اقدامات کردن؛ دست به کار شدن

~n ergreifen   دست به اقدامات زدن

~n treffen   اقدامات به عمل آوردن

~n unterstützen   از اقدامات حمایت کردن

Maßstab *m*   سنجه؛ ملاک؛ معیار

Material *n*   1) مادّه 2) سازمایه؛ مادّهٔ اوّلیّه؛ مادّهٔ خام؛ مصالح

Materialaufwand *m*   هزینهٔ سازمایه؛ هزینهٔ موادّ اوّلیّه؛ هزینهٔ موادّ خام؛ هزینهٔ مصالح

Materialbedarf *m*   سازمایهٔ مورد نیاز؛ موادّ اوّلیّهٔ مورد نیاز؛ موادّ خام مورد نیاز؛ مصالح مورد نیاز

Materialbeschaffung *f*   تهیّهٔ سازمایه؛ تهیّهٔ موادّ اوّلیّه؛ تهیّهٔ موادّ خام؛ تهیّهٔ مصالح

Materialismus *m*   مادّه باوری؛ ماتریالیسم

Materialist *m*   مادّه باور؛ ماتریالیسم

materialistisch *adj*   مادّه باورانه؛ ماتریالیستی

Materialkosten *f*   هزینهٔ سازمایه؛ هزینهٔ موادّ اوّلیّه؛ هزینهٔ موادّ خام؛ هزینهٔ مصالح

Materialtransport *m*   حمل و نقل سازمایه؛ حمل و نقل موادّ اوّلیّه؛ حمل و نقل موادّ خام؛ حمل و نقل مصالح

Materialverbrauch *m*   مصرف سازمایه؛ مصرف موادّ اوّلیّه؛ مصرف موادّ خام؛ مصرف مصالح

matriarchalisch *adj*   مادرسالار؛ مادرسالارنه

Matriarchat *n*   مادرسالاری

maximieren   بیشینه ساختن؛ به حدّاکثر رساندن

Maximierung *f*   بیشینه سازی؛ به حدّاکثررسانی

~ des Ertrages   بیشینه سازی عایدی؛ به حدّاکثررسانی عایدی

~ des Gewinns   بیشینه سازی سود؛ به حدّاکثررسانی سود

~ des Nutzens   بیشینه سازی سود؛ به حدّاکثررسانی منفعت

Maximum *n*   بیشینه؛ حدّاکثر

ein ~ an Rentabilität   حدّاکثر سودآوری

ein ~ an Sicherheit   حدّاکثر امنیّت

Medien *pl*   رسانه ها؛ رسانه های گروهی

Medienbereich *m*   بخش رسانه ها (رسانه های گروهی)

Medienbericht *m*   گزارش رسانه ای

Mediendemokratie *f*   دموکراسی مبتنی بر رسانه ها (رسانه های گروهی)

Medienentwicklung *f*   گسترش رسانه ها (رسانه های گروهی)

Medienereignis *n*   رویداد رسانه ای

Medienforscher/-in *m/f*   پژوهشگر امور رسانه ها (رسانه های گروهی)؛ تجزیه و تحلیل گر رسانه های گروهی

Medienforschung *f*   پژوهش در امور رسانه ها (رسانه های گروهی)؛ تجزیه و تحلیل رسانه های گروهی

Mediengesellschaft *f*   جامعهٔ رسانه ها

Mediengesetz *n*   قانون رسانه ها (رسانه های گروهی)

Medieninhalte *mpl*   مندرجات مطبوعاتی

Medienkreise *mpl*   محافل دست اندرکار رسانه ها (رسانه های گروهی)

Medienkultur *f*   فرهنگ (حاکم بر) رسانه ها؛ فرهنگ (حاکم بر) رسانه های گروهی

Mediennutzung *f*   بهره گیری از رسانه ها (رسانه های گروهی)

Medienordnung *f*   نظام رسانه ها (رسانه های گروهی)

Medienpräsenz *f*   حضور رسانه ها (رسانه های گروهی)

Medienreferat *n*   سخنرانی دربارۀ رسانه ها (رسانه های گروهی)

Medienreferent/-in *m/f*   کارشناس امور رسانه ها (رسانه های گروهی)

Medienrummel *m*   جار و جنجال رسانه ای؛ جار و جنجال در رسانه های گروهی

Mediensystem *n*   سیستم رسانه ها (رسانه های گروهی)

Medienunternehmen *n*   شرکت رسانه ها (رسانه های گروهی)

Medienunternehmer/-in *m/f*   صاحب شرکت رسانه ها (رسانه های گروهی)

Medienverdrossenheit *f*   سرخوردگی از رسانه ها (رسانه های گروهی)؛ ناخشنودی از رسانه ها

Medienvertreter/-in *m/f*   نمایندۀ رسانه ها (رسانه های گروهی)

Medienwerkstatt *f*   کارگاه رسانه ها (رسانه های گروهی)؛ کارگاه تولیدی رسانه های گروهی

Meeresverschmutzung *f*   آلوده سازی دریا؛ آلودگی دریا

Mehrarbeit *f*   اضافه کار؛ کار بیشتر

Mehraufwand *m*   هزینه (های) اضافی

Mehrbedarf *m*   نیاز بیشتر

Mehrbelastung *f*   هزینۀ سربار؛ هزینۀ اضافی

Mehrausgaben *fpl*   مخارج اضافی؛ هزینه های اضافی

Mehreinnahmen *fpl*   دریافت های اضافی؛ درآمدهای اضافی؛ عایدات اضافی

Mehrerlös *m*   عواید اضافی؛ درآمد اضافی از طریق فروش

Mehrertrag *m*   عایدی اضافی؛ اضافه درآمد

Mehrheit *f*   اکثریّت

absolute ~   اکثریّت مطلق

arbeitsfähige ~   اکثریّت کارامد

ausreichende ~   اکثریّت کافی

einfache ~   اکثریّت ساده

erforderliche ~   اکثریّت ضروری

knappe ~   اکثریّت ضعیف

komfortable ~   اکثریّت قابل اطمینان

notwendige ~   اکثریّت ضروری

regierende ~   اکثریّت حاکم

regierungsfähige ~   اکثریّت کافی جهت تشکیل کابینه

relative ~   اکثریّت نسبی

schweigende ~   اکثریّت خاموش

sichere ~   اکثریّت قابل اطمینان

stillschweigende ~   اکثریّت خاموش

überwältigende ~   اکثریّت قاطع

Mehrheitsaktien *fpl*   اکثریّت سهام

Mehrheitsaktionär/-in *m/f*   سهامدار عمده

Mehrheitsbeschluss *m*   تصویب اکثریّت

Mehrheitsbeteiligung *f*   مشارکت با بیشترین سهام

Mehrheitsentscheidung *f*   تصمیم اکثریّت

Mehrheitsführer/-in *m/f*   رهبر اکثریّت (در پارلمان ایالات متّحدۀ آمریکا)

Mehrheitsprinzip *n*   اصل مبتنی بر آرای اکثریّت

Mehrheitsregierung *f*   دولت اکثریّت

Mehrheitsvotum n	رأی اکثریّت
Mehrkosten f	هزینه های اضافی
Mehrparteiendemokratie f	
	دموکراسی چند حزبی
Mehrparteiensystem n	سیستم چند حزبی؛ نظام
	چند حزبی
Mehrwert m	ارزش افزوده؛ ارزش اضافی
Mehrwertsteuer f	مالیات بر ارزش افزوده؛
	مالیات بر ارزش اضافی
Meinung f	عقیده؛ نظر؛ رأی
abweichende ~	نظر متفاوت؛ نظر دیگر
einhellige ~	یک رأی؛ یک نظر
einstimmige ~	یک رأی؛ یک نظر
herrschende ~	نظر حاکم
öffentliche ~	آراء همگانی؛ افکار عمومی؛ عقیدۀ عامّه
übereinstimmende ~	اتّفاق نظر
überzeugende ~	نظر قانع کننده
vorgefasste ~	عقیدۀ از پیش تعیین شده؛
	نظر مبتنی بر پیشداوری
eine ~ abgeben	نظر دادن؛ اظهار عقیده کردن
seine ~ ändern	عقیدۀ خود را تغییر دادن؛
	نظر خود را تغییر دادن؛ تغییر عقیده دادن
die ~ äußern	ابراز عقیده کردن
an seiner ~ festhalten	به عقیدۀ خود پای بند
	بودن؛ به رأی خود مقیّد بودن
eine ~ vertreten	نظری را نمایندگی کردن؛
	از عقیده ای جانبداری کردن
Meinungsäußerung f	اظهار نظر؛ بیان عقیده؛
	ابراز عقیده
Meinungsaustausch m	تبادل نظر
einen ~ führen	تبادل نظر کردن
Meinungsbildung f	شکل گیری عقاید
Meinungsbildungsprozess m	
	فرایند شکل گیری عقاید

Meinungsforscher/-in m/f	بررسی کنندۀ عقاید
	عمومی
Meinungsforschung f	تحقیق آراء؛
	عقیده-پژوهشی؛ بررسی عقاید عمومی
Meinungsforschungsinstitut n	مؤسّسۀ تحقیق
	آراء؛ مؤسّسۀ نظر سنجی
Meinungsfreiheit f	آزادی عقیده
die ~ unterdrücken	آزادی عقیده را سرکوب کردن
Meinungsmacher m	شکل دهندۀ عقاید عمومی
Meinungsumfrage f	نظرسنجی؛ سنجش افکار؛
	عقیده سنجی
Meinungsverschiedenheit f	اختلاف نظر
Meinungsvielfalt f	چندگونگی عقاید؛
	تنوّع نظریّات
Meinungswechsel m	تغییر عقیده؛ تغییر نظر؛
	تغییر رأی
Meistbegünstigung f	کاملۀ الوداد
Meistbegünstigungsklausel f	مادّۀ کاملۀ الوداد
Meldepflicht f	1) وظیفۀ معرّفی به پلیس ناحیّه
	2) وظیفۀ گزارش دهی به مرجع ذیصلاح
meldepflichtig adj	1) موظّف به معرّفی نزد پلیس
	ناحیه 2) موظّف به گزارش دهی به مرجع ذیصلاح
Meldestelle f	دفتر ثبت شهروندان؛ دفتر پلیس
	ناحیّه جهت ثبت شهروندان
Meldung f	گزارش؛ خبر
dienstliche ~	گزارش اداری
polizeiliche ~	گزارش پلیسی
rechtzeitige ~	گزارش به موقع
eine ~ dementieren	گزارشی را تکذیب کردن
eine ~ entgegennehmen	
	گزارشی را دریافت کردن
~ erstatten	گزارش دادن؛ خبر دادن
eine ~ verbreiten	گزارشی را انتشار دادن؛
	گزارشی را منتشر کردن؛ خبری را اشاعه دادن

Menge *f* مقدار
Mengenrabatt *m* تخفیف مقداری؛ تخفیف خرید عمده
Menschenansammlung *f* تجمّع مردم؛ محلّ تجمّع مردم
Menschenführung *f* مدیریّت افراد
Menschenhandel *m* آدم فروشی؛ خرید و فروش انسان ها
Menschenraub *m* آدم ربایی
Menschenrechte *f* حقوق بشر
Einhaltung der ~ رعایت حقوق بشر
Menschenrechtsbewegung *f* جنبش حقوق بشر
Menschenrechtsfragen *fpl* مسائل حقوق بشر
Menschenrechtsinitiative *f* پیشگامی در دفاع از حقوق بشر؛ ابتکار در دفاع از حقوق بشر
Menschenrechtskonvention *f* میثاق حقوق بشر
Menschenrechtssituation *f* وضع حقوق بشر؛ وضعیّت حقوق بشر
Menschenrechtsverletzung *f* نقض حقوق بشر
Menschenschleuser *m* قاچاقچی ردّ افراد از مرز
Menschenverachtung *f* تحقیر انسان ها
Menschenwürde *f* منزلت انسانی
Menschheit *f* بشریّت
Menschheitsgeschichte *f* تاریخ بشریّت
Menschlichkeit *f* انسان دوستی؛ انسانیّت
Mentalität *f* ذهنیّت
Messe *f* نمایشگاه
Messebesucher *mpl* بازدیدکنندگان نمایشگاه
Messebeteiligung *f* شرکت در نمایشگاه
Messegelände *n* محوّطهٔ نمایشگاه
Messehalle *f* سالن نمایشگاه
Messeleitung *f* مدیریّت نمایشگاه
Messestand *m* غُرفهٔ نمایشگاه
Messeveranstalter *m* برگزارکنندهٔ نمایشگاه
Metapher *f* استعاره؛ مجاز
Metaphysik *f* علم مابعدالطبیعه؛ متافیزیک
metaphysisch *adj* علم مابعدالطبیعی؛ متافیزیکی
Methode *f* روش
methodisch *adj* روشمند
Methodologie *f* روش شناسی
Meuterei *f* سرکشی؛ تمرّد؛ طغیان؛ آشوب
Ausbruch der ~ بروز طغیان؛ بروز آشوب
~ von Gefangenen طغیان زندانیان
~ von Soldaten تمرّد سربازان
zur ~ aufrufen به تمرّد فراخواندن؛ به آشوب فراخواندن
Meuterer *m* سرکش؛ متمرّد؛ طغیان گر
meutern سرکشی کردن؛ تمرّد کردن؛ طغیان کردن
Miete *f* اجاره؛ کرایه
rückständige ~ اجارهٔ معوّقه؛ اجارهٔ پرداخت نشده
Mieteinkünfte *pl* درآمد حاصله از اجاره بها؛ درآمد اجاره ای؛ عایدات اجاره ای
Mieteinnahmen *fpl* دریافت های حاصله از اجاره بها؛ دریافت های اجاره ای
mieten اجاره کردن؛ کرایه کردن
Mieter/-in *m/f* اجاره دار؛ مستأجر
Mieterhöhung *f* افزایش اجاره؛ افزایش اجاره بها
Mieterschutz *m* حمایت از اجاره داران
Miethaus *n* خانهٔ اجاره ای
Miethöhe *f* میزان اجاره بها
Mietkosten *f* پول اجاره
Mietminderung *f* کاهش اجاره؛ کاهش اجاره بها
Mietnebenkosten *f* مخارج اضافی اجاره بها
Mietpreis *m* اجاره بها؛ مال الاجاره
Mietpreisbindung *f* کنترل اجاره بها
Mietrecht *n* قانون اجاره
Mietrückstände *mpl* مطالبات اجاره ای

پرداخت نشده؛ مطالبات اجاره ای معوّقه

Mietstreitigkeiten *fpl* اختلافات بین مالک و مستأجر؛ اختلافات مربوط به اجاره داری

Mietverhältnis *n* رابطهٔ بین مالک و مستأجر؛ اجاره داری

Mietvertrag *m* قرارداد اجاره؛ اجاره نامه

Mietwert *m* ارزش اجاره ای

Mietwohnung *f* آپارتمان اجاره ای

Mietzahlung *f* پرداخت اجاره؛ پرداخت اجاره بها؛ پرداخت مال الاجاره

Mietzins *m* سود اجاره بها

Migrant/-in *m/f* مهاجر

Migration *f* مهاجرت

mildern از شدّت چیزی کاستن؛ ملایمتر کردن

die Vorschriften ~ از شدّت مقرّرات کاستن

Mikroökonomie *f* اقتصاد خرد

Mikrosoziologie *f* جامعه شناسی خرد

Milieu *n* محیط؛ محیط اجتماعی

ärmliches ~ محیط فقیرانه

kriminelles ~ محیط تبهکاری

militant *adj* ستیزه جو

Militär *n* ارتش

Militärakademie *f* دانشکدهٔ نظامی؛ دانشکدهٔ افسری

Militärapparat *m* دستگاه نظامی

Militärattaché *m* وابستهٔ نظامی

Militärausgaben *fpl* مخارج نظامی؛ هزینه های نظامی

Militärausschuss *m* کمیسیون نظامی

Militärbasis *f* پایگاه نظامی

Militärbefehlshaber *m* فرماندهٔ نظامی

Militärbehörden *fpl* مقامات نظامی

Militärbeobachter/-in *m/f* ناظر نظامی

Militärberater/-in *m/f* رایزن نظامی؛ مستشار نظامی

Militärbestände *mpl* تسلیحات و مهمّات باقیماندهٔ نظامی؛ کالاهای انبار شدهٔ نظامی

Militärbündnis *n* پیمان نظامی

Militärdienst *m* خدمت سربازی؛ خدمت نظام وظیفه؛ خدمت زیر پرچم

Befreiung vom ~ معافیّت از خدمت زیر پرچم؛ معافیّت از خدمت سربازی

den ~ absolvieren خدمت سربازی را به پایان رساندن؛ خدمت نظام وظیفه را به پایان رساندن

zum ~ gehen به خدمت سربازی رفتن؛ به خدمت نظام وظیفه رفتن

Militärdiktatur *f* دیکتاتوری نظامی

Militäreinrichtungen *fpl* تأسیسات نظامی

Militärfahrzeug *n* خودرو نظامی

Militärflughafen *m* فرودگاه نظامی

Militärflugplatz *m* فرودگاه (کوچک) نظامی

Militärflugzeug *n* هواپیمای نظامی

Militärgefängnis *n* زندان نظامی

Militärgericht *n* دادگاه نظامی

Militärgouverneur *m* فرماندار نظامی

Militärhaushalt *m* بودجهٔ نظامی

den ~ erhöhen بودجهٔ نظامی را افزایش دادن

den ~ kürzen بودجهٔ نظامی را کاهش دادن

Militärherrschaft *f* سلطهٔ نظامی

Militärhilfe *f* کمک نظامی

Militärinstitution *f* نهاد نظامی

Militarismus *m* ارتش سالاری

Militarist/-in *m/f* هوادار ارتش سالاری

militaristisch *adj* ارتش سالارانه

Militärjurist/-in *m/f* حقوقدان نظامی

militärisch *adj* نظامی؛ ارتشی

~e Ausbildung آموزش نظامی

~e Bewegungen تحرّکات نظامی

~e Einheit یکان نظامی؛ واحد نظامی
~e Einrichtungen مؤسّسات نظامی
~e Geheimnisse اسرار نظامی
~e Lösung راه حلّ نظامی
~e Operation عملیّات نظامی
~e Zone منطقهٔ نظامی
~er Befehl دستور نظامی
~er Schauplatz عرصهٔ نظامی
~es Potential توان نظامی؛ توانمندی نظامی؛ امکانات نظامی
Militärkaserne *f* پادگان نظامی
Militärkreise *mpl* محافل نظامی
Militärlager *n* اُردوگاه نظامی
Militärmacht *f* قدرت نظامی
Militärmaschine *f* هواپیمای نظامی
Militärmaschinerie *f* دستگاه نظامی
Militärmission *f* هیأت نظامی
Militäroperation *f* عملیّات نظامی
Militärpakt *m* پیمان نظامی
Militärparade *f* رژهٔ نظامی؛ رژهٔ یکان های نظامی
Militärpatrouille *f* گَشت نظامی؛ گروه گَشت نظامی
Militärpersonal *n* نفرات نظامی؛ پرسنل نظامی؛ پرسنل ارتش
Militärpfarrer *m* کشیش نظامی؛ کشیش ارتشی
Militärpolizei *f* پلیس نظامی؛ پلیس ارتش؛ دژبانی
Militärpolizist/-in *m/f* پلیس نظامی؛ پلیس ارتش؛ دژبان
Militärpotential *n* توان نظامی؛ توانمندی نظامی؛ امکانات نظامی
Militärprozess *m* دادرسی نظامی؛ محاکمهٔ نظامی
Militärputsch *m* کودتای نظامی
Militärrat *m* شورای نظامی
Militärregime *n* رژیم نظامی
Militärrevolte *f* شورش نظامی
Militärrichter/-in *m/f* قاضی دادگاه نظامی؛ قاضی محکمهٔ نظامی
Militärseelsorger *m* کشیش نظامیان
Militärsprecher/-in *m/f* سخنگوی نظامی
Militärstaat *m* دولت نظامی
Militärstaatsanwalt *m* دادستان نظامی
Militärstab *m* ستاد نظامی؛ ستاد ارتش
Militärstratege *m* طرّاح استراتژی نظامی
Militärstrategie *f* استراتژی نظامی؛ خطّ مشی نظامی
Militärstruktur *f* ساختار نظامی
Militärstützpunkt *m* پایگاه نظامی
Militärtradition *f* سنّت نظامی
Militärverwaltung *f* ادارهٔ نظامی
Militärwesen *n* امور نظامی
Militärzeit *f* زمان خدمت سربازی؛ زمان نظام وظیفه
Militärzensur *f* سانسور نظامی
Miliz *f* چریک؛ میلیتا
Milizionär *m* عضو یک سازمان چریکی
Minderheit *f* اقلیّت
ethnische ~ اقلیّت قومی
religiöse ~ اقلیّت مذهبی
Minderheitenrechte *npl* حقوق اقلیّت ها
Minderheitenstatus *m* وضع قانونی اقلیّت ها
Minderheitsaktien *fpl* سهام اقلیّت
Minderheitsaktionär/-in *m/f* سهامدار جزء
Minderheitsfraktion *f* فراکسیون اقلیّت
Minderheitskabinett *n* کابینهٔ اقلیّت
Minderheitsregierung *f* دولت اقلیّت
minderjährig *adj* خردسال؛ صغیر
Minderjährigkeit *f* خردسالی
mindern کاستن؛ کاهش دادن
Minderung *f* کاهش؛ تقلیل

~ der Arbeitslosigkeit کاهش بیکاری
~ der Erwerbslosigkeit کاهش بیکاری؛ کاهش کسب و کار
~ der Kaufkraft کاهش قدرت خرید
~ von Spannungen کاهش تنش ها؛ کاهش تشنّجات
minderwertig *adj* نامرغوب؛ کیفیّت بد؛ کیفیّت نامطلوب؛ کیفیّت پایین
~e Ware کالای نامرغوب؛ جنس نامرغوب
Minderwertigkeit *f* حقارت
Minderwertigkeitsgefühl *n* احساس حقارت
Minderwertigkeitskomplex *m* عقدهٔ حقارت
Mindestalter *n* حدّاقلّ سن
Mindestanforderungen *fpl* حدّاقلّ درخواست ها
Mindestangebot *n* پایین ترین قیمت پیشنهادی
Mindestbedarf *m* حدّاقلّ نیاز
Mindestbeschäftigung *f* حدّاقلّ اشتغال
Mindestbeschäftigungszeit *f* حدّاقلّ مدّت اشتغال
Mindestbetrag *m* حدّاقلّ مبلغ پول
Mindestdividende *f* حدّاقلّ سود سهام
Mindesteinkommen *n* حدّاقلّ درآمد
Mindestforderung *f* حدّاقلّ مطالبه؛ حدّاقلّ پول مورد مطالبه
Mindestgebot *n* پایین ترین قیمت پیشنهادی
Mindestguthaben *n* حدّاقلّ موجودی
Mindestkosten *f* کمترین هزینه؛ حدّاقلّ هزینه
Mindestlohn *m* حدّاقلّ مزد؛ حدّاقلّ دستمزد
garantierter ~ حدّاقلّ دستمزد تضمینی
Mindestpreis *m* قیمت کمینه؛ حدّاقل قیمت
Mindestredezeit *f* حدّاقلّ مدّت سخنرانی
Mindeststeuersatz *m* پایین ترین میزان مالیات
Mindestverdienst *m* حدّاقلّ درآمد
Mindestvoraussetzungen *fpl* حدّاقلّ پیش شرط ها
Mindestzahlung *f* حدّاقلّ پرداخت
Mine *f* 1) معدن 2) مین
1) eine ~ abbauen از معدنی استخراج کردن
eine ~ ausbeuten از معدنی بهره برداری کردن
eine ~ erschließen از معدنی بهره برداری کردن
eine ~ stillegen معدنی را بستن؛ معدنی را تعطیل کردن
2) ~n legen مین گذاری کردن
~n räumen مین ها را جمع آوری کردن
~n suchen مین یابی کردن
Minenfeld *n* میدان مین
Minenleger *m* مین گذار
Minenräumboot *n* قایق مین جمع کن
Minenräumung *f* جمع آوری مین ها
Minensuchboot *n* قایق مین یاب
Minensucher *m* مین یاب؛ کشتی مین جمع کن
Minensuchgerät *n* دستگاه مین یاب
Minensuchoperation *f* عملیّات مین یابی
Minenwerfer *m* مین افکن
Mineralölindustrie *f* صنعت نفت
Mineralölsteuer *f* مالیات نفت؛ مالیات بر مصرف نفت
minimal *adj* حدّاقل
~e Forderung 1) حدّاقلّ خواست 2) حدّاقلّ مطالبه
~e Voraussetzungen حدّاقلّ پیش شرط ها
~er Unterschied حدّاقلّ تفاوت؛ حدّاقلّ اختلاف
minimieren کمینه ساختن؛ به حدّاقل رساندن
Minimierung *f* کمینه سازی؛ به حدّاقل رسانی
Minimum *n* کمینه؛ حدّاقل
Minister/-in وزیر
ehemaliger ~ وزیر پیشین؛ وزیر سابق

früherer ~	وزیر پیشین؛ وزیر سابق
korrupter ~	وزیر رشوه خوار
~ der Justiz	وزیر دادگستری
~ der Verteidigung	وزیر دفاع
~ des Auswärtigen	وزیر امور خارجه
~ des Innern	وزیر کشور
einen ~ entlassen	وزیری را برکنار کردن
einen ~ ernennen	وزیری را منصوب کردن
einen ~ vereidigen	وزیری را سوگند دادن
einen ~ vorschlagen	وزیری را پیشنهاد کردن
Ministeramt n	مقام وزارت
Ministerausschuss m	کمیسیون وزیران
Ministerbeschluss m	تصویب نامهٔ هیأت وزیران
ministeriell adj	وزارتی
Ministerium n	وزارت؛ وزارتخانه
ein ~ auflösen	وزارتخانه ای را منحل کردن
ein ~ leiten	ریاست وزارتخانه ای را به عهده داشتن
ein ~ verwalten	وزارتخانه ای را اداره کردن
Ministeriumssprecher/-in m/f	سخنگوی وزارت
Ministerkonferenz f	کنفرانس وزیران
Ministerposten m	پست وزارت؛ مقام وزارت
Ministerpräsident/-in m/f	نخست وزیر
Ministerrat m	شورای وزیران
Ministerratssitzung f	نشست شورای وزیران؛ اجلاس شورای وزیران
Ministersitzung f	نشست وزیران؛ جلسهٔ وزیران؛ اجلاس وزیران
Ministertagung f	کنفرانس وزیران
Misere f	وضع بد؛ وضع نابسامان؛ وضع نامطلوب
berufliche ~	وضع بد شغلی
familiäre ~	وضع نابسامان خانوادگی
finanzielle ~	وضع بد مالی
politische ~	وضع نابسامان سیاسی؛ وضع نامطلوب سیاسی

wirtschaftliche ~	وضع نابسامان اقتصادی؛ وضع نامطلوب اقتصادی
sich in einer ~ befinden	در وضعی نابسامان بودن؛ در وضعی بد و نامطلوب بسر بردن
aus einer ~ herauskommen	از وضعی نابسامان بیرون آمدن؛ از وضعی بد و نامطلوب بیرون آمدن
eine ~ überwinden	بر وضعی نابسامان فائق آمدن؛ بر وضعی بد و نامطلوب فائق آمدن
missachten	بی اعتنایی کردن؛ نادیده گرفتن؛ احترام نگذاشتن؛ محترم نشمردن
die Gesetze ~	به قوانین احترام نگذاشتن؛ قوانین را محترم نشمردن؛ قوانین را نادیده گرفتن
die Richtlinien ~	ضوابط و مقرّرات را نادیده گرفتن؛ ضوابط و مقرّرات را محترم نشمردن؛ به ضوابط و مقرّرات بی اعتنایی کردن
Missachtung f	بی اعتنایی؛ عدم رعایت
missbilligen	رد کردن؛ تصویب نکردن
Missbilligung f	رد؛ عدم تصویب
Missbilligungsantrag m	درخواست عدم تصویب
Missbilligungsvotum n	رأی عدم تصویب
Missbrauch m	سوء استفاده
~ öffentlicher Gelder	سوء استفاده از وجوه دولتی
missbrauchen	سوء استفاده کردن
jmds. Vertrauen ~	از اعتماد کسی سوء استفاده کردن
eine Vollmacht ~	از وکالتی سوء استفاده کردن
Misserfolg m	ناکامی؛ نامرادی؛ عدم موفقّیت
missfallen	خوش نیامدن
Missfallen n	ناخشنودی
misshandeln	بدرفتاری کردن؛ مورد اذیت و آزار قرار دادن
Misshandlung f	بدرفتاری؛ اذیت و آزار
Mission f	مأموریّت؛ رسالت
erfolglose ~	مأموریّت ناموفّق

gefährliche ~	مأموریّت خطیر
geheime ~	مأموریّت سرّی
geschichtliche ~	مأموریّت تاریخی
großartige ~	مأموریّت خطیر و بزرگ
heikle ~	مأموریّت حسّاس و خطرناک
historische ~	رسالت تاریخی
misslungene ~	مأموریّت ناموفّق
politische ~	مأموریّت سیاسی
eine ~ erfüllen	مأموریّتی را انجام دادن
eine ~ übernehmen	مأموریّتی را به عهده گرفتن
Missionar/-in *m/f*	مبلّغ دینی
Missionsarbeit *f*	تبلیغ مذهبی
Missionschef/-in *m/f*	رئیس هیأت
Misskredit *m*	بی اعتباری
jmdn. in ~ bringen	کسی را بی اعتبار کردن
Missmanagement *n*	مدیریّت بد؛ مدیریّت نادرست؛ سوء مدیریّت
Missstand *m*	وضعیّت بد
Misstrauen *n*	بدگمانی؛ عدم اعتماد
Misstrauensantrag *m*	درخواست عدم اعتماد
einen ~ überstehen	بر درخواست عدم اعتماد فائق آمدن
Misstrauensvotum *n*	رأی عدم اعتماد
misstrauisch *adj*	بدگمان
Missverständnis *n*	بدفهمی؛ سوء تفاهم
ein ~ ausräumen	سوء تفاهمی را برطرف کردن
Misswirtschaft *f*	مدیریّت بد؛ مدیریّت نادرست
Mitarbeit *f*	همکاری
mitarbeiten	همکاری کردن
Mitarbeiter/-in *m/f*	همکار؛ همقطار
wissenschaftlicher ~	همکار علمی
Mitarbeiterzahl *f*	شمار کارکنان؛ تعداد کارکنان
die ~ reduzieren	شمار کارکنان را کاهش دادن
Mitbegründer/-in *m/f*	هم بنیان گذار

Mitbewerber/-in *m/f*	رقیب
Mitbewohner/-in *m/f*	هم خانه
Mitbürger/-in *m/f*	همشهروند
Miteigentum *n*	مالکیّت مشاع؛ مالکیّت مشترک
Miteigentümer/-in *m/f*	مالک مشاع؛ مالک مشترک
Mitgefühl *n*	همدلی؛ همدردی
Mitglied *n*	عضو؛ هموند
aktives ~	عضو فعّال
assoziiertes ~	عضو وابسته
beratendes ~	عضو مشورتی
designiertes ~	عضو انتصابی
ehrenamtliches ~	عضو افتخاری
geschäftsführendes ~	عضو مدیریّت؛ عضو هیأت مدیره
gewähltes ~	عضو منتخب
neues ~	عضو جدید
offizielles ~	عضو رسمی
ordentliches ~	عضو عادّی؛ عضو معمولی
passives ~	عضو غیرفعّال
stellvertretendes ~	عضو جانشین؛ عضو علی البدل
stimmberechtigtes ~	عضو دارای حقّ رأی
unfähiges ~	عضو بی کفایت
volles ~	عضو کامل
zuwiderhandelndes ~	عضو متخلّف از قانون؛ عضو متخلّف از دستورات و مقرّرات
als ~ aufnehmen	به عضویّت پذیرفتن
ein ~ ausschließen	عضوی را اخراج کردن
Mitgliederrückgang *m*	کاهش تدریجی هموندان؛ کاهش تدریجی اعضا
Mitgliederversammlung *f*	گردِهمایی هموندان؛ گردِهمایی اعضا
Mitgliedsbeitrag *m*	حقّ عضویّت
Mitgliedsbuch *n*	دفتر عضویّت

Mitgliedschaft *f* عضویّت؛ همونْدی
Antrag auf ~ درخواست عضویّت
Mitgliedskarte *f* کارت عضویّت
Mitgliedsland *n* کشور عضو
Mitgliedsstaat *m* دولت عضو
Mitleid *n* همدردی؛ دلسوزی
mitschuldig *adj* شریک جرم؛ همدست
Mitschuldige *m/f* شریک جرم؛ همدست
Mitschüler/-in *m/f* هم مدرسه ای
Mitspracherecht *n* حقّ مشارکت در تصمیم گیری
Mittäter/-in *m/f* شریک جرم؛ معاون جرم؛ همدست
Mittäterschaft *f* معاونت در جرم؛ همدستی
mitteilen گزارش دادن؛ اطّلاع دادن
Mitteilung *f* گزارش؛ اطّلاعیّه
amtliche ~ گزارش اداری؛ اطّلاعیّهٔ اداری
offizielle ~ گزارش رسمی؛ اطّلاعیّهٔ رسمی
vertrauliche ~ گزارش محرمانه
Mitteilungspflicht *f* وظیفهٔ گزارش دهی
Mittel 1) *pl* 2) *n* 1) وجوه؛ وجوه مالی
2) ابزار؛ وسیله
1) finanzielle ~ وجوه مالی
flüssige ~ وجوه نقد
öffentliche ~ وجوه عمومی؛ وجوه دولتی
private ~ وجوه خصوصی
staatliche ~ وجوه دولتی
2) legitimes ~ وسیلهٔ قانونی؛ ابزار قانونی
unzulässiges ~ وسیلهٔ غیرمجاز؛ ابزار غیرقانونی؛ ابزار نامشروع
Mittelalter *n* قرون وسطا
mittelalterlich *adj* قرون وسطایی
Mittelanforderung *f* درخواست ملی؛ درخواست کمک مالی
mittellos *adj* بینوا؛ فقیر؛ بی پول

Mittelschicht *f* قشر متوسّط
Mittelsmann *m* شخص رابط
Mittelstand *m* قشر متوسّط
gehobener ~ قشر متوسّط بالا
Mittelständler/-in *m/f* فرد وابسته به قشر متوسّط
Mittelverteilung *f* تقسیم وجوه مالی
Mittelverwendung *f* استفاده از وجوه مالی
Mittelzuweisung *f* تخصیص وجوه مالی
Mitverantwortung *f* مسؤلیّت مشترک
mobilisieren بسیج کردن
die Armee ~ ارتش را بسیج کردن
die Reserveeinheiten ~ یکان های ذخیره را بسیج کردن
die Truppen ~ نیروهای نظامی را بسیج کردن
Mobilisierung *f* بسیج
Mobilität *f* جنبندگی؛ تحرّک
soziale ~ جنبندگی اجتماعی ؛ تحرّک اجتماعی
Mobilmachung *f* بسیج
die ~ anordnen دستور بسیج دادن
Mobilmachungsbefehl *m* دستور بسیج
Moderator/-in *m/f* مجری برنامه؛ ارائه دهندهٔ برنامه
moderieren اجرا کردن (برنامه)؛ ارائه دادن (برنامه)
modern *adj* نوین؛ امروزی
modernisieren نوسازی کردن
einen Betrieb ~ شرکتی را نوسازی کردن
ein Land ~ کشوری را نوسازی کردن
den Regierungsapparat ~ دستگاه دولتی را نوسازی کردن
ein Unternehmen ~ شرکتی را نوسازی کردن
die Verwaltung ~ دستگاه اداری را نوسازی کردن
Modernisierung *f* نوسازی
Modernisierungsprogramm *n* برنامهٔ نوسازی

Modernisierungsprojekte *npl* پروژه های نوسازی؛ طرح های نوسازی
Modernisierungsprozess *m* فرایند نوسازی
Modernismus *m* نوگرایی
Modernist/-in *m/f* نوگرا
Modernität *f* مدرنیّت
Modifikation تعدیل
modifizieren تعدیل کردن
Modifizierung *f* تعدیل؛ تعدیل گری
Möglichkeit *f* امکان
finanzielle ~en امکانات مالی
Monarch/-in *m/f* سلطان؛ پادشاه
absoluter ~ پادشاه مستبد؛ سلطان مستبد
Monarchie *f* حکومت سلطنتی؛ کشور پادشاهی
die ~ gründen حکومت سلطنتی را بنیان گذاردن؛ حکومت سلطنتی را تأسیس کردن
die ~ stürzen حکومت سلطنتی را سرنگون کردن
Monatsgehalt *n* حقوق ماهانه
Monatslohn *m* مزد ماهانه؛ دستمزد ماهانه
Monatsverdienst *m* درآمد ماهانه
Monogamie *f* تک همسری
Monolog *m* تک گویی؛ مونولوگ
Monopol *n* انحصار
öffentliches ~ انحصار عمومی
privates ~ انحصار خصوصی
staatliches ~ انحصار دولتی
ein ~ ausüben انحصاری را اعمال کردن
ein ~ errichten انحصاری را ایجاد کردن
über ein ~ verfügen انحصاری را در اختیار داشتن
monopolisieren به انحصار درآوردن؛ انحصاری کردن
Monopolisierung *f* انحصاری کردن؛ عمل انحصاری کردن
Monopolkapital *n* سرمایهٔ انحصاری

Monopolstellung *f* موقعیّت انحصاری
Monotheismus *m* یگانه پرستی
Monotheist *m* یگانه پرست
monoton *adj* یکنواخت
Moral *f* اخلاق
bürgerliche ~ اخلاق بورژوایی
politische ~ اخلاق سیاسی
Moralapostel *m* پیام آور اخلاق؛ موعظه گر اخلاق
Moralbegriff *m* مقولهٔ اخلاقی
moralisch *adj* اخلاقی؛ معنوی
~e Aufgabe وظیفهٔ اخلاقی
~e Pflicht تعهّد اخلاقی
~e Unterstützung حمایت معنوی
~e Verantwortung مسئولیّت اخلاقی
~e Verpflichtung تعهّد اخلاقی
~er Akt عمل اخلاقی
~er Sieg پیروزی معنوی
~er Verfall انحطاط اخلاقی
Moralismus *m* اخلاق باوری
Moralist *m* اخلاق باور
Moralphilosophie *f* فلسفهٔ اخلاق
Moralprediger/-in *m/f* موعظه گر اخلاق؛ واعظ اخلاق
Moralverfall *m* انحطاط اخلاقی
Mord *m* قتل
politischer ~ قتل سیاسی
Anstiftung zum ~ تحریک به قتل
jmdn. des ~es beschuldigen کسی را به قتل متّهم کردن
Mordanklage *f* اتّهام به قتل
Mordanschlag *m* حمله به قصد ترور؛ سوء قصد؛ توطئهٔ قتل
Morddrohung *f* تهدید به قتل
morden به قتل رساندن

Mörder/-in *m/f*   قاتل؛ آدمکش

flüchtiger ~   قاتل فراری؛ آدمکش فراری

Mörderbande *f*   باند آدمکشان؛ باند قاتلین

Mordkommando *n*   کماندوی آدمکشی؛ کماندوی قتل؛ کماندوی ترور

Mordkommission *f*   کمیسیون رسیدگی به قتل

Mordkomplott *n*   توطئهٔ قتل؛ دسیسهٔ قتل

Mordprozess *m*   دادرسی جنایی؛ محاکمهٔ جنایی

Mordüberfall *m*   حمله ناگهانی به قصد ترور

Mordverdacht *m*   سوء ظن به قتل

Mordversuch *m*   سوء قصد؛ مبادرت به قتل

Motiv *n*   انگیزه

einleuchtendes ~   انگیزهٔ روشن؛ انگیزهٔ آشکار

naheliegendes ~   انگیزهٔ قابل درک؛ انگیزهٔ قابل فهم؛ انگیزهٔ قابل توجیه

niedere ~e   انگیزه های رذیلانه

persönliches ~   انگیزهٔ شخصی

plausibles ~   انگیزهٔ روشن؛ انگیزهٔ آشکار؛ انگیزهٔ مستدل

politisches ~   انگیزهٔ سیاسی

wirkliches ~   انگیزهٔ واقعی

multidimensional *adj*   چندبعدی

multidiziplinär *adj*   چندرشته ای

multiethnisch *adj*   چندقومی

multikulturell *adj*   چندفرهنگی

multilateral *adj*   چندسویه؛ چندجانبه

Multilateralismus *m*   چندسویگی؛ چندجانبگی

multinational *adj*   چندملّیتی

Multinationalismus *m*   چندملّیتی

mündig *adj*   بالغ

Mündigkeit *f*   بلوغ

Munition *f*   مهمّات

Munitionsfabrik *f*   کارخانهٔ مهمّات

Munitionslager *n*   انبار مهمّات

Munitionsmangel *m*   کمبود مهمّات

Munitionsnachschub *m*   ارسال مهمّات به جبهه

Munitionsproduktion *f*   تولید مهمّات

Munitionsproduzent *m*   تولیدکنندهٔ مهمّات

N

Nachbarland *n* کشور همسایه؛ کشور همجوار
Nachbarregion *f* منطقهٔ همسایه؛ منطقهٔ همجوار
Nachbarschaft *f* همسایگی؛ همجواری
Nachbarstaat *m* دولت همجوار؛ کشور همجوار
nachdenken über اندیشیدن پیرامون؛ دراندیشیدن پیرامون؛ فکرکردن پیرامون
nachdenklich *adj* 1) اندیشه گر 2) در فکر فرورفته؛ گرفته
Nachfolge *f* جانشین
die ~ antreten جانشین شدن؛ جانشین مقامی شدن
nachfolgen جانشین شدن
Nachfolgeorganisation *f* سازمان جانشین
Nachfolgepartei *f* حزب جانشین
Nachfolger/-in *m/f* جانشین
rechtmäßiger ~ جانشین قانونی
Nachforschung *f* پژوهش؛ تجسّس؛ ادامهٔ تحقیق
Nachforschungsantrag *m* درخواست پژوهش؛ درخواست ادامهٔ تحقیق
Nachfrage *f* تقاضا
schwache ~ تقاضای ضعیف
wachsende ~ تقاضای در حال افزایش؛ تقاضای روزافزون
Belebung der ~ احیای تقاضا
Rückgang der ~ کاهش تقاضا
Nachfragedruck *m* فشار تقاضا
Nachfragepreis *m* قیمت تقاضا
nachgeben تسلیم شدن؛ کوتاه آمدن
einem Druck ~ در برابر فشاری تسلیم شدن؛ در برابر فشاری کوتاه آمدن
nachkommen پیروی کردن
einer Vorschrift ~ از دستوری پیروی کردن
Nachkriegsgeneration *f* نسل پس از جنگ
Nachkriegsgeschichte *f* تاریخ پس از جنگ
Nachkriegsliteratur *f* ادبیّات پس از جنگ
Nachkriegsordnung *f* نظام پس از جنگ
Nachkriegsregierung *f* حکومت پس از جنگ
Nachkriegssituation *f* وضعیّت پس از جنگ
Nachkriegsstruktur *f* ساختار پس از جنگ
Nachkriegswirtschaft *f* اقتصاد پس از جنگ
Nachkriegszeit *f* زمان پس از جنگ؛ دوران پس از جنگ
Nachlass *m* ترکه؛ ماترک
Nachlassverwalter/-in *m/f* مدیر و مباشر امور دیگری؛ مدیر ترکه؛ وکیل و وصی قانونی
Nachlassverwaltung *f* ادارهٔ امور دیگری؛ ادارهٔ ترکه
Nachricht *f* خبر
geheime ~en اخبار سرّی
kulturelle ~en اخبار فرهنگی
schockierende ~en اخبار تکان دهنده
eine ~ dementieren خبری را تکذیب کردن
eine ~ senden خبری را پخش کردن
eine ~ übermitteln خبری را رساندن
eine ~ verbreiten خبری را پخش کردن
eine ~ zensieren خبری را سانسور کردن
Nachrichtenagentur *f* بنگاه خبری؛ آژانس خبری
Nachrichtenbeschaffung *f* تهیّهٔ خبر
Nachrichtendienst *m* سرویس اطّلاعاتی؛ سازمان جاسوسی
Nachrichtendienstoffizier/-in *m/f* افسر اطّلاعات؛ افسر ضدّ اطّلاعات؛ افسر سازمان جاسوسی
Nachrichtenkommentator/-in *m/f* مفسّر اخبار
Nachrichtenlage *f* وضعیّت خبری
Nachrichtenquelle *f* منبع خبری
Nachrichtenredakteur/-in *m/f* سردبیر اخبار
Nachrichtenredaktion *f* سردبیری اخبار

Nachrichtensatellit *m* ماهوارهٔ خبری
Nachrichtensendung *f* پخش اخبار
Nachrichtensperre *f* منع پخش اخبار؛ ممنوعیّت پخش اخبار؛ جلوگیری از پخش اخبار
Nachrichtenspezialist/-in *m/f* کارشناس امور خبری
Nachrichtensprecher/-in *m/f* گویندهٔ اخبار
Nachrichtenwert *m* ارزش خبری
Nachrichtenzensur *f* سانسور اخبار
nachrüsten تجدید تسلیحات کردن
Nachrüstung *f* تجدید تسلیحات
Nachschub *m* ارسال مهمّات و موادّ غذایی به جبهه
Nachschubbasis *f* پایگاه تدارکات؛ پایگاه پشتیبانی
Nachschublinie *f* خطّ تدارکات؛ خط پشتیبانی
nachsuchen درخواست کردن
um Asyl ~ درخواست پناهندگی کردن
Nachtangriff *m* شبیخون؛ حملهٔ شبانه
Nachtkampf *m* نبرد شبانه؛ درگیری شبانه
Nachtragshaushalt *m* بودجهٔ تکمیلی
Nachtsperre *f* منع رفت و آمد شبانه؛ منع عبور و مرور در شب
Nachwahlen *fpl* انتخابات میان دوره ای
Nachweis *m* مدرک؛ دلیل
Nachweisbeschaffung *f* تهیّه و ارائهٔ مدارک
nachweisen ثابت کردن؛ اصالت امری را محرز ساختن
Nachzugsaktien *fpl* سهام مؤخّر
Nahrungskette زنجیرهٔ غذایی
Nahrungsmittel *n* موادّ غذایی
Nahrungsmittelhilfe *f* کمک موادّ غذایی
Nahrungsmittelindustrie *f* صنایع موادّ غذایی
Nahrungsmittelknappheit *f* کمبود موادّ غذایی
Nahrungsmittelpreise *mpl* قیمت های موادّ غذایی
Nahrungsmittelproduktion *f* تولید موادّ غذایی
Nahrungsmittelsektor *m* بخش موادّ غذایی
Nahrungsmittelversorgung *f* تأمین موادّ غذایی
Nation *f* ملّت
arme ~ ملّت تهیدست؛ ملّت فقیر
befreundete ~ ملّت دوست
friedliche ~ ملّت صلح دوست
mächtige ~ ملّت توانمند؛ ملّت قدرتمند
reiche ~ ملّت ثروتمند
schwache ~ ملّت ناتوان؛ ملّت ضعیف
starke ~ ملّت توانا؛ ملّت توانمند؛ ملّت نیرومند
national *adj* ملّی
~e Bewegung جنبش ملّی؛ نهضت ملّی
~e Ehre سربلندی ملّی؛ سرفرازی ملّی؛ افتخار ملّی
~e Größe عظمت ملّی
~e Interessen مصالح ملّی؛ منافع ملّی
~e Lösung راه حلّ ملّی
~e Minderheiten اقلیّت های ملّی
~e Schande ننگ ملّی
~e Überheblichkeit خودستایی ملّی؛ تکبّر ملّی
~e Verpflichtung تعهّد ملّی؛ وظیفهٔ ملّی
~er Gedenktag روز یادبود ملّی
~er Stolz غرور ملّی
~es Prestige آبروی ملّی؛ حیثیّت ملّی؛ وجهٔ ملّی
Nationalbewegung *f* جنبش ملّی
Nationalbewusstsein *n* آگاهی ملّی
Nationaldenkmal *n* یادمان ملّی؛ یادبود ملّی
Nationaleinkommen *n* درآمد ملّی
Nationalfeiertag *m* روز ملّی
Nationalgefühl *n* احساس ملّی
das ~ verletzen احساس ملّی را جریحه دار کردن
Nationalhymne *f* سرود ملّی
die ~ spielen سرود ملّی را نواختن

nationalisieren ملّی کردن
Nationalisierung *f* ملّی سازی
Nationalismus *m* ناسیونالیسم؛ ملّی گرایی؛ ملیّت گرایی
Nationalist/-in *m/f* ناسیونالیست؛ ملّی گرا؛ ملیّت گرا
nationalistisch *adj* ناسیونالیستی؛ ملّی گرایانه
~e Bestrebungen مقاصد ناسیونالیستی؛ مقاصد ملّی گرایانه
~e Tendenzen گرایش های ناسیونالیستی؛ گرایش های ملّی گرایانه
Nationalität *f* ملیّت؛ تابعیّت
die ~ wechseln تابعیّت را تغییر دادن
Nationalitätenfrage *f* مسألهٔ ملّت ها
Nationalökonom *m* اقتصاددان ملّی
Nationalökonomie *f* اقتصاد ملّی
Nationalpolitik *f* سیاست ملّی
Nationalprodukt *n* فراوردهٔ ملّی؛ محصول ملّی
Nationalrat *m* شورای ملّی
Nationalstaat *m* دولت ملّی
Nationalversammlung *f* مجلس ملّی
Naturereignis *n* حادثهٔ طبیعی
Naturkatastrophe *f* بلای طبیعی؛ فاجعهٔ طبیعی
Naturprodukt *n* فراوردهٔ طبیعی؛ محصول طبیعی
Naturrecht *n* حقّ طبیعی
Naturreligion *f* دین طبیعی
Naturschutz *m* نگه داشت طبیعت؛ نگه داشت محیط زیست؛ حفظ طبیعت
Naturschutzbehörde *f* ادارهٔ حراست از طبیعت؛ ادارهٔ حفاظت از محیط زیست
Naturschutzbund *m* اتّحادیّهٔ حراست از طبیعت؛ اتّحادیّهٔ حفاظت از محیط زیست
Naturschutzgebiet *n* منطقهٔ طبیعی مورد حفاظت
Naturschutzverband *m* اتّحادیّهٔ حراست از طبیعت؛ اتّحادیّهٔ حفاظت از محیط زیست
Naturvölker *npl* اقوام ابتدایی
Naturwissenschaften *fpl* علوم طبیعی
Naturwissenschaftler/-in *m/f* طبیعی دان
Nebenberuf *m* شغل دوّم؛ کار جنبی
Nebenbeschäftigung *f* شغل دوّم؛ کار جنبی
Nebeneinkünfte *pl* درآمدهای اضافی؛ عایدات اضافی
Nebeneinnahmen *fpl* دریافت های اضافی
Nebenerwerb *m* شغل دوّم؛ کار جنبی
Nebenklage *f* دادخواهی جنبی؛ شکایت جنبی
Nebenkläger/-in *m/f* خواهان جنبی؛ شاکی جنبی
Nebenkosten *f* هزینه های فرعی
Nebenprodukt *n* فراوردهٔ فرعی؛ محصول فرعی
Nebentätigkeit *f* شغل دوم؛ کار جنبی
Negation *f* نفی
negativ *adj* منفی
Negativbeispiel *n* نمونهٔ منفی
negieren نفی کردن
Negierung *f* نفی
Nennkapital *n* سرمایهٔ اسمی
Nennwert *m* ارزش اسمی؛ ارزش صوری
Neofaschismus *m* فاشیسم نو
Neofaschist/-in *m/f* فاشیست نو
Neokolonialismus *m* استعمار نو؛ استعمار جدید
Neoliberalismus *m* لیبرالیسم نو
Nervenkrieg *m* جنگ روانی
netto *adj* ویژه؛ خرج دررفته؛ خالص
Nettobilanz *f* تراز خالص؛ بیلان خالص
Nettoeinkommen *n* درآمد ویژه؛ درآمد خالص
Nettoertrag *m* بازدهٔ ویژه؛ بازدهٔ خالص
Nettofinanzverschuldung *f* بدهی مالی خالص
Nettogehalt *n* حقوق خالص
Nettogehaltsanpassung *f* تعدیل حقوق خالص

Nettogewinn *m* سود ویژه؛ سود خالص؛ منفعت خالص؛ نفع خالص

Nettogewinnspanne *f* گسترهٔ خالص سود؛ مابه التفاوت خالص سود

Nettoinlandsprodukt *n* محصول خالص داخلی

Nettoinvestition *f* سرمایه گذاری خالص

Nettokosten *f* هزینهٔ خالص

Nettokredit *m* اعتبار خالص؛ وام خالص

Nettokreditaufnahme *f* دریافت اعتبار خالص؛ وام گیری خالص

Nettokurs *m* بهای ویژه؛ قیمت ویژه؛ قیمت خالص

Nettolohn *m* مزد خالص؛ دستمزد خالص

Nettolohnanpassung *f* تعدیل مزد خالص

Nettoneuverschuldung *f* وام جدید خالص؛ قرضهٔ جدید خالص

Nettopreis *m* بهای ویژه؛ قیمت ویژه؛ قیمت خالص

Nettoproduktion *f* تولید خالص

Nettoproduktivität *f* بهره وری خالص

Nettosozialprodukt *n* فراوردهٔ خالص ملّی؛ محصول خالص ملّی

Nettostaatsverschuldung *f* بدهی خالص ملّی؛ قرض خالص ملّی

Nettoumlaufvermögen *n* سرمایهٔ خالص در گردش؛ دارایی خالص جاری

Nettoumsatz *m* فروش ویژه؛ فروش خالص

Nettoverbindlichkeiten *fpl* قرض خالص؛ دین خالص

Nettoverdienst *m* درآمد خالص؛ عایدی خالص

Nettoverlust *m* زیان ویژه؛ زیان خالص

Nettovermögen *n* دارایی خالص؛ سرمایهٔ خالص

Nettovermögenswert *m* ارزش دارایی های خالص

Nettoverschuldung *f* بدهی خالص؛ قرضهٔ خالص؛ دین خالص

Nettovolkseinkommen *n* درآمد ویژهٔ ملّی؛ درآمد خالص ملّی

Nettowert *m* ارزش ویژه؛ ارزش خالص

Nettozins *m* سود ویژه؛ سود خالص

Neuankömmling *m* تازه وارد

Neuerung *f* نوآوری

gesellschaftliche ~en نوآوری های اجتماعی

technische ~en نوآوری های فنّی؛ نوآوری های تکنیکی

Neugründung *f* بنیان گذاری نو؛ تأسیس جدید

Neuheit *f* تازگی

Neuinvestition *f* سرمایه گذاری دوباره؛ سرمایه گذاری جدید

Neujahrsansprache *f* پیام سال نو

Neuordnung *f* سازمان دهی دوباره؛ سازمان دهی جدید؛ تجدید سازمان

Neuorientierung *f* سمت گیری نو؛ جهت یابی نو

Neuregelung *f* نظم و ترتیب دوباره

neutral *adj* بیطرف؛ بیطرفانه

~e Beurteilung قضاوت بیطرفانه

~e Haltung موضع بیطرف

~er Beobachter ناظر بیطرف

~er Staat دولت بیطرف

~er Standpunkt موضع بیطرف

~es Land کشور بیطرف

neutralisieren خنثی کردن

ein Land militärisch ~ کشوری را از لحاظ نظامی خنثی کردن

politische Einflüsse ~ تأثیرات سیاسی را خنثی کردن

politische Kräfte ~ نیروهای سیاسی را خنثی کردن

Neutralisierung *f* خنثی سازی

Neutralität *f* بیطرفی

absolute ~ بیطرفی مطلق؛ بیطرفی کامل

Neutralitätserklärung *niederschlagen*

ständige ~ بیطرفی دائمی
strikte ~ بیطرفی کامل
die ~ eines Landes achten بیطرفی کشوری را محترم شمردن
die ~ aufgeben دست از بیطرفی برداشتن
die ~ einhalten بیطرفی را رعایت کردن
seine ~ erklären بیطرفی خود را اعلام کردن
die ~ eines Landes respektieren بیطرفی کشوری را محترم شمردن
die ~ eines Landes verletzen بیطرفی کشوری را نقض کردن
sich zur ~ verpflichten متعهّد به بیطرفی شدن
die ~ wahren بیطرف ماندن
Neutralitätserklärung *f* اعلام بیطرفی
Neutralitätspolitik *f* سیاست بیطرفی
Neutralitätsprinzip *n* اصل بیطرفی
Neutralitätsstatus *m* وضع بیطرفی
Neutralitätsverletzung *f* نقض بیطرفی
Neuverschuldung *f* وام جدید؛ قرض جدید
Neuwahlen *fpl* انتخابات جدید
Nichtachtung *f* عدم رعایت
~ der Menschenrechte عدم رعایت حقوق بشر
Nichtanerkennung *f* به رسمیّت نشناختن
~ eines Staates به رسمیّت نشناختن یک دولت
Nichtangriffspakt *m* پیمان عدم تجاوز
Nichtbeachtung *f* عدم توجّه
~ von Vorschriften عدم توجّه به مقرّرات
Nichtbefolgung *f* عدم پیروی
~ eines Befehls عدم پیروی از یک فرمان؛ عدم پیروی از یک دستور
~ eines Gesetzes عدم پیروی از یک قانون
Nichtbeteiligung *f* عدم مشارکت
Nichteinhaltung *f* عدم رعایت
~ der Menschenrechte عدم رعایت حقوق بشر

~ der Vereinbarungen عدم رعایت توافقات
Nichteinmischungspolitik *f* سیاست عدم مداخله
Nichterfüllung *f* عدم اجرا
~ der Verträge عدم اجرای قراردادها
Nichterscheinen *n* عدم حضور؛ غیبت
~ am Arbeitsplatz عدم حضور در محلّ کار
Nichtmitgliedstaat *m* دولت غیرعضو
nichtöffentlich *adj* غیرعلنی
~e Sitzung نشست غیرعلنی؛ جلسهٔ غیرعلنی
Nichtregierbarkeit *f* اداره ناپذیری؛ عدم قابلیّت اداری
~ eines Landes اداره ناپذیری یک کشور؛ عدم قابلیّت اداری یک کشور
Nichtteilnahme *f* عدم شرکت
~ an einer Konferenz عدم شرکت در یک کنفرانس
Nichtzahlung *f* عدم پرداخت
~ einer Verbindlichkeit عدم پرداخت یک بدهی
Nichtzuständigkeit *f* عدم صلاحیّت
~ eines Gerichtes عدم صلاحیّت یک دادگاه
Niederlage *f* شکست
schwere ~ شکست سنگین
völlige ~ شکست کامل
niederlassen, sich اسکان یافتن؛ مستقر شدن
Niederlassung *f* شرکت وابسته
niederlegen 1) استعفا دادن 2) دست کشیدن از 3) بر زمین نهادن
1) den Parteivorsitz ~ از ریاست حزب استعفا دادن
die Vertretung ~ از نمایندگی استعفا دادن
2) die Arbeit ~ دست از کار کشیدن
3) die Waffen ~ اسلحه ها را بر زمین نهادن
niederschlagen سرکوب کردن؛ فرونشاندن
blutig ~ سرکوب خونین کردن
einen Aufstand ~ قیامی را فرونشاندن؛ قیامی را سرکوب کردن

eine Revolte ~	شورشی را فرونشاندن؛ شورشی را سرکوب کردن
einen Streik ~	اعتصابی را فرونشاندن؛ اعتصابی را سرکوب کردن
Niederschlagung f	سرکوب؛ فرونشانی
Niedriglohnland n	کشور کم مزد؛ کشوری با حدّاقلّ هزینۀ کار
Niedrigpreis m	قیمت ارزان؛ قیمت نازل
Niedrigpreisimporte mpl	واردات کالاهای ارزان قیمت
Niedrigsteuerland n	کشور کم مالیات
Niedrigzinspolitik f	سیاست بهرۀ نازل
Nomade m	بادیه نشین
Nomadenbevölkerung f	جمعیّت بادیه نشین؛ جمعیّت کوچگر
Nomadenfamilie f	خانوادۀ بادیه نشین؛ خانوادۀ کوچگر
Nomadenleben n	زندگی بادیه نشینی؛ زندگی کوچگرانه
Nomadenvolk n	مردم بادیه نشین؛ مردم کوچگر
Nomadismus m	بادیه نشینی؛ کوچگری
Nominaleinkommen n	درآمد اسمی
Nominalkapital n	سرمایۀ اسمی؛ سرمایۀ صوری
Nominallohn m	مزد پولی
Nominalpreis m	بهای اسمی؛ قیمت اسمی
Nominalwert m	ارزش اسمی؛ ارزش صوری
Nominalzinsen mpl	بهرۀ اسمی
Nominalzinssatz m	نرخ بهرۀ اسمی
nominieren	نامزد کردن؛ کاندید کردن
Nominierung f	نامزدی؛ کاندیدا
Norm f	هنجار
normal adj	بهنجار؛ نرمال
normalisieren	عادّی ساختن
die Beziehungen ~	روابط را عادّی ساختن

die Zustände ~	اوضاع و احوال را عادّی ساختن
Normalisierung f	عادّی سازی
Normalisierungsprozess m	روند عادّی سازی؛ فرایند عادّی سازی
Normalität f	بهنجاری
normativ adj	هنجارین
Normlosigkeit f	بی هنجاری
Notaufnahmelager n	اُردوگاه موقّت پناه جویان؛ اُردوگاه موقّت آوارگان
Notbestimmungen fpl	مقرّرات فوق العاده
Notenausgabe f	انتشار اسکناس
Notenbank f	بانک ناشر اسکناس
Notenbankpolitik f	سیاست بانک مرکزی
Notenbankpräsident/-in m/f	رئیس بانک مرکزی
Nothilfe f	کمک اضطراری
Nötigung f	اجبار
~ durch Bedrohung	اجبار با تهدید تهدید
Notkredit m	اعتبار مبرم؛ وام بسیار ضروری
Notlage f	وضع اضطراری
Notlandung f	فرود اضطراری
notleidend adj	دردمند؛ مستمند
~e Bevölkerung	مردم دردمند؛ مردم مستمند
Notlösung f	راه حلّ موقّت؛ راه حلّ اضطراری
Notlüge f	دروغ مصلحت آمیز
Notmaßnahmen fpl	اقدامات اضطراری
~ ergreifen	دست به اقدامات اضطراری زدن
Notprogramm n	برنامۀ اضطراری
Notstand m	وضع اضطراری
den ~ ausrufen	وضع اضطراری اعلام کردن
den ~ erklären	وضع اضطراری اعلام کردن
Notstandsgebiet n	منطقۀ اضطراری؛ منطقۀ مصیبت زده

Notstandsgesetze *npl* قوانین وضعیّت اضطراری
Notstandsmaßnahmen *fpl* اقدامات فوق العاده؛ اقدامات ضروری
Notunterkunft *f* سرپناه موقّت
Notverkauf *m* فروش اضطراری
Notwehr *f* دفاع از خود
Notwehrrecht *n* حقّ دفاع از خود
notwendig *adj* بایسته؛ ضروری
Notwendigkeit *f* بایستگی؛ ضرورت
Nutznießer/-in *m/f* بهره مند؛ استفاده برنده
~ der Reformen بهره مند از اصلاحات؛ استفاده برنده از اصلاحات

Nutzung *f* بهره گیری؛ استفاده
alleinige ~ استفادهٔ انحصاری
friedliche ~ بهره گیری مسالمت آمیز؛ استفادهٔ مسالمت آمیز
gemeinsame ~ بهره گیری مشترک؛ استفادهٔ مشترک
industrielle ~ استفادهٔ صنعتی
landwirtschaftliche ~ استفادهٔ کشاورزی؛ استفادهٔ زراعتی
~ von Marktchancen بهره گیری از امکانات فروش در بازار

O

Oberbefehlshaber/-in *m/f* فرماندهٔ کل

Oberbürgermeister/-in *m/f* شهردار کل

Oberfinanzdirektion *f* مدیریّت کلّ مالی

Oberhaupt *n* 1) سالار 2) پیشوا

Oberkommandierende *m/f* فرماندهٔ کل؛ فرماندهٔ کلّ قوا؛ فرماندهٔ کلّ نیروهای نظامی

Oberlandesgericht *n* دادگاه کلّ استان

Oberleutnant *m* ستوان یکم

Oberschicht *f* قشر بالا؛ قشر بالای اجتماعی

Oberschule *f* دبیرستان

Oberst *m* سرهنگ

Oberverwaltungsgericht *n* دادگاه عالی اداری

objektiv *adj* عینی

~e Darstellung تشریح عینی

~e Entscheidung تصمیم عینی

~e Gründe دلایل عینی

~e Untersuchung بررسی عینی

~e Voraussetzungen پیش شرط های عینی

~er Bericht گزارش عینی؛ گزارش واقعی

Objektivität *f* عینیّت

Obrigkeit *f* مقام بالا؛ مرجع بالا

Obrigkeitsstaat *m* دولت زورگو؛ دولت قدرت پرست؛ دولت اُتوریته

offenlegen نمایاندن؛ آشکار کردن؛ افشا کردن؛ در مورد چیزی اطّلاعات دادن

Finanzen ~ در مورد عایدات و درآمدها اطّلاعات دادن

Ursachen ~ علّت ها را نمایاندن؛ علّت ها را آشکار کردن

Zusammenhänge ~ رابطه ها را نمایاندن؛ رابطه ها را آشکار کردن؛ رابطه ها را باز کردن

offensiv *adj* تهاجمی؛ آفندی

Offensivbündnis *n* پیمان تهاجمی

Offensive *f* تهاجم؛ حمله

die feindliche ~ abfangen از تهاجم دشمن جلوگیری کردن

die feindliche ~ auffangen تا حدّ توقّف از شدّت تهاجم دشمن کاستن

zur ~ übergehen به تهاجم پرداختن؛ به تهاجم روی آوردن

Offensivkraft *f* نیروی تهاجمی؛ نیروی تاختگر

Offensivkrieg *m* جنگ تهاجمی؛ جنگ آفندی

Offensivstrategie *f* استراتژی تهاجمی؛ استراتژی آفندی

Offensivtaktik *f* تاکتیک تهاجمی؛ تاکتیک آفندی

Offensivwaffen *fpl* جنگ ابزارهای تهاجمی؛ سلاح های تهاجمی؛ سلاح های آفندی

öffentlich *adj* 1) همگانی؛ عمومی؛ دولتی 2) علنی

1) ~e Ausgaben مخارج عمومی؛ مخارج دولتی؛ هزینه های دولتی

~e Bekanntmachung اطّلاعیهٔ عمومی؛ اعلامیهٔ عمومی؛ ابلاغ برای عموم

~e Dienstleistung خدمات دولتی؛ خدمات همگانی؛ خدمات عمومی

~e Einrichtungen مؤسّسات عمومی؛ مؤسّسات دولتی

~e Finanzen امور مالی دولت؛ تأمین مالی دولت؛ مالیهٔ عمومی

~e Fürsorge رفاه همگانی؛ بهزیستی همگانی؛ رفاه عمومی

~e Gelder وجوه عمومی؛ وجوه دولتی

~e Gesundheit بهداشت همگانی

~e Hand بخش عمومی؛ بخش دولتی

~e Investition سرمایه گذاری دولتی

~e Meinung افکار عمومی

~e Mittel وجوه عمومی؛ وجوه دولتی

~e Verschuldung بدهی دولتی؛ قرضهٔ عمومی؛

	دین عمومی
~e Versteigerung	حراج عمومی
~e Werbung	تبلیغات عمومی
~er Dienst	خدمات همگانی؛ خدمات عمومی؛ خدمات دولتی
~er Sektor	بخش عمومی؛ بخش دولتی
~er Versorgungsbetrieb	شرکت خدمات همگانی؛ شرکت خدمات عمومی
~es Ärgernis	مزاحمت عمومی؛ اذیت و آزار عمومی
~es Eigentum	ملک دولتی؛ اموال دولتی؛ مالکیّت دولتی؛ مالکیّت عمومی
~es Interesse	مصلحت همگانی؛ مصلحت عمومی؛ منفعت عامّه؛ منفعت عمومی
~es Vermögen	دارایی دولتی؛ اموال دولتی؛ دارایی عمومی
2) ~e Stellungnahme	موضع علنی
~e Verhandlung	دادرسی علنی
Öffentlichkeit *f*	افکار عمومی
in aller ~	در انظار عمومی؛ در ملاء عام
die ~ ausschließen	از مشارکت افکار عمومی جلوگیری کردن
etwas an die ~ bringen	موضویی را به درون افکار عمومی بردن
in die ~ dringen	به افکار عمومی راه یافتن
in der ~ präsent sein	در افکار عمومی حضور داشتن
sich an die ~ wenden	به افکار عمومی رجوع کردن
Öffentlichkeitsarbeit *f*	روابط عمومی
offiziell *adj*	رسمی؛ قانونی
~e Anklage	شکایت رسمی
~e Einladung	دعوت رسمی
~e Kriegserklärung	اعلام رسمی جنگ
~e Mitteilung	گزارش رسمی؛ اطّلاعیّهٔ رسمی
~e Nachricht	خبر رسمی
~e Quellen	منابع رسمی
~e Stelle	مقام رسمی
~er Besuch	دیدار رسمی
~er Empfang	ضیافت رسمی
~er Protest	واخواست رسمی؛ اعتراض رسمی
~er Streik	اعتصاب قانونی
~es Wahlergebnis	نتیجهٔ رسمی انتخابات
Offizier/-in *m/f*	افسر
Offiziersanwärter/-in *m/f*	متقاضی شغل افسری
Offizierskorps *n*	گروه افسران
Offiziersrang *m*	درجهٔ افسری؛ رتبهٔ افسری
Öffnungspolitik *f*	سیاست گشایش؛ سیاست درهای باز
Okkupant *m*	اشغالگر
Okkupation *f*	اشغال
Okkupationsgebiet *n*	منطقهٔ اشغالی؛ منطقهٔ تحت اشغال
Okkupationsheer *n*	سپاه اشغالگر؛ ارتش اشغالگر
Okkupationsmacht *f*	قدرت اشغالگر
okkupieren	اشغال کردن
ein Land ~	کشوری را اشغال کردن؛ سرزمینی را اشغال کردن
Ökosteuer *f*	مالیات محیط زیست
Ökosystem *n*	سیستم محیط زیست
Okzident *m*	غرب؛ باختر؛ مغرب زمین
okzidental *adj*	غربی؛ باختری؛ مغرب زمینی؛ مربوط به مغرب زمین
Öl *n* (*siehe: Erdöl*)	نفت
Ölaktien *fpl*	سهام نفت
Ölbekämpfungsschiff *n*	کشتی مقابله با آلودگی نفتی
Ölförderländer *npl*	کشورهای تولیدکنندهٔ نفت
Ölförderzentrum *n*	مرکز استخراج نفت
Oligarchie *f*	الیگارشی

oligarchisch *adj* الیگارشیانه؛ مربوط به الیگارشی
Operation *f* عملیّات
aufeinanderfolgende ~en عملیّات پی در پی؛ عملیّات متوالی
erfolgreiche ~ عملیّات موفّقیّت آمیز
gefährliche ~ عملیّات خطرناک
geheimdienstliche ~ عملیّات جاسوسی
geheime ~ عملیّات سرّی؛ عملیّات مخفی
gemeinsame ~ عملیّات مشترک
gescheiterte ~ عملیّات نافرجام
koordinierte ~ عملیّات هماهنگ
militärische ~ عملیّات نظامی
siegreiche ~ عملیّات پیروزمندانه
taktische ~ عملیّات تاکتیکی
versteckte ~ عملیّات پنهانی
Operationschef/-in *m/f* رئیس عملیّات
Operationsgebiet *n* منطقهٔ عملیّات: منطقهٔ عملیّاتی
Operationszentrale *f* مرکز عملیّات
Opfer *n* قربانی
unzählige ~ قربانیان بی شمار
einem Massaker zum ~ fallen قربانی قتل عامی شدن
Opferentschädigung *f* پرداخت خسارت به قربانیان؛ پرداخت غرامت به قربانیان
Opferentschädigungsgesetz *n* قانون پرداخت خسارت به قربانیان؛ قانون پرداخت غرامت به قربانیان
Opferschutzorganisation *f* سازمان حمایت از قربانیان
opportun *adj* فرصت طلب؛ فرصت طلبانه
~ handeln فرصت طلبانه عمل کردن
Opportunismus *m* فرصت طلبی
Opportunist/-in *m/f* فرصت طلب؛ فرد فرصت طلب
opportunistisch *adj* فرصت طلبانه

Opposition *f* آپوزیسیون؛ مخالفت
aktive ~ آپوزیسیون فعّال
fruchtbare ~ آپوزیسیون مثمر
heftige ~ مخالفت شدید
loyale ~ آپوزیسیون وفادار
offene ~ مخالفت آشکار
parlamentarische ~ آپوزیسیون پارلمانی
scharfe ~ مخالفت شدید
starke ~ آپوزیسیون نیرومند؛ آپوزیسیون قوی
vernünftige ~ آپوزیسیون معقول
völlige ~ مخالفت کامل
die ~ anführen آپوزیسیون را رهبری کردن
eine ~ führen آپوزیسیونی را رهبری کردن
in ~ zu einer Partei stehen در مخالفت با حزبی بودن
oppositionell *adj* آپوزیسیونی؛ مخالف
~e Gruppen گروه های آپوزیسیونی؛ گروهای مخالف
Oppositionsführer/-in *m/f* رهبر آپوزیسیون؛ رهبر آپوزیسیون در مجلس
Oppositionsführung *f* رهبری آپوزیسیون
Oppositionskandidat/-in *m/f* نامزد آپوزیسیون
Oppositionsmitglied *n* عضو آپوزیسیون
Oppositionspartei *f* حزب مخالف
eine ~ gründen حزب مخالفی را بنیان گذاردن؛ حزب مخالفی را تأسیس کردن
Oppositionspolitik *f* سیاست آپوزیسیون
Oppositionspolitiker/-in *m/f* سیاستمدار آپوزیسیون؛ سیاستمدار حزب مخالف
erfahrener ~ سیاستمدار کهنه کار آپوزیسیون
gemäßigter ~ سیاستمدار میانه رو آپوزیسیون
hervorragender ~ سیاستمدار برجستهٔ آپوزیسیون
Oppositionssprecher/-in *m/f* سخنگوی آپوزیسیون
Oppositionsvorlage *f* لایحهٔ قانونی آپوزیسیون به

	مجلس
Oppositionszeitung *f*	روزنامهٔ آپوزیسیون
optimieren	بهینه کردن
Optimierung *f*	بهینه سازی
Optimismus *m*	خوش بینی
gesunder ~	خوش بینی منطقی؛ خوش بینی بخردانه
leiser ~	خوش بینی کم؛ خوش بینی اندک
übertriebener ~	خوش بینی افراط آمیز؛ خوش بینی بیش از حد
ungerechtfertigter ~	خوش بینی بی دلیل؛ خوش بینی بی حساب و کتاب
verhaltener ~	خوش بینی نه چندان زیاد؛ خوش بینی کم؛ خوش بینی اندک
Optimist/-in *m/f*	خوش بین؛ فرد خوش بین
optimistisch *adj*	خوش بینانه
~e Einstellung	نگرش خوش بینانه؛ دید خوش بینانه
~e Prognose	پیش بینی خوش بینانه
Optimum *n*	بهینه
Option *f*	اختیار
bedingte ~	اختیار مشروط
die ~ auf etwas besitzen	اختیار چیزی را داشتن؛ اختیار چیزی را دارا بودن
eine ~ einräumen	اختیار دادن: اختیاری را اعطا کردن
die ~ auf etwas erwerben	اختیار چیزی را به دست آوردن
eine ~ gewähren	اختیار دادن؛ اختیاری را اعطا کردن
Optionsanleihe *f*	سند قرضهٔ اختیاری
Optionsgeschäfte *npl*	معاملات اختیاری
Optionslaufzeit *f*	مدّت اعتبار اختیار
Optionsmarkt *m*	بازار معاملات نسیه؛ بازار معاملات اختیاری
Optionspreis *m*	قیمت اختیاری
Optionsrecht *n*	حقّ اختیار؛ حقّ اختیار در خرید و فروش
Optionsschein *m*	گواهی اختیار
Ordnung *f*	1) نظام 2) نظم
1) bestehende ~	نظام موجود
etablierte ~	نظام مستقر
eine ~ etablieren	نظامی را مستقر کردن
eine ~ in Frage stellen	نظامی را به زیر سؤال بردن
eine ~ reformieren	نظامی را اصلاح کردن
eine ~ verteidigen	از نظامی دفاع کردن
eine ~ zerstören	نظامی را نابود کردن
2) innere ~	نظم درونی؛ نظم داخلی
öffentliche ~	نظم عمومی
die ~ aufrechterhalten	نظم را حفظ کردن
die ~ herstellen	نظم را برقرار کردن
~ schaffen	نظم ایجاد کردن
die ~ stören	نظم را مختل کردن
die ~ wiederherstellen	نظم را دوباره برقرار کردن
Ordnungsbehörde *f*	ادارهٔ انتظامات؛ مقام امور انتظامی
Ordnungshüter/-in *m/f*	حافظ نظم و قانون؛ پلیس انتظامات
Ordnungskräfte *fpl*	نیروهای پلیس؛ نیروهای پلیس انتظامات
Ordnungsmacht *f*	نیروی حافظ نظم و قانون
Ordnungsstrafe *f*	کیفر اداری؛ مجازات اداری
Organ *n*	نهاد
amtliches ~	نهاد اداری؛ نهاد رسمی
offizielles ~	نهاد رسمی؛ نهاد اداری
repräsentative ~e	نهادهای نمایندگی
staatliches ~	نهاد دولتی
ständiges ~	نهاد دائمی

übergeordnetes ~   نهاد بالادست؛ نهاد مافوق

untergeordnetes ~   نهاد زیردست؛ نهاد مادون

vollziehendes ~   نهاد اجرایی

Organisation *f*   سازمان؛ تشکیلات

anonyme ~   سازمان ناشناس

gegnerische ~   سازمان مخالف

geheime ~   سازمان مخفی؛ سازمان سرّی

gemeinnützige ~   سازمان غیرانتفاعی؛ سازمان عام المنفعه

halbstaatliche ~   سازمان نیمه دولتی

illegale ~   تشکیلات غیرقانونی؛ سازمان غیرقانونی

internationale ~en   سازمان های بین المللی

karitative ~   سازمان غیرانتفاعی

legale ~   تشکیلات قانونی؛ سازمان قانونی

militärische ~   سازمان نظامی؛ تشکیلات نظامی

neu gegründete ~   سازمان نوپا

nichtstaatliche ~en   سازمان های غیردولتی

offizielle ~   سازمان رسمی

politische ~   سازمان سیاسی؛ تشکیلات سیاسی

private ~   سازمان خصوصی

regionale ~en   سازمان های منطقه ای

staatliche ~en   سازمان های دولتی

supranationale ~en   سازمان های فراملّی

unabhängige ~   سازمان ناوابسته؛ سازمان مستقل؛ تشکیلات مستقل

weitverzweigte ~   سازمان بسیار گسترده؛ تشکیلات پرشاخه و برگ

einer ~ angehören   عضو سازمانی بودن

eine ~ auflösen   سازمانی را منحل کردن

einer ~ beitreten   به عضویّت سازمانی درآمدن؛ عضو سازمانی شدن

eine ~ gründen   سازمانی را بنیان گذاردن؛ سازمانی را تأسیس کردن

eine ~ leiten   ریاست سازمانی را به عهده داشتن

Organisationsausschuss *m*   هیأت برگزارکننده

Organisationsgrad *m*   درجۀ تشکیلاتی

Organisationskader *m*   کادر سازمانی

Organisationsmacht *f*   قدرت تشکیلاتی

Organisationsplan *m*   طرح سازمانی؛ نمودار سازمانی

Organisationsprobleme *npl*   مشکلات مدیریّت؛ مشکلات سازمان دهی

Organisationsreform *f*   اصلاح امور تشکیلاتی؛ اصلاح در سازمان دهی

Organisationsstruktur *f*   ساختار سازمان

Organisationsziele *npl*   اهداف سازمانی

Organisator/-in *m/f*   سازمان دهنده

organisatorisch *adj*   تشکیلاتی؛ سازمانی

~e Aufgaben   وظایف تشکیلاتی؛ وظایف سازمانی

~e Fähigkeiten   توانی های تشکیلاتی

~e Mängel   کمبود های تشکیلاتی

~e Probleme   مشکلات تشکیلاتی

~e Tätigkeiten   فعالیّت های تشکیلاتی؛ فعالیّت های سازمانی

organisieren   سازمان دهی کردن؛ برپا کردن

die Abwehr ~   (سیستم) دفاعی را سازمان دهی کردن

einen Aufstand ~   قیامی را سازمان دهی کردن؛ قیامی را برپا کردن

eine Demonstration ~   تظاهراتی را سازمان دهی کردن

die Flucht ~   فرار را سازمان دهی کردن

die Verteidigung ~   (سیستم) دفاعی را سازمان دهی کردن

den Widerstand ~   مقاومت را سازمان دهی کردن

Orient *m*   شرق؛ خاور؛ مشرق زمین

orientalisch *adj*   شرقی؛ خاوری؛ مشرق زمینی؛ مربوط به مشرق زمین

Orientalist/-in *m/f* شرق شناس؛ خاورشناس

Orientalistik *f* شرق شناسی؛ خاورشناسی

Orientierung *f* سمت گیری؛ جهت گیری

orientierungslos *adj* بی سمت و سو

Orientierungslosigkeit *f* بی سمت و سویی

Ort *m* محل؛ مکان

orthodox *adj* اُرتدکس؛ راست ایمان

Orthodoxie *f* اُرتدکسی؛ راست ایمانی

Ortsansässige *m/f* مقیم؛ ساکن؛ فرد ساکن

Ortsausschuss *m* کمیتهٔ محلّی

Ortsbehörden *fpl* اداره های محلّی؛ مقامات محلّی

Ortschaft *f* 1) شهرک؛ شهر کوچک 2) آبادی؛ دهکده

Ortstarif *m* نرخ محلّی

Ortsverein *m* انجمن محلّی؛ اتّحادیّهٔ محلّی

Ortsverwaltung *f* دستگاه اداری محلّی؛ ادارهٔ محلّی

P

Pacht *f* — 1) اجاره؛ اجارهٔ املاک مزروعی 2) اجاره بها
in ~ geben — اجاره دادن
in ~ nehmen — اجاره کردن
Pachteinkünfte *pl* — درآمد اجاره ای؛ درآمد حاصله از اجاره بها
pachten — اجاره کردن
Pachtgebiet *n* — جایِ اجاره ای
Pachtland *n* — ملک اجاره ای؛ زمینِ ملکی اجاره ای
Pachtpreis *m* — اجاره بها
Pachtvertrag *m* — قرارداد اجاره
Pachtwert *m* — ارزش اجاره ای
Pachtzahlung *f* — پرداخت اجاره بها
Pächter/-in *m/f* — مستأجر
Pädagoge *m* — آموزشگر؛ آموزگار؛ معلّم (مرد)
Pädagogik *f* — آموزش شناسی؛ علم آموزش و پرورش؛ علم تعلیم و تربیّت
Pädagogin *f* — آموزشگر؛ آموزگار؛ معلّم (زن)
pädagogisch *adj* — آموزشی؛ مربوط به آموزش و پرورش؛ مربوط به تعلیم و تربیّت
Pakethandel *m* — معاملهٔ عمومی
Pakt *m* — پیمان
militärischer ~ — پیمان نظامی
einen ~ schließen — پیمان بستن
paktieren — همدست شدن
Panik *f* — وحشت زدگی؛ ترس و وحشت؛ سراسیمگی
Ausbruch einer ~ — بروز یک وحشت زدگی
eine ~ auslösen — ترس و وحشتی را موجب شدن
in ~ geraten — دچار وحشت زدگی شدن
eine ~ schüren — به ترس و وحشتی دامن زدن
eine ~ verhindern — از ترس و وحشتی جلوگیری کردن
Panzer *m* — تانک
Panzerabwehrrakete *f* — موشک ضدّ تانک
Panzerbrigade *f* — تیپ زرهی
Panzerdivision *f* — لشگر زرهی
Panzereinheit *f* — یکان زرهی؛ واحد زرهی
Panzerkolonne *f* — ستون تانک ها؛ ستون خودروهای زرهی
Panzermine *f* — مین ضدّ تانک
Panzerverband *m* — یکان های زرهی
Panzervorstoß *m* — تعرّض خودروهای زرهی؛ تعرّض تانک ها
Panzerwagen *m* — خودرو زرهی
Parade *f* — رژه
militärische ~ — رژهٔ نظامی
eine ~ abnehmen — سان دیدن
paradox *adj* — تناقضدار؛ متناقض
Paradox *n* — پارادکس؛ تناقضدار
paradoxerweise *f* — به گونهٔ متناقض؛ به گونهٔ ضدّ و نقیض
Paragraph *m* — پاراگراف
die ~en eines Gesetzes — پاراگراف های یک قانون
einen ~en abschaffen — پاراگرافی را فسخ کردن
unter einen ~en fallen — مشمول پاراگرافی شدن
gegen einen ~en verstoßen — پاراگرافی را نقض کردن
Parlament *n* — مجلس؛ پارلمان
das ~ auflösen — مجلس را منحل کردن
aus dem ~ ausscheiden — از مجلس استعفا دادن؛ از مقام وکالت در مجلس استعفا دادن
eine Sache im ~ behandeln — موضوعی را در مجلس مورد بررسی قرار دادن
das ~ berät — مجلس در حال شور است.
das ~ einberufen — مجلس را به تشکیل جلسه

فراخواندن	
das ~ tritt zusammen	مجلس تشکیل جلسه
	می دهد.
das ~ verabschiedet ein Gesetz	مجلس قانونی را
	تصویب می کند.
das ~ zusammenrufen	مجلس را به تشکیل جلسه
	فراخواندن
ein neues ~ wählen	مجلس جدیدی را
	انتخاب کردن
etwas vor dem ~ zur Sprache bringen	
	موضوعی را در مجلس مطرح کردن
Parlamentarier/-in *m/f*	عضو مجلس
Parlamentarismus *m*	نظام پارلمانی
Parlamentsabgeordnete *m/f*	نمایندهٔ مجلس
Parlamentsarbeit *f*	فعالیّت پارلمانی
Parlamentsausschuss *m*	کمیسیون پارلمانی
einen ~ bilden	یک کمیسیون پارلمانی تشکیل دادن
Parlamentsbedienstete *m/f*;	کارمند مجلس؛
	مستخدم مجلس
Parlamentsbeschluss *m*	مصوّبهٔ پارلمان؛ مصوّبهٔ
	مجلس
Parlamentsdebatte *f*	مباحثهٔ پارلمانی
heftige ~	مباحثهٔ شدید پارلمانی؛ بحث و مباحثهٔ
	شدید پارلمانی
eine ~ auslösen	مباحثهٔ پارلمانی ای را موجب شدن
Parlamentsdelegation *f*	هیأت نمایندگی پارلمانی
eine ~ anführen	در رأس یک هیأت نمایندگی
	پارلمانی قرار داشتن
eine ~ entsenden	هیأت نمایندگی ای را از سوی
	پارلمان اعزام کردن
Parlamentsgeschäfte *npl*	امور پارلمانی
Parlamentskammer *f*	پارلمان؛ مجلس
Parlamentskorrespondenz *f*	نامه نگاری های
	مجلس؛ مکاتبات مجلس

Parlamentsmehrheit *f*	اکثریت در مجلس
Parlamentsminderheit *f*	اقلیّت در مجلس
Parlamentsmitglied *n*	عضو مجلس؛ عضو پارلمان
Parlamentspräsident/-in *m/f*	رئیس مجلس
Parlamentspräsidium *n*	هیأت رئیسهٔ مجلس
Parlamentsprotokoll *n*	صورتجلسهٔ مجلس
Parlamentsreformen *fpl*	اصلاحات پارلمانی
Parlamentssitz *m*	کرسی مجلس
Parlamentssitzung *f*	نشست مجلس؛ جلسهٔ مجلس؛
	اجلاس مجلس
Parlamentssondersitzung *f*؛	نشست ویژهٔ مجلس؛
	جلسهٔ ویژهٔ مجلس؛ اجلاس ویژهٔ مجلس
Parlamentswahlen *fpl*	انتخابات مجلس
künftige ~	انتخابات آتی مجلس
vorgezogene ~	انتخابات زودرس پارلمانی
die ~ annulieren	انتخابات مجلس را لغو کردن
die ~ behindern	مانع از انتخابات مجلس شدن؛
	از انتخابات مجلس جلوگیری کردن
die ~ durchführen	انتخابات مجلس را برگزار کردن
die ~ gewinnen	انتخابات مجلس را بردن؛
	در انتخابات مجلس پیروز شدن
die ~ verlieren	انتخابات مجلس را باختن؛
	در انتخابات مجلس شکست خوردن
Parole *f*	شعار
aufwieglerische ~	شعار تحریک آمیز
politische ~	شعار سیاسی
Partei *f*	1) حزب 2) طرف؛ طرف دعوی؛
	طرف معامله
1) etablierte ~	حزب بنیان گذاری شده؛ حزب
	تأسیس یافته
gemäßigte ~	حزب میانه رو
illegale ~	حزب غیرقانونی
koalierende ~en	احزاب مؤتلفه
konservative ~	حزب محافظه کار

liberale ~	حزب لیبرال
linksradikale ~	حزب چپ رادیکال
moderne ~	حزب مدرن
rechtsradikale ~	حزب راست رادیکال
reformorientierte ~	حزب اصلاح طلب
republikanische ~	حزب جمهوری خواه
revolutionäre ~	حزب انقلابی
verfassungsfeindliche ~	حزب ضدّ قانون اساسی
Marschroute einer ~	سمت و سوی حرکت یک حزب؛ خطّ مشی سیاسی یک حزب
einer ~ angehören	عضو حزبی بودن؛ تعلّق حزبی داشتن
eine ~ auflösen	حزبی را منحل کردن
eine ~ modern ausrichten	حزبی را مدرن سازمان دهی کردن
aus der ~ ausschließen	از حزب اخراج کردن؛ از حزب بیرون انداختن
aus der ~ austreten	از حزب کناره گیری کردن
einer ~ beitreten	عضو حزبی شدن؛ به عضویّت حزبی درآمدن
in eine ~ eintreten	در حزبی وارد شدن؛ عضو حزبی شدن
eine ~ führen	حزبی را رهبری کردن
eine ~ gründen	حزبی را بنیان گذاردن؛ حزبی را تأسیس کردن
eine ~ repräsentieren	حزبی را نمایندگی کردن
eine ~ verbieten	حزبی را ممنوع کردن
die ~ wechseln	تغییر حزب دادن
eine ~ zulassen	به حزبی اجازۀ فعالیّت دادن
2) beklagte ~	خوانده؛ مدّعی علیه
berechtigte ~	طرف محق
beteiligte ~en	طرفین ذی نفع؛ طرفین درگیر
klägerische ~	خواهان؛ مدّعی
konfliktführende ~en	طرفین متخاصم

kriegsführende ~en	طرفین درگیر در جنگ
vertragsbrüchige ~	طرف ناقض قرارداد
vertragschließende ~en	طرفین قرارداد؛ طرفین متعاهد
Parteiaktivist/-in *m/f*	عضو فعّال حزب
Parteianhänger/-in *m/f*	طرفدار حزب
Parteiapparat *m*	دستگاه حزب
Parteiarbeit *f*	فعالیّت حزب
Parteiausschluss *m*	اخراج از حزب
Parteiaustritt *m*	کناره گیری از حزب
Parteibasis *f*	اساس حزب؛ پایۀ حزب؛ شالودۀ حزب؛ اعضای فعّال حزب
Parteibeitritt *m*	به عضویّت درآمدن در حزب؛ عضویّت در حزب
Parteibeschluss *m*	قطعنامۀ حزب؛ مصوّبۀ حزب
Parteibuch *n*	دفترچۀ عضویّت در حزب
Parteichef/-in *m/f*	رئیس حزب
Parteidisziplin *f*	انضباط حزبی
Parteienfinanzierung *f*	تأمین اعتبار مالی احزاب
Parteienforscher/-in *m/f*	پژوهشگر امور مربوط به احزاب
Parteienkoalition *f*	ائتلاف احزاب
Parteienkompetenz *f*	صلاحیّت احزاب
Parteienrecht *n*	قانون احزاب
Parteienspektrum *n*	طیف احزاب
Parteienstreit *m*	مشاجرۀ احزاب
Parteienverbot *n*	ممنوعیّت احزاب؛ منع احزاب
Parteienzusammensetzung *f*	ترکیب احزاب
Parteifinanzen *pl*	امور مالی احزاب
Parteiflügel *mpl*	جناح های درون حزب
Parteifreund *m*	دوست حزبی
Parteifrieden *m*	آرامش درون حزبی
Parteiführer/-in *m/f*	رهبر حزب
Parteiführung *f*	رهبری حزب

Parteifunktionär/-in *m/f* کارمند حزب؛ کارگزار حزب

Parteifunktionen *fpl* وظایف حزبی

Parteigenosse *m* رفیق حزبی (مرد)

Parteigenossin *f* رفیق حزبی (زن)

Parteigremium *n* کمیتهٔ حزب

Parteigründer/-in *m/f* بنیان گذار حزب؛ مؤسّس حزب

Parteigründung *f* بنیان گذاری حزب؛ پایه ریزی حزب؛ تأسیس حزب

Parteigruppierung *f* گروه بندی حزبی؛ دسته بندی حزبی

Parteihierarchie *f* سلسله مراتب حزبی

Parteikader *m* کادر حزب

Parteikampf *m* مبارزهٔ حزب

Parteikandidat/-in *m/f* نامزد حزب؛ کاندید حزب

Parteikonferenz *f* کنفرانس حزب

Parteikongress *m* کنگرهٔ حزب

Parteikonvent *m* کنگرهٔ حزب

Parteikurs *m* خطّ مشی حزب

Parteilinke *f* جناع چپ حزب

Parteimitglied *n* عضو حزب

Parteimitgliedschaft *f* عضویّت در حزب

Parteinahme *f* طرفداری؛ جانبداری

Parteiorgan *n* نهاد حزبی

Parteiorganisation *f* تشکیلات حزبی

Parteipolitik *f* سیاست حزب

Parteipräsidium *n* هیأت رئیسهٔ حزب

Parteiprogramm *n* برنامهٔ حزب

Parteipropaganda *f* تبلیغات حزبی

Parteirückhalt *m* پشت گرمی حزبی؛ حمایت حزبی؛ کمک حزبی

Parteisatzung اساسنامهٔ حزب

Parteisekretär/-in *m/f* دبیر حزب

Parteisitzung *f* نشست حزب؛ جلسهٔ حزب

Parteisolidarität *f* همبستگی حزبی

Parteispaltung *f* شکاف حزبی؛ انشعاب حزبی

Parteispende *f* اعانه به حزب؛ کمک مالی به حزب

illegale ~n اعانه های غیرقانونی به حزب؛ کمک های مالی غیرقانونی به حزب

Parteispitze *f* رأس حزب؛ رهبری حزب

Parteisprecher/-in *m/f* سخنگوی حزب

Parteisystem *n* سیستم حزبی؛ نظام حزبی

Parteitag *m* کنفرانس حزب

Parteitagsbeschluss *m* قطعنامهٔ کنفرانس حزب؛ مصوّبهٔ کنفرانس حزب

Parteitaktik *f* تاکتیک حزب

Parteitaktiker/-in *m/f* تاکتیک دان حزب

Parteiverbot *n* ممنوعیّت حزب؛ منع حزب

Parteiversammlung *f* گردِهمایی حزب

Parteiversammlungsbeschluss *m* قطعنامهٔ گردِهمایی حزب؛ مصوّبهٔ گردِهمایی حزب

Parteivolk *n* مردم حزبی؛ عوام الناس حزبی؛ مردم طرفدار یک حزب

Parteivorsitz *m* ریاست حزب

Parteivorsitzende *m/f* رئیس حزب

Parteivorstand *m* هیأت اجرایی حزب؛ هیأت مدیرهٔ حزب

Parteiwechsel *m* تغییر حزب

Parteizeitung *f* روزنامهٔ حزب

Parteizentrale *f* مرکز حزب

Parteizugehörigkeit *f* تعلّق حزبی

Partizipation *f* مشارکت؛ شرکت

partizipieren مشارکت کردن؛ شرکت کردن

Partner/-in *m/f* شریک

aktiver ~ شریک فعّال

Partnerorganisation *f* سازمان شرکاء

Partnerschaft *f* مشارکت؛ شراکت
die ~ auflösen مشارکتی را فسخ کردن؛ شراکتی را برهم زدن
die ~ kündigen مشارکتی را فسخ کردن؛ شراکتی را برهم زدن
Pass *m* گذرنامه
fälschungssicherer ~ گذرنامهٔ مصون از جعل
gefälschter ~ گذرنامهٔ جعلی
gültiger ~ گذرنامهٔ معتبر؛ گذرنامهٔ بااعتبار
ungültiger ~ گذرنامهٔ غیرمعتبر؛ گذرنامهٔ بدون اعتبار
einen ~ ausstellen گذرنامه ای را صادر کردن
einen ~ beantragen گذرنامه ای را درخواست کردن
einen ~ einziehen گذرنامه ای را ضبط کردن
einen ~ verlängern گذرنامه ای را تمدید کردن
Passagier/-in *m/f* مسافر
Passagierbeförderung *f* حمل و نقل مسافران
Passagierflugzeug *n* هواپیمای مسافری
Passagierliste *f* فهرست اسامی مسافران
Passagierschifffahrt *f* کشتی رانی مسافری
Passfälschung *f* جعل گذرنامه
Passgesetz *n* قانون گذزنامه
passieren گذشتن؛ عبور کردن
Passierschein *m* برگ عبور
Passinhaber/-in *m/f* دارندهٔ گذرنامه
passiv *adj* منفی؛ غیرفعّال؛ غیرفعّالانه
~e Handelsbilanz تراز منفی بازرگانی؛ تراز منفی تجاری
~er Widerstand مقاومت منفی؛ مقاومت غیرفعّالانه
~es Wahlrecht حقّ انتخاب غیرفعّال؛ حَق رأی غیرفعّال
Passivität *f* انفعال
Passkontrolle *f* کنترل گذرنامه
Passnummer *f* شمارهٔ گذرنامه
Passvergehen *n* تخلّف از مقرّرات گذرنامه
Patentamt *n* ادارهٔ ثبت اختراعات
patentieren به ثبت رساندن اختراع
Patentrecht *n* حقّ اختراع
Patriarch *m* 1) پدرسالار 2) پاتریارک (بالاترین مرجع دینی در کلیساهای کاتولیک رومی و اُرتدکس روسی)
patriarchal *adj* پدرسالار
patriarchalisch *adj* پدرسالارانه
Patriarchalismus *m* پدرسالاری
Patriarchat *n* پدرسالار
Patriot/-in *m* میهن دوست
aufrechter ~ میهن دوست راستا
wahrhafter ~ میهن دوست راستین؛ میهن دوست واقعی
patriotisch *adj* میهن دوستانه
~e Gesinnung طرز تفکّر میهن دوستانه
~e Pflicht وظیفهٔ میهن دوستانه
~e Tat عمل میهن دوستانه
Patriotismus *m* میهن دوستی
engstirniger ~ میهن دوستی کوته بینانه
gesunder ~ میهن دوستی بخردانه
wahrer ~ میهن دوستی واقعی
Patrouille *f* گروه گشت؛ گروه گشت نظامی
feindliche ~ گروه گشت دشمن
nächtliche ~ گروه گشت شبانه
auf ~ gehen به گشت نظامی رفتن؛ گشت دادن؛ نگهبانی دادن
Patrouillenboot *n* قایق گشتی؛ قایق گشتی نظامی
Patrouillenfahrt *f* گشت با خودرو نظامی
Patrouillenflug *m* پرواز شناسایی
patrouillieren گشت دادن؛ نگهبانی دادن
Pauschalsteuer *f* مالیات مقطوع

Pazifismus *m*	صلح دوستی؛ صلح طلبی
Pazifist/-in *m/f*	صلح دوست؛ صلح طلب
Pension *f*	حقوق بازنشستگی؛ مستمری
eine ~ bekommen	حقوق بازنشستگی دریافت کردن
eine ~ bewilligen	با دادن حقوق بازنشستگی موافقت کردن
eine ~ beziehen	حقوق بازنشستگی دریافت کردن؛ مستمری گرفتن
in ~ gehen	بازنشسته شدن
Pensionär/-in *m/f*	کارمند بازنشسته
pensionieren	بازنشسته کردن
Pensionsalter *n*	سنّ بازنشستگی
Pensionsanspruch *m*	حقّ بازنشستگی
Pensionsbezüge *pl*	حقوق بازنشستگی؛ مزایای بازنشستگی
Pensionskasse *f*	صندوق بازنشستگی
permanent *adj*	پایا؛ پیوسته
Person *f*	شخص
beteiligte ~en	اشخاص درگیر
juristische ~	شخص حقوقی
unbeteiligte ~en	اشخاص غیردرگیر؛ اشخاص بیطرف
Personal *n*	پرسنل؛ کارکنان
~ abbauen	پرسنل را کاهش دادن؛ کارکنان را کاهش دادن
~ anwerben	پرسنل استخدام کردن
~ einstellen	پرسنل استخدام کردن
~ reduzieren	پرسنل را کاهش دادن؛ کارکنان را کاهش دادن
~ verringern	پرسنل را کاهش دادن؛ کارکنان را کاهش دادن
Personalabbau *m*	کاهش پرسنل؛ کاهش کارکنان
Personalabteilung *f*	بخش کارکنان؛ بخش

	کارگزینی
Personalakte *f*	پروندهٔ پرسنلی
Personalaufwendungen *fpl*	هزینه های پرسنلی؛ مخارج و مصارف مربوط به کارکنان
Personalausgaben *fpl*	هزینه های پرسنلی؛ هزینه های کارکنان
Personalausweis *m*	کارت شناسایی
Personalbedarf *m*	نیاز به کارکنان
Personalberater/-in *m/f*	رایزن امور پرسنلی؛ مشاور امور کارکنان
Personalbeschaffung *f*	کارمندیابی
Personalbestand *m*	شمار کارکنان؛ تعداد کارکنان
Personalchef/-in *m/f*	رئیس بخش کارگزینی؛ مدیر امور پرسنلی؛ مدیر امور کارکنان
Personalcomputer *m*	رایانهٔ شخصی؛ کامپیوتر شخصی
Personaldaten *pl*	اطّلاعات مربوط به کارکنان؛ سوابق و اطّلاعات مربوط به پرسنل
Personaleinsparung *f*	صرفه جویی در پرسنل
Personalfluktuation *f*	جابجایی کارکنان
Personalfragen *fpl*	مسائل امور پرسنلی؛ مسائل مربوط به امور کارکنان
Personalführung *f*	مدیریّت امور کارکنان
Personalien *pl*	مشخّصات شناسایی
Personalkosten *f*	هزینه های دستمزد کارکنان
Personalkürzung *f*	کاهش پرسنل؛ کاهش کارکنان
Personalleiter/-in *m/f*	مدیر امور پرسنلی؛ مدیر امور کارکنان
Personalleitung *f*	مدیریّت امور پرسنلی: مدیریّت امور کارکنان
Personalmangel *m*	کمبود پرسنل؛ کمبود نیروی کار
Personalplanung *f*	برنامه ریزی امور پرسنلی؛

برنامه ریزی امور کارکنان
Personalpolitik *f* سیاست امور پرسنلی؛ سیاست امور کارکنان
Personalrat *m* شورای کارکنان
Personalreduzierung *f* کاهش پرسنل؛ کاهش کارکنان
Personalstärke *f* میزان پرسنل؛ میزان کارکنان
Personalüberhang *m* مازاد پرسنل؛ مازاد کارکنان
Personalverringerung *f* کاهش پرسنل؛ کاهش کارکنان
Personalversammlung *f* مجمع کارکنان؛ جلسهٔ کارکنان
Personalvertreter/-in *m/f* نمایندهٔ کارکنان؛ نمایندهٔ پرسنل
Personalvertretung *f* نمایندگی کارکنان؛ نمایندگی پرسنل
Personalverwaltung *f* مدیریّت امور پرسنلی؛ مدیریّت امور کارکنان
Personalwesen *n* امور پرسنلی؛ امور کارکنان
Personenkult *m* کیش شخصیّت
Persönlichkeit *f* شخصیّت
hervorragende ~ شخصیّت برجسته
Persönlichkeitsrechte *npl* حقوق فردی؛ حقوق مربوط به شخصیّت فرد
Persönlichkeitsschutz *m* حمایت از حقوق فردی
Perspektive *f* چشم انداز
Petition *f* دادخواهی؛ عریضه
Petitionsausschuss *m* کمیسیون دادخواهی؛ کمیسیون عرایض
Pfand *n* گرو؛ رهن
ein ~ auslösen از گرو درآوردن؛ از رهن درآوردن
ein ~ einlösen از گرو درآوردن؛ از رهن درآوردن
pfänden به گرو گرفتن
Pfandgeber/-in *m/f* گرودهنده؛ گروگذار؛ راهن
Pfandgläubiger/-in *m/f* گروگیرنده؛ گروگیر؛ مرتهن
Pfandnehmer/-in *m/f* گروگیرنده؛ گروگیر؛ مرتهن
Pfandrecht *n* حقّ تصرّف
Pfandschuldner/-in *m/f* گرودهنده؛ گروگذار؛ راهن
Pflicht *f* تعهّد؛ وظیفه
ausdrückliche ~ تعهّد صریح
bedingte ~ تعهّد مشروط
gesetzliche ~ وظیفهٔ قانونی؛ تعهّد قانونی
humanitäre ~ وظیفهٔ بشردوستانه
stillschweigende ~ تعهّد ضمنی
vertragliche ~ تعهّد قراردادی
zwingende ~ تعهّد الزام آور
~en auferlegen وظایف را واگذار کردن؛ وظایف را تفویض کردن
seine ~en ausüben تعهّدات خود را انجام دادن
seine ~en erfüllen به تعهّدات خود عمل کردن؛ به وظایف خود عمل کردن
seine ~en vernachlässigen در انجام وظایف خود سهل انگاری کردن
pflichtbewusst *adj* وظیفه شناس
Pflichtbewusstsein *n* وظیفه شناسی
Pflichterfüllung *f* انجام وظیفه؛ انجام تعهّد
Pflichtmitglied *n* هموند اجباری؛ عضو اجباری
Pflichtmitgliedschaft *f* هموندی اجباری؛ عضویّت اجباری
Pflichtversäumnis *n* سهل انگاری در انجام وظیفه؛ کوتاهی در انجام وظیفه
Pflichtversicherung *f* بیمهٔ اجباری
Pflichtverteidiger/-in *m/f* وکیل تسخیری
Pflichtverteidigung *f* وکالت تسخیری

Phase *f* مرحله
entscheidende ~ مرحلهٔ نهایی؛ مرحلهٔ تعیین کننده
kritische ~ مرحلهٔ بحرانی
schwierige ~ مرحلهٔ دشوار؛ مرحلهٔ مشکل
Philologe *m* زبان شناس؛ زبان شناس تاریخی (مرد)
Philologie *f* زبان شناسی؛ زبان شناسی تاریخی
Philologin *f* زبان شناس؛ زبان شناس تاریخی (زن)
philologisch *adj* زبان شناسانه
Philosoph/-in *m/f* فیلسوف؛ حکیم
Philosophie *f* فلسفه؛ حکمت
~ des Krieges فلسفهٔ جنگ
philosophieren فلسفه بافی کردن
philosophisch *adj* فلسفی
Pilot/-in *m/f* خلبان
Pilotanlage *f* دستگاه آزمایشی
Pilotprojekt *n* طرح آزمایشی؛ طرح پیشاهنگ
Pilotstudie پژوهش پیشاهنگ؛ پژوهش پیشگام
Pionier/-in *m/f* پیشگام؛ پیشتاز؛ پیشقدم
Pionierarbeit *f* پیشگامی؛ پیشتازی؛ پیشقدمی
~ leisten پیشگامی کردن؛ پیشتازی کردن؛ پیشقدمی کردن
Pioniergeist *m* روح پیشگامی
Pionierprojekt *n* طرح پیشگام
Pirat/-in *m/f* راهزن
Piraterie *f* راهزنی
Plädoyer *n* اظهارات؛ اظهارات دادستان یا وکیل مدافع
ausführliches ~ اظهارات مفصّل
kurzes ~ اظهارات کوتاه
langes ~ اظهارات طولانی
Plan *m* طرح؛ برنامه؛ نقشه
durchdachter ~ برنامهٔ سنجیده؛ برنامهٔ دقیق و سنجیده
konkreter ~ برنامهٔ مشخّص؛ طرح مشخّص
kurzfristiger ~ طرح کوتاه مدّت
langfristiger ~ طرح درازمدّت
logischer ~ برنامهٔ منطقی
offensiver ~ نقشهٔ تهاجمی
präziser ~ طرح دقیق؛ طرح دقیق و حساب شده
raffinierter ~ نقشهٔ زیرکانه
umfassender ~ طرح جامع
einen ~ billigen با برنامه ای موافقت کردن
einen ~ debatieren برنامه ای را به بحث گذاشتن؛ طرحی را به بحث گذاشتن
einen ~ entwerfen برنامه ای را طرح ریزی کردن؛ برنامه ای طرّاحی کردن
einen ~ erläutern برنامه ای را تشریح کردن
einen ~ fallenlassen برنامه ای را دنبال نکردن
einen ~ skizzieren نکات عمدهٔ طرحی را تهیّه کردن
einen ~ verraten نقشه ای را لو دادن
nach dem ~ vorgehen طبق برنامه پیش رفتن
planen برنامه ریزی کردن؛ طرّاحی کرن؛ نقشهٔ چیزی را ریختن
einen Anschlag ~ سوء قصدی را برنامه ریزی کردن
Investitionen ~ جهت سرمایه گذاری ها برنامه ریزی کردن
einen Staatsstreich ~ طرح کودتایی را ریختن؛ کودتایی را برنامه ریزی کردن
Planer/-in *m/f* برنامه ریز؛ طرّاح
Planerfüllung *f* اجرای برنامه
Planung *f* برنامه ریزی؛ طرّاحی
regionale ~ برنامه ریزی منطقه ای
Planungsabteilung *f* بخش برنامه ریزی
Planungsamt *n* ادارهٔ برنامه؛ ادارهٔ برنامه ریزی
Planungsausschuss *m* کمیسیون برنامه ریزی

Planungsbehörde *f* مقام مسؤل برنامه؛ ادارهٔ مسؤل برنامه ریزی
Planungsinstanz *f* مقام مسؤل برنامه؛ مقام مسؤل برنامه ریزی
Planungspolitik *f* سیاست برنامه ریزی
Planungsprozess *m* فرایند برنامه ریزی؛ روند برنامه ریزی
Planungsstab *m* ستاد برنامه ریزی
Planungszeitraum *m* مدّت زمان برنامه ریزی
Planwirtschaft *f* اقتصاد ارشادی؛ اقتصاد برنامه ای؛ اقتصاد برنامه ریزی شده
plausibel *adj* معقول؛ روشن؛ پذیرفتنی؛ قابل پذیرش
plausibler Grund دلیل معقول؛ دلیل روشن؛ دلیل پذیرفتنی
pleite *adj* ورشکست
Pleite *f* ورشکستگی
~ gehen ورشکست شدن
~ machen ورشکست شدن
Pleitewelle *f* موج ورشکستگی
Plenarausschuss *m* کمیسیون عمومی
Plenardebatte *f* شور همگانی
Plenarsitzung *f* نشست همگانی؛ جلسهٔ عمومی
Plenum *n* نشست همگانی؛ جلسهٔ عمومی
Plünderer *m* چپاولگر؛ غارتگر
plündern چپاول کردن؛ غارت کردن
Plünderung *f* چپاول؛ غارت
Pluralismus *m* کثرت گرایی؛ کثرت باوری
Pluralist/-in *m/f* کثرت گرا؛ کثرت باور
Pöbel *m* اوباش
polarisieren قطبی کردن
die Gesellschaft ~ جامعه را قطبی کردن
Politgespräche *npl* گفتگوهای سیاسی؛ مذاکرات سیاسی
Politik *f* سیاست

aggressive ~ سیاست ستیزه جویانه؛ سیاست پرخاشگرانه؛ سیاست تجاوزکارانه
aktive ~ سیاست فعّال
angemessene ~ سیاست متناسب
berechenbare ~ سیاست سنجیده؛ سیاست قابل محاسبه
beständige ~ سیاست باثبات
blockfreie ~ سیاست عدم تعهّد
defensive ~ سیاست دفاعی
despotische ~ سیاست استبدادی
einschneidende ~ سیاست قاطع
eiserne ~ سیاست آهنین
erfolgreiche ~ سیاست موفّق
expansionistische ~ سیاست گسترش خواهانه؛ سیاست توسعه خواهانه
feindselige ~ سیاست خصمانه
flexible ~ سیاست نرمش پذیر؛ سیاست انعطاف پذیر
friedliche ~ سیاست صلح جویانه
gefährliche ~ سیاست خطرناک؛ سیاست مخاطره آمیز
gegenwärtige ~ سیاست جاری
gemeinsame ~ سیاست مشترک
gescheiterte ~ سیاست نافرجام؛ سیاست با شکست مواجه شده
geschickte ~ سیاست ماهرانه
gutnachbarschaftliche ~ سیاست حسن همجواری
internationale ~ سیاست بین المللی
irreführende ~ سیاست گمراه سازی
klare ~ سیاست روشن
koloniale ~ سیاست استعماری
konsequente ~ سیاست پیگیرانه
konservative ~ سیاست محافظه کارانه
kriegerische ~ سیاست جنگ طلبانه
künftige ~ سیاست آتی؛ سیاست آینده

liberale ~	سیاست لیبرال؛ سیاست آزادی خواهی
nationale ~	سیاست ملّی
offizielle ~	سیاست رسمی
planvolle ~	سیاست بسیار اصولی
pragmatische ~	سیاست مصلحت گرایانه
praktische ~	سیاست عملی
regionale ~	سیاست منطقه ای
restriktive ~	سیاست تضعیقی
stabile ~	سیاست ثابت
unberechenbare ~	سیاست غیرقابل محاسبه؛
	سیاست ناسنجیده
unbeständige ~	سیاست بی ثبات
unsoziale ~	سیاست غیرمردمی؛ سیاست مردم گریز
unversöhnliche ~	سیاست آشتی ناپذیر
verbrecherische ~	سیاست جنایت کارانه
verfehlte ~	سیاست نادرست؛ سیاست غلط؛
	سیاست نابجا
verhängnisvolle ~	سیاست فاجعه آمیز
weitsichtige ~	سیاست دوراندیشانه
wirksame ~	سیاست مؤثّر
eine bestimmte ~ betreiben	سیاست معیّنی را
	به پیش بردن
in die ~ eintreten	وارد حرفهٔ سیاسی شدن
seine ~ auf etwas gründen	سیاست خود را
	بر حول محوری استوار کردن
sich für ~ interessieren	به سیاست علاقمند بودن
in der ~ tätig sein	در سیاست فعّال بودن
eine ~ überprüfen	سیاستی را بازنگری کردن؛
	سیاستی را مورد بررسی قرار دادن
eine ~ unterstützen	از سیاستی پشتیبانی کردن؛
eine ~ verfolgen	سیاستی را دنبال کردن؛
	سیاستی را تعقیب کردن
sich aus der ~ zurückziehen	خود را از سیاست
	کنار کشیدن

Politikbereich *m*	بخش سیاست؛ حوزهٔ سیاست
Politikdebatte *f*	مباحثهٔ سیاسی
Politikdialog *m*	گفت و شنود سیاسی
Politiker/-in *m/f*	سیاستمدار
altgedienter ~	سیاستمدار کهنه کار
angesehener ~	سیاستمدار برجسته؛ سیاستمدار
	محبوب
einflussreicher ~	سیاستمدار بانفوذ
erfahrener ~	سیاستمدار باتجربه؛ سیاستمدار
	کارکشته؛ سیاستمدار کهنه کار
führender ~	سیاستمدار برجسته؛ سیاستمدار ممتاز؛
	سیاستمدار طراز اوّل
gemäßigter ~	سیاستمدار میانه رو
hervorragender ~	سیاستمدار برجسته
hochrangiger ~	سیاستمدار بلندمرتبه؛ سیاستمدار
	عالی رتبه
kompromissbereiter ~	سیاستمدار سازش پذیر
kompromissloser ~	سیاستمدار سازش ناپذیر
konservativer ~	سیاستمدار محافظه کار
reaktionärer ~	سیاستمدار واپس گرا؛ سیاستمدار
	مرتجع
routinierter ~	سیاستمدار باتجربه
umsichtiger ~	سیاستمدار دوراندیش
unbiegsamer ~	سیاستمدار سرسخت
unfähiger ~	سیاستمدار بی کفایت
einen ~ diskreditieren	سیاستمداری را
	بی اعتبار کردن؛ به وجه و اعتبار سیاستمداری
	لطمه زدن
Politikfeld *n*	حوزهٔ سیاست
Politikthema *n*	موضوع سیاست
Politikum *n*	مسألهٔ سیاسی؛ قضیّهٔ سیاسی
Politikverdrossenheit *f*	سیاست زدگی؛
	ناخشنودی سیاسی
Politikwechsel *m*	تغییر سیاست

Politikwissenschaft *f* سیاست شناسی
Politikwissenschaftler/-in *m/f* سیاست شناس
politisch *adj* سیاسی
~e Arbeit کار سیاسی؛ فعّالیت سیاسی
~e Entscheidung تصمیم سیاسی
~e Lage وضع سیاسی
~e Parteien احزاب سیاسی
~e Szene صحنهٔ سیاسی
~er Gegner مخالف سیاسی
sich ~ betätigen فعّالیت سیاسی کردن
~ handeln به لحاظ سیاسی اقدام کردن
~ vorgehen برخورد سیاسی کردن
Politologe *m* سیاست شناس (مرد)
Politologie *f* سیاست شناسی
Politologin *f* سیاست شناس (زن)
Politprofi *m* سیاست پیشینه
Polizei *f* پلیس
Polizeiabschnitt *m* کلانتری؛ پاسگاه پلیس
Polizeiaktion *f* عملیّات پلیس
Polizeianordnung *f* دستور پلیس
Polizeiapparat *m* دستگاه پلیس
Polizeiaufsicht *f* نظارت پلیس؛ کنترل پلیس
Polizeiausrüstung *f* تجهیزات پلیس
Polizeibeamte *m* کارمند پلیس (مرد)
Polizeibeamtin *f* کارمند پلیس (زن)
Polizeibefugnisse *fpl* اختیارات پلیس
Polizeibehörde *f* ادارهٔ پلیس
Polizeibericht *m* گزارش پلیس
Polizeidienst *m* خدمت پلیس
im ~ stehen در خدمت پلیس بودن
Polizeidienststelle *f* پاسگاه پلیس؛ کلانتری
Polizeieinsatz *m* به کارگیری پلیس
Polizeieskorte *f* اسکورت پلیس؛ همراهی و محافظت پلیس
Polizeifahrzeug *n* خودرو پلیس
Polizeifalle *f* دام پلیس
Polizeigewahrsam *m* بازداشت پلیس
Polizeigewalt *f* نیروی پلیس
Polizeihauptmann *m* سروان پلیس
Polizeiknüppel *m* باطوم پلیس
Polizeikommissar/-in *m/f* کمیسار پلیس؛ مأمور تحقیقات پلیس
Polizeikontrolle *f* نظارت پلیس؛ کنترل پلیس
Polizeikräfte *fpl* نیروهای پلیس
polizeilich *adj* پلیسی
~e Ermittlungen تحقیقات پلیسی
~e Maßnahmen اقدامات پلیسی
Polizeimacht *f* نیروی پلیس
Polizeimaßnahmen *fpl* اقدامات پلیس
Polizeioberst/-in *m/f* سرهنگ پلیس
Polizeioffizier/-in *m/f* افسر پلیس
Polizeipräsenz *f* حضور پلیس
Polizeipräsident/-in *m/f* رئیس کلّ شهربانی
Polizeipräsidium *n* ادارهٔ کلّ شهربانی
Polizeiregime *n* رژیم پلیسی
Polizeirevier *n* کلانتری؛ پاسگاه پلیس
Polizeispitzel *m* خبرچین پلیس؛ جاسوس پلیس
Polizeisprecher/-in *m/f* سخنگوی پلیس
Polizeistaat *m* دولت پلیسی
Polizeistreife *f* گشت پلیس
Polizeitruppen *fpl* قوای پلیس؛ نیروهای پلیس
Polizeiunterlagen *fpl* اسناد پلیس
Polizeiverfügung *f* دستور پلیس
Polizeiverordnung *f* دستور پلیس
Polizeiverwaltung *f* ادارهٔ پلیس؛ بخش اداریِ پلیس
Polizeiwache *f* پاسگاه پلیس؛ کلانتری
Polizeiwachtmeister/-in *m/f* سرپاسبان؛

گروهبان پلیس

Polizeiwillkür *f* — خودسرانگی پلیس؛ خودکامگی پلیس

Polizist/-in *m/f* — پلیس؛ پاسبان

populär *adj* — مردم پسند؛ محبوب

~e Maßnahmen — اقدامات مردم پسند

~er Politiker — سیاستمدار مردم پسند؛ سیاستمدار محبوب

Popularität *f* — مردم پسندی؛ گیرایی مردمی؛ محبوبیّت

geringe ~ — محبوبیّت ناچیز

große ~ — محبوبیّت فراوان؛ محبوبیّت بسیار

ungeheure ~ — محبوبیّت بسیار زیاد

~ genießen — از محبوبیّت برخوردار بودن

seine ~ verlieren — محبوبیّت خود را از دست دادن

auf jede ~ verzichten — از هرگونه محبوبیّتی چشم پوشی کردن

Popularitätsquote *f* — میزان محبوبیّت

Position *f* — 1) مقام؛ مرتبه 2) موضع

1) führende ~ — مقام ردهٔ بالا؛ مقام عمده؛ مقام رهبری کننده

leitende ~ — مقام ردهٔ بالا؛ مقام عمده؛ مقام رهبری کننده

verantwortungsvolle ~ — مقام پرمسؤلیّت

eine ~ erringen — به مقامی دست یافتن

eine ~ innehaben — مقامی را دارا بودن

eine ~ verlieren — مقامی را از دست دادن

2) unvereinbare ~en — مواضع ناسازگار؛ مواضع ناسازگار باهم

positiv *adj* — مثبت؛ سازنده

~e Kritik — نقد مثبت؛ نقد سازنده

~er Entwicklungsprozess — فرایند رشد مثبت؛ روند رشد مثبت

Positivismus *m* — پوزیتیویسم؛ یافت باوری

Positivist *m* — پوزیتیویست؛ یافت باور

positivistisch *adj* — پوزیتیویستی؛ یافت باورانه

Postamt *n* — ادارهٔ پست

Postangestellte *m/f* — کارمند پست

Postbeamte *m* — کارمند پست؛ کارمند رسمی پست (مرد)

Postbeamtin *f* — کارمند پست؛ کارمند رسمی پست (زن)

Postminister/-in *m/f* — وزیر پست

Postministerium *n* — وزارت پست

Postulat *n* — بن انگاره؛ شرط مسلّم

Potential *n* — توان؛ توانش؛ امکانات بالقوّه

militärisches ~ — توان نظامی؛ توانش نظامی؛ امکانات بالقوّه نظامی

politisches ~ — توان سیاسی؛ امکانات بالقوّهٔ سیاسی

wirtschaftliches ~ — توان اقتصادی؛ امکانات بالقوّهٔ اقتصادی

ein ~ vergrößern — امکانات بالقوّه ای را افزایش دادن

ein ~ verringern — امکانات بالقوّه ای را کاهش دادن

Pragmatiker/-in *m/f* — مصلحت گرا؛ عمل گرا

pragmatisch *adj* — مصلحت گرایانه؛ عمل گرایانه

~e Lösung — راه حلّ مصلحت گرایانه

~ handeln — مصلحت گرایانه عمل کردن

~ vorgehen — مصلحت گرایانه اقدام کردن؛ مصلحت گرایانه عمل کردن

Pragmatismus *m* — مصلحت گرایی؛ عمل گرایی

Praktikant/-in *m/f* — کارآموز

praktisch *adj* — 1) عملی؛ به طور عملی 2) قابل استفاده؛ بدردبخور 3) کارورزیده

1) ~es Denken — اندیشهٔ عملی

2) ~es Werkzeug — ابزار کار قابل استفاده؛ ابزار کار بدردبخور

3) ~er Mensch — انسان کارورزیده

praktizieren — 1) به کار بستن 2) طبابت کردن

Prämisse *f* فرض؛ پیش گذارده

Präsident/-in *m/f* 1) رئیس 2) رئیس جمهور

1) der ~ einer Firma رئیس یک شرکت

2) einen ~en entmachten

رئیس جمهوری را از قدرت انداختن؛ از رئیس جمهوری سلب قدرت کردن

Präsidentenamt *n* 1) پست ریاست؛ مقام ریاست 2) مقام ریاست جمهوری

Präsidentengarde *f* گارد ریاست جمهوری

Präsidentennachfolge *f* 1) جانشین رئیس؛ نایب رئیس 2) جانشین رئیس جمهور؛ نایب رئیس جمهور

Präsidentenpalast *m* کاخ ریاست جمهوری

Präsidentenwahl *f* 1) گُزینش رئیس؛ انتخاب رئیس 2) انتخاب رئیس جمهور

Präsidentschaft *f* ریاست جمهوری؛ مقام ریاست جمهوری

Präsidentschaftskandidat/-in *m/f*

نامزد ریاست جمهوری؛ نامزد مقام ریاست جمهوری

Präsidentschaftskandidatur *f* نامزدی ریاست جمهوری؛ نامزدی مقام ریاست جمهوری

Präsidentschaftsrat *m* شورای ریاست جمهوری

Präsidentschaftswahlen *fpl* انتخابات ریاست جمهوری

Präsidialamt *n* دفتر ریاست

Präsidialausschuss *m* هیأت ریاست

Präsidialerlass *m* حکم ریاست جمهوری

Präsidialrat *m* شورای ریاست جمهوری

Präsidium *n* 1) ریاست 2) هیأت رئیسه

1) das ~ abgeben ریاست را واگذار کردن

das ~ übernehmen ریاست را به عهده گرفتن

2) das ~ tagt هیأت رئیسه تشکیل جلسه می دهد

das ~ tritt zurück هیأت رئیسه کناره گیری می کند

ein neues ~ wählen هیأت رئیسهٔ جدیدی را انتخاب کردن

Prävention *f* پیشگیری؛ جلوگیری؛ ممانعت

Präventivmaßnahmen *fpl* اقدامات بازدارنده

Präventivschlag *m* ضربهٔ بازدارنده ؛ ضربهٔ ممانعتی

Präzedenzfall *m* سابقهٔ قضایی

präzisieren دقیق تر بیان کردن؛ آشکارتر بیان کردن؛ واضح تر بیان کردن

Einwände ~ اعتراضات را آشکارتر بیان کردن؛ اعتراضات را واضح تر بیان کردن

Forderungen ~ خواسته ها را واضح تر بیان کردن

Vorschläge ~ پیشنهاد ها را واضح تر بیان کردن

Preis *m* قیمت

aktueller ~ قیمت فعلی

amtlich festgelegter ~ قیمت رسماً تعیین شده

amtlicher ~ قیمت رسمی

angegebener ~ قیمت ذکرشده

angemessener ~ قیمت مناسب

börsenfähiger ~ قیمت اعلام شده در بورس

effektiver ~ قیمت واقعی

ermäßigter ~ قیمت تخفیفی؛ قیمت کاهش داده شده

erzielter ~ قیمت به دست آمده

fairer ~ قیمت مناسب؛ قیمت عادلانه

fallende ~e قیمت های رو به کاهش

fester ~ قیمت ثابت

gängiger ~ قیمت روز؛ قیمت معمولی

garantierter ~ قیمت تضمینی

gebotener ~ قیمت پیشنهادی

gebundener ~ قیمت نظارتی

geforderter ~ قیمت درخواستی؛ قیمت مورد درخواست

konkurrenzfähiger ~ قیمت رقابتی

marktgerechter ~ قیمت عادلانه

niedriger ~ قیمت پایین

reduzierter ~ قیمت کاهش یافته

rückläufige ~e	قیمت های رو به کاهش؛ قیمت های
	در حال نزول
stabiler ~	قیمت ثابت؛ قیمت استوار
überhöhter ~	قیمت گزاف
üblicher ~	قیمت معمول
unangemessener ~	قیمت نامناسب
unerschwinglicher ~	قیمت سرسام آور
vereinbarter ~	قیمت مورد توافق
wettbewerbsfähiger ~	قیمت رقابتی
wunschgemäßer ~	قیمت درخواستی
einen ~ aushandeln	از راه مذاکره به یک قیمت
	مورد توافق دست یافتن
einen ~ bestimmen	قیمتی را تعیین کردن
einen hohen ~ erzielen	به قیمت (فروش) بالایی
	دست یافتن
einen ~ festsetzen	قیمتی را تعیین کردن
vom ~ nachlassen	از قیمت کاستن
die ~e drücken	قیمت ها را تحت فشار قرار دادن؛
	قیمت ها را کاهش دادن
die ~e einfrieren	قیمت ها را ثابت نگاه داشتن
die ~e erhöhen	قیمت ها را افزایش دادن؛
	بر قیمت ها افزودن
die ~e fallen	قیمت ها در حال کاهش اند.
die ~e herabsetzen	قیمت ها را کاهش دادن
die ~e hochtreiben	قیمت ها را (به صورت
	مصنوعی) بالا بردن
die ~e kalkulieren	قیمت ها را محاسبه کردن
die ~e niedrig halten	قیمت ها را پایین نگاه داشتن
die ~e reduzieren	قیمت ها را کاهش دادن
die ~e senken	قیمت ها را کاهش دادن
die ~e sinken	قیمت ها کاهش می یابند.
die ~e steigen	قیمت ها افزایش می یابند.
die ~e unterbieten	قیمت ها را پایین تر
	عرضه کردن

die ~e verringern	قیمت ها را کاهش دادن؛
	قیمت ها را پایین آوردن
Preisabsprache f	تبانی در تعیین قیمت؛ زدوبند
	در تعیین قیمت
eine ~ treffen	در تعیین قیمت تبانی کردن؛
	در تعیین قیمت زدوبند کردن
Preisangabe f	مظنّهٔ قیمت
Preisangebot n	قیمت پیشنهادی فروشنده
Preisanhebung f	بالا بردن قیمت ها
Preisankündigung f	اعلام قیمت
Preisanpassung f	تنظیم و تعدیل قیمت
Preisanstieg m	افزایش قیمت
Preisaufschlag m	اضافه قیمت
Preisaufsicht f	نظارت بر قیمت ها؛ کنترل قیمت ها
Preisbildung f	قیمت گذاری
Preisbindung f	تثبیت قیمت؛ قیمت گذاری
Preisbrecher m	قیمت شکن
Preisdiktat n	تحمیل قیمت؛ دیکتهٔ قیمت
Preisdruck m	فشار قیمت
Preiseinbruch m	شکست ناگهانی قیمت ها
Preisentwicklung f	روند قیمت ها؛ تغییر تدریجی
	قیمت ها
Preiserhöhung f	افزایش قیمت
massive ~	افزایش شدید قیمت
Preisfestsetzung f	قیمت گذاری؛ تعیین قیمت
Preisflexibilität f	انعطاف پذیری قیمت ها
preisgeben	فاش کردن
ein Geheimnis ~	سرّی را فاش کردن؛ رازی را
	فاش کردن
Preisgefälle n	اختلاف قیمت
Preisgefüge n	ساختار قیمت
Preisgestaltung f	قیمت گذاری
Preishöhe f	سطح قیمت
Preisindex m	شاخص قیمت ها

Preiskalkulation *f* براورد قیمت؛ محاسبهٔ قیمت

Preiskampf *m* جنگ قیمت؛ رقابت شدید بر سرِ تعیین قیمت

Preiskonsolidierung *f* تثبیت قیمت ها

Preiskonsolidierungspolitik *f* سیاست تثبیت قیمت ها

Preiskontrolle *f* نظارت بر قیمت؛ کنترل قیمت

Preiskrieg *m* جنگ قیمت؛ جنگ بر سرِ تعیین قیمت

Preisnachlass *m* تخفیف قیمت

Preisniveau *n* سطح قیمت

Preisnotierung *f* مظنّهٔ قیمت

Preispolitik *f* سیاست قیمت گذاری؛ سیاست قیمت

Preisregulierung *f* تنظیم قیمت

Preisrückgang *m* کاهش قیمت: تنزّل قیمت

Preisschwankungen *fpl* نوسان های قیمت

Preissenkung *f* کاهش قیمت؛ تقلیل قیمت

Preisspanne *f* گسترهٔ قیمت؛ دامنهٔ قیمت

Preisstabilität *f* ثبات قیمت

Preissteigerung *f* افزایش قیمت

Preissturz *m* سقوط شدید قیمت ها

Preisstützung *f* حمایت از قیمت؛ پایین نگه داشتن قیمت با دادن یارانه

Preissystem *n* نظام قیمت

Preistreiber/-in *m/f* سودجو؛ گران فروش

Preistreiberei *f* سودجویی؛ گران فروشی

Preisüberwachung *f* نظارت بر قیمت؛ کنترل قیمت

Preisunterschied *m* تفاوت قیمت

Preisverfall *m* کاهش ناگهانی قیمت

Preisvergleich *m* مقایسهٔ قیمت ها

Preiswettbewerb *m* رقابت قیمت

prekär *adj* مشکل؛ ناخوشایند؛ نامطلوب

Premierminister/-in *m/f* نخست وزیر

Presse *f* مطبوعات

regierungsfeindliche ~ مطبوعات ضدّ دولت

regierungsfreundliche ~ مطبوعات طرفدار دولت

regionale ~ مطبوعات منطقه ای

überregionale ~ مطبوعات فرامنطقه ای

vor die ~ treten در کنفرانس مطبوعاتی حضور یافتن؛ به سؤلات خبرنگاران پاسخ دادن

der ~ etwas zuspielen مطلبی را به طور پنهانی به مطبوعات رساندن

Presseabteilung *f* بخش مطبوعات

Presseagentur *f* خبرگزاری

Presseamt *n* ادارهٔ مطبوعات

Presseankündigung *f* اعلام مصاحبهٔ مطبوعاتی

Pressearchiv *n* بایگانی مطبوعات؛ آرشیو مطبوعات

Presseartikel *m* مقالهٔ مطبوعاتی

Presseauskunft *f* خبر مطبوعاتی

Presseausweis *m* کارت شناسایی خبرنگاران

Presseball *m* مجلس ضیافت مطبوعاتی؛ ضیافت و گردِهمایی مطبوعاتی

Pressebericht *m* گزارش مطبوعاتی

Presseberichterstatter/-in *m/f* گزارشگر مطبوعات

Presseberichterstattung *f* گزارش دهی مطبوعاتی؛ گزارش رسانی مطبوعاتی

Pressebüro *n* دفتر مطبوعاتی

Pressedienst *m* سرویس مطبوعاتی

Pressediskussion *f* بحث مطبوعاتی

Pressedokumentation *f* سندآمایی؛ به نمایش گذاری اسناد مطبوعاتی

Presseempfang *m* ضیافت مطبوعاتی

Presseerklärung *f* اعلامیّهٔ مطبوعاتی؛ بیانیّهٔ مطبوعاتی

Presseerzeugnisse *npl* فراورده های مطبوعاتی؛ محصولات مطبوعاتی

Pressefreiheit *f* آزادی مطبوعات

Pressekampagne *f* مبارزهٔ مطبوعاتی
Pressekommentar *m* تفسیر مطبوعاتی
Pressekommuniqué *n* بیانیّهٔ مطبوعاتی
Pressekonferenz *f* کنفرانس مطبوعاتی
Pressekorrespondent/-in *m/f* گزارشگر مطبوعاتی
Pressekrieg *m* جنگ مطبوعاتی
Pressemeldung *f* گزارش مطبوعاتی؛ خبر مطبوعاتی
Pressemitteilung *f* اطّلاعیّهٔ مطبوعاتی
Presseoffizier/-in *m/f* افسر ستاد مطبوعات
Presseorgan *n* نهاد مطبوعاتی
Presserat *m* شورای مطبوعاتی
Presseschau *f* برنامهٔ تلویزیونی مطبوعات
Pressesprecher/-in *m/f* سخنگوی مطبوعاتی
Pressestelle *f* دفتر مطبوعاتی؛ مرکز مطبوعاتی
Pressestimme *f* نظر مطبوعاتی
Pressetribüne *f* تریبون مطبوعاتی
Presseunternehmen *n* بنگاه مطبوعاتی
Presseunternehmer/-in *m/f* صاحب بنگاه مطبوعاتی
Presseverband *m* اتّحادیّهٔ مطبوعاتی
Pressevergehen *n* تخلّف از قوانین مطبوعاتی
Presseverlautbarung *f* اطّلاعیّهٔ مطبوعاتی
Pressevertreter/-in *m/f* نمایندهٔ مطبوعاتی
Pressezar *m* مرد مقتدر مطبوعات
Pressezensur *f* سانسور مطبوعاتی
Prinzip *n* اصل
demokratische ~ien اصول دموکراتیک
grundlegende ~ien اصول اساسی
verbindliches ~ اصل الزام آور
die ~ien einhalten اصول را رعایت کردن
prinzipiell *adj* اصولی
~e Entscheidung تصمیم اصولی
~e Frage مسألهٔ اصولی
~e Haltung دید اصولی؛ برخورد اصولی؛ طرز تفکّر اصولی
~ dafür sein اصولاً با امری موافق بودن
~ dagegen sein اصولاً با امری مخالف بودن
privat *adj* شخصی؛ خصوصی
~e Angelegenheit موضوع خصوصی؛ امر خصوصی
~e Krankenversicherung بیمهٔ درمان خصوصی
~e Wirtschaft اقتصاد (بخش) خصوصی
~er Wirtschaftssektor اقتصاد بخش خصوصی
~es Einkommen درآمد شخصی
Privatangebot *n* پیشنهاد خصوصی
Privatanleger/-in *m/f* سرمایه گذار خصوصی
Privataudienz *f* شرفیابی خصوصی
Privatbank *f* بانک خصوصی
Privatbesitz *m* ملک شخصی
Privatdetektiv *m* کارآگاه خصوصی
Privateigentum *n* ملک شخصی؛ مال و اموال شخصی
Privateinkommen *n* درآمد شخصی
Privatersparnisse *fpl* پس اندازهای شخصی
Privatfernsehen *n* فرستندهٔ تلویزیونی خصوصی
Privatfirma *f* شرکت خصوصی
Privatfunk *m* فرستندهٔ رادیویی خصوصی
Privatindustrie *f* صنایع خصوصی
Privatinvestition *f* سرمایه گذاری خصوصی
Privatinvestor/-in *m/f* سرمایه گذار خصوصی
privatisieren خصوصی کردن
Privatisierung *f* خصوصی سازی
~ einer Gesellschaft خصوصی سازی یک شرکت
~ der Industrie خصوصی سازی صنایع
Privatkapital *n* سرمایهٔ خصوصی
Privatkonsum *m* مصرف خصوصی
Privatkonto *n* شماره حساب شخصی

Privatsektor *m* بخش خصوصی
Beteiligung des ~s مشارکت بخش خصوصی
Privatunternehmen *n* بنگاه خصوصی؛ شرکت خصوصی
Privatunternehmer/-in *m/f* صاحب شرکت خصوصی
Privatverbrauch *m* مصرف خصوصی
Privatvermögen *n* دارایی های شخصی
Privatwirtschaft *f* اقتصاد (بخش) خصوصی
Privileg *n* امتیاز؛ حقّ ویژه
besondere ~ien امتیازات ویژه؛ حقوق ویژه
~ien abschaffen امتیازات را لغو کردن
~ien beschneiden امتیازات را محدود کردن
~ien einräumen امتیازات ویژه دادن
Problem *n* مسأله؛ مشکل
akutes ~ مسألهٔ حاد
bestehende ~e مسائل موجود
heikles ~ مسألهٔ بسیار پیچیده
juristisches ~ مسألهٔ حقوقی
komplizierte ~e مسائل پیچیده
offenes ~ مسألهٔ بلاجواب
organisatorische ~e مسائل تشکیلاتی
schwieriges ~ مسألهٔ دشوار
soziale ~e مسائل اجتماعی
strukturelle ~e مسائل ساختاری
tiefgründige ~e مسائل عمیق و ریشه دار
unerwartetes ~ مسألهٔ غیره منتظره
unlösbare ~e مسائل غیرقابل حل
wesentliche ~e مسائل عمده
wirtschaftliche ~e مسائل اقتصادی
zentrales ~ مسألهٔ کلیدی
ein ~ angehen به حلّ مسأله ای مبادرت کردن
ein ~ anpacken به حلّ مسأله ای مبادرت کردن؛ از عهدهٔ مشکلی برآمدن
ein ~ aufwerfen مسأله ای را مطرح کردن
sich mit einem ~ auseinandersetzen با مسأله ای دست و پنجه نرم کردن
sich mit einem ~ befassen به مسأله ای پرداختن
ein ~ behandeln مسأله ای را مورد بررسی قرار دادن
ein ~ debattieren مسأله ای را مورد مباحثه قرار دادن
ein ~ diskutieren پیرامون مسأله ای به بحث پرداختن
ein ~ entschärfen مشکلی را تعدیل کردن
ein ~ erläutern مسأله ای را تشریح کردن
mit einem ~ fertig werden بر مشکلی فائق آمدن؛ مشکلی را برطرف کردن
an ein ~ herangehen جهت حلّ مشکلی دست به کار شدن
ein ~ lösen مسأله ای را حل کردن؛ مشکلی را حل کردن
vor einem ~ stehen در مقابل مسأله ای قرار داشتن
problematisch *adj* مسأله ساز؛ مسأله آفرین
Problembereich *m* بخش مسأله ساز
Produkt *n* فراورده؛ محصول؛ مصنوع
Produktenbörse *f* بورس کالاهای تجاری
Produktentwicklung *f* برنامه ریزی و ساخت کالا
Produktgestaltung *f* طرح محصول؛ طرح کالا
Produktinnovation *f* نوآوری محصول؛ ابداع محصول
Produktion *f* تولید
arbeitsintensive ~ تولید کاربر
gewerbliche ~ تولید صنعتی
industrielle ~ تولید صنعتی
kapitalintensive ~ تولید سرمایه بر
landwirtschaftliche ~ تولید کشاورزی
laufende ~ تولید جاری

die ~ ankurbeln اقتصاد را رونق بخشیدن
die ~ ausweiten تولید را افزایش دادن
mit der ~ beginnen شروع به تولید کردن
die ~ drosseln تولید را کاهش دادن
die ~ einstellen تولید را متوقّف کردن
die ~ lahmlegen تولید را خواباندن؛ تولید را متوقّف کردن
die ~ stoppen از تولید جلوگیری کردن
in der ~ tätig sein در بخش تولیدات مشغول به کار بودن
die ~ umstellen برای تولید نو تغییر سازمان دادن
Produktionsabfall *m* زبالهٔ تولید
Produktionsablauf *m* جریان تولید
Produktionsanlagen *fpl* تأسیسات تولیدی
Produktionsanreiz *m* انگیزهٔ تولید
Produktionsansiedlung *f* مجتمع تولیدی
Produktionsanstieg *m* افزایش تولید
Produktionsaufwand *m* هزینهٔ تولید
Produktionsausfall *m* زیان تولید
Produktionsauslastung *f* حداکثر استفادهٔ از ظرفیّت تولید
Produktionsbeschränkung *f* محدودسازی تولید
Produktionsbetrieb *m* کارگاه تولیدی
Produktionseinheit *f* واحد تولیدی
Produktionseinrichtungen *fpl* تأسیسات تولیدی
Produktionsentwicklung *f* توسعهٔ تولید؛ برنامه ریزی و توسعه تولید
Produktionsfaktoren *mpl* عوامل تولیدی
Produktionsfirma *f* شرکت تولیدی
Produktionsgenossenschaft *f* تعاونی تولید
Produktionsgesellschaft *f* 1) شرکت تولیدی 2) جامعهٔ تولیدی
Produktionsgüter *npl* کالاهای تولیدی
Produktionsindex *m* شاخص تولید
Produktionskapazität *f* ظرفیّت تولیدی
Produktionskosten *f* هزینهٔ تولید
Produktionskredite *mpl* اعتبارات تولیدی
Produktionskürzung *f* کاهش تولید
Produktionsleistung *f* بازده تولید
Produktionsleiter/-in *m/f* مدیر تولید
Produktionsleitung *f* مدیریّت تولید
Produktionslinie *f* خطّ تولید
Produktionsmenge *f* میزان تولید؛ مقدار تولید
Produktionsmethode *f* شیوهٔ تولیدی
Produktionsmittel *pl* ابزار تولید؛ وسایل تولید
Produktionsoptimum *n* بهینه سازی تولید
Produktionsphase *f* مرحلهٔ تولید؛ فاز تولید
Produktionsplanung *f* برنامه ریزی تولید
Produktionspotential *n* توان تولیدی؛ توانش تولیدی؛ گنجایش تولیدی؛ ظرفیّت تولیدی
Produktionsprogramm *n* برنامهٔ تولید
Produktionsprozess *m* فرایند تولید؛ روند تولید
Produktionsrückgang *m* کاهش تولید
Produktionssteigerung *f* افزایش تولید
Produktionsstillegung *f* قطع تولید؛ خواباندن تولید
Produktionsstockung *f* وقفه در تولید
Produktionsstruktur *f* ساختار تولید
Produktionsstufen *f* مراحل تولید
Produktionsüberschuss *m* تولید افزونه؛ اضافه تولید
Produktionsumstellung *f* تغییر در سازمان دهی جهت تولید نو
Produktionsverbot *n* منع تولید
Produktionsverfahren *n* روند تولید؛ مراحل تولید
Produktionsverhältnisse *npl* مناسبات تولیدی
Produktionsverlangsamung *f* کندتر کردن

تولید

Produktionsvielfalt *f* گوناگونی تولیدی؛ تنوّع تولیدی

Produktionsweise *f* روش تولید

Produktionswert *m* ارزش تولیدی

Produktionszahlen *fpl* ارقام تولید

Produktionszuwachs *m* رشد تولید؛ افزایش تولید

Produktionszweig *m* شاخهٔ تولیدی

produktiv *adj* بارآور؛ سودمند؛ ثمربخش؛ سودآور

~e Arbeit کار بارآور؛ کار سودمند

~e Gespräche گفتگوهای ثمربخش؛ مذاکرات سودمند

~e Tätigkeit کار بارآور؛ کار سودمند؛ فعالیّت سودمند

~e Zusammenarbeit همکاری سودمند؛ همکاری ثمربخش

~es Unternehmen بنگاه تولیدی سودآور؛ شرکت سودآور

Produktivität *f* فراوری؛ بهره وری؛ سودمندی؛ قدرت تولید

industrielle ~ بهره وری صنعتی؛ قدرت تولید صنعتی

wirtschaftliche ~ فراوری اقتصادی؛ بهره وری اقتصادی

Produktivitätsfortschritt *m* افزایش بهره وری؛ توسعه و گسترش قدرت تولید

Produktivitätsniveau *n* سطح بهره وری

Produktivitätssteigerung *f* افزایش بهره وری

Produktivitätswachstum *n* رشد بهره وری

Produktivitätszuwachs *m* رشد بهره وری

Produktivkapital *n* سرمایهٔ سودآور؛ سرمایهٔ تولیدی؛ سرمایهٔ مولّد

Produktivkräfte *fpl* نیروهای تولیدی؛ نیروهای مولّده؛ نیروهای تولیدگر

Produktmarkt *m* بازار کالا

Produktwerbung *f* تبلیغ کالا

Produzent *m* سازنده؛ تولیدکننده

~ einer Ware سازندهٔ یک کالا؛ تولیدکنندهٔ یک کالا

produzieren تولید کردن

Profit *m* سود؛ منفعت

mit ~ verkaufen با سود فروختن؛ با منفعت فروختن

profitieren سود بردن؛ منفعت بردن

Prognose *f* پیش بینی

düstere ~ پیش بینی وحشتناک

günstige ~ پیش بینی مساعد

optimistische ~ پیش بینی خوش بینانه

pessimistische ~ پیش بینی بدبینانه

ungünstige ~ پیش بینی نامساعد

eine ~ stellen پیش بینی کردن

Programm *n* برنامه

abwechslungsreiches ~ برنامهٔ متنوّع

buntes ~ برنامهٔ متنوّع

kulturelles ~ برنامهٔ فرهنگی

militärisches ~ برنامهٔ نظامی

umfangreiches ~ برنامهٔ گسترده

wirtschaftliches ~ برنامهٔ اقتصادی

ein ~ abändern در برنامه ای تغییر جزئی دادن

ein ~ ausarbeiten برنامه ای را تنظیم کردن

ein ~ entwerfen برنامه ای را طرح ریزی کردن

ein ~ senden برنامه ای را پخش کردن

ein ~ unterstützen از برنامه ای حمایت کردن

ein ~ zusammenstellen برنامه ای را ترتیب دادن؛ برنامه ای را جور کردن

Programmangebot *n* ارائهٔ برنامه

Programmdirektor/-in *m/f* مدیر برنامه

Programmentwurf *m* طرح برنامه

Programmgestaltung *f* شکل دهی برنامه؛

سازمان دهی برنامه

programmieren برنامه ریزی کردن

Programmierer/-in *m/f* برنامه ریز

Programmierung *f* برنامه ریزی

Projekt *n* طرح؛ پروژه

kostenaufwendiges ~ پروژهٔ پرهزینه

kostengünstiges ~ پروژهٔ کم هزینه

kurzfristiges ~ پروژهٔ کوتاه مدّت

langfristiges ~ پروژهٔ درازمدّت

umfassendes ~ طرح جامع

der Träger eines ~s نهاد سرمایه گذار در یک پروژه؛ نهاد مسؤل یک طرح

ein ~ aufgeben پروژه ای را دنبال نکردن؛ پروژه ای را رها کردن

ein ~ durchführen طرحی را اجرا کردن

ein ~ entwerfen پروژه ای را طرح ریزی کردن

ein ~ fallenlassen پروژه ای را رها کردن

ein ~ realisieren طرحی را تحقّق بخشیدن: طرحی را اجرا کردن

ein ~ stillegen طرحی را مسکوت گذاشتن؛ پروژه ای را مسکوت گذاشتن

ein ~ unterstützen از طرحی حمایت کردن؛ از پروژه ای حمایت کردن

ein ~ zurückstellen طرحی را به تعویق انداختن؛ پروژه ای را موقّتاً مسکوت گذاشتن

Projektdauer *f* مدّت زمان طرح

Projektfinanzierung *f* تأمین مالی طرح؛ تأمین مالی پروژه

Projektingenieur/-in *m/f* مهندس طرح؛ مهندس پروژه

Projektleiter/-in *m/f* مدیر طرح؛ سرپرست طرح؛ سرپرست پروژه

Projektleitung *f* مدیریّت طرح؛ مدیریّت پروژه

Projektmanager/-in *m/f* مدیر طرح؛ مدیر پروژه

Projektplanung *f* برنامه ریزی طرح؛ برنامه ریزی پروژه

Proklamation *f* 1) اعلام 2) اعلامیّه

1) königliche ~ اعلام ملوکانه

2) gemeinsame ~ اعلامیّهٔ مشترک

eine ~ veröffentlichen اعلامیّه ای را منتشر کردن

proklamieren اعلام کردن؛ رسماً به آگاهی همگان رساندن؛ به طور رسمی به آگاهی عموم رساندن

den Frieden ~ اعلام صلح کردن

ein Gesetz ~ قانونی را رسماً به آگاهی همگان رساندن

die Unabhängigkeit ~ اعلام استقلال کردن

eine Verordnung ~ دستوری را رسماً به آگاهی همگان رساندن

prominent *adj* سرشناس؛ مشهور؛ متشخّص

~e Persönlichkeit شخصیّت سرشناس؛ شخصیّت مشهور

~er Politiker سیاستمدار سرشناس؛ سیاستمدار مشهور

Prominenz *f* شخصیّت های سرشناس؛ شخصیّت های مشهور

Propaganda *f* تبلیغ؛ تبلیغات

aggressive ~ تبلیغات ستیزه جویانه

destruktive ~ تبلیغات مخرّب

erfolgreiche ~ تبلیغات موفّقیّت آمیز

feindliche ~ تبلیغات دشمن؛ تبلیغات خصمانه

geschickte ~ تبلیغات زیرکانه

heftige ~ تبلیغات شدید

irreführende ~ تبلیغات گمراه کننده

leere ~ تبلیغات پوچ؛ تبلیغات توخالی

offene ~ تبلیغات آشکار

ohrenbetäubende ~ تبلیغات کرکننده

politische ~ تبلیغات سیاسی

staatsgefährdende ~ تبلیغات ضدّ دولت

ständige ~ تبلیغات دائمی
subversive ~ تبلیغات براندازی
umstürzlerische ~ تبلیغات براندازی
weitverbreitete ~ تبلیغات گسترده
~ treiben تبلیغات کردن؛ تبلیغات براه انداختن
Propagandaaktion *f* عمل تبلیغاتی؛ آکسیون تبلیغاتی
Propagandaapparat *m* دستگاه تبلیغاتی
Propagandafilm *m* فیلم تبلیغاتی
Propagandakunst *f* هنر تبلیغاتی
Propagandalärm *m* هیاهوی تبلیغاتی
Propagandamanöver *n* مانور تبلیغاتی
Propagandamaschinerie *f* ماشین تبلیغاتی؛ دستگاه تبلیغاتی
gewaltige ~ دستگاه عظیم تبلیغاتی
Propagandapolitik *f* سیاست تبلیغاتی
Propagandaschrift *f* نوشتهٔ تبلیغاتی
Propagandasendung *f* فرستندهٔ تبلیغاتی
Propagandatrick *m* ترفند تبلیغاتی
Propagandaveranstaltung *f* میتینگ تبلیغاتی
Propagandist/-in *m/f* مبلّغ؛ مروّج؛ تبلیغ گر
politischer ~ مبلّغ سیاسی؛ مروّج سیاسی
propagieren تبلیغ کردن
Prophet *m* پیامبر؛ پیغمبر؛ رسول
prophetisch *adj* پیامبرانه
prophezeien پیشگویی کردن
Prosperität *f* رونق
zeitweilige ~ رونق موقّتی
Protektion *f* حمایت؛ پشتیبانی
staatliche ~ حمایت دولتی
Protektionismus *m* پشتی گرایی؛ حمایت گرایی
protektionistisch *adj* پشتی گرانه؛ حمایت گرانه
~e Politik سیاست پشتی گرانه؛ سیاست حمایت گرانه
Protektionspolitik *f* سیاست پشتی گرانه؛ سیاست حمایت گرانه

Protest *m* اعتراض؛ واخواست
energischer ~ اعتراض جدّی
entschiedener ~ اعتراض قاطعانه
erfolgloser ~ اعتراض ناموفّق
erfolgreicher اعتراض موفّقیّت آمیز
formeller ~ واخواست رسمی؛ اعتراض رسمی
heftiger ~ اعتراض شدید
mündlicher ~ اعتراض شفاعی
offizieller ~ واخواست رسمی؛ اعتراض رسمی
scharfer ~ اعتراض شدید
schriftlicher ~ اعتراض کتبی
stummer ~ اعتراض همراه با سکوت
~ erheben اعتراض کردن
Protestaktion *f* عمل اعتراضی؛ آکسیون اعتراض آمیز
Protestant/-in *m/f* پروتستان؛ پیرو مذهب پروتستان
protestantisch *adj* پروتستان
Protestantismus *m* مذهب پروتستان
Protestbewegung *f* جنبش اعتراضی
Protestdemonstration *f* تظاهرات اعتراض آمیز
Protestformen *fpl* اَشکال اعتراض
protestieren اعتراض کردن
Protestkundgebung *f* تظاهرات اعتراض آمیز
Protestmarsch *m* راه پیمایی اعتراض آمیز
Protestnote *f* یادداشت اعتراض آمیز؛ اعتراض نامه
Protestschreiben *n* اعتراض نامه؛ یادداشت اعتراض آمیز
Proteststreiks *mpl* اعتصابات اعتراض آمیز
Proteststurm *m* طوفان اعتراض
Protesturkunde *f* اعتراض نامهٔ رسمی
Protestversammlung *f* گردهمایی اعتراض آمیز
Protestverzicht *m* چشم پوشی از اعتراض؛ اغماض از اعتراض

Protestwahlen *fpl*	انتخابات اعتراضی
Protestwähler/-in *m/f*	انتخاب کننده معترض
Protestwelle *f*	موج اعتراضات
Protokoll *n*	صورتجلسه؛ پروتکل
ausführliches ~	صورتجلسهٔ مفصّل
kurzes ~	صورتجلسهٔ کوتاه
polizeiliches ~	صورتجلسهٔ پلیس
ein ~ anfertigen	صورتجلسه ای را تهیّه کردن
das ~ aufnehmen	صورتجلسه برداشتن
etwas zu ~ nehmen	موضوعی را در صورتجلسه وارد کردن
etwas vom ~ streichen	موضوعی را از صورتجلسه حذف کردن
gegen das ~ verstoßen	پروتکل تشریفات را نقض کردن؛ پروتکل تشریفات را رعایت نکردن
ein ~ vorlegen	صورتجلسه ای را ارائه کردن
Protokollant/-in *m/f*	صورتجلسه بردار؛ صورتجلسه نویس
Protokollchef/-in *m/f*	رئیس تشریفات
Protokollführer/-in *m/f*	صورتجلسه بردار؛ صورتجلسه نویس
protokollieren	صورتجلسه برداشتن؛ پروتکل کردن
provisorisch *adj*	موقّت
~e Lösung	راه حلّ موقّت
~e Regierung	دولت موقّت
~e Unterkunft	پناهگاه موقّت
ein Amt ~ bekleiden	موقّتاً عهده دار مقامی بودن
Provokateur/-in *m/f*	تحریک کننده
Provokation *f*	تحریک
dreiste ~	تحریک گستاخانه
gefährliche ~	تحریک مخاطره آمیز
militärische ~	تحریک نظامی؛ تحریکات نظامی
auf eine ~ reagieren	در برابر تحریکی واکنش نشان دادن
provokatorisch *adj*	تحریک آمیز
~e Frage	پرسش تحریک آمیز؛ سؤال تحریک آمیز
~e Handlung	عمل تحریک آمیز
~e Maßnahmen	اقدامات تحریک آمیز
provozieren	برانگیختن؛ تحریک کردن
eine Reaktion ~	واکنشی را برانگیختن؛ عکس العملی را برانگیختن
Prozess *m*	1) فرایند؛ روند 2) دعوی؛ دادرسی؛ محاکمه
1) friedlicher ~	روند مسالمت آمیز
~ der Auflösung	روند انحلال؛ فرایند انحلال
~ der Wiedereingliederung	روند یکپارچگی مجدّد؛ روند ادغام مجدّد
2) einen ~ anstrengen	دادخواهی کردن؛ دعوی کردن؛ عارض شدن؛ دست به یک اقدام قانونی زدن
mit einem ~ drohen	تهدید به یک اقدام قانونی کردن؛ تهدید به محاکمه کردن
einen ~ einstellen	به جریان دادرسی ای پایان دادن؛ محاکمه ای را متوقّف کردن
einen ~ eröffnen	دادرسی ای را شروع کردن؛ محاکمه ای را آغاز کردن
einen ~ führen	دعوی کردن
einen ~ gewinnen	دعوی حقوقی ای را بردن
einen ~ unterbrechen	دادرسی ای را موقّتاً قطع کردن؛ محاکمه ای را موقّتاً قطع کردن
in einem ~ unterliegen	دعوی حقوقی ای را باختن؛ در یک دعوی حقوقی محکوم شدن
einen ~ verlieren	دعوی حقوقی ای را باختن؛ در یک دعوی حقوقی محکوم شدن
Prozessakte *f*	پروندهٔ دادرسی؛ پروندهٔ محاکمه
Prozessbeginn *m*	آغاز دادرسی؛ شروع محاکمه
Prozessbeobachter/-in *m/f*	ناظر دادرسی؛ ناظر محاکمه
Prozessbevollmächtigte *m/f*	وکیل دادرسی؛

وکیل محاکمه
Prozessende *n* پایان دادرسی؛ پایان محاکمه
Prozesseröffnung *f* آغاز دادرسی؛ آغاز محاکمه؛ شروع محاکمه
Prozessführung *f* جریان دادرسی
Prozessgegner/-in *m/f* طرف دعوی؛ طرف مرافعه
Prozessgegenstand *m* موضوع دعوی؛ موضوع دادرسی؛ موضوع محاکمه
prozessieren دادخواهی کردن؛ دعوی کردن؛ عارض شدن
Prozesskosten *f* هزینهٔ دادرسی
die ~ festsetzen هزینهٔ دادرسی را تعیین کردن
Prozesskostenhilfe *f* کمک هزینهٔ دادرسی
Prozessordnung *f* قوانین دادرسی
Prozessverlauf *m* جریان دادرسی؛ جریان محاکمه
Prozessvollmacht *f* وکالت دادرسی؛ وکالت محاکمه
prüfen 1) آزمودن؛ امتحان کردن 2) آزمایش کردن 3) بازبینی کردن؛ بازرسی کردن؛ وارسی کردن؛ بررسی کردن؛ رسیدگی کردن
Prüfer/-in *m/f* 1) آزمونگر؛ ممتحن؛ امتحانگر 2) بازرس
Prüfung *f* 1) آزمون؛ امتحان 2) آزمایش 3) بازرسی؛ بررسی؛ رسیدگی
1) eine ~ ablegen آزمون دادن؛ امتحان دادن
eine ~ bestehen از عهدهٔ آزمونی برآمدن؛ در امتحانی قبول شدن
2) die ~ von Industrieprodukten آزمایش فراورده های صنعتی: آزمایش محصولات صنعتی
3) amtliche ~ بازرسی اداری؛ بازرسی رسمی
sorgfältige ~ بررسی بسیار دقیق
~ einer Klage رسیدگی به یک دادخواست؛ رسیدگی به یک شکایت
Prüfungsausschuss *m* هیأت ممتحنه
Prüfungsbericht *m* گزارش بازرسی؛ گزارش بررسی
Prüfungskandidat/-in *m/f* داوطلب امتحان
Prüfungsordnung *f* آیین نامهٔ امتحانات
Psyche *f* روان؛ نفس
Psychoanalyse *f* روانکاوی
Psychoanalytiker/-in *m/f* روانکاو
psychoanalytisch *adj* روانکاوانه؛ مربوط به روانکاوی
Psychologe *m* روان شناس (مرد)
Psychologie *f* روان شناسی
Psychologin *f* روان شناس (زن)
psychologisch *adj* روانی؛ نفسانی
~e Kriegsführung جنگ روانی
Psychoterror *m* ترور روانی
Publikation *f* نشر؛ نشریه؛ انتشار
die ~ hinausschieben نشر را به تعویق انداختن
die ~ verzögern نشر را به تعویق انداختن
die ~ verweigern از نشر خودداری کردن
Publikum *n* حضّار؛ بینندگان؛ شنوندگان
interessiertes ~ حضّار علاقه مند
publizieren منتشر کردن
Publizist/-in *m/f* روزنامه نگار
Pufferstaat *m* کشور حائل؛ کشور سپر
Pufferzone *f* منطقهٔ حائل؛ منطقهٔ سپر
Punkt *m* نکته؛ موضوع؛ مورد
strittiger ~ موضوع بلاتکلیف
wesentlicher ~ نکتهٔ بسیار مهم
auf den ~ kommen به اصل موضوع رسیدن
Putsch *m* کودتا
blutiger ~ کودتای خونین
fehlgeschlagener ~ کودتای نافرجام
gescheiterter ~ کودتای نافرجام
unblutiger ~ کودتای بدون خون ریزی

einen ~ durchführen	کودتا کردن
einen ~ planen	کودتایی را طرح ریزی کردن
einen ~ vereiteln	کودتایی را خنثی کردن؛
	کودتایی را عقیم گذاشتن
Putschanführer *m*	سردستهٔ کودتاگران؛ رهبر کودتا

Putschist *m*	کودتاگر
Anführer von ~en	سردستهٔ کودتاگران؛
	رهبر کودتاگران
Putschversuch *m*	قصد کودتا
einen ~ unternehmen	دست به کودتایی زدن

Q

Qualifikation *f* تخصّص؛ صلاحيّت؛ شايستگی
berufliche ~ تخصّص شغلی؛ صلاحيّت حرفه ای
qualifizieren آموزش تخصّصی دادن
qualifizieren, sich تخصّص ديدن
qualifiziert *adj* واجد شرايط؛ شايسته
~e Arbeitskräfte نيروی كار واجد شرايط؛ پرسنل واجد شرايط
Qualifizierung *f* آموزش تخصّصی
Qualifizierungsmaßnahmen *fpl* طرح های آموزشی؛ طرح های آموزشی-تخصّصی
Qualität *f* كيفيّت؛ چونی
Qualitätsarbeit *f* كار مرغوب؛ كار با كيفيّت
Qualitätserzeugnis *n* فراوردۀ مرغوب؛ فراوردۀ با كيفيّت
Qualitätskontrolle *f* كيفيّت آزمايی؛ كنترل كيفيّت؛ كنترل كيفيّت كالا
Qualitätskontrolleur/-in *m/f* كنترل كنندۀ كيفيّت؛ كنترل كنندۀ مرغوبيّت
Qualitätsminderung *f* كاهش كيفيّت
Qualitätssicherung *f* تأمين كيفيّت؛ كنترل كيفيّت
Qualitätsverbesserung *f* بهتركردن كيفيّت؛ بالابردن كيفيّت
Qualitätsware *f* كالای مرغوب؛ جنس مرغوب
qualitativ *adj* كيفيّتی؛ به لحاظ كيفی؛ چونانه
quantifizieren تعيين مقدار كردن
Quantität *f* كميّت؛ چندی
quantitativ *adj* كميّتی؛ چندايی
~e Überlegenheit برتری كميّتی
Quantum *n* اندازه؛ مقدار
Quartal *n* سه ماهه
Quartier *n* 1) اقامتگاه
2) قرارگاه؛ قرارگاه نظامی
Quasisouveränität *f* نيمه حاكميّت
Quasivertrag *m* قرارداد-مانند
Quelle *f* منبع؛ منشاء؛ سرچشمه
geheimdienstliche ~n منابع جاسوسی
halboffizielle ~n منابع نيمه رسمی
militärische ~n منابع نظامی
offizielle ~n منابع رسمی
zuverlässige ~n منابع موثّق
Querschnitt *m* برش عرضی
quittieren قبض رسيد دادن
Quittung *f* قبض رسيد
Quorum *n* دارای حدّ نصاب؛ آراء لازم (برای تصميم گيری)
Quote *f* سهميّه
Quotenregelung *f* سهميه بندی
Quotenvereinbarung *f* توافق بر سرِ ميزان سهميه؛ قرارداد سهميه بندی

R

Rabatt *m* تخفیف
~ gewähren تخفیف دادن
Rache *f* انتقام؛ کینه کشی
blutige ~ انتقام خونبار
grausame ~ انتقام بی رحمانه
mit ~ drohen به انتقام تهدید کردن
~ fordern خواستار انتقام شدن
~ nehmen انتقام گرفتن
~ schwören به انتقام سوگند یاد کردن
~ üben انتقام گرفتن
Racheakt *m* عمل انتقام جویانه
Rachefeldzug *m* حملهٔ انتقام جویانه
Rachegedanke *m* فکر انتقام
Radar *m* رادار
Radaranlagen *fpl* تأسیسات رادار
Radarausrüstung *f* تجهیزات رادار
Radarbild *n* تصویر رادار
Radarstation *f* ایستگاه رادار
Radarstellung *f* موضع رادار
Rädelsführer/-in *m/f* سردسته
radikal *adj* افراطی؛ رادیکال؛ بنیادی
~e Elemente عناصر افراطی؛ عناصر رادیکال
~e Forderungen خواسته های رادیکال
~e Grundsätze اصول بنیادی
~e Haltung طرز تفکّر رادیکال
~e Partei حزب افراطی؛ حزب رادیکال
Radikale *m/f* افراطی؛ رادیکال؛ فرد رادیکال
Radikalismus *m* رادیکالیسم
Raffinerie *f* پالایشگاه
raffinieren پالایش کردن؛ تصفیه کردن
Rahmenabkommen *n* موافقت نامهٔ کلّی
Rahmenbedingungen *fpl* شرایط کلّی؛ چهارچوب شرایط
~ abstecken محدودهٔ چهارچوب شرایط را تعیین کردن
Rahmenkredit *m* حدّ اعتبار
Rahmenvertrag *m* قرارداد کلّی
Rakete *f* موشک
Raketenabwehr *f* دفاع ضدّ موشک
Raketenabwehrsystem *n* سیستم دفاع موشکی
Raketenangriff *m* حملهٔ موشکی
Raketenbau *m* موشک سازی
Raketendepot *n* انبار موشک
Raketenstellung *f* موضع موشکی
~en bombardieren مواضع موشکی را بمباران کردن
Raketenzerstörung *f* تخریب موشک ها
Rampenlicht *n* افکار عمومی
im ~ stehen در افکار عمومی حضور داشتن
randalieren بلوا کردن؛ آشوب به پا کردن؛ اغتشاش کردن
Randalierer *m* آشوبگر؛ آشوب طلب
Randgebiet *n* منطقهٔ کنارین؛ منطقهٔ مرزی
Randgruppe *f* گروه کنارین
soziale ~n گروهای کنارین اجتماعی
Randwähler *mpl* انتخاب کنندگان کنارین
Rang *m* جایگاه؛ مقام؛ رتبه؛ پایه؛ درجه؛ ردیف
gesellschaftlicher ~ جایگاه اجتماعی
hoher ~ مقام بالا؛ رتبهٔ بالا
militärischer ~ درجهٔ نظامی
im ~ gleich stehen هم درجه بودن؛ هم رتبه بودن؛ هم ردیف بودن
im ~ nachstehen درجهٔ پایین تر داشتن؛ رتبهٔ پایین تر داشتن
im ~ vorstehen درجهٔ بالاتر داشتن؛ رتبهٔ بالاتر داشتن
Rangälteste *m/f* هم درجهٔ ارشد؛ هم رتبهٔ سابقه دارتر

Rangfolge *f* سلسله مراتب

Rangordnung *f* رتبه بندی؛ درجه بندی؛ تقدّم مقام

Rangverlust *m* از دست دادن رتبه؛ از دست دادن مقام

Rasse *f* نژاد

Rassencharakter *m* ماهیّت نژادی

Rassendiskriminierung *f* فرق گذاری نژادی؛ تبعیض نژادی

Rassenfanatiker/-in *m/f* متعصّب نژادی

Rassenfanatismus *m* تعصّب نژادی

Rassengesetzgebung *f* قانون گذاری نژادی

Rassenhass *m* تنفّر نژادی؛ نفرت نژادی؛ کینهٔ نژادی

Rassenhetze *f* تحریک نژادی؛ تحریک به آشوب های نژادی

Rassenkonflikt *m* درگیری نژادی؛ برخورد نژادی؛ تضاد نژادی

Rassenkrawalle *f* آشوب های نژادی

Rassenpolitik *f* سیاست نژادی

Rassensäuberung *f* پاک سازی نژادی

Rassenschranken *fpl* موانع نژادی

~ beseitigen موانع نژادی را از بین بردن؛ موانع نژادی را برطرف کردن

Rassenstolz *m* غرور نژادی؛ تکبّر نژادی

Rassentrennung *f* جدایی نژادی؛ تفکیک نژادی

Aufhebung der ~ الغای جدایی نژادی؛ الغای تفکیک نژادی

Rassenüberlegenheit *f* برتری نژادی؛ تفوّق نژادی

Rassenunruhen *fpl* ناآرامی های نژادی

Rassenwahn *m* اوهام نژادی

Rassismus *m* نژادگرایی؛ نژادپرستی

Rassist/-in *m/f* نژادگرا؛ نژادپرست؛ طرفدار نژادپرستی

Rat *m* 1) پند؛ اندرز؛ نصیحت؛ راهنمایی؛ راه و چاره 2) شورا

1) einen ~ erteilen راهنمایی کردن؛ پند دادن؛ اندرز دادن؛ راه و چاره نشان دادن

2) im ~ sitzen عضو شورا بودن؛ در شورا بودن

Ratgeber/-in *m/f* اندرزگر؛ پنددهنده؛ راهنما؛ مشاور

Rathaus *n* شهرداری

Ratifikation *f* تصویب

die ~ ablehnen تصویب را رد کردن

der ~ bedürfen نیاز به تصویب داشتن

die ~ beschleunigen تصویب را تسریع کردن

ratifizieren تصویب کردن؛ به تصویب رساندن

Ratifizierung *f* تصویب؛ عمل تصویب

rational *adj* معقول؛ منطقی

~e Erwägungen درنگرش های معقول؛ تفکّرات منطقی؛ تأمّلات منطقی

rationalisieren عقلانی کردن؛ کارایی را افزایش دادن؛ بر بازدهی افزودن

die Arbeit ~ کار را عقلانی کردن؛ بر بازدهی کار افزودن

den Produktionsprozess ~ فرایند تولیدی را عقلانی کردن

Rationalisierung *f* افزایش کارایی؛ عقلانی کردن؛ عقلانی کردن فرایند تولیدی

Rationalisierungsfachmann *m* کارشناس افزایش کارایی

Rationalisierungsmaßnahmen *fpl* اقدامات مربوط به افزایش کارایی

rationieren جیره بندی کردن

Rationierung *f* جیره بندی؛ سهم بندی

~ der Lebensmittel جیره بندی موادّ غذایی

Ratsbeschluss *m* تصویب شورا

Ratsmitglied *n* عضو شورا

Ratsversammlung *f* گردهمایی شورا؛ اجلاس شورا

Ratsvorsitzende *m/f* رئیس شورا

Raub *m* راهزنی؛ سرقت؛ غارت؛ چپاول
Räuber/-in *m/f* راهزن؛ سارق؛ غارتگر؛ چپاولگر
Räuberbande *f* باند راهزنان؛ باند سارقین
Raubkopie *f* کپی دزدی
Raubmord *m* قتل و غارت
Raubmörder/-in *m/f* سارق قاتل؛ دزد قاتل
Raubüberfall *m* سرقت (مسلّحانه)؛ راهزنی
bewaffneter ~ سرقت مسلّحانه
Raumfahrer/-in *m/f* فضانورد
Raumfahrt *f* فضانوردی
Raumfahrtbehörde *f* آژانس فضانوردی
Raumfahrtindustrie *f* صنعت فضانوردی
Raumfahrtpolitik *f* سیاست امور فضانوردی
Raumfahrtprogramm *n* برنامهٔ فضانوردی
Raumstation *f* ایستگاه فضایی
Räumung *f* تخلیّه؛ رفع تصرّف
gewaltsame ~ تخلیّهٔ اجباری
zur ~ zwingen وادار به تخلیّه کردن؛ مجبور به تخلیّه کردن
Räumungsbefehl *m* دستور تخلیّه؛ حکم تخلیّه
Räumungsfrist *f* مهلت تخلیّه
Räumungsklage *f* دادخواست جهت تخلیّه؛ شکایت جهت تخلیّه
eine ~ einreichen دادخواستی را جهت تخلیّه تسلیم کردن
Räumungsurteil *n* حکم تخلیّه
Räumungsverfahren *n* جریان حقوقی تخلیّه
Rauschgift *n* موادّ مخدّر
Rauschgifthandel *m* خرید و فروش موادّ مخدّر
Rauschgifthändler/-in *m/f* فروشندهٔ موادّ مخدّر؛ دلّال موادّ مخدّر
Rauschgiftkonsument/-in *m/f* مصرف کنندهٔ موادّ مخدّر
Rauschgiftschmuggel *m* قاچاق موادّ مخدّر
Rauschgiftvergehen *n* جرم موادّ مخدّر
Razzia *f* بازرسی؛ بازرسی پلیس؛ بازرسی گستردهٔ پلیس؛ تفتیش؛ تفتیش گستردهٔ پلیس
eine ~ durchführen بازرسی کردن؛ به طور گسترده بازرسی کردن؛ تفتیش کردن
bei einer ~ festnehmen در هنگام بازرسی دستگیر کردن؛ در هنگام بازرسی بازداشت کردن؛ در حین تفتیش بازداشت کردن
Reaktion *f* واکنش؛ عکس العمل
flexible ~ واکنش نرمش پذیر؛ واکنش انعطاف پذیر؛ عکس العمل انعطاف پذیر
heftige ~ واکنش شدید؛ عکس العمل شدید؛ جواب دندان شکن
prompte ~ واکنش فوری؛ عکس العمل فوری
unerwartete ~ واکنش ناگهانی؛ عکس العمل غیرمنتظره
eine ~ auslösen واکنشی را موجب شدن؛ عکس العملی را باعث شدن
eine ~ erwarten در انتظار واکنشی بودن؛ در انتظار عکس العملی بودن
eine ~ provozieren واکنشی را برانگیختن؛ عکس العملی را برانگیختن
eine ~ vorhersehen واکنشی را پیش بینی کردن؛ عکس العملی را پیش بینی کردن
reaktionär *adj* واپسگرا؛ ارتجاعی
~e Ansichten نظریّات واپسگرا؛ عقاید ارتجاعی
~e Politik سیاست واپسگرا؛ سیاست ارتجاعی
Reaktor *m* رِآکتور؛ واکنشگر
Reaktorsicherheit *f* امنیّت رِآکتور؛ امنیّت واکنشگر
Realeinkommen *n* درآمد واقعی؛ درآمد حقیقی
realisierbar *adj* تحقّق پذیر
Realisierbarkeit *f* تحقّق پذیری
realisieren عملی ساختن؛ تحقّق بخشیدن
Realisierung *f* تحقّق بخشی

Realismus *m* واقع گرایی؛ رئالیسم
Realist/-in *m/f* واقع گرا؛ واقع بین؛ رئالیست
realistisch *adj* واقع گرایانه؛ واقع بینانه
Realität *f* واقعیّت
politische ~en واقعیّت های سیاسی
unleugbare ~ واقعیت انکارناپذیر
Realpolitik *f* سیاست واقع گرایانه؛ سیاست واقع بینانه
Realpolitiker/-in *m/f* سیاستمدار واقع گرا؛ سیاستمدار واقع بین
Realzins *m* بهرهٔ واقعی
Rebell/-in *m/f* شورشی؛ عصیانگر
rebellieren شورش کردن: عصیان کردن
Rebellion *f* شورش؛ عصیان
bewaffnete ~ شورش مسلّحانه
blutige ~ شورش خونین
kurz bevorstehende ~ شورش قریب الوقوع
unblutige ~ شورش بدون خونریزی
eine ~ anzetteln شورشی را به راه انداختن
eine ~ niederschlagen شورشی را سرکوب کردن
eine ~ unterdrücken شورشی را سرکوب کردن؛ شورشی را خواباندن
eine ~ verhindern از شورشی جلوگیری کردن
Rechenschaft *f* پاسخگویی؛ جوابگویی؛ مسؤلیّت
Rechenschaftspflicht *f* مسؤلیّت محاسباتی؛ ذیحسابی
rechenschaftspflichtig *adj* مسؤل حساب؛ پاسخگو
Rechnung *f* حساب
ausstehende ~ حساب دریافت کردنی؛ حساب پرداختنی
fällige ~ حساب پرداخت نشده؛ حساب سررسیده؛ حساب موعد رسیده
laufende ~en حساب های جاری
offene ~ حساب پرداخت نشده؛ حساب معوّق
offenstehende ~ حساب پرداخت نشده؛ حساب معوّق
eine ~ begleichen تسویه حساب کردن
Rechnungshof *m* دیوان محاسبات
Rechnungsjahr *n* سال مالی
Rechnungsprüfer/-in *m/f* حسابرس
Rechnungsprüfung *f* حسابرسی
Rechnungsstelle *f* بخش حسابداری؛ قسمت حسابداری
Rechnungswesen *n* حسابداری
Recht *n* 1) حق؛ حقوق؛ حقّ و حقوق 2) قانون
abtretbares ~ حقّ واگذارپذیر؛ حقّ انتقال پذیر؛ حقّ قابل انتقال
alleiniges ~ حقّ منحصر به فرد
anerkanntes ~ حقّ محرز؛ حقّ مسلّم؛ حقّ محرز و مسلّم
ausschließliches ~ حقّ انحصاری
bedingtes ~ حقّ مشروط
beschränktes ~ حقّ محدود
bürgerliches ~ حقوق مدنی
gemeines ~ حقوق عرفی
grundlegendes ~ حقوق اساسی؛ حقوق بنیادی
internationales ~ حقوق بین المللی
nationales ~ حقوق ملّی
natürliches ~ حقّ طبیعی
öffentliches ~ حقوق عمومی
übertragbares ~ حقّ واگذارپذیر؛ حقّ انتقال پذیر؛ حقّ قابل انتقال
unabdingbares ~ حقّ شفعه؛ حقّ واگذارناپذیر؛ حقّ انتقال ناپذیر؛ حقّ غیرقابل انتقال
unveräußerliches ~ حقّ واگذارناپذیر؛ حقّ انتقال ناپذیر؛ حقّ غیرقابل انتقال
vorbeugendes ~ حقوق تأمینی
zwischenstaatliches ~ حقوق بین الدول؛ حقوق

بین المللی

~ und Unrecht حقّ و ناحق؛ حقّ و باطل

~e und Pflichten حقوق و وظایف

jmdm. ein ~ aberkennen از کسی حقّی را سلب کردن

jmdm. ein ~ absprechen کسی را فاقد حقّی دانستن؛ از کسی حقّی را سلب کردن؛ کسی را از حقّی محروم کردن

ein ~ abtreten حقّی را واگذار کردن

ein ~ aufgeben از حقّی منصرف شدن

ein ~ ausüben حقّی را اعمال کردن

das ~ durchsetzen حقّی را گرفتن؛ به حقّی دست یافتن؛ حقّی را احراز کردن

in jmds. ~e eingreifen به حقّ و حقوق کسی تجاوز کردن

ein ~ einräumen حق دادن؛ حقّی را اعطا کردن

ein ~ entziehen حقّی را سلب کردن؛ از حقّی محروم کردن

sein ~ fordern حقّ خود را خواستن؛ حقّ خود را مطالبه کردن

von einem ~ Gebrauch machen از حقّی استفاده کردن

ein ~ geltend machen حقّی را احقاق کردن

ein ~ genießen از حقّی برخوردار بودن؛ از حقّی بهره مند بودن

~ haben حق داشتن

zu seinem ~ kommen به حقّ خود رسیدن

~ sprechen حکم کردن؛ قضاوت کردن؛ فتوی دادن

das ~ mit Füßen treten حقّی را لگدمال کردن؛ حقّی را پایمال کردن

seine ~e veräußern حقّ و حقوق خود را واگذار کردن

ein ~ verletzen حقّی را نقض کردن

sich ~ verschaffen حقّی را احراز کردن؛ به حقّی دست یافتن

ein ~ verwirken حقّی را از دست دادن؛ از حقّی ساقط شدن

auf ein ~ verzichten از حقّی چشم پوشی کردن؛ از حقّی اعراض کردن

1) bindendes ~ قانون الزام آور؛ قانون لازم الاجرا

geltendes ~ قانون معتبر؛ قانون نافذ؛ قانون موجود

zwingendes ~ قانون الزام آور؛ قانون لازم الاجرا

rechtmäßig *adj* قانونی؛ شرعی

~er Besitzer مالک قانونی؛ مالک شرعی

~er Nachfolger جانشین قانونی

Rechtmäßigkeit *f* قانونیّت؛ مشروعیّت

Rechtsangelegenheit *f* موضوع حقوقی

Rechtsangleichung *f* یگانه گردانی قانونی؛ همگون سازی قانونی

Rechtsanspruch *m* ادّعای حقوقی

Rechtsanwalt/-in *m/f* وکیل دادگستری

Rechtsauffassung *f* درک حقوقی

Rechtsaufsicht *f* نظارت حقوقی

Rechtsausschuss *m* کمیسیون حقوقی

Rechtsbasis *f* اساس حقوقی؛ پایهٔ حقوقی

Rechtsbeistand *m* نمایندهٔ حقوقی؛ نمایندهٔ قضایی

Rechtsberater/-in *m/f* رایزن حقوقی؛ مشاور حقوقی

Rechtsberatung *f* رایزنی حقوقی؛ مشاورت حقوقی

Rechtsbeziehungen *fpl* روابط حقوقی

Rechtsbrecher/-in *m/f* قانون شکن؛ ناقض قانون

Rechtsbruch *m* قانون شکنی؛ نقض حقوق

Rechtsdurchsetzung *f* پیشبرد قانون؛ اجرای قانون

rechtsextrem *adj* راست گرای افراطی

~e Partei حزب راست گرای افراطی

Rechtsextremismus *m* راست گرایی افراطی

Rechtsextremist/-in *m/f* راست گرای افراطی

Rechtsfall *m* مورد حقوقی؛ مورد قضایی
Rechtsform *f* شکل قانونی
Rechtsfrage *f* مسألهٔ حقوقی
Rechtsfrieden *m* نظم و قانون؛ حاکمیّت قانون
Rechtsgrundlage *f* اساس قانونی؛ پایهٔ قانونی
rechtsgültig *adj* قانونی
~es Urteil حکم قانونی
Rechtsgültigkeit *f* قانونیّت
Rechtsgutachten *n* اظهار نظر حقوقی؛ اظهار عقیدهٔ حقوقی؛ فتوای حقوقی
Rechtshilfe *f* معاضدت قضایی؛ تعاون قضایی
Rechtskraft *f* اعتبار قانونی
rechtskräftig *adj* قطعی؛ قانونی؛ معتبر به لحاظ قانونی
~es Urteil رأی قطعی؛ حکم قطعی؛ حکم قانونی
Rechtskräftigkeit *f* صحت قانونی؛ سندیّت
Rechtslage *f* وضعیّت حقوقی
Rechtslücke *f* خلاء قانونی؛ خلاء موجود در قانون
Rechtsmissbrauch *m* سوء استفاده از قانون
Rechtsmittel *n* ابزار قانونی
Rechtsordnung *f* نظام حقوقی
Rechtsprechung *f* قضاوت؛ داوری
Rechtsprechungsorgan *n* دستگاه قضایی؛ دادگاه
Rechtsradikale *m/f* راست گرای افراطی
Rechtsradikalismus *m* راست گرایی افراطی؛ رادیکالیسم راست
Rechtsreform *f* اصلاح حقوقی
Rechtsschutz *m* حمایت حقوقی
Rechtsschutzversicherung *f* بیمهٔ حمایت حقوقی
Rechtssicherheit *f* امنیّت قانونی
Rechtsstaat *m* دولت قانونی
Rechtsstreit *m* دعوی حقوقی
Erledigung eines ~s حل و فصل یک دعوی حقوقی؛ رفع یک دعوی حقوقی
einen ~ führen دعوی حقوقی داشتن
im ~ liegen دعوی حقوقی داشتن
Rechtstradition *f* سنّت حقوقی
Rechtsunsicherheit *f* عدم امنیّت قانونی
rechtsverbindlich *adj* الزام آور؛ نافذ
Rechtsverbindlichkeit *f* الزام قانونی
Rechtsverdreher/-in *m/f* محرّف قانون
Rechtsverletzung *f* نقض قانون
Rechtsvorschriften *fpl* مقرّرات قانونی
Rechtsweg *m* راه قانونی
auf dem ~ از راه قانونی
den ~ ausschließen مانع از اقدام قانونی شدن؛ اقدام قانونی را غیرممکن ساختن
den ~ einschlagen اقدام قانونی کردن؛ از راه قانونی اقدام کردن
rechtswidrig *adj* ناقانونی؛ غیرقانونی؛ خلاف قانون
Rechtswidrigkeit *f* ناقانونیّت؛ عمل خلاف قانون
rechtswirksam *adj* قانونی؛ قطعی
Rechtswirksamkeit *f* صحت قانونی؛ سندیّت؛ قطعیّت
Redakteur/-in *m/f* مدیر روزنامه یا مجلّه؛ مدیر برنامه های تلویزیونی یا رادیویی؛ سردبیر
Redaktion *f* 1) سردبیری؛ هیأت تحریریه
2) بخش تولید برنامه های تلویزیونی یا رادیویی
Redaktionsausschuss *m* هیأت تحریریه؛ هیأت مدیرهٔ روزنامه یا مجلّه؛ هیأت مدیرهٔ تلویزیون یا رادیو
Redaktionsbüro *n* دفتر تحریریه
Redaktionskonferenz *f* کنفرانس اعضای هیأت تحریریه
Redaktionsleiter/-in *m/f* رئیس هیأت تحریریه؛ رئیس هیأت مدیرهٔ روزنامه یا مجلّه؛ رئیس هیأت مدیرهٔ تلویزیون یا رادیو
Redaktionsleitung *f* ریاست هیأت تحریریه؛ ریاست هیأت مدیرهٔ روزنامه یا مجلّه؛ ریاست هیأت

مدیرهٔ تلویزیون یا رادیو

Redaktionsstab *m* گروه هیأت تحریریه؛ ستاد هیأت تحریریه

Rede *f* سخنرانی؛ نطق؛ بیان

demagogische ~ سخنرانی عوام فریبانه

eine ~ halten سخنرانی کردن؛ نطق کردن

Redefreiheit *f* آزادی بیان

Redekunst *f* هنر سخنوری

Redezeit *f* مدّت زمان سخنرانی

Redner/-in *m/f* سخنران

reduzieren کاهش دادن؛ تقلیل دادن

die Abhängigkeit ~ وابستگی را کاهش دادن

die Ausgaben ~ هزینه ها را کاهش دادن؛ مخارج را کاهش دادن

die Mitarbeiterzahl ~ شمار کارکنان را کاهش دادن

Personal ~ پرسنل را کاهش دادن؛ شمار کارکنان را کاهش دادن

die Preise ~ قیمت ها را کاهش دادن

den Schaden ~ زیان را کاهش دادن؛ خسارت را کاهش دادن

die Streitkräfte ~ نیروهای مسلّح را کاهش دادن؛ نیروهای رزمی را کاهش دادن

die Truppen ~ نیروهای نظامی را کاهش دادن؛ قوای نظامی را کاهش دادن

Reduzierung *f* کاهش؛ تقلیل

stufenweise ~ کاهش تدریجی

Referendum *n* همه پرسی

refinanzieren مجدداً تأمین مالی کردن

Refinanzierung *f* تأمین مالی مجدّد

Reform *f* اصلاح؛ بهکرد

einschneidende ~en اصلاحات قاطعانه؛ اصلاحات چشمگیر

geringfügige ~en اصلاحات جزئی

grundlegende ~en اصلاحات بنیادی

politische ~en اصلاحات سیاسی

tiefgreifende ~en اصلاحات ژرف؛ اصلاحات ریشه ای؛ اصلاحات بنیادی

überfällige ~en اصلاحات سرامده؛ اصلاحات معوّقه؛ اصلاحات به تعویق افتاده

umfassende ~en اصلاحات پردامنه؛ اصلاحات جامع؛ اصلاحات همه جانبه

wirtschaftliche ~en اصلاحات اقتصادی

~en durchführen اصلاحات را انجام دادن؛ اصلاحات را اجرا کردن

~en durchsetzen اصلاحات را به پیش بردن

~en fordern خواستار اصلاحات شدن

~en in Angriff nehmen به اصلاحات دست زدن

Reformbereitschaft *f* آمادگی جهت اصلاحات

Reformbewegung *f* جنبش اصلاح گری؛ جنبش اصلاح طلبی

reformfähig *adj* اصلاح پذیر

Reformfähigkeit *f* اصلاح پذیری

reformfeindlich *adj* ضدّ اصلاحات؛ مخالف اصلاحات

reformfreundlich *adj* خواهان اصلاحات؛ طرفدار اصلاحات

Reformgesetz *n* قانون اصلاح

reformieren اصلاح کردن؛ بهبود بخشیدن

Reformierer/-in *m/f* اصلاح گر؛ اصلاح طلب

Reformismus *m* اصلاح گری؛ اصلاح طلبی

Reformist/-in *m/f* اصلاح گر؛ اصلاح طلب

Reformkommission *f* کمیسیون انجام اصلاحات

Reformmaßnahmen *fpl* اقدامات اصلاحی؛ تدابیر اصلاحی

Reformpaket *n* مجموعه طرح های مربوط به اصلاحات

Reformpartei *f* حزب اصلاح طلب

Reformpolitik *f* سیاست اصلاحات

Reformpolitiker/-in *m/f* سیاستمدار اصلاح طلب
Reformprogramm *n* برنامهٔ اصلاحات
Reformstau *m* مجموعه اصلاحات انجام نیافته
reformunfähig *adj* اصلاح ناپذیر
Reformunfähigkeit *f* اصلاح ناپذیری
Reformvorlage *f* لایحهٔ قانون اصلاحات
regierbar *adj* حکومت پذیر؛ قابل حکومت؛ قابل اداره
Regierbarkeit *f* حکومت پذیری؛ قابلیّت حکومت
regieren حکومت کردن
demokratisch ~ دموکراتیک گونه حکومت کردن؛ دموکراتیک مآبانه حکومت کردن
diktatorisch ~ دیکتاتوروار حکومت کردن؛ دیکتاتورگونه حکومت کردن؛ دیکتاتورمآبانه حکومت کردن
streng ~ با شدّت هرچه تمامتر حکومت کردن؛ با شدّت و جدّیّت حکومت کردن
ein Land ~ بر سرزمینی حکومت کردن؛ بر کشوری حکومت کردن
ein Volk ~ بر ملّتی حکومت کردن
Regierung *f* حکومت؛ دولت
ausscheidende ~ دولت برکنارشده
feindliche ~ دولت متخاصم
gewählte ~ دولت برگزیده؛ دولت منتخب
instabile ~ دولت بی ثبات
jetzige ~ دولت فعلی
korrupte ~ حکومت فاسد
legale ~ دولت قانونی؛ حکومت قانونی
nationale ~ حکومت ملّی؛ دولت ملّی
neue ~ حکومت جدید؛ دولت جدید
parlamentarische ~ حکومت پارلمانی؛ حکومت پارلمان دار
populäre ~ حکومت مردمی؛ دولت مردمی
provisorische ~ دولت موقّت
rechtmäßige ~ حکومت قانونی؛ دولت قانونی
schwache ~ دولت ناتوان؛ دولت ضعیف
stabile ~ دولت باثبات
starke ~ دولت نیرومند
unfähige ~ حکومت بی کفایت
unpopuläre ~ حکومت غیرمردمی
unrechtmäßige ~ حکومت غیرقانونی
verfassungsmäßige ~ دولت قانونی؛ دولت مبتنی بر قانون اساسی
seitens der ~ از سوی دولت
eine ~ abwählen دولتی را با رأی گیری برکنار کردن؛ دولتی را با رأی گیری عزل کردن
eine ~ anerkennen حکومتی را به رسمیّت شناختن؛ دولتی را به رسمیّت شناختن
eine ~ angreifen دولتی را مورد حمله قرار دادن؛ به دولتی حمله ور شدن
eine ~ auflösen دولتی را منحل کردن
aus der ~ austreten از عضویّت دولت خارج شدن؛ از کابینهٔ دولت خارج شدن
die ~ bilden دولت تشکیل دادن
eine neue ~ einsetzen دولت جدیدی را به کار گماردن
eine ~ installieren حکومتی را روی کار آوردن؛ دولتی را روی کار آوردن
die ~ stürzen حکومت را برانداختن
die ~ übernehmen امور زمام حکومت را به عهده گرفتن
eine ~ unterstützen از حکومتی پشتیبانی کردن؛ از حکومتی حمایت کردن؛ از دولتی پشتیبانی کردن؛ از دولتی حمایت کردن
Regierungsabhängigkeit *f* وابستگی دولت
Regierungsangestellte *m/f* کارمند دولت
Regierungsanhänger/-in *m/f* هوادار دولت؛ طرفدار دولت

Regierungsanleihen *fpl* اوراق قرضهٔ دولتی

Regierungsantritt *m* آغاز کار دولت

Regierungsapparat *m* دستگاه دولتی؛ دستگاه حکومتی

den ~ modernisieren دستگاه دولتی را نوسازی کردن

Regierungsarbeit *f* کار دولت

Regierungsauflösung *f* انحلال دولت

Regierungsaufsicht *f* نظارت دولت

Regierungsausschuss *m* کمیسیون دولت

Regierungsbank *f* جایگاه نمایندگان دولت در پارلمان

Regierungsbeamte *m* کارمند دولت (مرد)

Regierungsbeamtin *f* کارمند دولت (زن)

Regierungsbeauftragte *m/f* نمایندهٔ دولت

Regierungsbefugnisse *fpl* اختیارات حکومت؛ اختیارات قانونی حکومت

Regierungsbeschluss *m* مصوّبهٔ دولت

Regierungsbestimmungen *fpl* مقرّرات دولتی

Regierungsbezirk *m* ناحیّهٔ دولتی؛ ناحیّهٔ مؤسّسات دولتی

Regierungsbildung *f* تشکیل دولت

Regierungschef/-in *m/f* رئیس دولت

Regierungsdelegation *f* هیأت نمایندگی دولت

Regierungseinrichtungen *fpl* مؤسّسات دولتی؛ نهادهای دولتی

Regierungsentwurf *m* طرح دولت

Regierungserklärung *f* بیانیّهٔ دولت

regierungsfähig *adj* قادر به تشکیل دولت

Regierungsfähigkeit *f* توانایی تشکیل دولت

regierungsfeindlich *adj* ضدّ دولت؛ مخالف دولت؛ ضدّ حکومت؛ مخالف حکومت

~e Kräfte نیروهای ضدّ دولت؛ نیروهای مخالف دولت

Regierungsfeindlichkeit *f* ضدیّت با دولت؛ دشمنی با دولت؛ دشمنی با حکومت

Regierungsfraktion *f* فراکسیون دولت

regierungsfreundlich *adj* موافق دولت؛ هوادار دولت؛ طرفدار حکومت

~e Kräfte نیروهای موافق دولت؛ نیروهای هوادار دولت؛ نیروهای طرفدار حکومت

Regierungsgegner/-in *m/f* مخالف دولت

Regierungsgeschäfte *npl* امور دولت

die ~ übernehmen امور دولت را به دست گرفتن؛ اختیارات دولت را به دست گرفتن

Regierungsinitiative *f* پیشگامی دولت؛ ابتکار دولت؛ ابتکار از سوی دولت

Regierungskoalition *f* ائتلاف دولتی

Regierungskreise *mpl* محافل دولتی

informierte ~ محافل آگاه دولتی

Regierungskrise *f* بحران دولت

eine ~ auslösen بحرانی را در دولت موجب شدن

Regierungskunst *f* دولت داری؛ فنّ دولت داری

Regierungskurs *m* خطّ مشی دولت

den ~ beibehalten خطّ مشی دولت را حفظ کردن

den ~ wechseln خطّ مشی دولت را تغییر دادن

Regierungsmaßnahmen *fpl* تدابیر دولت؛ اقدامات دولت

Regierungsmehrheit *f* اکثریّت اعضای دولت

Regierungsmethoden *fpl* روش های حکومتی

Regierungsmitglied *n* عضو دولت؛ عضو کابینهٔ دولت

Regierungspartei *f* حزب دولت

Regierungspolitik *f* سیاست دولت

Regierungsposten *m* مقام دولتی؛ پست دولتی

Regierungspraxis *f* شیوهٔ عمل دولت

Regierungsprogramm *n* برنامهٔ دولت

Regierungsrat *m* شورای دولت؛ شورای وزرای دولت

Regierungsreform *f* اصلاح دولت؛ اصلاح کابینهٔ دولت
Regierungsrücktritt *m* استعفای دولت
Regierungssitz *m* مقرّ دولت
Regierungssoldaten *mpl* سربازان دولتی
Regierungsspitze *f* رأس دولت
Regierungssprecher/-in *m/f* سخنگوی دولت
Regierungsstelle *f* نمایندگی دولت
Regierungsteam *n* تیم دولت؛ کابینهٔ دولت
Regierungstruppen *fpl* نیروهای نظامی دولت؛ قوای نظامی دولت؛ سپاهیان دولت
Regierungsübernahme *f* عهده داری دولت؛ به عهده گیری دولت
Regierungsumbildung *f* بازسازی دولت؛ ترمیم دولت
Regierungsverbot *n* اعلام ممنوعیّت از سوی دولت
Regierungsverhandlungen *fpl* مذاکرات دولت
Regierungsvertreter/-in *m/f* نمایندهٔ دولت
Regierungsvertretung *f* نمایندگی دولت
Regierungsviertel *n* ناحیهٔ دولتی؛ ناحیهٔ مؤسّسات دولتی
Regierungsvorlage *f* لایحهٔ دولت
Regierungswechsel *m* تغییر دولت
Regierungszeit *f* دورهٔ حکومت
Regime *n* رژیم
aggressives ~ رژیم تجاوزگر
autoritäres ~ رژیم قدرت پرست؛ رژیم زورگو
despotisches ~ رژیم خودکامه
diktatorisches ~ رژیم خودکامه؛ رژیم دیکتاتوری
herrschendes ~ رژیم حاکم
instabiles ~ رژیم بی ثبات
korruptes ~ رژیم فاسد
repressives ~ رژیم سرکوبگر
unrechtmäßiges ~ رژیم غیرقانونی
verhasstes ~ رژیم منفور
ein ~ etablieren رژیمی را مستقر کردن
ein ~ führen رژیمی را رهبری کردن
ein ~ gelangt an die Macht رژیمی به قدرت می رسد؛ رژیمی سرِکار می آید.
ein ~ stürzen رژیمی را برانداختن
Regimebefürworter/-in *m/f* هوادار رژیم؛ طرفدار رژیم
regimefeindlich *adj* ضدّ رژیم؛ مخالف رژیم
regimefreundlich *adj* موافق رژیم؛ هوادار رژیم
Regimegegner/-in *m/f* مخالف رژیم
Regimekritiker/-in *m/f* منتقد رژیم
Region *f* منطقه
instabile ~ منطقهٔ بی ثبات
spannungsgeladene ~ منطقهٔ پرتنش؛ منطقهٔ متشنّج
strukturschwache ~ منطقهٔ ضعیف به لحاظ ساختاری
regional *adj* منطقه ای
~e Abweichungen تفاوت های منطقه ای
~e Entwicklung عمران منطقه ای؛ رشد و توسعهٔ منطقه ای
~e Fernsehsendung فرستندهٔ تلویزیونی منطقه ای
~e Macht قدرت منطقه ای
~e Rundfunksendung فرستندهٔ رادیویی منطقه ای
~e Tageszeitung روزنامهٔ منطقه ای
~e Unterschiede تفاوت های منطقه ای
~e Wahlen انتخابات منطقه ای
~er Konflikt درگیری منطقه ای
Regionalakteur *m* بازیگر منطقه ای
Regionalbank *f* بانک منطقه ای
Regionalblatt *n* روزنامهٔ منطقه ای
Regionalentwicklung *f* عمران منطقه ای؛ رشد و

توسعهٔ منطقه ای

Regionalinteressen *npl* مصالح منطقه ای؛ منافع منطقه ای

Regionalkonferenz *f* کنفرانس منطقه ای

Regionalparlament *n* مجلس منطقه ای

Regionalpolitik *f* سیاست منطقه ای

Regionalpolitiker/-in *m/f* سیاستمدار امور منطقه ای

Regionalpresse *f* مطبوعات منطقه ای

Regionalstruktur *f* ساخت منطقه ای؛ ساختار منطقه ای

Regionalverband *m* اتّحادیّهٔ منطقه ای

Regionalverwaltung *f* ادارهٔ منطقه ای

Regionalwahlen *fpl* انتخابات منطقه ای

regulär *adj* 1) منظّم 2) متداول

1) ~e Armee ارتش منظّم

~e Truppen سپاهیان منظّم؛ قوای منظّم

2) ~e Maßnahmen اقدامات متداول

regulieren 1) تنظیم کردن؛ میزان کردن؛ سر و سامان دادن 2) تسویه کردن؛ تسویه حساب کردن 3) طبق مقرّرات تنظیم کردن؛ به صورت قانونی درآوردن

Regulierung *f* 1) نظم؛ سامان 2) تسویه؛ تسویه حساب 3) مقرّرات (در جمع)

Regulierungsbehörde *f* ادارهٔ تنظیم و نظارت

Rehabilitierung *f* اعادهٔ حیثیّت؛ آبروبخشی دوباره؛ بازگردانی آبرو و حیثیّت

vollständige ~ اعادهٔ حیثیّت کامل

reich *adj* ثروتمند؛ دارا؛ توانگر؛ پولدار

Reich *n* قلمرو؛ رایش (آلمان)

Zerfall des ~es فروپاشی قلمرو: فروپاشی رایش (آلمان)؛ اضمحلال قلمرو

Reichsgericht *n* دادگاه رایش (آلمان)

Reichskanzler *m* صدر اعظم رایش (آلمان)

Reichspräsident *m* رئیس جمهور رایش (آلمان)

Reichsrat *m* شورای رایش (آلمان)

Reichsregierung *f* حکومت رایش (آلمان)

Reichstag *m* پارلمان رایش (آلمان)؛ پارلمان جمهوری فدرال آلمان

Reichsverfassung *f* قانون اساسی رایش (آلمان)

Reichtum *n* ثروت؛ دارایی

Reingewinn *m* سود خالص

Reisebericht *m* سفرنامه؛ گزارش سفر

Reisebranche *f* بخش مسافرتی

Reisebüro *n* دفتر مسافرتی؛ آژانس مسافرتی

Reisekosten *f* هزینهٔ سفر

Reiseleiter/-in *m/f* راهنمای توریست ها

Reisende *m/f* مسافر

Reisepass *m* گذرنامه

Reisepasskontrolle *f* کنترل گذرنامه

Reiseveranstalter *m* متصدّی مسافرت؛ سرپرست تور

Reiseverkehr *m* رفت و آمد توریستی؛ جهانگردی

Reiseziel *n* مقصد

rekonstruieren بازسازی کردن

Rekonstruktion *f* بازسازی

Rekordabsatz *m* بهترین فروش؛ بیشترین فروش؛ بالاترین میزان فروش

Rekordbetrag *m* بیشترین مبلغ

Rekordernte *f* بیشترین محصول؛ بالاترین میزان محصول

Rekordgewinn *m* بیشترین سود؛ بالاترین میزان سود

Rekordjahr *n* سال بی سابقه

Rekordpreis *m* بهترین قیمت

relevant *adj* مهم؛ پراهمیّت؛ حائز اهمیّت

~e Angelegenheit موضوع مهم؛ موضوع پراهمیّت؛ موضوع حائز اهمیّت؛ امر مهم

~er Einwand ایراد مهم
Relevanz *f* اهمیّت
gesellschaftliche ~ اهمیّت اجتماعی
Religion *f* دین؛ مذهب
eine ~ ausüben فرائض دینی را به جا آوردن؛ مراسم دینی را انجام دادن
eine ~ begründen مذهبی را بنیان گذاردن؛ مذهبی را پایه ریزی کردن
Religionsfreiheit *f* آزادی دین
Religionsgemeinschaft *f* جامعهٔ دینی؛ امّت
Religionsgeschichte *f* تاریخ دین؛ تاریخ مذهب
Religionsgruppe *f* گروه دینی؛ گروه مذهبی
Religionskrieg *m* جنگ دینی؛ جنگ مذهبی
Religionsunterricht *m* آموزش دین؛ تعلیم دین
Religionszugehörigkeit *f* تعلّق دینی
religiös *adj* دینی؛ مذهبی
~e Bindungen پیوندهای دینی
~e Fragen پرسش های دینی؛ سؤلات دینی
~e Gebote فرامین مذهبی
~e Gemeinschaft جامعهٔ دینی؛ امّت
~e Vorschriften دستورات دینی؛ فرامین مذهبی
~er Fundamentalismus بنیادگرایی دینی؛ بنیادباوری دینی
~er Fundamentalist بنیادگرای دینی؛ بنیادباور دینی
~er Schwärmer متعصّب دینی
~es Brauchtum رسم ها و عرف های دینی
Rendite *f* سود؛ بهره
~ abwerfen سود دادن؛ بهره دادن
rentabel *adj* سودده؛ سودآور
Rentabilität *f* سوددهی؛ سودآوری
Rente *f* حقوق بازنشستگی؛ مستمری
lebenslängliche ~ مستمری تمام عمر
Rentenalter *n* سنّ بازنشستگی

Rentenanpassung *f* تعدیل حقوق بازنشستگی
Rentenanstalt *f* مؤسسهٔ امور بازنشستگی؛ نهاد پرداخت کنندهٔ حقوق بازنشستگی
Rentenausgleich *m* برابرسازی حقوق بازنشستگی؛ یکسان سازی حقوق بازنشستگی؛ تعدیل حقوق بازنشستگی
Rentenbeschneidung *f* کاهش حقوق بازنشستگی؛ کاهش مستمری
Rentendiskussion *f* بحث پیرامون حقوق بازنشستگی
Rentenempfänger/-in *m/f* مستمری بگیر؛ دریافت کنندهٔ حقوق بازنشستگی
Rentenerhöhung *f* افزایش حقوق بازنشستگی؛ افزایش مستمری
rentenfähig *adj* مشمول بازنشستگی؛ دارای شرایط بازنشستگی
~es Alter سنّ بازنشستگی
Rentenkasse *f* صندوق بازنشسستگی؛ صندوق مستمری
Rentenkürzung *f* کاهش حقوق بازنشسگی؛ کاهش مستمری
Rentenniveau *n* میزان حقوق بازنشستگی؛ میزان مستمری
das ~ absenken میزان حقوق بازنشستگی را کاهش دادن
Rentenpapiere *npl* اسناد مربوط به حقوق بازنشستگی
Rentenplan *m* طرح بازنشستگی
Rentensicherung *f* تأمین حقوق بازنشستگی؛ تأمین مستمری
Rentenurteil *n* حکم تعیین میزان بازنشستگی
Rentenversicherung *f* بیمهٔ بازنشستگی؛ بیمهٔ مستمری
Rentenversicherungsträger *m* صندوق بیمهٔ

بازنشستگی؛ صندوق مستمری
Rentenzahlung *f* پرداخت حقوق بازنشستگی؛ پرداخت مستمری
Rentner/-in *m/f* بازنشسته؛ مستمری بگیر
Reorganisation *f* بازسازماندهی؛ سازماندهی مجدّد
reorganisieren بازسازماندهی کردن؛ سازماندهی مجدّد کردن
Reportage *f* گزارش؛ رپورتاژ
eine ~ bringen گزارشی را پخش کردن
eine ~ machen گزارشی را تهیّه کردن
eine ~ schreiben گزارشی را نوشتن
eine ~ veröffentlichen گزارشی را منتشر کردن
Reporter/-in *m/f* گزارشگر؛ خبرنگار
erfahrener ~ گزارشگر باتجربه؛ گزارشگر کارکشته؛ گزارشگر کهنه کار
Repräsentant/-in *m/f* نماینده
~ der Regierung نمایندهٔ یک حکومت؛ نمایندهٔ یک دولت
~ des Volkes نمایندهٔ یک ملّت
~ einer Firma نمایندهٔ یک شرکت
Repräsentantenhaus مجلس نمایندگان
repräsentativ *adj* نماینده
~e Demokratie دموکراسی نمایندگی؛ دموکراسی پارلمانی
repräsentieren نمایندگی کردن
ein Land ~ کشوری را نمایندگی کردن
eine Partei ~ حزبی را نمایندگی کردن
einen Staat ~ دولتی را نمایندگی کردن
Repressalien *fpl* تضعییقات؛ زور و فشار
staatliche ~ تضعییقات دولتی
zusätzliche ~ تضعییقات افزوده
~ androhen با اعمال تضعییقات تهدید کردن
zu ~ greifen دست به تضعییقات زدن
Repression *f* سرکوب؛ سرکوبگری

repressiv *adj* سرکوبگر؛ سرکوبگرانه
reprivatisieren خصوصی کردن؛ دوباره خصوصی کردن
ein Unternehmen ~ شرکتی را خصوصی کردن
Reprivatisierung *f* خصوصی سازی؛ خصوصی سازی دوباره
Reproduktion *f* بازتولید
Reproduktionskosten *f* هزینهٔ بازتولید؛ هزینهٔ تولید مجدّد
reproduzieren بازتولید کردن؛ مجدّداً تولید کردن
Republik *f* جمهوری
autonome ~ جمهوری خودمختار
junge und aufstrebende ~ جمهوری تازه استقلال یافته
Republikaner/-in *m/f* جمهوری خواه
republikanisch *adj* جمهوری خواه
~e Armee ارتش جمهوری خواه
~e Bewegung جنبش جمهوری خواه
~e Partei حزب جمهوری خواه
Reserve *f* اندوخته؛ ذخیره؛ رزرو
stille ~n اندوخته های پنهانی؛ ذخیره های پنهانی
in ~ haben به صورت ذخیره داشتن
in ~ halten به صورت ذخیره نگاهداری کردن
~n anlegen ذخیره کردن
~n verbrauchen اندوخته ها را مصرف کردن؛ ذخیره ها را به مصرف رساندن
~n bilden ذخیره کردن
Reservearmee *f* ارتش ذخیره؛ سپاه ذخیره
Reserveeinheiten *fpl* یکان های ذخیره
Reservefonds *m* وجوه احتیاطی
Reservenbildung *f* ذخیره سازی؛ انباشت ذخیره
Reserveoffizier/-in *m/f* افسر احتیاط؛ افسر ذخیره
Reservewährung *f* ارز ذخیره

Reservist/-in *m/f* سرباز احتیاط؛ سرباز ذخیره
die ~en einberufen سربازان ذخیره را به خدمت زیر پرچم فراخواندن؛ سربازان احتیاط را به خدمت سربازی احضار کردن
Resignation *f* 1) کناره گیری؛ استعفا 2) قطع امید
resignieren 1) کناره گیری کردن؛ استعفا دادن 2) قطع امید کردن
Resolution *f* قطعنامه
eine ~ abfassen قطعنامه ای را تهیّه و تنظیم کردن
über eine ~ abstimmen در مورد قطعنامه ای رأی دادن
eine ~ annehmen قطعنامه ای را پذیرفتن
eine ~ einreichen قطعنامه ای را تسلیم کردن
eine ~ fassen قطعنامه ای را تهیّه و تنظیم کردن
eine ~ überreichen قطعنامه ای را تسلیم کردن
eine ~ verabschieden قطعنامه ای را تصویب کردن
eine ~ verwerfen قطعنامه ای را رد کردن
eine ~ vorlegen قطعنامه ای را ارائه کردن
Resonanz *f* بازتاب؛ انعکاس
~ finden بازتاب یافتن؛ انعکاس یافتن
respektieren احترام گذاشتن؛ احترام قائل شدن؛ محترم شمردن
Gesetze ~ به قوانین احترام گذاشتن؛ قوانین را محترم شمردن
Ressort *n* وزارتخانه؛ حوزهٔ اداری
ein ~ abgeben (مسؤلیّت) وزارتخانه ای را واگذار کردن
ein ~ abschaffen وزارتخانه ای را منحل کردن
ein ~ schaffen وزارتخانه ای را ایجاد کردن
ein ~ übernehmen (مسؤلیّت) وزارتخانه ای را به عهده گرفتن
ein ~ verwalten وزارتخانه ای را گرداندن
Ressortbesprechung *f* نشست رؤسای وزارتخانه؛ نشست اداری
Ressortchef/-in *m/f* رئیس وزارتخانه؛ رئیس حوزهٔ اداری
Ressortminister/-in *m/f* وزیر مسؤل وزارتخانه
Ressortpolitik *f* سیاست وزارتی؛ سیاست امور اداری
Ressourcen *fpl* منابع
~ ausschöpfen از منابع حدّاکثر استفاده را کردن
neue ~ erschließen منابع جدید را مورد بهره برداری قرار دادن
Ressourcenverteilung *f* تقسیم منابع
Restriktion *f* محدودیّت؛ تضعییق
erhebliche ~en محدودیّت های معتنابه؛ محدودیّت های قابل توجّه
starke ~en محدودیّت های شدید
weitgehende ~en محدودیّت های گسترده
Restriktionsmaßnahmen *fpl* اقدامات محدودسازنده؛ اقدامات تضعییقی
Resultat *n* نتیجه؛ پیامد
brauchbares ~ نتیجهٔ قابل استفاده؛ نتیجهٔ بدردبخور
endgültiges ~ نتیجهٔ قطعی؛ نتیجهٔ نهایی
greifbares ~ نتیجهٔ ملموس
günstiges ~ نتیجهٔ مساعد
unerwartetes ~ پیامد ناگهانی؛ پیامد غیره منتظره
vorläufiges ~ نتیجهٔ موقّت
ein ~ erreichen به نتیجه ای دست یافتن؛ به نتیجه ای رسیدن
Resümee *n* خلاصه؛ چکیده؛ جمع بندی
resümieren جمع بندی کردن
Rettung *f* نجات
Rettungsaktion *f* عملیّات نجات
dramatische ~ عملیّات نجات پر تب و تاب
Rettungsboot *n* قایق نجات
Rettungsdienst *m* سرویس نجات

Rettungskräfte *fpl* نیروهای نجات
Koordinierung der ~ هماهنگ سازی نیروهای نجات
Rettungsmannschaft *f* تیم نجات
Revanche *f* انتقام؛ تلافی
~ nehmen انتقام گرفتن
Revanchekrieg *m* جنگ تلافی جویانه؛ جنگ انتقام جویانه
Revanchepolitik *f* سیاست تلافی جویانه؛ سیاست انتقام جویانه
revanchieren انتقام گرفتن؛ تلافی کردن؛ عمل مقابله به مثل کردن
Revanchismus *m* تلافی خواهی؛ تلافی جویی؛ انتقام جویی؛ انتقام طلبی
Revanchist/-in *m/f* تلافی خواه؛ تلافی جو؛ انتقام جو؛ انتقام طلب
revidieren بازنگری کردن؛ تجدیدنظر کردن؛ مورد رسیدگی مجدّد قرار دادن
ein Urteil ~ حکمی را مورد تجدیدنظر قرار دادن
Revision *f* بازنگرش؛ تجدیدنظر
unzulässige ~ تجدیدنظر غیرمجاز
zulässige ~ تجدیدنظر مجاز
eine ~ einlegen تجدیدنظری را درخواست کردن
einer ~ stattgeben با (درخواست) تجدیدنظری موافقت کردن
eine ~ vornehmen تجدیدنظر کردن
eine ~ zurückweisen (درخواست) تجدیدنظری را رد کردن
Revisionismus *m* بازنگرشگری؛ تجدیدنظرطلبی
Revisionist/-in *m/f* بازنگرشگر؛ تجدیدنظرطلب
Revisionsantrag *m* درخواست تجدیدنظر؛ تقاضای تجدیدنظر؛ درخواست استیناف
Revisionsbeschluss *m* حکم تصحیحی؛ قرار تصحیحی
Revisionsbeschwerde *f* اعتراض برعلیه حکم دادگاه؛ اعتراض برعلیه قرار دادگاه
Revisionsgericht *n* دادگاه تجدیدنظر؛ دادگاه استیناف
Revisionsinstanz *f* مرجع تجدیدنظر؛ مرجع استیناف
Revisionskläger/-in *m/f* خواهان تجدیدنظر؛ مدّعی تجدیدنظر
Revisionsrecht *n* قوانین مربوط به تجدیدنظر
Revisionsrichter/-in *m/f* رئیس دادگاه تجدیدنظر؛ رئیس دادگاه استیناف
Revisionsverfahren *n* دادرسی تجدیدنظر
Revisionszulassung *f* اجازهٔ تجدیدنظر
Revolte *f* شورش
eine ~ anführen شورشی را رهبری کردن
zur ~ anstiften شوراندن؛ تحریک به شورش کردن
zur ~ anzetteln شوراندن؛ تحریک به شورش کردن
sich an einer ~ beteiligen. در شورشی شرکت کردن
eine ~ niederschlagen شورشی را سرکوب کردن
eine ~ unterdrücken شورشی را خواباندن؛ شورشی را سرکوب کردن
Revolution *f* انقلاب
revolutionär *adj* انقلابی
~e Aktivitäten فعالیّت های انقلابی
~e Gesellschaft جامعهٔ انقلابی
~e Kräfte نیروهای انقلابی
~e Tendenzen گرایش های انقلابی
revolutionieren از بنیاد دگرگون کردن
Revolutionseindämmung *f* مهار انقلاب؛ محدودسازی انقلاب؛ جلوگیری از انقلاب
Revolutionsexport *m* صدور انقلاب
Revolutionsgericht *n* دادگاه انقلاب
Revolutionsheld *m* قهرمان انقلاب
Revolutionskomitee *n* کمیتهٔ انقلاب

Revolutionskrieg *m* جنگ انقلابی
Revolutionslied *n* سرود انقلابی
Revolutionsrat *m* شورای انقلاب
Revolutionsregierung *f* دولت انقلابی
Revolutionsregime *n* رژیم انقلابی
Revolutionsrichter/-in *m/f* قاضی دادگاه انقلاب
Revolutionswächter/-in *m/f* پاسدار انقلاب
Rezession *f* رکود؛ کساد؛ بی رونقی
anhaltende ~ رکود دائم؛ رکود بلاانقطاع
schwere ~ رکود شدید
wirtschaftliche ~ رکود اقتصادی
Rezessionsphase *f* دورهٔ رکود
Richter/-in *m/f* قاضی؛ دادرس
aufsichtsführender ~ قاضی ناظر
befangener ~ قاضی غرض ورز
parteiischer ~ قاضی جانبدار
unvoreingenommener ~ قاضی بیطرف
zuständiger ~ قاضی ذیصلاح؛ قاضی صلاحیّتدار
richterlich *adj* قضایی؛ از سوی قاضی
~es Amt مقام قضایی؛ سمت قضایی
Richterspruch *m* حکم؛ حکم قاضی؛ حکم دادگاه؛ حکم محکمه
Richtlinien *fpl* موازین؛ خطّ مشی ها؛ ضوابط و مقرّرات
allgemeine ~ موازین کلّی
einheitliche ~ موازین یکدست؛ موازین یکجور
internationale ~ موازین بین المللی
politische ~ موازین سیاسی؛ خطّ مشی های سیاسی
~ erlassen موازین وضع کردن
~ missachten به ضوابط و مقرّرات احترام نگذاشتن؛ ضوابط و مقرّرات را نادیده گرفتن
rigoros *adj* بسیار شدید
~e Maßnahmen اقدامات بسیار شدید؛ تدابیر بسیار شدید

Risiko *n* خطر؛ خطر احتمالی؛ ریسک
Risikoabschätzung *f* براورد خطر
Risikobeseitigung *f* برطرف سازی خطر
Risikobewertung *f* ارزیابی خطر
Risikoerhöhung *f* افزایش خطر
Risikokapital *n* سرمایهٔ مخاطره آمیز
Risikoübernahme *f* به عهده گیری خطر
Risikoversicherung *f* بیمهٔ خطرات
Ritter *m* شهسوار
Ritterorden *m* فرقهٔ شهسواران
ritualisieren به شکل رسم و عرف مذهبی درآوردن
Ritualmord *m* قتل در مراسم آیین گذاری
rituell *adj* آیینی؛ مربوط به آیین پرستش
Ritus *m* 1) رسم مذهبی؛ عرف مذهبی
2) مراسم مذهبی؛ مراسم نیایش
Rivale *m* رقیب (مرد)
erbitterter ~ رقیب سرسخت
ernsthafter ~ رقیب جدّی
gefährlicher ~ رقیب خطرناک
geschäftlicher ~ رقیب تجاری
über den ~n triumphieren بر رقیب پیروز شدن
einen ~n verdrängen رقیبی را از میدان بدر کردن
Rivalin *f* رقیب (زن)
rivalisieren رقابت کردن
rivalisierend *adj* رقیب
~e Gruppen گروه های رقیب
~e Mächte قدرت های رقیب
~e Parteien احزاب رقیب
~e Unternehmen شرکت های رقیب
Rivalität *f* رقابت
Rohentwurf *m* نسخهٔ اوّلیّه؛ طرح اوّلیّه
Rohinformation *f* اطّلاعات خام
Rohöl *n* نفت خام

Rohölpreis *m* قیمت نفت خام؛ بهای نفت خام
Rohstoffe *mpl* موادّ خام
~ ausführen موادّ خام صادر کردن
~ einführen موادّ خام وارد کردن
Rohstoffabkommen *n* موافقت نامهٔ موادّ خام
Rohstoffausfuhren *fpl* صادرات موادّ خام
Rohstoffbörse *f* بازار موادّ خام؛ بازار بورس موادّ خام
Rohstoffeinfuhren *fpl* واردات موادّ خام
Rohstoffexporte *mpl* صادرات موادّ خام
Rohstoffgewinnung *f* تولید موادّ خام
Rohstoffhandel *m* خرید و فروش موادّ خام
Rohstoffhändler/-in *m/f* معامله گر موادّ خام؛ سوداگر موادّ خام؛ تاجر موادّ خام
Rohstoffimporte *mpl* واردات موادّ خام
Rohstoffknappheit *f* کمیابی موادّ خام
Rohstoffland *n* کشور موادّ خام
Rohstofflieferant *m* تحویل دهندهٔ موادّ خام؛ عرضه کنندهٔ موادّ خام
Rohstofflieferung *f* تحویل موادّ خام؛ موادّ خام رسانی
Rohstoffmakler/-in *m/f* دلّال موادّ خام
Rohstoffmarkt *m* بازار موادّ خام
Rohstoffpreis *m* بهای موادّ خام؛ قیمت موادّ خام
Rohstoffquellen *fpl* منابع موادّ خام
Rohstoffreserven *fpl* ذخایر موادّ خام
Rohstoffversorgung *f* تأمین موادّ خام
Rohstoffvorkommen *npl* منابع موادّ خام
Rolle *f* نقش
aktive ~ نقش فعّال؛ نقش فعّالانه
besondere ~ نقش ویژه
destruktive ~ نقش ویرانگر؛ نقش تخریبی
entschiedene ~ نقش قاطع
führende ~ نقش پیشرو؛ نقش پیشگام
hervorragende ~ نقش برجسته؛ نقش بارز
indirekte ~ نقش غیرمستقیم
konstruktive ~ نقش سازنده
lebenswichtige ~ نقش حیاتی
soziale ~ نقش اجتماعی
wirksame ~ نقش مؤثّر
eine ~ spielen نقشی را ایفا کردن
Routinemaßnahmen *fpl* اقدامات عادّی؛ اقدامات معمولی
Routinesitzung *f* نشست عادّی؛ نشست معمولی؛ جلسهٔ معمولی
routiniert *adj* کارآزموده؛ باتجربه
~er Geschäftsmann بازرگان باتجربه؛ تاجر باتجربه
~er Politiker سیاستمدار کارآزموده؛ سیاستمدار باتجربه
Rubrik *f* ستون روزنامه
Rückblick *m* بازنگری
historischer ~ بازنگری تاریخی
Rückendeckung *f* پشتیبانی؛ حمایت
politische ~ پشتیبانی سیاسی؛ حمایت سیاسی
Rückeroberung *f* تسخیر دوباره
Rückerstattung *f* بازپرداخت
~ von Steuern بازپرداخت مالیات ها
rückfällig *adj* مرتکب به تکرار جرم
~er Verbrecher تبهکار مرتکب به تکرار جرم؛ جنایتکار مرتکب به تکرار جرم
Rückführung *f* 1) بازگرداندن 2) بازگرداندن به میهن
1) ~ von Kapital بازگرداندن سرمایه
2) ~ von Kriegsgefangenen بازگرداندن اسرای جنگی به میهن
Rückführungsaktion *f* عملیّات بازگرداندن
Rückführungskosten *f* هزینهٔ بازگرداندن
Rückgang *m* روند نزولی؛ کاهش

~ der Arbeitslosigkeit روند نزولی بیکاری؛ کاهش بیکاری
~ der Konjunktur روند نزولی اقتصاد
~ der Nachfrage کاهش تقاضا
Rückhalt *m* پشتیبانی؛ حمایت
Rückkauf *m* بازخرید
Rücklage *f* وجوه اندوخته؛ وجوه ذخیره؛ وجوه احتیاطی
Rücklagenbildung *f* ذخیره سازی
Rückschritt *m* واپسگرایی
rückschrittlich *adj* واپسگرا
~e Kräfte نیروهای واپسگرا
~e Partei حزب واپسگرا
Rücksprache *f* مشاوره
nach ~ mit پس از مشاوره با
rückständig *adj* 1) واپس مانده؛ عقب مانده 2) معوّق؛ معوّقه
1) ~es Land کشور واپس مانده؛ کشور عقب مانده
2) ~e Miete اجارهٔ معوّقه
~er Lohn دستمزد معوّق
Rückständigkeit *f* واپس ماندگی؛ عقب ماندگی
Rücktritt *m* استعفا
Rücktrittsangebot *n* پیشنهاد استعفا
Rücktrittsdrohung *f* تهدید به استعفا
Rücktrittserklärung *f* اعلام استعفا
Rücktrittsforderung *f* درخواست استعفا
Rücktrittsgesuch *n* درخواست استعفا؛ تقاضای استعفا
Rücktrittsgrund *m* علّت استعفا
Rücktrittsrede *f* نطق استعفا
Rücktrittsschreiben *n* استعفانامه
rückversichern بیمهٔ اتّکایی کردن
Rückversicherung *f* بیمهٔ اتّکایی
Rückzahlung *f* بازپرداخت
fristgemäße ~ بازپرداخت به موقع
vorzeitige ~ بازپرداخت زودرس؛ بازپرداخت پیش از موعد مقرّر
~ einer Anleihe بازپرداخت یک وام
Rückzahlungsbetrag *m* مبلغ بازپرداخت
rückzahlungsfähig *adj* قادر به بازپرداخت؛ قادر به بازپرداخت بدهی
Rückzahlungsfähigkeit *f* توانایی بازپرداخت؛ توانایی بازپرداخت بدهی
Rückzahlungsfrist *f* مهلت بازپرداخت
rückzahlungsunfähig *adj* ناتوان از بازپرداخت بدهی؛ ورشکسته
Rückzahlungsunfähigkeit *f* عدم توانایی در بازپرداخت بدهی؛ ناتوانایی مالی جهت بازپرداخت بدهی؛ ورشکستگی
Rückzug *m* عقب نشینی
geordneter ~ عقب نشینی منظّم
planmäßiger ~ عقب نشینی طبق برنامه
sofortiger ~ عقب نشینی فوری
überstürzter ~ عقب نشینی عجولانه
vollständiger ~ عقب نشینی کامل
vorzeitiger ~ عقب نشینی زودرس؛ عقب نشینی پیش از موعد مقرّر
einer Armee den ~ abschneiden راه عقب نشینی ارتشی را قطع کردن
den ~ antreten شروع به عقب نشینی کردن
den ~ befehlen دستور عقب نشینی دادن؛ فرمان عقب نشینی دادن
den ~ decken راه را برای عقب نشینی امن کردن
den ~ kommandieren دستور عقب نشینی دادن؛ فرمان عقب نشینی دادن
auf dem ~ sein در حال عقب نشینی بودن
den ~ sichern راه را برای عقب نشینی امن کردن
Rückzugsbefehl *m* دستور عقب نشینی؛ فرمان

عقب نشینی

Rückzugsforderung *f* درخواست عقب نشینی

Rückzugsgefecht *n* عقب نشینی توأم با نبرد ؛ عقب نشینی همراه با زد و خورد

Ruf *m* نامداری؛ شهرت

einen guten ~ haben نام نیک داشتن؛ خوش نام بودن

einen schlechten ~ haben بدنام بودن

Rufmord *m* ترور شخصیّت

Rufmordkampagne *f* اقدام به ترور شخصیّت

Rufschädigung *f* لطمه به شخصیّت

Ruhegehalt *n* حقوق بازنشستگی؛ مستمری

Ruhegeld *n* حقوق بازنشستگی؛ مستمری

Ruhestand *m* بازنشستگی

in den ~ treten بازنشسته شدن

in den ~ versetzen بازنشسته کردن

Ruhestandsbezüge *pl* درآمد بازنشستگی

Ruhestörung *f* سلب آسایش

Ruine *f* ویرانه؛ خرابه

ruinieren ویران کردن؛ خراب کردن

Rundbrief *m* بخشنامه

Rundfunk *m* رادیو

Rundfunkansprache *f* نطق رادیویی

Rundfunkanstalt *f* ادارهٔ رادیو

Rundfunkbericht *m* گزارش رادیویی

Rundfunkgesetze *npl* قوانین مربوط به امور رادیویی

Rundfunkhörer/-in *m/f* شنوندهٔ رادیو

Rundfunkmarkt *m* بازار برنامه های رادیویی

Rundfunkprogramm *n* برنامهٔ رادیویی

Rundfunkrat *m* شورای رادیو؛ شورای تهیّه و تنظیم برنامه های رادیویی

Rundfunkreportage *f* گزارش رادیویی؛ خبر رادیویی

Rundfunkreporter/-in *m/f* گزارشگر رادیو؛ خبرنگار رادیو

Rundfunksender *m* فرستندهٔ رادیویی

Rundfunksendung *f* برنامهٔ رادیویی

Rundfunkübertragung *f* پخش رادیویی؛ پخش برنامه از طریق رادیو

Rundfunkwerbung *f* تبلیغ رادیویی؛ آگهی تجاری از رادیو

Rundfunkwesen *n* امور رادیویی؛ کلّ امور رادیویی

Rundschreiben *n* بخشنامه

Rüstung *f* تسلیحات

Rüstungsabkommen *n* موافقت نامهٔ تسلیحاتی

Rüstungsanleihe *f* وام جهت خرید تسلیحات

Rüstungsartikel *m* کالای تسلیحاتی

Rüstungsaufträge *mpl* سفارشات خرید جنگ ابزار؛ سفارشات خرید تسلیحات

Rüstungsausgaben *fpl* هزینه های تسلیحاتی

Rüstungsausstellung *f* نمایشگاه تسلیحات

Rüstungsbegrenzung *f* محدودسازی تسلیحات؛ محدویّت تسلیحاتی

Rüstungsbericht *m* گزارش تسلیحاتی؛ گزارش پیرامون امور تسلیحاتی

Rüstungsbetrieb *m* کارخانهٔ اسلحه سازی

Rüstungsexport *m* صدور جنگ ابزار؛ صدور تسلیحات

Rüstungsexportbestimmungen *fpl*
مقرّرات صدور جنگ ابزار؛ مقرّرات صدور تسلیحات

Rüstungsexporteur *m* صادرکنندهٔ جنگ ابزار؛ صادرکنندهٔ تسلیحات

Rüstungsexportpolitik *f* سیاست صدور جنگ ابزار؛ سیاست صدور تسلیحات

Rüstungsfabrik *f* کارخانهٔ اسلحه سازی

Rüstungsfirma *f* شرکت اسلحه سازی؛ شرکت تولید جنگ ابزار

Rüstungsgüter *npl*	كالاهای تسليحاتی
Rüstungsgüterproduktion *f*	توليد كالاهای تسليحاتی
Rüstungshaushalt *m*	بودجهٔ تسليحات
Rüstungsimport *m*	واردات جنگ ابزار؛ واردات تسليحات
Rüstungsimporteur *m*	واردكنندهٔ جنگ ابزار؛ واردكنندهٔ تسليحات
Rüstungsindustrie *f*	صنعت اسلحه سازی؛ صنعت توليد جنگ ابزار
Rüstungskapital *n*	سرمايهٔ تسليحاتی
Rüstungskonjunktur *f*	وضعيّت اقتصادی مربوط به تسليحات
Rüstungskontrollabkommen *n*	موافقت نامهٔ نظارت بر تسليحات
Rüstungskontrolle *f*	نظارت بر تسليحات؛ كنترل تسليحات
Rüstungskontrollfragen *fpl*	مسائل مربوط به كنترل تسليحات
Rüstungskontrollmechanismus *m*	مكانيسم كنترل تسليحات
Rüstungskontrollpolitik *f*	سياست كنترل تسليحات
Rüstungskontrollverhandlungen *fpl*	مذاكرات مربوط به كنترل تسليحات

Rüstungslast *f*	فشار هزينه های تسليحاتی
Rüstungslieferant *m*	ارسال كنندهٔ جنگ ابزار؛ ارسال كنندهٔ تسليحات
Rüstungslieferung *f*	ارسال جنگ ابزار؛ ارسال تسليحات
Rüstungsmarkt *m*	بازار تسليحات؛ بازار خريد و فروش تسليحات
Rüstungsmodernisierung *f*	نوسازی تسليحات
Rüstungspolitik *f*	سياست تسليحاتی
Rüstungsproduktion *f*	توليد جنگ ابزار؛ توليد تسليحات
Rüstungsproduzent *m*	توليدكنندهٔ جنگ ابزار؛ توليدكنندهٔ تسليحات
Rüstungsprogramm *n*	برنامهٔ تسليحاتی
Rüstungssektor *m*	بخش تسليحاتی
Rüstungsspirale *f*	مارپيچ تسليحاتی
Rüstungssysteme *npl*	سيستم های تسليحاتی
Rüstungsunternehmen *n*	شركت اسلحه سازی؛ بنگاه توليد تسليحات
Rüstungsunternehmer/-in *m/f*	صاحب شركت اسلحه سازی
Rüstungsvorhaben *n*	پروژهٔ تسليحاتی
Rüstungswettlauf *m*	مسابقهٔ تسليحاتی
Rüstungswirtschaft *f*	صنعت اسلحه سازی

S

Sabotage *f*	خرابکاری؛ ویرانکاری
~ treiben	خرابکاری کردن؛ ویرانکاری کردن
Sabotageakt *m*	عمل خرابکارانه
Sabotageausbilder/-in *m/f*	آموزشگر خرابکاری
Sabotageausbildung *f*	آموزش خرابکاری؛
	تعلیم خرابکاری
Sabotageverdacht *m*	سوء ظن به خرابکاری
unter ~ verhaften	به جهت سوء ظن به خرابکاری
	بازداشت کردن
Saboteur/-in *m/f*	خرابکار
sabotieren	خرابکاری کردن؛ ویرانکاری کردن
Sachbearbeiter/-in *m/f*	کارمند دفتری
Sachbeschädigung *f*	خسارت به اموال؛ خسارت
	مالی
Sachdarstellung *f*	تشریح
sachdienlich *adj*	سودمند؛ بدردبخور؛ مربوط به
	موضوع
~e Informationen	اطّلاعات سودمند؛ اطّلاعات
	بدردبخور؛ اطّلاعات مربوط به موضوع
Sachentscheidung *f*	تصمیم اساسی؛ تصمیم منطقی
Sachfrage *f*	پرسش اساسی
Sachgebiet *n*	حوزهٔ تخصّصی
Sachinvestition *f*	سرمایه گذاری ثابت
Sachkenner *m*	کارشناس؛ متخصّص
Sachkenntnis *f*	دانش تخصّصی
sachkundig *adj*	کاردان؛ صلاحیّت دار
Sachlage *f*	وضع موجود
Sachleistungen *fpl*	پرداخت های غیرنقدی؛
	پرداخت های جنسی
Sachschaden *m*	خسارت مالی
Sachverhalt *m*	واقع امر؛ موضوع
Sachvermögen *n*	دارایی مشهود

Sachverstand *m*	کارشناسی؛ تخصّص
Sachverständige *m/f*	کارشناس؛ متخصّص
Saisonarbeit *f*	کار فصلی
Saisonarbeiter/-in *m/f*	کارگر فصلی
Saisonarbeitslosigkeit *f*	بیکاری فصلی
Saisonbeschäftigung *f*	اشتغال فصلی؛ کار فصلی
Saisongeschäft *n*	خرید و فروش فصلی؛
	کار و کسب فصلی
säkular *adj*	دنیوی؛ دنیایی
säkularisieren	دنیوی کردن
Säkularisierung *f*	دنیوی کردن؛ عمل دنیوی کردن
Säkularismus *m*	دنیاباوری؛ جدایی دین ازدولت
sammeln	گردآوری کردن؛ جمع آوری کردن
Sammlung *f*	گردآوری؛ جمع آوری
~ von Informationen	گردآوری اطّلاعات؛
	جمع آوری اطّلاعات
sanieren	بازسازی کردن؛ نوسازی کردن؛
	بهسازی کردن
die Finanzen ~	امور مالی را بازسازی کردن؛
	امور مالی را بهسازی کردن
die Landwirtschaft ~	کشاورزی را بازسازی کردن
die Stadt ~	شهر را نوسازی کردن؛ شهر را
	بازسازی کردن
ein Unternehmen ~	شرکتی را بازسازی کردن
Sanierung *f*	بازسازی؛ نوسازی؛ بهسازی
Sanierungsbericht *m*	گزارش بازسازی؛
	گزارش نوسازی
Sanierungsgebiet *n*	منطقهٔ بازسازی؛ منطقهٔ
	نوسازی
Sanierungsmaßnahmen *fpl*	اقدامات بازسازی؛
	اقدامات نوسازی؛ اقدامات بهسازی
Sanierungsplan *m*	برنامهٔ بازسازی؛ طرح
	بازسازی؛ برنامهٔ نوسازی؛ طرح نوسازی
Sanierungspolitik *f*	سیاست بازسازی؛ سیاست

نوسازی؛ سیاست بهسازی

Sanierungsprogramm *n* برنامهٔ بازسازی؛ برنامهٔ
نوسازی؛ برنامهٔ بهسازی

Sanktion *f* تحریم

~en aufheben تحریمات را لغو کردن

zu ~en greifen دست به تحریم زدن

~en verhängen تحریم کردن

Sanktionsbestimmungen *fpl* مقرّرات تحریم

Sanktionsdrohung *f* تهدید به تحریم

Sanktionsgebiet *n* منطقهٔ تحت تحریم

Sanktionsmaßnahmen *fpl* اقدامات تحریم آمیز

Sanktionsmittel *n* ابزار تحریم

Sanktionspolitik *f* سیاست تحریم

Sanktionsumgehung *f* گریز از تحریمات؛
در رفتن از زیر تحریمات

Satellitenabwehr *f* پدافند ماهواره ای

Satellitenstaat *m* دولت پیرو؛ دولت تابعه

Satellitenübertragung *f* پخش ماهواره ای؛
پخش از طریق ماهواره

Satellitenüberwachung *f* کنترل ماهواره ای؛
کنترل از طریق ماهواره

Satz *m* نرخ

fester ~ نرخ ثابت

marktüblicher ~ نرخ بازار؛ نرخ رایج

Satzung *f* اساسنامه

~ der Vereinten Nationen اساسنامهٔ ملل متّحد

~ eines Vereins اساسنامهٔ یک انجمن؛ اساسنامهٔ یک
کانون

satzungsgemäß *adj* طبق اساسنامه؛ برطبق
اساسنامه؛ موافق اساسنامه؛ برابر اساسنامه

satzungswidrig *adj* ناسازگار با اساسنامه؛ مخالف
اساسنامه؛ مغایر با اساسنامه

säubern پاکسازی کردن؛ تصفیه کردن

Säuberung *f* پاکسازی؛ تصفیه

Säuberungsaktion *f* عملیّات پاکسازی

Säuberungswelle *f* موج پاکسازی

Schaden *m* زیان؛ خسارت؛ ضرر

festgestellter ~ زیان تعیین شده؛
خسارت تعیین شده

materieller ~ زیان مادّی؛ خسارت مادّی؛ ضرر مادّی

schwerer ~ خسارت سنگین

den ~ abschätzen خسارت را براورد کردن؛
خسارت را تخمین زدن؛ خسارت را ارزیابی کردن

einen ~ abwenden از خسارتی جلوگیری کردن؛
جلوی خسارتی را گرفتن

für einen ~ aufkommen جبران خسارتی را
متقبّل شدن

den ~ begrenzen خسارت را محدود کردن؛
جلوی زیان را گرفتن

den ~ decken خسارت را جبران کردن

einen ~ erleiden خسارت دیدن؛ ضرر کردن

den ~ reduzieren زیان را کاهش دادن؛ خسارت را
کاهش دادن

einen ~ verursachen خسارتی را به بار آوردن

einen ~ wiedergutmachen خسارتی را
جبران کردن؛ رفع خسارت کردن

einen ~ zufügen آسیب رساندن؛ خسارت زدن؛
ضرر رساندن

Schadensabschätzung *f* براورد خسارت؛
ارزیابی خسارت؛ تخمین خسارت

Schadensbegrenzung *f* تحدید خسارت؛
محدود سازی خسارت

Schadensbekämpfung *f* تلاش جهت جلوگیری
از افزایش خسارت؛ تلاش در جهت کمینه سازی
خسارت

Schadensersatz *m* جبران خسارت

Antrag auf ~ درخواست جبران خسارت

~ beantragen درخواست جبران خسارت کردن

Schadensersatzanspruch *m* ادعّای جبران خسارت
Schadensersatzklage *f* شکایت جهت دریافت جبران خسارت
Schadensforderung *f* درخواست پرداخت خسارت
Schadensminimierung *f* کمینه سازی خسارت
Schadensquote *f* درصد خسارت؛ درچند خسارت
Schadensregulierung *f* تصفیهٔ خسارت؛ تعدیل خسارت؛ تعیین میزان خسارت
Schadenssachverständige *m/f* کارشناس تصفیهٔ خسارت؛ کارشناس تعدیل خسارت
Schadenszahlung *f* پرداخت خسارت
Schädiger *m* آسیب رسان
Schadstoffe *mpl* موادّ زیان آور؛ موادّ آلاینده؛ موادّ مضر
Lagerung von ~n انبار موادّ زیان آور؛ انبار موادّ آلاینده؛ انبار موادّ مضر
schaffen ایجاد کردن
Schaffung *f* ایجاد
~ von Abhängigkeiten ایجاد وابستگی ها
~ von Arbeitsplätzen ایجاد کار؛ ایجاد مشاغل
Scham *f* شرم؛ حیا؛ خجالت
schämen, sich شرم کردن؛ حیا کردن؛ خجالت کشیدن
schamlos *adj* بی شرم؛ بی حیا
Schamlosigkeit *f* بی شرمی؛ بی حیایی
Scharfschütze *m* تک تیرانداز
Scharmützel *n* زد و خورد پراکنده
Schattenwirtschaft *f* اقتصاد سایه ای
schätzen ارزیابی کردن؛ براورد کردن؛ تخمین زدن
Schätzer/-in *m/f* ارزیاب
Schatzmeister/-in *m/f* خزانه دار
Schätzung *f* ارزیابی؛ براورد؛ تخمین
Schauplatz *m* صحنه؛ عرصه
militärischer ~ صحنهٔ نظامی؛ عرصهٔ نظامی
Schauprozess *m* محاکمهٔ نمایشی
Scheck *m* چک
einen ~ ausstellen چکی را صادر کردن
einen ~ einlösen چکی را نقد کردن
einen ~ sperren چکی را مسدود کردن؛ از پرداخت چکی جلوگیری کردن
Scheckbetrug *m* کلاهبرداری با چک
Scheckbetrüger/-in *m/f* کلاهبردار چک
Scheckinhaber/-in *m/f* دارندهٔ چک؛ صاحب چک
Scheckkriminalität *f* بزهکاری با چک
scheiden lassen, sich طلاق گرفتن
Scheidung *f* طلاق
Scheidungsanwalt *m* وکیل طلاق (مرد)
Scheidungsanwältin *f* وکیل طلاق (زن)
Scheidungsgrund *m* علّت طلاق؛ دلیل طلاق
Scheidungsklage *f* دادخواست طلاق
Scheidungskläger/-in *m/f* خواهان طلاق
Scheidungsprozess *m* جریان دادرسی طلاق؛ دادگاه طلاق
Scheidungsrate *f* نرخ طلاق؛ درصد طلاق؛ درچند طلاق
Scheidungsrecht *n* قانون طلاق
Scheidungsrichter/-in *m/f* دادرس طلاق؛ قاضی طلاق؛ قاضی دادگاه طلاق
Scheidungsurteil *n* حکم طلاق
Scheidungsverfahren *n* مراحل قانونی طلاق
Scheinangriff *m* حملهٔ ظاهری
Scheinbilanz *f* تراز ساختگی؛ تراز جعلی؛ ترازنامهٔ ساختگی؛ ترازنامهٔ جعلی
Scheindemokratie *f* دموکراسی ظاهری
Scheinehe *f* ازدواج ظاهری
Scheinfirma *f* شرکت صوری
Scheinfrieden *m* صلح ظاهری

Scheingeschäft *n* معاملهٔ صوری
Scheinheilige *m/f* ریاکار؛ متظاهر
Scheinhinrichtung *f* اعدام نمایشی
Scheinproblem *n* مشکل واهی؛ مسألهٔ واهی
Scheinprozess *m* محاکمهٔ نمایشی
Scheinurteil *n* حکم جعلی
Scheinvermögen *n* دارایی های واهی؛ دارایی های فرضی
Scheinvertrag *m* قرارداد ساختگی؛ قرارداد جعلی
Scheitern *n* شکست؛ ناکامی
scheitern با شکست مواجه شدن
Schicht *f* قشر
einkommensschwache ~en قشرهای کم درآمد
herrschende ~ قشر حاکم
intellektuelle ~ قشر روشنفکر
politisch führende ~ قشر رهبری کنندهٔ سیاسی
soziale ~en قشرهای اجتماعی؛ اقشار اجتماعی
Schicksal *n* سرنوشت؛ تقدیر
Schicksalsjahr *n* سال سرنوشت
Schiedsantrag *m* درخواست داوری؛ درخواست حلّ اختلافات
Schiedsausschuss *m* کمیسیون داوری؛ کمیسیون حلّ اختلافات
Schiedsgericht *n* دادگاه حکمیّت
Schiedsgerichtshof *m* دیوان داوری
Schiedsgremium *n* هیأت داوری
Schiedsinstanz *f* مرجع داوری
Schiedskommission *f* کمیسیون داوری؛ کمیسیون حلّ اختلافات
Schiedsrichter/-in *m/f* داور
Schiedsspruch *m* حکم
Schießausbildung *f* آموزش تیراندازی؛ تعلیم تیراندازی
Schießbefehl *m* دستور تیراندازی
schießen auf تیراندازی کردن به
Schießplatz *m* میدان تیراندازی
Schießpulver *n* باروت تیراندازی
Schießübung *f* تمرین تیراندازی
Schiff *n* کشتی
Schifffahrt *f* کشتی رانی
Schifffahrtsabgaben *fpl* عوارض کشتی رانی
Schifffahrtsabkommen *n* موافقت نامهٔ کشتی رانی
Schifffahrtsbetrieb *m* شرکت کشتی رانی
Schifffahrtskommission *f* کمیسیون کشتی رانی
Schifffahrtslinie *f* خطّ کشتی رانی؛ مسیر کشتی رانی
Schifffahrtsrecht *n* حقوق دریایی
Schifffahrtsroute *f* مسیر کشتی رانی؛ خطّ کشتی رانی؛ راه کشتی رانی
Schifffahrtssicherheit *f* امنیّت کشتی رانی
Schifffahrtstransport *m* باربری دریایی؛ حمل و نقل دریایی
Schifffahrtsversicherung *f* بیمهٔ دریایی
Schifffahrtsvertrag *m* قرارداد کشتی رانی
Schifffahrtsweg *m* راه کشتی رانی؛ راه آبی
Schiffbau *m* کشتی سازی
Schiffbruch *m* کشتی شکستگی
Schiffsbesatzung *f* خدمهٔ کشتی؛ کارکنان کشتی
Schiffsdurchsuchung *f* بازرسی کشتی
Schiffsflagge *f* پرچم کشتی
Schiffskapitän/-in *m/f* ناخدای کشتی
Schiffskollision *f* تصادم دو کشتی
Schiffsladung *f* بار کشتی؛ محمولهٔ کشتی
Schiffspersonal *n* کارکنان کشتی؛ خدمهٔ کشتی؛ پرسنل کشتی
Schiffsreise *f* سفر دریایی
Schiffsverkehr *m* ترابری دریایی؛ رفت و آمد

	کشتی ها
Schiffsversicherung *f*	بیمهٔ کشتی
Schiismus *m*	مذهب شیعه
Schiit *m*	شیعه؛ پیرو مذهب شیعه
Schiitenführer *m*	رهبر شیعه
schiitisch *adj*	شیعه
schildern	توصیف کردن
Schilderung *f*	توصیف
Schlacht *f*	نبرد
blutige ~	نبرد خونین
heftige ~	نبرد شدید
langjährige ~	نبرد طولانی
regelrechte ~	نبرد تمام عیار
schwere ~	نبرد سنگین
eine ~ gewinnen	در نبردی پیروز شدن
eine ~ verlieren	در نبردی شکست خوردن؛ در نبردی مغلوب شدن
Schlachtfeld *n*	میدان نبرد
Schlachtschiff *n*	کشتی جنگی
Schlägertrupp *m*	گروه چماق به دست
Schlagkraft *f*	نیروی ضربتی؛ توان نظامی
~ der Armee	نیروی ضربتی ارتش؛ توان نظامی ارتش
schlagkräftig *adj*	1) نیرومند؛ قدرتمند؛ پرتوان 2) قاطع
1) ~e Armee	ارتش نیرومند؛ ارتش قدرتمند؛ ارتش پرتوان
2) ~er Beweis	دلیل قاطع
Schlagzeile *f*	تیتر درشت؛ تیتر درشت روزنامه
Schlepper *m*	1) کشتی یدک کش 2) قاچاقچی مرزی
Schlepperbande *f*	باند قاچاقچیان مرزی
Schleuser *m*	قاچاقچی مرزی
Schleuserbande *f*	باند قاچاقچیان مرزی
Schlichter/-in *m/f*	داور؛ واسط
Schlichtung *f*	وساطت؛ میانجگری؛ حکمیّت
~ eines Streits	رفع تنازع
Schlichtungsabkommen *n*	موافقت نامهٔ رفع اختلافات
Schlichtungsausschuss *m*	کمیسیون حلّ اختلافات؛ کمیسیون وساطت
Schlichtungsvereinbarung *f*	توافق نامهٔ رفع اختلافات
Schlichtungsverfahren *n*	روش حلّ اختلافات
Schlichtungsverhandlung *f*	مذاکره جهت حلّ اختلافات
Schlichtungsversuch *m*	تلاش جهت حلّ اختلافات
Schlichtungsvorschlag *m*	پیشنهاد مصالحه؛ پیشنهاد مصالحه جهت حلّ اختلافات
schließen	1) بستن؛ تعطیل کردن 2) منعقد کردن 3) پایان دادن؛ خاتمه دادن
1) die Beweisaufnahme ~	پروندهٔ پذیرش مدارک و دلایل را بستن
eine Fabrik ~	کارخانه ای را بستن؛ کارخانه ای را تعطیل کردن
eine Firma ~	شرکتی را بستن؛ شرکتی را تعطیل کردن
die Grenzen ~	مرزها را بستن
2) ein Abkommen ~	موافقت نامه ای را منعقد کردن
einen Vertrag ~	قراردادی را منعقد کردن؛ قرارداد بستن
3) eine Debatte ~	به مباحثه ای پایان دادن؛ به مباحثه ای خاتمه دادن
eine Sitzung ~	به نشستی پایان دادن؛ به جلسه ای خاتمه دادن
Schlussabrechnung *f*	تصفیه حساب نهایی

Schlussabstimmung *f* رأی گیری نهایی
Schlussbericht *m* گزارش نهایی
Schlussbilanz *f* تراز نهایی؛ ترازنامهٔ نهایی؛ ماندهٔ حساب در پایان دورهٔ حسابداری
Schlussdividende *f* سود سهام نهایی
Schlussdokument *n* سند نهایی
Schlüsselfrage *f* مسألهٔ اصلی
Schlüsselindustrie *f* صنایع کلیدی؛ صنایع اصلی؛ صنایع اساسی
Schlüsselposition *f* مقام مهم؛ پست مهم؛ شغل حسّاس
Schlüsselposten *m* پست مهم؛ مقام مهم؛ شغل حسّاس
Schlüsselrolle *f* نقش کلیدی؛ نقش مهم؛ نقش حسّاس
Schlüsselstellung *f* موقعیّت کلیدی؛ موقعیّت بسیار مهم
Schlüsseltechnologie *f* تکنولوژی اصلی؛ تکنولوژی کلیدی
Schlüsselwerte *mpl* شاخص های مهم اقتصادی؛ نمودارهای مهم اقتصادی؛ مقیاس های مهم اقتصادی
Schlussfolgerung *f* نتیجه گیری (نهایی)؛ استنتاج
Schlusskommuniqué *n* قطعنامهٔ نهایی؛ اعلامیّهٔ نهایی
Schlussnotierung *f* قیمت پایانی؛ قیمت سهام در پایان روز
Schlussprotokoll *n* صورت جلسهٔ نهایی؛ پروتکل نهایی
Schlussurteil *n* حکم نهایی؛ حکم قطعی
Schmach *f* 1) ننگ 2) توهین؛ اهانت
schmälern کاهش دادن؛ تقلیل دادن
Schmerzensgeld *n* پول مطالبه شده جهت جبران خسارت
Schmiergeld *n* رشوه؛ پول رشوه
Schmuggel *m* قاچاق
Schmuggelware *f* کالای قاچاقی
schmuggeln قاچاق کردن
Schmuggler/-in *m/f* قاچاقچی؛ قاچاق فروش؛ قاچاقگر
Schmugglerbande *f* باند قاچاقچیان
Schmugglerroute *f* مسیر قاچاقچیان
Schmugglersyndikat *n* سندیکای قاچاقچیان؛ اتّحادیّهٔ قاچاقچیان
Schnellfeuerwaffe *f* اسلحهٔ خودکار
Schnellgericht *n* محکمهٔ اختصاری
Schnellhinrichtung *f* اعدام فوری
Schnellverfahren *n* دادرسی اختصاری
Schöffe *m* عضو هیأت منصفه (مرد)
Schöffengericht *n* دادگاه هیأت منصفه
Schöffin *f* عضو هیأت منصفه (زن)
Schreckensherrschaft *f* سلطهٔ وحشت
Schreckensbild *n* تصویر وحشت انگیز
Schreckensmeldung *f* گزارش وحشت انگیز؛ خبر وحشت انگیز
schreiben نوشتن
Schreiben *n* نوشتار؛ نوشته
Schrift *f* نوشته؛ دستخط
Schriftsteller/-in *m/f* نویسنده
Schriftstellerverband *m* کانون نویسندگان
Schriftstück *n* مدرک؛ سند
Schritt *m* گام؛ قدم
erforderliche ~e گام های ضروری
den ersten ~ tun گام اوّل را برداشتن
Schulalter *n* سنّ آموزش؛ سنّ مدرسه
Schularbeit *f* مشق؛ درس
Schuld *f* 1) بدهی؛ قرض 2) تقصیر
1) ausstehende ~en بدهی های وصول نشده
fällige ~en بدهی های سررسیده؛ بدهی های

موعد رسیده

früheres ~en بدهی های سابق

getilgte ~en بدهی های (کاملاً) بازپرداخت شده

laufende ~en بدهی های جاری

unbezahlte ~en بدهی های پرداخت نشده

uneinbringliche ~en بدهی های غیرقابل وصول

~en abbauen بدهی ها را کاهش دادن؛ بدهی ها را کمتر کردن

~en abwickeln بدهی ها را تسویه کردن

~en abzahlen بدهی ها را به اقساط پرداختن

~en begleichen بدهی ها را پرداختن؛ بدهی ها را تسویه کردن

~en bezahlen بدهی ها را پرداختن؛ بدهی ها را تسویه کردن

~en eintreiben بدهی ها را وصول کردن؛ مطالبات را وصول کردن

~en erlassen از پرداخت بدهی ها معاف کردن

in ~en geraten بدهکار شدن؛ مقروض شدن

für ~en haften مسؤلیّت پرداخت بدهی ها را به عهده گرفتن

~en hinterlassen بدهی به جای گذاشتن

~en tilgen کلیّهٔ بدهی ها را بازپرداختن

~en übernehmen پرداخت بدهی ها را به عهده گرفتن

~en zurückzahlen بدهی ها را بازپرداختن

2) jmdm. die ~ geben

تقصیر را به گردن کسی انداختن

Schuldbekenntnis *n* اعتراف به تقصیر

Schuldenaufnahme *f* وام گیری؛ استقراض

Schuldenbegleichung *f* پرداخت بدهی ها؛ تسویهٔ بدهی ها

Schuldenberg *m* کوهی از بدهی

Schuldendienst *m* سرویس امور بدهی؛ سرویس کمک به امور بدهکاران

Schuldeneintreibung *f* جمع آوری بدهی ها؛ وصول بدهی ها

Schuldenerlass *m* حکم بخشودگی از پرداخت بدهی ها

Schuldenfinanzierung *f* تأمین منابع جهت پرداخت بدهی ها

schuldenfrei *adj* بدون بدهی؛ بدون قرض

Schuldenhaftung *f* مسؤلیّت پرداخت بدهی

Schuldenkrise *f* بحران ناشی از بدهی ها

Schuldenlast *f* بار بدهی؛ بار دین

Schuldenmasse *f* کلّ بدهی ها؛ مجموع بدهی ها؛ جمع کلّ بدهی ها

Schuldenpolitik *f* سیاست وام گیری؛ سیاست استقراض

Schuldenregulierung *f* تسویهٔ بدهی ها؛ تنظیم امور مربوط به بدهی ها جهت بازپرداخت

Schuldenrückzahlung *f* بازپرداخت بدهی ها

Schuldentilgung *f* بازپرداخت جمع کلّ بدهی ها

Schuldenübernahme *f* قبول تعهّدات

Schuldenzahlung *f* پرداخت بدهی ها

Schuldfrage *f* مسألهٔ تقصیر

schuldig *adj* مقصّر؛ گناهکار

sich ~ bekennen خود را مقصّر دانستن؛ به تقصیر خود اعتراف کردن

jmdn. für ~ erklären کسی را مقصّر اعلام کردن

jmdn. für ~ halten کسی را مقصّر دانستن

Schuldner/-in *m/f* بدهکار؛ مدیون

Schuldnerfirma *f* شرکت بدهکار؛ شرکت مقروض

Schuldnerland *n* کشور بدهکار؛ کشور مقروض

Schuldschein *m* برگهٔ بدهی؛ سفته؛ سند بدهی؛ سند قرضه

Schuldsumme *f* مبلغ بدهی

Schule *f* مدرسه؛ دبستان؛ آموزشگاه

Schulferien *pl* تعطیلات مدرسه

Schulfreund/-in *m/f* همشاگردی
Schulhof *m* محوطهٔ مدرسه
Schuljahr *n* سال درس
Schuljunge *m* پسر دانش آموز
Schulkamerad/-in *m/f* همشاگردی
Schulkind *n* کودک دبستانی
Schullehrer/-in *m/f* آموزگار مدرسه؛ معلّم مدرسه
Schulleiter/-in *m/f* مدیر مدرسه
Schulmädchen *n* دختر دانش آموز
Schulordnung *f* مقرّرات مدرسه
Schulpflicht *f* آموزش اجباری
schulpflichtig *adj* مشمول آموزش؛ مشمول آموزش اجباری
Schulprüfung *f* آزمون مدرسه؛ امتحان مدرسه
Schulpsychologie *f* روان شناسی دانش آموزی
Schulrat *m* شورای مدرسه
Schultasche *f* کیف مدرسه
schüren شدّت بخشیدن؛ به مسأله ای دامن زدن
den Hass ~ به نفرت شدّت بخشیدن
einen Konflikt ~ به کشمکشی دامن زدن؛ به درگیری ای شدّت بخشیدن
eine Panik ~ به ترس و وحشتی دامن زدن
Schutz *m* حفاظت؛ حمایت؛ پشتیبانی
finanzieller ~ پشتیبانی مالی؛ حمایت مالی
~ gewähren حفاظت کردن؛ حمایت کردن
in ~ nehmen مورد حفاظت قرار دادن؛ مورد حمایت قرار دادن
Schutzgebiet *n* منطقهٔ مورد حفاظت
Schutzgeld *n* حقّ حفاظت؛ پول اخّاذی؛ باج سبیل
Schutzgesetz *n* قانون حمایت
Schutzhaft *f* بازداشت احتیاطی؛ توقیف احتیاطی
Schutzmacht *f* قدرت حامی
Schutzmaßnahmen *fpl* تدابیر احتیاطی؛ اقدامات حفاظتی
Schutzpolizei *f* پلیس محافظ؛ شهربانی
Schutzschild *n* سپر حفاظتی
Schutztruppe *f* نیروی محافظ
Schutzvorkehrungen *fpl* اقدامات حفاظتی
Schutzzoll *m* حقوق و عوارض حمایتی
Schutzzollpolitik *f* سیاست حقوق و عوارض حمایتی
Schutzzolltarif *m* تعرفهٔ حمایتی
Schwäche *f* ناتوانی؛ ضعف
finanzielle ~ ناتوانایی مالی؛ ضعف مالی
strukturelle ~ ضعف ساختاری
aus der Position der ~ verhandeln از موضع ضعف مذاکره کردن
schwächen ناتوان ساختن؛ ضعیف کردن
Schwächung *f* تضعیف
~ der Front تضعیف جبهه
~ der Zentralregierung تضعیف حکومت مرکزی
~ des Marktes تضعیف بازار
~ des Widerstandes تضعیف مقاومت
Schwarzarbeit *f* کار سیاه؛ کار غیرقانونی
Schwarzarbeiter/-in *m/f* کارگر غیرقانونی
Schwarzgeld *n* پول سیاه؛ پول غیرقانونی
Schwarzhandel *m* خرید و فروش غیرقانونی
Schwarzmarkt *m* بازار سیاه
Schwarzmarktgeschäft *n* معاملهٔ غیرقانونی؛ خرید و فروش در بازار سیاه
Schwarzmarkthandel *m* معاملهٔ غیرقانونی؛ خرید و فروش در بازار سیاه
Schwarzmarkthändler/-in *m/f* قاچاقچی بازار سیاه
Schwarzmarktpreis *m* قیمت در بازار سیاه
Schweigegeld *n* حقّ سکوت
Schweigemarsch *m* راه پیمایی آرام و اعتراض آمیز

schweigen سکوت کردن
Schweigen *n* سکوت
absolutes ~ سکوت مطلق
Schweigegeld *n* حقّ سکوت؛ باج
Schweigepflicht *f* وظیفهٔ رازداری
Schwellenland *n* کشور نوخاستهٔ صنعتی؛ کشور نوخیز صنعتی
Schwerarbeit *f* کار سنگین؛ کار طاقت فرسا
Schwerbehinderte *m/f* معلول؛ فرد معلول
schwerbewaffnet *adj* کاملاً مسلّح؛ مجهّز به سلاح های سنگین؛ مجهّز به جنگ ابزارهای سنگین
~e Einheiten یکان های کاملاً مسلّح؛ واحدهای مجهّز به سلاح های سنگین
Schwerindustrie *f* صنایع سنگین
Schwerpunkt *m* نقطهٔ ثقل
Schwerpunktstreik *m* اعتصاب خاص؛ اعتصاب در ناحیه ای معیّن
Schwerpunktverlagerung *f* جابجایی نقطهٔ ثقل؛ تغییر نقطهٔ ثقل
Schwerverbrecher/-in *m/f* تبهکار؛ جانی
Schwerverletzte *m/f* مجروع شدید؛ فرد شدیداً مجروع
Schwerwasserreaktor *m* رآکتور سنگین اتمی؛ واکُنشگر سنگین اتمی
Schwesterfirma *f* شرکت وابسته
Schwesterpartei *f* حزب هم مسلک
Schwesterunternehmen *n* شرکت وابسته
schwören سوگند یاد کردن؛ قسم خوردن
Rache ~ به انتقام سوگند یاد کردن؛ به انتقام قسم خوردن
Schwurgericht *n* دادگاه هیأت منصفه
See *f* دریا
Seeaufklärung *f* شناسایی دریایی
Seebeben *n* زلزلهٔ دریایی
Seeblockade *f* محاصرهٔ دریایی
Seefahrt *f* سفر دریایی؛ دریانوردی
Seegebiet *n* منطقهٔ دریایی
Seehafen *m* بندر دریایی
Seehandel *m* بازرگانی دریایی؛ تجارت دریایی
Seeherrschaft *f* سلطهٔ دریایی
Seekrieg *m* جنگ دریایی
Seemacht *f* قدرت دریایی
Seemann *m* ملوان؛ دریانورد؛ ملاّح
Seenavigation *f* کشتی رانی دریایی
Seenot *f* خطر دریایی
in ~ geraten دچار خطر دریایی شدن
Seeoperation *f* عملیّات دریایی
Seeräuber/-in *m/f* دریازن؛ دزد دریایی
Seeräuberei *f* دریازنی؛ دزدی دریایی
Seereise *f* سفر دریایی
Seeroute *f* راه دریایی؛ مسیر دریایی
Seeschifffahrt *f* دریانوردی؛ کشتی رانی در آب های آزاد
Seeschlacht *f* نبرد دریایی
Seestraße *f* راه دریایی
Seestreitkräfte *fpl* نیروهای مسلّح دریایی: نیروی دریایی
Seestützpunkt *m* پایگاه دریایی
Seetransport *m* باربری دریایی؛ حمل و نقل دریایی
Seetransportversicherung *f* بیمهٔ باربری دریایی؛ بیمهٔ حمل و نقل دریایی
Seeüberlegenheit *f* برتری دریایی؛ توفّق دریایی
Seeunfall *m* سانحهٔ دریایی
Seeverkehr *m* ترابری دریایی؛ رفت و آمد دریایی
Seeweg *m* راه دریایی
auf dem ~ از راه دریایی
Seilschaft *f* گروه ذینفع
Sekretär/-in *m/f* منشی؛ دبیر

Sekretariat *n* دبیرخانه
ein ~ leiten ادارهٔ دبیرخانه ای به عهده داشتن
einem ~ vorstehen ریاست دبیرخانه ای را به عهده داشتن: در رأس دبیرخانه ای بودن
Sektor *m* 1) بخش 2) منطقه
Sektorengrenze *f* خطّ فاصل بین مناطق اشغالی
selbständig *adj* آزاد؛ متّکی به خود؛ مستقل
~e Einheit واحد مستقل
~e Tätigkeit کار آزاد؛ شغل آزاد
Selbständigkeit *f* کسب و کار آزاد
Selbstauflösung *f* انحلال داوطلبانه
Selbstaufopferung *f* از خودگذشتگی؛ فداکاری
Selbstbeherrschung *f* خویشتن داری
Selbstbeschränkung *f* خودبسندگی؛ خودکفایی
Selbstbestimmung *f* تعیین سرنوشت
Selbstbestimmungsrecht *n* حقّ تعیین سرنوشت
Selbstbetrug *m* خودفریبی
selbstbewusst *adj* خودآگاه
Selbstbewusstsein *n* خودآگاهی
Selbsteinschätzung *f* ارزیابی از خود
Selbsterhaltung *f* خودنگهداری
Selbstfinanzierung *f* تأمین مالی داخلی؛ تأمین مالی شخصی
selbstgefällig *adj* خودپسند
Selbstgefälligkeit *f* خودپسندی
Selbsthilfe *f* خودیاری
Selbstjustiz *f* خودداوری
Selbstkontrolle *f* خودداری
Selbstkosten *f* هزینهٔ مستقیم؛ هزینهٔ اصلی؛ هزینهٔ اوّلیّه
Selbstkostenpreis *m* قیمت تمام شده؛ قیمت سر به سر
Selbstkritik *f* انتقاد از خود
Selbstmord *m* خودکشی؛ انتحار
Selbstmordangriff *m* حملهٔ انتحاری
Selbstmordanschlag *m* سوء قصد انتحاری
Selbstmordattacke *f* حملهٔ انتحاری
Selbstmordattentat *n* سوء قصد انتحاری
Selbstmordattentäter/-in *m/f* سوء قصدکنندهٔ انتحاری
Selbstorganisierung *f* خود سازمان دهی
Selbstregulierung *f* خودنظمی؛ خودگردانی
Selbstschutz *m* خودپایی؛ حفاظت از خود
Selbsttäuschung *f* خودفریبی
Selbstüberwindung *f* غلبه بر خود؛ غلبه بر نفس خود
Selbstverleugnung *f* نفس شکنی
Selbstversorger *m* خودبسنده؛ خودکفا
Selbstversorgung *f* خودبسندگی؛ خودکفایی
Selbstverteidigung *f* خوددفاعی؛ دفاع از خود؛ دفاع مشروع
Selbstvertrauen *n* اعتماد به نفس
Selbstverwaltung *f* خودگردانی
Selbstverwirklichung *f* خودآمایی؛ تحقّق بخشی به خود
selbstzerstörerisch *adj* خودویرانگرانه
Selbstzerstörung *f* خودویرانگری؛ خودکشی
Selbstzufriedenheit *f* خشنودی از خود؛ رضایت از خود
Selektion *f* گزینش
selektiv *adj* گزینشی
Senat *m* سنا؛ مجلس سنا
Senatsausschuss *m* کمیسیون مجلس سنا
Senatsmitglied *n* عضو مجلس سنا
Senatssprecher/-in *m/f* سخنگوی مجلس سنا
Senatsverwaltung *f* بخش اداری مجلس سنا
Sendegenehmigung *f* اجازهٔ پخش؛ اجازهٔ پخش برنامه

senden 1) فرستادن؛ پست کردن 2) پخش کردن
1) einen Brief ~ نامه ای را فرستادن؛ نامه ای را پست کردن
2) eine Nachricht ~ خبری را پخش کردن
Sender *m* فرستنده؛ فرستندهٔ تلویزیونی: فرستندهٔ رادیویی
Senderaum *m* اطاق ضبط و پخش برنامه
Sendestation *f* ایستگاه فرستنده؛ ایستگاه فرستندهٔ رادیویی یا تلویزیونی
Sendeturm *m* برج تلویزیون؛ برج فرستندهٔ برنامه های تلویزیونی؛ برج رادیو؛ برج فرستندهٔ برنامه های رادیویی
Sendeverbot *n* منع پخش برنامه؛ جلوگیری از پخش برنامه های رادیویی یا تلویزیونی
senken کاهش دادن؛ تقلیل دادن؛ تنزّل دادن
den Beitrag ~ 1) حقّ عضویّت را کاهش دادن 2) حقّ بیمه را کاهش دادن
die Dividenden ~ سود سهام را کاهش دادن
die Kapazitäten ~ ظرفیّت ها را کاهش دادن
die Kosten ~ هزینه ها را کاهش دادن
die finanziellen Lasten ~ فشار هزینه های مالی را کاهش دادن؛ از فشار هزینه های مالی کاستن
die Lohnnebenkosten ~ هزینه های فرعی دستمزد را کاهش دادن
die Preise ~ قیمت ها را کاهش دادن
die Steuern ~ مالیات ها را کاهش دادن
Senkung *f* کاهش؛ تقلیل؛ تنزّل
Sensation *f* جنجال؛ سروصدا
politische ~ جنجال سیاسی؛ سروصدای سیاسی
sensationell *adj* جنجال برانگیز؛ هیجان برانگیز
~e Nachricht خبر جنجال برانگیز؛ خبر هیجان برانگیز
~es Ereignis رویداد جنجال برانگیز؛ رویداد هیجان برانگیز

Sensationsjournalismus *m* روزنامه نگاری جنجال برانگیز؛ روزنامه نگاری جنجالی
Sensationspresse *f* مطبوعات جنجال برانگیز
Sensationsprozess *m* محاکمهٔ جنجال برانگیز
Separatabkommen *n* موافقت نامهٔ جداگانه
Separatfrieden *m* صلح جداگانه
Separatismus *m* جدایی گرایی؛ جدایی طلبی؛ تجزیه طلبی
Separatist/-in *m/f* جدایی گرا؛ جدایی طلب؛ تجزیه طلب
separatistisch *adj* جدایی طلبانه؛ تجزیه طلبانه
~e Bewegung جنبش جدایی طلبانه؛ جنبش تجزیه طلبانه
Separatverhandlungen *fpl* مذاکرات جداگانه
Separatvertrag *m* قرارداد جداگانه
Serienartikel *m* کالای تولید شدهٔ انبوه
Seriengüter *npl* کالاهای تولید شدهٔ انبوه
Serienmörder/-in *m/f* آدمکش متوالی؛ قاتل متوالی
Serienproduktion *f* تولید انبوه
sesshaft *f* مقیم
~ werden مقیم شدن
Seuche *f* بیماری واگیر؛ بیماری مسری
Ausbreitung von ~n اشاعهٔ بیماری های واگیر؛ اشاعهٔ بیماری های مسری
Bekämpfung von ~n مبارزه با بیماری های واگیر
Seuchenbekämpfung *f* مبارزه با بیماری های واگیر
Sexualmord *m* قتل جنسی؛ جنایت جنسی
Sexualmörder/-in *m/f* قاتل جنسی؛ جنایتکار جنسی
Sexualtäter/-in *m/f* بزهکار جنسی؛ مجرم جنسی
Sexualverbrechen *n* جنایت جنسی
Sexualverbrecher/-in *m/f* جنایتکار جنسی
Sicherheit *f* امنیّت

ein Maximum an ~ حداکثر امنیّت
ein Minimum an ~ حداقلّ امنیّت
~ der Bürger امنیّت شهروندان
die ~ aufs Spiel setzen امنیّت را به خطر انداختن
die ~ bedrohen امنیّت را تهدید کردن
die ~ garantieren امنیّت را تضمین کردن
die ~ gefährden امنیّت را به خطر انداختن
die ~ gewähren امنیّت را تأمین کردن
die ~ gewährleisten امنیّت را تضمین کردن
~ leisten ایجاد امنیّت کردن
Sicherheitsabkommen *n* موافقت نامهٔ امنیّتی
Sicherheitsaktivitäten *fpl* فعالیّت های امنیّتی
Sicherheitsanforderungen *fpl* نیازهای امنیّتی
Sicherheitsarrest *m* بازداشت احتیاطی؛ توقیف احتیاطی
Sicherheitsausschuss *m* کمیتهٔ امنیّتی؛ کمیسیون امنیّتی
Sicherheitsbeamte *m* مأمور امنیّتی (مرد)
Sicherheitsbeamtin *f* مأمور امنیّتی (زن)
Sicherheitsbeauftragte *m/f* مأمور امنیّتی؛ مأمور بلندپایهٔ امنیّتی
Sicherheitsbedenken *n* نگرانی امنیّتی
~ äußern اظهار نگرانی امنیّتی کردن
Sicherheitsbedrohung *f* تهدید امنیّت
Sicherheitsbedürfnisse *npl* نیازهای امنیّتی
Sicherheitsbehörde *f* مقام امنیّتی
Sicherheitsberater/-in *m/f* رایزن امنیّتی؛ مشاور امنیّتی
Sicherheitsbestimmungen *fpl* مقرّرات امنیّتی
Sicherheitsbeziehungen *fpl* روابط امنیّتی
Sicherheitsdenken *n* تفکّر امنیّتی
Sicherheitsdienst *m* 1) سرویس اطّلاعاتی
2) سرویس ایمنی
Sicherheitseinrichtungen *fpl* 1) تأسیسات ایمنی
2) نهادهای امنیّتی
Sicherheitserwägungen *fpl* ملاحظات امنیّتی
Sicherheitsfirma *f* شرکت ایمنی
Sicherheitsfonds *m* صندوق احتیاطی؛ سرمایهٔ احتیاطی
Sicherheitsfragen *fpl* مسائل امنیّتی
Sicherheitsgarantie *f* تضمین امنیّت
Sicherheitsgefahr *f* خطر امنیّتی
Sicherheitsgefährdung *f* به خطراندازی امنیّت
Sicherheitsgefängnis *n* زندان امنیّتی
Sicherheitsgefühl *n* احساس ایمنی
Sicherheitsgrenze *f* مرز امنیّتی
Sicherheitsgründe *mpl* دلایل امنیّتی
aus ~n به دلایل امنیّتی
Sicherheitsinteressen *npl* مصالح امنیّتی
Sicherheitskonferenz *f* کنفرانس امنیّت
Sicherheitskontrolle *f* کنترل امنیّتی
Sicherheitskoordinator/-in *m/f* هماهنگ کنندهٔ امور امنیّتی
Sicherheitskoordinierung *f* هماهنگ سازی امور امنیّتی؛ هماهنگی امور امنیّتی
Sicherheitskräfte *fpl* نیروهای امنیّتی
bewaffnete ~ نیروهای امنیّتی مسلّح
Sicherheitsleistung *f* تأمین امنیّت
Sicherheitslücken *fpl* شکاف های امنیّتی؛ کمبود های امنیّتی؛ نواقص امنیّتی
die ~ schließen شکاف های امنیّتی را بستن؛ کمبودهای امنیّتی را برطرف کردن
Sicherheitsmacht *f* قدرت ضامن امنیّت
Sicherheitsmängel *mpl* کمبودهای امنیّتی؛ نواقص امنیّتی
die ~ beheben کمبودهای امنیّتی را برطرف کردن؛ نواقص امنیّتی را برطرف کردن
Sicherheitsmaßnahmen *fpl* تدابیر امنیّتی؛

اقدامات امنیّتی
strikte ~ اقدامات شدید امنیّتی؛ تدابیر شدید امنیّتی
umfangreiche ~ پوشش امنیتی؛ اقدامات گستردهٔ امنیّتی؛ تدابیر گستردهٔ امنیّتی
Sicherheitsoperation *f* عملیّات امنیّتی
Sicherheitsorgane *npl* نهادهای امنیّتی
die ~ informieren نهادهای امنیّتی را آگاه ساختن
Sicherheitspakt *m* پیمان امنیّتی
Sicherheitspolitik *f* سیاست امنیّت
Sicherheitspolizei *f* پلیس امنیّتی
Sicherheitsprobleme *npl* مشکلات امنیّتی؛ مسائل امنیّتی
Sicherheitsrat *m* شورای امنیّت
Sicherheitsratsmitglied *n* عضو شورای امنیّت
Sicherheitsratssitzung *f* نشست شورای امنیّت؛ جلسهٔ شورای امنیّت؛ اجلاس شورای امنیّت
Sicherheitsreserven *fpl* اندوخته های احتیاطی؛ ذخایر احتیاطی
Sicherheitsrisiko *n* ریسک امنیّتی؛ خطر امنیّتی
Sicherheitsrücklage *f* اندوختهٔ احتیاطی
Sicherheitsspielraum *m* گسترهٔ امنیّتی
Sicherheitsstrategie *f* استراتژی امنیّتی
Sicherheitsstufe *f* درجهٔ امنیّتی
die höchste ~ بالاترین درجهٔ امنیّتی
Sicherheitssystem *n* سیستم امنیّتی؛ نظام امنیّتی
Sicherheitstaktik *f* تاکتیک امنیّتی
Sicherheitstruppen *fpl* نیروهای امنیّتی
Sicherheitsüberprüfung کنترل امنیّی
Sicherheitsventil *n* دررو امنیّتی؛ سوپاپ امنیّتی
Sicherheitsvergehen *n* نقض امنیّت؛ تخلّف از مقرّرات امنیّتی؛ تخلّف از تدابیر امنیّتی
Sicherheitsvertrag *m* قرارداد امنیّتی
Sicherheitsvorkehrungen *fpl* ترتیبات امنیّتی؛ اقدامات امنیّتی
Sicherheitsvorschriften *fpl* دستورات امنیّتی؛ مقرّرات امنیّتی
Sicherheitszone *f* منطقهٔ امنیّتی
sichern 1) تأمین کردن 2) امن کردن 3) حفظ کردن؛ حفاظت کردن
1) den Frieden ~ صلح را تأمین کردن
2) die Grenzen ~ مرزها را امن کردن؛ مرزها را امن و امان کردن
den Rückzug ~ راه را برای عقب نشیتنی امن کردن
3) die Existenz ~ موجودیّت را حفظ کردن
die Kontinuität ~ استمرار را حفظ کردن
sicherstellen 1) تأمین کردن 2) محفوظ داشتن 3) مصادره کردن؛ ضبط کردن
Sicherstellung *f* 1) تأمین 2) مصادره؛ ضبط
Sicherung *f* 1) تأمین 2) حفاظت 3) ضامن اسلحه
Sicherungsmaßnahmen *fpl* تدابیر امنیّت عمومی
Sicherungsverwahrung *f* بازداشت احتیاطی؛ توقیف احتیاطی
siedeln سکنی گُزیدن؛ ماندگار شدن؛ مقیم شدن
Siedler *m* مهاجر جدید؛ نونشین
Siedlung *f* مجتمع مسکونی
Siedlungsbehörde *f* ادارهٔ مهاجرت
Siedlungsgebiet *n* منطقهٔ اسکان
Siedlungsland *n* سرزمین اسکان
Siedlungsmaßnahmen *fpl* اقدامات پیشبرد طرح های اسکان
Siedlungspolitik *f* سیاست اسکان
Sieg *m* پیروزی
schwer erkämpfter ~ پیروزی بس دشوار؛ پیروزی بسیار سخت
teuer erkämpfter ~ پیروزی بس گران
siegen پیروز شدن
Sieger/-in *m/f* پیروز

Siegeszug *m* موکب پیروزی

sinken 1) کاهش یافتن؛ تقلیل یافتن 2) غرق شدن

1) die Gewinne ~ بهره ها در حال کاهش اند.

die Preise ~ قیمت ها در حال کاهش اند.

2) das Schiff sinkt کشتی در حال غرق شدن است.

Situation *f* وضع؛ وضعیّت؛ موقعیّت

außenpolitische ~ وضعیّت سیاست خارجی

bedrohliche ~ وضعیّت مخاطره آمیز؛ وضعیّت خطرناک

beunruhigende ~ وضع نگران کننده

ernste ~ وضع وخیم

finanzielle ~ وضع مالی

gefährliche ~ وضعیّت خطرناک

günstige ~ وضع مساعد

heikle ~ وضع مشکل و خطرناک

hoffnungslose ~ وضع نومیدکننده

innenpolitische ~ وضعیّت سیاست داخلی

kritische ~ وضع بحرانی

missliche ~ وضع ناگوار

vielversprechende ~ وضع امیدوارکننده

eine ~ beherrschen بر وضعیّتی مسلّط بودن

eine ~ erfassen وضعیّتی را درک کردن

Situationsbericht *m* گزارش وضعیّت

Sitzdemonstration *f* تظاهرات نشسته

Sitzstreik *m* اعتصاب نشسته

Sitzung *f* نشست؛ جلسه؛ اجلاس

außerordentliche ~ نشست فوق العاده؛ جلسهٔ فوق العاده

feierliche ~ نشست رسمی؛ جلسهٔ رسمی

geheime ~ نشست سرّی؛ نشست مخفیانه؛ جلسهٔ سرّی؛ جلسهٔ مخفیانه

öffentliche ~ نشست باز؛ جلسهٔ علنی

ordentliche ~ نشست همگانی؛ جلسهٔ عمومی

vertagte ~ نشست به تعویق افتاده؛ جلسهٔ به تعویق افتاده

eine ~ abhalten نشستی را برگزار کردن

einer ~ beiwohnen در نشستی حضور داشتن

eine ~ boykottieren نشستی را تحریم کردن

eine ~ einberufen به تشکیل نشستی فراخواندن

eine ~ eröffnen نشستی را گشودن؛ جلسه ای را افتتاح کردن

eine ~ leiten ریاست جلسه ای را به عهده داشتن

eine ~ schließen به نشستی پایان دادن

an einer ~ teilnehmen در نشستی شرکت کردن

eine ~ unterbrechen نشستی را موقتاً قطع کردن

eine ~ verschieben نشستی را به بعد موکول کردن

eine ~ vertagen نشستی را به تعویق انداختن

eine ~ vorverlegen نشستی را به وقت زودتر موکول کردن

Sitzungsabschnitt *m* بخشی از نشست؛ بخشی از جلسه

Sitzungsbeginn *m* شروع نشست؛ شروع جلسه؛ آغاز اجلاس

Sitzungsbericht *m* گزارش نشست؛ گزارش جلسه؛ گزارش اجلاس؛ صورتجلسه

Sitzungsort *m* محلّ نشست؛ محلّ جلسه

Sitzungspause *f* تنفّس کوتاه در طول مدّت نشست

Sitzungsprotokoll *n* پروتکل نشست؛ پروتکل جلسه؛ پروتکل اجلاس؛ صورتجلسه

Sitzungsraum *m* اطاق نشست؛ اطاق جلسه؛ سالن جلسه

Sitzungssaal *m* سالن نشست؛ سالن جلسه

Sitzungsschluss *m* پایان نشست؛ خاتمهٔ جلسه؛ پایان اجلاس

Sitzungsvorstand *m* ریاست جلسه

Sitzungszimmer *n* اطاق نشست؛ اطاق جلسه

Skandal *m* رسوایی؛ افتضاح؛ آبروریزی؛ جنجال

öffentlicher ~ رسوایی آشکار؛ رسوایی علنی

politischer ~ رسوایی سیاسی؛ افتضاح سیاسی
einen ~ fürchten از رسوایی بیم داشتن؛ از آبروریزی ترسیدن
einen ~ verhindern از یک رسوایی جلوگیری کردن
einen ~ verursachen رسوایی به بار آوردن؛ افتضاح به بار آوردن؛ آبروریزی کردن
Skandalgeschichten *fpl* داستان های جنجال آمیز
Skandalpresse *f* مطبوعات جنجالی؛ مطبوعات جنجال آمیز
Skepsis *f* ناباوری؛ شک؛ بی اعتمادی
Skeptiker *m* ناباور؛ شکّاک
skeptisch *adj* ناباور؛ بدگمان
Sklave *m* برده (مرد)
Freikauf von ~n آزادسازی بردگان در اِزای پول
Sklavenarbeit *f* کار بردگی؛ کار سخت و طاقت فرسا
Sklavenarbeiter/-in *m/f* کارگر برده
Sklavenhalter *m* برده دار
Sklavenhandel *m* خرید و فروش برده؛ برده فروشی؛ تجارت برده
Sklavenhändler/-in *m/f* تاجر برده؛ برده فروش
Sklaverei *f* برده داری
Abschaffung der ~ الغای برده داری
Sklavin *f* برده (زن)
Slum *m* منطقهٔ فقیرنشین
die ~s der Großstädte مناطق فقیرنشین شهرهای بزرگ
Slumbewohner/-in *m/f* ساکن منطقهٔ فقیرنشین
Slumviertel *n* منطقهٔ فقیرنشین؛ محلّهٔ فقیرنشین یک شهر
Sockelbetrag *m* مبلغ مبنا؛ مبلغ پایه
Soforthilfe *f* کمک فوری
Sofortkredit *m* اعتبار فوری؛ وام فوری
Soforthilfeprogramm *n* برنامهٔ کمک فوری
Sofortmaßnahmen *fpl* اقدامات فوری؛ تدابیر فوری
Sofortprogramm *n* برنامهٔ فوری
Soldat/-in *m/f* سرباز
aufständische ~en سربازان شورشی
gefangengenommene ~en سربازان اسیر
minderjährige ~en سربازان خردسال
tapfere ~en سربازان دلیر
unbekannter ~ سرباز گمنام
undisziplinierte ~en سربازان بی انضباط
verwundete ~en سربازان مصدوم
Anwerbung von ~en سربازگیری
Meuterei von ~en تمرّد سربازان
Soldatenberuf *m* شغل سربازی؛ شغل نظامی
solidarisch *adj* همبسته؛ متّحد
~e Erklärung اعلام همبستگی
~e Haltung موضع همبستگی
Solidarität *f* همبستگی؛ اتّحاد
internationale ~ همبستگی بین المللی؛ اتَحاد بین المللی
~ bekunden اعلام همبستگی کردن
in ~ handeln اقدام به همبستگی کردن
aus ~ streiken به منظور همبستگی اعتصاب کردن
Solidaritätsaktion *f* عمل همبستگی
Solidaritätsbekundung *f* اعلام همبستگی
Solidaritätsbotschaft *f* پیام همبستگی
Solidaritätskampagne *f* اقدام همبستگی؛ مبارزهٔ سیاسی-تبلیغاتی به منظور همبستگی
Solidaritätskomitee *n* کمیتهٔ همبستگی
Solidaritätsstreik *m* اعتصاب همبستگی؛ اعتصاب پشتیبانی
Soll *n* 1) بدهی؛ بدهی بانکی 2) مقدار تولید روزانه
Sollkosten *f* هزینهٔ مورد نظر؛ هزینهٔ

برنامه ریزی شده؛ هزینهٔ پایه

Sollstärke *f* نیروی ضروری؛ نیروی مورد نیاز

Sollzinsen *mpl* هزینهٔ بهره؛ مخارج پرداخت بهره

Sollzinssatz *m* نرخ بهرهٔ بدهی؛ میزان بهرهٔ پرداختنی از سوی بدهکار

Sommerpause *f* تعطیلات تابستانی پارلمان آلمان

Sonderabkommen *n* موافقت نامهٔ ویژه

Sonderabgaben *fpl* عوارض ویژه

Sonderangebot *n* عرضهٔ فوق العادهٔ کالا

Sonderaufgaben *fpl* وظایف ویژه

Sonderauftrag *m* سفارش مخصوص

Sonderausgaben *fpl* مخارج فوق العاده؛ مخارج ویژه

Sonderausschuss *m* کمیسیون ویژه؛ کمیتهٔ ویژه

Sonderbeauftragte *m/f* مأمور ویژه

Sonderbedingungen *fpl* شرایط ویژه

Sonderbelastung *f* 1) هزینهٔ فوق العاده 2) فشار اضافی

Sonderberater/-in *m/f* مشاور ویژه

Sonderberichterstatter/-in *m/f* گزارشگر ویژه

Sonderbestimmungen *fpl* مقرّرات ویژه

Sonderbevollmächtigte *m/f* وکیل تام الاختیار ویژه

Sonderbotschafter/-in *m/f* سفیر ویژه

Sondereinnahmen *fpl* دریافت های ویژه؛ درآمدهای ویژه؛ عواید ویژه

Sondereinsatz *m* عملیّات ویژه

~ der Polizei عملیّات ویژهٔ پلیس

Sondererlaubnis *f* اجازهٔ ویژه

Sondergenehmigung *f* مجوّز ویژه؛ اجازه نامهٔ ویژه

Sondergericht *n* دادگاه ویژه

Sondergesandte *m* فرستادهٔ ویژه؛ سفیر ویژه

Sondergesetz *n* قانون ویژه

Sondergewinn *m* سود ویژه؛ سود اضافی

Sonderhaushalt *m* بودجهٔ جداگانه؛ بودجهٔ مخصوص؛ بودجهٔ اختصاصی

Sonderkommando *n* فرماندهی ویژه

Sonderkonditionen *fpl* شرط و شروط ویژه

Sonderkontrollprogramm *n* برنامهٔ نظارت ویژه

Sonderleistung *f* 1) اضافه بازده؛ بازدهٔ اضافی 2) سرویس ویژه؛ خدمات ویژه

Sondermaschine *f* هواپیمای ویژه؛ هواپیمای مخصوص

Sondermaßnahmen *fpl* اقدامات ویژه؛ تدابیر ویژه

Sondermission *f* مأموریّت ویژه

Sondermüll *m* زبالهٔ ویژه

Sondermülldeponie *f* محلّ تخلیهٔ زبالهٔ ویژه

Sonderoperation *f* عملیّات ویژه

Sonderparteitag *m* کنگرهٔ فوق العادهٔ حزب

Sonderprüfung *f* رسیدگی ویژه

Sonderrecht *n* حقّ ویژه

Sonderregelung *f* مقرّرات ویژه

Sondersitzung *f* نشست ویژه؛ جلسهٔ ویژه

Sonderstatus *m* وضع خاص

Sondervereinbarung *f* توافق نامهٔ ویژه

Sondervergünstigungen *fpl* مزایای ویژه؛ مزایای فوق العاده

Sondervollmacht *f* اختیارات ویژه

Sondervorschrift *f* مقرّرات ویژه

Sondervotum *n* رأی مخالف

ein ~ abgeben رأی مخالف دادن

Sondierungsgespräch *n* گفتگوی تحقیقی

~e führen گفتگوهای تحقیقی کردن

Sorgerecht *n* حقّ سرپرستی؛ حقّ ولایت؛ حقّ حضانت

elterliches ~ حقّ سرپرستی پدر و مادر؛ حقّ ولایت

والدين؛ حقّ حضانت والدين

Sorgfalt *f* توجّه؛ دقّت
erforderliche ~ توجّهٔ لازم؛ دقّت لازم
größtmögliche ~ بیشترین توجّه؛ منتهای دقّت
hinreichende ~ توجّهٔ کافی؛ دقّت کافی
mangelnde ~ کمبود توجّه؛ عدم توجّه؛ عدم دقّت؛ بی مبالاتی
notwendige ~ توجّهٔ لازم؛ دقّت لازم

Sorgfaltspflicht *f* وظیفهٔ مراقبت و پرستاری

Sorgfaltspflichtverletzung *f* نقض وظیفهٔ مراقبت و پرستاری

souverän *adj* مستقل
~e Regierung حکومت مستقل
~er Staat دولت مستقل

Souveränität *f* حاکمیّت؛ تمامیّت
nationale ~ حاکمیّت ملّی
territoriale ~ تمامیّت ارضی
volle ~ حاکمیّت کامل
die ~ einschränken حاکمیّت را محدود ساختن
die ~ erlangen به حاکمیّت دست یافتن
die ~ verletzen حاکمیّت را نقض کردن؛ به حاکمیّت صدمه زدن
die ~ verlieren حاکمیّت را از دست دادن
die ~ wiedererlangen دوباره به حاکمیّت دست یافتن

Souveränitätsbeschränkung *f* محدودسازی حاکمیّت؛ تضعییق حاکمیّت

Souveränitätsrecht *n* حقّ حاکمیّت

Souveränitätsverletzung *f* نقض حاکمیّت؛ صدمه به حاکمیّت

Sozialabgaben *fpl* حقّ بیمه های اجتماعی

Sozialamt *n* ادارهٔ امور اجتماعی

Sozialarbeit *f* کار اجتماعی؛ مددکاری اجتماعی

Sozialarbeiter/-in *m/f* مددکار اجتماعی

Sozialaufwand *m* هزینهٔ امور اجتماعی؛ مخارج امور اجتماعی

Sozialausgaben *fpl* مخارج امور اجتماعی؛ هزینهٔ امور اجتماعی

Sozialausschuss *m* کمیسیون امور اجتماعی

Sozialbeiträge *mpl* حقّ بیمه های اجتماعی

Sozialbericht *m* گزارش سالانهٔ بیمه های اجتماعی

Sozialbetreuer/-in *m/f* پرستار اجتماعی

Sozialcharta *f* منشور اجتماعی

Sozialdemokrat/-in *m/f* سوسیال دموکرات

Sozialdemokratie *f* سوسیال دموکراسی

Sozialeinrichtungen *fpl* نهادهای اجتماعی؛ مؤسّسات اجتماعی

Sozialfonds *m* صندوق رفاه

Sozialforscher/-in *m/f* پژوهشگر مسائل اجتماعی؛ محقّق مسائل اجتماعی

Sozialforschung *f* پژوهش پیرامون مسائل اجتماعی؛ تحقیق پیرامون مسائل اجتماعی

Sozialfürsorge *f* بهزیستی اجتماعی؛ تأمین اجتماعی؛ رفاه اجتماعی

Sozialgefüge *n* ساختار اجتماعی؛ بافت اجتماعی

Sozialgericht *n* دادگاه امور اجتماعی

Sozialgesetzbuch *n* قانون نامهٔ امور اجتماعی

Sozialgesetzgebung *f* قانون گذاری امور اجتماعی؛ قانون گذاری مربوط به حقوق اجتماعی

Sozialhaushalt *m* بودجهٔ امور اجتماعی

Sozialhilfe *f* تأمین اجتماعی؛ کمک مالی دولت به افراد بی درآمد

Sozialhilfeleistung *f* پرداخت تأمین اجتماعی

Sozialhilfeprogramm *n* برنامهٔ تأمین اجتماعی

Sozialismus *m* سوسیالیسم

Sozialist/-in *m/f* سوسیالیست

sozialistisch *adj* سوسیالیستی

Sozialkasse *f* صندوق امور اجتماعی

Sozialkosten *f* هزینه های اجتماعی؛ هزینه های امور اجتماعی
Soziallasten *fpl* فشار هزینه های اجتماعی
Sozialökonom *m* اقتصاددان اجتماعی
Sozialökonomie *f* اقتصاد اجتماعی
Sozialordnung *f* نظام اجتماعی
Sozialpartner *mpl* کارفرمایان و کاربران؛ کارفرمایان و کارکنان
Sozialplanung *f* برنامه ریزی امور اجتماعی؛ برنامه ریزی دولتی
Sozialpolitik *f* سیاست امور اجتماعی؛ سیاست تنظیم امور اجتماعی
Sozialpolitiker/-in *m/f* سیاستمدار امور اجتماعی؛ سیاستمدار حوزهٔ فعالیّت های اجتماعی
Sozialprestige *n* آبروی اجتماعی؛ حیثیّت اجتماعی
Sozialprodukt *n* فراوردهٔ ملّی؛ محصول ملّی
Sozialprogramm *n* برنامهٔ اجتماعی
Sozialpsychologe *m* روان شناس اجتماعی (مرد)
Sozialpsychologie *f* روان شناسی اجتماعی
Sozialpsychologin *f* روان شناس اجتماعی (زن)
Sozialrat *m* شورای اجتماعی
Sozialrecht *n* قوانین اجتماعی؛ قوانین رفاه اجتماعی
Sozialreform *f* اصلاحات اجتماعی
Sozialrentner/-in *m/f* بازنشستهٔ بیمهٔ اجتماعی
Sozialunterstützung *f* کمک و حمایت اجتماعی
Sozialrevolutionär/-in *m/f* انقلابی اجتماعی
Sozialstaat *m* دولت رفاه اجتماعی؛ دولت رفاه عمومی؛ دولت بهزیستی اجتماعی
Sozialstruktur *f* ساخت اجتماعی؛ ساختار اجتماعی
Sozialsystem *n* سیستم اجتماعی؛ نظام اجتماعی
Sozialversicherung *f* بیمهٔ اجتماعی
Sozialversicherungsbeitrag *m* سهمیّهٔ بیمهٔ اجتماعی
Sozialversicherungskasse *f* صندوق بیمهٔ اجتماعی
sozialversicherungspflichtig *adj* مشمول بیمهٔ اجتماعی
Sozialversicherungspflichtige *m/f* فرد مشمول بیمهٔ اجتماعی
Sozialversicherungssystem *n* سیستم بیمهٔ اجتماعی
Sozialversicherungsträger *m* نمایندهٔ شرکت بیمهٔ اجتماعی؛ نهاد بیمهٔ اجتماعی
Sozialwissenschaften *fpl* علوم اجتماعی
Sozialwissenschaftler/-in *m/f* پژوهشگر علوم اجتماعی؛ محقّق علوم اجتماعی
Soziologe *m* جامعه شناس (مرد)
Soziologie *f* جامعه شناسی
Soziologin *f* جامعه شناس (زن)
soziologisch *adj* مربوط به جامعه شناسی
spalten شکاف انداختن
Spaltung *f* شکاف؛ شکاف اندازی
spannend *adj* هیجان انگیز؛ مهیّج
Spannung *f* تنش؛ تشنّج
die ~en abbauen از تنش ها کاستن؛ از تشنّجات کاستن؛ تشنّجات را کاهش دادن
die ~en mindern از تنش ها کاستن؛ از تشنّجات کاستن؛ تشنّجات را کاهش دادن
Spannungsgebiet *n* منطقهٔ پرتنش؛ منطقهٔ متشنّج
Spannungszustand *m* وضع پرتنش؛ وضع متشنّج
Sparbuch *n* دفترچهٔ پس انداز
Spareinlagen *fpl* سپرده های پس اندازی؛ سپرده های پس انداز شده
sparen پس انداز کردن؛ صرفه جویی کردن
Energie ~ در مصرف انرژی صرفه جویی کردن
Geld ~ پول پس انداز کردن
Steuern ~ در پرداخت مالیات صرفه جویی کردن
Sparer/-in *m/f* پس اندازکننده

Sparguthaben *n* موجودی بانکی
Sparhaushalt *m* صرفه جویی در بودجه
Sparkapital *n* سرمایهٔ پس اندازی؛ سرمایهٔ پس انداز شده
Sparkasse *f* بانک پس انداز
gemeinnützige ~ بانک تعاونی پس انداز
Sparkonto *n* حساب پس انداز؛ حساب سپرده
Sparkredit *m* وام پس انداز
Sparmaßnahmen *fpl* اقدامات صرفه جویی
Sparplan *m* برنامهٔ پس انداز؛ طرح پس انداز
Sparpolitik *f* سیاست صرفه جویی
Sparprogramm *n* برنامهٔ صرفه جویی
Sparquote *f* میزان پس انداز؛ نسبت پس انداز
sparsam *adj* صرفه جو
Sparvertrag *m* قرارداد پس انداز
Sparziel *n* هدف از پس انداز؛ هدف از صرفه جویی
Spätfolgen *fpl* پیامدهای بعدی؛ عواقب بعدی
Spediteur *m* شرکت حمل و نقل کالا
Spedition *f* حمل و نقل کالا
Spekulant/-in *m/f* سوداگر؛ معامله گر؛ سفته باز
Spekulation *f* سوداگری؛ معامله گری؛ سفته بازی
Spekulationsgewinn *m* سود به دست آمده از سوداگری؛ سود حاصله از معامله گری؛ سود حاصله از خرید و فروش در بازار بورس
Spekulationskauf *m* خرید به جهت سوداگری
Spekulationsmarkt *m* بازار سوداگری؛ بازار بورس؛ بازار سفته بازی
spekulieren سوداگری کردن؛ سفته بازی کردن
Spende *f* اعانه
spenden اعانه دادن
Spendenaffäre *f* ماجرای اعانهٔ غیرقانونی؛ رسوایی ناشی از اعانهٔ غیرقانونی
Spendenaktion *f* آکسیون جمع آوری اعانه
Spendenaufruf *m* دعوت به دادن اعانه؛ دعوت به اهدای پول
Spendengelder *npl* پول های اهدایی؛ پول های اعطایی
~ verwenden پول های اهدایی را به مصرف رساندن
Spendensammlung *f* جمع آوری اعانه
Spendensumme *f* مبلغ اعانه
Spender/-in *m/f* اعانه دهنده
Sperrbezirk *m* حوزهٔ ممنوعه؛ منطقهٔ ممنوعه
sperren سد کردن؛ مانع شدن
Sperrfeuer *n* رگبار گلوله؛ سدّی از آتش گلوله
Sperrgebiet *n* منطقهٔ ممنوعه
Sperrkonto *n* حساب مسدود
Sperrstunde *f* ساعت منع رفت و آمد؛ ساعت منع عبور و مرور
Sperrzone *f* منطقهٔ ممنوعه
Spezialbericht *m* گزارش ویژه
Spezialist/-in *m/f* کارشناس؛ متخصّص
Spezialpolizei *f* پلیس ویژه
Spezialtruppe *f* نیروی نظامی ویژه
Sphäre *f* محیط؛ حوزه؛ محدوده
gesellschaftliche ~ محیط اجتماعی
politische ~ حوزهٔ سیاسی؛ محدودهٔ سیاسی
wissenschaftliche ~ حوزهٔ اقتصادی؛ محدودهٔ اقتصادی
Spielraum *m* گسترهٔ عمل؛ میدان عمل
politischer ~ گسترهٔ عمل سیاسی؛ میدان عمل سیاسی
Spielregeln *fpl* قواعد بازی
politische ~ قواعد بازی سیاسی
Spion/-in *m/f* جاسوس
einen ~ anwerben جاسوسی را به استخدام درآوردن؛ جاسوس گرفتن
einen ~ enttarnen نقاب از چهرهٔ جاسوسی برداشتن؛ جاسوسی را افشا کردن

Spionage *f* جاسوسی
~ treiben جاسوسی کردن
Spionageabteilung *f* بخش ضدّ اطّلاعات؛ بخش جاسوسی
Spionageabwehr *f* ضدّ جاسوسی
Spionageaktivitäten *fpl* فعالیّت های جاسوسی
~ entfalten فعالیّت های جاسوسی را گسترش دادن
Spionageangelegenheiten *fpl* امور جاسوسی
Spionagearbeit *f* کار جاسوسی
Spionagebericht *m* گزارش جاسوسی
Spionagechef/-in *m/f* رئیس ادارهٔ جاسوسی؛ رئیس بخش جاسوسی
Spionagefeld *n* زمینهٔ جاسوسی؛ حوزهٔ جاسوسی
auf dem ~ aktiv sein در زمینهٔ جاسوسی فعّال بودن
Spionageflugzeug *n* هواپیمای جاسوسی؛ هواپیمای اکتشافی
Spionagehochburg *f* منطقهٔ مهمّ جاسوسی
Spionagemission *f* مأموریّت جاسوسی
Spionageoperation *f* عملیّات جاسوسی
Spionageorganisation *f* سازمان جاسوسی؛ تشکیلات جاسوسی
Spionagering *m* شبکهٔ جاسوسی
einen ~ aufbauen شبکهٔ جاسوسی ای را ایجاد کردن
einen ~ zerschlagen شبکهٔ جاسوسی ای را منهدم ساختن
Spionagesatellit *m* ماهوارهٔ جاسوسی
Spionagetätigkeit *f* فعالیّت جاسوسی
Spionagezweig *m* شاخهٔ جاسوسی
spionieren جاسوسی کردن
Spitzel *m* خبرچین؛ جاسوس
spitzeln خبرچینی کردن؛ جاسوسی کردن
Spitzenbeamte *m* کارمند عالی رتبه (مرد)
Spitzenbeamtin *f* کارمند عالی رتبه (زن)
Spitzeneinkommen *n* بالاترین درآمد
Spitzengehalt *n* بالاترین حقوق؛ حقوق فوق العاده عالی
~ beziehen حقوق فوق العاده عالی دریافت کردن
Spitzenkandidat/-in *m/f* کاندید اصلی؛ نامزد اوّل یک حزب در انتخابات
Spitzenkräfte *fpl* بهترین نیروها؛ نیروهای درجه یک و عالی
Spitzenleistung *f* حدّاکثر بازده
Spitzenmanager/-in *m* مدیر درجه یک؛ مدیر سطح بالا
Spitzenpolitiker/-in *m/f* سیاستمدار عالی مقام
Spitzenposition *f* 1) مقام عالی 2) موقعیّت ممتاز
Spitzensteuersatz *m* بالاترین نرخ مالیات
Spitzenverband *m* اتّحادیّهٔ عالی
Sponsor/-in *m/f* به عهده گیرندهٔ مخارج مالی؛ حمایت کنندهٔ مالی
sponsern حمایت مالی کردن؛ مخارج مالی را به عهده گرفتن
Sprache *f* زبان؛ لسان
etwas zur ~ bringen موضوعی را بر زبان آوردن؛ موضوعی را مطرح کردن
Sprachfehler *m* 1) اشتباه دستورزبانی 2) لکنت زبان
Sprachforscher/-in *m/f* پژوهشگر زبان؛ محقّق زبان؛ زبان شناس
Sprachforschung *f* پژوهش در امور زبان شناسی؛ محقّق در امور زبان شناسی؛ زبان شناسی
Sprachkenner *m* زبان شناس
Sprachrohr *n* بلندگوی تبلیغاتی
Sprachschule *f* مدرسه زبان
Sprachstörung *f* اختلال زبان
sprechen سخن گفتن؛ صحبت کردن
Sprecher/-in *m/f* سخنگو

verteidigungspolitischer ~ سخنگوی سیاسی- دفاعی؛ سخنگوی امور دفاعی
sprengen منفجر کردن؛ ازهم متلاشی کردن
eine Brücke ~ پلی را منفجر کردن
eine Koalition ~ ائتلافی را ازهم متلاشی کردن
Sprengkommando *n* کماندوی تخریب؛ گروه تخریب
Sprengkraft *f* نیروی انفجار
Sprengstoff *m* مادّهٔ منفجره
Sprengstoffanschlag *m* سوء قصد با موادّ منجره؛ سوء قصد با بمب
Sprengung *f* انفجار؛ عمل انفجار
Spurensicherung *f* ردیابی؛ عمل ردیابی
Spurensuche *f* ردیابی
Staat *m* دولت؛ کشور
abhängiger ~ کشور وابسته؛ دولت وابسته
ausländischer ~ دولت خارجی
autoritärer ~ دولت مستبد؛ دولت دیکتاتور؛ دولت اقتدارطلب
befreundeter ~ دولت دوست؛ کشور دوست
benachbarter ~ دولت همسایه؛ کشور همسایه
bündnisfreier ~ دولت غیرمتعهّد؛ کشور غیرمتعهّد
halbsouveräner ~ کشور نیمه مستقل
kriegführender ~ دولت در حال جنگ
neutraler ~ کشور بیطرف
souveräner ~ کشور مستقل
unabhängiger ~ کشور مستقل؛ دولت غیروابسته
verfeindeter ~ دولت دشمن؛ دولت متخاصم؛ کشور متخاصم
einen ~ anerkennen دولتی را به رسمیّت شناختن
einen ~ boykottieren دولتی را تحریم کردن؛ کشوری را تحریم کردن
einen ~ errichten دولتی را بنیان گذاردن؛ دولتی را تأسیس کردن
einen ~ gründen دولتی را بنیان گذاردن؛ دولتی را تأسیس کردن
einen ~ repräsentieren دولتی را نمایندگی کردن
einen ~ verunglimpfen به دولتی توهین کردن؛ به دولتی اهانت کردن
Staatengemeinschaft *f* جامعهٔ دول
staatenlos *adj* بدون تابعیّت؛ بی تابعیّت
Staatenlose *m/f* فرد بدون تابعیّت
Staatenlosigkeit *f* بی تابعیّتی
Staatensystem *n* سیستم دولت ها؛ نظام دِوَل
staatlich *adj* دولتی؛ مربوط به دولت
~e Industrie صنایع دولتی
~e Unterstützung پشتیبانی دولت؛ حمایت دولت
~er Eingriff دخالت دولت؛ مداخلهٔ دولت
~es Fernsehen تلویزیون دولتی
unter ~er Aufsicht زیر نظارت دولت؛ تحت کنترل دولت
Staatsaffäre *f* رسوایی سیاسی در دولت؛ آبروریزی سیاسی در دولت
Staatsangehörige *m/f* تبعه
Staatsangehörigkeit *f* تابعیّت
Antrag auf ~ درخواست تابعیّت؛ تقاضای تابعیّت
die ~ beantragen درخواست تابعیّت کردن؛ تقاضای تابعیّت دادن
Staatsangelegenheiten *fpl* امور دولتی؛ امور مملکتی
Staatsangestellte *m/f* کارمند دولت؛ مستخدم دولت
Staatsanleihen *fpl* اوراق قرضهٔ دولتی؛ بدهی های دولت
Staatsanwalt *m* دادستان (مرد)
Staatsanwältin *f* دادستان (زن)
Staatsanwaltschaft *f* دادستانی
Staatsapparat *m* دستگاه دولتی

Staatsausgaben *fpl* مخارج دولت؛ هزینه های دولت
Staatsautorität *f* قدرت و اختیار دولت؛ اُتوریتهٔ دولت
Staatsbahn *f* راه آهن کشور
Staatsbank *f* بانک ملّی
Staatsbankett *n* ضیافت دولتی
Staatsbankrott *m* ورشکستگی دولت
Staatsbeamte *m* کارمند دولت؛ مأمور دولت (مرد)
Staatsbeamtin *f* کارمند دولت؛ مأمور دولت (زن)
Staatsbegräbnis *n* خاک سپاری رسمی؛ تشییع جنازهٔ رسمی
Staatsbehörde *f* مقام دولتی
Staatsbeihilfe *f* کمک هزینهٔ دولتی
Staatsbesuch *m* دیدار رسمی
Staatsbetrieb *m* بنگاه دولتی؛ شرکت دولتی؛ مؤسّسهٔ دولتی
Staatsbibliothek *f* کتاب خانهٔ دولتی
Staatsbürger/-in *m/f* تبعه؛ تبعهٔ یک کشور
Staatsbürgerschaft *f* تابعیّت
Staatsbürgerschaftsrecht *n* قوانین تابعیّت
Staatsbürokratie *f* بوروکراسی دولتی
Staatschef/-in *m/f* رئیس دولت
Staatsdiener/-in *m/f* کارمند دولت؛ خدمتکار دولت؛ مستخدم دولت
Staatsdienst *m* دستگاه کشوری
im ~ arbeiten در دستگاه کشوری کار کردن
Staatsdomäne *f* قلمرو کشور
staatseigen *adj* دولتی؛ در تملّک دولت؛ متعلّق به دولت
~e Industrie صنایع دولتی
Staatseigentum *n* اموال دولت؛ دارایی دولت
Staatseingriff *m* دخالت دولت؛ مداخلهٔ دولت
Staatseinkünfte *pl* درآمدهای دولت؛ عایدات دولت
Staatseinnahmen *fpl* دریافت های دولت؛ عواید دولتی
Staatseinrichtungen *fpl* مؤسّسات دولتی
Staatsempfang *m* ضیافت دولتی
Staatsfeind *m* دشمن دولت
staatsfeindlich *adj* ضدّ دولت
~e Gruppen گروه های ضدّ دولت
Staatsfinanzen *pl* امور مالی دولت
die ~ sanieren امور مالی دولت را بازسازی کردن؛ امور مالی دولت را بهسازی کردن
Staatsführung *f* رهبری کشور؛ کشورداری
die gesamte ~ کلّ رهبری کشور
Staatsgast *m* میهمان دولت
Staatsgebiet *n* قلمرو ارضی دولت
Staatsgefängnis *n* زندان کشور؛ زندان سیاسی
Staatsgeheimnis *n* سرّ دولتی
Staatsgelder *npl* پول های دولت؛ وجوه دولتی
~ veruntreuen پول های دولت را حیف و میل کردن
Staatsgerichtshof *m* دادگاه عالی ایالت
Staatsgewalt *f* قوّهٔ عالیهٔ دولت
Staatsgrenze *f* مرز کشور
Staatsgründer/-in *m/f* بنیان گذار دولت؛ مؤسّس دولت
Staatsgründung *f* بنیان گذاری دولت؛ تأسیس دولت
Staatshandel *m* بازرگانی کشور؛ تجارت کشور
Staatshaushalt *m* بودجهٔ دولت
Staatshoheit *f* قلمرو کشور
Staatsinteressen *npl* مصالح ملّی؛ علایق ملّی؛ منافع ملّی
Staatskanzlei *f* صدارت اعظم؛ صدارت اعظم کشور
Staatskanzler/-in *m/f* صدر اعظم؛ صدر اعظم کشور
Staatskasse *f* صندوق دولت
Staatskirche *f* کلیسای دولتی

Staatskommissar/-in *m/f* کمیسار دولت؛ مأمور تام الاختیار دولت
Staatskonzession *f* امتیاز دولتی
Staatskosten *f* هزینه های دولت
Staatsländereien *fpl* زمین های دولتی؛ اراضی عمومی
Staatsmacht *f* اقتدار دولت؛ قدرت دولت
Staatsmann *m* دولتمرد؛ رجل سیاسی
Staatsmaschinerie *f* دستگاه دولتی؛ تشکیلات دولتی
Staatsminister/-in *m/f* وزیر کابینه؛ وزیر مشاور
Staatsmonopol *n* انحصار دولت
Staatsoberhaupt *n* رئیس دولت
Staatsordnung *f* نظام دولت؛ نظام دولتی
Staatsorgane *npl* نهادهای دولتی
Staatspapiere *npl* اوراق قرضهٔ دولتی
Staatspartei *f* حزب حاکم
Staatspolitik *f* سیاست دولت
Staatspolizei *f* پلیس کشور
Staatspräsident/-in *m/f* رئیس جمهور کشور
den ~en absetzen رئیس جمهور را برکنار کردن
Staatsrat *m* شورای دولت
Staatsregierung *f* حکومت
Staatsreligion *f* مذهب رسمی
Staatsschulden *fpl* بدهی دولت؛ بدهی های دولت؛ قرضهٔ دولت
Staatsschuldenaufnahme *f* وام گیری دولت
Staatssektor *m* بخش دولتی
Beteiligung des ~s مشارکت بخش دولتی
Staatssicherheit *f* امنیّت کشور؛ امنیّت ملّی
Staatssicherheitsdienst *m* سرویس اطّلاعاتی کشور؛ سازمان اطّلاعات کشور
Staatssicherheitsgefängnis *n* زندان امنیّتی کشور
Staatssicherheitsgericht *n* دادگاه امنیّتی کشور
Staatssicherheitsgesetz *n* قانون امنیّت ملّی
Staatssicherheitspolizei *f* پلیس امنیّت ملّی
Staatsstreich *m* کودتا
fehlgeschlagener ~ کودتای نافرجام
einen ~ durchführen کودتا کردن
einen ~ planen نقشهٔ کودتایی را ریختن؛ کودتایی را برنامه ریزی کردن
einen ~ vereiteln کودتایی را عقیم گذاشتن؛ از کودتایی جلوگیری کردن
Staatssymbol *n* نماد ملّی
Staatsterror *m* ترور دولتی؛ ترور سیاسی
Staatsterrorismus *m* تروریسم دولتی؛ تروریسم سیاسی
Staatstrauer *f* سوگواری ملّی؛ عزای ملّی
eine ~ anordnen سوگواری ملّی اعلام کردن؛ عزای ملّی اعلام کردن
Staatstreue *f* وفاداری به دولت
Staatsunternehmen *n* بنگاه دولتی؛ شرکت دولتی؛ مؤسّسهٔ تولیدی دولتی
Staatsunterstützung *f* پشتیبانی دولت؛ حمایت دولت
Staatsverbrauch *m* مصرف دولت
Staatsverbrechen *n* تبهکاری دولتی؛ تبهکاری سیاسی
Staatsverdrossenheit *f* دولت زدگی؛ ناخشنودی سیاسی از دولت
Staatsverfassung *f* قانون اساسی کشور
Staatsverleumdung *f* اهانت به دولت؛ توهین به دولت
Staatsvermögen *n* دارایی های دولت؛ اموال دولت
Staatsverrat *m* خیانت به کشور؛ خیانت به مملکت
einen ~ begehen به کشور خیانت کردن؛ به مملکت خیانت کردن

Staatsverschuldung *f* بدهی دولت؛ قرضهٔ دولت
Staatsverteidigung *f* پدافند ملّی؛ دفاع ملّی
Staatsverwaltung *f* کشورداری؛ ادارهٔ کشور
Staatswesen *n* نظام حکومتی؛ نظام کشوری
Staatswohl *n* مصالح ملّی؛ مصالح کشوری
Staatszugehörigkeit *f* تعلّق ملّی
Staatszuschuss *m* کمک مالی دولت
stabil *adj* ثابت؛ باثبات؛ محکم؛ پابرجا
~e Gesellschaft جامعهٔ باثبات
~e Preise قیمت های ثابت؛ قیمت های باثبات
~e Verhältnisse مناسبات پایدار؛ مناسبات محکم
~e Währung پول باثبات؛ ارز باثبات
~e Wirtschaft اقتصاد باثبات
stabilisieren استوار کردن؛ تثبیت کردن؛ تحکیم بخشیدن
Stabilisierung *f* استوارسازی؛ تحکیم؛ تثبیت
Stabilisierungsabkommen *n* موافقت نامهٔ تحکیم؛ پیمان نامهٔ تثبیت
Stabilität *f* تحکیم؛ ثبات؛ تثبیت
~ der Beziehungen تحکیم روابط
~ der politischen Lage تثبیت وضع سیاسی
~ der Währung ثبات پول؛ ثبات ارز
~ der Wirtschaft ثبات اقتصادی
Stabilitätspakt *m* پیمان تحکیم
Stabilitätsprogramm *n* برنامهٔ تثبیت
Stadt *f* شهر
eine ~ aufbauen شهری را بازسازی کردن
eine ~ befreien شهری را آزاد کردن
eine ~ belagern شهری را محاصره کردن
eine ~ bestürmen به شهری حمله کردن؛ به شهری هجوم بردن
eine ~ besuchen از شهری دیدن کردن
eine ~ einnehmen شهری را تسخیر کردن
eine ~ erneuern شهری را نوسازی کردن
eine ~ zerstören شهری را ویران کردن
Stadtbevölkerung *f* جمعیّت شهری
Stadtbezirk *m* ناحیهٔ شهر
Städtebau *m* شهرسازی
Städtebund *m* اتّحادیهٔ شهرها
Städtepartnerschaft *f* خواهرشهری
Stadterneuerung *f* نوسازی شهرها
städtisch *adj* شهری
~e Ämter دفاتر شهری؛ ادارات شهری
Stadtparlament *n* پارلمان شهر؛ انجمن شهر
Stadtplaner/-in *m/f* برنامه ریز شهری؛ شهرساز
Stadtplanung *f* برنامه ریزی شهری؛ شهرسازی
Stadtpolizei *f* پلیس شهر
Stadtrat *m* انجمن شهر
Stadtratsmitglied *n* عضو انجمن شهر
Stadtratswahlen *fpl* انتخابات انجمن شهر
Stadtsanierung *f* نوسازی شهر؛ بهسازی شهر
Stadtsoziologe *m* جامعه شناس شهر (مرد)
Stadtsoziologie *f* جامعه شناسی شهر
Stadtsoziologin *f* جامعه شناس شهر (زن)
Stadtstaat *m* دولت شهر
Stadtumland *n* حومهٔ شهر
Stadtverwaltung *f* شهرداری؛ ادارهٔ امور شهر
Stadtzentrum *n* مرکز شهر
Stagnation *f* رکود
eine ~ überwinden بر رکودی غلبه کردن
eine ~ verhindern از رکودی جلوگیری کردن
stagnieren راکد ماندن؛ به پیش نرفتن
Stamm *m* قبیله
rebellischer ~ قبیلهٔ شورشی؛ قبیلهٔ یاغی
Stammaktie *f* سهام ساده؛ سهام متعارفی
Stammaktionär/-in *m/f* سهامدار ساده
Stammbelegschaft *f* کارکنان دائمی؛ پرسنل دائمی

Stammesgesellschaft *f* جامعهٔ قبیله ای
Stammeskrieg *m* جنگ قبیله ای
Stammesloyalität *f* وفاداری قومی
Stammessolidarität *f* همبستگی قومی
Stammeszugehörigkeit *f* وابستگی قومی؛ تعلّق قومی
Stammkapital *n* سرمایهٔ اوّلیّه؛ سرمایهٔ اصلی
Beteiligung am ~ سهیم در سرمایهٔ اوّلیّه؛ سهیم در سرمایهٔ اصلی
Stammkunde *m* مشتری دائم (مرد)
Stammkundin *f* مشتری دائم (زن)
Stammvermögen *n* سرمایهٔ اوّلیّه؛ سرمایهٔ اصلی
Stammwähler *mpl* انتخاب کنندگان دائمی
Standesamt *n* ادارهٔ ثبت و احوال
Standesbeamte *m* کارمند ادارهٔ ثبت و احوال (مرد)
Standesbeamtin *f* کارمند ادارهٔ ثبت و احوال (زن)
Standgericht *n* دادگاه نظامی؛ محاکمهٔ صحرایی
standhaft *adj* پایدار؛ استوار
Standhaftigkeit *f* پایداری؛ استواری
Standort *m* محل؛ محلّ کارخانه؛ محلّ شرکت
Standortbestimmung *f* تعیین محل؛ تعیین محلّ کارخانه یا شرکت
Standortfaktoren *mpl* عوامل تعیین کننده در گُزینش محلّ کارخانه یا شرکت
Standortpolitik *f* سیاست تعیین محلّ کارخانه یا شرکت
Standortverlegung *f* جابجایی محلّ کارخانه یا شرکت؛ انتقال محلّ کارخانه یا شرکت
Standortwahl *f* گُزینش محلّ کارخانه یا شرکت؛ انتخاب محلّ کارخانه یا شرکت
Standpunkt *m* نقطه نظر؛ موضع
einheitlicher ~ نقطه نظر واحد
entschiedener ~ نقطه نظر قاطع
gemeinsamer ~ نقطه نظر مشترک
klarer ~ نقطه نظر روشن
kompromissloser ~ نقطه نظر سازش ناپذیر
konsequenter ~ موضع پیگیرانه
logischer ~ نقطه نظر منطقی
neutraler ~ نقطه نظر بیطرفانه
unlogischer ~ نقطه نظر غیرمنطقی
stärken تقویت کردن؛ تحکیم بخشیدن
Stärkung *f* تقویت؛ تحکیم
~ des Marktes تقویت بازار
~ des Widerstandes تقویت مقاومت؛ تحکیم مقاومت
Startbedingungen *fpl* شرایط شروع؛ شرایط شروع به کاری
Starterlaubnis *f* اجازهٔ پرواز؛ اجازهٔ حرکت
Startkapital *n* سرمایهٔ اوّلیّه
Startunfall *m* سانحهٔ شروع پرواز؛ سانحهٔ شروع پرواز هواپیما
stationieren مستقر کردن
Stationierung *f* استقرار
~ von Atomwaffen استقرار اسلحه های اتمی
~ von Truppen استقرار نیروهای نظامی؛ استقرار قوای نظامی؛ استقرار سپاهیان
statisch *adj* ایستا
~e Politik سیاست ایستا
Statistik *f* آمار
statistisch *adj* آماری
~e Erhebungen اطّلاعات آماری؛ داده های آماری
~e Untersuchungen بررسی های آماری؛ تحقیقات آماری
etwas ~ auswerten مسأله ای را به لحاظ آماری ارزیابی کردن
stattgeben موافقت کردن؛ پذیرفتن؛ ترتیب اثر دادن

einem Antrag ~ با درخواستی موافقت کردن

einer Berufung ~ با (درخواست) تجدیدنظری موافقت کردن

einem Einspruch ~ اعتراضی را پذیرفتن

einem Gesuch ~ با درخواستی موافقت کردن

einer Revision ~ با (درخواست) تجدیدنظری موافقت کردن

Status *m* 1) وضع؛ وضعیّت؛ موقعیّت 2) جایگاه؛ منزلت

1) besonderer ~ وضع خاص؛ وضعیّت خاص

finanzieller ~ وضع مالی؛ وضعیّت مالی

gegenwärtiger ~ وضع کنونی؛ وضعیت فعلی

gesetzlicher ~ وضع قانونی؛ وضعیّت قانونی؛ موقعیّت قانونی

künftiger ~ وضع آتی؛ وضعیّت آتی

schwieriger ~ وضع دشوار؛ وضعیّت دشوار

2) sozialer ~ جایگاه اجتماعی؛ منزلت اجتماعی

wirtschaftlicher ~ جایگاه اقتصادی

einen ~ erringen به جایگاهی دست یافتن

einen ~ verlieren جایگاهی را از دست دادن

steigern افزایش دادن

steigern, sich افزایش یافتن

Steigerung *f* افزایش

~ des Absatzes افزایش فروش

~ des Exports افزایش صادرات

~ des Imports افزایش واردات

~ der Lebenshaltungskosten افزایش هزینهٔ زندگی؛ افزایش مخارج زندگی

~ der Nachfrage افزایش تقاضا

~ der Produktion افزایش تولید

Steigerungsrate *f* میزان افزایش

Stelle *f* 1) کار؛ محلّ کار؛ شغل 2) نهاد؛ مؤسّسه

Stellenabbau *m* کاهش پرسنل؛ کاهش کارکنان

Stellenangebot *n* آگهی استخدام

Stellenausschreibung *f* آگهی استخدام

Stellenbeschreibung *f* شرح شغل

Stellenbesetzung *f* واگذاری محل های آزاد کار

Stellenbewerber/-in *m/f* درخواست کنندهٔ کار؛ متقاضی کار

Stellengesuch *n* درخواست کار؛ تقاضای کار؛ آگهی جستجوی کار

Stellenkürzung *f* کاهش پرسنل؛ کاهش کارکنان

Stellenmarkt *m* بازار کار

Stellensuche *f* کاریابی

Stellenvermittlung *f* دفتر کاریابی

Stellenvermittlungsbüro *n* دفتر کاریابی؛ مؤسّسهٔ کاریابی

Stellung *f* 1) مقام؛ پست؛ جایگاه 2) موضع

1) amtliche ~ مقام اداری؛ پست اداری

gesellschaftliche ~ جایگاه اجتماعی؛ مقام اجتماعی

soziale ~ جایگاه اجتماعی؛ مقام اجتماعی

übergeordnete ~ مقام بالادست؛ مقام مافوق

untergeordnete ~ مقام زیردست؛ مقام مادون

2) feindliche ~en مواضع دشمن

Stellungnahme *f* موضع؛ موضع گیری

öffentliche ~ موضع علنی

politische ~ موضع سیاسی؛ موضع گیری سیاسی

Stellungskrieg *m* جنگ موضعی

stellvertretend *adj* جانشین؛ معاون

~er Außenminister معاون وزیر امور خارجه

~er Oberbefehlshaber جانشین فرماندهٔ کلّ قوا؛ معاون فرماندهٔ کلّ قوا

Stellvertreter/-in *m/f* جانشین؛ معاون

Stellvertreterkrieg *m* جنگ جانشینی

Steuer *f* مالیات

direkte ~ مالیات مستقیم

progressive ~ مالیات درجه بندی شده؛ مالیات تصاعدی

fällige ~n مالیات های پرداخت نشده؛ مالیات های سررسیده؛ مالیات های موعد رسیده
indirekte ~ مالیات غیرمستقیم
kommunale ~ مالیات محلّی؛ مالیات شهرداری
eine ~ aufheben مالیاتی را برداشتن؛ مالیاتی را لغو کردن
mit einer ~ belegen مالیات وضع کردن؛ مالیات بستن به
einer ~ unterliegen مشمول پرداخت مالیات بودن
~n abführen مالیات پرداختن
~n anheben مالیات ها را افزایش دادن؛ مالیات ها را بالا بردن
~n auferlegen مالیات وضع کردن؛ مالیات بستن به
~n einnehmen مالیات دریافت کردن
~n entrichten مالیات پرداختن
~n erheben مالیات گرفتن
~n erhöhen مالیات ها را افزایش دادن
~n hinterziehen مالیات ها را به جیب زدن؛ از پرداخت مالیات طفره رفتن
~n senken مالیات ها را کاهش دادن
~n sparen در پرداخت مالیات صرفه جویی کردن
~n zahlen مالیات پرداختن

Steuerabkommen *n* موافقت نامهٔ مالیاتی
Steuerabschreibung *f* به حساب کسر مالیات گذاشتن
Steuerabzug *m* کسر مالیات
Steueranreize *mpl* انگیزه های مالیاتی؛ محرّک های مالیاتی
Steueraufkommen *n* درآمد مالیاتی؛ عواید مالیاتی
Steueraufsicht *f* نظارت مالیاتی؛ نظارت بر پرداخت مالیات
Steuerausfälle *mpl* ضایعه های مالیاتی؛ مبالغ از دست رفتهٔ مالیاتی
Steuerbasis *f* پایهٔ اخذ مالیات
Steuerbeamte *m* مأمور مالیات (مرد)
Steuerbeamtin *f* مأمور مالیات (زن)
Steuerbefreiung *f* بخشودگی مالیاتی؛ معافیّت مالیاتی
Steuerbegünstigung *f* مالیات سایی؛ امتیاز مالیاتی
Steuerbehörde *f* ادارهٔ مالیات
Steuerberater/-in *m/f* رایزن مالیاتی؛ مشاور مالیاتی
Steuerberatung *f* رایزنی مالیاتی؛ مشاورهٔ مالیاتی
Steuerberechnung *f* محاسبهٔ مالیاتی
Steuerbescheinigung *f* گواهی مالیاتی
Steuerbetrug *m* تقلّب مالیاتی؛ طفره از پرداخت مالیات
Steuerbilanz *f* ترازنامهٔ مالیاتی
Steuerchaos *n* هرج و مرج مالیاتی
Steuereinnahmen *fpl* دریافت های مالیاتی؛ درآمدهای مالیاتی
Steuereinsparung *f* صرفه جویی مالیاتی
Steuerentlastung *f* کاهش بار مالیاتی؛ کاهش فشار مالیاتی؛ تخفیف مالیاتی
Steuererhebung *f* گرفتن مالیات؛ اخذ مالیات
Steuererhöhung *f* افزایش مالیات
Steuererklärung *f* اظهارنامهٔ مالیاتی
Steuererlass *m* بخشش مالیات؛ حکم معافیّت از پرداخت مالیات
Steuererleichterungen *fpl* تسهیلات مالیاتی
Steuerermäßigung *f* کاهش مالیاتی؛ تخفیف مالیاتی
Steuerermittler/-in *m/f* مأمور تحقیق در امور مالیاتی
Steuerermittlung *f* تحقیق و تفحّص در امور مالیاتی
Steuerersparnisse *fpl* پس اندازهای مالیاتی؛ اندوخته های مالیاتی

Steuerertrag *m* درآمد حاصله از مالیات

Steuerexperte *m* کارشناس امور مالیاتی؛ متخصّص امور مالیاتی (مرد)

Steuerexpertin *f* کارشناس امور مالیاتی؛ متخصّص امور مالیاتی (زن)

Steuerfahnder/-in *m/f* مأمور پیگرد مالیاتی

Steuerfahndung *f* پیگرد مالیاتی

Steuerfestsetzung *f* تعیین مالیات؛ تعیین میزان مالیات

Steuerflucht *f* مالیات گریزی؛ گریز از پرداخت مالیات

Steuerfluchtwege *mpl* راه های گریز مالیاتی؛ راه های گریز از پرداخت مالیات

Steuerforderung *f* مطالبهٔ مالیاتی؛ درخواست پرداخت مالیات

Steuerfragen *fpl* مسائل مالیاتی؛ امور مالیاتی

steuerfrei *adj* بی مالیات؛ بخشوده از مالیات

Steuerfreibetrag *m* مبلغ معاف از مالیات

Steuerfreiheit *f* بخشودگی مالیاتی؛ معافیّت مالیاتی

Steuergefälle *n* نایکسانی مالیاتی؛ تفاوت مالیاتی

Steuergeheimnisse *npl* اَسرار مالیاتی

Steuergelder *npl* پول های مالیاتی؛ وجوه مالیاتی

~ verschleudern پول های مالیاتی را هدر دادن؛ وجوه مالیاتی را حیف و میل کردن

Steuergerechtigkeit *f* عدالت مالیاتی

Steuergeschenk *n* هدیهٔ مالیاتی

Steuergesetz *n* قانون مالیات

Steuergesetzgebung *f* قانون گذاری مالیات

Steuergrundlage *f* پایهٔ مالیاتی؛ پایهٔ اخذ مالیات

Steuerguthaben *n* اعتبار مالیاتی

Steuerharmonisierung *f* هماهنگ سازی سیستم مالیاتی

Steuerhinterzieher/-in *m/f* اختلاس کننده از پرداخت مالیات؛ طفره رونده از پرداخت مالیات

Steuerhinterziehung *f* اختلاس از پرداخت مالیات؛ طفره روی از پرداخت مالیات

Steuerhoheit *f* قلمرو مالیاتی

Steuerjahr *n* سال مالیاتی؛ سال مالی

Steuerkarte *f* کارت مالیات

Steuerklasse *f* گروه مالیاتی

Steuerkürzung *f* کاهش مالیات

Steuerlast *f* بار مالیاتی؛ فشار مالیاتی

Steuerliste *f* فهرست مالیاتی؛ فهرست مالیات پردازان؛ فهرست اسامی مالیات دهندگان

Steuerlücke *f* جای گریز از پرداخت مالیات؛ شکاف مالیاتی

Steuermehreinnahmen *fpl* مازاد دریافت های مالیاتی؛ مازاد درآمد مالیاتی

Steuermittel *npl* وجوه مالیاتی

Steuermoral *f* وجدان مالیاتی

Steueroase *f* بهشت مالیاتی

Steuerperiode *f* دورهٔ مالیاتی

steuerpflichtig *adj* مالیات بردار؛ مشمول مالیات

~es Einkommen درآمد مشمول مالیات

Steuerpflichtige *m/f* مشمول مالیات؛ فرد مشمول مالیات

Steuerpläne *mpl* طرح های مالیاتی

Steuerpolitik *f* سیاست مالیاتی

Steuerprivilegien *npl* امتیازات مالیاتی

Steuerprozess *m* دادرسی رسیدگی به تخلّفات مالیاتی؛ محکمهٔ رسیدگی به تخلّفات مالیاتی

Steuerprüfer/-in *m/f* بازرس امور مالیاتی

Steuerprüfung *f* بازرسی امور مالیاتی

Steuerquellen *fpl* منابع مالیاتی

Steuerquote *f* نرخ مالیات

Steuerrecht *n* قوانین مالیات

Steuerrechtsstreit *m* دعوی بر سرِ قوانین مالیاتی

Steuerreform *f* اصلاح مالیاتی

Steuerregelung *f* ترتیبات مالیاتی؛ تنظیم امور مالیاتی
Steuerrichtlinien *fpl* موازین مالیاتی
Steuerrückerstattung *f* برگشت مالیات؛ استرداد مالیات
eine ~ erhalten مالیاتی را پس گرفتن؛ مالیات پرداخت شده ای را پس گرفتن
Steuerrückstände *mpl* بقایای مالیاتی
Steuersachverständige *m/f* کارشناس امور مالیاتی؛ متخصّص امور مالیاتی
Steuersatz *m* نرخ مالیات
Steuerschätzung *f* براورد مالیات؛ تخمین مالیات
Steuerschraube *f* فشار مالیات
Steuerschuld *f* بدهی مالیاتی
Feststellung der ~ تعیین میزان بدهی مالیاتی
Steuerschuldner/-in *m/f* بدهکار مالیاتی
Steuersenkung *f* کاهش مالیات
Steuersparmodell *n* مدل صرفه جویی در پرداخت مالیات
Steuerstruktur *f* ساخت مالیاتی
Steuersystem *n* سیستم مالیاتی
Steuertricks *mpl* ترفندهای مالیاتی
Steuerüberschuss *m* مازاد درآمد مالیاتی
Steuerumgehung *f* خودداری از پرداخت مالیات؛ اجتناب از پرداخت مالیات
Steuervergehen *n* تخلّف مالیاتی
Steuervergünstigung *f* امتیاز مالیاتی
Steuerverkürzung *f* کاهش مالیاتی
Steuerverlust *m* زیان مالیاتی
Steuervorschriften *fpl* مقرّرات مالیاتی؛ مقرّرات پرداخت مالیات
Steuervorteile *mpl* مزایای مالیاتی
Steuerwert *m* ارزش مالیاتی
Steuerwesen *n* سیستم مالیاتی؛ نظام مالیاتی؛ امور مالیاتی
Steuerzahler *m* مالیات دهنده؛ مالیات پرداز؛ پرداخت کنندهٔ مالیات
Steuerzahlung *f* پرداخت مالیات
Stifter/-in *m/f* وقف کننده
Stiftung *f* بنیاد
gemeinnützige ~ بنیاد عام المنفعه
nicht öffentliche ~ بنیاد خصوصی
öffentliche ~ بنیاد دولتی
örtliche ~ بنیاد محلّی
wohltätige ~ بنیاد نیکوکاری؛ بنیاد خیریّه
eine ~ errichten بنیادی را تأسیس کردن
eine ~ gründen بنیادی را تأسیس کردن
Stiftungsaufsicht *f* نظارت بر بنیاد
Stiftungsbeirat *m* هیأت مشورتی بنیاد
Stiftungsgelder *npl* پول های بنیاد
Stiftungsorgane *npl* تشکیلات بنیاد؛ مؤسّسات بنیاد
Stiftungsrat *m* شورای بنیاد
Stiftungssatzung *f* اساسنامهٔ بنیاد
Stiftungsvermögen *n* دارایی های بنیاد
Stiftungsversammlung *f* اجلاس بنیاد؛ گردهمایی اعضای بنیاد
stilllegen مسکوت گذاشتن؛ تعطیل کردن
eine Fabrik ~ کارخانه ای را تعطیل کردن
ein Projekt ~ طرحی را مسکوت گذاشتن؛ پروژه ای را مسکوت گذاشتن
Stillegung *f* بستن؛ تعطیل کردن
Stillschweigen *n* سکوت؛ سکوت ضمنی
Stimmabgabe *f* رأی دهی
stimmberechtigt *adj* دارای حقّ رأی
Stimmberechtigte *m/f* دارای حقّ رأی؛ فرد دارای حقّ رأی
Stimmberechtigung *f* حقّ رأی؛ حقّ رأی دهی

Stimmbeteiligung f	شرکت در رأی گیری؛
	مشارکت در رأی گیری
Stimme f	رأی
ausschlaggebende ~	رأی تعیین کننده
einfache ~	رأی ساده
entscheidende ~	رأی تعیین کننده؛ رأی قاطع
gültige ~n	آراء معتبر
ungültige ~n	آراء باطل
unsichere ~n	آراء نامعلوم
~ abgeben	رأی دادن
sich der ~ enthalten	رأی ممتنع دادن
~n auszählen	آراء را شمردن؛ کلّ آراء را شمردن
~n einbüßen	آراء را از دست دادن
~n gewinnen	آراء را به دست آوردن
die meisten ~n haben	اکثریّت آراء را داشتن
~n nachzählen	آراء را بازشماری کردن
~n verlieren	آراء را از دست دادن
~n zählen	آراء را شمردن
stimmen für	رأی موافق دادن
stimmen gegen	رأی مخالف دادن
Stimmenanteil m	سهم آراء
Stimmenauszählung f	شمارش نهایی آراء
Stimmengewinne mpl	بردن بخش بیشتری از آراء (نسبت به انتخابات قبلی)
Stimmengleichheit f	تساوی آراء
Stimmenmehrheit f	اکثریّت آراء
Stimmennachzählung f	بازشماری آراء
Stimmenrückgang m	کاهش آراء؛ کاهش آراء به دست آمده
Stimmenthaltung f	خودداری از دادن رأی؛ امتناع از دادن رأی
Stimmenverlust m	از دست دادن بخش بیشتری از آراء (نسبت به انتخابات قبلی)
Stimmenverteilung f	تقسیم آراء
Stimmenvorsprung m	جلو بودن در آراء به دست آمده
Stimmenzahl f	شمار آراء
Stimmenzähler m	مأمور شمارش آراء
Stimmenzählung f	شمارش آراء
Stimmenzuwachs m	افزایش آراء
Stimmrecht n	حقّ رأی
Stimmzettel m	ورقهٔ رأی
stoppen	جلوگیری کردن
eine Inflation ~	از تورّمی جلوگیری کردن
Störaktion f	عملیّات اخلال گرانه
stören	اخلال کردن؛ مزاحم شدن
den Friedensprozess ~	در روند صلح اخلال کردن
die Wahlen ~	در انتخابات اخلال کردن
Störenfriede m	اخلال گر؛ مخل؛ مزاحم
Störer m	اخلال گر؛ مخل؛ مزاحم
Störung f	اخلال؛ تأذّی؛ مزاحمت
~ der öffentlichen Ordnung	اخلال در نظم عمومی؛ به هم زدن نظم عمومی
~ der Religionsausübung	اخلال در انجام وظایف مذهبی
~ von Wahlen	اخلال در انتخابات؛ به هم زدن انتخابات
stoßen auf	مواجه شدن با
Stoßtrupp m	گروه ضربت
Strafandrohung f	تهدید به مجازات
Strafanstalt f	زندان؛ بازداشتگاه
Strafantrag m	درخواست مجازات؛ درخواست کیفر
Strafanzeige f	اعلام جرم
eine ~ einreichen	اعلام جرم کردن
eine ~ erstatten	اعلام جرم کردن
Strafarrest m	بازداشت کیفری؛ توقیف کیفری
Strafaussetzung f	تعلیق مجازات
strafbar adj	کیفرپذیر؛ قابل مجازات

~e Handlung	عمل کیفرپذیر؛ عمل قابل مجازات
Strafbarkeit *f*	کیفرپذیری؛ قابلیّت مجازات
Strafbefehl *m*	حکم مجازات
Strafdauer *f*	مدّت زمان مجازات؛ دورهٔ محکومیّت
Strafe *f*	مجازات؛ کیفر؛ جریمه
empfindliche ~	مجازات نسبتاً سنگین؛ مجازات دردآور
gerechte ~	مجازات عادلانه؛ مجازات به حق
geringfügige ~	جریمهٔ جزئی
gesetzliche ~	مجازات قانونی؛ کیفر شرعی
harte ~	مجازات سنگین
milde ~	مجازات سبک
ungerechte ~	مجازات ناعادلانه؛ مجازات ناحق
eine ~ absitzen	دورهٔ محکومیّتی را گذراندن؛ دورهٔ محکومیّتی را طی کردن
eine ~ erlassen	از مجازاتی چشم پوشی کردن
eine ~ festsetzen	(میزان) مجازاتی را تعیین کردن
eine ~ herabsetzen	(میزان) مجازاتی را کاهش دادن؛ دورهٔ محکومیّتی را کاهش دادن
eine ~ verbüßen	دورهٔ محکومیّتی را گذراندن؛ دورهٔ محکومیّتی را طی کردن
eine ~ verhängen	مجازاتی را تعیین کردن
zu einer ~ verurteilen	به مجازاتی محکوم کردن
eine ~ vollstrecken	حکم مجازاتی را به مورد اجرا گذاشتن
Straferlass *m*	عفو مجازات
Strafermäßigung *f*	تخفیف مجازات
Straffestsetzung *f*	تعیین میزان مجازات
Straffrage *f*	موضوع جزایی؛ موضوع کیفری
Straffreiheit *f*	معافیّت کیفری
Strafgefangene *m/f*	زندانی؛ فرد زندانی
Strafgesetzbuch *n*	قانون نامهٔ جزایی؛ قانون نامهٔ کیفری
Strafherabsetzung *f*	کاهش مجازات
Strafmaß *n*	میزان کیفر؛ میزان مجازات
Strafmaßnahmen *fpl*	اقدامات تنبیهی؛ اقدامات کیفری
Strafmilderung *f*	کاهش مجازات؛ تخفیف مجازات
strafmündig *adj*	بالغ به لحاظ قانونی
Strafmündigkeit *f*	صلاحیّت جزایی
Strafnachlass *m*	تخفیف مجازات
Strafprozess *m*	دادرسی کیفری؛ محاکمهٔ جزایی
Strafprozessrecht *n*	قانون دادرسی کیفری؛ قانون محاکمهٔ جزایی
Strafrecht *n*	حقوق جزایی
internationales ~	حقوق جزایی بین المللی
Strafrechtsreform *f*	اصلاح حقوق جزایی
Strafsache *f*	مورد قضایی
Straftat *f*	جرم؛ جنحه؛ خلافکاری
politische ~en	جرم های سیاسی
schwere ~	جرم سنگین
eine ~ herbeiführen	جرمی را موجب شدن
Straftäter/-in *m/f*	بزهکار؛ مجرم
Auslieferung von ~n	بازداد بزهکاران؛ استرداد مجرمین
strafunmündig *adj*	نابالغ به لحاظ قانونی
Strafvereitelung *f*	منع ارتکاب به جرم
Strafverfahren *n*	دادرسی؛ جریان دادرسی؛ دادرسی کیفری
anhängiges ~	دادرسی معلّق
beschleunigtes ~	دادرسی اختصاری
ein ~ einleiten	دادرسی ای را آغاز کردن؛ دادرسی کیفری ای را آغاز کردن
ein ~ einstellen	به دادرسی ای پایان دادن؛ به یک دادرسی کیفری پایان دادن
Strafverfolgung *f*	پیگرد قانونی؛ تعقیب قانونی؛ تعقیب جزایی
öffentliche ~	پیگرد قانونی؛ تعقیب قانونی

343

Verjährung der ~ مشمول مرور زمان شدن پیگرد قانونی

die ~ einstellen دست از پیگرد قانونی برداشتن

Strafverfolgungsbehörde *f* مقام (مسؤل) پیگرد قانونی؛ مرجع تعقیب قانونی؛ دادستانی

Strafverfolgungsorgan *n* نهاد (مسؤل) پیگرد قانونی؛ نهاد تعقیب قانونی؛ دادستانی

Strafverjährung *f* مشمول مرور زمان شدن پیگرد قانونی

Strafverkürzung *f* کاهش مجازات؛ تقلیل مجازات

Strafverschärfung *f* تشدید مجازات

Strafverteidiger/-in *m/f* وکیل مدافع

Strafvollstreckung *f* اجرای حکم مجازات

die ~ aussetzen اجرای حکم مجازات را به تعلیق انداختن

Strafvollstreckungsbehörde *f* مقام (مسؤل) اجرای حکم مجازات

Strafvollzug *m* اجرای حکم مجازات

Strafvollzugsanstalt *f* زندان

strafwürdig *adj* کیفرپذیر؛ سزاوار مجازات؛ مستوجب مجازات

Strafzeit *f* مدّت زمان حبس؛ مدّت محکومیّت

Strafzumessung *f* تعیین مجازات

Straßenbarrikaden *fpl* سنگرهای خیابانی

Errichtung von ~ ایجاد سنگرهای خیابانی

Straßenbau *m* راه سازی

Straßenbauprojekt *n* پروژهٔ راه سازی؛ طرح راه سازی

Straßenhandel *m* دستفروشی

Straßenhändler/-in *m/f* دستفروش

Straßenkämpfe *mpl* مبارزات خیابانی؛ نبردهای کوچه به کوچه

Straßenkundgebung *f* راه پیمایی خیابانی؛ تظاهرات خیابانی

Straßenmarkt *m* بازار کنارِ خیابان

Straßenraub *m* راهزنی

Straßenräuber/-in *m/f* راهزن

Straßenschlacht *f* نبرد خیابانی

Straßensperre *f* راه بندان؛ سدّ عبور از خیابان

Strategie *f* استراتژی

Strategieänderung *f* تغییر استراتژی

Strategiekommission *f* کمیسیون تعیین (خطوط) استراتژی

Strategiekonzept *n* طرح چهارجوب استراتژی؛ طرح خطوط استراتژی

streichen حذف کردن

Subventionen ~ یارانه ها را حذف کردن؛ سوبسیدها را حذف کردن

von der Kandidatenliste ~ از فهرست نامزدهای انتخاباتی حذف کردن

Zuwendungen ~ کمک های مالی یکباره را حذف کردن

Streik *m* اعتصاب

erfolgreicher ~ اعتصاب موفّقیّت آمیز

gut organisierter ~ اعتصاب خوب سازمان دهی شده

landesweite ~s اعتصابات سراسری

offizieller ~ اعتصاب رسمی

unangekündigter ~ اعتصاب اعلام نشده

unbefristeter ~ اعتصاب نامحدود

vereinzelte ~s اعتصابات پراکنده

wilder ~ اعتصاب خود به خودی؛ اعتصاب غیرقانونی

einen ~ abblasen اعتصابی را لغو کردن؛ از اعتصابی منصرف شدن

einen ~ abbrechen اعتصابی را قطع کردن

einen ~ ankündigen اعتصابی را اعلام کردن

sich dem ~ anschließen به اعتصاب پیوستن

zum ~ aufrufen به اعتصاب فراخواندن

einen ~ beenden به اعتصابی پایان دادن
vom ~ betroffen sein به اعتصاب برخوردن؛ دچار مشکل اعتصاب شدن
einen ~ durchführen اعتصاب کردن
einen ~ für ungesetzlich erklären اعتصابی را غیرقانونی اعلام کردن
ein ~ flaut ab اعتصابی رو به اتمام می رود؛ از شدّت اعتصابی تدریجاً کاسته می شود.
einen ~ fortsetzen به اعتصابی ادامه دادن
einen ~ organisieren اعتصابی را سازمان دهی کردن
im ~ stehen در حال اعتصاب بودن
in den ~ treten دست به اعتصاب زدن؛ وارد مرحلهٔ اعتصاب شدن
einen ~ unterdrücken اعتصابی را سرکوب کردن
einen ~ verhindern از اعتصابی پیشگیری کردن؛ از اعتصابی جلوگیری کردن
ein ~ verschärft sich اعتصابی شدّت می یابد.
ein ~ weitet sich aus اعتصابی گسترش می یابد.
Streikabstimmung *f* رأی گیری در مورد (شروع یا عدم شروع) یک اعتصاب
Streikandrohung *f* تهدید به اعتصاب
Streikaufruf *m* فراخوان به اعتصاب؛ دعوت به اعتصاب
Streikausschuss *m* کمیسیون اعتصاب
Bildung eines ~es تشکیل یک کمیسیون اعتصاب
Streikbeginn *m* شروع اعتصاب؛ آغاز اعتصاب
Streikbeschluss *m* تصویب اعتصاب
einen ~ fassen اعتصابی را تصویب کردن
Streikbrecher/-in *m/f* اعتصاب شکن
Streikbruch *m* اعتصاب شکنی؛ نقض اعتصاب
Streikdauer *f* مدّت اعتصاب
streiken اعتصاب کردن
streikend *adj* اعتصابی؛ در حال اعتصاب

~e Arbeiter کارگران اعتصابی؛ کارگران در حال اعتصاب
Streikende *m/f* اعتصاب گر؛ اعتصاب چی؛ اعتصاب کننده
Streikführer/-in *m/f* رهبر اعتصاب
Streikführung *f* رهبری اعتصاب
Streikgefahr *f* خطر اعتصاب؛ خطر شروع اعتصاب؛ خطر بروز اعتصاب
die ~ erhöht sich خطر شروع اعتصاب بالا می گیرد.
die ~ ist gebannt خطر بروز اعتصاب برطرف شده است.
Streikkasse *f* صندوق اعتصاب؛ صندوق حمایت از اعتصاب کنندگان
Streikkomitee *n* کمیتهٔ اعتصاب
Streikleitung *f* رهبری اعتصاب
Streikmaßnahmen *fpl* اقدامات اعتصابی؛ تدابیر اعتصابی
mit ~ drohen با دست زدن به اقدامات اعتصابی تهدید کردن
Streikposten *m* پست نگهبانی از اعتصاب؛ پست مراقبت از اعتصاب
mobile ~ پست های متحرّک نگهبانی از اعتصاب؛ پست های متحرّک مراقبت از اعتصاب
~ aufstellen برای اعتصاب مراقب گذاشتن؛ پست های نگهبانی از اعتصاب تعیین کردن
Streikrecht *n* حقّ اعتصاب
das ~ einschränken حقّ اعتصاب را محدود کردن
Streikrisiko *n* خطر احتمالی اعتصاب؛ خطر احتمالی بروز اعتصاب
Streiktage *f* روزهای اعتصاب
Streikverbot *n* منع اعتصاب
Streikwelle *f* موج اعتصابات
Streit *m* دعوی؛ مناقشه؛ کشمکش؛ مرافعه؛

منازعه؛ اختلاف؛ اختلاف نظر

endloser ~ اختلاف بسیار طولانی

erbitterter ~ کشمکش بسیار شدید

heftiger ~ مناقشهٔ شدید؛ مناقشهٔ لفظی شدید؛ دعوی شدید

juristischer ~ دعوی حقوقی

politischer ~ اختلاف سیاسی؛ دعوی سیاسی

einen ~ beenden به اختلافی پایان دادن؛ به کشمکشی خاتمه دادن

einen ~ beilegen اختلافی را حلّ و فصل کردن

in einen ~ eingreifen در منازعه ای مداخله کردن؛ در مرافعه ای مداخله کردن

einen ~ einstellen ترک دعوی کردن

Streitbeilegung *f* حلّ و فصل اختلافات

friedliche ~ حلّ و فصل صلح آمیز اختلافات

Streitfrage *f* مورد دعوی؛ مسألهٔ دعوی؛ مسألهٔ اختلاف

Streitgegenstand *m* موضوع اختلاف؛ موضوع دعوی

Streitgespräch *n* جدل؛ بحث

Streitigkeit *f* دعوی؛ اختلاف

~en ausräumen اختلافات را برطرف کردن

Streitkräfte *fpl* نیروهای مسلّح؛ نیروهای رزمی

Konzentration von ~n تمرکز نیروهای مسلّح

~ reduzieren نیروهای مسلّح را کاهش دادن

~ stehen in Alarmbereitschaft نیروهای مسلّح در حالت آماده باش بسر می برند.

die ~ in Alarmbereitschaft versetzen نیروهای مسلّح را به حالت آماده باش درآوردن

Streitkultur *f* فرهنگ جدل

Streitobjekt *n* موضوع اختلاف؛ موضوع دعوی

Streitparteien *fpl* طرفین دعوی

Streitpunkt *m* موضوع اختلاف؛ مورد اختلاف

Streitsache *f* مورد دعوی؛ موضوع دعوی

Strohmann *m* شریک اسمی

Stromausfall قطع ناگهانی برق

Stromerzeugung *f* تولید برق

Stromkrise *f* بحران کمبود برق؛ بحران ناشی از کمبود برق

Stromunternehmen *n* شرکت برق؛ شرکت تولید برق؛ بنگاه تولید برق

Stromunternehmer/-in *m/f* صاحب شرکت برق؛ صاحب شرکت تولید برق

Stromverbrauch *m* مصرف برق

Stromverbraucher *m* مصرف کنندهٔ برق

Stromverschwendung *f* اسراف در مصرف برق

Stromversorger *m* تأمین کنندهٔ برق؛ شرکت تأمین کنندهٔ برق

Stromversorgung *f* برق رسانی؛ تأمین برق

Struktur *f* ساختار

die ~en ändern ساختار ها را تغییر دادن

die ~en reformieren ساختار ها را اصلاح کردن

strukturell *adj* ساختاری

~e Arbeitslosigkeit بیکاری ساختاری

~e Gewalt خشونت ساختاری

~e Probleme مسائل ساختاری؛ مشکلات ساختاری

~e Veränderungen دگرگونی های ساختاری؛ تغییرات ساختاری

Strukturkrise *f* بحران ساختاری

Strukturpolitik *f* سیاست (مربوط به) ساختارها

regionale ~ سیاست (مربوط به) ساختارهای منطقه ای

Strukturprobleme *npl* مسائل ساختاری؛ مشکلات ساختاری

Strukturreformen *fpl* اصلاحات ساختاری

strukturschwach *adj* ضعیف از لحاظ ساختاری

~e Region منطقهٔ ضعیف از لحاظ ساختاری

Strukturschwächen *fpl* ناتوانی های ساختاری؛

ضعف های ساختاری

Strukturveränderung *f* دگرگونی ساختاری؛ تغییر ساختاری

Strukturverbesserung *f* بهبود ساختاری؛ اصلاح ساختاری

Strukturwandel *m* دگرگونی ساختاری؛ تحوّل ساختاری

Student/-in *m/f* دانشجو

Studentenbewegung *f* جنبش دانشجویی

Studentenheim *n* خوابگاه دانشجویی؛ کوی دانشجویی

Studentenproteste *mpl* اعتراضات دانشجویان؛ اعتراضات دانشجویی

Studentenschaft *f* دانشجویان؛ مجموعهٔ دانشجویان

Studentenunruhen *fpl* ناآرامی های دانشجویان؛ ناآرامی های دانشجویی

Studiendirektor/-in *m/f* رئیس دبیرستان

Studienfach *n* رشتهٔ تحصیلی

Studienplan *m* برنامهٔ تحصیلی

Studienreform *f* اصلاح امور تحصیلی؛ اصلاح امور دانشگاهی

studieren 1) تحصیل کردن 2) مطالعه کردن؛ بررسی کردن

Studium *n* 1) تحصیل؛ تحصیلات دانشگاهی 2) مطالعه؛ مطالعهٔ دقیق؛ بررسی دقیق

1) das ~ abschließen تحصیلات دانشگاهی را به پایان رساندن

das ~ absolvieren تحصیلات دانشگاهی را به پایان رساندن؛ فارغ التحصیل شدن

mit dem ~ beginnen شروع به تحصیل کردن؛ شروع به تحصیلات دانشگاهی کردن

2) ~ der Akten بررسی دقیق پرونده‌ها

Stufenplan *m* طرح مرحله به مرحله؛ طرح مرحله ای

einen ~ aufstellen یک طرح مرحله ای را تنظیم و تدوین کردن

stürmen هجوم آوردن؛ حمله کردن

Sturz *m* 1) سرنگونی؛ سقوط 2) کاهش ناگهانی؛ سقوط

stürzen 1) سرنگون کردن 2) به طور ناگهانی کاهش یافتن؛ سقوط کردن

1) das Kabinett ~ کابینهٔ دولت را سرنگون کردن

die Monarchie ~ حکومت سلطنتی را سرنگون کردن

die Regierung ~ حکومت را سرنگون کردن

2) die Preise ~ قیمت ها در حال سقوط اند.

stützen پشتیبانی کردن؛ حمایت کردن

Stützpunkt *m* پایگاه؛ پایگاه نظامی

Stützpunktabkommen *n* موافقت نامهٔ پایگاه؛ موافقت نامهٔ تأسیس پایگاه

Stützung *f* پشتیبانی؛ حمایت

Subvention *f* یارانه؛ سوبسید

~en erhalten سوبسید دریافت کردن؛ سوبسید گرفتن؛ یارانه دریافت کردن

~en fordern درخواست سوبسید کردن؛ درخواست یارانه کردن

~en streichen سوبسید ها را حذف کردن

subventionieren یارانه دادن؛ سوبسید دادن

Subventionierung *f* یارانه دهی؛ سوبسیددهی

Subventionspolitik *f* سیاست یارانه ای؛ سیاست سوبسیدی

Subversion *f* براندازی؛ سرنگون سازی

subversiv *adj* براندازنده؛ مربوط به براندازی

~e Elemente عناصر براندازنده؛ عناصر براندازی

~er Plan طرح سرنگونی؛ نقشهٔ سرنگونی؛ نقشهٔ براندازی

Suchaktion *f* عملیّات ردیابی؛ عملیّات جستجو

suchen جستجو کردن؛ گشتن

Sucher *m* جستجوکننده

Suchgerät *n* دستگاه ردیاب
suggerieren تلقین کردن
Suggestion *f* تلقین؛ تأثیرگذاری روانی
suggestiv *adj* تلقین آمیز
Suggestivfrage *f* سؤال تلقینی
Supermacht *f* ابرقدرت
suspendieren معلّق کردن؛ تا تعیین تکلیف برکنار کردن
von allen Verpflichtungen ~ از تمامی وظایف تا تعیین تکلیف برکنار کردن
von einem Amt ~ از سمتی تا تعیین تکلیف برکنار کردن
von einem Dienst ~ از خدمتی معلّق کردن؛ از کاری معلّق کردن
Suspendierung *f* تعلیق موقّت؛ انفصال موقّت
vorläufige ~ تعلیق موقّت؛ برکناری موقّت تا تعیین تکلیف
einstweilige ~ تعلیق موقّت؛ برکناری موقّت تا تعیین تکلیف
Symbol *n* نماد؛ سمبل؛ مظهر؛ نشانه
symbolisch *adj* نمادین؛ سمبلیک
Sympathie *f* هواداری
Sympathisant/-in *m/f* هوادار
sympathisieren هواداری کردن
System *n* سیستم؛ نظام
herrschendes ~ سیستم حاکم؛ نظام حاکم
kapitalistisches ~ سیستم سرمایه داری؛ نظام سرمایه داری
korruptes ~ سیستم فاسد؛ نظام فاسد
parlamentarisches ~ سیستم پارلمانی؛ نظام پارلمانی
verhasstes ~ سیستم مورد تنفّر؛ نظام مورد تنفّر
ein ~ bekämpfen با سیستمی مبارزه کردن؛ با نظامی مبارزه کردن
ein ~ beseitigen سیستمی را از میان برداشتن؛ نظامی را ساقط کردن
ein ~ diskreditieren سیستمی را بی اعتبار کردن؛ نظامی را بی اعتبار کردن
ein ~ unterstützen از سیستمی پشتیبانی کردن؛
Systemanalyse *f* تحلیل سیستم
systematisieren سیستم بندی کردن
systematisch *adj* سیستمانه
Systemkrise *f* بحران سیستم؛ بحران نظام
Systemkritik *f* نقد سیستم؛ انتقاد به نظام
Systemkritiker/-in *m/f* منتقد سیستم؛ منتقد نظام
Systemveränderung *f* تغییر سیستم؛ دگرگونی نظام
Szene *f* عرصه
internationale ~ عرصهٔ بین المللی
politische ~ عرصهٔ سیاسی

T

Tagelöhner/-in *m/f* کارگر روزمزد
Tageskurs *m* نرخ روز
Tagesordnung *f* دستور جلسه
in die ~ aufnehmen در دستور جلسه وارد کردن
die ~ festlegen دستور جلسه را تعیین کردن
die ~ festsetzen دستور جلسه را تعیین کردن
auf die ~ setzen در دستور کار جلسه قرار دادن
auf der ~ stehen در دستور کار جلسه قرار داشتن
von der ~ streichen از دستور جلسه حذف کردن
zur ~ übergehen به دستور کار جلسه پرداختن
Tagespolitik *f* سیاست روز
Tagespreis *m* قیمت روز؛ قیمت جاری
Tagespresse *f* مطبوعات روز
Tagesproduktion *f* تولید روزانه
Tagessatz *m* نرخ روز
Tagesumsatz *m* فروش روز؛ کلّ فروش روز
Tagesverbrauch *m* مصرف روزانه
Tageswert *m* ارزش روز؛ ارزش جاری
Tageszeitung *f* روزنامه
Tagung *f* کنفرانس
Tagungsort *m* محلّ کنفرانس
Tagungsraum *m* اطاق کنفرانس؛ سالن کنفرانس
taktieren تاکتیک زدن
Taktik *f* تاکتیک
~ des Hinhaltens تاکتیک به تعویق اندازی؛ تاکتیک به تأخیراندازی
~ des Zögerns تاکتیک به تعویق اندازی؛ تاکتیک به تأخیراندازی
eine ~ anwenden تاکتیکی را به کار بردن: از تاکتیکی استفاده کردن
Taktiker/-in *m/f* تاکتیک دان
taktisch *adj* تاکتیکی
~e Gründe دلایل تاکتیکی
~e Maßnahmen اقدامات تاکتیکی
~e Operation عملیّات تاکتیکی
~er Fehler اشتباه تاکتیکی
~es Vorgehen اقدام تاکتیکی؛ برخورد تاکتیکی
Talfahrt *f* سیر رکودی؛ سیر نزولی
Talsohle *f* رکود اقتصادی رو به بهبود؛ حضیض
Tarif *m* 1) تعرفه؛ تعرفهٔ گمرکی 2) میزان مزد؛ حدّ نصاب مزد
Tarifabschluss *m* بستن قرارداد جمعی دستمزدها؛ انعقاد قرارداد جمعی دستمزدها
Tarifänderung *f* تغییر تعرفه ها
Tarifausschuss *m* کمیسیون مذاکرات مزد؛ کمیسیون مذاکرات جهت تعیین مزد
Tarifautonomie *f* استقلال در مذاکرات مزد؛ استقلال در مذاکرات جهت تعیین مزد
Tariferhöhung *f* 1) افزایش تعرفه (تعرفهٔ گمرکی) 2) افزایش میزان دستمزد؛ افزایش حدّ نصاب مزد؛ افزایش مزد پایه
Tariffestsetzung *f* 1) تعیین تعرفه (تعرفهٔ گمرکی)؛ نرخ گذاری؛ نرخ بندی 2) تعیین مزد پایه
Tarifkommission *f* کمیسیون مذاکرات مزد؛ کمیسیون مذاکرات جهت تعیین مزد
Tarifkonflikt *m* مشاجره بر سرِ تعیین مزد؛ اختلاف بر سرِ تعیین مزد
Tariflohn *m* مزد پایه؛ مزد مورد توافق
Tarifparteien *fpl* طرفین مذاکره جهت تعیین مزد
Tarifpartner *mpl* طرفین مذاکره جهت تعیین مزد؛ کارفرما و کاربران
Tarifpolitik *f* سیاست مزد؛ سیاست مربوط به تعیین جمعی دستمزدها
Tarifrunde *f* دورهٔ مذاکرات مزد؛ دورهٔ مذاکرات جمعی جهت تعیین مزد
Tarifsatz *m* نرخ پایه؛ نرخ استاندارد

Tarifsenkung *f* 1) کاهش تعرفه (تعرفهٔ گمرکی) 2) کاهش میزان دستمزد؛ کاهش حدّ نصاب مزد؛ کاهش مزد پایه
Tarifstreit *m* اختلاف بر سرِ تعیین مزد
Tarifstruktur *f* ساختار تعرفه
Tarifsystem *n* سیستم تعرفه
Tarifvereinbarung *f* موافقت نامهٔ جمعی مزد
Tarifverhandlungen *fpl* مذاکرات جهت تعیین مزد؛ مذاکرات مزد بین کارفرمایان و کاربران
Tarifvertrag *m* قرارداد جمعی دستمزدها
Tat *f* 1) عمل؛ اقدام 2) جرم؛ خلاف
1) vollendete ~ عمل انجام یافته
2) auf frischer ~ در حین ارتکاب به جرم
Tatbestand *m* چگونگی امر؛ حقیقت امر
Feststellung des ~s تعیین چگونگی امر؛ تعیین حقیقت امر
Täter/-in *m/f* مجرم
jugendlicher ~ مجرم نوجوان
rechtsradikaler ~ مجرم افراطی راست گرا
rückfälliger ~ مجرم تکراری
unmittelbarer ~ مجرم واقعی
Täterschaft *f* جرم
Tätersuche *f* مجرم یابی
Tätertyp *m* مشخّصات مجرم
Tatgehilfe *f* معاون جرم
Tätigkeit *f* 1) کار؛ شغل 2) فعالیّت
beratende ~ کار رایزنی؛ کار مشاوره
ehrenamtliche ~ کار افتخاری
freiberufliche ~ شغل آزاد
illegale ~ کار غیرقانونی
kaufmännische ~ کار تجاری؛ شغل تجاری
legale ~ کار قانونی
selbständige ~ شغل آزاد
2) berufliche ~ فعالیّت شغلی
illegale ~ فعالیّت غیرقانونی
konstruktive ~ فعالیّت سازنده
legale ~ فعالیّت قانونی
mehrjährige ~ فعالیّت چندساله
organisatorische ~en فعالیّت های تشکیلاتی؛ فعالیّت های سازمانی
Tätigkeitsbereich *m* حوزهٔ فعالیّت
Tätigkeitsbericht *m* گزارش پیشرفت کار
Tätigkeitsfeld *n* میدان فعالیّت؛ زمینهٔ فعالیّت
Tatmotiv *n* انگیزهٔ جرم
Tatort *m* محلّ ارتکاب جرم
Tatsache *f* واقعیّت
eine ~ bestreiten واقعیّتی را انکار کردن؛ منکر واقعیّتی شدن
eine ~ entstellen واقعیّتی را تحریف کردن
eine ~ leugnen واقعیّتی را انکار کردن؛ منکر واقعیّتی شدن
Tatumstände *mpl* عوامل مؤثّر در وقوع جرم؛ علل وقوع جرم
Tatverdacht *m* احتمال ارتکاب به جرم؛ احتمال ارتکاب به تبهکاری
dringender ~ سوء ظن شدید؛ سوء ظن شدید به جهت ارتکاب به جرم
hinreichender ~ سوء ظن کافی؛ سوء ظن کافی به جهت ارتکاب به جرم
mangels ~ freisprechen به علّت فقدان سوء ظن تبرئه کردن؛ به علّت فقدان سوء ظن آزاد کردن
unter ~ stehen مورد سوء ظن بودن
tatverdächtig *adj* مظنون به جرم؛ مظنون به تبهکاری؛ محتمل به جرم؛ محتمل به تبهکاری
Tatverdächtige *m/f* فرد مظنون به جرم؛ فرد مظنون به تبهکاری؛ فرد محتمل به جرم؛ فرد محتمل به تبهکاری
Tatwaffe *f* اسلحهٔ جرم

Tatzeit *f* زمان وقوع جرم
Tatzeuge *m* شاهد جرم (مرد)
Tatzeugin *f* شاهد جرم (زن)
Tauschgeschäft *n* معاملهٔ پایاپا؛ معاملهٔ تهاتری
Tauschhandel *m* داد و ستد پایاپا
Täuschung *f* فریب
absichtliche ~ فریب عمدی
vorsätzliche ~ فریب عمدی
zur ~ der Weltöffentlichkeit جهت فریب افکار عمومی جهان
Täuschungsabsicht *f* قصد فریب
Tauschwert *m* ارزش مبادلاتی
Tauschwirtschaft *f* اقتصاد تهاتری
Technokrat/-in *m/f* فن سالار؛ تکنوکرات
Technokratie *f* فن سالاری؛ تکنوکراسی
technokratisch *adj* فن سالارانه؛ تکنوکراتیک
Technologie *f* تکنولوژی؛ دانش فنّی
Technologieaustausch *m* مبادلهٔ تکنولوژی
Technologieexport *m* صادرات تکنولوژی
Technologieimport *m* واردات تکنولوژی
Technologietransfer *m* انتقال تکنولوژی
Teilbeschäftigung *f* اشتغال ناکامل؛ اشتغال برخه ای؛ اشتغال کمتر از حدّ معمول
Teilentschädigung *f* جبران بخشی از خسارت
Teilgeständnis *n* اعتراف ناکامل
teilhaben an سهیم بودن در
Teilhaber/-in *m/f* شریک
Teilhaberschaft *f* شراکت
Teillösung *f* راه حلّ جزئی
Teilmobilmachung *f* بسیج جزئی
Teilnahme مشارکت
teilnehmen an شرکت کردن در؛ مشارکت کردن در
Teilnehmer/-in *m/f* شرکت کننده
Teilnehmerland *n* کشور شرکت کننده
Teilrückzug *m* واپس نشینی جزئی؛ عقب نشینی جزئی
Teilzeitarbeit *f* کار پاره وقت؛ کار نیمه وقت؛ کار کمتر از حدّ معمول
Teilzeitarbeiter/-in *m/f* کارگر نیمه وقت کار؛ کارگر پاره وقت کار
Teilzeitarbeitnehmer/-in *m/f* کاربر نیمه وقت کار؛ کاربر پاره وقت کار
Teilzeitbeschäftigte *m/f* شاغل نیمه وقت کار
Teilzeitbeschäftigung *f* اشتغال نیمه وقت؛ اشتغال پاره وقت؛ کار نیمه وقت؛ کار پاره وقت
Telekommunikation *f* ارتباط از راه دور؛ ارتباط تلکسی، تلفنی و غیره
Telekommunikationsanbieter *m* عرضه کنندهٔ ارتباطات از راه دور؛ عرضه کنندهٔ خدمات تلکسی، تلفنی و غیره
Telekommunikationssektor *m* بخش خدمات تلکسی و تلفنی
Termin *m* موعد؛ وقت؛ وقت ملاقات؛ قرار؛ قرار ملاقات
festgesetzter ~ موعد مقرّر؛ وقت تعیین شده
einen ~ anberaumen وقت ملاقات دادن
einen ~ festsetzen قرار گذاشتن؛ قرار ملاقات گذاشتن؛ وقت ملاقات را تعیین کردن
einen ~ verschieben قراری را به عقب انداختن؛ وقت ملاقاتی را به تعویق انداختن
einen ~ verstreichen lassen سرِ قرار حضور نیافتن؛ سر قرارِ ملاقات حاضر نشدن
Terminabschluss *m* قرارداد پیش فروش؛ قرارداد سلف
Terminauftrag *m* سفارش پیش فروش؛ سفارش سلف
Terminbörse *f* بازار پیش فروش؛

بازار پیش خرید؛ بازار سلف
Termindevisenmarkt *m* بازار پیش فروش ارز؛ بازار سلف ارز
Termineinlage *f* سپردهٔ ثابت
termingemäß *adj* سر وقت؛ سر موعد مقرّر
termingerecht *adj* سر وقت؛ سر موعد مقرّر
Termingeschäfte *npl* معاملات ارزی به وعده
Terminhandel *m* معامله به وعده
Terminkauf *m* پیش خرید؛ خرید سلف
Terminkreditmarkt *m* بازار وعده ای اعتبار
Terminmarkt *m* بازار پیش خرید؛ بازار سلف
Terminnotierung *f* مظنّهٔ سلف
Terminologie *f* 1) اصطلاح شناسی 2) اصطلاحات
Terminverkauf *m* فروش سلف
Territorialanspruch *m* ادّعای ارضی
Territorialgewässer *npl* آب های ساحلی
Territorium *n* سرزمین؛ خاک
ausländisches ~ سرزمین خارجی؛ خاک بیگانه
fremdes ~ verletzen به سرزمین بیگانه تجاوز کردن
Terror *m* ترور؛ ترس و وحشت
blutiger ~ ترور خونین
den ~ bekämpfen با ترور مبارزه کردن
dem ~ weichen در برابر ترور از خود سستی نشان دادن؛ در برابر ترور عقب نشینی کردن
Terrorabwehr *f* دفع ترور
Terrorakt *m* عمل تروریستی
Terroraktion *f* عملّیات ترور
Terrorangriff *m* حملهٔ تروریستی
Terroranschlag *m* سوء قصد تروریستی
Terrorbekämpfung *f* مبارزه با ترور
präventive ~ مبارزهٔ بازدارنده با ترور؛ مبارزه با ترور از طریق اقدامات بازدارنده
repressive ~ مبارزهٔ سرکوبگرانه با ترور

Terrorismus *m* تروریسم
Terrorismusbekämpfung *f* مبارزه با تروریسم
Terrorist/-in *m/f* تروریست
Terrorwelle *f* موج ترور؛ موج ارعاب
Testament *n* وصیّت نامه؛ وصیّت
testamentarisch *adj* وصیّتی؛ وصیّت نامه ای
Testamentseröffnung *f* گشایش وصیّت نامه
Testamentsgestaltung *f* تنظیم وصیّت نامه
Testamentsvollstrecker *m* مجری وصیّت نامه
Testamentsvollstreckung *f* اجرای وصیّت نامه
Testbefragung *f* پرسش آزمایشی؛ استعلام آزمایشی
Testprojekt *n* طرح آزمایشی
Testwahlen *fpl* انتخابات آزمایشی
Teuerung *f* گرانی؛ تورّم
~ von Lebensmitteln گرانی موادّ غذائی
Teuerungsrate *f* نرخ گرانی؛ نرخ تورّم
Text *m* متن
Theater *n* تئاتر
Theaterprogramm *n* برنامهٔ تئاتر
Theaterregisseur/-in *m/f* کارگردان تئاتر
Theaterstück *n* نمایشنامه
Theatervorstellung *f* نمایش تئاتر
Theaterwissenschaft *f* علم تئاتر
Thema *n* موضوع
aktuelles ~ موضوع روز
beliebiges ~ موضوع دلخواه
interessantes ~ موضوع جالب؛ موضوع جالب توجّه
schwieriges ~ موضوع دشوار
wichtiges ~ موضوع مهم
ein ~ anschneiden موضوعی را مطرح کردن
ein ~ behandeln موضوعی را مورد بررسی قرار دادن
ein ~ fallenlassen موضوعی را دنبال نکردن

ein ~ umreißen موضوعی را به صورت مختصر و مفید تشریح کردن
Theokratie *f* دین سالاری
Theokrat *m* دین سالار
theokratisch *adj* دین سالار
~e Regierung حکومت دین سالار؛ حکومت دینی
Theologie *f* الاهیّات؛ علم کلام؛ علم فقه؛ یزدان شناسی
Theologe *m* کلام شناس؛ عالم فقه؛ یزدان شناس (مرد)
Theologin *f* کلام شناس؛ عالم فقه؛ یزدان شناس (زن)
theologisch *adj* مربوط به الاهیّات؛ یزدان شناسانه
~e Schule مدرسهٔ الاهیّات
Theoretiker/-in *m/f* نظریّه پرداز؛ نظریّه ساز؛ تئوری پرداز
theoretisch *adj* نظری؛ تئوریک
Theorie *f* نظریّه ؛ تئوری
abstrakte ~ نظریّهٔ جزمی
falsche ~ نظریّهٔ نادرست؛ نظریّهٔ غلط
komplizierte ~ نظریّهٔ پیچیده؛ نظریّهٔ غامض؛ نظریّهٔ مشکل
richtige ~ نظریّهٔ درست؛ نظریّهٔ صحیح
schwierige ~ نظریّهٔ مشکل؛ نظریّهٔ مشکل و پیچیده
unbeweisbare ~ نظریّهٔ اثبات ناپذیر؛ نظریّهٔ غیرقابل اثبات
eine ~ aufstellen نظریّه ای را فُرموله کردن؛ نظریّه دادن
eine ~ beweisen نظریّه ای را ثابت کردن؛ نظریّه ای را به اثبات رساندن
eine ~ entwickeln نظریّه ای را پروراندن
eine ~ vertreten نظریّه ای را نمایندگی کردن؛ از نظریّه ای طرفداری کردن
eine ~ widerlegen نظریّه ای را رد کردن
eine ~ umsetzen نظریّه ای را عملی کردن؛
نظریّه ای را تحقّق بخشیدن؛ تئوری ای را پیاده کردن
These *f* تز
fragwürdige ~ تز سؤال برانگیز
politische ~ تز سیاسی
überzeugende ~ تز باورپذیر؛ تز اقناع کننده
wissenschaftliche ~ تز علمی
eine ~ anfechten تزی را به رسمیّت نشناختن؛ به تزی ایراد نقص کردن
eine ~ aufrechterhalten تزی را معتبر و محفوظ نگاه داشتن
eine ~ aufstellen تز دادن
eine ~ formulieren تزی را فُرموله کردن
eine ~ verfechten حامی و طرفدار تزی بودن
eine ~ verteidigen از تزی دفاع کردن
Thron *m* تخت پادشاهی؛ تخت سلطنت
den ~ besteigen بر تخت پادشاهی نشستن؛ بر تخت سلطنت نشستن
Thronbesteigung *f* نشستن بر تخت پادشاهی؛ جلوس بر تخت سلطنت
Thronerbe *m* وارث تخت پادشاهی؛ وارث تخت سلطنت (مرد)
Thronerbin *f* وارث تخت پادشاهی؛ وارث تخت سلطنت (زن)
Thronfolge *f* جانشینی بر تخت پادشاهی؛ جانشینی بر تخت سلطنت؛ نیابت بر تخت سلطنت
Thronfolger/-in *m/f* جانشین بر تخت پادشاهی؛ جانشین بر تخت سلطنت
tilgen بازپرداختن؛ مستهلک کردن
Tilgung *f* بازپرداخت؛ استهلاک
~ eines Darlehens بازپرداخت یک وام
~ von Schulden بازپرداخت بدهی ها؛ استهلاک بدهی ها
Tilgungsanleihe *f* وام استهلاکی؛ قرضهٔ استهلاکی

Tilgungsdarlehen *n* وام استهلاکی؛ قرضهٔ استهلاکی
Tilgungsdauer *f* مدّت بازپرداخت؛ مدّت استهلاک
Tilgungsfonds *m* وجوه استهلاک؛ وجوه استهلاکی
Tilgungshypothek *f* رهن استهلاکی
Tilgungskredit *m* اعتبار استهلاکی؛ وام استهلاکی
Tilgungskurs *m* نرخ بازپرداخت؛ نرخ بازپرداخت بدهی؛ نرخ استهلاک
Tilgungsrate *f* قسط بازپرداخت؛ قسط استهلاک
letzte ~ آخرین قسط بازپرداخت؛ آخرین قسط استهلاک
Tilgungsrücklage *f* وجوه اندوختهٔ استهلاکی؛ وجوه کنار گذاشته شده جهت بازپرداخت بدهی
Tilgungssumme *f* مبلغ بازپرداخت
Tilgungstermin *m* موعد بازپرداخت
Tilgungszeitraum *m* مدّت زمان بازپرداخت؛ مدّت زمان استهلاک
Tod *m* مرگ
gewaltsamer ~ مرگ به زور؛ مرگ اجباری
natürlicher ~ مرگ طبیعی
sicherer ~ مرگ حتمی
den ~ herbeiführen موجب مرگ شدن؛ باعث مرگ شدن
zum ~e verurteilen به اعدام محکوم کردن
Todesangst *f* ترس از مرگ؛ بیم از مرگ
Todesfalle *f* دام مرگ
Todesgefahr *f* خطر مرگ
Todeskandidat/-in *m/f* داوطلب مرگ
Todeslager *n* اُردوگاه مرگ
Todesopfer *n* قربانی؛ کشته
Todesrisiko *n* خطر مرگ؛ امکان خطر مرگ؛ خطر محتمل مرگ
Todesschuss *m* تیر مرگ؛ گلولهٔ مرگ
Todesschwadron *f* دستهٔ سربازان آدمکش
Todesstrafe *f* مجازات اعدام
Abschaffung der ~ الغای مجازات اعدام
Todestag *m* روز درگذشت؛ روز وفات
Todesursache *f* علّت مرگ
Todesurteil *n* حکم اعدام
ein ~ fällen حکم اعدام صادر کردن
Todesverachtung *f* تحقیر مرگ
Todeszelle *f* سلّول مرگ
tolerant *adj* بردبار؛ روادار
Toleranz *f* بردباری؛ مدارا؛ تسامح
Toleranzgrenze *f* مرز بردباری؛ مرز تسامح
Toleranzschwelle *f* نهایت مرز بردباری؛ نهایت مرز تسامح
Topmanagement *n* مدیریت طراز اوّل
Topmanager/-in *m/f* مدیر طراز اوّل
totalitär *adj* فراگیر؛ تام روا
~es Regime رژیم فراگیر؛ رژیم تام روا
Totalitarismus *m* فراگیرندگی؛ تام روایی
Totalschaden *m* خسارت کل؛ کلّ خسارت
Totalverlust *m* زیان کل؛ کلّ زیان
töten کشتن
heimtückisch ~ ناجوانمردانه کشتن؛ از روی بدخواهی کشتن
aus Habgier ~ به خاطر حرص و طمع کشتن
Totschlag *m* قتل ناخواسته؛ قتل غیرعمد
Tötung *f* قتل
fahrlässige ~ قتل ناخواسته؛ قتل غیرعمد
unbeabsichtigte ~ قتل ناخواسته؛ قتل غیرعمد
vorsätzliche ~ قتل عمد
Tötungsabsicht *f* قصد کشتن؛ قصد قتل
Tötungsdelikt *n* جرم قتل
Tötungsmaschinerie *f* ماشین کشتار؛ دستگاه کشتار
Tötungsversuch *m* سوء قصد به جان؛ مبادرت به

	قتل
Tötungsvorsatz *m*	قصد کشتن؛ قصد قتل
Tourismus *m*	جهانگردی
Tourismusmesse *f*	بورس جهانگردی؛ بازار
	بورس جهانگردی
Tourist/-in *m/f*	جهانگرد؛ توریست
Touristenverkehr *m*	جهانگردی
Touristenvisum *n*	ویزای توریستی؛ روادید
	توریستی
Touristik *f*	جهانگردی؛ جهانگردی سازمان یافته
Tradition *f*	سنّت؛ فراداد
Traditionalismus *m*	سنّت باوری؛ سنّت گرایی
Traditionalist/-in *m/f*	سنّت باور؛ سنّت گرا
traditionell *adj*	سنّتی؛ فرادادی
~e Institutionen	نهادهای سنّتی
~e Lebensweise	شیوۀ زندگی سنّتی
~e Strukturen	ساختارهای سنّتی
~e Vorstellungen	پنداشت های سنّتی؛
	تصوّرات سنّتی
Traditionsmarsch *m*	راه پیمایی سنّتی
Traditionspflege *f*	نگاهداری سنّت؛
	حفظ سنّت
Träger *m* 1) نیروی پیش برنده؛ نیروی محرّک؛ حامل	
2) نهاد؛ نهاد سرمایه گذار؛ نهاد مسؤل	
1) der ~ einer Entwicklung نیروی پیش برندۀ یک	
توسعه؛ نیروی محرّک یک توسعه؛ حامل یک توسعه	
2) der ~ eines Projekts نهاد سرمایه گذار در یک	
پروژه؛ نهاد مسؤل یک طرح	
Trägergesellschaft *f*	شرکت سرمایه گذار؛
	شرکت مسؤل
Trägersystem *n* سیستم حامل؛ سیستم پرتاب کننده	
Tragweite *f*	پی آمد
unabschätzbare ~ einer Handlung	پی آمد
	غیرقابل براورد یک عمل

Trainer/-in *m/f*	آموزشگر؛ مربّی
trainieren 1) تمرین کردن 2) تمرین دادن	
trainiert *adj*	دوره دیده؛ ورزیده؛ کارآزموده
Training *n*	کارآموزی؛ یادگیری؛ یادگیری مستمر؛
	تمرین مستمر
Trainingsprogramm *n* برنامۀ کارآموزی؛ برنامۀ	
	یادگیری؛ برنامۀ یادگیری مستمر
Trainingszentrum *n*	مرکز کارآموزی؛
	مرکز یادگیری
Tränengas *n*	گاز اشک آور
~ einsetzen	از گاز اشک آور استفاده کردن
Transaktion *f*	داد و ستد؛ معامله
grenzüberschreitende ~	داد و ستد فرامرزی؛
	معاملۀ فرامرزی
Transaktionsvolumen *n*	حجم معاملات
Transfer *m*	انتقال؛ واگذاری
Transferaufschub *m* تأخیر در انتقال؛ تأخیر در	
	واگذاری
Transferkosten *f* هزینۀ انتقال؛ هزینۀ واگذاری	
Transferzahlungen *fpl*	حواله های ارزی
Transit *m*	ترانزیت؛ عبور
Transitabgaben *fpl* عوارض ترانزیت؛ عوارض	
	عبور
Transitabkommen *n*	موافقت نامۀ ترانزیت
Transitgüter *npl*	کالاهای ترانزیتی؛ کالاهای
	عبوری
Transithandel *m*	تجارت عبوری
Transitverkehr *m*	ترافیک
Transitvisum *n*	ویزای ترانزیت؛ روادید ترانزیت؛
	ویزای عبوری؛ روادید عبوری
transparent *adj*	شفّاف
Transparenz *f*	شفّافیّت
Transport *m*	ترابری؛ حمل و نقل
Transportfirma *f*	شرکت ترابری؛ شرکت

حمل و نقل
Transportflugzeug *n* هواپیمای باری؛ هواپیمای حمل و نقل
Transportpapiere *npl* اسناد حمل و نقل
Transportgut *n* محموله؛ بار
Transportkosten *f* هزینهٔ ترابری؛ هزینهٔ حمل؛ هزینهٔ حمل و نقل
Transportschiff *n* کشتی باری؛ کشتی حمل و نقل
Transportunternehmen *n* شرکت ترابری؛ شرکت حمل و نقل
Transportunternehmer/-in *m/f* صاحب شرکت ترابری؛ صاحب شرکت حمل و نقل
Transportversicherung *f* بیمهٔ ترابری؛ بیمهٔ حمل و نقل
trauen 1) اعتماد کردن 2) عقد کردن
Trauer *f* سوگواری؛ عزا
Trauerfeier *f* مجلس سوگواری؛ مجلس عزا
trauern um سوگواری کردن؛ عزاداری کردن
Trauerspiel *n* تراژدی
Trauerzug *m* صف سوگواران
Traum *m* رؤیا؛ خواب
Trauma *n* روان زخمی
traumatisch *adj* روان زخم
Traumberuf *m* شغل ایده آل؛ شغل مورد علاقه
Traumdeutung *f* تعبیر خواب
träumen 1) خواب دیدن 2) خیال بافی کردن
Träumer/-in *m/f* 1) رؤیابین 2) خیال باف
traumhaft *adj* رؤیایی
Traumland *n* سرزمین رؤیایی
Traumwelt *f* جهان رؤیایی
traurig *adj* 1) اندوهگین؛ غمگین 2) غم انگیز
Traurigkeit *f* اندوه؛ غم
Trauung *f* عقد؛ نکاح
treffen, sich با یکدیگر ملاقات کردن
Treffen *n* دیدار؛ ملاقات
geheimes ~ دیدار سرّی
offizielles ~ دیدار رسمی
Treibstoff *m* سوخت
Treibstoffknappheit *f* کمبود سوخت
Treibstofflager *n* مخزن سوخت
Treibstoffmangel *m* کمبود سوخت
Treibstoffsteuer *f* مالیات سوخت
Treibstoffverbrauch *m* مصرف سوخت
Treibstoffversorgung *f* تأمین سوخت
Trend *m* گرایش؛ روند
gegenwärtiger ~ گرایش کنونی؛ روند جاری
steigender ~ گرایش فزاینده؛ روند فزاینده
Trendwende *f* تغییر روند
Treuhand *f* تولیت؛ مدیریّت مالی
Treuhänder/-in *m/f* متولّی؛ امانت دار
Treuhandfonds *m* وجوه سپرده؛ سپردهٔ امانی
Treuhandgesellschaft *f* شرکت امانی؛ شرکت سپرده
Treuhandvermögen *n* دارایی امانی
Tribut *m* خراج؛ باج
Triebkraft *f* قوّهٔ رانش؛ قوّهٔ محرّکه
Triumph *m* پیروزی
triumphal *adj* پیروزمندانه
~er Erfolg موفّقیّت پیروزمندانه
Triumphator *m* پیروز
triumphieren پیروز شدن
über den Feind ~ بر دشمن پیروز شدن
über den Rivalen ~ بر رقیب پیروز شدن
Truppen *fpl* نیروهای نظامی؛ قوای نظامی؛ سپاهیان
alliierte ~ نیروهای نظامی متّحد
angreifende ~ نیروهای نظامی مهاجم؛ قوای نظامی مهاجم؛ سپاهیان مهاجم
eigene ~ نیروهای نظامی خودی

feindliche ~ نیروهای نظامی دشمن؛ سپاهیان دشمن
mobile ~ نیروهای نظامی متحرّک
reguläre ~ نیروهای نظامی منظّم
schlagkräftige ~ نیروهای نظامی پرتوان؛ نیروهای نظامی قدرتمند
die ~ abziehen نیروهای نظامی را بازپس کشیدن
die ~ demobilisieren از نیروهای نظامی رفع بسیج کردن
die ~ mobilisieren نیروهای نظامی را بسیج کردن
die ~ reduzieren نیروهای نظامی را کاهش دادن
die ~ in Marsch setzen نیروهای نظامی را به حرکت انداختن
die ~ stationieren نیروهای نظامی را مستقر کردن
die ~ verlegen نیروهای نظامی را جابجا کردن
die ~ versorgen برای نیروهای نظامی آذوقه و مهمّات تهیّه دیدن؛ به قوای نظامی آذوقه و مهمّات رساندن
die ~ verstärken نیروهای نظامی را تقویت کردن
die ~ an die Front werfen نیروهای نظامی را به جبهه فرستادن
die ~ zurückziehen نیروهای نظامی را عقب کشیدن
die ~ zusammenziehen نیروهای نظامی را متمرکز کردن

Truppenabbau *m* کاهش نیروهای نظامی
Truppenabzug *m* عقب نشینی نیروهای نظامی
Truppenansammlung *f* تجمّع نیروهای نظامی
Truppenbewegung *f* حرکت نیروهای نظامی؛ حرکت قوای نظامی
Truppenentflechtung *f* جداسازی نیروهای نظامی متخاصم
Truppenkonzentration *f* تمرکز نیروهای نظامی
Truppenmanöver *n* مانور نیروهای نظامی
Truppenmassierung *f* تمرکز نیروهای نظامی
Truppenmobilisierung *f* بسیج نیروهای نظامی
Truppenobergrenze *f* بالاترین میزان استقرار نیروهای نظامی
Truppenreduzierung *f* کاهش نیروهای نظامی
Truppenrückzug *m* عقب نشینی نیروهای نظامی
Truppenschau *f* نمایش نیروها و تجهیزات نظامی
Truppenstandort *m* محلّ استقرار نیروهای نظامی
Truppenstärke *f* توانایی نیروهای نظامی
Truppenstationierung *f* استقرار نیروهای نظامی
Truppentransport *m* حمل و نقل نیروهای نظامی
Truppentransporter *m* کشتی حمل و نقل نیروهای نظامی؛ هواپیمای حمل و نقل نیروهای نظامی
Truppenübungsplatz *m* منطقهٔ تمرین نیروهای نظامی؛ اُردوگاه تمرین نیروهای نظامی
Truppenverlegung *f* جابجایی نیروهای نظامی
Truppenversorgung *f* آذوقه و مهمّات رسانی به نیروهای نظامی
Truppenverstärkung *f* تقویّت نیروهای نظامی
Truppenvormarsch *m* پیشروی نیروهای نظامی
Tumult *m* اغتشاش
Tumultszenen *fpl* صحنه های اغتشاش
zu ~ kommen به صحنه های اغتشاش کشیده شدن
turbulent *adj* درهم و برهم
~e Debatte مباحثهٔ درهم و برهم
Tyrann *m* زورگو؛ ستمگر؛ جبّار
Tyrannei *f* زورگویی؛ ستمگری؛ جبّاریّت؛ استبداد
tyrannisch *adj* زورگو؛ ستمگر؛ جبّارانه؛ جبّارمنش؛ مستبد
~er Herrscher فرمان روای زورگو؛ حاکم مستبد
tyrannisieren زورگویی کردن؛ ستم کردن؛ مورد اذیت و آزار قرار داد

U

Übeltäter/-in *m/f*	خلافکار؛ متخلّف؛ مجرم
Überangebot *n*	عرضهٔ اضافی
~ an Arbeitskräften	عرضهٔ اضافی نیروی کار؛ نیروی کار زیادی
überantworten	واگذار کردن؛ (مسؤلیّتی را) واگذار کردن
Überantwortung *f*	واگذاری؛ واگذاری مسؤلیّت
Überbeschäftigung *f*	اشتغال اضافی
Überbevölkerung *f*	اضافه جمعیّت؛ جمعیّت اضافی
überbewerten	پربها دادن؛ بیشتر از ارزش واقعی ارزیابی کردن
Überbewertung *f*	پربها دادن؛ ارزیابی بیش از ارزش واقعی؛ ارزیابی گزاف
Überbrückungshilfe *f*	کمک موقّت؛ کمک مالی موقّت
Überbrückungskredit *m*	وام موقّت؛ مساعده
Übereinkommen *n*	توافق؛ موافقت؛ موافقت نامه
Übereinkunft *f*	توافق؛ موافقت
übereinstimmen mit	همسویی کردن با؛ توافق داشتن با
Übereinstimmung *f*	همسویی؛ مطابقت؛ وفق؛ تطابق
völlige ~	همسویی کامل؛ تطابق کامل
in ~ mit	همسو با؛ مطابق با؛ برحسب
Überfall *m*	هجوم؛ حمله
bewaffneter ~	هجوم مسلّحانه؛ حملهٔ مسلّحانه
hinterlistiger ~	هجوم ریاکارانه
nächtlicher ~	شبیخون؛ حملهٔ شبانه
überfallen	هجوم بردن؛ حمله ور شدن
aus dem Hinterhalt ~	از کمینگاه هجوم بردن؛ از کمینگاه حمله ور شدن
Übergabe *f*	واگذاری؛ تحویل

Übergabebedingungen *fpl*	شرایط واگذاری
die ~ ablehnen	شرایط واگذاری را رد کردن
die ~ akzeptieren	شرایط واگذاری را پذیرفتن
die ~ festsetzen	شرایط واگذاری را تعیین کردن
Übergabebestimmungen *fpl*	مقرّرات واگذاری
Übergabeformalitäten *fpl*	تشریفات واگذاری؛ مقرّرات و تشریفات واگذاری
die ~ erledigen	تشریفات واگذاری را انجام دادن
Übergabeprotokoll *n*	صورتجلسهٔ واگذاری؛ پروتکل واگذاری
Übergabevertrag *m*	قرارداد واگذاری
in den ~ aufnehmen	در قرارداد واگذاری وارد کردن؛ در قرارداد واگذاری قید کردن
Übergabeverweigerung *f*	امتناع از واگذاری
Übergangsbeschäftigung *f*	اشتغال موقّت
Übergangsbestimmungen *fpl*	مقرّرات موقّت
die ~ einhalten	مقرّرات موقّت را رعایت کردن
Übergangsgeld *n*	کمک پولی موقّت؛ کمک مالی موقّت
Übergangsgesetz *n*	قانون موقّت
Übergangskabinett *n*	کابینهٔ موقّت
ein ~ bilden	کابینهٔ موقّتی را تشکیل دادن
Übergangsmandat *n*	وکالت موقّت؛ وکالت موقّت در مجلس
Übergangsphase *f*	مرحلهٔ گذار؛ مرحلهٔ انتقالی
Übergangsregelung *f*	ترتیبات موقّت
Übergangsregierung *f*	دولت موقّت
übergeben	واگذار کردن
den Vorsitz ~	ریاست را واگذار کردن
Übergriff *m*	دست اندازی؛ تعدّی
gewaltsamer ~	دست اندازی خشونت آمیز
polizeilicher ~	دست اندازی پلیس؛ تعدّی از سوی پلیس
überheblich *adj*	خودستا؛ متکبّر

Überheblichkeit *f* خودستایی؛ تکبّر
nationale ~ خودستایی ملّی؛ تکبّر ملّی
Überkapazität *f* ظرفیّت اضافی؛ اضافه ظرفیّت
industrielle ~en اضافه ظرفیّت های صنعتی
die ~en reduzieren اضافه ظرفیّت ها را کاهش دادن: اضافه ظرفیّت ها را پایین آوردن
die ~en senken اضافه ظرفیّت ها را کاهش دادن: اضافه ظرفیّت ها را پایین آوردن
Überlandleitungen *fpl* خطوط ارضی
Überlassung *f* واگذاری
Überlassungsbestimmungen *fpl* ضوابط واگذاری
Überlassungsurkunde *f* سند واگذاری
Überlassungsvertrag *m* قرارداد واگذاری
überleben زنده ماندن
Überlebende *m/f* بازمانده
Überlebenschance *f* امکان بقا
Überlebenskampf *m* مبارزه برای بقا؛ مبارزه برسر بیش زیستن
überlegen برتر
überlegen, sich تأمّل کردن؛ فکرکردن؛ اندیشیدن
Überlegenheit *f* برتری؛ توفّق
deutliche ~ برتری چشمگیر
militärische ~ برتری نظامی؛ توفّق نظامی
Überlegenheitsgefühl *n* احساس برتری؛ احساس توفّق
Überlegung *f* تأمّل؛ فکر
überliefern به نسل بعدی انتقال دادن
Überlieferung *f* 1) روایت 2) فراداد؛ سنّت
Übernahme *f* 1) به عهده گیری؛ تقبّل 2) خرید و کنترل؛ به دست گیری کنترل از راه خرید
Übernahmeangebot *n* پیشنهاد خرید و کنترل یک شرکت
Übernahmebeschluss *m* تصویب خرید و کنترل یک شرکت
Übernahmevertrag *m* قرارداد خرید و کنترل یک شرکت
übernehmen 1) به عهده گرفتن؛ عهده دار شدن؛ متقبّل شدن 2) تخت کنترل خود درآوردن
einen Auftrag ~ انجام کاری را به عهده گرفتن؛ عهده دار انجام کاری شدن
eine Bürgschaft ~ ضمانتی را به عهده گرفتن
die Gerichtskosten ~ هزینه های دادگاه را به عهده گرفتن؛ هزینه های دادگاه را متقبّل شدن
den Kabinettsvorsitz ~ ریاست کابینه را به عهده گرفتن؛ عهده دار ریاست کابینهٔ دولت شدن
die Kosten ~ هزینه ها را به عهده گرفتن؛ مخارج را تقبّل کردن
die Macht ~ عهده دار قدرت شدن؛ روی کار آمدن
eine Mission ~ مأموریّتی را به عهده گرفتن
einen Posten ~ عهده دار سمتی شدن؛ سمتی را به عهده گرفتن
die Regierungsgewalt ~ قدرت حکومتی را به دست گرفتن؛ اختیارات دولت را به دست گرفتن
die Schulden ~ بدهی ها را به عهده گرفتن؛ پرداخت بدهی ها را به عهده گرفتن
eine Verpflichtung ~ تعهّدی را پذیرفتن؛ تعهّدی را متقبّل شدن
die Vormundschaft ~ سرپرستی را به عهده گرفتن؛ قیمومت را به عهده گرفتن
den Vorsitz ~ ریاست را به عهده گرفتن؛ عهده دار ریاست شدن
2) eine Gesellschaft ~ شرکتی را تحت کنترل خود درآوردن
Überproduktion *f* اضافه تولید؛ تولید گزاف
überproduzieren تولید اضافه کردن
überprüfen 1) بازبینی کردن؛ بررسی کردن؛ رسیدگی کردن 2) بازرسی کردن؛ کنترل کردن

Überprüfung *f* 1) بازبینی؛ بررسی؛ رسیدگی
2) بازرسی؛ کنترل
flüchtige ~ 1) بازبینی سطحی؛ بررسی سطحی؛ رسیدگی سطحی 2) بازرسی سطحی؛ کنترل سطحی
grundlegende ~ 1) بازبینی کامل؛ بررسی کامل؛ رسیدگی کامل 2) بازرسی کامل؛ کنترل کامل
Überprüfungsausschuss *m* 1) کمیسیون بررسی
2) هیأت بازرسی
Überprüfungsbefugnis *f* 1) اجازهٔ بررسی
2) اختیار بازرسی؛ حقّ بازرسی؛ اجازهٔ بازرسی
Überprüfungsbehörde *f* 1) مقام رسیدگی
2) ادارهٔ بازرسی
Überprüfungsergebnis *n* 1) نتیجهٔ بررسی
2) نتیجهٔ بازرسی
Überprüfungsrecht *n* 1) حقّ رسیدگی
2) حقّ بازرسی
Überraschungsangriff *m* حملهٔ غافلگیرانه؛ حملهٔ غیرمنتظره؛ حملهٔ ناگهانی
Überraschungskandidat/-in *m/f*
نامزد غیرمنتظره در انتخابات
Überraschungsschlag *m* ضربهٔ غافلگیرانه؛ ضربهٔ غیرمنتظره؛ ضربهٔ ناگهانی
überschätzen پربها دادن؛ زیاد ارزیابی کردن؛ زیاد براورد کردن
Überschätzung *f* پربهادهی؛ ارزیابی بیش از ارزش واقعی؛ براورد بیش از ارزش واقعی
überschreiten 1) گذشتن؛ عبور کردن
2) فراتر رفتن؛ تخطّی کردن
1) die Grenze ~ از مرز گذشتن؛ از مرز عبور کردن
2) das Gesetz ~ از قانون فراتر رفتن؛ از قانون تخطّی کردن
Überschreitung *f* 1) گذر؛ عبور 2) تخطّی
Überschrift *f* سرمقاله
Überschuldung *f* بدهی زیاد

Überschuss *m* مازاد؛ اضافی؛ افزونه
Überschussreserve *f* اندوختهٔ مازاد؛ اندوختهٔ اضافی
Überschusswirtschaft *f* اقتصاد افزونگی
Überschwemmung *f* سیل
verheerende ~ سیل خانمان سوز؛ سیل مصیبت بار
Überschwemmungskatastrophe *f*
فاجعهٔ ناشی از سیل
Überschwemmungsschäden *mpl*
خسارات ناشی از سیل
Übersee (*ohne Artikel*) ماورای دریاها؛ ماورای بحار
Überseehafen *m* بندر ماورای دریاها؛ بندر ماورای بحار
Überseehandel *m* تجارت ماورای دریاها؛ تجارت ماورای بحار
Überseeländer *npl* کشورهای ماورای دریاها؛ کشورهای ماورای بحار
Überseemärkte *mpl* بازارهای ماورای دریاها؛ بازارهای ماورای بحار
übersetzen ترجمه کردن
Übersetzer/-in *m/f* مترجم
Übersetzung *f* ترجمه
Übersiedler/-in *m/f* مهاجر؛ کوچنده
Übersiedlung *f* مهاجرت؛ کوچ
überstehen 1) جان سالم بدر بردن 2) فائق آمدن
eine Attacke ~ از حمله ای جان سالم بدر بردن
einen Misstrauensantrag ~
بر درخواست عدم اعتماد فائق آمدن
überstellen انتقال دادن؛ واگذار کردن
Überstellung *f* انتقال؛ واگذاری
~ eines Gefangenen انتقال یک زندانی؛ واگذاری یک زندانی
Überstunden *fpl* اضافه کاری؛ ساعات اضافه کاری

Überstundenlohn *m*	دستمزد اضافه کاری
Überstundenverbot *n*	منع اضافه کاری
Überstundenzulage *f*	فوق العادهٔ اضافه کار
übertragen	1) واگذار کردن؛ انتقال دادن
	2) پخش کردن (از رادیو یا تلویزیون)
Übertragung *f*	1) واگذاری؛ انتقال
	2) پخش (از رادیو یا تلویزیون)
1) gesetzliche ~	واگذاری قانونی؛ انتقال قانونی
~ der Zuständigkeit	واگذاری صلاحیّت؛
	انتقال صلاحیّت
2) direkte ~	پخش مستقیم (از رادیو یا تلویزیون)
Übertragungsurkunde *f*	سند واگذاری
übertreten	زیر پا گذاشتن؛ تخطّی کردن
ein Gesetz ~	قانونی را زیر پا گذاشتن؛
	از قانونی تخطّی کردن
Übertretung *f*	زیرپاگذاری؛ تخطّی
überwachen	تحت نظر گرفتن؛ نظارت کردن؛
	مراقبت کردن
einen Waffenstillstand ~	بر آتش بسی
	نظارت کردن
Überwachung *f*	نظارت؛ مراقبت
Überwachungsausschuss *m*	کمیسیون نظارت؛
	هیأت نظارت
Überwachungspflicht *f*	وظیفهٔ نظارت؛ وظیفهٔ
	مراقبت
Überwachungsstelle *f*	هیأت نظارت
Überwachungsvorschriften *fpl*	
	مقرّرات نظارت؛ مقرّرات فنّی نظارت
überweisen	حواله کردن
Geld ~	پول حواله کردن
auf ein Konto ~	به حساب بانکی (پول) حواله کردن
Überweisung *f*	حواله
überwinden	فائق شدن بر؛ فائق آمدن بر؛
	غلبه کردن بر
ein Hindernis ~	بر مانعی فائق شدن
eine Krise ~	بر بحرانی فائق آمدن
eine Misere ~	بر وضعی نابسامان فائق شدن؛
	بر وضعی بد و نامطلوب فائق شدن
Überwindung *f*	غلبه
überzeugen	قانع کردن؛ مجاب کردن
überzeugend *adj*	قانع کننده
~e Meinung	نظر قانع کننده
Überzeugung *f*	باور؛ اعتقاد
feste ~	اعتقاد راسخ
religiöse ~	باور مذهبی؛ اعتقاد مذهبی
Uferstaat *m*	کشور ساحلی
ultimativ *adj*	مؤکّد
~e Forderungen	خواسته های مؤکّد
Ultimatum *n*	اولتیماتوم
ein ~ ablehnen	اولتیماتومی را رد کردن
ein ~ stellen	اولتیماتوم دادن
ein ~ zurückweisen	اولتیماتومی را رد کردن؛
	اولتیماتومی را قاطعانه رد کردن
ultranational *adj*	ملّت پرست
Ultranationalismus *m*	ملّت پرستی
Ultranationalist/-in *m/f*	ملّت پرست؛ فرد ملّت پرست
ultranationalistisch *adj*	ملّت پرستانه
Umbau *m*	بازسازی
~ eines Steuersystems	بازسازی یک سیستم مالیاتی؛ بازسازی یک نظام مالیاتی
umbauen	بازسازی کردن
umbilden	بازسازی کردن؛ ترمیم کردن
Umbildung *f*	بازسازی؛ ترمیم
~ des Kabinetts	بازسازی کابینه؛ ترمیم کابینه؛ ترمیم کابینهٔ دولت
Umbruch *m*	دگرگونی ژرف؛ تحوّل
politischer ~	دگرگونی ژرف سیاسی؛ تحوّل سیاسی

361

Umfeld *n* پیرامون؛ محیط

soziales ~ پیرامون اجتماعی؛ محیط اجتماعی

umfinanzieren مجدداً تأمین مالی کردن؛ با دریافت اعتبار جدید تأمین مالی کردن

Umfinanzierung *f* تأمین مالی مجدّد

Umfrage *f* بازپرسش؛ نظرپرسی

Umfrageergebnisse *npl* نتایج بازپرسش؛ نتایج نظرپرسی

Umfrageforschung *f* پژوهش در امور نظرپرسی؛ تحقیق در امور نظرپرسی

Umlaufkapital *n* سرمایه در گردش؛ سرمایهٔ جاری

Umlaufvermögen *n* دارایی در گردش؛ دارایی جاری

Umsatz *m* فروش؛ فروش کل؛ میزان کلّ فروش

steuerfreier ~ فروش معاف از مالیات

steuerpflichtiger ~ فروش مشمول مالیات

Umsatzbelebung *f* احیای فروش؛ افزایش فروش

Umsatzbeteiligung *f* مشارکت در فروش؛ مشارکت در کلّ فروش

Umsatzergebnis *n* حاصل فروش؛ درآمد حاصله از فروش

Umsatzprognose *f* پیش بینی فروش؛ پیش بینی فروش کل

Umsatzrendite *f* سود فروش؛ سود حاصله از کلّ فروش

Umsatzrückgang *m* اُفت فروش؛ کاهش فروش؛ کاهش میزان کلّ فروش

Umsatzsteigerung *f* افزایش فروش؛ افزایش میزان کلّ فروش

Umsatzsteuer *f* مالیات فروش؛ مالیات بر کلّ فروش

Umsatzwachstum *n* افزایش فروش؛ افزایش میزان کلّ فروش

Umschulung *f* بازآموزی

Umschulungsprogramm *n* برنامهٔ بازآموزی

Umsetzung *f* 1) پیاده سازی؛ واقعیّت بخشی؛ تحقّق بخشی؛ عملی سازی 2) جابجایی؛ انتقال

1) die ~ eines Planes پیاده سازی یک نقشه؛ پیاده سازی یک طرح

die ~ einer Theorie پیاده سازی یک تئوری؛ عملی سازی یک تئوری؛ تحقّق بخشی به یک نظریه

2) die ~ der Arbeiter جابجایی کارگران؛ انتقال کارگران (در یک شرکت از یک بخش به بخش دیگر)

umsiedeln جابجا کردن؛ کوچاندن

Umsiedlung *f* جابجایی؛ کوچ

Umstände *mpl* شرایط؛ اوضاع و احوال

außergewöhnliche ~ شرایط استثنایی

besondere ~ شرایط ویژه

mildernde ~ دلایل مخفّفه

umstrukturieren ساختار را تغییر دادن؛ دوباره سازمان دادن؛ دوباره سازمان دهی کردن

Umstrukturierung *f* تجدید ساختار؛ سازمان دهی مجدّد

finanzielle ~ تجدید ساختار مالی

eine ~ anordnen دستور سازمان دهی مجدّد دادن

Umstrukturierungsmaßnahmen *fpl* تدابیر تجدید ساختار؛ تدابیر تغییر ساختار

Umstrukturierungsprozess *m* روند تجدید ساختار؛ فرایند تغییر ساختار

grundlegender ~ روند تجدید بنیادی ساختار؛ روند تغییر بنیادی ساختار

Umsturz *m* براندازی

Umsturzversuch *m* قصد براندازی

Umtausch *m* تبدیل؛ معاوضه؛ مبادله

Umtauschangebot *n* پیشنهاد مبادله

umtauschen تبدیل کردن؛ معاوضه کردن؛ مبادله کردن

Devisen ~ ارز تبدیل کردن؛ ارز مبادله کردن؛

ارز معاوضه کردن

Umtauschkurs *m* نرخ تبدیل؛ نرخ مبادله

umverteilen دوباره پخش کردن؛ مجدداً توزیع کردن

Umverteilung *f* پخش دوباره؛ توزیع مجدد

umwälzen دگرگون کردن؛ متحوّل کردن

Umwälzung *f* دگرگونی؛ دگرگونی ژرف؛ تحوّل

Umwelt *f* محیط زیست؛ زیستگاه

die ~ beeinträchtigen به محیط زیست صدمه زدن؛ به محیط زیست لطمه زدن

die ~ belasten به محیط زیست لطمه زدن

die ~ gefährden محیط زیست را به خطر انداختن

die ~ sanieren محیط زیست را بهسازی کردن

die ~ schützen از محیط زیست نگاهداری کردن: محیط زیست را حفظ کردن

die ~ verschmutzen محیط زیست را آلوده کردن

die ~ zerstören محیط زیست را ویران کردن؛ محیط زیست را تخریب کردن

Umweltakademie *f* آکادمی محیط زیست

Umweltbedingungen *fpl* شرایط محیط زیست

Umweltbeeinträchtigung *f* صدمه زدن به محیط زیست؛ لطمه زدن به محیط زیست

Umweltbelastung *f* لطمه زدن به محیط زیست؛ تأثیرگذاری منفی بر محیط زیست

Umweltbericht *m* گزارش دربارهٔ محیط زیست

Umweltbewusstsein *n* آگاهی از محیط زیست

Umweltbundesamt *n* ادارهٔ فدرال محیط زیست

Umweltfachmann کارشناس محیط زیست؛ متخصّص محیط زیست (مرد)

Umweltfachfrau کارشناس محیط زیست؛ متخصّص محیط زیست (زن)

Umweltfaktoren *mpl* عوامل محیط زیست

Umweltforscher/-in *m/f* محیط زیست شناس؛ پژوهشگر محیط زیست

Umweltforschung *f* محیط زیست شناسی؛ پژوهش در حوزهٔ محیط زیست

umweltfreundlich *adj* سازگار با محیط زیست

Umweltgefährdung *f* به خطراندازی محیط زیست

Umweltinstitut *n* مؤسّسهٔ زیست شناسی؛ مؤسّسهٔ محیط زیست

Umweltkonferenz *f* کنفرانس محیط زیست

Umweltkosten *f* هزینه های محیط زیست

Umweltkriminalität *f* بزهکاری در امور مربوط به محیط زیست

Umweltkrise *f* بحران محیط زیست

Umweltminister/-in *m/f* وزیر محیط زیست

Umweltministerium *n* وزارت محیط زیست

Umweltministerkonferenz *f* کنفرانس وزیران محیط زیست

Umweltministerrat *m* شورای وزیران محیط زیست

Umweltpolitik *f* سیاست محیط زیست

Umweltprobleme *npl* مسائل محیط زیست؛ مشکلات محیط زیست

Umweltprogramm *n* برنامهٔ محیط زیست

Umweltraum *m* فضای محیط زیست

Umweltrecht *n* قوانین محیط زیست؛ قوانین حفاظت از محیط زیست

Umweltressort *n* وزارت محیط زیست

Umweltsanierung *f* بهسازی محیط زیست

Umweltschäden *mpl* آسیب های وارده به محیط زیست؛ خسارات های وارده به محیط زیست

die ~ beseitigen آسیب های وارده به محیط زیست را از بین بردن

Umweltschutz *m* حفاظت از محیط زیست؛ حفظ محیط زیست

Umweltschutzabkommen *n* موافقت نامهٔ حفاظت از محیط زیست؛ موافقت نامهٔ حفظ محیط زیست

Umweltschutzbehörde *f* ادارهٔ محیط زیست
Umweltschutzbewegung *f* جنبش حفاظت از محیط زیست؛ جنبش حفظ محیط زیست
sich der ~ anschließen
به جنبش حفظ محیط زیست پیوستن
Umweltschützer/-in *m/f* حافظ محیط زیست؛ نگاهدارندهٔ محیط زیست
Umweltschutzexperte *m* کارشناس محیط زیست؛ متخصّص محیط زیست (مرد)
Umweltschutzexpertin *f* کارشناس محیط زیست؛ متخصّص محیط زیست (زن)
Umweltschutzmaßnahmen *fpl* تدابیر حفاظت از محیط زیست؛ تدابیر حفظ محیط زیست
Umweltschutzpolitik *f* سیاست حفاظت از محیط زیست؛ سیاست حفظ محیط زیست
Umweltverband *m* اتّحادیّهٔ محیط زیست
Umweltverschmutzer *m* آلوده ساز محیط زیست؛ آلوده کنندهٔ محیط زیست
Umweltverschmutzung *f* آلوده سازی محیط زیست؛ آلودگی محیط زیست
Umweltverträglichkeit *f* سازگاری با محیط زیست
Umweltzerstörung *f* ویران سازی محیط زیست؛ تخریب محیط زیست
umzingeln محاصره کردن
Umzingelung *f* محاصره
unabhängig *adj* مستقل
~e Republik جمهوری مستقل
Unabhängigkeit *f* استقلال
völlige ~ استقلال کامل
schrittweise ~ استقلال قدم به قدم؛ استقلال تدریجی
ein Land in die ~ entlassen
به کشوری استقلال دادن
die ~ erklären اعلام استقلال کردن
die ~ erlangen استقلال یافتن؛ به استقلال دست یافتن
Unabhängigkeitsbestrebungen *fpl*
کوشش های استقلال طلبانه
Unabhängigkeitsbewegung *f*
جنبش استقلال طلبانه
Unabhängigkeitserklärung *f* اعلام استقلال
Unabhängigkeitskampf *m*
پیکار استقلال طلبانه؛ مبارزهٔ استقلال طلبانه
Unabhängigkeitsfeier *f* جشن استقلال
Unabhängigkeitskrieg *m* جنگ استقلال طلبانه
unabweisbar *adj* ردناپذیر؛ کاملاً ضروری
~e Ausgaben مخارج کاملاً ضروری؛ هزینه های کاملاً ضروری
Unabweisbarkeit *f* ردناپذیری
unanfechtbar *adj* اعتراض ناپذیر؛ غیرقابل اعتراض؛ قطعی
~es Urteil حکم غیرقابل اعتراض؛ حکم قطعی
Unanfechtbarkeit *f* اعتراض ناپذیری؛ قطعیّت
unangreifbar *adj* اعتراض ناپذیر؛ غیرقابل اعتراض؛ قطعی
~es Urteil حکم غیرقابل اعتراض؛ حکم قطعی
Unangreifbarkeit *f* اعتراض ناپذیری؛ قطعیّت
unannehmbar *adj* ناپذیرفتنی؛ غیرقابل پذیرش؛ غیرقابل قبول
~e Bedingungen شرایط ناپذیرفتنی؛ شرایط غیرقابل پذیرش؛ شرایط غیرقابل قبول
Unannehmbarkeit *f* عدم پذیرش
unantastbar *adj* مصون؛ مصون از دست یازی؛ دست نیازیدنی
Unantastbarkeit *f* مصونیّت؛ مصونیّت از دست یازی
unausgewogen *adj* ناهمتراز؛ نامتوازن؛ بی تعادل
~e Wirtschaftspolitik سیاست اقتصادی ناهمتراز؛ سیاست اقتصادی نامتوازن

Unausgewogenheit *f*	ناهمترازی؛ عدم توازن؛
	عدم تعادل
unbefangen *adj*	بیطرف
~er Richter	قاضی بیطرف
~er Zeuge	شاهد بیطرف
Unbefangenheit *f*	بیطرفی
unbefristet *adj*	نامحدود؛ دائم
~e Arbeitserlaubnis	اجازهٔ اقامت نامحدود؛
	اجازهٔ اقامت دائم
~e Aufenthaltserlaubnis	اجازهٔ کار نامحدود؛
	اجازهٔ کار دائم
unbegrenzt *adj*	نامحدود
~e Möglichkeiten	امکانات نامحدود
unbegründet *adj*	بی پایه؛ بی اساس؛ بی دلیل؛
	غیرمدلّل
~er Antrag	درخواست بی پایه؛ درخواست بی اساس؛
	درخواست بی دلیل؛ درخواست غیرمدلّل
~er Verdacht	بدگمانی بی اساس؛ سوء ظن بی اساس
unbeschäftigt *adj*	بیکار
unbeschränkt *adj*	تام؛ نامحدود؛ مطلق؛
	مطلق و منجّز
~e Kommandogewalt	حقّ فرمان دهی تام
~e Macht	قدرت تام؛ قدرت مطلق
~es Eigentum	مالکیّت مطلق و منجّز
unbesiegbar *adj*	شکست ناپذیر
~e Macht	قدرت شکست ناپذیر
Unbesiegbarkeit *f*	شکست ناپذیری
unbestechlich *adj*	فسادناپذیر؛ صالح
Unbestechlichkeit *f*	فسادناپذیری
unbestraft *adj*	بدون مجازات؛ بدون کیفر؛
	بدون محکومیّت قبلی
unbestreitbar *adj*	انکارناپذیر؛ بدون تردید
~e Tatsache	واقعیّت انکارناپذیر
unbestritten *adj*	بدون تردید؛ به طور مسلّم

unbeteiligt *adj*	غیردرگیر؛ بیطرف
~e Personen	اشخاص غیردرگیر؛ اشخاص بیطرف
unblutig *adj*	بدون خون ریزی
~e Machtübernahme	احراز بدون خون ریزی
	قدرت؛ به عهده گیری بدون خون ریزی قدرت
~e Revolution	انقلاب بدون خون ریزی
undemokratisch *adj*	غیردموکراتیک
~e Verhältnisse	مناسبات غیردموکراتیک
undiplomatisch *adj*	بی سیاستانه
undurchführbar *adj*	اجرانشدنی؛ غیرقابل اجرا؛
	انجام ناپذیر؛ انجام نشدنی
~er Plan	نقشهٔ اجرانشدنی؛ طرح اجرانشدنی؛
	طرح انجام ناپذیر
Undurchführbarkeit *f*	انجام ناپذیری؛
	غیرقابل اجرا
uneingeschränkt *adj*	نامحدود
~e Freiheit	آزادی نامحدود؛ آزادی بی حدّ و مرز
uneinig *adj*	ناموافق؛ مخالف
Uneinigkeit *f*	چنددستگی؛ عدم اتّحاد؛ اختلاف
unerfüllbar *adj*	انجام ناپذیر؛ انجام نشدنی؛
	تحقّق ناپذیر؛ غیرعملی
~e Bedingungen	شرایط تحقّق ناپذیر؛
	شرایط غیرعملی
Unerfüllbarkeit *f*	انجام ناپذیری؛ انجام نشدنی؛
	تحقّق ناپذیری
unerlässlich *adj*	ضروری؛ حتمی
~e Voraussetzungen	پیش شرط های ضروری؛
	پیش شرط های کاملاً ضروری
unerschütterlich *adj*	تزلزل ناپذیر؛ خلل ناپذیر؛
	استوار؛ راسخ
~er Wille	ارادهٔ تزلزل ناپذیر؛ ارادهٔ خلل ناپذیر؛
	ارادهٔ استوار؛ عزم راسخ
unfähig *adj*	ناتوان
Unfähigkeit *f*	ناتوانی

Unfall *m* حادثه؛ تصادف؛ سانحه
Unfallversicherung *f* بیمهٔ حوادث؛ بیمهٔ تصادفات
unfundiert *adj* بی پایه؛ بی اساس
ungehorsam *adj* نافرمان
Ungehorsam *m* نافرمانی
ziviler ~ نافرمانی مردمی
ungerecht *n* غیرمنصفانه؛ نادرست؛ ناعادلانه
~e Behandlung رفتار نادرست؛ رفتار غیرمنصفانه
~e Strafe مجازات غیرمنصفانه
~es Urteil حکم نادرست؛ حکم غیرمنصفانه؛ حکم ناعادلانه
ungerechtfertigt *adj* غیرمحق
~e Behauptung ادّعای غیرمحق
Ungerechtigkeit *f* بیدادگری؛ بی عدالتی؛ بی انصافی
die ~ beseitigen بیدادگری را از بین بردن؛ بی عدالتی را از بین بردن
ungesetzlich *adj* غیرقانونی
~e Handlung عمل غیرقانونی
Ungesetzlichkeit *f* قانون شکنی
ungesühnt *adj* بدون کیفر
~er Mord قتل بدون کیفر
ungläubig *adj* ناباور؛ بی ایمان؛ بی دین
Ungläubige *m/f* ناباور؛ بی ایمان؛ بی دین
unglaubwürdig *adj* باورناپذیر؛ غیرقابل اعتماد
~er Zeuge شاهد غیرقابل اعتماد
Unglaubwürdigkeit *f* باورناپذیری؛ عدم قابلیّت اعتماد
ungleich *adj* نابرابر
Ungleichgewicht *n* ناهمترازی؛ عدم توازون
Ungleichheit *f* نابرابری؛ عدم تساوی
Unglück *n* حادثهٔ ناگوار؛ تصادف؛ سانحه
ungültig *adj* بی اعتبار؛ باطل
Ungültigkeit *f* بی اعتباری؛ بطلان

unhaltbar *adj* 1) تحمّل ناپذیر؛ غیرقابل تحمّل 2) غیرقابل دفاع
1) ~e Zustände اوضاع و احوال تحمّل ناپذیر؛ شرایط غیرقابل تحمّل
2) ~e Festung استحکامات غیرقابل دفاع؛ دژ غیرقابل دفاع
Union *f* اتّحادیّه
einer ~ angehören عضو اتّحادیّه ای بودن
aus einer ~ austreten از اتّحادیّه ای خارج شدن؛ از عضویّت در اتّحادیّه ای خارج شدن
einer ~ beitreten به عضویّت اتّحادیّه ای درآمدن
Unionist/-in *m/f* وحدت گرا
Unionsparteien *fpl* احزاب متّحد؛ حزب های دموکرات مسیحی و سوسیال مسیحی
universal *adj* جهانگیر؛ همگانی
Universalität *f* جهانگیری؛ همگانیّت
Universität *f* دانشگاه
Universitätsstudium *n* تحصیلات دانشگاهی
Universitätsbibliothek *f* کتابخانهٔ دانشگاه
Universitätslehrer/-in *m/f* استاد دانشگاه؛ استادیار دانشگاه
Universitätsprofessor/-in *m/f* استاد دانشگاه
unklar *adj* ناروشن؛ مبهم
Unklarheit *f* ناروشنی؛ ابهام
Unkosten *f* 1) هزینه ها؛ مخارج؛ مخارج اضافی 2) هزینه های پیش بینی نشده
1) allgemeine ~ هزینه های عمومی؛ مخارج کلّی
feste ~ هزینه های ثابت؛ مخارج ثابت
hohe ~ هزینه های بالا؛ مخارج بالا
laufende ~ هزینه های جاری؛ مخارج جاری
~ bestreiten هزینه ها را تأمین کردن؛ هزینه ها را پرداختن؛ مخارج را پرداختن
~ erstatten مخارج اضافی را پس دادن؛ مخارج اضافی را مسترد داشتن

~ niedrig halten هزینه ها را پایین نگاه داشتن؛ مخارج را پایین نگاه داشتن

unkündbar *adj* فسخ ناپذیر؛ غیرقابل فسخ؛ الغاناپذیر

~er Vertrag قرارداد فسخ ناپذیر؛ قرارداد غیرقابل فسخ؛ قرارداد الغاناپذیز

Unkündbarkeit *f* فسخ ناپذیری؛ الغاناپذیری

unleserlich *adj* ناخوانا

unleugbar *adj* انکارناپذیر

~e Tatsache واقعیّت انکارناپذیر

unlogisch *adj* غیرمنطقی

~e Schlussfolgerung نتیجه گیری غیرمنطقی

~er Standpunkt موضع غیرمنطقی

unmenschlich *adj* غیرانسانی؛ بی رحمانه؛ ددمنشانه

~e Bedingungen شرایط غیرانسانی

~e Behandlung رفتار غیرانسانی؛ رفتار بی رحمانه

~e Verhältnisse مناسبات غیرانسانی

~er Zustand وضعیّت غیرانسانی

~es Gesellschaftssystem
سیستم اجتماعی غیرانسانی؛ نظام اجتماعی غیرانسانی

Unmenschlichkeit *f* بی رحمی؛ ددمنشی

unmoralisch *adj* غیراخلاقی

~e Werte ارزش های غیراخلاقی

unnachgiebig *adj* نرمش ناپذیر؛ انعطاف ناپذیر؛ سرسخت

Unnachgiebigkeit *f* نرمش ناپذیری؛ انعطاف ناپذیری؛ سرسختی

unorganisiert *adj* سامان نیافته؛ تشکّل نیافته

~e Wirtschaft اقتصاد سامان نیافته

unparteiisch *adj* بیطرف؛ بیطرفانه

~ urteilen بیطرفانه حکم کردن

Unparteiische *m/f* داور؛ حکم

Unparteilichkeit *f* بیطرفی

unpolitisch *adj* غیرسیاسی

unpopulär *adj* مردم ناپسند

~e Maßnahmen اقدامات مردم ناپسند

Unpopularität *f* مردم ناپسندی؛ عدم محبوبیّت

unproduktiv *adj* نافراور؛ غیرتولیدی

Unproduktivität *f* نافراوری؛ غیرتولیدی

unprofitabel *adj* سودناآور

Unrecht *n* ناحقّی؛ بی عدالتی؛ ناعدالتی؛ بی قانونی؛ ظلم

evidentes ~ ظلم آشکار؛ ناعدالتی آشکار

grobes ~ ناحقّی بزرگ

Unrechtsstaat *m* حکومت ظلم؛ حکومت بی قانونی

Unrechtssystem *n* نظام بی قانونی

unrentabel *adj* سودناآور؛ بی سود؛ بی فایده؛ بی منفعت

Unrentabilität *f* سودناآوری؛ بی سودی؛ بی منفعتی

unrichtig *adj* نادرست؛ ناصحیح

Unrichtigkeit *f* نادرستی؛ عدم صحت

Unruhe *f* ناآرامی؛ آشوب

~ schüren تحریک به آشوب کردن

~ stiften آشوب به پا کردن

Unruheherd *m* مرکز ناآرامی؛ کانون ناآرامی

Unruheprovinz *f* استان ناآرام؛ استان آشوب زده

Unruhestifter/-in *m/f* مسبّب ناآرامی؛ آشوبگر

Unruhestiftung *f* ایجاد ناآرامی؛ آشوبگری

unsachlich *adj* غیرمنطقی

~er Einwand ایراد غیرمنطقی؛ اعتراض غیرمنطقی

Unschuld *f* بی گناهی؛ بی تقصیری

erwiesene ~ بی گناهی به اثبات رسیده؛ بی تقصیری به اثبات رسیده

die ~ beteuern اظهار بی گناهی کردن

die ~ beweisen بی گناهی را ثابت کردن؛ بی تقصیری را به اثبات رساندن

unschuldig *adj* بی گناه؛ بی تقصیر

unsicher *adj* ناایمن؛ ناامن؛ نامطمئن

Unsicherheit *f* ناایمنی؛ ناامنی؛ بی اطمینانی
Unsicherheitsfaktor *m* عامل ناامنی؛
عامل ناایمنی؛ عامل بی اطمینانی
Unsinn *m* یاوه؛ حرف بی معنی؛ حرف پوچ
unsinnig *adj* یاوه؛ بی معنی؛ مزخرف؛ بی محتوا
unsolide *adj* نااستوار؛ نامحکم
~e Wirtschaftspolitik سیاست اقتصادی نااستوار؛
سیاست اقتصادی نامحکم
unsozial *adj* مردم گریز؛ غیراجتماعی
~e Politik سیاست مردم گریز؛ سیاست غیراجتماعی
unsterblich *adj* نامیرا؛ جاودان؛ جاویدان
Unsterblichkeit *f* نامیرایی؛ جاودانی
unstimmig *adj* ناهمخوان
Unstimmigkeit *f* ناهمخوانی؛ اختلاف نظر
untätig *adj* بی عمل؛ منفعل
~ zusehen دست روی دست گذاشتن و تماشا کردن
Untätigkeit *f* بی عملی؛ انفعال
Unterausschuss *m* کمیسیون ثانوی
Unterbau *m* زیربنا؛ زیرساخت
unterbevölkert *adj* کم جمعیّت
~es Gebiet منطقهٔ کم جمعیّت
Unterbevölkerung *f* کم جمعیّتی
unterbewerten کم بها دادن: کمتر از ارزش
واقعی ارزیابی کردن
Unterbewertung *f* کم بها دادن؛ ارزیابی کمتر از
ارزش واقعی
unterbezahlt *adj* کم پرداخته
unterbinden جلوگیری کردن
Unterbindung *f* جلوگیری
~ von Aktivitäten جلوگیری از فعالیّت ها
unterbrechen موقّتاً قطع کردن
Unterbrechung *f* قطع موقّت
1) ~ der Beziehungen قطع موقّت روابط
~ einer Debatte قطع موقّت یک مباحثه

~ eines Gerichtsverfahrens
قطع موقّت یک دادرسی؛ قطع موقّت یک محاکمه
~ der Kontinuität ایجاد وقفه در استمرار
~ einer Sitzung قطع موقّت یک نشست؛
قطع موقّت یک جلسه
unterbreiten ارائه کردن
einen Bericht ~ گزارشی را ارائه کردن
einen Plan ~ طرحی را ارائه کردن
einen Vorschlag ~ پیشنهادی را ارائه کردن
unterdrücken 1) سرکوب کردن؛ ستم کردن
2) کتمان کردن؛ از افشا امری جلوگیری کردن
Unterdrücker *m* سرکوبگر؛ ستمگر؛ ظالم
Unterdrückung *f* 1) سرکوب؛ ستم؛ ظلم
2) کتمان؛ جلوگیری از افشای امری
1) ~ der Bevölkerung سرکوب مردم
~ der Meinungsfreiheit سرکوب آزادی عقیده
~ von Minderheiten سرکوب اقلّیت ها
~ eines Streiks سرکوب یک اعتصاب
~ eines Volkes سرکوب یک ملّت
2) ~ von Tatsachen کتمان حقایق؛
جلوگیری از افشای حقایق
Unterdrückungsapparat *m* دستگاه سرکوب؛
دستگاه ظلم و ستم
Unterdrückungsgesetze *npl* قوانین ستمگرانه؛
قوانین ظالمانه
Unterdrückungsmaschinerie *f* ماشین سرکوب؛
دستگاه سرکوب؛ دستگاه ظلم و ستم
Unterdrückungsmaßnahmen *fpl* اقدامات
سرکوبگرانه؛ اقدامات ستمگرانه؛ اقدامات ظالمانه
Unterdrückungspolitik *f* سیاست سرکوبگرانه؛
سیاست ستمگرانه؛ سیاست ظالمانه
unterentwickelt *adj* توسعه نیافته
~e Gesellschaft جامعهٔ توسعه نیافته
~e Industrie صنایع توسعه نیافته

Unterentwicklung *f* توسعه نیافتگی
Unterernährung *f* سوء تغذیه
Untergang *m* انقراض
~ einer Dynastie انقراض یک سلسله؛ انقراض یک دودمان
~ eines Staates انقراض یک دولت
den ~ herbeiführen موجب انقراض شدن
Untergebene *m/f* زیردست
untergraben به تدریج از بین بردن؛ به تدریج نابود کردن
Untergrund *m* زیرزمین؛ زیرزمینی
in den ~ gehen وارد مبارزهٔ مخفی شدن
im ~ kämpfen مبارزهٔ زیرزمینی کردن؛ مبارزهٔ مخفی کردن
Untergrundaktivitäten *fpl* فعالیّت های نهانی؛ فعالیّت های مخفی؛ فعالیّت های زیرزمینی
Untergrundarbeit *f* نهان کاری؛ مخفی کاری؛ کار زیرزمینی
Untergrundbewegung *f* جنبش نهانی؛ جنبش مخفی؛ جنبش زیرزمینی
Untergrundguerilla *m* چریک مخفی
Untergrundkampf *m* مبارزهٔ نهانی؛ مبارزهٔ مخفی؛ مبارزهٔ زیرزمینی
Untergrundkämpfer/-in *m/f* مبارز مخفی؛ مبارز زیرزمینی
Untergrundoperation *f* عملیّات نهانی؛ عملیّات مخفی؛ عملیّات سرّی؛ عملیّات زیرزمینی
Unterhalt *m* نفقه؛ خرجی
~ gewähren نفقه دادن؛ خرجی دادن
Unterhaltsanspruch *m* ادّعای نفقه
unterhaltsbedürftig *adj* نیازمند نفقه؛ محتاج نفقه
Unterhaltsbedürftigkeit *f* نیازمندی به نفقه؛ احتیاج به نفقه
unterhaltsberechtigt *adj* سزاوار نفقه؛ مستحق نفقه
Unterhaltsberechtigte *m/f* سزاوار نفقه؛ مستحق نفقه
Unterhaltsempfänger/-in *m/f* دریافت کنندهٔ نفقه؛ گیرندهٔ نفقه
Unterhaltsforderung *f* درخواست نفقه؛ مطالبهٔ نفقه؛ درخواست تأمین مخارج معیشت
Unterhaltsklage *f* ادّعای نفقه
Unterhaltspflicht *f* وظیفهٔ تأمین مخارج معیشت
unterhaltspflichtig *adj* واجب النفقه؛ ملزم به تأمین مخارج معیشت
Unterhaltspflichtige *m/f* موظّف به تأمین مخارج معیشت
Unterhaltssicherung تأمین مخارج معیشت
Unterhaltszahlung *f* پرداخت نفقه؛ نفقه و خرجی همسر؛ نفقه و خرجی زوجه
Unterhaltungsmedien *pl* رسانه های سرگرم کننده
Unterhaltungspresse *f* مطبوعات سرگرم کننده
Unterhändler/-in *m/f* مذاکره گر؛ مذاکره کننده
Unterhandlung *f* مذاکره
Unterhaus *n* مجلس عوام
Unterhausabgeordnete *m/f* نمایندهٔ مجلس عوام
Unterhausdebatte *f* مباحثه در مجلس عوام
Unterhaussitzung *f* نشست مجلس عوام
Unterhauswahlen *fpl* انتخابات مجلس عوام
Unterlagen *fpl* مدارک؛ اسناد
Unterlassung *f* کوتاهی؛ غفلت؛ خودداری
~ der Hilfeleistung کوتاهی در کمک رسانی؛ غفلت در کمک رسانی؛ خودداری از کمک
Unterlassungsklage *f* شکایت به جهت خودداری از کمک

unterliegen مشمول بودن؛ جزء چیزی بودن

der Geheimhaltung ~ جزء اطّلاعات سرّی بودن؛ جزء اطّلاعات محرمانه بودن

der Verjährung ~ مشمول مرور زمان بودن

unterminieren به تدریج از بین بردن؛ به تدریج نابود کردن

Unterminierung *f* از بین بردن تدریجی؛ نابودسازی تدریجی

die ~ eines Systems از بین بردن تدریجی یک سیستم؛ نابودسازی تدریجی یک نظام

Unternehmen *n* شرکت؛ مؤسّسه؛ بنگاه

ausländisches ~ شرکت خارجی

börsenfähiges ~ شرکت فهرست شده در بازار سهام

freies ~ تجارت و معاملات آزاد

gemeinnütziges ~ مؤسّسهٔ غیرانتفاعی

gemischtes ~ شرکت مختلط

gesundes ~ شرکت سالم از لحاظ مالی؛ شرکت فعّال

gewerbliches ~ شرکت بازرگانی؛ شرکت تجاری؛ بنگاه تجاری

mittelständisches ~ شرکت متوسّط

öffentliches ~ شرکت دولتی

privates ~ شرکت خصوصی

staatliches ~ شرکت دولتی

verstaatlichtes ~ شرکت دولتی شده؛ شرکت ملّی شده

wachstumsstarkes ~ شرکت رشدیابنده؛ شرکت رو به رشد

Expansion eines ~s توسعهٔ یک شرکت

ein ~ auflösen شرکتی را منحل کردن

ein ~ finanzieren هزینهٔ شرکتی را تأمین کردن

ein ~ gründen شرکتی را تأسیس کردن؛ شرکتی را دایر کردن؛ شرکتی را بنیان گذاردن

ein ~ ins Leben rufen شرکتی را تأسیس کردن؛ شرکتی را دایر کردن؛ شرکتی را بنیان گذاردن

ein ~ leiten شرکتی را اداره کردن

ein ~ liquidieren شرکتی را منحل کردن

ein ~ modernisieren شرکتی را نوسازی کردن

Unternehmensberater/-in *m/f* رایزن شرکت؛ مشاور مدیریّت

Unternehmensberatung *f* رایزنی شرکت؛ مشاورهٔ مدیریّت شرکت

Unternehmensbereiche *mpl* بخش های مختلف یک شرکت

Unternehmensertrag *m* درآمد یک شرکت؛ عایدی یک شرکت

Unternehmensführung *f* ادارهٔ شرکت؛ مدیریّت شرکت

Unternehmensgewinne *mpl* منافع یک شرکت؛ درآمدهای یک شرکت

Unternehmensgründung *f* بنیان گذاری شرکت؛ تأسیس شرکت

Unternehmensleitung *f* ادارهٔ شرکت؛ مدیریّت شرکت؛ هیأت مدیرهٔ شرکت

Unternehmensplan *m* برنامهٔ آیندهٔ یک شرکت؛ برنامهٔ فعالیّت های آتی یک شرکت

Unternehmensplanung *f* برنامه ریزی فعالیّت های آتی یک شرکت

Unternehmensspitze *f* مدیران طراز اوّل یک شرکت؛ رأس مدیریّت یک شرکت

Unternehmenssteuer *f* مالیات بر معاملات تجاری؛ مالیات شرکت ها

Unternehmensstrategie *f* استراتژی یک شرکت؛ خطّ مشی یک شرکت

Unternehmensvereinigung *f* اتّحادیهٔ شرکت های تجاری یا صنعتی

Unternehmer/-in *m/f* صاحب شرکت؛ پیمانکار؛ مقاطعه کار

Unternehmerfreiheit *f* آزادی در فعالیّت های اقتصادی؛ تجارت آزاد
Unternehmergewinne *mpl* منافع صاحب شرکت؛ درآمدهای صاحب شرکت
Unternehmertum *n* تجارت و معاملات
Unternehmerverband *m* اتّحادیهٔ کارفرمایان
Unternehmerversicherung *f* بیمهٔ مسؤلیّت کارفرمایان
Unteroffizier/-in *m/f* درجه دار؛ استوار ارتش
unterprivilegiert *adj* محروم
~e Menschen انسان های محروم
Unterredung *f* گفتگو
unterschätzen کم بها دادن؛ کم ارج نهادن؛ دست کم گرفتن
den Feind ~ به دشمن کم بها دادن؛ دشمن را دست کم گرفتن
Unterschätzung *f* کم بهادهی؛ ارزیابی کمتر از ارزش واقعی؛ براورد کمتر از ارزش واقعی
unterschlagen اختلاس کردن
Gelder ~ پول ها را اختلاس کردن
Unterschlagung *f* اختلاس
~ im Amt اختلاس در مقام
Unterschlupf *m* مخفیگاه
~ finden مخفی شدن (در محلّی امن)
unterschreiben امضا کردن
Unterschrift *f* امضا
eine ~ bestätigen امضایی را تأیید کردن؛ امضایی را مورد تأیید قرار دادن
eine ~ fälschen امضایی را جعل کردن
Unterschriftsbestätigung *f* تأیید امضا
Unterschriftsfälschung *f* جعل امضا
unterstellen نسبت دادن
Unterstellung *f* نسبت دهی
unterstreichen تأکید کردن
Unterstreichung *f* تأکید
unterstützen حمایت کردن؛ پشتیبانی کردن
einen Antrag ~ از درخواستی حمایت کردن؛ از درخواست نامه ای حمایت کردن
eine Kandidatur ~ از نامزدی (کسی) در انتخابات حمایت کردن
ein Projekt ~ از طرحی حمایت کردن؛ از پروژه ای حمایت کردن
Unterstützung *f* حمایت؛ پشتیبانی
beträchtliche ~ حمایت قابل ملاحظه؛ حمایت قابل توجّه
finanzielle ~ پشتیبانی مالی؛ حمایت مالی
gegenseitige ~ حمایت متقابل
interne ~ حمایت داخلی
offene ~ حمایت آشکار؛ حمایت علنی
öffentliche ~ حمایت همگان؛ حمایت عموم
politische ~ پشتیبانی سیاسی؛ حمایت سیاسی
staatliche ~ پشتیبانی دولت؛ حمایت دولت
weltweite ~ حمایت جهانی
wirtschaftliche ~ حمایت اقتصادی
~ anfordern درخواست پشتیبانی کردن؛ درخواست حمایت کردن
zur ~ aufrufen به پشتیبانی فراخواندن؛ به حمایت فراخواندن
~ erhalten حمایت دریافت کردن؛ کمک گرفتن
~ gewähren پشتیبانی کردن؛ حمایت کردن
die ~ verweigern از حمایت خودداری کردن
~ zusichern قول حمایت دادن
Unterstützungsaktivitäten *fpl* فعالیّت های حمایتی
Unterstützungsmaßnahmen *fpl* اقدامات حمایتی
Unterstützungsprogramm *n* برنامهٔ حمایت
untersuchen 1) بررسی کردن؛ رسیدگی کردن؛ تحقیق کردن 2) معاینه کردن

Untersuchung *f* 1) بررسی؛ رسیدگی؛ تحقیق
2) معاینه
1) amtliche ~ بررسی رسمی؛ رسیدگی رسمی؛ تحقیق رسمی
eingehende ~ بررسی دقیق و جامع؛ رسیدگی دقیق و جامع
genaue ~en تحقیقات دقیق؛ بررسی های دقیق
gerichtliche ~ تحقیق قضایی؛ تحقیق از سوی دادگاه؛ رسیدگی قضایی
inoffizielle ~ تحقیق رسمی؛ بررسی رسمی
parlamentarische ~ بررسی پارلمانی؛ بررسی از سوی پارلمان
sorgfältige ~ بررسی بسیار دقیق؛ رسیدگی بسیار دقیق
staatliche ~ تحقیق از سوی دولت؛ بررسی از سوی دولت
statistische ~en بررسی های آماری؛ تحقیقات آماری
umfassende ~en تحقیقات جامع؛ بررسی های جامع
eine ~ beantragen درخواست رسیدگی کردن
eine ~ durchführen رسیدگی به عمل آوردن؛ تحقیق به عمل آوردن؛ مورد بررسی قرار دادن
eine ~ einleiten تحقیق و رسیدگی ای را آغاز کردن
eine ~ fordern درخواست رسیدگی کردن؛ تحقیق و رسیدگی ای را خواستار شدن
eine ~ führen رسیدگی کردن؛ تحقیق و رسیدگی کردن
eine ~ vornehmen تحقیق و رسیدگی کردن
die ~en abschließen تحقیقات را به پایان رساندن؛ به رسیدگی ها خاتمه دادن
2) die ~ eines Patienten معاینهٔ یک بیمار

Untersuchungsausschuss *m* کمیسیون رسیدگی؛ کمیسیون تحقیق و رسیدگی

Untersuchungsbefehl *m* دستور بازرسی

Untersuchungsbericht *m* گزارش رسیدگی؛ گزارش رسیدگی و تحقیقات

Untersuchungsergebnisse *npl* نتایج رسیدگی؛ نتایج رسیدگی و تحقیقات

Untersuchungsgefangene *m/f* زندانی بازداشتگاه موقّت

Untersuchungsgefängnis *n* زندان دادرسی؛ زندان موقّت

Untersuchungshaft *f* بازداشتگاه دادرسی؛ بازداشتگاه پیش- دادرسی؛ بازداشتگاه موقّت
in ~ nehmen به بازداشتگاه موقّت بردن
in ~ sein در بازداشتگاه موقّت بودن

Untersuchungshäftling *m* زندانی بازداشتگاه موقّت

Untersuchungskommission *f* کمیسیون رسیدگی؛ کمیسیون تحقیق و رسیدگی

Untersuchungsrichter/-in *m/f* بازپرس؛ مستنطق؛ قاضی تحقیق

unterwandern رخنه کردن؛ نفوذ کردن

Unterwanderung *f* رخنه؛ نفوذ
~ eines politischen Systems رخنه در یک سیستم سیاسی؛ نفوذ در یک سیستم سیاسی

unterweisen آموزش دادن؛ تعلیم دادن

Unterweisung *f* آموزش؛ تعلیم

unterwerfen به بند کشیدن؛ تحت انقیاد درآوردن

Unterwerfung *f* به بند کشیدن؛ انقیاد

unterzeichnen امضا کردن
ein Abkommen ~ موافقت نامه ای را امضا کردن
eine Urkunde ~ سندی را امضا کردن
einen Vertrag ~ قراردادی را امضا کردن

Unterzeichner/-in *m/f* امضاکننده

Unterzeichnerstaat *m* کشور امضاکننده

Unterzeichnung *f* امضا

unumgänglich *adj* اجتناب ناپذیر
~e Reformen اصلاحات اجتناب ناپذیر
unumkehrbar *adj* برگشت ناپذیر
~er Prozess فرایند برگشت ناپذیر
~e Reformen اصلاحات برگشت ناپذیر
unverantwortlich *adj* نامسؤل؛ غیرمسؤل
Unverantwortlichkeit *f* بی مسؤلیّتی
unveräußerlich *adj* 1) فروش ناپذیر؛ غیرقابل فروش 2) واگذارناپذیر
Unveräußerlichkeit *f* 1) فروش ناپذیری 2) واگذارناپذیری
unvereinbar *adj* ناسازگار
~e Positionen مواضع ناسازگار
Unvereinbarkeit *f* ناسازگاری؛ عدم تطبیق
unvergleichbar *adj* قیاس ناپذیر
Unvergleichbarkeit *f* قیاس ناپذیری
unverheiratet *adj* ازدواج نکرده
unverkäuflich *adj* فروش ناپذیر؛ غیرقابل فروش
unverletzbar *adj* آسیب ناپذیر؛ مصون از تعرّض
Unverletzbarkeit *f* آسیب ناپذیری؛ مصونیّت از تعرّض
~ des Gesetzes مصونیّت قانون از تعرّض
~ der Grenzen آسیب ناپذیری مرزها؛ مصونیّت مرزها از تعرّض
unverschuldet *adj* بی تقصیر؛ بی گناه
unversöhnlich *adj* آشتی ناپذیر
~e Politik سیاست آشتی ناپذیر
Unversöhnlichkeit *f* آشتی ناپذیری
unverwundbar *adj* آسیب ناپذیر
Unverwundbarkeit *f* آسیب ناپذیری
unverzichtbar *adj* غیرقابل گذشت؛ غیرقابل اغماض
unverzinslich *adj* بی بهره
unverzollt *adj* حقوق گمرکی پرداخت نشده
~e Ware کالایی که حقوق گمرکی آن پرداخت نشده
unvorhergesehen *adj* پیش بینی نشده
~e Ausgaben مخارج پیش بینی نشده؛ هزینه های پیش بینی نشده
unweigerlich *adj* بی چون و چرا؛ ناگزیر
unwiderlegbar *adj* ردناپذیر؛ انکارناپذیر؛ غیرقابل تکذیب
~e Fakten واقعیّت های ردناپذیر؛ واقعیّت های انکارناپذیر
Unwiderlegbarkeit *f* ردناپذیری؛ انکارناپذیری
unwiderruflich *adj* فسخ ناپذیر؛ غیرقابل فسخ
~er Vertrag قرارداد فسخ ناپذیر؛ قرارداد غیرقابل فسخ
Unwiderruflichkeit *f* فسخ ناپذیری
unwirksam *adj* ناکارا؛ غیرمؤثّر
~e Maßnahmen اقدامات غیرمؤثّر
~e Methode روش ناکارا؛ روش غیرمؤثّر
Unwirksamkeit *f* ناکارایی
unwirtschaftlich *adj* غیراقتصادی؛ بی صرفه
Unwirtschaftlichkeit *f* عدم کارایی اقتصادی
unwissenschaftlich *adj* غیرعلمی
unzufrieden *adj* ناخشنود؛ نارضا
Unzufriedenheit *f* ناخشنودی؛ نارضایتی؛ عدم رضایت
soziale ~ ناخشنودی اجتماعی؛ عدم رضایت اجتماعی
unzugänglich *adj* دسترس ناپذیر؛ دست نیافتنی؛ غیرقابل دسترس
~e Informationen اطّلاعات دسترس ناپذیر؛ اطّلاعات دست نیافتنی؛ اطّلاعات غیرقابل دسترس
~es Gebiet منطقهٔ غیرقابل دسترس
unzugänglichkeit *f* دسترس ناپذیری
unzulänglich *adj* نابسنده؛ ناکافی
Unzulänglichkeit *f* نابسندگی؛ عدم کفایت
unzulässig *adj* ناروا؛ غیرمجاز؛ غیرقانونی؛ غیرجایز

~es Verfahren دادرسی غیرمجاز؛ محاکمهٔ غیرقانونی
Unzulässigkeit *f* ناروایی؛ غیرمجاز بودن؛ غیرقانونی بودن؛ غیرجایز بودن
unzurechnungsfähig *adj* فاقد عقل سالم
Unzurechnungsfähigkeit *f* فقدان عقل سالم
unzweckmäßig *adj* ناسودمند؛ غیرمفید
Unzweckmäßigkeit *f* ناسودمندی
Urabstimmung *f* رأی گیری جهت اعتصاب
Urheber/-in *m/f* نگارنده؛ مؤلّف
Urheberrecht *n* حقّ نگارنده؛ حقّ مؤلّف
Urkunde *f* سند
amtliche ~ سند رسمی
beglaubigte ~ سند گواهی شده؛ سند مصدّق؛ سند تصدیق شده
echte ~ سند موثّق؛ سند معتبر
eingetragene ~ سند ثبت شده؛ سند به ثبت رسیده
gefälschte ~ سند جعلی
notarielle ~ سند محضری؛ سند ثبتی
standesamtliche ~ سند ثبتی
unechte ~ سند ناموثّق؛ سند نامعتبر
unvollständige ~ سند ناکامل؛ سند ناقص
verfälschte ~ سند جعلی
durch eine ~ beweisen به وسیلهٔ سندی ثابت کردن؛ توسّط سندی اثبات کردن
eine ~ unterzeichnen سندی را امضا کردن
eine ~ verfälschen سندی را جعل کردن؛ در سندی دست بردن
eine ~ vernichten سندی را نابود کردن؛ سندی را از بین بردن
eine ~ vorlegen سندی را ارائه کردن
Urkundenbeweis *m* گواهی مستند
Urkundenfälscher/-in *m/f* جاعل سند؛ جعل کنندهٔ سند
Urkundenfälschung *f* جعل سند؛ مشابه سازی سند
Urkundenvernichtung *f* نابودی سند
Urkundenvorlage *f* ارائهٔ سند
Urlaub *m* مرخصی
bezahlter ~ مرخصی استحقاقی
unbezahlter ~ مرخصی غیراستحقاقی
Urlaubsanspruch *m* حقّ مرخصی
Ursache *f* علّت
alleinige ~ تنها علّت
entscheidende ~ علّت قطعی
unmittelbare ~ علّت بی واسطه؛ علّت مستقیم
die ~n offenlegen علّت ها را نمایاندن؛ علّت ها را آشکار کردن؛ علّت ها را باز کردن
Ursprung *m* 1) مبدأ 2) خاستگاه؛ سرچشمه
Ursprungszeugnis *n* گواهی مبدأ
Urteil *n* 1) داوری؛ رأی؛ حکم؛ قضاوت 2) اظهار نظر
bedingtes ~ رأی مشروط؛ حکم مشروط
endgültiges ~ رأی قطعی؛ حکم قطعی
entschiedenes ~ حکم قاطعانه
falsches ~ قضاوت نادرست؛ داوری نادرست
gefälltes ~ رأی صادره؛ حکم صادره
gerechtes ~ رأی عادلانه؛ حکم عادلانه
hartes ~ حکم سخت و قاطعانه
mildes ~ حکم ملایم
rechtskräftiges ~ رأی قطعی؛ حکم قطعی؛ حکم نهایی
strenges ~ حکم بدون ملاحظه؛ حکم سخت و قاطعانه
ungerechtes ~ رأی ناعادلانه؛ حکم ناعادلانه
unparteiisches ~ رأی بیطرفانه؛ حکم بیطرفانه
unüberlegtes ~ رأی نسنجیده؛ حکم نسنجیده
vernichtendes ~ رأی کوبنده؛ حکم کوبنده
vollstreckbares ~ رأی قابل اجرا؛ حکم قابل اجرا
vorschnelles ~ حکم عجولانه؛ حکم نسنجیده

ein ~ abändern	حکمی را اصلاح کردن
ein ~ anerkennen	حکمی را به رسمیّت شناختن
ein ~ anfechten	رسماً برعلیه حکمی اعتراض کردن
ein ~ aufheben	حکمی را لغو کردن
ein ~ aussprechen	حکم کردن
ein ~ begründen	حکمی را استدلال کردن؛
	برای حکمی ارائۀ دلیل کردن
ein ~ bestätigen	رأیی را تأیید کردن؛ حکمی را
	تأیید کردن؛ حکمی را مورد تأیید قرار دادن
ein ~ erlassen	رأیی را صادر کردن؛ حکمی را
	صادر کردن
ein ~ erwirken	حکمی را احراز کردن
ein ~ fällen	رأیی را صادر کردن؛
	حکمی را صادر کردن
ein ~ überprüfen	حکمی را مورد رسیدگی مجدّد
	قرار دادن
ein ~ vollstrecken;	حکمی را به مورد اجرا گذاشتن؛
	حکمی را اجرا کردن

ein ~ vollziehen	حکمی را به مورد اجرا گذاشتن؛
	حکمی را اجرا کردن
2) ein ~ abgeben	اظهار نظر کردن؛ نظر دادن
urteilen	1) حکم کردن 2) اظهار نظر کردن؛
	نظر دادن
Urteilsaufhebung *f*	الغای حکم
Urteilsbegründung *f*	استدلال حکم
Urteilsfälschung *f*	جعل حکم
Urteilsgründe *mpl*	دلایل حکم
Urteilskriterium *n*	معیار حکم؛ معیار قانونی حکم
Urteilsspruch *m*	حکم
Urteilsverfahren *n*	مراحل قانونی صدور حکم
Urteilsverkündung *f*	ابلاغ رأی؛ ابلاغ حکم
Urteilsvollstreckung *f*	اجرای حکم
Utopia *n*	آرمان شهر؛ مدینۀ فاضله
Utopie *f*	آرمان شهری
utopisch *adj*	آرمانی؛ رویایی؛ خیال اندیشانه؛ تخیّلی
Utopist/-in *m/f*	آرمان پرست؛ خیال اندیش

375

V

Vakuum *n* خلاء
geistiges ~ خلاء فکری
politisches ~ خلاء سیاسی
wirtschaftliches ~ خلاء اقتصادی
variabel *adj* دگرگونی پذیر؛ تغییرپذیر؛ متغیّر
variable Kosten هزینه های متغیّر
Variabilität *f* دگرگونی پذیری؛ تغییرپذیری
Vaterland *n* سرزمین پدری؛ میهن؛ وطن
Vaterlandsliebe *f* عشق به میهن؛ عشق به وطن
Vaterlandsverrat *m* خیانت به وطن
Vaterlandsverräter/-in *m/f* خیانتکار به وطن
verabschieden تصویب کردن
Verabschiedung *f* تصویب
~ eines Gesetzes تصویب یک قانون
verallgemeinern عمومیّت دادن؛ عمومیّت بخشیدن؛ کلیّت بخشیدن
Verallgemeinerung *f* عمومیّت بخشی؛ کلیّت بخشی
verändern دگرگون کردن؛ تغییر دادن؛ متحوّل ساختن
Veränderung *f* دگرگونی؛ تغییر؛ تحوّل
gewaltsame ~en تحوّلات خشنونت آمیز
institutionelle ~en دگرگونی های نهادی؛ تغییرات نهادی؛ تحوّلات نهادی
tiefgreifende ~en دگرگونی های ژرف؛ تحوّلات عمیق
Veränderungsprozesse *mpl* فرایندهای دگرگونی
verankern 1) لنگر انداختن 2) استحکام بخشیدن
veranschlagen براورد کردن؛ تخمین زدن
Veranschlagung *f* براورد؛ تخمین
veranstalten برگزار کردن؛ سازمان دادن
Veranstaltung *f* 1) برگزاری؛ سازماندهی 2) میتینگ؛ جلسه
1) ~ einer Demonstration برگزاری یک تظاهرات؛ سازمان دهی یک تظاهرات
~ einer Sitzung برگزاری یک نشست؛ برگزاری یک جلسه؛ سازماندهی یک نشست؛ سازماندهی یک جلسه
2) eine ~ abhalten میتینگی را برگزار کردن؛ جلسه ای را برگزار کردن
verantworten پاسخگو بودن؛ جوابگو بودن؛ مسؤل بودن
verantwortlich *adj* پاسخگو؛ مسؤل؛ جوابگو
Verantwortliche *m/f* پاسخگو؛ مسؤل؛ جوابگو
Verantwortung *f* پاسخگویی؛ جوابگویی؛ مسؤلیّت
behördliche ~ مسؤلیّت اداری
gemeinsame ~ مسؤلیّت مشترک
moralische ~ مسؤلیّت اخلاقی
nationale ~ مسؤلیّت ملّی
schwere ~ مسؤلیّت سنگین
soziale ~ مسؤلیّت اجتماعی
strafrechtliche ~ مسؤلیّت جزایی
zivilrechtliche ~ مسؤلیّت حقوقی
die ~ ablehnen مسؤلیّت را رد کردن
jmdn. aus der ~ entlassen کسی را از قید مسؤلیّت آزاد کردن
der ~ nicht gewachsen sein از عهدهٔ پاسخگویی عاجز بودن
die ~ haben مسؤلیّت داشتن؛ پاسخگو بودن
in der ~ stehen پاسخگو بودن؛ مسؤلیّت به عهده داشتن
die ~ tragen مسؤلیّت به عهده داشتن؛ پاسخگو بودن
die ~ übernehmen مسؤلیّت را پذیرفتن؛ مسؤلیّت را متقبّل شدن؛ مسؤلیّت را بر عهده گرفتن
jmdn. zur ~ ziehen کسی را مسؤل کردن؛ کسی را مسؤل دانستن
Verantwortungsbereich *m* حوزهٔ مسؤلیّت
Verantwortungsgefühl *n* احساس مسؤلیّت

verantwortungslos *adj* بی مسؤلیّت؛ نامسؤل

verantwortungsvoll *adj* بامسؤلیّت؛ پرمسؤلیّت؛ مسؤلیّت دار

~e Position مقام بامسؤلیّت؛ مقام پرمسؤلیّت؛ مقام مسؤلیّت دار

Verarbeitungsindustrie *f* صنعت تبدیلی

verarmen فقیر شدن؛ بینوا شدن

verarmt *adj* فقرزده؛ فقیر؛ بینوا

~es Land کشور فقرزده؛ کشور فقیر

Verarmung *f* فقرزدگی؛ بینوایی

veräußern 1) فروختن 2) واگذار کردن

1) ein Grundstück ~ ملکی را فروختن؛ قطعه زمینی را فروختن

2) seine Rechte ~ حقّ و حقوق خود را واگذار کردن

veräußerbar *adj* 1) فروش پذیر؛ فروختنی 2) واگذارپذیر

Veräußerung *f* 1) فروش 2) واگذاری 3) بیگانگی

Veräußerungsabsicht *f* قصد فروش

Veräußerungsgewinn *m* سود فروش

Veräußerungsverbot *n* منع فروش

Verband *m* اتّحادیّه

gemeinnütziger ~ اتّحادیّهٔ غیرانتفاعی

einem ~ angehören عضو اتّحادیّه ای بودن

einen ~ auflösen اتّحادیّه ای را منحل کردن

einem ~ beitreten عضو اتّحادیّه ای شدن

in einen ~ eintreten عضو اتّحادیّه ای شدن

einen ~ gründen اتّحادیّه ای را بنیان گذاردن؛ اتّحادیّه ای را تأسیس کردن

Verbandsmitglied *n* عضو اتّحادیّه

Verbandssatzung *f* اساسنامهٔ اتّحادیّه

Verbandssprecher/-in *m/f* سخنگوی اتّحادیّه

Verbandsvertreter/-in *m/f* نمایندهٔ اتّحادیّه

Verbandszeitschrift *f* مجلّهٔ اتّحادیّه

verbannen تبعید کردن

Verbannte *m/f* تبعیدی

Verbannung *f* تبعید

in der ~ leben در تبعید بسر بردن

aus der ~ zurückkehren از تبعید بازگشتن

verbarrikadieren سنگرهای خیابانی ساختن

verbarrikadieren, sich خود را در پشت موانع پنهان کردن؛ در سنگرهای خیابانی پناه گرفتن

verbessern بهبود بخشیدن؛ اصلاح کردن

Verbesserung *f* بهبود؛ اصلاح

organisatorische ~ اصلاح سازمانی

~ der Arbeitsbedingungen بهبود شرایط کاری

~ der politischen Beziehungen بهبود روابط سیاسی

Verbesserungsvorschläge *mpl* پیشنهادات اصلاح

verbieten قدغن کردن؛ منع کردن؛ ممنوع اعلام کردن

den Export ~ صادرات را منع کردن؛ صادرات را ممنوع اعلام کردن

den Import ~ واردات را منع کردن؛ واردات را ممنوع اعلام کردن

verbilligen ارزانتر کردن

eine Ware ~ کالایی را ارزانتر کردن؛ جنسی را ارزانتر کردن

verbindlich *adj* اجباری؛ الزامی

Verbindlichkeit *f* تعهّد؛ بدهی

kurzfristige ~en تعهّدات کوتاه مدّت؛ بدهی های کوتاه مدّت

langfristige ~en تعهّدات درازمدّت؛ بدهی های درازمدّت

laufende ~en تعهّدات جاری؛ بدهی های جاری

offene ~en بدهی های ناپرداخته؛ بدهی های معوّق

rechtsgültige ~en تعهّدات قانونی
vertragsmäßige ~en تعهّدات قراردادی
Verbot *n* منع؛ ممنوعیّت
absolutes ~ منع اَکید؛ ممنوعیّت اَکید
gesetzliches ~ منع قانونی
legales ~ منع قانونی
polizeiliches ~ ممنوعیّت پلیسی؛ ممنوعیّت از سوی پلیس
strenges ~ ممنوعیّت شدید
ein ~ aufheben رفع ممنوعیّت کردن
ein ~ beachten ممنوعیّتی را رعایت کردن
ein ~ befolgen از ممنوعیّتی پیروی کردن
ein ~ einhalten ممنوعیّتی را رعایت کردن
gegen ein ~ handeln برخلاف ممنوعیّتی عمل کردن
verboten *adj* ممنوع؛ قدقن
gesetzlich ~ قانوناً ممنوع؛ به لحاظ قانونی ممنوع
polizeilich ~ ممنوع از سوی پلیس
Verbotsbestimmungen *fpl* مقرّرات منع
Verbotsgesetz *n* قانون منع
Verbotsliste *f* فهرست موارد ممنوع
Verbotszone *f* منطقهٔ ممنوعه
Verbotsrecht *n* حقّ ممنوعیّت
Verbrauch *m* مصرف
einheimischer ~ مصرف داخلی
inländischer ~ مصرف داخلی
verbrauchen مصرف کردن
Reserven ~ اندوخته ها را مصرف کردن؛ ذخایر را به مصرف رساندن
Verbraucher/-in *m/f* مصرف کننده
Befragung der ~ پرسش از مصرف کنندگان؛ استعلام از مصرف کنندگان
Verbraucherbedürfnisse *npl* نیازهای مصرف کنندگان
Verbraucherbefragung *f* پرسش از مصرف کنندگان؛
Verbraucherberatung *f* راهنمایی مصرف کنندگان
Verbraucherbetrug *m* فریب مصرف کنندگان
Verbraucherforschung *f* مطالعه و بررسی مصرف کنندگان
Verbrauchergenossenschaft *f* تعاونی مصرف کنندگان
Verbraucherindustrie *f* صنایع کالاهای مصرفی
Verbraucherkaufkraft *f* قدرت خرید مصرف کنندگان
Verbraucherkredit *m* اعتبار مصرفی؛ وام مصرفی
Verbraucherland *n* کشور مصرف کننده
Verbrauchermarkt *m* بازار مصرف
Verbraucherpreise *mpl* قیمت های مصرفی
Verbraucherschicht *f* قشر مصرف کننده
Verbraucherschutz *m* حمایت از مصرف کننده
Verbraucherschutzbestimmungen *fpl* مقرّرات حمایت از مصرف کننده
Verbraucherschutzminister/-in *m/f* وزیر حمایت از مصرف کنندگان
Verbraucherverband *m* اتّحادیّهٔ مصرف کنندگان
Verbrauchsgüter *npl* کالاهای مصرفی
Verbrauchssteuer *f* مالیات بر مصرف
Verbrauchsstruktur *f* ساختار مصرف
Verbrauchswert *m* ارزش مصرفی
Verbrauchswirtschaft *f* اقتصاد مصرفی
Verbrechen *n* جنایت؛ تبهکاری
abscheuliches ~ جنایت هولناک؛ جنایت فجیع
grausames ~ جنایت بی رحمانه
politisches ~ جنایت سیاسی
unmenschliches ~ جنایت ضدّ انسانی
Anstiftung zum ~ تحریک به جنایت

ein ~ begehen	جنایتی را مرتکب شدن
jmdn. eines ~s schuldig sprechen	
	کسی را به جرم ارتکاب به جنایتی محکوم کردن
jmdn. eines ~s überführen	جنایت کسی را
	به اثبات رساندن
jmdn. zu einem ~ verleiten	کسی را به ارتکاب
	جنایتی اغوا کردن؛ کسی را به ارتکاب جنایتی
	از راه بدر کردن
ein ~ verüben	جنایت کردن
einem ~ Vorschub leisten	به جنایتی ترغیب کردن
Verbrechensbekämpfung *f*	مبارزه با جنایت؛
	مبارزه با تبهکاری
Verbrechenshäufung *f*	افزایش تبهکاری؛
	افزایش میزان تبهکاری
Verbrechensstatistik *f*	آمار جنایت؛ آمار تبهکاری
Verbrechensverhütung *f*	پیشگیری از جنایت؛
	جلوگیری از تبهکاری
Verbrecher/-in *m/f*	جنایتکار؛ جانی؛ تبهکار
gemeingefährlicher ~	جنایتکار فوق العاده
	خطرناک؛ تبهکار فوق العاده خطرناک برای عموم
rückfälliger ~	جنایتکار مرتکب به تکرار جرم
unverbesserlicher ~	جنایتکار اصلاح ناپذیر؛
	تبهکار اصلاح ناپذیر
verurteilter ~	جنایتکار محکوم شناخته شده؛
	تبهکار مجرم شناخته شده
Auslieferung von ~n	بازداد جنایتکاران؛ استرداد
	تبهکاران
einen ~ verbergen	جنایتکاری را پنهان کردن؛
	تبهکاری را مخفی کردن
Verbrechertum *n*	جنایتکاران؛ تبهکاران
professionelles ~	جنایتکاران حرفه ای؛ تبهکاران
	حرفه ای
Verbrecherwelt *f*	دنیای تبهکاران؛ دنیای دزدان و
	جنایتکاران حرفه ای

verbreiten	پخش کردن؛ اشاعه دادن
Verbreitung *f*	پخش؛ اشاعه
~ einer Meldung	پخش خبر؛ اشاعهٔ خبر
~ von Gerüchten	پخش شایعات؛ شایعه پراکنی
~ von Nachrichten	پخش اخبار
~ von Schrecken	وحشت افکنی
verbünden, sich	هم پیمان شدن؛ متّحد شدن
Verbündete *m/f*	هم پیمان؛ متّحد
verbürgen	ضمانت کردن
verbüßen	گذراندن (مدّت مجازات)؛ سپری کردن
	(مدّت مجازات)
seine Freiheitsstrafe ~	در حبس تأدیبی بسر بردن؛
	حبس تأدیبی خود را گذراندن
Verdacht *m*	سوء ظن
begründeter ~	سوء ظن موجّه
dringender ~	سوء ظن شدید
grundloser ~	سوء ظن بی اساس
hinreichender ~	سوء ظن کافی
unbegründeter ~	سوء ظن غیرموجّه
einen ~ bekräftigen	بر سوء ظنی صحّه گذاشتن
in ~ geraten	مورد سوء ظن قرار گرفتن
in ~ stehen	مورد سوء ظن بودن
verdächtigen	مورد سوء ظن قرار دادن
verdienen	1) درآمد داشتن 2) شایسته بودن؛
	مستحق بودن
1) Geld ~	پول درآوردن
2) Respekt ~	شایستهٔ احترام بودن
Verdienst *m*	درآمد
Verdienst *n*	شایستگی؛ استحقاق؛ لیاقت
verdrängen	از میدان بدر کردن
die Konkurrenz ~	رقیب های تجاری را
	از میدان بدر کردن
Verdrängungswettbewerb *m*	رقابت بی رحمانه
verdrehen	تحریف کردن

die Tatsachen ~ واقعیّت ها را تحریف کردن
die Wahrheit ~ حقیقت را تحریف کردن
verdummen تحمیق کردن
Verdummung *f* تحمیق
Verdunklungsgefahr *f* خطر جلوگیری از بروز واقعیّت
vereidigen سوگند دادن؛ قسم دادن
Vereidigung *f* سوگند؛ سوگنددهی
Verein *m* کانون؛ انجمن
vereinbaren توافق کردن؛ قرار گذاشتن
Vereinbarung *f* توافق؛ توافق نامه
ausdrückliche ~ توافق صریح
außergerichtliche ~ توافق بیرون از حوزهٔ دادگاه
bestehende ~en توافقات موجود؛ توافق نامه های موجود
frühere ~ توافق پیشین؛ توافق قبلی
gegenseitige ~ توافق متقابل
gemeinsame ~ توافق مشترک
gerichtliche ~ توافق دادگاهی
schriftliche ~ توافق کتبی
stillschweigende ~ توافق ضمنی
ursprüngliche ~ نخستین توافق
vertragliche ~ توافق قراردادی
völkerrechtliche ~ توافق نامهٔ مبتنی بر حقوق بین المللی؛ معاهده
vorherige ~ توافق پیشین؛ توافق قبلی
vorläufige ~ توافق موقّتی
eine ~ aufheben توافق نامه ای را فسخ کردن
eine ~ aushandeln از راه مذاکرات به توافقی دست یافتن
eine ~ bezeugen دربارهٔ توافقی شهادت دادن
sich an eine ~ halten خود را مقیّد به رعایت توافقی دانستن؛ پای بند به توافقی بودن
eine ~ treffen به توافق رسیدن؛ توافق نامه ای را منعقد کردن
gegen eine ~ verstoßen از توافقی تخلّف کردن
die ~en einhalten توافقات را رعایت کردن
vereinigen, sich متّحد شدن
Vereinigung *f* اتّحادیّه؛ انجمن؛ جامعه
gemeinnützige ~ انجمن عام المنفعه؛ انجمن غیرانتفاعی؛ جامعهٔ غیرانتفاعی
kriminelle ~ جامعهٔ بزهکاران
verfassungsfeindliche ~ اتّحادیّهٔ مغایر با قانون اساسی
widerrechtliche ~ اتّحادیّهٔ غیرقانونی
wohltätige ~ جامعهٔ مددکاری؛ انجمن خیریّه
Vereinsauflösung *f* ازهم پاشی انجمن؛ انحلال انجمن
Vereinsbeitrag *m* حقّ عضویّت در انجمن
Vereinskasse *f* صندوق انجمن
Vereinsmitglied *n* عضو انجمن
Vereinsmitgliedschaft *f* عضویّت
Vereinssatzung *f* اساسنامهٔ انجمن
Vereinsvorsitzende *m/f* رئیس انجمن
Vereinsvorstand *m* هیأت مدیرهٔ انجمن
vereiteln خنثی کردن؛ عقیم گذاشتن؛ جلوگیری کردن؛ مانع شدن
ein Attentat ~ سوء قصدی را عقیم گذاشتن؛ از سوء قصدی جلوگیری کردن
die Flucht ~ مانع فرار شدن؛ از فرار جلوگیری کردن
einen Plan ~ نقشه ای را خنثی کردن؛ طرحی را عقیم گذاشتن
einen Staatsstreich ~ کودتایی را عقیم گذاشتن؛ از کودتایی جلوگیری کردن
eine Straftat ~ از ارتکاب به جرمی جلوگیری کردن؛ مانع ارتکاب به جرمی شدن
Vereitelung *f* خنثی سازی؛ جلوگیری؛ ممانعت
Verfahren *n* 1) دادرسی؛ محاکمه 2) روند

3) مرحله
1) disziplinarisches ~ دادرسی انضباطی؛ محاکمهٔ تأدیبی؛ محاکمهٔ اداری
gerechtes ~ دادرسی عادلانه؛ محاکمهٔ عادلانه
gerichtliches ~ دادرسی قضایی؛ محاکمهٔ قضایی
ordentliches ~ دادرسی عادّی؛ محاکمهٔ عادّی
strafrechtliches ~ دادرسی کیفری؛ محاکمهٔ کیفری
ungerechtes ~ دادرسی ناعادلانه؛ محاکمهٔ ناعادلانه
unzulässiges ~ دادرسی غیرمجاز؛ محاکمهٔ غیرقانونی
ein ~ abschließen دادرسی ای را به پایان رساندن
ein ~ aussetzen دادرسی ای را متوقّف کردن؛ دادرسی ای را به تعلیق انداختن
ein ~ beenden دادرسی ای را به پایان رساندن
ein ~ beschleunigen به جریان دادرسی ای شتاب بخشیدن
in ein ~ eingreifen در دادرسی ای دخالت کردن
ein ~ einleiten دادرسی ای را آغاز کردن
ein ~ einstellen دادرسی ای را متوقّف کردن
ein ~ eröffnen دادرسی ای را آغاز کردن
ein ~ fortsetzen به دادرسی ای ادامه دادن
ein ~ unterbrechen به دادرسی ای موقتاً خاتمه دادن؛ محاکمه ای را نیمه کاره گذاشتن
ein ~ verschleppen جریان دادرسی ای را عمداً به تأخیر انداختن
ein ~ wiederaufnehmen دادرسی ای را از سرگرفتن
2) parlamentarisches ~ روند پارلمانی
3) industrielles ~ مراحل تولید یک کالا

Verfahrensabschnitt *m* مرحلهٔ دادرسی؛ مرحلهٔ محاکمه

Verfahrensänderung *f* تغییر روش؛ تغییر رویّه؛ تغییر دستور کار

Verfahrensantrag *m* درخواست دادرسی؛ درخواست محاکمه

Verfahrensausschuss *m* کمیسیون رسیدگی به روند کار

Verfahrensbeschluss *m* دستورالعمل کار

Verfahrensdurchführung *f* انجام دادرسی؛ انجام محاکمه

Verfahrenseinstellung *f* قطع دادرسی؛ قطع جریان دادرسی؛ پایان جریان دادرسی

Verfahrensfehler *m* اشتباه در روش کار؛ اشتباه در شیوهٔ کار؛ اشتباه در نحوهٔ کار؛ اشتباه در دستور کار

Verfahrensfortsetzung *f* ادامهٔ دادرسی؛ ادامهٔ محاکمه

Verfahrensfragen *fpl* مسائل مربوط به روش کار؛ مسائل مربوط به شیوهٔ کار؛ نکات مربوط به دستور کار

Verfahrensordnung *f* نظام نامهٔ داخلی؛ آئین نامه

Verfahrensweise *f* شیوهٔ کار؛ روش کار

Verfall *m* انحطاط
moralischer ~ انحطاط اخلاقی
~ einer alten Kultur انحطاط یک فرهنگ کُهن

verfälschen جعل کردن؛ دست بردن در: تقلّب کردن
eine Urkunde ~ سندی را جعل کردن؛ در سندی دست بردن

Verfälschung *f* مشابه سازی؛ جعل؛ تقلّب

verfassen تألیف کردن؛ به رشتهٔ تحریر درآوردن؛ نوشتن

Verfasser/-in *m/f* نگارنده؛ مؤلّف

Verfassung *f* قانون اساسی

Verfassungsänderung *f* اصلاح قانون اساسی

Verfassungsartikel *m* مادّهٔ قانون اساسی

Verfassungsausarbeitung *f* تنظیم قانون اساسی؛ تدوین قانون اساسی

Verfassungsbeschwerde *f* شکایت در امور قانون اساسی

~ einlegen   در امور قانون اساسی شکایت کردن

Verfassungsbruch *m*   نقض قانون اساسی

einen ~ begehen   قانون اساسی را نقض کردن

Verfassungsdebatte *f*   مباحثه دربارۀ قانون اساسی؛ بحث دربارۀ قانون اساسی

eine ~ auslösen   مباحثه ای را دربارۀ قانون اساسی برانگیختن

eine ~ in Gang bringen   مباحثه ای را دربارۀ قانون اساسی براه انداختن

Verfassungsentwurf *m*   طرح قانون اساسی؛ طرح مربوط به قانون اساسی

einen ~ ausarbeiten   طرحی را مربوط به قانون اساسی تنظیم کردن

einen ~ vorlegen   طرحی را مربوط به قانون اساسی ارائه کردن

Verfassungsfrage *f*   مسألۀ قانون اساسی

Verfassungsgarantie *f*   تضمین قانون اساسی

Verfassungsgericht *n*   دادگاه قانون اساسی

Verfassungsgerichtshof *m*   دیوان عالی قانون اساسی

Verfassungsgrundsatz *m*   اصل قانون اساسی

Verfassungsklage *f*   دادخواست به دیوان عالی قانون اساسی

eine ~ abweisen   دادخواستی را از سوی دیوان عالی قانون اساسی رد کردن

eine ~ einreichen   دادخواستی را به دیوان عالی قانون اساسی تسلیم کردن

Verfassungskommission *f*   کمیسیون قانون اساسی

Verfassungskonflikt *m*   ناسازگاری با قانون اساسی؛ مغایرت با قانون اساسی

verfassungskonform *adj*   سازگار با قانون اساسی؛ مطابق با قانون اساسی

Verfassungskonsens *m*   هم رأیی با قانون اساسی

Verfassungskrise *f*   بحران قانون اساسی

eine ~ abwenden   از بحرانی در قانون اساسی جلوگیری کردن

eine ~ heraufbeschwören   به بحرانی در قانون اساسی دامن زدن

Verfassungskritik *f*   بازنگری قانون اساسی؛ نقد قانون اساسی

verfassungsmäßig *adj*   سازگار با قانون اساسی؛ مطابق با قانون اساسی

Verfassungsmäßigkeit *f*   سازگاری با قانون اساسی؛ مطابقت با قانون اساسی

Verfassungsorgan *n*   نهاد مبتنی بر قانون اساسی؛ نهاد قانونی

Verfassungsprinzip *n*   اصل قانون اساسی

Verfassungsproblem *n*   مشکل قانون اساسی؛ مسألۀ حل نشده در قانون اساسی

Verfassungsrat *m*   شورای قانون اساسی

Verfassungsrecht *n*   قانون اساسی؛ مجموعه قوانین مربوط به قانون اساسی

Verfassungsreform *f*   اصلاح قانون اساسی

Verfassungsrichter/-in *m/f*   قاضی دادگاه قانون اساسی

Verfassungsschutz *m*   حفاظت از قانون اساسی؛ سازمان امنیّت آلمان

Amt für ~   ادارۀ حفاظت از قانون اساسی (سازمان امنیّت آلمان)

Verfassungsschutzbericht *m*   گزارش سازمان امنیّت آلمان

verfassungstreu *adj*   وفادار به قانون اساسی

Verfassungstreue *f*   وفاداری به قانون اساسی

Verfassungsväter *mpl*   پایه گذاران قانون اساسی؛ مؤسّسان قانون اساسی

Verfassungsverrat *m*   خیانت به قانون اساسی

Verfassungsverstoß *m*   تخلّف از قانون اساسی

verfassungswidrig *adj* ناسازگار با قانون اساسی؛ مغایر با قانون اساسی

Verfassungswidrigkeit *f* ناسازگاری با قانون اساسی؛ مغایرت با قانون اساسی

Verfassungswirklichkeit *f* واقعیّت قانون اساسی

Verfassungszusatz *m* مکمّل قانون اساسی

verfechten با تمام وجود دفاع کردن؛ حامی و طرفدار بودن؛ طرفداری کردن

eine These ~ از تزی با تمام وجود دفاع کردن؛ حامی و طرفدار تزی بودن

Verfechter/-in *m/f* حامی؛ طرفدار؛ مدافع

leidenschaftlicher ~ طرفدار پروپاقرص

treuer ~ حامی وفادار

~ der Menschenrechte طرفدار حقوق بشر؛ مدافع حقوق بشر

Verfechtung *f* حمایت؛ طرفداری

verfolgen تعقیب کردن؛ مورد پیگرد قرار دادن؛ مورد پیگرد قانونی قرار دادن؛ پیگیری کردن؛ دنبال کردن

einen Verbrecher ~ تبهکاری را تعقیب کردن؛ تبهکاری را مورد پیگرد قانونی قرار دادن

ein Ziel ~ هدفی را پیگیری کردن؛ هدفی را تعقیب کردن؛ هدفی را دنبال کردن

Verfolger/-in *m/f* تعقیب کننده

Verfolgte *m/f* تحت پیگرد؛ تحت تعقیب؛ فرد تحت تعقیب

Verfolgung *f* پیگرد؛ پیگیری؛ تعقیب

sofortige ~ پیگرد فوری؛ تعقیب فوری

gerichtliche ~ پیگرد قضایی؛ تعقیب قضایی؛ تعقیب از سوی دادگاه

strafrechtliche ~ پیگرد قانونی؛ تعقیب قانونی؛ پیگرد کیفری؛ تعقیب کیفری

richterliche ~ پیگرد قضایی؛ تعقیب قضایی

politische ~ پیگرد سیاسی؛ تعقیب سیاسی

Antrag auf ~ درخواست پیگرد؛ تقاضای پیگرد

~ einer Anklage پیگیری یک اتّهام

die ~ aufgeben دست از تعقیب برداشتن

die ~ aufnehmen شروع به تعقیب کردن

Verfolgungswelle *f* موج پیگرد؛ موج تعقیب

Verfügung *f* 1) اختیار تصرّف 2) حکم؛ دستور

1) zur freien ~ اختیار آزاد در تصرّف

2) einstweilige ~ حکم موقّت

gerichtliche ~ حکم قضایی؛ حکم دادگاهی؛ حکم از سوی دادگاه

gesetzliche ~ حکم قانونی

polizeiliche ~ دستور پلیس؛ دستور از سوی پلیس

richterliche ~ حکم قضایی؛ حکم دادگاهی؛ حکم از سوی دادگاه

schriftliche ~ دستور کتبی؛ دستور کتبی دادگاه؛ حکم دادگاه

eine ~ anordnen حکمی را مقرّر داشتن؛ دستوری را صادر کردن

eine ~ aufheben حکمی را منسوخ کردن؛ حکمی را از درجهٔ اعتبار ساقط کردن؛ حکمی را لغو کردن

einer ~ nachkommen حکمی را اجابت کردن؛ دستوری را اجرا کردن

Verfügungsbeschränkung *f* محدویّت حقّ تصرّف

Verfügungsgewalt *f* اختیار تصرّف

verführen گمراه کردن؛ فریب دادن؛ از راه بدر بردن

Verführung *f* گمراهی؛ گمراه سازی؛ فریب

Vergabe *f* اعطا

~ von öffentlichen Mitteln اعطای وجوه عمومی؛ اعطای وجوه دولتی

Vergehen *n* خلاف؛ تخلّف؛ جرم

administratives ~ تخلّف اداری؛ جرم اداری

kriminelles ~ جرم بزهکاری

politisches ~ تخلّف سیاسی؛ جرم سیاسی
schweres ~ تخلّف سنگین؛ جرم سنگین
vorsätzliches ~ تخلّف عمدی؛ خلاف عمدی
~ im Amt تخلّف اداری؛ تخلّف در امور اداری؛ جرم اداری
vergelten تلافی کردن؛ انتقام گرفتن
Vergeltung *f* تلافی؛ انتقام
~ üben تلافی کردن؛ انتقام گرفتن
Vergeltungsaktion *f* عملیات تلافی جویانه
Vergeltungsangriff *m* حملهٔ تلافی جویانه
Vergeltungsmaßnahmen *fpl* اقدامات تلافی جویانه
Vergeltungsschlag *m* ضربهٔ تلافی جویانه
vergewaltigen تجاوز کردن
Vergewaltigung *f* تجاوز
Vergleich *m* مصالحه؛ مقایسه
einen ~ schließen مصالحه کردن
vergleichbar *adj* قیاس پذیر
Vergleichbarkeit *f* قیاس پذیری
vergleichen قیاس کردن؛ مقایسه کردن
Vergleichsantrag *m* درخواست مصالحه
Vergleichsverfahren *n* تشریفات مصالحه
Vergleichsvorschlag *m* پیشنهاد مصالحه
Vergleichsweg *m* راه مصالحه؛ طریق مصالحه
Vergleichswert *m* ارزش قیاسی
vergrößern 1) گسترش دادن؛ توسعه دادن 2) افزایش دادن
1) einen Betrieb ~ شرکتی را گسترش دادن
2) die Arbeitslosigkeit ~ بیکاری را افزایش دادن
die Kapazitäten ~ ظرفیّت ها را افزایش دادن؛ ظرفیّت ها را بالا بردن
Vergrößerung *f* 1) گسترش؛ توسعه 2) افزایش
Vergünstigung *f* امتیاز؛ مزیّت
betriebliche ~en مزایای کاری؛ مزایای شغلی

entsprechende ~en مزایای متناسب؛ مزایای ویژه
steuerliche ~en امتیازات مالیاتی
verhaften دستگیر کردن؛ بازداشت کردن؛ توقیف کردن
unter Sabotageverdacht ~ به جهت سوء ظن به خرابکاری بازداشت کردن
Verhaftung *f* دستگیری؛ بازداشت؛ توقیف
~ auf frischer Tat دستگیری در هنگام وقوع جرم
~ ohne Haftbefehl دستگیری بدون حکم بازداشت؛ دستگیری بدون حکم توقیف
~ wegen Fluchtgefahr دستگیری به خاطر خطر فرار
eine ~ anordnen دستور دستگیری دادن؛ دستور بازداشت دادن؛ حکم توقیف دادن
eine ~ aufheben حکم بازداشت را لغو کردن؛ حکم توقیف را لغو کردن
sich der ~ entziehen از دستگیر شدن گریختن؛ از دست مأموران تعقیب گریختن
verhandeln مذاکره کردن
Verhandlung *f* 1) مذاکره 2) دادرسی؛ محاکمه
1) abgesonderte ~en مذاکرات جداگانه
erfolglose ~en مذاکرات ناموفّق
erfolgreiche ~en مذاکرات موفّق؛ مذاکرات موفّقیّت آمیز
festgefahrene ~en مذاکرات به بن بست برخورده
geheime ~en مذاکرات سرّی؛ مذاکرات مخفی
intensive ~en مذاکرات فشرده
langwierige ~en مذاکرات طولانی و مشکل
laufende ~en مذاکرات جاری
lohnpolitische ~en مذاکرات دستمزد؛ مذاکرات برای تعیین میزان دستمزدها
schwebende ~en مذاکرات معلّق
zufriedenstellende ~en مذاکرات رضایت بخش
Ausgang der ~en نتیجهٔ مذاکرات

~en hinter der Kulisse مذاکرات پشت پرده

~en abschließen مذاکرات را به پایان رساندن؛ به مذاکرات خاتمه دادن

~en anbahnen راه را برای مذاکرات هموار کردن

~en auf Eis legen مذاکرات را به بعد موکول کردن؛ مذاکرات را نیمه کاره گذاشتن

~en aufnehmen مذاکرات را آغاز کردن

~en aussetzen مذاکرات را موقّتاً به تأخیر انداختن

~en beenden مذاکرات را به پایان رساندن؛ به مذاکرات خاتمه دادن

mit ~en beginnen شروع به مذاکرات کردن

zu ~en bereit sein آمادهٔ مذاکرات بودن

~en blockieren سدّ راه مذاکرات شدن؛ از مذاکرات جلوگیری کردن

den Weg zu weiteren ~en ebnen راه را برای مذاکرات بعدی هموار کردن

in ~en eintreten وارد مذاکرات شدن

~en ermöglichen مذاکرات را امکان پذیر ساختن

~en erschweren مذاکرات را مشکل تر کردن

~en fortführen به مذاکرات ادامه دادن

~en führen مذاکره کردن

zu ~en geneigt sein به مذاکرات تمایل داشتن

~en in die Länge ziehen مذاکرات را طولانی کردن

~en in die Sackgasse führen مذاکرات را به بن بست کشاندن

~en unmöglich machen مذاکرات را غیرممکن ساختن؛ مذاکرات را امکان ناپذیر ساختن

~en unterbrechen به مذاکرات موقتاً خاتمه دادن

~en vertagen مذاکرات را به تعویق انداختن

~en vorantreiben مذاکرات را به پیش بردن

~en vorbereiten مقدّمات مذاکرات را فراهم کردن

~en wiederaufnehmen مذاکرات را از سرگرفتن

~en zu Ende führen مذاکرات را به پایان رساندن

~en zum Scheitern bringen مذاکرات را به شکست کشاندن؛ مذاکرات را با شکست مواجه کردن

2) erneute ~ دادرسی مجدّد؛ محاکمهٔ مجدّد

gerichtliche ~ دادرسی قضایی؛ محاکمهٔ قضایی

mündliche ~ دادرسی شفاعی؛ محاکمهٔ شفاعی

nichtöffentliche ~ دادرسی غیرعلنی؛ محاکمهٔ غیرعلنی

nochmalige ~ دادرسی مجدّد؛ محاکمهٔ مجدّد

öffentliche ~ دادرسی علنی؛ محاکمهٔ علنی

von der ~ ausschließen از شرکت در دادرسی بازداشتن

die ~ aussetzen دادرسی را موقّتاً به تعویق انداختن

die ~ eröffnen شروع به دادرسی کردن

die ~ leiten ادارهٔ دادرسی را به عهده داشتن

die ~ schließen به دادرسی خاتمه دادن

die ~ vertagen دادرسی را به تعویق انداختن

Verhandlungsakten *fpl* پرونده های دادرسی؛ پرونده های محاکمه

Verhandlungsangebot *n* پیشنهاد مذاکره

Verhandlungsatmosphäre *f* جوّ مذاکرات

Verhandlungsauftakt *m* آغاز مذاکرات؛ شروع مذاکرات

Verhandlungsausschuss *m* کمیسیون مذاکره

Verhandlungsaussichten *fpl* چشم انداز مذاکرات

Verhandlungsbarrieren *fpl* موانع مذاکرات

vorhandene ~ موانع موجود بر سرِ راه مذاکرات

Verhandlungsbasis *f* پایهٔ مذاکرات؛ اساس مذاکرات

Verhandlungsbeginn *m* آغاز مذاکرات؛ شروع مذاکرات

verhandlungsbereit *adj* آمادهٔ مذاکرات

Verhandlungsbereitschaft *f* آمادگی جهت مذاکرات

Verhandlungsbericht *m* گزارش مذاکرات

Verhandlungsdelegation *f* هیأت نمایندگی مذاکره

Verhandlungsdurchbruch *m* موفّقیّت در مذاکرات

einen ~ erzielen به موفّقیّتی در مذاکرات دست یافتن

Verhandlungserfolg *m* موفّقیّت در مذاکرات

verhandlungsfähig *adj* قابل مذاکره

~es Angebot پیشنهاد قابل مذاکره

Verhandlungsfortgang *m* روند مذاکرات

Verhandlungsfortschritt *m* پیشرفت مذاکرات

Verhandlungsführer/-in *m/f* مذاکره گر؛ مذاکره کننده

Verhandlungsführung *f* 1) انجام مذاکرات 2) اجرای دادرسی؛ اجرای محاکمه

Verhandlungsgeschick *n* مهارت در انجام مذاکره

Verhandlungsinitiative *f* ابتکار عمل در مذاکره؛ پیشگامی در مذاکره

die ~ ergreifen در مذاکره ابتکار عمل را به دست گرفتن

Verhandlungsklima *n* جوّ مذاکرات

herrschendes ~ جوّ حاکم بر مذاکرات

Verhandlungskrise *f* بحران مذاکرات

Verhandlungsleiter/-in *m/f* سرپرست مذاکرات؛ رئیس مذاکرات

Verhandlungsleitung *f* سرپرستی مذاکرات؛ ریاست مذاکرات

Verhandlungsmarathon *m* مذاکرات بسیار طولانی

Verhandlungsort *m* محلّ مذاکرات

Verhandlungspaket *n* مجموعهٔ موضوعات مربوط به مذاکرات

Verhandlungspartner/-in *m/f* طرف مذاکره

Verhandlungsphase *f* مرحلهٔ مذاکرات

eine neue ~ einleiten وارد مرحلهٔ جدیدی از مذاکرات شدن

Verhandlungspolitik *f* سیاست مذاکره؛ سیاست انجام مذاکرات

Verhandlungsposition *f* موقعیّت (فرد یا گروه) مذاکره کننده

schwache ~ موقعیّت ضعیف (فرد یا گروه) مذاکره کننده

starke ~ موقعیّت قوی (فرد یا گروه) مذاکره کننده

Verhandlungsprotokoll *n* صورتجلسهٔ دادرسی؛ پروتکل محاکمه

Verhandlungsraum *m* اطاق مذاکرات

Verhandlungsrunde *f* دور مذاکرات

Verhandlungsspielraum *m* چهارچوب مذاکره؛ چهارچوب انجام مذاکرات

Verhandlungssprache *f* زبان رسمی مذاکره

Verhandlungsstärke *f* توانایی در انجام مذاکرات

Verhandlungsstrategie *f* استراتژی مذاکره؛ استراتژی انجام مذاکرات

Verhandlungstaktik *f* تاکتیک مذاکره؛ تاکتیک انجام مذاکرات

eine bestimmte ~ anwenden تاکتیک معیّنی را در انجام مذاکرات به کار بردن

Verhandlungstermin *m* زمان انجام مذاکره

Verhandlungstext *m* متن مذاکره

Verhandlungstisch *m* میز مذاکره

sich an den ~ setzen پشت میز مذاکره نشستن

Verhandlungsverlauf *m* روند مذاکره؛ جریان مذاکره

in einen ~ eingreifen در روند مذاکره ای دخالت کردن؛ در جریان مذاکره ای مداخله کردن

verheimlichen (مطلبی را از کسی) پنهان کردن

Verheimlichung *f* پنهان سازی (مطلبی از کسی)

verhetzen برانگیختن؛ تحریک کردن
~ eines Volkes برانگیختن یک ملّت؛ تحریک یک ملّت
verhindern جلوگیری کردن؛ مانع شدن؛ مانع وقوع شدن؛ ممانعت کردن
einen Anschlag ~ از سوء قصدی جلوگیری کردن
eine Demonstration ~ از تظاهراتی جلوگیری کردن
eine Inflation ~ از تورّمی جلوگیری کردن
eine Intervention ~ از مداخله ای جلوگیری کردن
die Kapitulation ~ از تسلیم شدن جلوگیری کردن
eine Katastrophe ~ از وقوع فاجعه ای جلوگیری کردن؛ مانع وقوع فاجعه ای شدن
einen Konflikt ~ از وقوع درگیری ای جلوگیری کردن
eine Panik ~ مانع وقوع ترس و وحشتی شدن
Verhinderung *f* جلوگیری؛ ممانعت
Verhinderungsgrund *m* دلیل جلوگیری؛ دلیل ممانعت
Verhinderungspolitik *f* سیاست جلوگیری؛ سیاست ممانعت
Verhör *n* بازپرسی؛ بازجویی
beim ~ auspacken در هنگام بازپرسی فاش کردن
verhören بازپرسی کردن؛ بازجویی کردن
einen Angeklagten ~ از متّهمی بازپرسی کردن
einen Zeugen ~ از شاهدی بازپرسی کردن
verjähren مشمول مرور زمان شدن
Verjährung *f* مشمول مرور زمان
~ der Strafverfolgung مشمول مرور زمان شدن پیگرد قانونی؛ مشمول مرور زمان شدن تعقیب جزایی
der ~ unterliegen مشمول مرور زمان بودن
Verkauf *m* فروش
verkaufen فروختن
Verkäufer/-in *m/f* فروشنده
Verkäufermarkt *m* بازار فروشندگان
Verkaufsagentur *f* نمایندگی فروش
Verkaufsangebot *n* پیشنهاد فروش
Verkaufsauftrag *m* سفارش فروش؛ فُرم سفارش فروش
Verkaufsbüro *n* دفتر فروش
Verkaufserlös *m* درآمد فروش؛ جمع فروش
Verkaufsförderung *f* بالابردن فروش
Verkaufsgebiet *n* حوزهٔ فروش
Verkaufsgespräch *n* مذاکره جهت فروش
Verkaufsgewinn *m* سود فروش
Verkaufskurs *m* نرخ فروش
Verkaufsleiter/-in *m/f* مدیر فروش
Verkaufslizenz *f* پروانهٔ فروش؛ جواز فروش
Verkaufsoption *f* اختیار فروش؛ حقّ فروش
Verkaufspreis *m* قیمت فروش
Verkaufsvertreter/-in *m/f* نمایندهٔ فروش؛ عامل فروش
Verkaufswert *m* ارزش فروش در بازار
Verkaufszentrale *f* مرکز فروش
Verkehr *m* ترافیک؛ عبور و مرور
den ~ eindämmen از گسترش ترافیک جلوگیری کردن؛ ترافیک را کاهش دادن
den ~ lahmlegen ترافیک را فلج کردن؛ ترافیک را از کار انداختن
Verkehrsabkommen *n* موافقت نامهٔ راه و ترابری
Verkehrsaufkommen *n* حجم ترافیک
Verkehrsausschuss *m* کمیسیون راه و ترابری
Verkehrsbehinderung *f* ایجاد اشکال در ترافیک
Verkehrsgefährdung *f* به خطراندازی ترافیک
Verkehrsinfrastruktur *f* زیرساخت های ترافیک
Verkehrskontrolle *f* کنترل ترافیک
Verkehrsminister/-in *m/f* وزیر راه و ترابری
Verkehrsministerium *n* وزارت راه و ترابری

Verkehrsmittel *n* وسیلهٔ نقلیّه
Verkehrsnetz *n* شبکهٔ ترافیک
Verkehrspolitik *f* سیاست ترافیک؛ سیاست راه و ترابری
Verkehrspolizist/-in *m/f* پلیس راهنمایی و رانندگی
Verkehrsregeln *fpl* مقرّرات راهنمایی و رانندگی
Verkehrsregelung *f* تنظیم ترافیک
Verkehrsunfall *m* حادثهٔ رانندگی
Verkehrsverbot *n* منع ترافیک؛ ممنوعیّت عبور و مرور
Verkehrsvorschriften *fpl* مقرّرات راهنمایی و رانندگی
Verkehrswert *m* ارزش مبادلاتی
verkennen درک نادرست داشتن؛ تشخیص نادرست داشتن
den Ernst der Lage ~ درک نادرستی از وضعیّت واقعی داشتن؛ درک نادرستی از وخامت اوضاع داشتن
Verkennung *f* درک نادرست؛ تشخیص نادرست
in ~ der tatsächlichen Lage درک نادرست از وضعیّت واقعی
verklagen شکایت کردن
jmdn. vor Gericht ~ از کسی به دادگاه شکایت کردن
verkraften از عهده برآمدن
finanziell nicht zu ~ به لحاظ مالی از عهدهٔ خرید چیزی برنیامدن
verkünden اعلام کردن
eine Entscheidung ~ تصمیمی را اعلام کردن
verkündigen اعلام کردن
Verkündigung *f* اعلام
Verkündung *f* اعلام
verkürzen کاهش دادن؛ تقلیل دادن
die Arbeitszeit ~ مدّت زمان کار را کاهش دادن

Verkürzung *f* کاهش؛ تقلیل
Verladeanlage *f* تأسیسات بارگیری
Verladehafen *m* بندر بارگیری
verladen بارگیری کردن
Verladepapiere *npl* اسناد حمل
Verladung *f* بارگیری
Verlag *m* بنگاه نشر؛ مؤسّسهٔ انتشارات
Verlagsindustrie *f* صنعت نشر
Verlagsrecht *n* حقّ نشر
Verlagsvertrag *m* قرارداد نشر
verlängern تمدید کردن
einen Pass ~ گذرنامه ای را تمدید کردن
einen Vertrag ~ قراردادی را تمدید کردن
ein Visum ~ ویزایی را تمدید کردن
Verlängerung *f* تمدید
Verlängerungsoption *f* حقّ تمدید
verlangsamen کندتر کردن؛ از سرعت کاستن
das Wirtschaftswachstum ~ رشد اقتصادی را کندتر کردن؛ از سرعت رشد اقتصادی کاستن
verlassen ترک کردن
das Kabinett ~ کابینه را ترک کردن؛ کابینهٔ دولت را ترک کردن
verlautbaren اعلام کردن
Verlautbarung *f* اعلامیّه؛ بیانیّه
Verleger/-in *m/f* ناشر؛ انتشاردهنده
Verlegerverband *m* اتّحادیّهٔ ناشران
verleihen 1) قرض دادن؛ به طور موقّت در اختیار گذاشتن 2) دادن؛ اعطا کردن
Verleiher/-in *m/f* 1) قرض دهنده 2) اعطاکننده
verletzbar *adj* آسیب پذیر
verletzen 1) زخمی کردن جریحه دارکردن 2) نقض کردن؛ تخلّف کردن
verletzlich *adj* 1) آسیب پذیر 2)زودرنج
Verletzung *f* 1) جریحه دارکردن 2) نقض؛

تخلّف 3) تجاوز

1) ~ des Nationalgefühls جریحه دارکردن احساس ملّی

2) eklatante ~ نقض آشکار؛ نقض فاحش

offenkundige ~ نقض آشکار؛ نقض فاحش

~ der Amtspflicht تخلّف از وظیفهٔ اداری

~ des Berufsgeheimnisses نقض اسرار شغلی

~ der Disziplin نقض انضباط

~ des Friedens نقض صلح

~ der Menschenrechte نقض حقوق بشر

~ der Neutralität نقض بیطرفی

~ der Vertragspflicht نقض تعهّد قراردادی

~ der Völkerrechtsprinzipien نقض اصول حقوق بین الملل

~ der Vorschriften نقض مقرّرات

3) ~ des fremden Territoriums تجاوز به خاک بیگانه؛ تجاوز به سرزمین بیگانه

~ des Luftraums تجاوز به حریم هوایی

verleugnen انکارکردن؛ منکرشدن

Verleugnung *f* انکار

verleumden تهمت زدن؛ هتک شرف کردن

Verleumder/-in *m/f* تهمت زن؛ هتّاک؛ مفتری

Verleumdung *f* افترا؛ تهمت زنی؛ هتّاکی؛ هتک شرف

verlieren 1) از دست دادن 2) گم کردن 3) باختن؛ مغلوب شدن؛ شکست خوردن

1) den Arbeitsplatz ~ کار را از دست دادن؛ بیکار شدن

die Initiative ~ ابتکار عمل را از دست دادن

einen Status ~ جایگاهی را از دست دادن

jmds. Vertrauen ~ اعتماد کسی را از دست دادن

2) den Personalausweis ~ کارت شناسایی را گم کردن

3) den Krieg ~ جنگ را باختن؛ در جنگ مغلوب شدن؛ در جنگ شکست خوردن

eine Schlacht ~ در نبردی شکست خوردن؛ در نبردی مغلوب شدن

die Wahlen ~ انتخابات را باختن؛ در انتخابات شکست خوردن

Verlierer/-in *m/f* بازنده

Verlust *m* 1) تلفات 2) ضرر؛ زیان؛ خسارت 3) از دست دادن

1) schwerer ~ تلفات سنگین

2) steuerlicher ~ زیان مالیاتی؛ ضرر مالی؛ خسارت مالی

unersetzlicher ~ زیان جبران ناپذیر؛ خسارت جبران ناپذیر؛ ضرر غیرقابل جبران

einen ~ ausgleichen زیانی را جبران کردن؛ ضرری را جبران کردن؛ خسارتی را جبران کردن

3) ~ des Arbeitsplatzes از دست دادن کار

~ der öffentlichen Ämter از دست دادن سمت های دولتی

~ eines Rechts از دست دادن حقّی

~ der Staatsangehörigkeit از دست دادن تابعیّت

~ des Wahlrechts از دست دادن حقّ رأی

Verlustabzug *m* کسرِ زیان

Verlustbilanz *f* تراز زیان؛ تراز میزان زیان؛ بیلان زیان؛ بیلان میزان زیان

Verlustminimierung *f* کمینه سازی زیان؛ به حداّقل رسانی زیان

Verlustquote *f* میزان زیان؛ میزان خسارت

Verlustrisiko *n* خطر زیان؛ خطر خسارت

vermarktbar *adj* بازاردار؛ قابل فروش

vermarkten فروختن؛ به فروش رساندن

Vermarktung *f* بازاریابی

Vermarktungsfirma *f* شرکت بازاریابی

vermeiden دوری گُزیدن؛ اجتناب کردن؛ احتراز کردن

die Inflation ~ از تورّم اجتناب کردن
den Konflikt ~ از درگیری اجتناب کردن
die Konfrontation ~ از برخورد اجتناب کردن؛ از مقابله اجتناب کردن؛ از رویارویی دوری گُزیدن
ein Risiko ~ از خطری احتراز کردن
Vermeidung *f* دوری گُزینی؛ اجتناب؛ احتراز
vermieten اجاره دادن
Vermieter/-in *m/f* اجاره دهنده؛ موجِّر
Vermietervereinigung *f* اتّحادیهٔ موجِّران
Vermietung *f* اجاردهی
vermindern کاستن؛ کاهش دادن؛ تقلیل دادن
das Defizit ~ کسری موازنه را کاهش دادن
den Wert ~ از ارزش (چیزی) کاستن؛ ارزش (چیزی) را کاهش دادن
Verminderung *f* کاهش؛ تقلیل
verminen مین گذاری کردن
ein Gebiet ~ منطقه ای را مین گذاری کردن
Verminung *f* مین گذاری
Vermisste *m/f* گمشده؛ مفقودالاثر
vermitteln میانجگری کردن؛ وساطت کردن
Vermittler/-in *m/f* میانجی؛ واسط؛ حقّ العمل کار
Vermittlung *f* میانجی گری؛ پادرمیانی؛ وساطت؛ حقّ العمل کاری
die ~ anbieten پیشنهاد وساطت کردن
Vermittlungsangebot *n* پیشنهاد پادرمیانی؛ پیشنهاد وساطت
das ~ ablehnen پیشنهاد وساطت را رد کردن
das ~ annehmen پیشنهاد وساطت را پذیرفتن
Vermittlungsauftrag *m* مأموریّت وساطت
Vermittlungsausschuss *m* کمیسیون وساطت
Vermittlungsgebühr *f* کارمزد دلاّلی؛ حقّ العمل دلاّلی
Vermittlungsmakler/-in *m/f* دلاّل؛ حقّ العمل کار
Vermittlungsstelle *f* دفتر وساطت؛ نمایندگی وساطت
Vermittlungsverfahren *n* جریان وساطت
Vermittlungsverhandlungen *fpl* مذاکرات وساطت
Vermittlungsvorschlag *m* پیشنهاد پادرمیانی؛ پیشنهاد وساطت
Vermögen *n* دارایی؛ مال؛ مال و اموال؛ ثروت
ausländisches ~ دارایی های خارجی؛ مال و اموال خارجی
beschlagnahmtes ~ دارایی مصادره شده؛ اموال مصادره شده
bewegliches ~ دارایی منقول
gesamtes ~ دارایی کل؛ کلّ دارایی
öffentliches ~ دارایی های دولتی؛ اموال دولتی؛ دارایی های عمومی
persönliches ~ دارایی شخصی
steuerpflichtiges ~ دارایی مشمول مالیات
unbewegliches ~ دارایی ثابت؛ دارایی غیرمنقول
das ~ besteuern مالیات بر دارایی بستن؛ مالیات دارایی را گرفتن
das ~ einziehen دارایی را مصادره کردن؛ مال و اموال را مصادره کردن
~ haben دارایی داشتن؛ دارای مال و اموال بودن
~ hinterlassen دارایی به جای گذاشتن؛ مال و اموال به جای گذاشتن
das ~ verwalten مال و اموال را اداره کردن
vermögend *adj* ثروتمند؛ دارا؛ توانگر؛ پولدار
Vermögensabgabe *f* مالیات دارایی
Vermögensanlage *f* سرمایه گذاری
Vermögensanteil *m* سهمیّهٔ دارایی
Vermögensberater/-in *m/f* رایزن مالی؛ مشاور مالی
Vermögensbeschlagnahme *f* مصادرهٔ دارایی؛ مصادرهٔ مال و اموال

Vermögensbesteuerung *f* مالیات بندی بر دارایی؛ مالیات دارایی
Vermögensbewertung *f* ارزیابی دارایی ها
Vermögensbildung *f* سرمایه سازی؛ تشکیل سرمایه
Vermögenserklärung *f* اظهارنامهٔ مالی
Vermögenslage *f* موقعیّت مالی؛ وضعیّت مالی؛ وضعیّت دارایی
Vermögensmehrung *f* افزایش دارایی؛ افزایش ثروت
Vermögenspolitik *f* سیاست تنظیم دارایی؛ سیاست تنظیم دارایی و ثروت
Vermögensrichtlinien *fpl* ضوابط و مقرّرات مربوط به دارایی
Vermögensrückgabe *f* بازگرداندن دارایی؛ بازگرداندن ثروت
Vermögensrücklage *f* اندوختهٔ سرمایه؛ ذخیرهٔ سرمایه
Vermögensstatus *m* وضعیّت دارایی
Vermögenssteuer *f* مالیات بر دارایی؛ مالیات بر ثروت
Vermögenssteuererhöhung *f* افزایش مالیات بر دارایی؛ افزایش مالیات بر ثروت
Vermögenssteuersenkung *f* کاهش مالیات بر دارایی؛ کاهش مالیات بر ثروت
Vermögensübertragung *f* انتقال دارایی
Vermögensumverteilung *f* بازتقیسم دارایی؛ بازتقسیم ثروت
Vermögensverlust *m* از دست دادن دارایی؛ زیان مالی
Vermögensvermehrung *f* افزایش دارایی؛ افزایش ثروت
Vermögensverschiebung *f* جابجایی ثروت
Vermögensverteilung *f* تقسیم دارایی
Vermögensverwalter/-in *m/f* مباشر مال و اموال
Vermögenswert *m* دارایی
eingefrorene ~e دارایی های منجمد
Erhaltung der ~e حفظ دارایی ها
Vermögenszuwachs *m* افزایش دارایی؛ افزایش ثروت
vermummen, sich چهرهٔ خود را پوشاندن؛ نقاب زدن
Vermummte *m/f* روی پوشیده؛ نقاب دار
Vermummungsverbot *n* منع پوشش چهره با نقاب
vermuten انگاشتن؛ گمان کردن؛ حدس زدن
vermutlich *adj* انگاشتنی؛ محتمل
Vermutung *f* انگاره؛ گمان؛ حدس
vernehmen بازپرسی کردن
Vernehmung *f* بازپرسی
eidliche ~ بازپرسی به قید سوگند
öffentliche ~ بازپرسی علنی
polizeiliche ~ بازپرسی از سوی پلیس
richterliche ~ بازپرسی از سوی قاضی دادگاه؛ بازپرسی قضایی
~ eines Zeugen بازپرسی از یک شاهد
Vernehmungsbeamte *m* مأمور بازپرس (مرد)
Vernehmungsbeamtin *f* مأمور بازپرس (زن)
Vernehmungsbeschluss *m* حکم بازپرسی
vernehmungsfähig *adj* قادر به بازپرسی
Vernehmungsoffizier/-in *m/f* افسر بازپرس
Vernehmungsprotokoll *n* صورتجلسهٔ بازپرسی
Vernehmungsrichter/-in *m/f* قاضی بازپرس
verneinen پاسخ منفی دادن؛ جواب منفی دادن؛ نفی کردن
eine Frage ~ به پرسشی پاسخ منفی دادن؛ به سؤالی جواب منفی دادن
Verneinung *f* پاسخ منفی؛ جواب منفی؛ نفی

vernichten نابود کردن
den Feind ~ دشمن را نابود کردن
eine Urkunde ~ سندی را نابود کردن
vernichtend *adj* کوبنده؛ نابودکننده
~e Kritik انتقاد کوبنده
Vernichtung *f* نابودی
Vernichtungskrieg *m* جنگ ویرانگر؛ جنگ نابودگرانه
Vernichtungslager *n* اُردوگاه نابودی
Vernichtungsschlag *m* ضربهٔ پایانی؛ ضربهٔ نابودکننده
Vernichtungswaffen *fpl* جنگ ابزارهای ویرانگر؛ سلاح های ویرانگر؛ سلاح های نابودکننده
Vernunft *f* عقل؛ خرد
vernünftig *adj* 1) عاقل؛ باشعور 2) عاقلانه 3) درست و حسابی؛ مناسب حال
veröffentlichen منتشر کردن
Veröffentlichung *f* انتشار؛ نشر
amtliche ~ انتشار رسمی
~ einer Kritik نشر یک انتقاد؛ نشر یک نقد
~ einer Reportage نشر یک گزارش؛ نشر یک رپورتاژ
verordnen دستور دادن؛ مقرّر داشتن
Verordnung *f* مقرّره؛ دستور
~en erlassen مقرّرات وضع کردن
verpachten اجاره دادن
Verpachtung *f* اجاره داری؛ اجاره دهی
verpacken بسته بندی کردن
Verpackung *f* بسته بندی
Verpackungsindustrie *f* صنایع بسته بندی
verpfänden گرو گذاشتن؛ وثیقه گذاشتن
Verpfändung *f* گروگذاری؛ وثیقه گذاری
verpflichten متعهّد کردن؛ ملتزم کردن
verpflichten, sich تعهّد کردن؛ التزام سپردن

Verpflichtung *f* تعهّد؛ الزام
außenpolitische ~en تعهّدات مربوط به سیاست خارجی
bedingte ~en تعهّدات مشروط
bindende ~en تعهّدات الزام آور
gegenseitige ~ تعهّد متقابل
geldliche ~en تعهّدات پولی
gesellschaftliche ~en تعهّدات اجتماعی
gesetzliche ~ تعهّد قانونی
internationale ~en تعهّدات بین المللی
militärische ~en تعهّدات نظامی
moralische ~en تعهّدات اخلاقی
persönliche ~en تعهّدات شخصی
rechtliche ~ تعهّد حقوقی؛ تعهّد قانونی
sämtliche ~en کلیهٔ تعهّدات
schwere ~en تعهّدات سنگین
stillschweigende ~en تعهّدات ضمنی
unmittelbare ~en تعهّدات بلافاصله
verbindliche ~en تعهّدات الزام آور
zwingende ~en تعهّدات الزام آور
eine ~ auferlegen تعهّدی را (به عهدهٔ کسی) واگذار کردن
eine ~ auf sich nehmen تعهّدی را پذیرفتن؛ تعهّدی را متقبّل شدن
von einer ~ befreien از تعهّدی معاف کردن
eine ~ eingehen تعهّد کردن
von einer ~ entbinden از تعهّدی معاف کردن
eine ~ erfüllen به تعهّدی عمل کردن؛ تعهّدی را انجام دادن
eine ~ übernehmen تعهّدی را پذیرفتن؛ تعهّدی را تقبّل کردن
seinen ~en nachkommen به تعهّدات خود عمل کردن
Verrat *m* 1) خیانت 2) فاش سازی؛ افشا

1) einen ~ begehen خیانت کردن
jmdn. des ~s beschuldigen کسی را متّهم به خیانت کردن
2) ~ militärischer Geheimnisse فاش سازی اسرار نظامی؛ افشای اسرار نظامی
~ von Staatsgeheimnissen فاش سازی اسرار کشوری؛ افشای اسرار دولتی
verraten 1) خیانت کردن 2) لو دادن؛ فاش کردن
1) das Vaterland ~ به سرزمین پدری خیانت کردن
2) einen Plan ~ نقشه ای را لو دادن
Verräter/-in *m/f* خیانتکار؛ خائن
verräterisch *adj* خیانتکارانه؛ خائنانه
verringern کاهش دادن؛ تقلیل دادن
den Export ~ صادرات را کاهش دادن
den Import ~ واردات را کاهش دادن
das Personal ~ پرسنل را کاهش دادن؛ کارکنان را کاهش دادن
Verringerung *f* کاهش؛ تقلیل
Verruf *m* بدنامی
in ~ bringen بدنام کردن
in ~ geraten بدنام شدن
versammeln, sich گردهم آمدن؛ اجتماع کردن
Versammlung *f* گردهمایی؛ اجلاس؛ جلسه
öffentliche ~ گردهمایی همگانی؛ اجلاس عمومی
ordentliche ~ اجلاس عادّی
politische ~ گردهمایی سیاسی
unerlaubte ~ گردهمایی غیرقانونی؛ اجلاس غیرقانونی
widerrechtliche ~ گردهمایی غیرقانونی؛ اجلاس غیرقانونی
zulässige ~ گردهمایی قانونی؛ اجلاس قانونی
eine ~ abhalten گردهمایی ای را برگزار کردن؛ جلسه ای را برگزار کردن
eine ~ auflösen گردهمایی ای را منحل کردن
eine ~ einberufen به یک گردهمایی دعوت کردن؛ به جلسه ای دعوت کردن
eine ~ eröffnen گردهمایی ای را افتتاح کردن
eine ~ leiten سرپرستی گردهمایی ای را به عهده داشتن؛ جلسه ای را اداره کردن
auf einer ~ sprechen در یک گردهمایی سخنرانی کردن
eine ~ stören در گردهمایی ای اخلال کردن
eine ~ vertagen گردهمایی ای را به تعویق انداختن
Versammlungserlaubnis *f* اجازهٔ گردهمایی؛ اجازهٔ تشکیل اجتماعات
Versammlungsfreiheit *f* آزادی اجتماعات
Versammlungsleiter/-in *m/f* سرپرست گردهمایی
Versammlungsort *m* محلّ گردهمایی
Versammlungsverbot *n* جلوگیری از گردهمایی ها؛ منع تشکیل اجتماعات
Versand *m* 1) ارسال؛ ارسال کالا 2) شرکت ارسال کالا
Versandabteilung *f* بخش ارسال کالا؛ بخش ارسال کالا در یک شرکت
Versandhaus *n* بنگاه ارسال کالا؛ شرکت ارسال کالا
Versandkosten *f* هزینهٔ ارسال کالا
verschanzen, sich در پشت سنگر پناه گرفتن؛ در پشت استحکامات پناه گرفتن
verschärfen تشدید کردن
verschärfen, sich تشدید یافتن
Verschärfung *f* تشدید
~ der Bedingungen تشدید شرایط؛ سخت تر شدن شرایط؛ تشدید اوضاع و احوال
~ der Krise تشدید بحران؛ بالا گرفتن بحران
~ des Wettbewerbs تشدید رقابت
verschieben به تعویق انداختن؛ به عقب انداختن؛

واپس افکندن
einen Besuchstermin ~ قرار ملاقاتی را
به تعویق انداختن؛ وقت ملاقاتی را به عقب انداختن
Verschiebung *f* به تعویق اندازی؛ واپس افکنی
verschiffen با کشتی حمل کردن
Verschiffung *f* حمل با کشتی
~ von Waren حمل کالاها با کشتی
verschleiern پرده پوشی کردن؛ سرپوش نهادن؛
ظاهرسازی کردن
eine Bilanz ~ ترازنامه ای را ظاهرسازی کردن؛
بر مندرجات ترازنامه ای سرپوش نهادن
Verschleierung *f* پرده پوشی
Verschleierungspolitik *f* سیاست پرده پوشی
verschleppen 1) آدم ربایی کردن؛
آدم دزدی کردن 2) عمداً به تأخیر انداختن
Verschlepper/-in *m/f* آدم ربا؛ آدم دزد
Verschleppte *m/f* فرد ربوده شده
Verschleppung *f* 1) آدم ربایی؛ آدم دزدی
2) به تأخیراندازی عمدی
verschleudern حیف و میل کردن
Steuergelder ~ وجوه مالیاتی را حیف و میل کردن
Verschleuderung *f* حیف و میل
verschmutzen آلوده کردن
die Gewässer ~ آب ها را آلوده کردن
die Umwelt ~ زیستگاه را آلوده کردن؛
محیط زیست را آلوده کردن
Verschmutzung *f* آلوده سازی
verschollen 1) گمشده؛ مفقود؛ مفقودالاثر
2) موت فرضی
Verschollene *m/f* فرد گمشده؛ فرد مفقودالاثر
verschuldet *adj* بدهکار؛ مقروض
Verschuldung *f* بدهکاری؛ بدهی؛ قرض
öffentliche ~ بدهی دولتی؛ قرضه عمومی
verschweigen کتمان کردن؛ پنهان داشتن

die Wahrheit ~ حقیقت را کتمان کردن؛ حقیقت را
پنهان داشتن
verschwenden هدر دادن؛ حیف و میل کردن؛
اسراف کردن
Geld ~ پول هدر دادن؛ پول اسراف کردن؛
ولخرجی کردن
Strom ~ در مصرف برق اسراف کردن
Verschwendung *f* حیف و میل؛ اسراف
Verschwendungssucht *f* اعتیاد به ولخرجی؛
اعتیاد به اسراف
verschwören, sich توطئه کردن؛ دسیسه چیدن
Verschwörer/-in *m/f* توطئه گر
Verschwörung *f* توطئه؛ دسیسه چینی؛ زد و بند
gemeine ~ توطئهٔ شوم
eine ~ aufdecken توطئه ای را افشا کردن؛
توطئه ای را بر ملاء کردن؛ دسیسه ای را افشا کردن
versetzen منتقل کردن
einen Beamten ~ کارمندی را منتقل کردن
Versetzung *f* انتقال
zeitweilige ~ انتقال موقّت
Versicherer *m* بیمه گر
versichern 1) بیمه کردن 2) اطمینان دادن
1) jmdn. ~ کسی را بیمه کردن
2) eidesstattlich ~ به قید سوگند اطمینان دادن
eidlich ~ به قید سوگند اطمینان دادن
versichern, sich خود را بیمه کردن
Versicherte *m/f* بیمه گذار
Versicherung *f* بیمه
eine ~ abschließen بیمه بستن؛ بیمه ای را
منعقد کردن
Versicherungsablauf *m* انقضای بیمه
Versicherungsagent/-in *m/f* نمایندهٔ بیمه؛
نمایندهٔ شرکت بیمه؛ عامل بیمه
Versicherungsamt *n* ادارهٔ بیمه

Versicherungsanspruch *m* ادّعای خسارت بیمه

Versicherungsanstalt *f* بنگاه بیمه؛ شرکت بیمه

Versicherungsantrag *m* درخواست بیمه؛
تقاضای بیمه

Versicherungsbedingungen *fpl* شرایط بیمه؛
شرایط بیمه شدن

Versicherungsbeginn *m* شروع بیمه

Versicherungsbeitrag *m* حقّ بیمه

Versicherungsbescheinigung *f* گواهی بیمه

Versicherungsbetrug *m* کلاهبرداری از بیمه؛
سوء استفاده از بیمه

Versicherungsfonds *m* صندوق وجوه بیمه؛
دارایی بیمه

Versicherungsgeber *m* بیمه گر

Versicherungsgesellschaft *f* شرکت بیمه

Versicherungskasse *f* صندوق بیمه

Versicherungsleistung *f* بازداد بیمه؛
مبلغ پرداختنی از سوی بیمه

Versicherungsmakler/-in *m/f* دلّال بیمه؛
دلّال شرکت بیمه؛ واسطهٔ بیمه؛ واسطهٔ شرکت بیمه

Versicherungsnehmer/-in *m/f* بیمه گذار؛
بیمه شونده

Versicherungspflicht *f* وظیفهٔ داشتن بیمه؛
لزوم داشتن بیمه؛ بیمهٔ اجباری

Versicherungspolice *f* بیمه نامه

Versicherungsschein *m* گواهی بیمه

Versicherungsschutz *m* پوشش بیمه

Versicherungsträger *m* بیمه گر

Versicherungsunternehmen *n* بنگاه بیمه؛
شرکت بیمه

Versicherungsunternehmer/-in *m/f*
بنگاه دار بیمه؛ صاحب شرکت بیمه

Versicherungsverband *m* اتّحادیّهٔ بیمه گذاران

Versicherungsvertrag *m* قرارداد بیمه

Versicherungsvertreter/-in *m/f* نمایندهٔ بیمه؛
نمایندهٔ شرکت بیمه

Versicherungswert *m* ارزش بیمه

versöhnen, sich آشتی کردن

Versöhnung *f* آشتی

versorgen تهیّه دیدن؛ تدارک دیدن

die Truppen ~ برای نیروهای نظامی آذوقه و
مهمّات تهیّه دیدن؛ به نیروهای نظامی آذوقه و
مهمّات رساندن

Versorgung *f* تهیّه؛ تدارک

Versorgungsanstalt *f* مؤسّسهٔ تدارکات

Versorgungsbereich *m* بخش تدارکات

Versorgungsbetrieb *m* شرکت تدارکات؛ شرکت
خدمات

öffentlicher ~ شرکت خدمات همگانی؛ شرکت
خدمات عمومی

Versorgungseinheit *f* یکان تدارکات؛ واحد
تدارکات

Versorgungsengpass *m* نارسایی در تدارکات

Versorgungsgüter *npl* کالاهای تدارکاتی

Versorgungskrise *f* بحران تأمین آذوقه

Versorgungslage *f* وضعیّت تدارکات

Versorgungslinie *f* خطّ تدارکات

Versorgungslücke *f* کمبود تدارکات

Versorgungsschiff *n* کشتی تدارکات

Versorgungsschwierigkeiten *fpl*
مشکلات تدارکاتی

Versorgungsstützpunkt *m* پایگاه تدارکات

versprechen قول دادن؛ وعده دادن

Versprechen *n* قول؛ وعده

leeres ~ وعدهٔ پوچ و توخالی

verstaatlichen دولتی کردن؛ ملّی کردن

eine Gesellschaft ~ شرکتی را دولتی کردن؛
شرکتی را ملّی کردن

die Industrie ~ صنایع را دولتی کردن؛ صنایع را ملّی کردن
Verstaatlichung *f* ملّی سازی؛ دولتی کردن
Verständigung *f* هم فهمی؛ تفاهم
Verständigungspolitik *f* سیاست هم فهمی؛ سیاست تفاهم
Verständigungsprobleme *fpl* مشکلات هم فهمی؛ مشکلات تفاهم
verstärken 1) تقویّت کردن 2) تشدید کردن؛ بر شدّت افزودن 3) افزایش دادن
1) die Front ~ جبهه را تقویّت کردن
die Truppen ~ نیروهای نظامی را تقویّت کردن
2) Angriffe ~ بر شدّت حملات افزودن
die Bewachung ~ محافظت را شدیدتر کردن
3) den Export ~ صادرات را افزایش دادن
den Import ~ واردات را افزایش دادن
verstärken, sich 1) تقویّت یافتن 2) شدّت یافتن
Verstärkung *f* 1) تقویّت؛ توان افزایی 2) تشدید
Versteigerer/-in *m/f* حراج گذار؛ دلاّل
versteigern حراج کردن
Versteigerung *f* حراج
gerichtliche ~ حراج از سوی دادگاه
öffentliche ~ حراج عمومی
zur ~ anbieten به حراج گذاشتن
versteuern مالیات (کالایی را) پرداختن
Versteuerung *f* پرداخت مالیات (کالایی)
~ einer Ware پرداخت مالیات یک کالا
Verstoß *m* نقض؛ تخلّف
verstoßen نقض کردن؛ تخلّف کردن
gegen die Bestimmungen ~ مقرّرات را نقض کردن
gegen das Gesetz ~ قانون را نقض کردن
gegen das Prokoll ~ پروتکل تشریفات را نقض کردن؛ پروتکل تشریفات را رعایت نکردن
gegen einenVertrag ~ قراردادی را نقض کردن
verstricken, sich خود را درگیر (مسأله ای) کردن؛ خود را گرفتار (مسأله ای) کردن
Verstrickung *f* درگیری (با مسأله ای)
versuchen 1) کوشش کردن 2) آزمایش کردن
Versuchsergebnisse *npl* نتایج آزمایش
Versuchsprojekt *n* طرح آزمایشی
vertagen به تعویق انداختن
Vertagung *f* تعویق؛ به تعویق اندازی
erneute ~ به تعویق اندازی مجدّد
~ wegen Beschlussunfähigkeit تعویق به لحاظ نداشتن حدّ نصاب در رأی گیری
~ der Debatte به تعویق اندازی مباحثه
~ einer Gerichtsverhandlung به تعویق اندازی یک دادرسی
~ einer Sitzung به تعویق اندازی یک نشست
~ von Verhandlungen به تعویق اندازی مذاکرات
verteidigen دفاع کردن
den Angeklagten ~ از متّهم دفاع کردن
die Freiheit ~ از آزادی دفاع کردن
ein Land ~ از سرزمینی دفاع کردن
eine Ordnung ~ از نظامی دفاع کردن
eine These ~ از تزی دفاع کردن
verteidigen, sich از خود دفاع کردن
Verteidiger/-in *m/f* مدافع
Verteidigung *f* پدافند؛ دفاع
nationale ~ پدافند ملّی؛ دفاع ملّی
standhafte ~ دفاع تزلزل ناپذیر
tapfere ~ دفاع شجاعانه؛ دفاع دلیرانه
die ~ organisieren (سیستم) دفاعی را سازمان دهی کردن
Verteidigungsabkommen *n* پیمان نامهٔ دفاعی؛ پیمان دفاعی
Verteidigungsallianz *f* اتّحادیّهٔ دفاعی

Verteidigungsanlagen *fpl* تأسیسات دفاعی

Verteidigungsanstrengungen *fpl* مجموعه تلاش های دفاعی

Verteidigungsaufgaben *fpl* وظایف دفاعی

Verteidigungsausgaben *fpl* هزینه های دفاعی

Verteidigungsausschuss *m* کمیسیون دفاعی

Verteidigungsbeitrag *m* کمک دفاعی

verteidigungsbereit *adj* آمادهٔ دفاع

Verteidigungsbereitschaft *f* آمادگی برای دفاع

Verteidigungsbündnis *n* پیمان دفاعی؛ اتّحادیّهٔ دفاعی

Verteidigungsdebatte *f* مباحثه دربارهٔ امور دفاعی

Verteidigungsetat *m* بودجهٔ دفاعی

Verteidigungsfähigkeit *f* توانایی نظامی

die ~ erhöhen بر توانایی نظامی افزودن؛ توانایی نظامی را افزایش دادن

Verteidigungsfall *m* مورد دفاع

Verteidigungsfront *f* جبههٔ دفاع

Verteidigungsfunktionen *fpl* وظایف دفاعی

Verteidigungsgemeinschaft *f* جامعهٔ دفاعی

Verteidigungshaushalt *m* بودجهٔ دفاعی

Verteidigungsinteressen *npl* مصالح تدافعی

gemeinsame ~ مصالح تدافعی مشترک

Verteidigungsinvestitionen *fpl* سرمایه گذاری در امور دفاعی

Verteidigungskampf *m* نبرد تدافعی

Verteidigungskooperation *f* همکاری در امور دفاعی

Verteidigungskraft *f* توان دفاعی؛ قدرت دفاعی

Verteidigungskrieg *m* جنگ تدافعی

Verteidigungslinie *f* خطّ دفاعی

Bildung einer ~ ایجاد یک خطّ دفاعی

die ~n durchbrechen خطوط دفاعی را شکافتن؛ در خطوط دفاعی شکاف ایجاد کردن

Verteidigungsmaßnahmen *fpl* اقدامات دفاعی

Verteidigungsminister/-in *m/f* وزیر دفاع؛ وزیر پدافند

Verteidigungsministerium *n* وزارت دفاع؛ وزارت پدافند

Verteidigungsmittel *f* وجوه دفاعی

Verteidigungsnotstand *m* وضعیّت فوق العادهٔ دفاعی

Verteidigungsorganisation *f* سازمان دفاعی؛ تشکیلات دفاعی

Verteidigungspakt *m* پیمان دفاعی

Verteidigungsplanung *f* برنامه ریزی دفاعی

Verteidigungspolitik *f* سیاست دفاعی

nationale ~ سیاست دفاع ملّی؛ سیاست پدافند ملّی

Verteidigungspolitiker/-in *m/f* سیاستمدار امور دفاعی

Verteidigungspotential *n* توانمندی دفاعی؛ توانش دفاعی؛ امکانات دفاعی

Verteidigungsrat *m* شورای دفاع

gemeinsamer ~ شورای مشترک دفاع

Verteidigungsring *m* حلقهٔ دفاعی

Verteidigungsschlacht *f* نبرد تدافعی

Verteidigungsstellung *f* موضع دفاعی

Verteidigungsstratege *m* استراتژی دان امور دفاعی؛ طرّاح امور دفاعی

Verteidigungsstrategie *f* استراتژی دفاعی

Verteidigungssystem *n* سیستم دفاعی

Verteidigungswaffen *fpl* جنگ ابزارهای دفاعی؛ سلاح های دفاعی

Verteidigungszustand *m* وضعیّت دفاعی

Verteidigungszwecke *mpl* اهداف دفاعی

verteilen پخش کردن؛ توزیع کردن؛ تقسیم کردن

Verteilung *f* پخش؛ توزیع؛ تقسیم

gerechte ~ توزیع عادلانه؛ تقسیم عادلانه
ungerechte ~ توزیع ناعادلانه؛ تقسیم ناعادلانه
~ der Gewinne تقسیم سود
~ der Hilfsgüter پخش کالاهای کمکی؛ تقسیم کالاهای کمکی
~ der Lasten تقسیم هزینه ها؛ تقسیم بار هزینه ها
~ des Nachlasses تقسیم ماترک؛ تقسیم ارث
Verteilungskosten *f* هزینهٔ پخش؛ هزینهٔ توزیع
Verteilungsplan *m* برنامهٔ توزیع؛ طرح توزیع؛ برنامهٔ تقیسم؛ طرح تقسیم
Verteilungsprobleme *npl* مشکلات توزیع؛ مشکلات تقسیم
Verteilungsverfahren *n* سیستم پخش؛ سیستم توزیع؛ سیستم تقسیم؛ روش توزیع
verteuern گرانتر کردن؛ بر قیمت افزودن
verteuern, sich گرانتر شدن
Verteuerung *f* بالابردن قیمت؛ افزایش قیمت
verteufeln (کسی را) ضایع کردن؛ (کسی را) بد جلوه دادن
vertiefen تعمیق کردن؛ تحکیم بخشیدن
Vertiefung *f* تعمیق؛ تحکیم
zur ~ beiderseitiger Beziehungen جهت تعمیق روابط دوجانبه؛ به منظور تحکیم روابط دوجانبه
Vertrag *m* قرارداد
abgeschlossener ~ قرارداد بسته شده؛ قرارداد منعقد
anfechtbarer ~ قرارداد اعتراض پذیر؛ قرارداد قابل اعتراض
befristeter ~ قرارداد محدود
bilateraler ~ قرارداد دوسویه؛ قرارداد دوجانبه
bindender ~ قرارداد الزام آور؛ قرارداد لازم الاجرا
fester ~ قرارداد سفت و سخت؛ قرارداد محکم
gültiger ~ قرارداد معتبر
laufender ~ قرارداد جاری
multilateraler ~ قرارداد چندسویه؛ قرارداد چندجانبه
mündlicher ~ قرارداد گفتاری؛ قرارداد شفاعی
schriftlicher ~ قرارداد نوشتاری؛ قرارداد کتبی
stillschweigender ~ قرارداد ضمنی
unbefristeter ~ قرارداد نامحدود
ungültiger ~ قرارداد بی اعتبار؛ قرارداد باطل
unkündbarer ~ قرارداد فسخ ناپذیر؛ قرارداد غیرقابل فسخ
unwiderruflicher ~ قرارداد فسخ ناپذیر؛ قرارداد غیرقابل فسخ
unzulässiger ~ قرارداد غیرمجاز؛ قرارداد غیرقانونی
widerrufbarer ~ قرارداد فسخ پذیر؛ قرارداد قابل فسخ
widerruflicher ~ قرارداد فسخ پذیر؛ قرارداد قابل فسخ
zulässiger ~ قرارداد مجاز؛ قرارداد قانونی
von einem ~ abrücken خود را از قراردادی کنار کشیدن؛ قراردادی را فسخ کردن
einen ~ abschließen قرارداد بستن؛ قراردادی را منعقد کردن
einen ~ anfechten قراردادی را به رسمیّت نشناختن؛ به قراردادی اعتراض کردن
einen ~ annehmen قراردادی را پذیرفتن
einen ~ aufheben قراردادی را فسخ کردن
einen ~ aufkündigen قراردادی را منقضی کردن؛ قراردادی را فسخ کردن
einen ~ auflösen قراردادی را فسخ کردن
in den ~ aufnehmen در قرارداد وارد کردن؛ در قرارداد قید کردن
einen ~ aufsetzen قراردادی را تنظیم کردن
einen ~ ausarbeiten قراردادی را تنظیم کردن
einen ~ aushandeln از راه مذاکرات به عقد قراردادی دست یافتن

einem ~ beitreten به قراردادی پیوستن

sich auf einen ~ berufen به قراردادی استناد کردن

einen ~ brechen قراردادی را شکستن؛ قراردادی را نقض کردن

einen ~ eingehen قرارداد بستن؛ قراردادی را منعقد کردن

einen ~ einhalten به قراردادی پای بند بودن؛ قراردادی را رعایت کردن

einen ~ entwerfen قراردادی را پیش نویس کردن؛ قراردادی را طرّاحی کردن

einen ~ erfüllen قراردادی را اجرا کردن

einen ~ erneuern قراردادی را تجدید کردن

einen ~ formulieren قراردادی را فرمول بندی کردن؛ قراردادی را تنظیم کردن

einen ~ in Abrede stellen قراردادی را انکارکردن؛ قراردادی را حاشا کردن

einen ~ in Kraft setzen قراردادی را به اجرا گذاشتن

einen ~ prüfen قراردادی را مورد بررسی قرار دادن

einen ~ schließen قرارداد بستن؛ قراردادی را منعقد کردن

einen ~ stornieren قراردادی را باطل کردن؛ قراردادی را فسخ کردن

einen ~ überprüfen قراردادی را دوباره مورد بررسی قرار دادن

einen ~ unterschreiben قراردادی را امضا کردن

einen ~ verlängern قراردادی را تمدید کردن

einen ~ verletzen قراردادی را نقض کردن

gegen einen ~ verstoßen قراردادی را نقض کردن

einen ~ widerrufen قراردادی را بازپس گرفتن؛ قراردادی را فسخ کردن

von einem ~ zurücktreten از قراردادی کنار کشیدن؛ قراردادی را فسخ کردن

Vertragsablauf *m* انقضای قرارداد

Vertragsablehnung *f* ردّ قرارداد

Vertragsabschluss *m* بستن قرارداد؛ انعقاد قرارداد

Vertragsänderung *f* اصلاح قرارداد

eine ~ vornehmen قراردادی را اصلاح کردن؛ مبادرت به اصلاح قراردادی کردن

Vertragsanfechtung *f* به رسمیّت نشناختن قرارداد؛ اعتراض به قرارداد

Vertragsangebot *n* پیشنهاد قرارداد

Vertragsannahme *f* پذیرش قرارداد

Vertragsannullierung *f* فسخ قرارداد؛ لغو قرارداد

Vertragsaufhebung *f* فسخ قرارداد؛ لغو قرارداد

eine ~ beschließen فسخ قراردادی را به تصویب رساندن

einer ~ zustimmen با فسخ قراردادی موافقت کردن

Vertragsauflösung *f* فسخ قرارداد؛ لغو قرارداد

Vertragsausführung *f* اجرای قرارداد

Vertragsbedingungen *fpl* شرایط قرارداد؛ شرایط انعقاد قرارداد

günstige ~ شرایط مساعد قرارداد

ungünstige ~ شرایط نامساعد قرارداد

die ~ ablehnen شرایط قرارداد را رد کردن

die ~ akzeptieren شرایط قرارداد را پذیرفتن

den ~ zustimmen با شرایط قرارداد موافقت کردن

Vertragsbestandteil *m* جزء قرارداد

Vertragsbestimmungen *fpl* موارد تعیین شده در قرارداد

Vertragsbindung *f* تعهّد قراردادی

Vertragsbrecher/-in *m/f* قراردادشکن؛ ناقض قرارداد؛ فرد ناقض قرارداد

Vertragsbruch *m* قراردادشکنی؛ نقض قرارداد

vertragsbrüchig *adj* ناقض قرارداد

~ werden ناقض قرارداد شدن

Vertragsdauer *f* مدّت قرارداد
Vertragsentwurf *m* پیش نویس قرارداد؛ طرح قرارداد
Vertragserneuerung *f* تجدید قرارداد
Vertragsfirma *f* شرکت پیمانکاری؛ شرکت مقاطعه کاری
Vertragsformulierung *f* فرمول بندی قرارداد؛ تنظیم قرارداد
Vertragsfortsetzung *f* ادامهٔ قرارداد؛ تمدید قرارداد
Vertragsgebiet *n* منطقهٔ قراردادی؛ منطقهٔ زیر پوشش قرارداد
Vertragsgegenstand *m* موضوع قرارداد
Vertragsgrundlage *f* پایهٔ قرارداد؛ اساس قرارداد
Vertragshändler/-in *m/f* دلّال مجاز به بستن قرارداد
Vertragsinhalt *m* مضمون قرارداد؛ مندرجات قرارداد
Vertragsjahr *n* سال انعقاد قرارداد
Vertragskündigung *f* فسخ قرارداد؛ لغو قرارداد
vertragsmäßig *adj* طبق قرارداد
Vertragsparagraf *m* پاراگراف قرارداد؛ مادّهٔ قرارداد
Vertragspartei *f* طرف قرارداد
Vertragspartner/-in *m/f* طرف قرارداد
Vertragspflicht *f* تعهّد قراردادی
seine ~ erfüllen به تعهّد قراردادی خود عمل کردن
Vertragspreis *m* قیمت قراردادی؛ قیمت مقاطعه ای
Vertragsprüfung *f* بررسی قرارداد
Vertragsregelung *f* تنظیم قرارداد
Vertragsrücktritt *m* کناره گیری از قرارداد؛ لغو قرارداد؛ فسخ قرارداد
Vertragsschließung *f* بستن قرارداد؛ انعقاد قرارداد
Vertragsstrafe *f* جریمهٔ قراردادی؛ جریمهٔ ناشی از عدم رعایت قرارداد
Vertragsstreitigkeiten *fpl* اختلافات ناشی از تفسیر قرارداد
Vertragsteilnehmer/-in *m/f* طرف قرارداد
Vertragstermin *m* موعد انعقاد قرارداد
Vertragstext *m* متن قرارداد
Vertragsvergabe *f* اعطای قرارداد پیمانکاری؛ اعطای قرارداد مقاطعه کاری
Vertragsverhandlungen *fpl* مذاکرات مربوط به قرارداد
Vertragsverlängerung *f* تمدید قرارداد
Vertragsverletzung *f* نقض قرارداد
Vertragsverpflichtungen *fpl* تعهّدات ناشی از قرارداد
vertragswidrig *adj* مغایر قرارداد؛ خلاف قرارداد
Vertragswidrigkeit *f* مغایرت با قرارداد
Vertragszweck *m* هدف قرارداد
Vertrauen *n* اعتماد؛ باورداشت
blindes ~ اعتماد کورکورانه
festes ~ اعتماد راسخ
grenzenloses ~ اعتماد بی حدّ و مرز
großes ~ اعتماد زیاد؛ اعتماد شدید
starkes ~ اعتماد شدید
unbegrenztes ~ اعتماد بی نهایت؛ اعتماد بی حدّ و مرز
unerschütterliches ~ اعتماد تزلزل ناپذیر
unzerstörbares ~ اعتماد همیشگی
volles ~ اعتماد کامل
das ~ aussprechen رأی اعتماد دادن
das ~ entziehen سلب اعتماد کردن
sich das ~ erschleichen با دوز و کلک اعتماد (کسی را) به دست آوردن
jmds. ~ genießen از اعتماد کسی برخوردار بودن

jmds. ~ gewinnen	اعتماد کسی را به دست آوردن
jmds. ~ missbrauchen	
	از اعتماد کسی سوء استفاده کردن
jmds. ~ verlieren	اعتماد کسی را از دست دادن
Vertrauensabstimmung f	رأی اعتماد
Vertrauensbruch m	قطع اعتماد
Vertrauensfrage f	درخواست رأی اعتماد
	(از مجلس)
die ~ stellen	درخواست رأی اعتماد کردن
Vertrauenskrise f	عدم اعتماد کافی؛ بحران
	ناشی از عدم اعتماد
Vertrauensmissbrauch m	سوء استفاده از اعتماد
Vertrauensverhältnis n	رابطهٔ مبتنی بر اعتماد
Vertrauensverlust m	از دست دادن اعتماد
Vertrauensgewinn m	به دست آوردن اعتماد؛
	دست یابی به اعتماد
Vertrauensvotum n	رأی اعتماد
vertrauenswürdig adj	قابل اعتماد
Vertrauenswürdigkeit f	قابلیّت اعتماد
vertraulich adj	محرمانه
~e Besprechung	گفتگوی محرمانه؛ مذاکرهٔ محرمانه
~e Mitteilung	گزارش محرمانه؛ خبر محرمانه
vertreiben	بیرون راندن؛ طرد کردن
Vertreibung f	بیرون راندن؛ اخراج؛
	طرد؛ پاک سازی قومی
~ fremder Truppen	بیرون راندن نیروهای نظامی
	بیگانه
Vertreibungskrieg m	جنگ طرد؛
	جنگ پاک سازی قومی
Vertreibungspolitik f	سیاست طرد؛ سیاست
	پاک سازی قومی
vertreten	نماینده بودن؛ نمایندگی کردن؛
	نمایندگی داشتن
eine Firma ~	شرکتی را نمایندگی کردن

eine Meinung ~	نمایندهٔ نظری بودن؛ از عقیده ای
	جانبداری کردن
eine These ~	تزی را نمایندگی کردن؛
	طرفدار تزی بودن
Vertreter/-in m/f	نماینده
amtlicher ~	نمایندهٔ رسمی
anerkannter ~	نمایندهٔ به رسمیّت شناخته
	شده؛ نمایندهٔ رسمی
gesetzlicher ~	نمایندهٔ قانونی
offizieller ~	نمایندهٔ رسمی
örtlicher ~	نمایندهٔ محلّی
parlamentarischer ~	نمایندهٔ پارلمانی؛ وکیل مجلس
ständiger ~	نمایندهٔ دائمی
~ der Regierung	نمایندهٔ دولت
~ des Staatsanwalts	نمایندهٔ دادستان
~ einer Ideologie	نمایندهٔ یک ایدئولوژی
~ eines Unternehmens	نمایندهٔ یک شرکت
einen ~ benennen	نماینده ای را تعیین کردن
einen ~ stellen	نماینده ای را تعیین کردن
Vertreterversammlung f	گردِهمایی نمایندگان؛
	جلسهٔ نمایندگان؛ اجلاس نمایندگان
Vertretung f	نمایندگی
die ~ niederlegen	از نمایندگی استعفا دادن
Vertretungsorgan n	نهاد نمایندگی
Vertrieb m	پخش؛ توزیع؛ فروش
Vertriebsabteilung f	بخش بازاریابی؛
	بخش فروش؛ قسمت فروش
Vertriebsagent/-in m/f	نمایندهٔ پخش کالا؛
	نمایندهٔ فروش
Vertriebsberater/-in m/f	مشاور فروش؛
	مشاور در امور فروش
Vertriebsförderung f	حمایت از فروش
Vertriebsgebiet n	حوزهٔ فروش
Vertriebsgenossenschaft f	تعاونی بازاریابی

Vertriebsgesellschaft *f* شرکت بازاریابی؛ شرکت پخش کالا
Vertriebskosten *f* هزینهٔ پخش؛ هزینهٔ پخش کالا؛ هزینهٔ توزیع؛ هزینهٔ توزیع کالا
Vertriebsleiter/-in *m/f* مدیر بازاریابی؛ مدیر فروش
Vertriebsleitung *f* مدیریّت بازاریابی
Vertriebsnetz *n* شبکهٔ توزیع؛ شبکهٔ توزیع کالا؛ شبکهٔ پخش کالا
Vertriebsorganisation *f* سازمان بازاریابی؛ تشکیلات بازاریابی
Vertriebspolitik *f* سیاست بازاریابی
Vertriebsstrategie *f* استراتژی بازاریابی
Vertriebsverbot *n* منع فروش؛ ممنوعیّت پخش کالا
Vertriebsvereinbarung *f* قرارداد فروش
Vertriebsvorstand *m* هیأت مدیرهٔ فروش
vertuschen سرپوش گذاشتن
Vertuschung *f* سرپوش گذاری
verüben مرتکب شدن
einen Anschlag ~ سوء قصد کردن
ein Attentat ~ سوء قصد کردن
ein Verbrechen ~ جنایتی را مرتکب شدن
verunglimpfen توهین کردن؛ افترا زدن؛ اهانت کردن
einen Politiker ~ به سیاستمداری توهین کردن؛ به سیاستمداری اهانت کردن
einen Staat ~ به دولتی توهین کردن؛ به دولتی اهانت کردن
Verunglimpfung *f* توهین؛ افترا؛ اهانت
verunsichern 1) به شک انداختن؛ دودل کردن؛ نامطمئن کردن 2) ناامن کردن
Verunsicherung *f* 1) دودلی؛ نامطمئنی 2) ناامنی
veruntreuen حیف و میل کردن؛ خیانت در امانت کردن
Gelder ~ پول ها را حیف و میل کردن
Veruntreuung *f* حیف و میل؛ خیانت در امانت
verursachen به بار آوردن؛ موجب شدن؛ باعث شدن
einen Schaden ~ خسارتی را به بار آوردن
einen Skandal ~ رسوایی به بار آوردن؛ افتضاح به بار آوردن؛ آبروریزی کردن
verurteilen محکوم کردن
in Abwesenheit ~ غیاباً محکوم کردن
lebenslänglich ~ به حبس ابد محکوم کردن
zu einer Geldstrafe ~ به پرداخت یک جریمهٔ نقدی محکوم کردن
zum Tode ~ به اعدام محکوم کردن
Verurteilung *f* محکومیّت
~ in Abwesenheit محکومیّت در غیاب
verwahren از امانتی نگهداری کردن
Verwahrer/-in *m/f* امین؛ امانت دار؛ نگهدارندهٔ سپرده
Verwahrung *f* سپرده؛ امانت
in ~ geben سپردن؛ به امانت گذاشتن
Verwahrungsort *m* محلّ نگهداری امانات
verwalten اداره کردن؛ گرداندن
ein Amt ~ ادارهٔ مقامی را عهده دار بودن
ein Ministerium ~ وزارتخانه ای را اداره کردن؛ وزارتخانه ای را گرداندن؛ ادارهٔ وزارتخانه ای را به عهده داشتن
Verwalter/-in *m/f* مدیر؛ مباشر
Verwaltung *f* اداره؛ مدیریّت؛ دستگاه اداری
die ~ modernisieren دستگاه اداری را نوسازی کردن
Verwaltungsangehörige *m/f* وابستهٔ اداری؛ کارمند اداری
Verwaltungsapparat *m* دستگاه اداری

kommunaler ~	دستگاه اداری ناحیّه ای؛
	دستگاه اداری محلّی
Verwaltungsarbeit *f*	کار اداری
Verwaltungsaufgaben *fpl*	وظایف اداری
Verwaltungsaufwand *m*	هزینۀ اداری
Verwaltungsausgaben *fpl*	هزینه های اداری
laufende ~	هزینه های جاری اداری
~ begrenzen	هزینه های اداری را محدود کردن
~ drosseln	هزینه های اداری را کاهش دادن
~ kürzen	هزینه های اداری را کاهش دادن
Verwaltungsausschuss *m*	کمیسیون اداری
Verwaltungsbeamte *m*	کارمند دولت؛ کارگزار
	کشوری (مرد)
Verwaltungsbeamtin *f*	کارمند دولت؛ کارگزار
	کشوری (زن)
Verwaltungsbeauftragte *m/f*	مأمور اداری؛
	مأمور رسیدگی از سوی دولت
Verwaltungsbehörde *f*	مقام اداری
Verwaltungsbereich *m*	حوزۀ اداری
Verwaltungsbeschwerde *f*	شکایت اداری
~ einlegen	شکایت اداری کردن
Verwaltungsbezirk *m*	بخش اداری
Verwaltungsbürokratie *f*	بوروکراسی اداری
Verwaltungschef/-in *m/f*	رئیس اداره
Verwaltungsdienst *m*	دستگاه کشوری؛ دستگاه
	اداری کشور
Verwaltungsdirektor/-in *m/f*	رئیس اداره
Verwaltungsfachmann *m*	کارشناس اداری
	(مرد)
Verwaltungsfachfrau *f*	کارشناس اداری (زن)
Verwaltungsformalitäten *fpl*	تشریفات اداری
überflüssige ~	تشریفات غیرضروری اداری
die ~ erledigen	تشریفات اداری را انجام دادن
Verwaltungsgericht *n*	دادگاه اداری

Verwaltungsgerichtshof *m*	دیوان اداری
Verwaltungsgeschäfte *npl*	امور اداری
Verwaltungshaushalt *m*	بودجۀ اداری
Verwaltungshierarchie *f*	سلسله مراتب اداری
Verwaltungskaufmann *m*	مأمور خرید اداری
	(مرد)
Verwaltungskauffrau *f*	مأمور خرید اداری (زن)
Verwaltungsklage *f*	دادخواهی اداری
Verwaltungskompetenz *f*	صلاحیّت اداری
Verwaltungskontrolle *f*	بازرسی اداری؛
	نظارت بر امور اداری
strenge ~	بازرسی شدید اداری؛ نظارت شدید
	بر امور اداری
Verwaltungskosten *f*	هزینه های اداری
~ senken	هزینه های اداری را کاهش دادن
~ veringern	هزینه های اداری را کاهش دادن
Verwaltungsmaßnahmen *fpl*	اقدامات اداری
Verwaltungsordnung *f*	نظام اداری
Verwaltungsorgan *n*	نهاد اداری
Verwaltungspersonal *n*	پرسنل اداری؛ کارکنان
	اداری
Verwaltungsrat *m*	شورای اداری
Verwaltungsratsmitglied *n*	عضو شورای اداری
Verwaltungsratsvorsitzende *m/f*	
	رئیس شورای اداری
Verwaltungsreform *f*	اصلاحات اداری
Verwaltungsrichter/-in *m/f*	قاضی دادگاه اداری
Verwaltungssache *f*	موضوع اداری
Verwaltungssitz *m*	مقرّ اداری
Verwaltungssprache *f*	زبان اداری؛ زبان رسمی
Verwaltungsstruktur *f*	ساخت اداری؛ ساختار
	اداری
Verwaltungsträger *m*	نهاد اداری
Verwaltungsunrecht *n*	بی قانونی اداری

Verwaltungsverordnung *f* دستور اداری
Verwaltungsvorschriften *fpl* مقرّرات اداری
allgemeine ~ مقرّرات عمومی اداری
geltende ~ مقرّرات جاری اداری
~ erlassen مقرّرات اداری وضع کردن
sich an die ~ halten مقرّرات اداری را رعایت کردن
den ~ zuwiderhandeln برخلاف مقرّرات اداری عمل کردن
Verwaltungswege *mpl* راه های اداری؛ سلسله مراتب اداری
Verwaltungszentrum *n* مرکز اداری
Verwaltungszuständigkeit *f* صلاحیّت اداری
verwandt *adj* خویشاوند
Verwandte *m/f* خویشاوند
Verwandtschaft *f* خویشاوندی
Verwandtschaftsgrad *m* درجهٔ خویشاوندی
Verwandtschaftsverhältnis *n* نسبت خویشاوندی
verwarnen هشدار دادن؛ اخطار کردن
Verwarnung *f* هشدار؛ هشداردهی؛ اخطار
rechtzeitige ~ هشدار به موقع؛ اخطار به موقع
strenge ~ هشدار شدید؛ اخطار شدید
verweigern خودداری کردن؛ امتناع ورزیدن؛ سرپیچی کردن
die Baugenehmigung ~ از دادن پروانهٔ ساختمان سازی امتناع کردن؛ اجازهٔ احداث ساختمان را ندادن
den Befehl ~ از فرمان سرپیچی کردن
den Eid ~ از سوگند خوردن خودداری کردن؛ از سوگند خوردن امتناع کردن
die Einwilligung ~ از دادن موافقت خودداری کردن
den Gehorsam ~ از فرمان برداری خودداری کردن؛ از اطاعت امتناع ورزیدن
das Interview ~ از دادن مصاحبه خودداری کردن؛ از دادن مصاحبه امتناع ورزیدن
die Lizenz ~ از دادن امتیاز خودداری کردن؛ از دادن امتیاز امتناع کردن
den Lohn ~ از پرداخت دستمزد خودداری کردن
die Unterstützung ~ از حمایت خودداری کردن
die Zeugenaussage ~ از دادن شهادت خودداری کردن
Verweigerer *m* خودداری کننده؛ امتناع کننده
Verweigerung *f* خودداری؛ سرپیچی؛ امتناع
Verweis *m* 1) اشاره؛ رجوع 2) توبیخ
verweisen اخراج کردن
des Landes ~ از کشور اخراج کردن
verweisen an ارجاع کردن به
verweisen auf اشاره کردن به
verweisen aus اخراج کردن از
aus dem Lande ~ از کشور اخراج کردن
Verweisungsantrag *m* درخواست ارجاع؛ درخواست ارجاع به دادگاه دیگر
Verweisungsbeschluss *m* حکم ارجاع؛ حکم ارجاع به دادگاه دیگر
verwerfen رد کردن؛ مردود شناختن
eine Anklage ~ اتّهامی را مردود شناختن
eine Berufung ~ درخواست تجدیدنظری را رد کردن
einen Einspruch ~ اعتراضی را رد کردن
eine Klage ~ دادخواستی را رد کردن؛ شکایتی را رد کردن
einen Vorschlag ~ پیشنهادی را رد کردن
Verwerfung *f* رد؛ عمل رد کردن
Verwestlichung *f* غرب زدگی
verwirken از دست دادن؛ ساقط شدن
ein Recht ~ حقّی را از دست دادن؛ از حقّی ساقط شدن
verwirklichen واقعیّت بخشیدن؛ تحقّق دادن؛ تحقّق بخشیدن؛ عملی ساختن

einen Plan ~ نقشه ای را تحقّق بخشیدن؛ طرحی را عملی ساختن

verwirklichen, sich واقعیّت یافتن؛ تحقّق یافتن

Verwirklichung *f* واقعیّت بخشی؛ عملی سازی؛ واقعیّت یابی؛ تحقّق یابی

verwundbar *adj* آسیب پذیر؛ صدمه پذیر

Verwundbarkeit *f* آسیب پذیری؛ صدمه پذیری

verwunden مجروح کردن

verwundet *adj* مصدوم؛ مجروح

~e Soldaten سربازان مصدوم

Verwundete *m/f* مصدوم؛ مجروح

Verzicht *m* چشم پوشی؛ انصراف؛ اعراض

~ auf die Erbschaft انصراف از ارث

~ auf die Staatsangehörigkeit چشم پوشی از تابعیّت؛ انصراف از تابعیّت

~ auf ein Recht اعراض از حقّی

verzichten auf چشم پوشیدن از؛ چشم پوشی کردن از؛ اعراض کردن از

verzinsen بهره پرداختن

Verzinsung *f* بهره؛ نرخ بهره

feste ~ نرخ بهرهٔ ثابت

verzögern به تأخیر انداختن

Verzögerung *f* به تأخیراندازی؛ تأخیر؛ مماطله

vorsätzliche ~ تأخیر عمدی؛ مماطلهٔ عمدی

Verzögerungsabsicht *f* قصد به تأخیراندازی؛ قصد مماطله

Verzögerungstaktik *f* تاکتیک به تأخیراندازی؛ تاکتیک مماطله

verzollen گمرگ پرداختن

Verzollung *f* پرداخت حقوق گمرکی؛ ترخیص

~ von Waren پرداخت حقوق گمرکی کالاها؛ ترخیص کالاها

Verzug *m* دیرکرد؛ تأخیر

in ~ geraten به تأخیر افتادن؛ دچار تأخیر شدن

in ~ sein در تأخیر بودن

Verzugszinsen *mpl* بهرهٔ دیرکرد

Veto *n* وتو

~ einlegen وتو کردن

Vetorecht *n* حقّ وتو

ein ~ besitzen حقّ وتو داشتن

ein ~ einräumen حقّ وتو دادن

Vision *f* بینش؛ تصوّری از آینده

Visionär/-in *m/f* اهل بینش؛ آینده نگر

Visum *n* ویزا؛ روادید

ein ~ ausstellen ویزایی را صادر کردن

ein ~ beantragen درخواست ویزا کردن

ein ~ bekommen ویزا گرفتن؛ ویزایی را دریافت کردن

ein ~ benötigen به ویزا احتیاج داشتن

ein ~ erteilen ویزا دادن

ein ~ verlängern ویزایی را تمدید کردن

Visumantrag *m* درخواست ویزا؛ تقاضای ویزا

Visumausstellung *f* صدور ویزا

Visumverlängerung *f* تمدید ویزا

Visumzwang *m* الزامی بودن ویزا

vital *adj* حیاتی

~e Interessen مصالح حیاتی؛ منافع حیاتی

Vizegouverneur/-in *m/f* معاون فرماندار

Vizekanzler/-in *m/f* معاون صدراعظم؛ معاون رئیس دولت

Vizepräsident/-in *m/f* 1) معاون رئیس؛ نایب رئیس؛ معاون مدیر عامل 2) معاون رئیس جمهور

Vizepräsidentschaft معاونت رئیس جمهور

Vizeregierungschef/-in *m/f* معاون رئیس دولت؛ نایب رئیس دولت

Vizevorsitzende *m/f* معاون رئیس

Volk *n* ملّت؛ خلق

beherrschtes ~ ملّت فرمان بردار

besiegtes ~ ملّت مغلوب
herrschendes ~ ملّت فرمان روا؛ ملّت حکم ران
das ~ aufwiegeln ملّت را تحریک کردن
ein ~ beherrschen بر ملّتی فرمان روایی کردن؛ بر ملّتی حکم رانی کردن
ein ~ regieren بر ملّتی حکومت کردن
Völkergemeinschaft *f* جامعهٔ ملّت ها؛ جامعهٔ ملل
Völkermord *m* قتل عام ملّت؛ ملّت کشی
einen ~ begehen ملّت کشی کردن
Völkerrecht *n* حقوق بین الملل
Bruch des ~s نقض حقوق بین الملل
Völkerrechtsprinzipien *npl* اصول حقوق بین الملل
sich an die ~ halten به رعایت اصول حقوق بین الملل پای بند بودن
die ~ verletzen اصول حقوق بین الملل را نقض کردن
Völkerrechtsverletzung *f* نقض حقوق بین الملل
grobe ~ نقض فاحش حقوق بین الملل
völkerrechtswidrig *adj* ناسازگار با حقوق بین الملل؛ خلاف حقوق بین الملل
Völkerverständigung *f* هم فهمی ملّت ها؛ تفاهم ملّت ها
zur ~ beitragen (به سهم خود) به هم فهمی ملّت ها کمک کردن
Volksaufstand *m* قیام ملّی
den ~ niederschlagen قیام ملّی را فرونشاندن؛ قیام ملّی را سرکوب کردن
Volksbefragung *f* همه پرسی
Volksbefreiung *f* آزادسازی ملّی
Volksbefreiungsfront *f* جبههٔ آزادسازی ملّی؛ جبههٔ آزادی بخش ملّی
Volksbefreiungskampf *m* مبارزهٔ آزادسازی ملّی؛ مبارزهٔ آزادی بخش ملّی
Volksbefreiungskämpfer/-in *m/f* مبارز آزادسازی ملّی؛ پیکارگر آزادی بخش ملّی
Volksbefreiungskrieg *m* جنگ آزادسازی ملّی؛ جنگ آزادی بخش ملّی
Volksbegehren *n* درخواست همه پرسی
Volksbetrug *m* فریب ملّت؛ اغوال ملّت
Volkscharakter *m* ماهیّت مردمی
Volksfront *f* جبههٔ مردمی؛ جبههٔ خلق
Volksgruppe *f* گروه قومی
Volkskampf *m* نبرد خلق؛ پیکار خلق؛ پیکار مردمی
bewaffneter ~ مبارزهٔ مسلّحانهٔ خلق؛ نبرد مسلّحانهٔ خلق؛ پیکار مسلّحانهٔ خلق
heldenhafter ~ نبرد قهرمانانهٔ خلق؛ پیکار قهرمانانهٔ خلق
heroischer ~ نبرد قهرمانانهٔ خلق؛ پیکار قهرمانانهٔ خلق
Volkskrieg *m* جنگ مردمی
Volksmasse *f* تودهٔ خلق
Volkspartei *f* حزب خلق
Volksrepublik *f* جمهوری خلق
Volksrevolution *f* انقلاب مردمی
Volkssouveränität *f* حاکمیّت ملّی
Volkstrauertag *m* روز سوگواری ملّی؛ روز عزای ملّی
Volkstribunal *n* دادگاه خلق
vor dem ~ stehen در برابر دادگاه خلق قرار داشتن
Volksverdummung *f* تحمیق ملّت
Volksverhetzung *f* برانگیختن ملّت؛ تحریک ملّت
Volksverrat *m* خیانت به ملّت
Volksverräter/-in *m/f* خائن به ملّت؛ خیانتکار به ملّت
Volksversammlung *f* مجلس ملّی
Volkswille *m* ارادهٔ ملّی؛ خواست ملّی
Volkswirtschaft *f* اقتصاد ملّی

Volkszählung *f*	سرشماری جمعیّت
Volkszugehörigkeit *f*	وابستگی قومی؛ تعلّق قومی
Vollbeschäftigung *f*	اشتغال کامل
Vollbeschäftigungspolitik *f*	سیاست اشتغال کامل
Vollbeschäftigungswirtschaft *f*	اقتصاد اشتغال کامل
volljährig *adj*	بالغ؛ به سنّ قانونی رسیده
Volljährigkeit *f*	بلوغ سنّی
Vollmacht *f*	وکالت؛ اختیار
ausdrückliche ~	وکالت صریح
außerordentliche ~en	اختیارات فوق العاده
begrenzte ~en	اختیارات محدود
beschränkte ~en	اختیارات محدود
faktische ~	وکالت واقعی
schriftliche ~	وکالت نوشتاری؛ وکالت کتبی
stillschweigende ~	وکالت ضمنی
umfassende ~en	اختیارات همه جانبه
unbegrenzte ~en	اختیارات نامحدود
unwiderrufliche ~	وکالت فسخ ناپذیر؛ وکالت غیرقابل فسخ
eine ~ erteilen	وکالت دادن
eine ~ missbrauchen	از وکالتی سوء استفاده کردن
die ~ überschreiten	از حدّ و حدود وکالت فراتر رفتن؛ از حدّ و حدود وکالت تجاوز کردن
eine ~ widerrufen	وکالتی را پس گرفتن؛ وکالتی را لغو کردن
Vollmachtsbeschränkung *f*	محدودسازی اختیارات؛ تحدید اختیارات
Vollmachtsmissbrauch *m*	سوء استفاده از اختیارات
Vollmachtswiderruf *m*	لغو وکالت
vollstrecken	اجرا کردن
Vollstreckung *f*	اجرا

unzulässige ~	اجرای غیرمجاز؛ اجرای غیرقانونی
zulässige ~	اجرای مجاز؛ اجرای قانونی
~ aus einem Urteil	اجرای حکم؛ اجرای حکم قضایی
~ des Todesurteils	اجرای حکم اعدام
die ~ anordnen	دستور اجرا دادن
die ~ aufschieben	اجرا را به تعویق انداختن
die ~ aussetzen	اجرا را موقّتاً به تعویق انداختن
Vollstreckungsanordnung *f*	دستور اجرا
Vollstreckungsaufschub *m*	به تعویق اندازی اجرا؛ تعویق اجرا
Vollstreckungsaussetzung *f*	به تعویق اندازی موقّت اجرا؛ تعویق موقّت اجرا
Vollstreckungsbeamte *m*	مأمور اجرا (مرد)
Vollstreckungsbeamtin *f*	مأمور اجرا (زن)
Vollstreckungsbefehl *m*	دستور اجرا
Vollstreckungsbehörde *f*	مقام اجرایی
Vollstreckungsbescheid *m*	حکم اجرایی
Vollversammlung *f*	گردِهمایی همگانی؛ مجمع عمومی
Vollzeitarbeitskräfte *fpl*	نیروی کار تمام وقت
vollziehen	اجرا کردن
ein Urteil ~	حکمی را اجرا کردن
Vollzugsanstalt *f*	بازداشتگاه؛ زندان
Vollzugsbeamte *m*	مأمور اجرا (مرد)
Vollzugsbeamtin *f*	مأمور اجرا (زن)
Vollzugsbehörde *f*	مقام اجرایی
Vollzugsorgan *n*	نهاد اجرایی
vorantreiben	به پیش بردن
die Verhandlungen ~	مذاکرات را به پیش بردن
Vorantreiben *n*	پیشبرد
zum ~ der Entwicklung	جهت پیشبرد توسعه؛ جهت پیشبرد توسعه و پیشرفت
Vorarbeiter/-in *m/f*	سرکارگر
Voraussage *f*	پیش گویی

eine ~ machen	پیش گویی کردن
voraussagen	پیش گویی کردن
Vorausschau *f*	پیش بینی
vorausschauen	پیش بینی کردن
voraussetzen	پیش شرط گذاشتن
Voraussetzung *f*	پیش شرط
erforderliche ~en	پیش شرط های لازم
gesetzliche ~en	پیش شرط های قانونی
maximale ~en	حدّاکثر پیش شرط ها
minimale ~en	حدّاقلّ پیش شرط ها
objektive ~en	پیش شرط های عینی
unerlässliche ~en	پیش شرط های کاملاً ضروری
die erforderlichen ~en erfüllen	
	دارای پیش شرط های لازم بودن
vorauszahlen	پیش پرداخت کردن
Vorauszahlung *f*	پیش پرداخت
eine ~ fordern	پیش پرداختی را درخواست کردن
eine ~ leisten	پیش پرداخت کردن
Vorbedingung *f*	پیش شرط
vorbereiten	از پیش آماده کردن؛ از پیش
	تدارک دیدن
vorbereiten, sich	از پیش خود را آماده کردن
Vorbereitung *f*	آماده سازی؛ تدارک
~ von Verhandlungen	آماده سازی مذاکرات
~en abbrechen	تدارکات را قطع کردن
~en abschließen	تدارکات را به پایان رساندن
~en beenden	تدارکات را به پایان رساندن
~en treffen	تدارک دیدن؛ مقدّمات انجام کاری را
	فراهم کردن
Vorbereitungsarbeiten *fpl*	کارهای تدارکاتی؛
	کارهای مقدّماتی
~ ausführen	کارهای تدارکاتی را انجام دادن؛
	کارهای مقدّماتی را انجام دادن
Vorbereitungsausschuss *m*	کمیسیون تدارکات

Vorbereitungsdienst *m*	سرویس تدارکات
Vorbereitungszeit *f*	مدّت زمان تدارکات
Vorbesprechung *f*	مذاکرۀ مقدّماتی
vorbestraft *adj*	دارای سابقۀ محکومیّت کیفری
mehrfach ~ sein	به کرّات دارای سابقۀ محکومیّت
	کیفری بودن
vorbeugen	پیشگیری کردن
Vorbeugung *f*	پیشگیری
Vorbeugungshaft *f*	بازداشت پیشگیرانه؛ بازداشت
	تأمینی
Vorbeugungsmaßnahme *f*	اقدام پیشگیرانه؛
	اقدام تأمینی
vorbringen	مطرح کردن؛ عرضه کردن
eine Beschwerde ~	شکایتی را مطرح کردن؛
	شکایت کردن
einen Einwand ~	اعتراضی را مطرح کردن
Vorentscheidung *f*	پیش تصمیم؛ تصمیم قبلی
eine ~ treffen	از پیش تصمیمی را اتّخاذ کردن؛
	از پیش تصمیم گیری کردن
Vorentwurf *m*	طرح مقدّماتی
Vorermittlungen *fpl*	تحقیقات مقدّماتی؛
	بررسی های مقدّماتی
~ anstellen	تحقیقات مقدّماتی به عمل آوردن؛
	بررسی های مقدّماتی به عمل آوردن
~ durchführen	تحقیقات مقدّماتی به عمل آوردن؛
	بررسی های مقدّماتی به عمل آوردن
Vorfinanzierung *f*	تأمین اعتبار قبلی؛ برنامه ریزی
	مالی از قبل
vorgehen gegen	اقدام کردن برعلیه
Vorgehen *n*	اقدام؛ برخورد
gemeinsames ~	اقدام مشترک
legales ~	اقدام قانونی؛ برخورد قانونی
Vorgeschichte *f*	پیش تاریخ
Vorgesetzte *m/f*	مافوق؛ رئیس

Vorgespräch *n*	گفتگوی مقدّماتی؛ بحث مقدّماتی
Vorhaben *n*	طرح؛ پروژه
ein ~ durchführen	طرحی را اجرا کردن؛
	پروژه ای را انجام دادن
Vorherrschaft *f*	چیرگی؛ استیلا
um die ~ kämpfen	به منظور استیلا مبارزه کردن
nach ~ streben	جهت دست یابی به استیلا
	تلاش و کوشش کردن
vorherrschen	چیره بودن؛ مسلّط بودن
Vorhersage *f*	پیشگویی
vorhersagen	پیشگویی کردن
Vorkämpfer/-in *m/f*	پیش مبارز؛ پیشگام
Vorkauf *m*	شفعه؛ تقدّم در خرید
Vorkaufsrecht *n*	حقّ شفعه؛ حقّ تقدّم در خرید
Vorkaufsvertrag *m*	قرارداد شفعه؛
	قرارداد تقدّم در خرید
Vorkehrungen *fpl*	اقدامات احتیاطی
~ treffen	اقدامات احتیاطی اتّخاذ کردن؛
	اقدامات احتیاطی به عمل آوردن
vorladen	احضار کردن
Vorladung *f*	احضار؛ احضاریّه
eine ~ schicken	احضاریّه فرستادن
Vorladungsbefehl *m*	خواست برگ؛ احضاریّه؛
	احضارنامه
Vorlage *f*	لایحه
vorlegen	ارائه کردن؛ تقدیم کردن
zur Eintragung ~	جهت به ثبت رساندن ارائه کردن؛
einen Entwurf ~	لایحه ای را تقدیم کردن
einen Etat ~	بودجه ای را ارائه کردن
zur Genehmigung ~	برای کسب اجازه ارائه کردن
eine Urkunde ~	سندی را ارائه کردن
eine Vollmacht ~	وکالت نامه ای را ارائه کردن
Vormachtstellung *f*	هژمونی
Vormarsch *m*	پیشروی
sich im ~ befinden	در حال پیشروی بودن
den ~ befehlen	دستور پیشروی دادن
Vormund *m*	سرپرست؛ قیّم
gesetzlicher ~	سرپرست قانونی؛ قیّم قانونی
Vormundschaft *f*	سرپرستی؛ قیمومت
jmdm. die ~ entziehen	
	از کسی سلب قیمومت کردن
unter ~ stehen	تحت سرپرستی بودن؛
	تحت قیمومت بودن
unter ~ stellen	تحت سرپرستی قرار دادن؛
	تحت قیمومت قرار دادن
die ~ für jmdn. übernehmen	سرپرستی کسی را
	به عهده گرفتن
Vormundschaftsgericht *n*	دادگاه قیمومت
Vormundschaftsrichter/-in *m/f*	قاضی دادگاه
	قیمومت
vornehmen	به انجام کاری مبادرت کردن
eine Änderung ~	اصلاح کردن
Einsparungen ~	صرفه جویی کردن
eine Revision ~	تجدیدنظر کردن
eine Untersuchung ~	تحقیق و رسیدگی کردن
Vorprodukt *n*	پیش فراورده؛ پیش محصول
Vorreiter/-in *m/f*	پیشتاز؛ پیشرو؛ پیشگام
Vorreiterrolle *f*	نقش پیشتاز؛ نقش پیشرو
Vorruhestand *m*	بازنشستگی زودرس
in den ~ versetzen	زود بازنشسته کردن
Vorruhestandsregelung *f*	طرح بازنشستگی
	زودرس
Vorsatz *m*	قصد؛ نیّت
bedingter ~	قصد احتمالی؛ قصد محتمل الوقوع
konkreter ~	قصد عینی
rechtswidriger ~	قصد غیرقانونی؛ قصد نامشروع؛
	نیّت نامشروع
strafrechtlicher ~	قصد بزهکاری؛ قصد جرم؛

نیّت جرم

vorsätzlich *adj* به قصد؛ به عمد؛ عمدی؛ آگاهانه

~er Mord قتل به قصد؛ قتل به عمد؛ قتل عمدی؛ قتل آگاهانه

Vorschlag *m* پیشنهاد

konkreter ~ پیشنهاد مشخّص

konstruktiver ~ پیشنهاد سازنده

praktischer ~ پیشنهاد عملی

einen ~ annehmen پیشنهادی را پذیرفتن؛ پیشنهادی را قبول کردن

einen ~ beurteilen پیشنهادی را مورد ارزیابی قراردادن؛ در مورد پیشنهادی اظهار نظر کردن

einen ~ billigen با پیشنهادی موافقت کردن

einen ~ machen پیشنهاد کردن

einen ~ unterbreiten پیشنهاد کردن؛ پیشنهادی را ارائه کردن

einen ~ verwerfen پیشنهادی را رد کردن

vorschlagen پیشنهاد کردن

einen Minister ~ وزیری را پیشنهاد کردن

Vorschlagsentwurf *m* طرح پیشنهاد

Vorschlagsliste *f* فهرست پیشنهادات

Vorschlagsrecht *n* حقّ پیشنهاد

vorschreiben دستور دادن؛ امر کردن؛ مقرّر داشتن

Bedingungen ~ تکلیف شرایط کردن

Vorschrift *f* دستور؛ مقرّره

allgemeine ~en مقرّرات کلّی

bindende ~en مقرّرات الزام آور

geltende ~en مقرّرات جاری

gemeinsame ~en مقرّرات مشترک

genaue ~en مقرّرات دقیق

gesetzliche ~en مقرّرات قانونی

polizeiliche ~en مقرّرات پلیسی

steuerrechtliche ~en مقرّرات مالیاتی؛ مقرّرات مربوط به قوانین مالیاتی

strenge ~en مقرّرات شدید

verfassungsrechtliche ~en مقرّرات مربوط به قانون اساسی

widersprechende ~en مقرّرات ضدّ و نقیض؛ مقرّرات متناقض

zwingende ~en مقرّرات الزام آور

eine ~ durchführen دستوری را انجام دادن

sich an die ~en halten به رعایت مقرّرات پای بند بودن

einer ~ nachkommen از دستوری پیروی کردن

einer ~ zuwiderhandeln بر خلاف دستوری عمل کردن

die ~en beachten مقرّرات را رعایت کردن

die ~en befolgen از مقرّرات پیروی کردن

die ~en berücksichtigen مقرّرات را رعایت کردن؛ دستورات را رعایت کردن

die ~en einhalten مقرّرات را رعایت کردن؛ از مقرّرات پیروی کردن

die ~en erfüllen مقرّرات را اجرا کردن

~en erlassen مقرّرات وضع کردن

die ~en mildern از شدّت مقرّرات کاستن

die ~en verletzen مقرّرات را نقض کردن

vorschriftsmäßig *adj* طبق مقرّرات

vorschriftswidrig *adj* ناسازگار با مقرّرات؛ خلاف مقرّرات؛ مغایر با مقرّرات

Vorschriftswidrigkeit *f* ناسازگاری با مقرّرات؛ مغایرت با مقرّرات

Vorschule *f* مهد کودک

Vorschuss *m* مساعده؛ پیش پرداخت

Vorschusszahlung *f* پرداخت مساعده

Vorsicht *f* احتیاط

vorsichtig *adj* محتاطانه

~e Prognosen پیش بینی های محتاطانه

Vorsichtsmaßnahmen *fpl* اقدامات احتیاطی

Vorsitz *m* ریاست
den ~ abgeben ریاست را واگذار کردن
den ~ beanspruchen ادّعای ریاست کردن
den ~ führen عهده دار ریاست بودن؛ ریاست را به عهده داشتن
den ~ haben ریاست را به عهده داشتن
den ~ übergeben ریاست را واگذار کردن
den ~ übernehmen ریاست را به عهده گرفتن
Vorsitzende *m/f* رئیس
Vorsorge *f* تدارک؛ پیش اندیشی
~ treffen تدارک دیدن؛ از پیش اندیشیدن
Vorsorgemaßnahmen *fpl* اقدامات احتیاطی؛ اقدامات تدارکاتی
Vorstand *m* مدیریّت؛ هیأت مدیره
geschäftsführender ~ هیأت مدیره
~ einer Kapitalgesellschaft هیأت مدیرهٔ یک شرکت سهامی
den ~ absetzen هیأت مدیره را برکنارکردن
dem ~ angehören عضو هیأت مدیره بودن
den ~ bilden هیأت مدیره را تشکیل دادن
den ~ umbilden هیأت مدیره را بازسازی کردن؛ هیأت مدیره را ترمیم کردن
den ~ wählen هیأت مدیره را گُزیدن؛ هیأت مدیره را انتخاب کردن
Vorstandsbericht *m* گزارش هیأت مدیره
Vorstandsbeschluss *m* تصویب هیأت مدیره
Vorstandschef/-in *m* رئیس هیأت مدیره
Vorstandsmitglied *n* عضو هیأت مدیره
ordentliches ~ عضو اصلی هیأت مدیره
Vorstandsposten *m* مقام مدیریّت؛ پست مدیریّت
Vorstandssitzung *f* نشست هیأت مدیره؛ جلسهٔ هیأت مدیره
Vorstandsvorsitzende *m/f* رئیس هیأت مدیره
vorstehen مدیر بودن؛ ریاست داشتن

einem Sekretariat ~ ریاست دبیرخانه ای را به عهده داشتن؛ در رأس دبیرخانه ای بودن
Vorsteher/-in *m/f* مدیر؛ رئیس
Vorstellung *f* 1) معرّفی 2) تصوّر 3) نمایش
Vorstellungsgespräch *n* مصاحبهٔ شغلی؛ مصاحبه جهت استخدام
Vorstellungskraft *f* قدرت تصوّر
Vorstoß *m* تعرّض
einen ~ abwehren تعرّضی را دفع کردن
einen ~ unternehmen تعرّض کردن
vorstoßen تعرّض کردن
Vorstrafe *f* سوء پیشینه؛ سوء سابقه
Vorstrafenregister *n* پروندهٔ سوء پیشینه؛ پروندهٔ سوء سابقه
Vortrag *m* سخنرانی؛ نطق
freier ~ سخنرانی آزاد؛ نطق آزاد
öffentlicher ~ سخنرانی علنی؛ نطق علنی؛ سخنرانی در ملاء عام
einen ~ ankündigen سخنرانی ای را اعلام کردن
einen ~ halten سخنرانی کردن؛ نطق کردن؛ نطقی را ایراد کردن
vortragen 1) سخنرانی کردن؛ نطق کردن 2) به اطّلاع (مقامی) رساندن
1) etwas ~ پیرامون موضوعی سخنرانی کردن؛ پیرامون موضوعی نطق کردن
2) bei Gericht ~ به اطّلاع دادگاه رساندن
Voruntersuchung *f* تحقیق مقدّماتی؛ پیش تحقیق
~ abschließen تحقیق مقدّماتی را به پایان رساندن
~ durchführen تحقیق مقدّماتی را انجام دادن
Vorurteil *n* پیش داوری
~e abbauen از پیش داوری ها کاستن
Vorverhandlungen *fpl* مذاکرات مقدّماتی؛ پیش مذاکرات
vorverlegen به وقت زودتر موکول کردن

eine Sitzung ~ نشستی را به وقت زودتر موکول کردن

Vorvertrag *m* قول نامه

von einem ~ abrücken قول نامه ای را فسخ کردن

einen ~ abschließen قول نامه کردن؛ قول نامه ای را منعقد کردن

einen ~ unterschreiben قول نامه ای را امضا کردن

Vorwahlen *fpl* انتخابات مقدماتی؛ پیش انتخابات

Vorwand *m* بهانه؛ دستاویز

politischer ~ دستاویز سیاسی

einen ~ liefern بهانه ای به دست دادن

vorwerfen سرزنش کردن؛ ملامت کردن

Vorwurf *m* سرزنش؛ ملامت

vorwurfsvoll *adj* سرزنش بار؛ ملامت بار

Vorzugsaktien *fpl* سهام ممتاز؛ سهام ترجیحی

Vorzugsbedingungen *fpl* شرایط ترجیحی

Vorzugspreis *m* قیمت ترجیحی

Vorzugsrecht *n* حق تقدم

Vorzugstarif *m* تعرفهٔ ترجیحی؛ نرخ ترجیحی

Vorzugszins *m* بهترین بهرهٔ بانکی

votieren für رأی دادن به نفع

votieren gegen رأی دادن برعلیه

Votum *n* رأی

eindeutiges ~ رأی صریح

sein ~ abgeben رأی خود را دادن

W

Wache *f* 1) نگهبان؛ کشیک 2) محلّ نگهبانی

Wachmann *m* نگهبان؛ کشیک؛ دیدبان

Wachmannschaft *f* گروه نگهبان؛ گروه کشیک؛ گروه دیدبان

Wachpersonal *n* پرسنل کشیک؛ پرسنل امور نگهبانی

Wachposten *m* پست نگهبانی؛ پست کشیک؛ پست دیدبانی

wachsam *adj* هشیار

Wachsamkeit *f* هشیاری

Wachstum *n* رشد

ausgeglichenes ~ رشد متناسب؛ رشد متعادل؛ رشد متوازن

beschleunigtes ~ رشد شتاب یافته؛ رشد شتاب زده؛ رشد شتاب افزا

gesundes ~ رشد سالم

gleichgewichtiges ~ رشد موزون

hohes ~ رشد بالا

industrielles ~ رشد صنعتی

niedriges ~ رشد پایین

rasches ~ رشد سریع

unausgeglichenes ~ رشد نامتناسب؛ رشد نامتعادل؛ رشد نامتوازن

unvermindertes ~ رشد ثابت

wirtschaftliches ~ رشد اقتصادی

das ~ beschleunigen رشد (اقتصادی) را تسریع کردن

das ~ fördern رشد (اقتصادی) را افزایش دادن؛ بر سرعت رشد (اقتصادی) افزودن

das ~ hemmen مانع رشد (اقتصادی) شدن؛ جلوی رشد (اقتصادی) را گرفتن

das ~ verlangsamen رشد (اقتصادی) را کندتر کردن؛ از سرعت رشد (اقتصادی) کاستن

Wachstumsaktien *fpl* سهام رو به رشد

Wachstumsaussichten *fpl* دورنمای رشد؛ دورنمای رشد اقتصادی

Wachstumsbranche *f* بخش صنعتی رو به رشد

Wachstumschance *f* امکان رشد؛ شانس رشد

Wachstumsflaute *f* رکود؛ اُفت رشد

Wachstumsimpulse *mpl* نیروهای وادارگر رشد؛ نیروهای محرّک رشد

Wachstumsindustrie *f* صنعت رو به رشد

Wachstumsperspektiven *fpl* دورنمای رشد؛ چشم انداز رشد

Wachstumspolitik *f* سیاست رشد

Wachstumsrate *f* نرخ رشد

Wachstumsrückgang *m* اُفت رشد

Wachstumstempo *n* سرعت رشد

Wachstumstrend *m* روند رشد؛ سمت و سوی رشد

Wachstumsziele *npl* اهداف رشد

die ~ erreichen به اهداف رشد دست یافتن

Wachturm *m* برج نگهبانی؛ برج دیدبانی

Waffe *f* جنگ ابزار؛ سلاح؛ اسلحه

ausgemusterte ~n جنگ ابزارهای خارج از رده؛ سلاح های خارج از رده

automatische ~ اسلحهٔ خودکار؛ سلاح خودکار

biologische ~n جنگ ابزارهای بیولوژیکی؛ تسلیحات بیولوژیکی

einsatzfähige ~ اسلحهٔ قابل استفاده؛ سلاح قابل استفاده

gefährliche ~ اسلحهٔ خطرناک؛ سلاح خطرناک

konventionelle ~n جنگ ابزارهای متعارفی؛ تسلیحات متعارفی؛ سلاح های متعارفی

kriegsentscheidende ~n جنگ ابزارهای تعیین کننده در جنگ؛ سلاح های تعیین کننده در

جنگ

leichte ~ اسلحهٔ سبک؛ سلاح سبک

nukleare ~n جنگ ابزارهای اتمی؛ سلاح های هسته ای

scharfe ~ اسلحهٔ گرم؛ سلاح گرم

schwere ~ اسلحهٔ سنگین؛ سلاح سنگین

tödliche ~ اسلحهٔ مرگبار؛ سلاح مرگبار

wirksame ~ اسلحهٔ کاری؛ سلاح کاری

die ~ entsichern ضامن اسلحه را کشیدن

zur ~ greifen دست به اسلحه بردن

die ~n abgeben اسلحه ها را تحویل دادن؛ سلاح ها را تسلیم کردن

~n einsetzen از سلاح استفاده کردن

die ~n lagern اسلحه ها را انبار کردن

die ~ in die Hand nehmen اسلحه به دست گرفتن

die ~n niederlegen اسلحه ها را بر زمین نهادن

die ~n ruhen lassen سلاح ها را خاموش نگاه داشتن

die ~n schweigen lassen سلاح ها را خاموش نگاه داشتن

Waffenabgabe *f* تحویل اسلحه

Waffenarsenal *n* انبار اسلحه

Waffenart *f* نوع اسلحه؛ نوع سلاح

Waffenbeschaffung *f* تهیّهٔ اسلحه؛ تهیّه و تدارک تسلیحات

Waffenbeschaffungsamt *n* ادارهٔ تهیّه و تدارک تسلیحات

Waffenbeschaffungskosten *f* هزینهٔ تهیّه و تدارک تسلیحات

Waffenbeschaffungsplan *m* برنامهٔ تهیّه و تدارک تسلیحات

Waffenbesitz *m* حمل اسلحه

Waffeneinkauf *m* خرید جنگ ابزار؛ خرید اسلحه

Waffeneinsatz *m* به کارگیری سلاح؛ استفاده از سلاح

Waffenembargo *n* تحریم تسلیحاتی

Waffenexport *m* صدور جنگ ابزار؛ صدور تسلیحات

Waffenexporteur *m* صادرکنندهٔ جنگ ابزار؛ صادرکنندهٔ تسلیحات

Waffengattung *f* ردهٔ نظامی

Waffengebrauch *m* کاربرد اسلحه

Waffengeschäft *n* خرید و فروش جنگ ابزار؛ خرید و فروش تسلیحات

Waffengesetz *n* قانون حمل اسلحه

Waffengewalt *f* زور اسلحه

mit ~ intervenieren با زور اسلحه مداخله کردن

Waffengleichheit *f* برابری نظامی

Waffenhandel *m* خرید و فروش جنگ ابزار؛ خرید و فروش تسلیحات

Waffenhändler/-in *m/f* دلّال اسلحه

Waffenherstellung *f* تولید جنگ ابزار؛ تولید اسلحه

Waffenhilfe *f* کمک تسلیحاتی

Waffenimport *m* واردات جنگ ابزار؛ واردات تسلیحات

Waffenimporteur *m* واردکنندهٔ جنگ ابزار؛ واردکنندهٔ تسلیحات

Waffenkauf *m* خرید جنگ ابزار؛ خرید اسلحه

Waffenkäufer/-in *m/f* خریدار جنگ ابزار؛ خریدار اسلحه

Waffenlager *n* زرّادخانه؛ انبار اسلحه

ein ~ ausheben زرّادخانه ای را کشف کردن و از بین بردن

Waffenlieferant *m* ارسال کنندهٔ جنگ ابزار؛ ارسال کنندهٔ تسلیحات

Waffenlieferung *f* ارسال جنگ ابزار؛ ارسال تسلیحات

Waffenmarkt *m* بازار جنگ ابزار؛ بازار اسلحه؛ بازار خرید و فروش اسلحه
Waffennachschub *m* اسلحه رسانی به جبهه
Waffennarr *m* دیوانهٔ اسلحه
Waffenproduktion *f* تولید جنگ ابزار؛ تولید تسلیحات
Waffenproduzent *m* تولیدکنندهٔ جنگ ابزار؛ تولیدکنندهٔ تسلیحات
Waffenruhe *f* آتش بس
~ ankündigen اعلام آتش بس کردن
Waffenschein *m* جواز اسلحه
Waffenschmuggel *m* قاچاق اسلحه
Waffenschmuggler/-in *m/f* قاچاقچی اسلحه
Waffenstillstand *m* آتش بس
brüchiger ~ آتش بس ناپایدار
dauerhafter ~ آتش بس پایدار؛ آتش بس دائمی
vollständiger ~ آتش بس کامل
vorläufiger ~ آتش بس موقّت
den ~ brechen آتش بس را نقض کردن
den ~ einhalten آتش بس را رعایت کردن
den ~ erklären اعلام آتش بس کردن
einen ~ schließen آتش بسی را منعقد کردن
einen ~ überwachen بر آتش بسی نظارت کردن
einen ~ vereinbaren با آتش بسی موافقت کردن
den ~ verletzen آتش بس را نقض کردن
Waffenstillstandsabkommen *n* موافقت نامهٔ آتش بس
ein ~ (ab)schließen موافقت نامهٔ آتش بسی را منعقد کردن
ein ~ unterzeichnen موافقت نامهٔ آتش بسی را امضا کردن
Waffenstillstandsbedingungen *fpl* شرایط آتش بس
die ~ ablehnen شرایط آتش بس را رد کردن
die ~ akzeptieren شرایط آتش بس را پذیرفتن
die ~ aushandeln از راه مذاکرات به شرایط آتش بس دست یافتن
Waffenstillstandsbeobachter *mpl* ناظران آتش بس
Waffenstillstandsbestimmungen *fpl* مقرّرات آتش بس
die ~ erfüllen به مقرّرات آتش بس عمل کردن
die ~ festlegen مقرّرات آتش بس را تعیین کردن
Waffenstillstandserklärung *f* اعلام آتش بس
eine ~ abgeben اعلام آتش بس کردن؛ آتش بسی را اعلام کردن
Waffenstillstandslinie *f* خطّ آتش بس
Waffenstillstandsverhandlungen *fpl* مذاکرات آتش بس
die ~ fortsetzen به مذاکرات آتش بس ادامه دادن
die ~ führen پیرامون آتش بس مذاکره کردن
die ~ unterbrechen مذاکرات آتش بس را موقّتاً قطع کردن
Waffenstillstandsverletzung *f* نقض آتش بس
Waffentechnologie *f* تکنولوژی اسلحه؛ فن شناسی اسلحه
Waffentransfer *m* انتقال تسلیحات؛ نقل و انتقال تسلیحات
Waffenüberlegenheit *f* برتری نظامی؛ تفوّق نظامی
Waffenverkauf *m* فروش جنگ ابزار؛ فروش اسلحه
Waffenverkäufer/-in *m/f* فروشندهٔ جنگ ابزار؛ فروشندهٔ اسلحه
Wahl *f* انتخاب؛ گُزینش
die ~ annehmen انتخاب خود را پذیرفتن
zur ~ aufrufen به انتخاب فراخواندن
~en abhalten انتخابات را برگزار کردن
die ~en analysieren انتخابات را تجزیه و

تحلیل کردن
die ~en annullieren انتخابات را باطل اعلام کردن
~en anordnen برگزاری انتخابات را مقرّر داشتن
die ~en auswerten انتخابات را ارزیابی کردن
die ~en beeinflussen بر روند انتخابات تأثیر گذاشتن
die ~en behindern در انتخابات ایجاد اشکال کردن
die ~en durchführen انتخابات را برگزار کردن
die ~en fälschen در انتخابات تقلّب کردن
die ~en gewinnen انتخابات را بردن
die ~en lahmlegen انتخابات را فلج کردن
die ~en stören در انتخابات اخلال کردن
die ~en verhindern از انتخابات جلوگیری کردن
die ~en verlieren انتخابات را باختن
die ~en vorbereiten مقدّمات برگزاری انتخابات را فراهم دیدن
Wahlalter *n* سنّ شرکت در انتخابات
Herabsetzung des ~s کاهش سنّ شرکت در انتخابات
Wahlanalyse *f* تحلیل انتخابات؛ تجزیه و تحلیل انتخابات
eine ~ durchführen انتخابات را تجزیه و تحلیل کردن
Wahlansprache *f* نطقِ انتخاباتی
eine ~ halten نطق انتخاباتی کردن
Wahlaufruf *m* فراخوان به انتخابات؛ دعوت به انتخابات
Wahlausgang *m* نتیجهٔ انتخابات
überraschender ~ نتیجهٔ غیرمنتظرهٔ انتخابات
unerwarteter ~ نتیجهٔ غیرمترقّبهٔ انتخابات؛ نتیجهٔ غیرمنتظرهٔ انتخابات
ungewisser ~ نتیجهٔ نامعلوم انتخابات
Wahlausschuss *m* کمیسیون گُزینش؛ هیأت گُزینش؛ کمیسیون انتخابات؛ هیأت انتخابات
Wahlaussichten *fpl* شانس در انتخابات
geringe ~ haben شانس کمی را در انتخابات داشتن
gute ~ haben شانس خوبی را در انتخابات داشتن
Wahlauswertung *f* ارزیابی انتخابات
Wahlbeauftragte *m/f* مأمور برگزاری انتخابات
Wahlbeeinflussung *f* تأثیرگذاری بر روند انتخابات
Wahlbehinderung *f* ایجاد اشکال در انتخابات
wahlberechtigt *adj* واجد حقّ شرکت در انتخابات
Wahlberechtigte *m/f* واجد حقّ شرکت در انتخابات
Wahlberechtigung *f* حقّ شرکت در انتخابات
Wahlbericht *m* گزارش انتخابات
Wahlbeteiligung *f* شرکت در انتخابات
Wahlbetrug *m* تقلّب در انتخابات
versuchter ~ قصد تقلّب در انتخابات
Wahlbezirk *m* حوزهٔ انتخاباتی
Wahlboykott *m* تحریم انتخابات
zum ~ aufrufen به تحریم انتخابات فراخواندن
Wahlbündnis *n* پیمان انتخاباتی (بین احزاب سیاسی)
ein ~ eingehen پیمان انتخاباتی بستن
Wahlbüro *n* دفتر انتخابات
Wahldauer *f* مدّت رأی دهی؛ مدّت انتخابات
Wahldebakel *n* شکست سخت در انتخابات؛ شکست سخت انتخاباتی
wählen انتخاب کردن؛ گُزیدن
Wähler/-in *m/f* انتخاب کننده؛ رأی دهنده
die ~ einschüchtern انتخاب کنندگان را ترساندن؛ انتخاب کنندگان مرعوب کردن
die ~ irreführen انتخاب کنندگان را گمراه کردن
die ~ mobilisieren انتخاب کنندگان را بسیج کردن
die ~ verunsichern انتخاب کنندگان را

نامطمئن کردن؛ انتخاب کنندگان را به شک انداختن

Wahlerfolg *m*   موفّقیّت در انتخابات

einen ~ erringen   به موفّقیّتی در انتخابات

دست یافتن

Wahlergebnis *n*   نتیجهٔ انتخابات

offizielles ~   نتیجهٔ رسمی انتخابات

das ~ anfechten   به نتیجهٔ انتخابات اعتراض کردن

das ~ bekanntgeben نتیجهٔ انتخابات را اعلام کردن

die ~se manipulieren   در نتایج انتخابات

دست بردن؛ در نتایج انتخابات به نفع خود تقلّب کردن

Wählergemeinschaft *f* اجتماع انتخاب کنندگان؛

اجتماع رأی دهندگان

Wählergunst *f*   محبوبیّت بین انتخاب کنندگان؛

جلب و جذب انتخاب کنندگان

sinkende ~   محبوبیّت رو به کاهش بین

انتخاب کنندگان

in der ~ steigen   در بین انتخاب کنندگان محبوبیّت

بیشتری یافتن

um die ~ werben   به منظور جلب و جذب

انتخاب کنندگان تبلیغ کردن؛ به منظور محبوبیّت

بیشتر بین انتخاب کنندگان تبلیغ کردن

Wählerinteressen *npl* منافع انتخاب کنندگان

die ~ vertreten   منافع انتخاب کنندگان را

نمایندگی کردن

Wählerliste *f*   فهرست رأی دهندگان؛ فهرست

انتخاب کنندگان

Wählernötigung *f*   وادار کردن رأی دهندگان؛

زورگویی به رأی دهندگان

Wahleröffnung *f*   شروع انتخابات

Wählerpotential *n* کلّ میزان انتخاب کنندگان

بالقوّه

Wählerreaktion *f*   واکنش انتخاب کنندگان

Wählerschaft *f*   انتخاب کنندگان

die ~ mobilisieren انتخاب کنندگان را بسیج کردن

Wählerschicht *f*   قشر انتخاب کننده

Wählerschwund *m*   تحلیل تدریجی

انتخاب کنندگان

Wählerstimme *f*   رأی

Wählertäuschung *f*   فریب انتخاب کنندگان

Wählertrend *m*   گرایش انتخاباتی؛ سمت گیری

انتخاباتی

Wählerurteil *n*   قضاوت انتخاب کنندگان

Wählerverzeichnis *n*   فهرست رأی دهندگان؛

فهرست انتخاب کنندگان

Wählervotum *n*   رأی انتخاب کنندگان

Wahlfälschung *f*   تقلّب در انتخابات

Wahlfieber *n*   تب و تاب انتخابات

Wahlforscher/-in *m/f* پژوهشگر انتخابات؛ محقّق

انتخابات

Wahlforschung *f*   پژوهش در امور مربوط به

انتخابات؛ تحقیق در امور مربوط به انتخابات

Wahlgebiet *n*   حوزهٔ انتخاباتی

Wahlgesetz *n*   قانون انتخابات

Wahlhelfer/-in *m/f*   دستیار انتخاباتی

Wahlkampagne *f*   مبارزهٔ انتخاباتی

Wahlkampf *m*   مبارزهٔ انتخاباتی

einen ~ finanzieren   هزینه های مبارزهٔ

انتخاباتی ای را تأمین کردن

einen ~ führen   مبارزهٔ انتخاباتی کردن

einen ~ organisieren   مبارزهٔ انتخاباتی ای را

سازمان دهی کردن

einen ~ veranstalten   مبارزهٔ انتخاباتی ای را

برگزار کردن

Wahlkampfauftakt *m*   آغاز مبارزهٔ انتخاباتی

Wahlkampfbeauftragte *m/f* مأمور برگزاری

مبارزهٔ انتخاباتی

Wahlkampffinanzierung *f*   تأمین هزینهٔ

مبارزهٔ انتخاباتی

illegale ~ تأمین هزینهٔ مبارزهٔ انتخاباتی از راه غیرقانونی

Wahlkampfgelder *npl* وجوه مربوط به برگزاری مبارزهٔ انتخاباتی

Wahlkampfkandidat/-in *m/f* کاندید مبارزهٔ انتخاباتی؛ نامزد مبارزهٔ انتخاباتی

Wahlkampfkandidatur *f* کاندیدای مبارزهٔ انتخاباتی

Wahlkampfkosten *f* هزینهٔ مبارزهٔ انتخاباتی

enorme ~ هزینهٔ سرسام آور مبارزهٔ انتخاباتی

Wahlkampfleiter/-in *m/f* سرپرست مبارزهٔ انتخاباتی

Wahlkampfmanager/-in *m/f* مدیر مبارزهٔ انتخاباتی

Wahlkampfperiode *f* دورهٔ مبارزهٔ انتخاباتی

Wahlkampfprogramm *n* برنامهٔ مبارزهٔ انتخاباتی

Wahlkampfrede *f* نطق مبارزهٔ انتخاباتی

Wahlkampfspenden *fpl* کمک های مالی به احزاب شرکت کننده در انتخابات

Wahlkampfthema *n* موضوع مبارزهٔ انتخاباتی

Wahlkorruption *f* رشوه خواری در انتخابات؛ رشوه گیری در انتخابات؛ رشوه دهی در انتخابات

Wahlkreis *m* حوزهٔ انتخاباتی

einen ~ erobern در حوزهٔ انتخاباتی ای بردن

in einem ~ kandidieren در حوزهٔ انتخاباتی ای نامزد شدن؛ در حوزهٔ انتخاباتی ای کاندید شدن

einen ~ zurückerobern در حوزهٔ انتخاباتی ای دوباره بردن؛ حوزهٔ انتخاباتی ای را دوباره تحت کنترل خود درآوردن

Wahlkreisausschuss *m* کمیسیون حوزهٔ انتخاباتی

Wahlkreisergebnis *n* نتیجهٔ حوزهٔ انتخاباتی

Wahlkreiskandidat/-in *m/f* نامزد حوزهٔ انتخاباتی؛ کاندید حوزهٔ انتخاباتی

Wahlkreisleiter/-in *m/f* سرپرست حوزهٔ انتخاباتی؛ مدیر حوزهٔ انتخاباتی

Wahlkreisleitung *f* سرپرستی حوزهٔ انتخاباتی؛ مدیریّت حوزهٔ انتخاباتی

Wahlleiter/-in *m/f* سرپرست انتخابات؛ مدیر انتخابات

Wahlleitung *f* سرپرستی انتخابات؛ مدیریّت انتخابات

Wahlliste *f* فهرست انتخابات

Wahllokal *n* محلّ اخذّ رأی

Wahlmanipulation *f* تقلّب در انتخابات

Wahlmüdigkeit *f* خستگی از انتخابات

zunehmende ~ خستگی فزاینده از انتخابات؛ خستگی روزافزون از انتخابات

Wahlniederlage *f* شکست انتخاباتی؛ شکست در انتخابات

eine ~ eingestehen به یک شکست انتخاباتی اعتراف کردن

eine ~ erleiden شکست انتخاباتی ای را متحمّل شدن؛ شکستی را در انتخابات متحمّل شدن؛ در انتخابات شکست خوردن

Wahlperiode *f* دورهٔ انتخابات

Wahlplakat *n* پوستر انتخاباتی؛ آگهی دیواری در انتخابات

Wahlplattform *f* بیان نامهٔ انتخاباتی؛ پلاتفرم انتخاباتی

Wahlpolitik *f* سیاست انتخاباتی

Wahlprognosen *fpl* پیش بینی های انتخاباتی

günstige ~ پیش بینی های مساعد انتخاباتی

ungünstige ~ پیش بینی های نامساعد انتخاباتی

~ stellen نتایج انتخابات را پیش بینی کردن

Wahlprogramm *n* برنامهٔ انتخاباتی

ein ~ unterstützen از برنامهٔ انتخاباتی ای حمایت کردن

Wahlpropaganda *f* تبلیغات انتخاباتی

geschickte ~ تبلیغات زیرکانهٔ انتخاباتی

irreführende ~ تبلیغات گمراه کنندهٔ انتخاباتی

~ treiben تبلیغات انتخاباتی کردن؛ جهت انتخابات تبلیغات به راه انداختن

Wahlrecht *n* 1) حقّ رأی در انتخابات 2) قانون انتخابات

Wahlreform *f* اصلاح قانون انتخابات

Wahlschlappe *f* شکست انتخاباتی؛ شکست در انتخابات

eine ~ hinnehmen شکستی را در انتخابات متحمّل شدن

Wahlschwindel *m* تقلّب در انتخابات؛ فریبکاری در انتخابات

Wahlsieg *m* پیروزی انتخاباتی؛ پیروزی در انتخابات

Wahlsieger/-in *m/f* برندهٔ انتخابات

Wahlslogan *m* شعار انتخاباتی

Wahlspruch *m* شعار انتخاباتی

Wahlsystem *n* سیستم انتخاباتی؛ نظام انتخاباتی

Wahltag *m* روز انتخابات

Wahltermin *m* تاریخ انتخابات

den ~ verlegen تاریخ انتخابات را تغییر دادن

Wahlthemen *npl* موضوعات انتخاباتی

Wahltransparent *n* شعار انتخاباتی

Wahlunterlagen *fpl* اوراق انتخاباتی

Wahluntersuchungsausschuss *m* کمیسیون رسیدگی به انتخابات

Wahlurne *f* صندوق رأی

Wahlveranstaltung *f* میتینگ انتخاباتی؛ گردهمایی انتخاباتی

Wahlverlierer/-in *m/f* بازندهٔ انتخابات

Wahlversammlung *f* گردهمایی انتخاباتی

Wahlversprechen *n* وعدهٔ انتخاباتی

Wahlvorbereitungen *fpl* تدارکات انتخاباتی؛ زمینه سازی های انتخاباتی

Wahlvorgang *m* روند انتخابات؛ فرایند انتخابات

Wahlvorstand *m* ریاست انتخابات؛ مدیریّت انتخابات

Wahlwerbespot *m* تبلیغ انتخاباتی (در رادیو، تلویزیون و اینترنت)

Wahlzettel *m* ورقهٔ رأی

Währung *f* پول؛ ارز

Währungsabkommen *n* پیمان پولی؛ موافقت نامهٔ ارزی

Währungsabwertung *f* کاهش ارزش پول؛ کاهش ارزش برابری ارز

Währungsaufwertung *f* افزایش ارزش پول؛ افزایش برابری ارزی

Währungsausschuss *m* کمیسیون امور ارزی

Währungsbeschränkungen *fpl* محدودیّت های پولی؛ محدودیّت های ارزی

Währungsbestände *mpl* اندوخته های پولی؛ ذخایر ارزی

Währungsbestimmungen *fpl* مقرّرات ارزی

Währungseinlagen *fpl* سپرده های ارزی

Währungsfonds *m* صندوق پولی

Währungsgeld *n* پول رسمی

Währungsgeschäfte *npl* معاملات ارزی

Währungsgesetz *n* قانون ارز

Währungsinflation *f* تورّم پولی؛ تورّم ارزی

Währungskommission *f* کمیسیون امور ارزی

Währungskonferenz *f* کنفرانس ارزی

Währungskontrolle *f* نظارت ارزی؛ نظارت بر پول

Währungskonvertibilität *f* تبدیل پذیری پول؛ تسعیرپذیری پول؛ قابلیّت تبدیل و تسعیر پول

Währungskrise *f* بحران پولی؛ بحران ارزی

Währungskurs *m* نرخ ارز

Währungslage *f* وضعیّت ارزی

Währungsparität *f* برابری ارزی

Währungspolitik *f* سیاست پولی
Währungsraum *m* منطقهٔ ارزی
Währungsreform *f* اصلاح پولی
Währungsreserven *fpl* اندوخته های پولی؛ ذخایر ارزی
Währungsschwankungen *fpl* نوسان های ارزی
Währungsspekulant/-in *m/f* سوداگر ارز؛ معامله گر ارز؛ محتکر ارز
Währungsstabilität *f* ثبات پولی
Währungssystem *n* سیستم پولی؛ نظام پولی؛ نظام ارزی
Währungsturbulenz *f* بی ثباتی پولی
Währungsumstellung *f* تغییر پولی به پول دیگر؛ تغییر ارزی به ارز دیگر
Währungsumtausch *m* تبدیل ارز؛ تسعیر ارز
Währungsunion *f* وحدت پولی؛ وحدت ارزی
Währungszerfall *m* فروشد سیستم پولی؛ زوال نظام ارزی
Währungszusammenbruch *m* فروپاشی سیستم پولی؛ فروپاشی نظام ارزی؛ فروریختگی نظام ارزی
Wandel *m* دگرگونی؛ دگرش؛ تغییر؛ تحوّل
sozialer ~ دگرگونی اجتماعی؛ دگرش اجتماعی؛ تغییر اجتماعی؛ تحوّل اجتماعی
tiefgreifender ~ دگرگونی ژرف؛ دگرش ژرف؛ تغییر ژرف؛ تحوّل ژرف
wandelbar *adj* دگرگونی پذیر؛ دگرش پذیر؛ تغییرپذیر؛ قابل تغییر؛ تحوّل پذیر؛ قابل تحوّل
Wandelbarkeit *f* دگرگونی پذیری؛ دگرش پذیری؛ تغییرپذیری؛ قابلیّت تغییر؛ تحوّل پذیری؛ قابلیّت تحوّل
Ware *f* کالا؛ جنس
einheimische ~n کالاهای بومی؛ اجناس داخلی
verzollte ~n کالاهای ترخیص شده از گمرک؛ اجناسی که حقوق گمرکی اشان پرداخت شده
zollfreie ~n کالاهای بخشوده از حقوق گمرکی؛ اجناس معاف از حقوق گمرکی؛ اجناس بدون گمرک
zollpflichtige ~n کالاهای مشمول حقوق گمرکی
eine ~ abnehmen کالایی را تحویل گرفتن؛ کالایی را خریدن
eine ~ absetzen کالایی را فروختن؛ جنسی را به فروش رساندن
eine ~ anbieten کالایی را عرضه کردن؛ پیشنهاد فروش کالایی را کردن
eine ~ ausführen کالایی را صادر کردن؛ جنسی را صادر کردن
eine ~ einführen کالایی را وارد کردن؛ جنسی را وارد کردن
eine ~ exportieren کالایی را صادر کردن؛ جنسی را صادر کردن
eine ~ herstellen کالایی را تولید کردن؛ کالایی را ساختن؛ جنسی را تولید کردن
eine ~ importieren کالایی را وارد کردن؛ جنسی را وارد کردن
eine ~ kaufen کالایی را خریدن؛ جنسی را خریدن
eine ~ liefern کالایی را تحویل دادن؛ جنسی را ارسال داشتن
eine ~ produzieren کالایی را تولید کردن
eine ~ verkaufen کالایی را فروختن؛ جنسی را به فروش رساندن
eine ~ versteuern مالیات کالایی را پرداختن
~n lagern کالاها را انبار کردن
~n verschiffen کالاها را با کشتی حمل کردن
Warenangebot *n* عرضهٔ کالا؛ پیشنهاد فروش کالا
Warenausfuhr *f* صادرات کالا
Warenaustausch *m* مبادلهٔ کالا
Warenbedarf *m* نیاز به کالا
Warenbeförderung *f* حمل و نقل کالا
Warenbestand *m* موجودی کالا
Warenbörse *f* بورس کالاهای تجاری

Wareneinfuhr *f* واردات کالا
Warenexport *m* صادرات کالا
Warenhandel *m* تجارت کالا
Warenhaus *n* فروشگاه بزرگ
Warenimport *m* واردات کالا
Warenkauf *m* خرید کالا
Warenlager *n* انبار کالا
Warenlieferant *m* تحویل دهندهٔ کالا؛ ارسال کنندهٔ کالا
Warenlieferung *f* تحویل کالا؛ ارسال کالا
Warenmarkt *m* بازار کالا؛ بازار کالاهای مصرفی
Warennachfrage *f* درخواست کالا؛ تقاضای کالا
Warenproduktion *f* تولید کالا
Warentausch *m* تعویض کالا
Warentest *m* آزمون کالا
Warenüberschuss *m* مازاد کالا؛ کالای اضافی
Warenumsatz *m* فروش کالا؛ فروش کلّ کالا؛ میزان کلّ فروش کالا
Warenumsatzsteuer *f* مالیات بر فروش کالا؛ مالیات بر فروش کلّ کالا
Warenverkauf *m* فروش کالا
Warenverkehr *m* تجارت؛ خرید و فروش کالا
warnen هشدار دادن؛ اخطار کردن
Warnstreik *m* اعتصاب هشداردهنده؛ اعتصاب اخطارآمیز
Warnung *f* هشدار؛ هشداردهی؛ اخطار
ernste ~ هشدار جدّی؛ اخطار جدّی
Wartung *f* تعمیر و نگهداری
Wartungsindustrie *f* صنعت تعمیرات و نگهداری
Wartungskosten *f* هزینهٔ تعمیرات و نگهداری
Wartungsprobleme *npl* مشکلات تعمیرات و نگهداری
Wartungsvertrag *m* قرارداد تعمیرات و نگهداری
Wassermangel *m* کمبود آب
Wasserreserven *fpl* ذخایر آب؛ ذخایر آبی
vorhandene ~ ذخایر موجود آبی
Wasserschutzgebiet *n* منطقهٔ حفاظت از آب ها
Wasserspiegel *m* سطح آب
Wasserstraße *f* راه آبی
Wasserverbrauch *m* مصرف آب
Wasserverschmutzung *f* آلوده سازی آب؛ آلودگی آب
Wasserversorgung *f* آب رسانی؛ تأمین آب
Wasserversorgungsprojekt *n* پروژهٔ آب رسانی؛ پروژهٔ تأمین آب
Wasserwerfer *m* آب پاش پلیس
Wasserwerk *n* کارخانهٔ آب
Wechsel *m* برات؛ سفته
einen ~ ausstellen براتی را صادر کردن؛ سفته ای را صادر کردن
einen ~ einlösen براتی را نقد کردن؛ سفته ای را نقد کردن
einen ~ vorlegen براتی را ارائه کردن؛ سفته ای را ارائه کردن
Wechselkurs *m* نرخ ارز
aktueller ~ نرخ فعلی ارز
amtlicher ~ نرخ رسمی ارز؛ نرخ رسمی مبادلهٔ ارز
fester ~ نرخ ثابت ارز
schwankender ~ نرخ شناور ارز
den ~ ändern نرخ ارز را تغییر دادن
den ~ festlegen نرخ ارز را تعیین کردن؛ نرخ خرید و فروش ارز را تعیین کردن
den ~ freigeben نرخ ارز را آزاد گذاشتن
Wechselkursänderung *f* تغییر نرخ ارز
Wechselkursfreigabe *f* آزادگذاری نرخ ارز
Wechselkursgarantie *f* تضمین نرخ مبادله ارز
Wechselkurskorrektur *f* اصلاح نرخ ارز
Wechselkursparität *f* برابری نرخ ارز

Wechselkursschwankungen *fpl* نوسانات نرخ ارز
Wechselkursstabilität *f* ثبات نرخ ارز
Wechselkurssystem *n* سیستم نرخ گذاری ارزی؛ نظام نرخ گذاری ارزی
Wechselwähler/-in *m/f* انتخاب کنندهٔ متغیّر
Weg *m* راه
auf diplomatischem ~e از راه دیپلماسی
auf gerichtlichem ~e از راه قضایی؛ از طریق دادگاه
Wegwerfgesellschaft *f* جامعهٔ مصرفی
Wehrauftrag *m* مأموریّت جهت بازرسی در امور نظامی
Wehrbeauftragte *m/f* مأمور بازرسی دولت در امور نظامی؛ مأمور رسیدگی دولت به امور نظامی
Wehrbereich *m* بخش نظامی؛ حوزهٔ نظامی
Wehrdienst *m* خدمت زیر پرچم؛ خدمت سربازی؛ خدمت نظام وظیفه
zum ~ einberufen به خدمت زیر پرچم فراخواندن؛ به خدمت نظام وظیفه احضار کردن
den ~ verweigern از رفتن به خدمت سربازی امتناع کردن؛ از انجام خدمت نظام وظیفه امتناع کردن
Wehrdienstverbot *n* منع خدمت زیر پرچم؛ منع خدمت نظام وظیفه؛ منع خدمت سربازی
Wehrdienstverweigerer *m* ممتنع از خدمت زیر پرچم؛ ممتنع از خدمت نظام وظیفه؛ ممتنع از خدمت سربازی
Wehrexperte *m* کارشناس نظامی؛ کارشناس امور نظامی؛ متخصّص امور نظامی (مرد)
Wehrexpertin *f* کارشناس نظامی؛ کارشناس امور نظامی؛ متخصّص امور نظامی (زن)
wehrfähig *adj* شایستهٔ انجام خدمت سربازی؛ شایستهٔ انجام خدمت نظام وظیفه؛ قادر به انجام خدمت نظام وظیفه
Wehrfähigkeit *f* شایستگی انجام خدمت سربازی؛ صلاحیّت انجام خدمت نظام وظیفه؛ توانایی انجام خدمت نظام وظیفه
wehrlos *adj* بی دفاع
Wehrlosigkeit *f* بی دفاعی
Wehrmacht *f* ارتش آلمان نازی
Wehrmachtsoffizier *m* افسر ارتش آلمان نازی
Wehrpflicht *f* خدمت سربازی؛ خدمت نظام وظیفه
die ~ abschaffen خدمت نظام وظیفه را ملغی کردن
Wehrpflichtarmee *f* ارتش متشکّل از سربازان نظام وظیفه
wehrpflichtig *adj* مشمول خدمت نظام وظیفه؛ مشمول خدمت سربازی
Wehrpflichtige *m/f* مشمول خدمت نظام وظیفه؛ مشمول خدمت سربازی
wehrtauglich *adj* شایستهٔ انجام خدمت سربازی؛ شایستهٔ انجام خدمت نظام وظیفه
Wehrtauglichkeit *f* شایستگی انجام خدمت سربازی؛ صلاحیّت انجام خدمت نظام وظیفه
Weichenstellung *f* سمت دهی
politische ~ سمت دهی سیاسی؛ سیاست گذاری
Weihnachten *n* جشن میلاد مسیح؛ کریسمس
Weisung *f* دستور؛ دستور اداری
eine ~ einholen دستور گرفتن؛ کسب دستور کردن
eine ~ entgegennehmen دستوری را دریافت کردن
eine ~ erteilen دستور دادن
eine ~ geben دستور دادن
Weisungsbefugnis *f* اختیار دستوردهی؛ حقّ دستوردهی؛ حقّ دادن دستور
weisungsgemäß *adj* طبقّ دستور
Weisungsrecht *n* حقّ دستوردهی؛ حقّ دادن دستور
weiterleiten an ارجاع دادن به
Weiterleitung *f* ارجاع

Weltanschauung *f* جهان بینی

Weltausstellung *f* نمایشگاه جهانی

Weltbank *f* بانک جهانی

Weltbeherrschung *f* فرمان روایی بر جهان؛ حکم رانی بر جهان؛ سروری بر جهان؛ تسلّط بر جهان

Weltbevölkerung *f* جمعیّت جهان

Welternährungsorganisation *f* سازمان تغذیّهٔ جهانی

Weltfrieden *m* صلح جهانی

Weltgemeinschaft *f* جامعهٔ جهانی

Weltgesundheitsorganisation *f* سازمان بهداشت جهانی

Welthandel *m* تجارت جهانی

Liberalisierung des ~s آزادسازی تجارت جهانی؛ آزادگردانی تجارت جهانی

Welthandelsorganisation *f* سازمان تجارت جهانی

Weltherrschaft *f* سیادت جهانی؛ سلطهٔ جهانی

nach der ~ streben جهت دست یابی به سلطهٔ جهانی تلاش کردن

Weltherrschaftsordnung *f* نظام سلطهٔ جهانی

Weltkonjunktur *f* وضعیّت اقتصادی جهان؛ روند اقتصادی جهان

die ~ beleben به روند اقتصاد جهانی تحرّک بخشیدن

Weltkrieg *m* جنگ جهانی

am Vorabend des Zweiten ~es در آستانهٔ جنگ جهانی دوّم

Weltkulturerbe *n* میراث فرهنگی جهان

Weltmacht *f* قدرت جهانی

Weltmachtinteressen *npl* مصالح قدرت جهانی؛ منافع قدرت جهانی

Weltmachtstellung *f* جایگاه یک قدرت جهانی؛ وضع و موقعیّت فعلی یک قدرت جهانی

Weltmarkt *m* بازار جهانی

den ~ beherrschen بر بازار جهانی تسلّط داشتن؛ بازار جهانی را کنترل کردن

in den ~ eindringen در بازار جهانی نفوذ کردن؛ به بازار جهانی راه یافتن

Weltmarktpreis *m* قیمت در بازار جهانی؛ قیمت رایج در بازار جهانی

den ~ bestimmen قیمت را در بازار جهانی تعیین کردن

Weltmaßstab *m* مقیاس جهانی

Weltöffentlichkeit *f* افکار عمومی جهان

die ~ informieren افکار عمومی جهان را آگاه ساختن

die ~ täuschen افکار عمومی جهان را فریب دادن

Weltordnung *f* نظام جهانی

bestehende ~ نظام موجود جهانی

gerechte ~ نظام عادلانهٔ جهانی؛ نظام برحقّ جهانی

ungerechte ~ نظام ناعادلانهٔ جهانی؛ نظام غیرعادلانهٔ جهانی؛ نظام بیدادگرانهٔ جهانی

Schaffung einer neuen ~ ایجاد یک نظام جهانی نو

Weltpolitik *f* سیاست جهانی

Akteure der ~ بازیگران سیاست جهانی

Weltraum *m* فضا

Weltraumbahnhof *m* ایستگاه فضایی

Weltraumfahrer/-in *m/f* فضانورد

Weltraumfahrt *f* فضانوردی

Weltraumforscher/-in *m/f* پژوهشگر امور فضایی؛ محقّق امور فضایی

Weltraumforschung *f* پژوهش در زمینهٔ فضایی؛ تحقیق در زمینهٔ فضایی

Weltraumpolitik *f* سیاست امور فضایی

Weltraumsatellit *m* ماهوارهٔ فضایی

Weltraumvertrag *m* قرارداد مربوط به

امور فضایی

Weltraumwaffen *fpl* سلاح های فضایی

Weltreich *n* قلمرو جهانی

Errichtung eines ~es ایجاد یک قلمرو جهانی

Weltsicherheitsrat *m* شورای امنیّت جهانی

Weltuntergang *m* پایان جهان هستی؛ نابودی جهان؛ زوال جهان

den ~ prophezeien پایان جهان هستی را پیشگویی کردن؛ نابودی جهان را پیش بینی کردن

Weltverschwörung *f* دسیسهٔ جهانی

Weltwährungskrise *f* بحران جهانی ارز

Weltwährungsreserven *fpl* اندوخته های ارزی جهان؛ ذخایر ارزی جهان

Weltwährungssystem *n* سیستم پولی جهان؛ نظام ارزی جهان

Weltwirtschaft *f* اقتصاد جهانی

freie ~ اقتصاد آزاد جهانی

schwache ~ اقتصاد ناتوان جهانی؛ اقتصاد ضعیف جهانی

Weltwirtschaftskrise *f* بحران اقتصاد جهانی

eine ~ abwenden از بحرانی در اقتصاد جهانی جلوگیری کردن

eine ~ auslösen بحرانی را در اقتصاد جهانی موجب شدن

Weltwirtschaftslage *f* وضع اقتصاد جهانی؛ وضعیّت اقتصاد جهانی؛ موقعیّت اقتصاد جهانی

desolate ~ وضع نامساعد اقتصاد جهانی

schwierige ~ موقعیّت حسّاس اقتصاد جهانی

Weltwirtschaftsordnung *f* نظام اقتصاد جهانی

Wende *f* چرخش

politische ~ چرخش سیاسی

Wendehals *m* فرصت طلب

Wendepunkt *m* نقطهٔ عطف؛ چرخشگاه

Werbeabteilung *f* بخش آگهی؛ بخش آگهی تجاری

Werbeagent/-in *m/f* نمایندهٔ تبلیغاتی؛ عامل تبلیغات

Werbeagentur *f* آژانس تبلیغاتی؛ مؤسّسهٔ تبلیغاتی؛ نمایندگی آگهی و تبلیغات

Werbeanzeige *f* آگهی تجاری

Werbeaufwand *m* هزینهٔ تبلیغاتی؛ هزینهٔ آگهی و تبلیغ تجاری

Werbeberater/-in *m/f* رایزن تبلیغاتی؛ مشاور تبلیغاتی

Werbeeinnahmen *fpl* دریافت های حاصله از تبلیغات

Werbeetat *m* بودجهٔ تبلیغات؛ بودجهٔ آگهی و تبلیغ تجاری

Werbefachmann *m* کارشناس امور تبلیغاتی؛ متخصّص امور تبلیغاتی

routinierter ~ کارشناس آزمودهٔ امور تبلیغاتی؛ متخصّص باتجربهٔ امور تبلیغاتی

Werbefeldzug *m* تبلیغات فروش

Werbefernsehen *n* تلویزیون آگهی و تبلیغ تجاری؛ تلویزیون تبلیغاتی

Werbefilm *m* فیلم تبلیغاتی

Werbeindustrie *f* صنعت تبلیغات

Werbekosten *f* هزینهٔ تبلیغاتی؛ هزینهٔ آگهی و تبلیغ تجاری

Werbeleiter/-in *m/f* مدیر تبلیغات

werben für آگهی کردن برای؛ تبلیغ کردن برای

Werberundfunk *m* رادیوی آگهی و تبلیغ تجاری؛ رادیوی تبلیغاتی

Werbesendung *f* فرستندهٔ تبلیغاتی؛ فرستندهٔ آگهی و تبلیغ تجاری

Werbetrommel *f* سروصدای تبلیغاتی؛ های و هوی تبلیغاتی

Werbeverbot *n* منع تبلیغ؛ منع پخش تبلیغات؛ منع آگهی و تبلیغ تجاری

werbewirksam *adj* تبلیغ کارا؛ تبلیغ کارامد؛ تبلیغ مؤثّر؛ مؤثّر به لحاظ تبلیغ

Werbewirksamkeit *f* کارایی تبلیغ؛ کارامدی تبلیغ

Werbewirtschaft *f* صنعت تبلیغات

Werbezweck *m* هدف آگهی؛ هدف تبلیغ؛ هدف از پخش آگهی و تبلیغ تجاری

Werbung *f* آگهی؛ تبلیغ؛ تبلیغ تجاری؛ پیام بازرگانی

Werbungskosten *f* هزینهٔ تبلیغاتی؛ هزینهٔ آگهی و تبلیغ تجاری

Werk *n* کارگاه؛ کارخانه

Wert *m* 1) ارزش 2) قیمت؛ قیمت فروش؛ بها؛ بهای فروش

1) absoluter ~ ارزش مطلق

bleibender ~ ارزش ماندگار

echter ~ ارزش واقعی

fiktiver ~ ارزش ساختگی

finanzieller ~ ارزش مالی

gesetzlich festgelegter ~ ارزش قانونی؛ ارزش قانوناً تعیین شده

materieller ~ ارزش مادّی

unmoralische ~e ارزش های غیراخلاقی

wissenschaftlicher ~ ارزش علمی

wirtschaftlicher ~ ارزش اقتصادی

den ~ einer Sache erhalten ارزش چیزی را حفظ کردن

den ~ einer Sache vermindern ارزش چیزی را کاهش دادن؛ ارزش چیزی را تقلیل دادن

2) angemessener ~ قیمت مناسب؛ بهای مناسب

den ~ einer Sache bestimmen قیمت چیزی را تعیین کردن؛ قیمت فروش چیزی را تعیین کردن

den ~ einer Sache erhöhen بر قیمت چیزی افزودن؛ قیمت فروش چیزی را بالا بردن

den ~ einer Sache festsetzen قیمت چیزی را تعیین کردن؛ قیمت فروش چیزی را تعیین کردن

Wertanpassung *f* تنظیم و تعدیل قیمت

Werteorientierung *f* جهت گیری ارزشی؛ سمت گیری ارزشی

Werterhaltung *f* حفظ ارزش

Werterhöhung *f* افزایش قیمت

Wertesystem *n* سیستم ارزشی؛ نظام ارزشی

Wertfestsetzung *f* تعیین قیمت فروش؛ تعیین بهای فروش

Wertmaßstab *m* سنجهٔ ارزش؛ معیار ارزش؛ ملاک ارزش

Wertminderung *f* کاهش ارزش

Wertpapierabsatz *m* فروش اوراق بهادار؛ فروش اسناد بهادار

Wertpapierbesitzer/-in *m/f* دارندهٔ اوراق بهادار؛ دارندهٔ اسناد بهادار

Wertpapierbörse *f* بازار اوراق بهادار؛ بازار اسناد بهادار؛ بازار سهام

Wertpapiere *npl* اوراق بهادار؛ اسناد بهادار

börsenfähige ~ اوراق بهادار قابل معامله؛ اسناد بهادار قابل معامله در بورس؛ اوراق بهادار فهرست شده؛ اوراق بهادار ثبت شده

festverzinsliche ~ اوراق بهادار با نرخ بهرهٔ ثابت؛ اسناد بهادار با نرخ بهرهٔ ثابت

handelsfähige ~ اوراق بهادار قابل معامله؛ اسناد بهادار قابل معامله در بورس

die ~ deponieren اوراق بهادار را برای نگهداری سپردن؛ اسناد بهادار را به امانت گذاشتن

Wertpapierhandel *m* خرید و فروش اوراق بهادار؛ خرید و فروش اسناد بهادار

Wertpapierhandelshaus *n* بنگاه معاملات سهام؛ بنگاه خرید و فروش سهام

Wertpapierhändler/-in *f* دلّال اوراق بهادار؛ تاجر اوراق بهادار؛ دلّال اسناد بهادار

Wertpapierkredit *m* وام وثیقه دار

Wertpapiermakler/-in *m/f*	دلّال اوراق بهادار؛
	دلّال اسناد بهادار
Wertpapiermarkt *m*	بازار اوراق بهادار؛
	بازار اسناد بهادار؛ بازار اسناد بهادار و سهام
Wertsteigerung *f*	افزایش ارزش
Wertverlust *m*	تنزّل قیمت؛ کاهش قیمت
Wertzuwachs *m*	افزایش ارزش
Wettbewerb *m*	رقابت
fairer ~	رقابت منصفانه
freier ~	رقابت آزاد
harter ~	رقابت سخت
mörderischer ~	رقابت بی رحمانه
offener ~	رقابت آشکار؛ رقابت علنی
redlicher ~	رقابت صادقانه
ruinöser ~	رقابت ویران کننده؛ رقابت ضایع کننده
scharfer ~	رقابت شدید
unlauterer ~	رقابت غیرمجاز؛ رقابت نامشروع
Einschränkung des freien ~s	محدودسازی رقابت آزاد؛ تحدید رقابت آزاد
Verschärfung des ~s	تشدید رقابت
den ~ behindern	مانع رقابت شدن
den ~ beschränken	رقابت را محدود کردن؛ رقابت را کاهش دادن؛ از محدودهٔ رقابت کاستن
in ~ stehen	رقابت کردن
in ~ treten	وارد میدان رقابت شدن
den ~ verzerren	رقابت را مختل کردن
Wettbewerbsbedingungen *fpl*	شرایط رقابت
Wettbewerbsbeschränkung *f*	تحدید رقابت؛ تحدید رقابت تجاری؛ محدودسازی رقابت تجاری
Wettbewerbschancen *fpl*	امکانات رقابت
Wettbewerbsdruck *m*	فشار رقابت
wettbewerbsfähig *adj*	قادر به رقابت
Wettbewerbsfähigkeit *f*	قدرت رقابت؛ توانایی رقابت
Wettbewerbsfreiheit *f*	آزادی رقابت
Wettbewerbshüter *m*	حافظ رقابت آزاد
Wettbewerbskontrolle *f*	کنترل رقابت تجاری
Wettbewerbslage *f*	وضع رقابت
Wettbewerbsmarkt *m*	بازار رقابتی
Wettbewerbsnachteil *m*	زیان رقابت؛ ضرر رقابت
Wettbewerbspolitik *f*	سیاست رقابت آزاد
Wettbewerbspreis *m*	قیمت قابل رقابت؛ قیمت رقابتی
Wettbewerbsprinzip *n*	اصل رقابت؛ اصل رقابت آزاد
Wettbewerbsregeln *fpl*	اصول رقابت؛ اصول رقابت آزاد
Wettbewerbsspielraum *m*	میدان رقابت؛ گسترهٔ رقابت
Wettbewerbsverbot *n*	منع رقابت؛ منع رقابت آزاد
Wettbewerbsverhältnisse *npl*	مناسبات مبتنی بر رقابت آزاد
Wettbewerbsverzerrung *f*	اختلال در رقابت؛ ایجاد گسستگی در رقابت
Wettbewerbsvorteil *m*	مزیّت رقابت
wettbewerbswidrig *adj*	مغایر با اصول رقابت
Wettbewerbswirtschaft *f*	اقتصاد آزاد؛ اقتصاد بازار آزاد
Wettrüstung *f*	مسابقهٔ تسلیحاتی
widerlegen	رد کردن؛ نادرستی امری را اثبات کردن
eine Behauptung ~	ادّعایی را رد کردن؛ نادرستی ادّعایی را اثبات کردن
eine These ~	تزی را رد کردن؛ نادرستی تزی را اثبات کردن
Widerlegung *f*	رد؛ اثبات نادرستی
Widerlegungsbeweis *m*	دلیل رد

426

widerrechtlich *adj*	غیرقانونی
~e Aussage	گواهی غیرقانونی؛ شهادت غیرقانونی
Widerruf *m*	بازپس گیری؛ لغو؛ فسخ؛ حذف
~ eines Auftrags	بازپس گیری یک سفارش؛
	لغو یک سفارش؛ حذف یک سفارش؛ خط زدن
	یک سفارش
~ einer Behauptung	بازپس گیری یک ادّعا
~ einer Genehmigung	فسخ یک اجازه نامه
~ eines Geständnisses	بازپس گیری یک اعتراف
~ eines Vertrags	فسخ یک قرارداد
~ einer Vollmacht	بازپس گیری یک وکالت؛ لغو
	یک وکالت
~ der Zustimmung	بازپس گیری یک موافقت
widerrufen	بازپس گرفتن؛ لغو کردن؛ فسخ کردن؛
	حذف کردن
Widerrufsgründe *mpl*	علل لغو؛ علل فسخ
Widerrufsrecht *n*	حقّ لغو؛ حقّ فسخ
Widerrufsvorbehalt *m*	مادّهٔ شرط گذاری جهت
	فسخ قرارداد
Widersacher/-in *m/f*	مخالف؛ ضد
widersetzen, sich gegen	مخالفت کردن برعلیه؛
	ضدّیت کردن با
widersprechen, sich	تناقض داشتن؛
	متناقض بودن؛ ناهمساز بودن
Widerspruch *m*	1) تضاد؛ تناقض؛ ناهمسازی
	2) اعتراض
1) nationale Widersprüche	تناقضات ملّی
in ~ zu	در تضاد با؛ در تناقض با
2) gegen ein Urteil ~ einlegen	برعلیه حکمی
	اعتراض کردن
widersprüchlich *adj*	متناقض؛ ضدّ و نقیض
~e Angaben	اطّلاعات ضدّ و نقیض؛
	اطّلاعات متناقض
~e Aussagen	اظهارات ضدّ و نقیض

widerspruchslos *adj*	بدون مخالفت؛ بدون اعتراض
~ hinnehmen	بدون مخالفت پذیرفتن؛
	بدون اعتراض قبول کردن
Widerstand *m*	ایستادگی؛ پایداری؛ مقاومت
aktiver ~	مقاومت فعّال
antifaschistischer ~	مقاومت ضدّ فاشیستی
bewaffneter ~	مقاومت مسلّحانه
erbitterter ~	ایستادگی سرسختانه؛ مقاومت
	سرسختانه
geringster ~	کمترین مقاومت
gewaltfreier ~	مقاومت منفی؛ مقاومت عاری از
	خشنونت
hartnäckiger ~	ایستادگی سرسختانه؛ مقاومت
	سرسختانه
heldenhafter ~	ایستادگی دلیرانه؛ مقاومت
	قهرمانانه؛ مقاومت دلیرانه
massiver ~	مقاومت شدید
organisierter ~	مقاومت سازمان دهی شده
passiver ~	مقاومت منفی؛ مقاومت غیرفعّالانه
Zentrum des ~es	مرکز مقاومت
den ~ aufgeben	از مقاومت دست برداشتن
zum ~ ausrufen	به مقاومت فراخواندن
den ~ brechen	مقاومت را درهم شکستن
~ leisten	ایستادگی کردن؛ پایداری کردن؛
	مقاومت کردن
den ~ organisieren	مقاومت را سازمان دهی کردن
den ~ schwächen	مقاومت را تضعیف کردن
den ~ stärken	مقاومت را تقویت کردن؛ مقاومت را
	تحکیم بخشیدن
Widerstandsarmee *f*	ارتش مقاومت
Widerstandsbewegung *f*	جنبش پایداری؛
	جنبش مقاومت
widerstandsfähig *adj*	مقاومت پذیر
Widerstandsfähigkeit *f*	مقاومت پذیری

427

Widerstandsgruppe *f* گروه پایداری؛ گروه مقاومت
Widerstandskampf *m* مبارزهٔ جبههٔ پایداری؛ مبارزهٔ جبههٔ مقاومت
Widerstandskämpfer/-in *m/f* مبارز جبههٔ پایداری؛ مبارز جبههٔ مقاومت
Widerstandskraft *f* نیروی ایستادگی؛ نیروی پایداری؛ نیروی مقاومت
Widerstandskultur *f* فرهنگ پایداری؛ فرهنگ ایستادگی؛ فرهنگ مقاومت
widerstandslos *adj* بدون ایستادگی؛ بدون پایداری؛ بدون مقاومت
Widerstandsnest *n* آشیانهٔ مقاومت
Widerstandspresse *f* مطبوعات مقاومت
Widerstandsrat *m* شورای مقاومت
Widerstandsrecht *n* حقّ مقاومت
Widerstandswille *m* خواست ایستادگی؛ ارادهٔ مقاومت
den ~n brechen ارادهٔ مقاومت را درهم شکستن
Wiederaufbau *m* بازسازی
den ~ beschleunigen به بازسازی سرعت بخشیدن
den ~ vorantreiben بازسازی را به پیش بردن
wiederaufbauen بازسازی کردن
Wiederaufbauphase *f* دوران بازسازی
Wiederaufbauprogramm *n* برنامهٔ بازسازی
Wiederaufbereitung *f* بازتبدیل؛ بازآماده سازی
die ~ des Atommülls بازتبدیل زباله های اتمی؛ بازآماده سازی زباله های اتمی
Wiederaufbereitungsanlage *f* تأسیسات تبدیلی
Wiederaufbereitungsindustrie *f* صنعت تبدیلی
Wiederaufnahme *f* از سرگیری؛ برقراری مجدّد؛ تجدید؛ شروع مجدّد
~ der Arbeit از سرگیری کار؛ شروع مجدّد کار
~ der Beziehungen از سرگیری روابط؛ برقراری مجدد روابط؛ تجدید روابط
~ des Gerichtsverfahrens شروع مجدّد دادرسی؛ شروع مجدّد محاکمه
~ der Geschäftstätigkeit از سرگیری فعالیّت تجاری؛ شروع مجدّد کسب و کار
~ des Prozesses شروع مجدّد دادرسی؛ شروع مجدّد محاکمه
~ des Studiums از سرگیری تحصیلات دانشگاهی؛ شروع مجدّد تحصیلات دانشگاهی
~ der Verhandlungen از سرگیری مذاکرات؛ برقراری مجدّد مذاکرات: تجدید مذاکرات
~ der Zahlungen از سرگیری پرداخت ها؛ شروع مجدّد پرداخت ها
Wiederaufnahmeantrag *m* درخواست دادرسی مجدّد
Wiederaufnahmeverfahren *n* دادرسی مجدّد
wiederaufnehmen از سرگرفتن؛ مجدّداً شروع کردن؛ مجدّداً برقرار کردن
wiederaufrüsten دوباره مسلّح کردن
Wiederaufrüstung *f* تسلیحات مجدّد
wiederbeleben احیا کردن؛ بازانگیختن
Wiederbelebung *f* احیا؛ بازانگیزی
~ der Wirtschaft احیای اقتصاد؛ بازانگیزی اقتصاد
wiederbeschäftigen دوباره به کار گماردن؛ مجدّداً استخدام کردن؛ دوباره به استخدام درآوردن؛ دوباره مشغول به کار کردن
Wiederbeschäftigung *f* استخدام دوباره؛ استخدام مجدّد؛ به کارگیری مجدّد
wiederbewaffnen دوباره مسلّح کردن؛ تجدید تسلیحات کردن
Wiederbewaffnung *f* تجدید تسلیحات
wiedereingliedern دوباره ادغام کردن؛ مجدّداً تمامیّت بخشیدن
Wiedereingliederung *f* ادغام دوباره؛

تمامیّت بخشی مجدّد

wiedereinsetzen بازگماردن؛ بازنشاندن

Wiedereinsetzung *f* بازگماردن؛ بازنشاندن

wiedereinstellen دوباره استخدام کردن؛ دوباره مشغول به کار کردن

Wiedereinstellung *f* استخدام دوباره؛ استخدام مجدّد؛ به کارگیری مجدد

wiedererneuern نو کردن؛ تجدید کردن

Wiedererneuerung *f* نوسازی؛ نوگردانی؛ تازه سازی؛ تجدید

wiedereröffnen بازگشودن؛ دوباره باز کردن؛ مجدّداً افتتاح کردن

Wiedereröffnung *f* بازگشایی؛ گشایش مجدّد؛ افتتاح مجدّد

~ einer Firma بازگشایی یک شرکت؛ افتتاح مجدّد یک شرکت

~ der Grenzen بازگشایی مرزها؛ دوباره باز کردن مرزها

wiedergutmachen جبران کردن؛ رفع کردن؛ تاوان دادن

einen Schaden ~ خسارتی را جبران کردن؛ رفع خسارت کردن؛ تاوان خسارتی را دادن

Wiedergutmachung *f* غرامت؛ تاوان

Wiedergutmachungsabkommen *n* موافقت نامهٔ پرداخت غرامت؛ موافقت نامهٔ جبران خسارت

Wiedergutmachungsgelder *npl* پول تاوان؛ پول غرامت

Wiedergutmachungsrecht *n* قانون پرداخت غرامت به قربانیان (نازی)

wiederherstellen 1) دوباره برقرار کردن؛ دوباره ایجاد کردن 2) بازساختن؛ بازتولید کردن

1) das militärische Gleichgewicht ~ موازنهٔ نظامی را دوباره برقرار کردن

öffentliche Ruhe und Ordnung ~ نظم و آرامش عمومی را دوباره برقرار کردن

2) eine Ware ~ کالایی را بازساختن؛ کالایی را بازتولید کردن

Wiederherstellung *f* 1) برقراری مجدّد؛ ایجاد مجدّد 2) بازساخت؛ بازتولید؛ تولید مجدّد

Wiederherstellungskosten *f* هزینهٔ بازتولید؛ هزینهٔ تولید مجدّد

wiedervereinigen, sich دوباره یکی شدن؛ دوباره متّحد شدن؛ مجدّداً وحدت کردن

Wiedervereinigung *f* اتّحاد دوباره؛ وحدت مجدّد

Wiedervereinigungspolitik *f* سیاست وحدت مجدّد

wiederversöhnen دوباره آشتی کردن؛ مجدّداً آشتی کردن؛ مجدّداً مصالحه کردن

Wiederversöhnung *f* آشتی دوباره؛ آشتی مجدّد: مصالحهٔ مجدّد

Wiederwahl *f* گُزینش دوباره؛ انتخاب مجدّد

wiederwählen دوباره گُزیدن؛ مجدّداً انتخاب کردن

Willkür *f* خیره سرانگی؛ خودسرانگی؛ خودکامگی

Willkürherrschaft *f* فرمان روایی خودسرانه؛ حکومت خودکام

Willkürjustiz *f* دادگاه استبداد

willkürlich *adj* خیره سرانه؛ خودسرانه؛ غیرقانونی

~e Verhaftung دستگیری غیرقانونی؛ بازداشت غیرقانونی

~ handeln خیره سرانه عمل کردن؛ خودسرانه عمل کردن

Willkürmaßnahmen *fpl* اقدامات خیره سرانه؛ اقدامات خودسرانه

wirklich *adj* واقعی؛ عینی

Wirklichkeit *f* واقعیّت؛ عینیّت

Wirtschaft *f* اقتصاد

ausgeglichene ~ اقتصاد متوازن

blühende ~ اقتصاد شکوفا
exportorientierte ~ اقتصاد متّکی به صادرات؛ اقتصاد صادرات گرا
freie ~ اقتصاد آزاد
gemischte ~ اقتصاد مختلط
gesunde ~ اقتصاد سالم
gewerbliche ~ اقتصاد صنعتی و تجاری
heimische ~ اقتصاد داخلی
kapitalistische ~ اقتصاد سرمایه ای
öffentliche ~ اقتصاد بخش دولتی؛ اقتصاد بخش عمومی
private ~ اقتصاد بخش خصوصی
schwache ~ اقتصاد ناتوان؛ اقتصاد ضعیف
stabile ~ اقتصاد باثبات
die ~ beleben اقتصاد را احیا کردن؛ اقتصاد را برانگیختن؛ اقتصاد را فعّالتر کردن
die ~ fördern از اقتصاد حمایت کردن؛ اقتصاد را به پیش بردن
die ~ planen اقتصاد را برنامه ریزی کردن
die ~ privatisieren اقتصاد را خصوصی کردن
die ~ reformieren اقتصاد را بهبود بخشیدن؛ اقتصاد را اصلاح کردن؛ اصلاحات اقتصادی کردن
die ~ ruinieren اقتصاد را نابود کردن
die ~ sanieren اقتصاد را بازسازی کردن؛ اقتصاد را ترمیم کردن

wirtschaftlich *adj* اقتصادی

Wirtschaftlichkeit *f* کارایی اقتصادی

Wirtschaftsabkommen *n* موافقت نامهٔ اقتصادی

Wirtschaftsabschwung *f* چرخش به پایین اقتصادی؛ کساد اقتصادی

Wirtschaftsaktivität *f* فعالّیت اقتصادی؛ کوشش اقتصادی

Wirtschaftsanalyse *f* تحلیل اقتصادی
eine ~ durchführen تحلیل اقتصادی کردن

Wirtschaftsanpassung *f* تعدیل اقتصادی

Wirtschaftsanstieg *m* افزایش فعالّیت های اقتصادی

Wirtschaftsaufschwung *f* چرخش به بالای اقتصادی؛ جهش اقتصادی؛ شکوفایی اقتصادی؛ رونق اقتصادی
deutlicher ~ جهش چشمگیر اقتصادی؛ شکوفایی چشمگیر اقتصادی

Wirtschaftsausschuss *m* کمیسیون اقتصادی؛ هیأت اقتصادی

Wirtschaftsaussichten *fpl* دورنمای اقتصادی
günstige ~ دورنمای مساعد اقتصادی
ungünstige ~ دورنمای نامساعد اقتصادی

Wirtschaftsbarometer *n* نماگر فعالّیت اقتصادی؛ سنجهٔ فعالّیت اقتصادی؛ میزان فعالّیت اقتصادی

Wirtschaftsbedingungen *fpl* شرایط اقتصادی

Wirtschaftsbeirat *m* 1) رایزن اقتصادی؛ مشاور اقتصادی 2) هیأت مشاورت اقتصادی

Wirtschaftsbelebung *f* احیای اقتصادی؛ رونق بخشی اقتصادی

Wirtschaftsberater/-in *m/f* رایزن اقتصادی؛ مشاور اقتصادی

Wirtschaftsberatung *f* رایزنی اقتصادی؛ مشاورت اقتصادی

Wirtschaftsbereich *m* بخش اقتصادی؛ حوزهٔ اقتصادی

Wirtschaftsbericht *m* گزارش اقتصادی

Wirtschaftsbetrieb *m* شرکت بازرگانی؛ بنگاه تجاری؛ شرکت تجاری

Wirtschaftsbeziehungen *fpl* روابط اقتصادی
bestehende ~ روابط موجود اقتصادی
stabile ~ روابط باثبات اقتصادی؛ روابط محکم اقتصادی
die ~ abbrechen روابط اقتصادی را قطع کردن

die ~ ausbauen روابط اقتصادی را گسترش دادن؛ روابط اقتصادی را توسعه دادن

die ~ intensivieren بر شدّت روابط اقتصادی افزودن؛ روابط اقتصادی را افزایش دادن

die ~ normalisieren روابط اقتصادی را عادّی کردن

~ unterhalten روابط اقتصادی داشتن

Wirtschaftsbilanz *f* تراز اقتصادی؛ تراز بازرگانی؛ موازنه اقتصادی؛ موازنهٔ بازرگانی

negative ~ تراز منفی اقتصادی؛ موازنهٔ منفی بازرگانی

positive ~ تراز مثبت اقتصادی؛ موازنهٔ مثبت بازرگانی

Wirtschaftsblock *m* بلوک اقتصادی

Wirtschaftsblockade *f* محاصرهٔ اقتصادی

Wirtschaftsblüte *f* شکوفایی اقتصادی؛ رونق اقتصادی

Wirtschaftsboom *m* شکوفایی اقتصادی؛ رونق اقتصادی

Wirtschaftsbüro *n* دفتر بازرگانی؛ دفتر تجاری

Wirtschaftschaos *n* درهم ریختگی اقتصادی؛ هرج و مرج اقتصادی

Wirtschaftsdaten *pl* داده های اقتصادی؛ اطّلاعات اقتصادی

Wirtschaftsdelegation *f* هیأت اقتصادی

Wirtschaftsdenken *n* اندیشهٔ اقتصادی؛ تفکّر اقتصادی

Wirtschaftseffizienz *f* کارایی اقتصادی

Wirtschaftseinheit *f* یگانگی اقتصادی؛ وحدت اقتصادی

Wirtschaftsembargo *n* تحریم اقتصادی

Wirtschaftsentwicklung *f* گسترش اقتصادی؛ توسعهٔ اقتصادی

ausgeglichene ~ گسترش متوازن اقتصادی؛ توسعهٔ متوازن اقتصادی

unausgeglichene ~ گسترش نامتوازن اقتصادی؛ توسعهٔ نامتوازن اقتصادی

Wirtschaftsergebnis *n* برامد اقتصادی؛ نتیجهٔ عملیّات اقتصادی

Wirtschaftsexpansion *f* گسترش اقتصادی؛ بسط اقتصادی

Wirtschaftsexperte *m* کارشناس اقتصادی؛ متخصّص امور اقتصادی (مرد)

Wirtschaftsexpertin *f* کارشناس اقتصادی؛ متخصّص امور اقتصادی (زن)

Wirtschaftsflaute *f* رکود اقتصادی

Wirtschaftsflüchtling *m* پناهندهٔ اقتصادی؛ پناهجوی اقتصادی

Wirtschaftsförderung *f* پیشبرد اقتصادی؛ حمایت اقتصادی

Wirtschaftsformen *fpl* اَشکال اقتصادی

Wirtschaftsforscher/-in *m/f* پژوهشگر امور اقتصادی؛ محقّق امور اقتصادی

Wirtschaftsforschung *f* پژوهش اقتصادی؛ تحقیق اقتصادی؛ تحقیق در امور اقتصادی

Wirtschaftsgefüge *n* ساختار اقتصادی

Wirtschaftsgipfel *m* کنفرانس اقتصادی سران دولت ها

Wirtschaftshilfe *f* کمک اقتصادی

~ leisten کمک اقتصادی کردن

Wirtschaftshilfeprogramm *n* برنامهٔ کمک اقتصادی

Wirtschaftshochschule *f* مدرسهٔ عالی بازرگانی؛ دانشگاه رشتهٔ بازرگانی

Wirtschaftsimperium *n* شرکت عظیم تجاری

Wirtschaftsindex *m* نمایهٔ اقتصادی؛ شاخص اقتصادی

Wirtschaftsinfrastruktur *f* زیربنای اقتصادی؛ ساختار بنیانی اقتصادی؛ زیرساخت اقتصادی

Wirtschaftsinstitut *n* مؤسّسهٔ اقتصادی
Wirtschaftsinteressen *npl* مصالح اقتصادی؛ منافع اقتصادی
die ~ gefährden مصالح اقتصادی را به خطر انداختن؛
die ~ verteidigen از مصالح اقتصادی دفاع کردن؛
die ~ wahren مصالح اقتصادی را حفظ کردن؛
Wirtschaftsjournalist/-in *m/f* روزنامه نگار امور اقتصادی
Wirtschaftsjournalismus *m* روزنامه نگاری در امور اقتصادی
Wirtschaftsjurist/-in *m/f* حقوقدان امور اقتصادی
Wirtschaftskabinett *n* کابینهٔ اقتصادی؛ کابینهٔ اقتصادی دولت
Wirtschaftskampf *m* مبارزهٔ اقتصادی
Wirtschaftskapazität *f* ظرفیّت اقتصادی؛ توان اقتصادی
die ~en erweitern ظرفیّت های اقتصادی را گسترش دادن؛ ظرفیّت های اقتصادی را توسعه دادن
Wirtschaftsklima *n* جوّ اقتصادی
positives ~ جوّ مثبت اقتصادی
Wirtschaftskonferenz *f* کنفرانس اقتصادی
Wirtschaftskraft *f* نیروی اقتصادی
Wirtschaftskreise *mpl* محافل امور اقتصادی
Wirtschaftskreislauf *m* گردش دورانی اقتصادی
Wirtschaftskriminalität *f* بزهکاری اقتصادی؛ بزهکاری در امور اقتصادی
Wirtschaftskrise *f* بحران اقتصادی
ernste ~ بحران جدّی اقتصادی
gegenwärtige ~ بحران جاری اقتصادی
schwere ~ بحران سخت اقتصادی
eine drohende ~ abwenden از یک بحران تهدیدآمیز اقتصادی جلوگیری کردن
eine ~ überwinden بر یک بحران اقتصادی

فائق آمدن
Wirtschaftslage *f* وضع اقتصادی
angespannte ~ وضع پرتنش اقتصادی؛ وضع متشنّج اقتصادی
desolate ~ وضع ناامیدکنندهٔ اقتصادی
Wirtschaftsleben *n* زندگی اقتصادی
Wirtschaftsleistung *f* بازدهٔ اقتصادی؛ عملکرد اقتصادی
Wirtschaftslenkung *f* هدایت اقتصادی؛ ارشاد اقتصادی
Wirtschaftsmacht *f* قدرت اقتصادی
Wirtschaftsmagazin *n* مجلّهٔ اقتصادی
Wirtschaftsminister/-in *m/f* وزیر اقتصاد
Wirtschaftsministerium *n* وزارت اقتصاد
Wirtschaftsmodell *n* اُلگوی اقتصادی
Wirtschaftsnachrichten *fpl* اخبار اقتصادی
Wirtschaftsordnung *f* نظام اقتصادی
Wirtschaftsorganisation *f* تشکیلات اقتصادی
Wirtschaftsplan *m* برنامهٔ اقتصادی
Wirtschaftsplaner/-in *m/f* برنامه ریز اقتصادی؛ برنامه گذار اقتصادی
Wirtschaftsplanung *f* برنامه ریزی اقتصادی؛ برنامه گذاری اقتصادی
Wirtschaftspolitik *f* سیاست اقتصادی
solide ~ سیاست اُستوار اقتصادی
unsolide ~ سیاست نااُستوار اقتصادی
verfehlte ~ سیاست نادرست اقتصادی؛ سیاست غلط اقتصادی
Wirtschaftspolitiker/-in *m/f* سیاستمدار امور اقتصادی
führender ~ سیاستمدار طراز اوّل امور اقتصادی؛ سیاستمدار برجستهٔ امور اقتصادی
hervorragender ~ سیاستمدار برجستهٔ امور اقتصادی

Wirtschaftspotential *n* امکانات بالقوۀ اقتصادی
die ~e ausbauen امکانات بالقوۀ اقتصادی را گسترش دادن؛ امکانات بالقوۀ اقتصادی را توسعه دادن
die ~e nutzen از امکانات بالقوۀ اقتصادی استفاده کردن
Wirtschaftsprinzipien *npl* اصول اقتصادی
Wirtschaftsprobleme *npl* مشکلات اقتصادی؛ معضلات اقتصادی
bestehende ~ مشکلات موجود اقتصادی؛ معضلات موجود اقتصادی
schwierige ~ مشکلات دشوار اقتصادی؛ معضلات مشکل اقتصادی
unlösbare ~ مشکلات غیرقابل حل؛ معضلات لاینحل
sich mit den ~n befassen به مشکلات اقتصادی پرداختن
die ~ lösen مشکلات اقتصادی را حل کردن؛ معضلات اقتصادی را حل کردن
Wirtschaftsprognose *f* پیش بینی اقتصادی
Wirtschaftsprogramm *n* برنامۀ اقتصادی
Wirtschaftsprojekt *n* طرح اقتصادی
Wirtschaftsprozess *m* فرایند اقتصادی؛ روند اقتصادی؛ پروسۀ اقتصادی
Wirtschaftsprüfer/-in *m/f* حسابرس
Wirtschaftsprüfung *f* حسابرسی
Wirtschaftsraum *m* حوزۀ اقتصادی
Wirtschaftsredakteur/-in *m/f* دبیر امور اقتصادی؛ سردبیر امور اقتصادی: مدیر روزنامه یا مجلّه
Wirtschaftsredaktion *f* هیأت تحریریۀ بخش اقتصادی؛ مدیریّت روزنامه یا مجلّه
Wirtschaftsreformen *fpl* اصلاحات اقتصادی؛ بهکردهای اقتصادی
einschneidende ~ اصلاحات قاطعانۀ اقتصادی
überfällige ~ اصلاحات سرامد اقتصادی؛ اصلاحات معوّقۀ اقتصادی
umfassende ~ اصلاحات پردامنۀ اقتصادی؛ اصلاحات همه جانبۀ اقتصادی
Wirtschaftsreformer/-in *m/f* اصلاح گر امور اقتصادی
Wirtschaftsreserven *fpl* ذخایر اقتصادی
Wirtschaftsressort *n* وزارت اقتصاد
Wirtschaftsrezession *f* کساد اقتصادی؛ رکود اقتصادی؛ بی رونقی اقتصادی
andauernde ~ کساد بلاانقطاع اقتصادی
Wirtschaftssabotage *f* ویرانکاری اقتصادی؛ خرابکاری اقتصادی
Wirtschaftssanierung *f* بازسازی اقتصادی؛ بهسازی اقتصادی: ترمیم اقتصادی
Wirtschaftssanktionen *fpl* مجازات اقتصادی؛ تحریم های اقتصادی
Wirtschaftssektor *m* بخش اقتصادی
Wirtschaftsspion/-in *m/f* جاسوس اقتصادی
Wirtschaftsspionage *f* جاسوسی در امور اقتصادی
~ treiben در امور اقتصادی جاسوسی کردن
Wirtschaftsstatistik *f* آمار اقتصادی
Wirtschaftsstreitigkeiten *fpl* اختلافات اقتصادی
Wirtschaftsstruktur *f* ساخت اقتصادی: ساختار اقتصادی
Wirtschaftssystem *n* سیستم اقتصادی
freies ~ سیستم اقتصادی آزاد
geschlossenes ~ سیستم اقتصادی بسته
offenes ~ سیستم اقتصادی باز
Wirtschaftstagung *f* کنفرانس اقتصادی
Wirtschaftstrend *m* سوی گیری اقتصادی
Wirtschaftsumschwung *f* واگشت اقتصادی
Wirtschaftsunion *f* اتّحادیۀ اقتصادی
einer ~ beitreten به یک اتّحادیۀ اقتصادی پیوستن؛ به عضویّت یک اتّحادیۀ اقتصادی درآمدن

Wirtschaftsverbindungen *fpl* تماس های اقتصادی
Wirtschaftsverbrechen *n* تبهکاری در امور اقتصادی
Wirtschaftsverbrecher/-in *m/f* تبهکار اقتصادی
Wirtschaftsvereinigung *f* اتّحادیّهٔ اقتصادی
Wirtschaftsvolumen *n* حجم فعالیّت های اقتصادی؛ مجموعه فعالیّت های اقتصادی
Wirtschaftswachstum *n* رشد اقتصادی
ausgeglichenes ~ رشد متوازن اقتصادی
robustes ~ رشد پرتوان اقتصادی
unausgeglichenes ~ رشد نامتوازن اقتصادی
Wirtschaftswachstumsrate *f* میزان رشد اقتصادی
Wirtschaftswissenschaft *f* علم اقتصاد؛ دانش اقتصاد
Wirtschaftswissenschaftler/-in *m/f* اقتصاددان
Wirtschaftszahlen *fpl* ارقام اقتصادی
Wirtschaftszeitung *f* روزنامهٔ اقتصادی
Wirtschaftszweig *m* شاخهٔ اقتصادی
wissen دانستن؛ اطّلاع داشتن
Wissenschaft *f* دانش؛ علم
Wissenschaftler/-in *m/f* دانشمند؛ علمور
Wissenschaftsfreiheit *f* آزادی در امور علمی
Wissenschaftsrat *m* شورای علمی
Wissenschaftstheorie *f* تئوری علمی؛ نظریّهٔ علمی
Wochenbericht *m* گزارش هفتگی
Wochenblatt *n* روزنامهٔ هفتگی
Wochenschau *f* فیلم خبری هفتگی
Wochenzeitschrift *f* مجلّهٔ هفتگی
Wohlfahrtsstaat *m* دولت بهزیستی؛ دولت رفاه
Wohlfahrtssystem *n* سیستم بهزیستی؛ سیستم رفاه
staatliches ~ سیستم بهزیستی دولتی؛ سیستم رفاه دولتی

wohlhabend *adj* ثروتمند؛ دارا؛ توانگر؛ پولدار
Wohltat *f* نیکوکاری؛ کار خیر؛ عمل خیر
Wohltäter/-in *m/f* نیکوکار؛ خیّر
Wohltätigkeit *f* نیکوکاری؛ خیریّه
Wohltätigkeitsverband *m* تعاونی نیکوکاری؛ تعاونی خیریّه
Wohltätigkeitsverein *m* انجمن نیکوکاری؛ انجمن خیریّه
Wohnbezirk *m* ناحیّهٔ مسکونی؛ منطقهٔ مسکونی
Wohnblock *m* بلوک مسکونی؛ واحد مسکونی
Wohngebiet *n* منطقهٔ مسکونی
Wohnraum *m* مسکن
Wohnraummangel *m* کمبود مسکن
Wohnungsamt *n* ادارهٔ مسکن
Wohnungsbau *m* خانه سازی؛ مسکن سازی
öffentlicher ~ خانه سازی بخش عمومی
Wohnungsbaudarlehen *n* وام مسکن
Wohnungsbaufinanzierung *f* تأمین هزینهٔ خانه سازی
Wohnungsbauminister/-in *m/f* وزیر مسکن
Wohnungsbauministerium *n* وزارت مسکن
Wohnungsbauprogramm *n* برنامهٔ مسکن سازی
Wohnungsbauprojekt *n* طرح خانه سازی؛ پروژهٔ خانه سازی
Wohnungsbauunternehmen *n* شرکت خانه سازی؛ شرکت مسکن سازی
Wohnungsbauunternehmer/-in *m/f* صاحب شرکت خانه سازی؛ صاحب شرکت مسکن سازی
Wohnungsbedarf *m* نیاز به مسکن؛ نیاز به خانه
Wohnungsbeihilfe *f* کمک هزینهٔ مسکن
Wohnungseigentümer/-in *m/f* مالک خانه
Wohnungsinhaber/-in *m/f* صاحب خانه
Wohnungsmangel *m* کمبود مسکن
Wohnungsmarkt *m* بازار مسکن

Wohnungsnot *f* نیاز مبرم به مسکن؛ احتیاج مبرم به مسکن

Wohnungsbaupolitik *f* سیاست خانه سازی

Wohnungswirtschaft *f* صنعت خانه سازی؛ صنعت مسکن سازی

Wohnviertel *n* محلّهٔ مسکونی

Wucher *m* ربا؛ نزول

Wucherei *f* رباخواری؛ نزول خواری

Wucherer *m* رباخوار؛ نزول خوار (مرد)

Wucherin *f* رباخوار؛ نزول خوار (زن)

Wucherpreis *m* قیمت سرسام آور؛ قیمت گزاف

Wucherzins *m* سود سرسام آور؛ سود گزاف

Würde *f* 1) ارجمندی؛ سربلندی؛ شأن؛ منزلت 2) رتبه؛ مرتبه؛ پایه 3) درجهٔ علمی

Würdenträger *m* شخص بلندپایه؛ شخص والامقام؛ صاحب مقام

würdigen قدرشناسی کردن؛ تقدیر کردن؛ ارج نهادن

Würdigung *f* قدرشناسی؛ ارج شناسی؛ تقدیر

XYZ

xenophob *adj* بیگانه هراس
Xenophobie *f* بیگانه هراسی
Yacht *f* کشتی تفریحی
zahlen پرداختن
Steuern ~ مالیات پرداختن
Zahler *m* پرداخت کننده؛ دهندهٔ وجه؛ مؤدّی
Zahltag *m* روز پرداخت؛ روز پرداخت حقوق
Zahlung *f* پرداخت
fällige ~ پرداخت سررسیده؛ پرداخت موعد رسیده
laufende ~en پرداخت های جاری
regelmäßige ~en پرداخت های منظّم
rückständige ~ پرداخت معوّقه
sofortige ~ پرداخت فوری
vorbehaltlose ~en پرداخت های بی قید و شرط
~ von Kosten پرداخت هزینه ها
zur ~ auffordern درخواست پرداخت کردن؛ تقاضای پرداخت کردن
die ~ aufschieben پرداخت را به تعویق انداختن
die ~ hinausschieben پرداخت را به تعویق انداختن
zur ~ mahnen به منظور پرداخت تذکّر دادن
die ~en aussetzen پرداخت ها را موقّتاً به تعویق انداختن
die ~en einstellen جلوی پرداخت ها را گرفتن؛ پرداخت ها را قطع کردن
Zahlungsabkommen *n* موافقت نامهٔ پرداخت
Zahlungsanweisung *f* حوالهٔ پرداخت پول؛ حوالهٔ پولی
Zahlungsaufforderung *f* درخواست پرداخت؛ تقاضای پرداخت
Zahlungsaufschub *m* تأخیر در پرداخت؛ به تعویق اندازی پرداخت
Zahlungsauftrag *m* دستور پرداخت
Zahlungsbedingungen *fpl* شرایط پرداخت
Zahlungsbilanz *f* تراز پرداخت ها؛ موازنهٔ پرداخت ها
Zahlungsbilanzdefizit *n* کسری تراز پرداخت ها
erhebliches ~ کسری قابل ملاحظهٔ تراز پرداخت ها
ein ~ abbauen کسری تراز پرداخت ها را کاهش دادن؛ کسری تراز پرداخت ها را تقلیل دادن
ein ~ ausgleichen کسری تراز پرداخت ها را جبران کردن؛ در کسری تراز پرداخت ها تعادل برقرار کردن
Zahlungsbilanzkrise *f* بحران تراز پرداخت ها
Zahlungsbilanzpolitik *f* سیاست تراز پرداخت ها
Zahlungsbilanzüberschuss *m* مازاد تراز پرداخت های خارجی
Zahlungseinstellung *f* جلوگیری از پرداخت ها؛ قطع پرداخت ها
Zahlungsempfänger/-in *m/f* گیرندهٔ وجه؛ مؤدّی الیه
Zahlungserleichterungen *fpl* تسهیلات جهت پرداخت
zahlungsfähig *adj* قادر به پرداخت
Zahlungsfähigkeit *f* توانایی پرداخت
Zahlungsfrist *f* مهلت پرداخت
zahlungskräftig *adj* پولدار؛ ثروتمند؛ دارا
Zahlungsmittel *n* وسیلهٔ پرداخت؛ پول
gesetzliches ~ وسیلهٔ پرداخت قانونی؛ پول قانونی
Zahlungsmoral *n* اخلاق پرداخت
gute ~ خوش حسابی در پرداخت
schlechte ~ بدحسابی در پرداخت
Zahlungspflicht *f* وظیفهٔ پرداخت؛ تعهّد پرداخت
zahlungspflichtig *adj* موظّف به پرداخت؛ مشمول پرداخت؛ متعهّد به پرداخت
Zahlungspflichtige *m/f* فرد موظّف به پرداخت؛

فرد متعهّد به پرداخت؛ بدهکار
Zahlungsschwierigkeiten *fpl* مشکلات پرداخت
Zahlungsstockung *f* وقفه در پرداخت
Zahlungsstopp *m* قطع پرداخت
Zahlungstermin *m* موعد پرداخت
zahlungsunfähig *adj* ورشکسته
Zahlungsunfähige *m/f* ورشکسته؛ شخص ورشکسته
Zahlungsunfähigkeit *f* ورشکستگی؛ ناتوانی در پرداخت بدهی
Zahlungsvereinbarung *f* توافق نامهٔ پرداخت
sich an die ~ halten خود را مقیّد به رعایت توافق نامهٔ پرداخت دانستن؛ پای بند به توافق نامهٔ پرداخت بودن
eine ~ treffen توافق نامه ای را جهت پرداخت منعقد کردن
gegen die ~ verstoßen توافق نامهٔ پرداخت را نقض کردن
Zahlungsverpflichtung *f* تعهّد پرداخت
gesetzliche ~ تعهّد قانونی پرداخت
sämtliche ~en کلّ تعهّدات قانونی مربوط به پرداخت
seiner ~ nachkommen به تعهّد خود جهت پرداخت عمل کردن
Zahlungsverweigerung *f* خودداری از پرداخت
Zahlungsverzug *m* دیرکرد پرداخت؛ تأخیر پرداخت؛ تأخیر در پرداخت
in ~ geraten دچار تأخیر در پرداخت شدن
Zahlungszusage *f* قول پرداخت
Zeitarbeit *f* کار ساعتی
Zeitarbeiter/-in *m/f* کارگر ساعتی
Zeitaufwand *m* هزینهٔ کاری؛ مدّت زمان لازم برای انجام کاری
zeitaufwendig *adj* زمان بر؛ وقت گیر
~e Arbeit کار زمان بر؛ کار وقت گیر
Zeitbeschränkung *f* محدویّت زمانی
Zeitbombe *f* بمب ساعتی؛ بمب ساعت شمار
Zeitgeist *m* روح زمانه
Zeitgenosse *m* هم روزگار؛ معاصر (مرد)
Zeitgenossin *f* هم روزگار؛ معاصر (زن)
zeitgenössisch *adj* کنونی؛ معاصر
~e Literatur ادبیّات کنونی؛ ادبیّات معاصر
Zeitplan *m* 1) جدول ساعات کار
2) برنامهٔ حرکت اتوبوس یا قطار
Zeitschrift *f* مجلّه
Zeitsoldat/-in *m/f* سرباز قراردادی
zeitsparend *adj* زمان اندوز
~e Arbeit کار زمان اندوز
Zeitung *f* روزنامه
amtliche ~ روزنامهٔ رسمی
halbamtliche ~ روزنامهٔ نیمه رسمی
eine ~ herausgeben روزنامه ای را منتشر کردن
Zeitungsanzeige *f* آگهی روزنامه
Zeitungsartikel *m* مقالهٔ روزنامه
Zeitungsbericht *m* گزارش روزنامه
Zeitungsberichterstattung *f* گزارش دهی روزنامه؛ گزارش روزنامه
Zeitungsente *f* گزارش دروغ در روزنامه
Zeitungsgespräch *n* گفتگو در روزنامه
Zeitungsgründer/-in *m/f* بنیان گذار روزنامه؛ مؤسّس روزنامه
Zeitungsgründung *f* بنیان گذاری روزنامه؛ تأسیس روزنامه
Zeitungshändler/-in *m/f* دلاّل روزنامه؛ فروشندهٔ روزنامه
Zeitungskäufer/-in *m/f* خریدار روزنامه
Zeitungskorrespondent/-in *m/f* روزنامه نگار؛ خبرنگار روزنامه

Zeitungsleser/-in *m/f*	خوانندهٔ روزنامه
Zeitungsredakteur/-in *m/f*	مدیر روزنامه؛
	سردبیر روزنامه
Zeitungsredaktion *f*	مدیریّت روزنامه؛ سردبیری
	روزنامه
Zeitungsverkäufer/-in *m/f*	روزنامه فروش
Zeitungsverleger/-in *m/f*	ناشر روزنامه
Zeitvertrag *m*	قرارداد مدّت دار
einen ~ abschließen	قرارداد مدّت داری را
	منعقد کردن
Zeitzone *f*	منطقهٔ زمانی
zensieren	سانسور کردن
die Nachrichten ~	اخبار را سانسور کردن
Zensur *f*	سانسور
~ der Presse	سانسور مطبوعات
Zensurbestimmungen *fpl*	مقرّرات سانسور
Zensurverbot *n*	منع سانسور
Zensurvorschriften *fpl*	مقرّرات سانسور
Zentralagentur *f*	نمایندگی مرکزی؛ آژانس مرکزی
Zentralbank *f*	بانک مرکزی
Zentralbankrat *m*	هیأت رئیسهٔ بانک مرکزی؛
	هیأت مدیرهٔ بانک مرکزی
Zentralbehörde *f*	ادارهٔ مرکزی
Zentralgefängnis *n*	زندان مرکزی
Zentralgewalt *f*	قدرت مرکزی
zentralisieren	مرکزیّت دادن؛ مرکزمدار کردن
die Macht ~	قدرت را مرکزیّت دادن؛ قدرت را
	مرکزمدار کردن
Zentralrat *m*	شورای مرکزی
Zentralregierung *f*	حکومت مرکزی
Zentralstaat *m*	دولت مرکزی
Zentrum *n*	مرکز
~ des Handelns	مرکز بازرگانی؛ مرکز تجاری؛
	مرکز خرید و فروش

~ des Widerstandes	مرکز مقاومت
Zerfall *m*	فروپاشی؛ اضمحلال
~ eines Imperiums	فروپاشی یک امپراطوری؛
	اضمحلال یک امپراطوری
~ eines Reiches	فروپاشی یک قلمرو؛
	اضمحلال یک قلمرو
zerfallen	فروپاشیدن؛ متلاشی شدن؛ اضمحلال یافتن
Zerfallserscheinungen *fpl*	نمودهای فروپاشی؛
	جلوه های اضمحلال
zermürben	فرسودن
Zermürbung *f*	فرسایش
Zermürbungskrieg *m*	جنگ فرسایشی
Zerreißprobe *f*	آزمون استحکام قدرت
zerschlagen	درهم کوبیدن؛ نابود کردن؛
	تارومار کردن
Zerschlagung *f*	درهم کوبی؛ انهدام؛ تخریب
~ des Feindes	درهم کوبی دشمن؛ تارومار کردن
	دشمن
~ eines Spionageringes	انهدام یک شبکهٔ
	جاسوسی؛ تخریب یک شبکهٔ جاسوسی
zersprengen	منفجر کردن
zerstören	ویران کردن؛ خراب کردن؛
	تخریب کردن؛ نابود کردن
eine Ordnung ~	نظامی را نابود کردن
eine Stadt ~	شهری را ویران کردن؛ شهری را
	تخریب کردن
zerstörerisch *adj*	ویرانگر؛ مخرّب
~er Krieg	جنگ ویرانگر؛ جنگ مخرّب
Zerstörung *f*	ویرانی؛ تخریب؛ نابودی
Zerstörungskapazität *f*	ظرفیّت تخریب
Zerstörungskraft *f*	نیروی تخریب؛ قدرت تخریب
Zerstörungswut *f*	ویرانگری
Zeuge *m*	گواه؛ شاهد (مرد)
eigener ~	شاهد خودی

geladener ~ شاهد احضار شده؛ شاهد به دادگاه احضار شده
glaubwürdiger ~ شاهد قابل اعتماد
neutraler ~ شاهد بیطرف
einen ~n ablehnen شاهدی را رد کردن
einen ~n anhören از شاهدی بازپرسی کردن
einen ~n beeinflussen شاهدی را تحت تأثیر قرار دادن
einen ~n befragen از شاهدی بازپرسی کردن
einen ~n benennen شاهدی را معرّفی کردن
einen ~n verhören از شاهدی بازپرسی کردن
Zeugenablehnung *f* ردّ شاهد
Zeugenaussage *f* شهادت گواه
die ~ verweigern از دادن شهادت خودداری کردن
Zeugenbeeinflussung *f* تحت تأثیرگذاری شاهد
Zeugenbefragung *f* بازجویی از شاهد؛ بازپرسی از شاهد
Zeugenbenennung *f* معرّفی شاهد
Zeugenbestechung *f* رشوه دهی به شاهد
Zeugeneid *m* سوگند شاهد؛ قسم شاهد
Zeugenladung *f* احضار شاهد؛ احضار شاهد به دادگاه
Zeugennötigung *f* واداشتن شاهد
Zeugenstand *m* جایگاه شاهد
Zeugenvereidigung *f* سوگند دادن شاهد
Zeugenvernehmung *f* بازپرسی از شاهد
Zeugin *f* شاهد؛ گواه (زن)
Zeugnis *n* گواهی؛ شهادت
Zeugnispflicht *f* وظیفهٔ گواهی؛ وظیفهٔ شهادت
Zeugnisverweigerung *f* ردّ گواهی؛ ردّ شهادت
Zeugnisverweigerungsrecht *n* حقّ امتناع از گواهی؛ حقّ امتناع از شهادت
Ziel *n* هدف؛ آماج؛ مقصود
abgewogene ~e اهداف سنجیده
friedliche ~e اهداف صلح جویانه؛ اهداف صلح آمیز؛ مقاصد صلح آمیز
höchstes ~ هدف نهایی؛ مقصود نهایی
konstruktive ~e اهداف سازنده
kriegerische ~e اهداف جنگ جویانه؛ مقاصد جنگ جویانه
militärische ~e اهداف نظامی
politische ~e اهداف سیاسی؛ مقاصد سیاسی
vorher festgelegte ~e اهداف از پیش تعیین شده
ein ~ erreichen به هدفی دست یافتن؛ به هدفی رسیدن
ein ~ verfolgen هدفی را دنبال کردن؛ هدفی را تعقیب کردن
Zielauswahl *f* گُزینش هدف؛ انتخاب هدف
Zielfahndung *f* پیگرد مورد نظر؛ تعقیب مورد نظر
Zielgruppe *f* گروه مورد نظر
Zins *m* بهره؛ سود؛ ربح
aufgelaufene ~en بهرهٔ جمع شده؛ بهرهٔ دیرکرد
fällige ~en بهرهٔ سررسیده؛ بهرهٔ موعد رسیده
gesetzliche ~en بهرهٔ قانونی
hohe ~en بهرهٔ بالا
laufende ~en بهرهٔ جاری
niedrige ~en بهرهٔ پایین
rückständige ~en بهرهٔ معوّقه
steuerfreie ~en بهرهٔ بدون مالیات
vereinbarte ~en بهرهٔ مورد توافق طرفین؛ بهرهٔ قراردادی
Zinsaufwand *m* هزینهٔ بهره
Zinsbelastung *f* هزینهٔ بهره
Zinsdruck *m* فشار هزینهٔ بهره
Zinseinkünfte *pl* درآمدهای حاصله از بهره
Zinserhöhung *f* افزایش بهره
Zinserträge *mpl* درآمدهای حاصله از بهره
Zinseszins *m* بهرهٔ مرکّب

Zinsforderung *f* درخواست بهره؛ مطالبهٔ بهره
Zinsfuß *m* نرخ بهره؛ میزان بهره
Zinslast *f* هزینهٔ بهره
zinslos *adj* بدون بهره
~er Kredit اعتبار بدون بهره
~es Darlehen وام بدون بهره؛ قرض الحسنه
Zinsniveau *n* میزان نرخ بهره
Zinspolitik *f* سیاست بهره
Zinssatz *m* نرخ بهره
den ~ erhöhen نرخ بهره را افزایش دادن
den ~ senken نرخ بهره را کاهش دادن
Zinssenkung *f* کاهش بهره؛ تقلیل بهره
Zinszahlung *f* پرداخت بهره
Zionismus m صهیونیسم
Zionist/-in *m/f* صهیونیست
zionistisch *adj* صهیونیستی
zivil *adj* 1) مدنی؛ شهروندی؛ غیرنظامی
2) کشوری؛ دولتی
1) ~e Gesellschaft جامعهٔ مدنی
2) ~e Luftfahrt هواپیمایی کشوری
Zivilbeamte *m* کارمند کشوری (مرد)
Zivilbeamtin *f* کارمند کشوری (زن)
Zivilbehörden *fpl* اداره های دولتی؛ مقامات دولتی
Zivilbevölkerung *f* مردم غیرنظامی
Zivilcourage *f* شهامت اخلاقی
Zivildienst *m* خدمت کشوری؛ خدمت در دستگاه کشوری؛ خدمت جایگزین نظام وظیفه
Zivilehe *f* ازدواج محضری
Zivilfahnder *m* مأمور آگاهی؛ مأمور پیگرد؛ پلیس مخفی
Zivilfahndung *f* پیگرد مخفی
Zivilflughafen *m* فرودگاه غیرنظامی
Zivilgericht *n* دادگاه مدنی
Zivilgesetz *n* قانون مدنی
Zivilgesetzbuch *n* کتاب قانون مدنی
Zivilisation *f* تمدّن
Zivilist *m* غیرنظامی
Zivilklage *f* دعوی مدنی
Zivilluftfahrt *f* هواپیمایی کشوری
Zivilordnung *f* نظام مدنی
Zivilprozess *m* دادرسی مدنی
Zivilrecht *n* حقوق مدنی
Zivilregierung *f* حکومت غیرنظامی
Zivilsache *f* امور مدنی
Zivilurteil *n* حکم دادگاه مدنی
Zivilverfahren *n* آیین دادرسی مدنی
Zivilverteidigung *f* پدافند غیرنظامی؛ دفاع غیرنظامی؛ دفاع مردمی
Zoll *m* گمرک؛ حقّ گمرکی
mit ~ belegen حقّ گمرکی گرفتن
~ bezahlen حقّ گمرکی پرداختن
Zollabbau *m* کاهش حقوق گمرکی؛ تقلیل حقوق گمرکی
Zollabfertigung *f* ترخیص از گمرک
die ~ vornehmen از گمرک ترخیص کردن
Zollabkommen *n* موافقت نامهٔ گمرکی
ein ~ abschließen موافقت نامهٔ گمرکی ای را منعقد کردن
ein ~ kündigen موافقت نامهٔ گمرکی ای را فسخ کردن؛ موافقت نامهٔ گمرکی ای را لغو کردن
Zollamt *n* ادارهٔ گمرک
Zollbeamte *m* کارمند گمرک؛ مأمور گمرک (مرد)
Zollbeamtin *f* کارمند گمرک؛ مأمور گمرک (زن)
Zollbestimmungen *fpl* مقرّرات گمرکی
Zolldeklaration *f* اظهارنامهٔ گمرکی
Zölle *mpl* حقوق گمرکی
die ~ abbauen حقوق گمرکی را کاهش دادن؛ حقوق گمرکی را تقلیل دادن

die ~ abschaffen حقوق گمرکی را برداشتن؛ حقوق گمرکی را ملغی کردن

die ~ erhöhen حقوق گمرکی را افزایش دادن

die ~ senken حقوق گمرکی را کاهش دادن؛ حقوق گمرکی را تقلیل دادن

Zolleinnahmen *fpl* دریافت های گمرکی

Zollerhöhung *f* افزایش حقوق گمرکی

Zollerklärung *f* اظهارنامهٔ گمرکی

Zollfahnder *m* مأمور تحقیق گمرک

Zollfahndung *f* تحقیق در امور گمرکی؛ تجسّس در امور گمرکی

Zollfahndungsamt *n* ادارهٔ آگاهی گمرک

Zollfestsetzung *f* تعیین میزان حقوق گمرکی

Zollformalitäten *fpl* تشریفات گمرکی

die ~ erledigen تشریفات گمرکی را انجام دادن

zollfrei *adj* معاف از حقوق گمرکی

~e Ware کالای معاف از حقوق گمرکی

Zollfreigabe *f* ترخیص از گمرک؛ ترخیص کالا از گمرک

Zollfreiheit *f* معافیّت از حقوق گمرکی

Zollgebiet *n* منطقهٔ گمرکی

Zollgebühren *fpl* حقوق و عوارض گمرکی

Zollgesetz *n* قانون گمرک

Zollgrenze *f* مرز گمرکی

Zollhoheit *f* قلمرو گمرکی

Zollkontrolle *f* بازرسی گمرکی؛ نظارت گمرکی

Zollager *n* انبار گمرک

Zöllner/-in *m/f* مأمور گمرک

zollpflichtig *adj* مشمول حقوق گمرکی

~e Ware کالای مشمول حقوق گمرکی

Zollpolitik *f* سیاست امور گمرکی

Zollrecht *n* قانون گمرک

Zollschranken *fpl* موانع گمرکی

Zollschutz *m* حمایت گمرکی

Zollsenkung *f* کاهش حقوق گمرکی؛ تقلیل حقوق گمرکی

Zollstrafe *f* جریمهٔ گمرک

Zolltarif *m* تعرفهٔ گمرکی

Zolltransit *m* عبور گمرکی؛ ترانزیت گمرکی

Zollübereinkommen *n* موافقت نامهٔ گمرکی

Zollunion *f* اتّحادیهٔ گمرکی

Zollverfahren *n* جریان رسیدگی به امور گمرکی

Zollvergehen *n* نقض مقرّرات گمرکی

Zollverhandlungen *fpl* مذاکرات مربوط به امور گمرکی

Zollvertrag *m* قرارداد تعرفهٔ گمرکی

Zollverwaltung *f* ادارهٔ گمرک

Zollvorschriften *fpl* مقرّرات گمرکی

Zollwert *m* ارزش گمرکی؛ ارزش گمرکی یک کالا

Zoroastrier *m* زردشتی

zoroastrisch *adj* زردشتی

Zoroastrismus *m* دین زردشتی

Zuchthaus *n* زندان

Zuflucht *f* پناه

~ bieten پناه دادن

~ suchen پناه جستن

Zufluchtsort *m* پناهگاه

Zufluchtsstätte *f* پناهگاه

zufrieden *adj* خشنود؛ راضی

Zufriedenheit *f* خشنودی؛ رضایت

Zug *m* قطار

Zugang *m* دسترسی؛ راه دسترسی

~ zur Macht راه دسترسی به قدرت

Zugehörigkeit *f* تعلّق

Zugeständnis *n* امتیاز

~se machen امتیاز دادن

~se verlangen امتیاز خواستن

zugestehen پذیرفتن؛ قبول کردن؛ دادن (حقّی را)

jmdm. ein Recht ~ به کسی حق دادن

Zugfahrkarte *f* بلیط قطار

Zugfahrpreis *m* بهای بلیط قطار

zuhören گوش فرا دادن؛ با دقّت شنیدن

Zuhörer/-in *m/f* شنونده

Zukunft *f* آینده

Zukunftsaussichten *fpl* دورنمای آینده

Zukunftsforscher/-in *m/f* آینده شناس؛ پژوهشگر امور مربوط به آینده

Zukunftsforschung *f* آینده شناسی

Zukunftsglaube *m* آینده باوری؛ خوش بینی به آینده؛ ایمان به آینده

zukunftsgläubig *adj* آینده باور؛ خوش بین به آینده

Zukunftspläne *mpl* برنامه های آتی

Zukunftsplanung *f* برنامه ریزی آتی

Zukunftsprojekt *n* طرح آتی؛ پروژهٔ آتی

Zukunftssicherung *f* تأمین آینده

zulassen اجازه دادن؛ اجازهٔ رسمی دادن؛ موافقت کردن

zulässig *adj* جایز؛ روا؛ مجاز

gesetzlich ~ جایز به لحاظ قانونی؛ قانوناً مجاز

für ~ erklären جایز اعلام کردن

Zulassung *f* 1) مجوّز؛ جواز؛ پروانه 2) پذیرش؛ قبول؛ موافقت رسمی؛ اجازه

1) schriftliche ~ مجوّز کتبی

vorläufige ~ مجوّز موقّت

zeitweilige ~ مجوّز موقّت

2) ~ der Revision اجازهٔ تجدیدنظر

~ einer Klage قبول یک دادخواست؛ موافقت رسمی با یک دادخواست

~ einer Partei دادن اجازهٔ فعالیّت به یک حزب

Zulassungsantrag *m* درخواست پذیرش

Zulassungsbedingungen *fpl* 1) شرایط اخذ پذیرش 2) شرایط ورود به بازار سهام؛ شرایط ثبت در فهرست بازار سهام

Zulassungsbehörde *f* ادارهٔ صدور پروانه

Zulassungsvoraussetzungen *fpl* شرایط لازم جهت اخذ پذیرش؛ پیش شرط های اخذ پذیرش

die ~ erfüllen شرایط لازم را جهت اخذ پذیرش دارا بودن

zuleiten ارجاع کردن

Zuleitung *f* ارجاع

Zulieferbetrieb *m* کارگاه تولیدی لوازم یدکی؛ شرکت عرضه کنندهٔ لوازم یدکی

Zulieferer *m* عرضه کنندهٔ لوازم یدکی؛ فروشندهٔ لوازم یدکی

Zulieferindustrie *f* صنعت لوازم یدکی

Zuneigung *f* گرایش؛ میل؛ تمایل

zurechtweisen توبیخ کردن؛ مورد نکوهش قرار دادن

Zurechtweisung *f* توبیخ؛ نکوهش

zurückdrängen پس راندن؛ به عقب راندن

die Demonstranten ~ تظاهرکنندگان را به عقب راندن

Zurückdrängung *f* پس راندن؛ به عقب راندن

zurückkehren بازگشتن

ins Kabinett ~ به کابینه بازگشتن؛ به کابینهٔ دولت بازگشتن

zurückerlangen دوباره دست یافتن؛ مجدّداً کسب کردن

die Souveränität ~ به حاکمیّت دوباره دست یافتن

zurückerobern بازپس گرفتن؛ دوباره تسخیر کردن؛ دوباره تحت کنترل خود درآوردن

eine Festung ~ دژی را بازپس گرفتن؛ استحکاماتی را بازپس گرفتن؛ استحکاماتی را دوباره تسخیر کردن

ein Gebiet ~ منطقه ای را بازپس گرفتن؛

منطقه ای را دوباره تسخیر کردن

eine Stadt ~ شهری را بازپس گرفتن؛ شهری را دوباره تسخیر کردن

einen Wahlkreis ~ حوزهٔ انتخاباتی ای را دوباره تحت کنترل خود درآوردن

zurückfordern دوباره خواستن؛ دوباره مطالبه کردن

zurückführen بازگرداندن

Asylanten ~ پناهندگان را بازگرداندن

zurückgreifen استفاده کردن

auf die Bankreserven ~ از اندوخته های بانکی استفاده کردن

zurückhalten پنهان نگاه داشتن؛ مخفی نگاه داشتن

Informationen ~ اطّلاعات را پنهان نگاه داشتن؛ اطّلاعات را مخفی نگاه داشتن

zurückhalten, sich دخالت نکردن؛ از دخالت خودداری کردن

Zurückhaltung *f* خودداری؛ خودداری از دخالت

Zurücknahme *f* پس گیری

zurücknehmen پس گرفتن

eine Anklage ~ اتّهامی را پس گرفتن

einen Auftrag ~ سفارشی را پس گرفتن

eine Behauptung ~ ادّعایی را پس گرفتن

einen Einspruch ~ اعتراضی را پس گرفتن

zurückschlagen پس زدن؛ دفع کردن

einen Angriff ~ حمله ای را پس زدن؛ حمله ای را دفع کردن

einen Gegenangriff ~ پاتکی را پس زدن؛ ضدّ حمله ای را دفع کردن

zurückstellen به تعویق انداختن؛ به عقب انداختن

ein Projekt ~ طرحی را به تعویق انداختن؛ پروژه ای را به عقب انداختن

Zurückstellung *f* به تعویق اندازی؛ به عقب اندازی

zurücktreten 1) کناره گیری کردن ؛ استعفا دادن 2) فسخ کردن؛ (خود را) کنار کشیدن

1) von einem Amt ~ از مقامی کناره گیری کردن؛ از مقامی استعفا دادن

2) von einem Vertrag ~ خود را از قراردادی کنار کشیدن؛ قراردادی را فسخ کردن

zurückverweisen an دوباره ارجاع کردن به

zurückweisen رد کردن

ein Angebot ~ پیشنهادی را رد کردن

eine Anschuldigung ~ اتهامی را رد کردن

einen Anspruch ~ ادّعایی را رد کردن

einen Antrag ~ درخواستی را رد کردن؛ تقاضایی را رد کردن

eine Klage ~ دادخواستی را رد کردن؛ شکایتی را رد کردن

eine Revision ~ (درخواست) تجدیدنظری را رد کردن

ein Ultimatum ~ اولتیماتومی را رد کردن؛ اولتیماتومی را قاطعانه رد کردن

einen Vorschlag ~ پیشنهادی را رد کردن

Zurückweisung *f* رد؛ عمل رد کردن

zurückziehen 1) عقب کشیدن 2) پس گرفتن؛ فسخ کردن 3) کناره گیری کردن

1) die Truppen ~ نیروهای نظامی را عقب کشیدن

2) einen Antrag ~ درخواستی را پس گرفتن؛ تقاضایی را پس گرفتن

einen Auftrag ~ سفارشی را پس گرفتن؛ سفارشی را فسخ کردن

einen Einspruch ~ اعتراضی را پس گرفتن

eine Klage ~ دادخواستی را پس گرفتن؛ شکایتی را پس گرفتن؛ ترک دعوی کردن

3) seine Kandidatur ~ از نامزدی خود در انتخابات کناره گیری کردن

Zusage *f* قول؛ قول موافقت؛ اطمینان

bindende ~ اطمینان قطعی؛ قول صد در صد
konkrete ~ قول مشخّص
zusagen قول دادن؛ اطمینان دادن
Zusammenarbeit *f* همکاری؛ همگامی
bilaterale ~ همکاری دوجانبه؛ همکاری دوسویه
enge ~ همکاری نزدیک
grenzübergreifende ~ همکاری فرامرزی
regionale ~ همکاری منطقه ای
sicherheitspolitische ~ همکاری امنیّتی؛ همکاری در بخش امنیّتی
transnationale ~ همکاری فراملّی
vorteilhafte ~ همکاری سودمند
wirtschaftliche ~ همکاری اقتصادی
zusammenarbeiten همکاری کردن؛ همگامی کردن
zusammenbrechen 1) فروپاشیدن 2) ورشکسته شدن 3) بیهوش شدن؛ از حال رفتن؛ بی حال شدن؛ غش کردن
Zusammenbruch *m* 1) فروپاشی 2) ورشکستگی 3) بهوشی؛ حال بهم خوردگی
1) ~ eines politischen Systems فروپاشی یک سیستم سیاسی
2) ~ eines Unternehmens ورشکستگی یک شرکت
3) ~ des Angeklagten vor dem Gericht بیهوشی متّهم در برابر دادگاه
Zusammenkunft *f* نشست؛ جلسه؛ دیدار
geheime ~ نشست مخفی؛ جلسهٔ سرّی؛ دیدار مخفی
Zusammenleben *n* همزیستی
friedliches ~ همزیستی مسالمت آمیز
zusammenlegen یکی کردن؛ یگانه کردن؛ درآمیختن؛ ادغام کردن
die Unternehmen ~ شرکت ها را یکی کردن؛ شرکت ها را ادغام کردن
Zusammenlegung *f* درآمیزی؛ ادغام

zusammenschließen, sich به هم پیوستن؛ به هم ملحق شدن؛ متّحد شدن
Zusammenschluss *m* به هم پیوستگی؛ الحاق؛ اتّحاد
lockerer ~ اتّحاد سست؛ اتّحاد نه چندان قوی
der ~ zweier Unternehmen به هم پیوستگی دو شرکت؛ الحاق دو شرکت
zusammenziehen متمرکز کردن
die Truppen ~ نیروهای نظامی را متمرکز کردن؛ قوای نظامی را متمرکز کردن
Zusatzantrag *m* درخواست تکمیلی
Zusatzartikel *m* موادّ الحاقی
~ zur Verfassung موادّ الحاقی به قانون اساسی
Zusatzbestimmungen *fpl* مقرّرات تکمیلی
Zusatzdokumente *npl* اسناد اضافی؛ اسناد متمّم
Zusatzfrage *f* پرسش تکمیلی؛ سؤال تکمیلی
Zusatzgesetz *n* قانون مکمّل
Zusatzkapazität *f* ظرفیّت تکمیلی
Zusatzkosten *f* هزینه های اضافی؛ هزینه های متمّم؛ هزینه های تکمیلی
Zusatzleistungen *fpl* خدمات اضافی
Zusatzprotokoll *n* صورتجلسهٔ تکمیلی؛ پروتکل تکمیلی
Zusatzrente *f* حقوق بازنشستگی اضافی؛ مستمری اضافی
Zusatzsteuer *f* مالیات اضافی
Zusatzversicherung *f* بیمهٔ متمّم؛ بیمهٔ تکمیلی
Zusatzvertrag *m* قرارداد تکمیلی
Zuschlag *m* 1) مبلغ اضافی؛ قیمت اضافی؛ اضافه قیمت 2) قرارداد انجام کاری یا خدماتی
1) den ~ bezahlen مبلغ اضافی پرداختن
2) den ~ erhalten قرارداد انجام کاری یا خدماتی را دریافت کردن
den ~ erteilen قرارداد انجام کاری یا خدماتی را

واگذار کردن

zuschreiben نسبت دادن

zuschießen کمک هزینه دادن؛ یارانه دادن؛ سوبسید دادن

Zuschuss *m* کمک هزینه؛ یارانه؛ سوبسید

verlorener ~ کمک مالی پس ندادنی

zusichern قول دادن؛ اطمینان دادن

Unterstützung ~ قول حمایت دادن

Zusicherung *f* قول؛ عمل قول دادن

zuspielen مخفیانه در اختیار گذاشتن

Informationen der Presse ~ اطّلاعات را مخفیانه در اختیار مطبوعات گذاشتن

zuspitzen, sich بالا گرفتن؛ شدّت یافتن

Zuspitzung *f* بالاگرفتن؛ تشدید

~ eines Konflikts بالاگرفتن یک درگیری؛ بالاگرفتن یک کشمکش؛ تشدید یک تضاد

Zustand *m* وضع؛ وضعیّت

im gegenwärtigen ~ در وضعیّت فعلی؛ در وضعیّت کنونی

unhaltbarer ~ وضع تحمّل ناپذیر؛ وضعیّت تحمّل ناپذیر

unmenschlicher ~ وضعیّت غیرانسانی

zuständig *adj* ذیصلاح؛ صلاحیّت دار

~e Behörde مقام ذیصلاح؛ مقام اداری ذیصلاح

Zuständigkeit *f* صلاحیّت

Zuständigkeitsbereich *m* حوزهٔ صلاحیّت

Zuständigkeitsbeschränkung *f* محدودیّت صلاحیّت؛ تحدید صلاحیّت؛ محدودسازی صلاحیّت

Zuständigkeitserweiterung *f* گسترش صلاحیّت

Zuständigkeitsgrenze *f* حدّ و مرز صلاحیّت؛ حدود صلاحیّت

Zuständigkeitsstreit *m* اختلاف بر سرِ صلاحیّت حقوقی

Zuständigkeitsüberschreitung *f* تخطّی از صلاحیّت؛ تخطّی از حدّ و مرز صلاحیّت

zustimmen رأی موافق دادن؛ موافقت کردن

einem Bericht ~ با گزارشی موافقت کردن

einem Vertrag ~ با قراردادی موافقت کردن

einer Vertragsaufhebung ~ با الغای قراردادی موافقت کردن؛ با فسخ قراردادی موافقت کردن

den Vertragsbedingungen ~ با شرایط قرارداد موافقت کردن؛ با شرایط انعقاد قرارداد موافقت کردن

Zustimmung *f* موافقت؛ رأی موافق؛ تصویب

einhellige ~ تصویب به اتّفاق آراء

elterliche ~ موافقت پدر و مادر؛ موافقت والدین

stillschweigende ~ موافقت ضمنی

volle ~ موافقت کامل

vorherige ~ موافقت قبلی

seine ~ bekunden موافقت خود را اعلام کردن

die ~ finden مورد موافقت قرار گرفتن

die ~ verweigern از دادن موافقت خودداری کردن

die ~ widerrufen موافقت را پس گرفتن؛ موافقت را فسخ کردن

Zustimmungsverweigerung *f* ردّ موافقت

Zuwachs *m* رشد

Zuwachsrate *f* میزان رشد؛ نرخ رشد

zuwandern مهاجرت کردن؛ کوچیدن

Zuwanderung *f* مهاجرت؛ مهاجرت از خارج

~ von Arbeitskräften مهاجرت نیروی کار (از خارج)

die ~ begrenzen مهاجرت (از خارج) را محدود کردن

die ~ steuern مهاجرت (از خارج) را کنترل کردن

Zuwanderungsbegrenzung *f* محدودسازی مهاجرت (از خارج)

Zuwanderungsbehörde *f* ادارهٔ امور مهاجرت (از خارج)

Zuwanderungsgesetz *n* قانون مهاجرت

Zuwanderungskommission zwangsversteigern

(از خارج)

Zuwanderungskommission *f* کمیسیون رسیدگی به امور مهاجرت (از خارج)

Zuwanderungskonzept *n* طرح مهاجرت (از خارج)

Zuwanderungspolitik *f* سیاست مربوط به امور مهاجرت (از خارج)

Zuwanderungsrecht *n* قوانین مهاجرت (از خارج)

Zuwanderungsregelung *f* تنظیم مهاجرت؛ تنظیم میزان مهاجرت (از خارج)

Zuwanderungssteuerung *f* کنترل مهاجرت (از خارج)

zuweisen 1) واگذار کردن 2) تخصیص دادن

Zuweisung *f* 1) واگذاری 2) تخصیص

1) ~ einer Aufgabe واگذاری یک وظیفه

2) ~ von Finanzmitteln تخصیص وجوه مالی

Zuwendung *f* کمک مالی

einmalige ~ کمک یکبارهٔ مالی

die ~en des Staates کمک های مالی دولت

zuwiderhandeln تخلّف کردن؛ سرپیچی کردن

den Bestimmungen ~ از مقرّرات تخلّف کردن؛ از مقرّرات سرپیچی کردن

den Vorschriften ~ از مقرّرات تخلّف کردن؛ از دستورات سرپیچی کردن

Zuwiderhandlung *f* مخالفت؛ سرپیچی

zuzahlen به طور اضافی پرداختن

Zuzahlung *f* اضافه پرداخت

Zwang *m* اجبار؛ الزام

Zwangsabgaben *fpl* عوارض اجباری

Zwangsanschluss *m* الحاق اجباری

Zwangsanwendung *f* کاربرد زور

Zwangsarbeit *f* بیگاری؛ کار اجباری

Zwangsaufenthalt *m* اقامت اجباری

Zwangsbündnis *n* پیمان اجباری؛ پیمان از روی ناگریزی

Zwangsenteignung *f* مصادرهٔ اجباری؛ مصادره به زور

Zwangsevakuierung *f* تخلیهٔ اجباری

Zwangsherrschaft *f* حاکمیّت استبدادی؛ استبداد

Zwangslage *f* وضع اضطراری

zwangsläufig *adj* قهری؛ غیرارادی؛ اجباری

Zwangsliquidation *f* انحلال اجباری؛ حکم دادگاه مبنی بر انحلال یک شرکت

Zwangsliquidator *m* مدیر تصفیه؛ مدیر تصفیهٔ یک شرکت

Zwangsmaßnahmen *fpl* اقدامات اجباری؛ تدابیر اجباری

Zwangsmitgliedschaft *f* عضویّت اجباری

Zwangsmittel *n* ابزار فشار؛ ابزار فشار و زورگویی

zwangsorganisieren به طور اجباری سازمان دهی کردن؛ با استفاده از ابزار فشار سازمان دهی کردن

Zwangsorganisierung *f* سازمان دهی اجباری

Zwangspolitik *f* سیاست زورگویانه؛ سیاست تحمیلی

zwangsräumen به طور اجباری تخلیه کردن؛ به حکم قانون تخلیه کردن

Zwangsräumung *f* تخلیّهٔ اجباری؛ تخلیه به حکم قانون؛ رفع تصرّف به حکم قانون

zwangsrekrutieren سربازگیری کردن

Zwangsrekrutierung *f* سربازگیری اجباری

zwangsumsiedeln با زور کوچاندن؛ با استفاده از ابزار فشار کوچاندن

Zwangsumsiedlung *f* کوچاندن اجباری

Zwangsverkauf *m* فروش اجباری؛ فروش قانونی؛ فروش به حکم قانون

zwangsversteigern به موجب حکم دادگاه حراج کردن؛ به موجب حکم دادگاه فروختن

Zwangsversteigerung *f* حراج به موجب حکم دادگاه؛ فروش به موجب حکم دادگاه

zwangsverwalten به مأمور تصفیه واگذار کردن؛ به مأمور تصفیهٔ امور ورشکستگی واگذار کردن

Zwangsverwalter/-in *m/f* مدیر تصفیه؛ مدیر تصفیهٔ امور ورشکستگی؛ مسؤل امور ورشکستگی؛ مأمور ادارهٔ امور ورشکستگی

Zwangsverwaltung *f* مدیریّت تصفیه؛ مدیریّت تصفیهٔ امور ورشکستگی

Zwangsvollstreckung *f* اجرای حکم قانونی

Zweck *m* منظور؛ مقصود

Zweckbündnis *n* پیمان مصلحتی

zweckdienlich *adj* سودمند؛ مفید؛ چاره ساز

Zweckdienlichkeit *f* سودمندی؛ صلاح

Zweckentfremdung *f* حیف و میل؛ استفادهٔ نابجا

~ von Finanzmitteln حیف و میل وجوه مالی؛ استفادهٔ نابجا از وجوه مالی

zwecklos *adj* بی فایده؛ بی معنی

Zwecklüge *f* دروغ مصلحت آمیز

zweckmäßig *adj* سودمند؛ مفید؛ چاره ساز

Zweckmäßigkeit *f* سودمندی؛ مصلحت اندیشی

Zweckpropaganda *f* تبلیغات هدف دار؛ تبلیغات آگاهانه

Zweifel *m* گمان؛ شک

zweifelhaft *adj* گمان انگیز؛ شک انگیز؛ مشکوک

zweifellos *adj* بی گمان؛ بی شک؛ بدون شک و تردید

zweifeln an شک کردن به؛ تردید داشتن به

zweifelsfrei *adj* بی گمان؛ بی شک؛ بدون شک و تردید

Zweifler *m* شکّاک؛ ناباور

Zweigniederlassung *f* شعبهٔ یک شرکت

Zweigstelle *f* شعبه

Zwietracht *f* چنددستگی؛ تفرقه

zwingen وادار کردن؛ ناگزیر کردن؛ مجبور کردن

zur Räumung ~ وادار به تخلیه کردن؛ مجبور به تخلیه کردن

zum Rücktritt ~ وادار به استعفا کردن؛ ناگزیر به استعفا کردن؛ مجبور به استعفا کردن

Zwischenaufenthalt *m* توقّف کوتاه؛ اقامت کوتاه مدّت در مسیر ترانزیت

Zwischenbericht *m* گزارش موقّت؛ گزارش پیشرفت کار؛ گزارش شش ماهه

Zwischenbilanz *f* تراز موقّت؛ تراز نیمه نهایی

Zwischenerzeugnis *n* فراوردهٔ میانین؛ تولید میانین

Zwischenfall *m* پیشامد؛ حادثه

Zwischenfinanzierung *f* تأمین مالی تمدیدی

Zwischenhandel *m* تجارت واسطه ای

Zwischenhändler/-in *m/f* واسطه؛ دلّال

Zwischenlager *n* انبار موقّت

Zwischenlandung *f* توقّف کوتاه؛ توقّف کوتاه در مسیر پرواز

ohne ~ پرواز مستقیم

Zwischenlösung *f* راه حلّ موقّتی

Zwischenprodukt *n* فراوردهٔ میانین؛ تولید میانین

zwischenstaatlich *adj* بین دو کشور

~e Beziehungen روابط بین دو کشور

Zwischenstadium *n* مرحلهٔ میانین

Zwischenstopp *m* توقّف کوتاه؛ توقف کوتاه در مسیر حرکت یا پرواز

Zwischenurteil *n* حکم موقّت

Zwischenvereinbarung *f* توافق موقّت

Zwischenvertrag *m* قرارداد موقّت

Zwischenwahlen *fpl* انتخابات میان دوره ای

Hans Schiler Verlag
Schelzky & Jeep
Fidicinstr. 29
D-10965 Berlin
Tel. 030 – 322 85 23
Fax 030 – 691 46 97
eMail: info@verlag-hans-schiler.de